Manfred Weisbrod
Hans Wiegard

Dampflokomotiven 6

Deutsches Lok-Archiv

Manfred Weisbrod
Hans Wiegard

Dampflokomotiven

6

Regelspurige Privatbahnlokomotiven bei der DR

transpress

Einbandgestaltung: Michael Kreutz
Titelbild: Manfred Weisbrod

ISBN: 3-344-71044-3

Ein Unternehmen der Paul Pietsch Verlage GmbH + Co.
1. Auflage 1998

Lektorat: Claus-Jürgen Jacobson
Innengestaltung: Viktor Stern
Reproduktion: digi bild reinhardt, 73037 Göppingen
Druck: Gulde-Druck, 72070 Tübingen
Bindung: Heinrich Koch, 72072 Tübingen
Printed in Germany

Vorwort

Der Band Dampflokomotiven 6 der Reihe *Deutsches Lok-Archiv* behandelt die normalspurigen Privatbahnlokomotiven, die eine Betriebsnummer der Deutschen Reichsbahn getragen haben.
Das sind vor allem diejenigen Lokomotiven, die gemäß dem Umzeichnungsplan der DR vom 12. Dezember 1949 eingereiht worden sind. Bei Eisenbahnfreunden und sogar in Fachkreisen sind diese Maschinen als »6000er« bekannt. Diese Bezeichnung ist jedoch nicht ganz exakt. Unter den 1949 umgezeichneten Lok waren auch einige, die 5000er Ordnungsnummern erhielten. Diejenigen ehemaligen Privatbahnlokomotiven, die von 1945 bis 1949 in den Betriebspark der DR eingereiht wurden, haben dagegen Ordnungsnummern nach den Grundsätzen des Umzeichnungsplanes der DRG aus dem Jahre 1925 erhalten. Dazu gehörten beispielsweise alle Lokomotiven der Görlitzer Kreisbahn. Nach dem 1. Januar 1950 durch die DR übernommene Privatbahn-und Werklokomotiven haben entweder Ordnungsnummern nach dem DRG-Umzeichnungsplan von 1925 oder solche nach dem DR-Umzeichnungsplan von 1949 erhalten. Zu den Maschinen, die Ordnungsnummern entsprechend den Grundsätzen des Umzeichnungsplanes von 1949 erhielten, zählten sogar einige wenige Fremdlokomotiven. Der Vollständigkeit halber enthält der vorliegende Band alle durch die DR von 1945 bis 1956 übernommenen Privatbahnlokomotiven sowie wichtige in den Betriebspark eingereihte Werklokomotiven. Letzteres erwies sich im Interesse einer korrekten Darstellung als unumgänglich. Dagegen haben wir auf die Beschreibung der wenigen nach 1945 durch die Deutsche Bundesbahn übernommenen Privatbahnloks verzichtet.
Auch in diesem Band steht im Interesse einer überschaubaren Sprachregelung für die Zeit von 1920 bis 1945 die Bezeichnung Deutsche Reichsbahn-Gesellschaft (DRG) unabhängig von der jeweiligen Eigentumsform. Ab Mai 1945 stehen die Bezeichnungen DB für Deutsche Bundesbahn und DR für Deutsche Reichsbahn.
Dem Archivteil haben wir ein Einleitungskapitel vorangestellt, um dem Leser die Übernahme der Privatbahnen auf dem Territorium der DDR und die Einreihung der Privatbahnlokomotiven in den Betriebsbestand der DR in ihrer ganzen Problematik und Tragweite zu veranschaulichen. Dem Einleitungskapitel folgt der eigentliche Archivteil. Im Gegensatz zu den bisher vorliegenden Bänden haben wir jedoch aus Gründen des Umfangs und der Systematik die Bauartbeschreibungen nicht nach Stammnummern und Unterbauarten, sondern nach der Radsatzfolge (Achsfolge) gegliedert. Der Beschreibung der Bauarten folgt ein Tabellenteil, der sich um eine vollständige Darstellung aller Bauartunterschiede bemüht und die Merkbücher an Vollständigkeit übertrifft. Den Schluß des Bandes bildet eine vollständige Auflistung aller durch die DR übernommenen Privatbahn-und Werklokomotiven, darunter auch derjenigen Maschinen, die im Archivteil nicht berücksichtigt werden konnten. Diese Liste dürfte besonders für den Lokstatistiker von Interesse sein.
Wir wollen nicht verschweigen, daß sich die Gewinnung brauchbarer Informationen über die von uns behandelten Lokomotiven als sehr schwierig erwiesen hat. Soweit bereits einschlägige Veröffentlichungen vorliegen, sind die dort enthaltenen Daten oft widersprüchlich und fehlerhaft. Zudem tauchen immer wieder authentische Bild- und Textdokumente auf, die scheinbar gesicherte Erkenntnisse in Frage stellen oder widerlegen. Wir waren bemüht, uns zugängliche Quellen sorgfältig auszuwerten und neue Fakten in unsere Darstellung einzuarbeiten. Der Leser wird das daran bemerken, daß wir bei unseren Darlegungen zum Teil beträchtlich von bisherigen Veröffentlichungen abweichen. Das Merkbuch für Triebfahrzeuge der DR (DV 939 Tr, Ausgaben 1962/64) beinhaltet bei weitem nicht alle Bauarten, und gerade in bezug auf die ehemaligen Privatbahnloks sind seine Angaben oftmals fragwürdig. Wir haben daher für unsere Darlegungen neben uns zugänglichen Originaldokumenten wie Fotografien und Betriebsbüchern auch Firmenkataloge und Firmenschriften zu Rate gezogen, um möglichst korrekte Daten zu gewinnen. Einige wenige Lücken sind der Tatsache geschuldet, daß die entsprechenden Angaben nicht mehr zu ermitteln sind. Das betrifft u.a. manche Lokomotiven, die unter der Stammnummer 89 eingereiht wurden, aber auch Maschinen der BR 98. Was die BR 98 anbelangt, so war sie hinsichtlich der ehemaligen Privatbahnlokomotiven von vornherein für die DR nur ein Sammelbecken für all das, was anderweitig nicht unterzubringen war. Das Merkbuch der DR von 1962/64 verzeichnet keine Lok der BR 98, weil fast alle Maschinen zum Zeitpunkt der Erstellung dieser Vorschrift bereits aus dem Betriebspark ausgeschieden waren.
Wegen der zum Teil nur spärlich vorliegenden Informationen haben wir wie bereits beim Band 4 darauf verzichtet, die konstruktiven Merkmale gesondert zu beschreiben. Auch möge man es uns nachsehen, wenn nicht von jeder Bauart ein Foto oder eine Maßskizze beschafft werden konnten.
Verlag und Autoren sind für sachdienliche Hinweise, die den Informationswert dieses Bandes verbessern, sehr dankbar.

Manfred Weisbrod
Hans Wiegard

Inhalt

Die Übernahme der ehemaligen Privatbahn-Lokomotiven durch die Deutsche Reichsbahn

Die Erteilung von Reichsbahn-Betriebsnummern

Mit Wirkung vom 1. Januar 1950 wurde der weitaus größte Teil der Privatbahnlokomotiven, darunter insgesamt 383 Normalspurlokomotiven, in den Bestand der Deutschen Reichsbahn eingegliedert. Um diese Maschinen, die den vielfältigsten Bauarten und Bauformen angehörten, in das Reichsbahn-Nummernschema einordnen zu können, hatte die Generaldirektion der DR einen Umzeichnungsplan erstellt, der das Datum vom 12. Dezember 1949 trug. Auf die Grundsätze dieses Umzeichnungsplanes, auf Fehler in der Einreihung und Bezeichnung von Lokomotiven und die damit verbundenen Probleme gehen wir im folgenden noch ein. Vorweg sei gesagt, daß die übernommenen Maschinen für lange Zeit unentbehrlich für den Zugförderungsdienst bei der DR waren, gleichgültig ob es sich bei ihnen um moderne Heißdampflokomotiven oder unwirtschaftliche, überalterte und zum Teil vorsintflutlich anmutende Naßdampflokomotiven handelte. Trotz aller Vielfalt und Buntheit bestand die Mehrzahl der übernommenen Privatbahnlokomotiven aus Naßdampf-Dreikupplern. Etwa 100 Maschinen entsprachen allein den verschiedenen Bauformen der Gattung pr. T3. Hinzu gesellten sich zahlreiche Lokomotiven abweichender Konstruktion, teilweise nur als Einzelgänger. Bei den übernommenen Heißdampflokomotiven war der Anteil der ELNA-Lokomotiven unterschiedlicher Radsatzfolge am größten – etwa 70 Maschinen gehörten der ELNA-Bauart an. Zu diesen robusten, anspruchslosen, aber im Vergleich mit mancher Länderbahnlok oder gar DRG-Einheitslok wenig leistungsfähigen Kleinbahnlokomotiven kamen einige hochmoderne Maschinen, wie etwa die 1'D1'h2t der Ruppiner Eisenbahn oder der Brandenburgischen Städtebahn. Alle übernommenen Normalspurlokomotiven waren Tenderlokomotiven. Zur Vergrößerung des Aktionsradius hat die DR geraume Zeit später einigen wenigen Maschinen einen Schlepptender beigestellt.

Ehemalige Privatbahnlokomotiven waren ebenso wie einige Werklokomotiven bereits unmittelbar nach Ende des Zweiten Weltkriegs in den Besitz der DR gelangt, und die Umzeichnungsaktion auf der Grundlage des Umzeichnungsplanes vom 12. Dezember 1949 war lediglich der Höhepunkt einer in der SBZ und späteren DDR längst angebahnten Entwicklung. Die Görlitzer Kreisbahn beispielsweise war bereits 1948 in das Eigentum der DR übernommen worden, und ihre Lokomotiven hatte man, da zu diesem Zeitpunkt noch kein spezieller Umzeichnungsplan für Privatbahnlokomotiven vorlag, nach den Grundsätzen des Umzeichnungsplanes der DRG aus dem Jahre 1925 eingereiht. Dabei handelte es sich um drei Lokomotiven vom Typ ELNA 6H mit Gegendruckbremse, die die Betriebsnummern 92 2901 bis 92 2903 erhielten, sowie um eine pr. T 3, die die Betriebsnummer 89 7571 erhielt. Durch Kriegsereignisse auf dem Territorium der SBZ verbliebene Lokomotiven verschiedener ehemals ostdeutscher Privatbahnen wurden bis 1948

92 2902 mit einem Personenzug aus MCi-Wagen zwischen Görlitz und Königshain-Hochstein.
Foto: Hans Müller

89 954 (O&K 1929/11687) 1959 bei Rangierarbeiten in Dresden-Altstadt.
Foto: F. Ebermann, Sammlung Weisbrod

89 955 (Henschel 1937/21851) im Bw Dresden-Altstadt.
Foto: Hans Müller

ebenfalls nach den Grundsätzen des DRG-Umzeichnungsplanes von 1925 eingereiht. Das betraf z. B. die Lok 89 953, eine Lenz-T 3 der Kleinbahn Grünberg–Sprottau, oder die Lok 89 954, eine der seltenen dreifach gekuppelten ELNA-Lokomotiven. Vorgefundene und bis einschließlich 1948 übernommene Werklokomotiven hat die DR ebenfalls nach den Grundsätzen des Umzeichnungsplanes von 1925 eingereiht. Das waren im einzelnen 89 270^{II}, eine Werklok unbekannter Herkunft vom - Typ sä. V T, 89 955, welche ehemals der Zuckerfabrik Maltsch in Schlesien gehörte, 89 4937 als ehemalige Werklok des Raw Halle, 89 7566 bis 89 7570, 89 7573 bis 89 7576 sowie die 91 150 (später umgezeichnet in 90 252). Hinzu kam eine ehemalige Wehrmachtslok als 92 997. Warum ihre völlig baugleiche Schwesterlok, die zu jenem Zeitpunkt zweifellos ebenfalls auf DR-Gleisen herumstand, erst 1950 in den Betriebspark der Reichsbahn eingereiht wurde und nicht, was folgerichtig gewesen wäre, die Betriebsnummer 92 998 bekam, sondern nach den Regeln des Umzeichnungsplanes von 1949 zur 92 6588 wurde, bleibt ungeklärt. Zu denjenigen Werklokomotiven, die nach den Umzeichnungsgrundsätzen der DR für ehemalige Privatbahnlok eingereiht worden sind, gehörten auch 98 6219, 98 6302 und

98 6401. Nachzutragen sind an dieser Stelle auch noch die T 3-ähnlichen Dreikuppler 89 6033 (einige Veröffentlichungen bezeichnen diese Lok als echte T 3) und 89 6034.
Wiederum nach den Grundsätzen des DRG-Umzeichnungsplanes von 1925 erhielten die Lokomotiven 98 138 und 98 139 ihre DR-Betriebsnummer. Beide Maschinen hatten eine recht unrühmliche Vergangenheit – erstere hatte Dienst im Konzentrationslager Buchenwald, letztere im Konzentrationslager Sachsenhausen verrichtet.
Eine nach den Regeln des DRG-Umzeichnungsplanes von 1925 eingereihte Werklok wurde geradezu berühmt und berüchtigt: Die ehemalige Werklok 7 der Reichswerke Salzgitter hatte fälschlicherweise die Betriebsnummer 95 007^{II} erhalten und war unter dieser Nummer an einem nicht gerade glimpflich verlaufenen Bahnbetriebsunfall beteiligt. Auf die näheren Umstände gehen wir im Archivteil noch ein. Eine nach 1945 in den Besitz der DR gelangte Werklokomotive ist zwischenzeitlich zum Streitobjekt der Eisenbahnliteraten geworden. Dieser als 92 1047^{II} eingereihte Vierkuppler soll nach dem »Verzeichnis aller Lokomotiven und Triebwagen, Band 2« eine unter ihrer ehemaligen DRG-Nummer reaktivierte pr. T 13 gewesen sein, während im »Klein- und Privatbahnarchiv 1« zu lesen ist, die Maschine sei 1944 von Krenau gebaut und ihrer Fabriknummer bei der DR lediglich die Stammnummer 92 vorangestellt worden. Wir können uns ohne weiteres letztgenannter Ansicht anschließen – das Fabriknummernverzeichnis der Lokfabrik Krenau (Chrzanow) verzeichnet tatsächlich unter der Fabriknummer 1047 einen D-Kuppler. Uns bleibt an dieser Stelle nur zu ergänzen, daß die fragliche Lok zum Typ KDL 4, der Kriegsausführung des ELNA-Typs 6, gehörte.
Noch heute streiten sich die Lokomotivstatistiker wegen der DR-Lok 92 3333. Die Verfasser des im Jahre 1963 erschienenen Buches »Verzeichnis der deutschen Lokomotiven« haben dieser Maschine, die von der Stettiner Hafenbahn stammte und dort die Nr. IX getragen hatte, die Existenz abgesprochen, und diese offenkundig falsche Ansicht beherrscht noch heute die Gedankengänge so manchen Autors. Indessen existieren fotografische Belege der Maschine, und das Merkbuch der DR, Ausgabe 1962, enthält sogar ein Typenblatt dieses Einzelgängers.
Auch die Lok 91 6583, die ihre DR-Betriebsnummer nach den Regeln des Umzeichnungsplanes vom 12. Dezember 1949 erhalten hatte, gehörte ohne Zweifel eine Zeitlang zum Betriebspark der Reichsbahn. Bei dieser Maschine handelte es sich um eine ELNA 5 H aus dem Bestand der Kleinbahn Casekow–Penkun (Oder). Daß die Lok keine Aufnahme im Umzeichnungsplan gefunden hatte, liegt wohl daran, daß die PKP Eigentumsansprüche angemeldet hatten. 91 6583 entstammte einer Schwartzkopff-Lieferung des Jahres 1943. Nicht völlig geklärt ist ihre Fabriknummer. Die veröffentlichten BMAG-Lieferverzeichnisse sind zwar lückenhaft und nennen für das Jahr 1943 lediglich zwei an die Pommerschen Landesbahnen ausgelieferte 1'C-ELNA-Lokomotiven; trotzdem besteht kein Anlaß, die Existenz der 91 6583 zu verneinen – nach Lage der Dinge kann sie nur eine dieser beiden Maschinen gewesen sein.
Die Lokomotiven der Niederbarnimer Eisenbahn sind erst 1950 in den Bestand der DR eingereiht worden. Für sie erging eine nachträgliche Umzeichnungsverfügung in Anlehnung an die Grundsätze des Umzeichnungsplanes vom 12. Dezember 1949. Die Maschinen erhielten die DR-Nummern 74 6611 und 74 6612, 74 6621 bis 74 6623, 91 6581 und 91 6582, 91 6590 und 91 6591 sowie 93 6679 bis 93 6683. Auf die mit dieser Umzeichnung verbundene Problematik gehen wir an anderer Stelle noch ein.
Mit der Einreihung der Lokomotiven der Niederbarnimer Eisenbahn hatte es jedoch längst nicht sein Bewenden; bis Mitte der 50er Jahre dauerte die Übernahme von ehemaligen Privatbahn- und Werklokomotiven, wenn auch nur noch in Einzelexemplaren, in den Betriebspark an. Diese Nachzügler sind meist nach den Grundsätzen des DR-Umzeichnungsplanes von 1949 eingereiht worden. Jedoch erhielten auch einige wenige der letzten übernommenen Maschinen noch Betriebsnummern, die nach den Regeln des DRG-Umzeichnungsplanes von 1925 gebildet worden waren.

Die Durchführung der Übernahme

In Vorbereitung der Übernahme der Privatbahnen und ihres Fahrzeugparks hatte die Generaldirektion Fragebogen an die zu übernehmenden Bahnen gesendet, die beispielsweise Aufschluß über die Hauptabmessungen, die Radsatzfolge, die Bauart, das Baujahr, den Hersteller und die Fabriknummer jeder Dampflokomotive geben sollten. Außerdem entsandte die DR Verantwortliche zu den einzelnen Bahnverwaltungen, die die Lokomotiven übernehmen und die zu ihnen gemachten Angaben vor Ort überprüfen sollten. Doch offensichtlich ist ein Teil der Fragebogen nicht mit der gebotenen Sorgfalt ausgefüllt worden, und ebenso offenkundig bestanden die Übernahmegruppen nicht nur aus qualifizierten Fachkräften. Darüberhinaus standen die übernehmenden Bediensteten der DR unter erheblichem Zeitdruck, denn der Fahrzeugpark sollte unbedingt bis zum Ende des Jahres 1949 in denjenigen der DR integriert sein, und die erfaßten Daten mußten die Grundlage für den zu erstellenden Umzeichnungsplan bilden. So ist es kaum verwunderlich, daß sich bei der Datenerfassung zahlreiche Irrtümer einschlichen, die

Nebenbahndienst konnte gelegentlich beschaulich sein. 91 6492 mit Heizer Kurt Wetzig 1966 in Schildau.
Foto: Reiner Scheffler

sich dann auch als Fehler im Umzeichnungsplan widerspiegelten. Zudem existierten für viele der neu einzureihenden Lokomotiven keine Betriebsbücher; diese wichtigen Dokumente sind dann erst nachträglich bei der DR angelegt worden. Exakte Angaben über Hersteller, Eigentümer, Kesseltausch, technische und betriebliche Besonderheiten der Lokomotiven waren daher mitunter kaum zu gewinnen. Besonders bei Lokomotiven von Bahnverwaltungen, die mehrere Bahnen betrieben hatten, erwies es sich zuweilen fast als unmöglich, den ursprünglichen Besitzer einer bestimmten Maschine genau zu ermitteln. Das betraf vor allem Maschinen von Privatbahnen, die vordem der »Centralverwaltung für Sekundairbahnen Herrmann Bachstein« angehört hatten. Mit Lokomotiven, die zu den Betriebsmitteln der »Lenz-Bahnen« gezählt hatten, verhielt es sich teilweise kaum anders. Sowohl bei Bachstein- als auch bei Lenz-Bahnen hatte nämlich die Praxis bestanden, Maschinen je nach Bedarf von einer Bahn zur anderen, und dies oftmals mehrfach, umzusetzen, ohne daß derartige Transaktionen in den Unterlagen der Bahnverwaltungen erfaßt wurden. Deshalb tauchte z. B. in offiziellen Unterlagen niemals die Greußen-Ebeleben-Keulaer Eisenbahn (GEKE) als Eigentümer von Betriebsmitteln auf, und ihre Lokomotiven, soweit von der DR übernommen, waren im DR-Umzeichnungsplan als ehemaliges Eigentum der Hohenebra-Ebelebener Eisenbahn ausgewiesen.
Derlei Ungereimtheiten waren jedoch längst nicht so schwerwiegend wie die Irrtümer bei den Angaben über die Lokomotiven selbst. Neben ungenauen technischen Daten ergaben sich in einigen Fällen falsche Herstellerbezeichnungen. In wenigstens zwei Fällen ist durch die ehemaligen Eigentümer statt des tatsächlichen Herstellers Hohenzollern fälschlich Henschel angegeben worden. Solche Fehler, die selbstverständlich im Umzeichnungsplan wieder auftauchten, sind von den Autoren des vorliegenden Buches in mühseliger Kleinarbeit ermittelt worden; die Auflistung aller Privatbahnlokomotiven am Ende des Bandes nennt daher abweichend vom Umzeichnungsplan die richtigen Herstellernamen und Fabriknummern.
Bei mancher bedeutenden Privatbahn wie der Halberstadt-Blankenburger Eisenbahn, der Ruppiner Eisenbahn oder der Brandenburgischen Städtebahn war die Erfassung des Lokomotivparks jedoch nicht allzu schwierig, weil diese Bahnen seit jeher aussagefähige statistische Unterlagen führten. Dennoch kommen wir nicht umhin festzustellen, daß bei der Erfassung des Fahrzeugparks durch die Verantwortlichen der DR zum Teil regelrecht geschludert wurde. Wie sonst wären die gravierenden Fehler angesichts der relativ geringen Stückzahl von etwa 400 zu übernehmenden Lokomotiven und des recht hohen Personalaufwandes, der zum Zwecke der Erfassung und Einordnung der Maschinen getrieben wurde, zu erklären? Ein Vergleich sei an dieser Stelle gestattet: 1925/26 stand die DRG vor dem Problem, allein weit über 20 000 Dampflokomotiven umzuzeichnen. Zwar waren auch damals einige Fehler bei der Erfassung und Einreihung aufgetreten; doch war die Fehlerquote im Vergleich zu derjenigen, die sich die DR im Jahre 1949 leistete, verschwindend gering. Daß der DRG-Umzeichnungsplan von 1925, wie in mancher Veröffentlichung behauptet, das Werk eines einzigen Mannes – des immer wieder erwähnten Reichsbahn-Obersekretärs Schulze – gewesen sei, darf daher wohl mit Recht ins Reich der Legende verwiesen werden.
Trotz aller Vorbehalte: Die Erfassung des Lokomotivparks der Privatbahnen gab einigermaßen Aufschluß über die Stückzahl der zu übernehmenden Lokomotiven, über ihre technischen

Daten und über ihre betriebliche Verwendbarkeit. Unbeachtet bei dieser Aktion blieb allerdings weitgehend der Zustand der Maschinen. So verwundert es nicht, daß einige Lokomotiven erfaßt und zur Umzeichnung vorgesehen wurden, die nur noch Schrottwert besaßen. Das waren u.a. Lok 8 der Dessau-Wörlitzer Eisenbahn (als 89 6106 vorgesehen), Lok 3–20 der Oderbruchbahn (vorgesehen als 89 6142) und mit Sicherheit auch Lok 7 der Osthavelländischen Eisenbahn, die die DR-Nummer 69 6101 erhalten sollte. Wahrscheinlich befanden sich unter den bereits 1951 ausgemusterten Maschinen noch weitere, die nicht aufarbeitungswürdig waren.

Dennoch ist die Anzahl der im »Klein- und Privatbahnarchiv 1« als Schrottlok genannten Maschinen sicherlich nicht zutreffend; auch die dort aufgeführten DR-Betriebsnummern sind nicht in jedem Fall richtig. Nachweisbar ist z.B. die Lok 11 der Dessau-Wörlitzer Eisenbahn (Krupp 1936/1561) keineswegs verschrottet, sondern vielmehr wieder aufgebaut und erst im Jahre 1954 als Werklok an die Dessauer Hafenbahn abgegeben worden. Tatsache ist, daß man sich seinerzeit bei der DR davor hütete, eine Lok auszumustern und zu verschrotten, wenn sich das nur irgendwie umgehen ließ. Wegen des akuten Lokmangels war jede Maschine für den Betriebsdienst willkommen, falls sie sich, wenn auch mit erheblichem Aufwand, instandsetzen ließ. Wirtschaftliche Gesichtspunkte spielten damals eine untergeordnete Rolle.

Insgesamt sechs Normalspurlokomotiven hatte man zwar erfaßt, aber von der Umzeichnung wegen unklarer Eigentumsverhältnisse zurückgestellt. Das waren die bei der Oderbruchbahn vorgefundene Lok 36 der Teutoburger Wald-Eisenbahn (Humboldt 1903/168), die bei der Eberswalde-Finowfurter Eisenbahn stehengebliebene Lok FGE 4 der Freiengrunder Eisenbahn (Borsig 1903/5186), Lok Pk 2 der Prenzlauer Kleinbahn (Breda Milano 1910/326) als der Italienischen Staatsbahn gehörend, Lok 46 027 der Weimar-Berka-Blankenhainer Eisenbahn (Baldwin 1917/46027) aus dem Fahrzeugpark der amerikanischen Besatzungstruppen, Lok 174 der Niederlausitzer Eisenbahn (Orenstein 1922/9700), welche ursprünglich der Teutoburger Wald-Eisenbahn gehörte sowie die von der Oschersleben-Schöninger Eisenbahn in Besitz genommene Lok 1 D VKA (Henschel 1925/20 508), die von der Kleinbahn Neheim–Hüsten–Sundern stammte. Die an erster Stelle genannte Maschine erhielt später doch eine DR-Betriebsnummer (70 6401). Eine siebente von der Umzeichnung zurückgestellte Lok war Nr. 1–123 der Brandenburgischen Städtebahn. Von dieser Maschine (laut Umzeichnungsplan Hersteller Borsig) war nur noch das Fahrgestell vorhanden. Die in den Anmerkungen zum DR-Umzeichnungsplan genannte Fabriknummer 8463 ist jedoch falsch, denn laut Borsig-Lieferverzeichnis hatte diese Fabriknummer eine Lok der Kleinbahn Lüneburg–Soltau, die über Umwege 1941 als 89 921 zur DRG gekommen war, getragen. Die kessellose und bald verschrottete Lok der Brandenburgischen Städtebahn war jedoch ein Vierkuppler. Im »Klein-und Privatbahnarchiv«, Band Brandenburg/Mecklenburg, ist als Hersteller der fraglichen Lok irrtümlich Hanomag angegeben. Nach dem Lieferbuch trug die Hanomag-Fabriknummer 8463 jedoch ein D-Kuppler, welcher im Auftrag der Gewerkschaft Theodor, Wittenheim, erbaut worden war. Somit bleibt ungeklärt, von welchem Lieferwerk Lok 1–123 der BStb tatsächlich stammte.

Einige Lokomotiven hatte man offensichtlich bei der Erfassung »vergessen« und deshalb im Umzeichnungsplan nicht berücksichtigt. Das waren z.B. Lok 141 der Niederlausitzer Eisenbahn (1950: 91 6497) und Lok 17 der Halberstadt-Blankenburger Eisenbahn (1952: 94 6777). Dagegen war die ebenfalls 1952 als 94 6778 eingereihte pr. T16[1] keine Privatbahnlok, sondern eine Beutelok belgischer Herkunft. Ebenso war die pr. T 14, die kurzzeitig bei der DR als 93 9760 lief, keine ehemalige Privatbahnlok, sondern stammte auch von der SNCB. Die DR hatte der belgischen Betriebsnummer 9760 lediglich die dem deutschen Nummernschema entsprechende Stammnummer 93 vorangestellt. Wir haben die Lok an dieser Stelle besonders erwähnt, weil sie in mancher (allerdings keiner amtlichen) Statistik irrtümlich als ehemalige Privatbahnlok aufgeführt ist. Die hin und wieder für die Maschine genannte Betriebsnummer 93 6760 trifft nicht zu. 93 9760 gehörte zu jenen ehemals pr. T 14, die nach dem Ersten Weltkrieg als Reparationsleistung an Belgien abgetreten worden waren.

Die Deutsche Reichsbahn übernahm nach 1945 insgesamt fünf pr. T 14 aus dem Bestand der SNCB in ihren Betriebspark, setzte sie zunächst unter ihrer belgischen Betriebsnummer mit vorangestellter deutscher Stammnummer ein und zeichnete sie später in 93 451 bis 93 455 um. Dazu gehörte auch 93 9760, welche noch bis Anfang der fünfziger Jahre unter dieser Betriebsnummer im Einsatz stand. Die Maschine hatte sogar normgerechte Lokomotivschilder mit aufgenieteten Ziffern erhalten. Letztere Tatsache mag manchen Eisenbahnfreund und sogar Fachmann dazu bewogen haben, in ihr eine ehemalige Privatbahnlok zu erblicken.

Die Bauarten und Bauformen der übernommenen Privatbahnlokomotiven

Die auf dem Gebiet der DDR verstaatlichten und durch die Deutsche Reichsbahn übernommenen normalspurigen Privatbahnen hatten ausschließlich Tenderlokomotiven, teilweise aus zweiter oder dritter Hand, in Dienst gestellt. Erst nach Übernahme durch die DR sind, wie schon erwähnt, einige Lokomotiven – ausschließlich Dreikuppler – mit Schlepptendern versehen worden.
Unter den Maschinen, die die DR in ihren Einsatzbestand übernahm, waren Lokomotiven aller nur erdenklichen Radsatzanordnungen und Bauformen, vom leichten B-Kuppler der Lenz-Typen a bzw. c bis hin zur schweren 1'E1'h2t der »Tierklasse« der HBE. Zu den wesentlich leistungsfähigeren und wirtschaftlicheren Heißdampflokomotiven zählten auch Lokomotiven wie die recht modernen 1'Dh2t der Ruppiner Eisenbahn.
Diese Maschinen erhielten bei der DR die Baureihenbezeichnung 98^{63} bzw. 98^{64}. Um echte Lokalbahnlokomotiven handelte es sich bei ihnen jedoch nicht; vielmehr waren sie bis auf Lauf- und Triebwerk identisch mit den als BR 75^{62} eingereihten Lokomotiven. Da im Stammnummernschema der DRG und somit auch der DR keine Güterzug-Tenderlokomotiven der Radsatzfolge 1'D vorgesehen waren, blieb nichts weiter übrig, als die Maschinen der Ruppiner Eisenbahn mit vier Kuppelradsätzen und vorderem Laufradsatz in der BR 98 einzuordnen. Überhaupt war die Vergabe der Stammnummer 98 für ehemalige Privatbahnlokomotiven weitgehend ein Notbehelf. Hier ordnete man alle jene Maschinen ein, die scheinbar oder tatsächlich nicht in einer anderen BR unterzubringen waren. Daher gaben sich hier außer den leichten Lenz-B-Kupplern die unterschiedlichsten Bauarten ein Stelldichein, angefangen von Abkömmlingen der pr. T 1 und T 2, die eigentlich die Stammnummer 88 hätten erhalten müssen (98 6210 bis 98 6212), über einen C-Kuppler (98 6010), der richtiger die Stammnummer 89 erhalten hätte, bis hin zu den B'B-Mallets vom Hersteller Jung, welche weitgehend der pr. T 13 Bauart Mallet entsprachen und daher korrekterweise in die BR 92 eingereiht hätten werden müssen (98 6051; 98 6151 bis 98 6153). Am umfangreichsten vertreten waren die Spielarten der pr. T 3, zum Teil allerdings mit größeren Abweichungen gegenüber den preußischen Musterblättern. Von den etwa 100 Vertretern der T 3-Bauformen gehörten einige zum Lenz-Typ b. Daß manche Autoren neuerdings diesem Typ den Status einer T 3 absprechen, ist völlig unberechtigt; denn der Lenz-Typ b unterschied sich von der pr. T 3 nach Musterblatt III-4 e (1. und 2.Auflage) lediglich durch die leicht abgeänderte Rahmenlänge und einen Dampfdom anstelle der Reglerbüchse bzw. eine andere Lage des Dampfdoms.
Ebenso absurd ist die neuerdings in einigen Publikationen nachlesbare Ansicht, die Maschinen der Oderbruchbahn mit Schlepptender (BR 89^{22}) seien keine T 3 gewesen. Auch diese Meinung ist unhaltbar: Die Maschinen entsprachen in ihrer Originalgestalt haargenau den pr. T 3 nach Musterblatt III-4 p.
Etwa 25 Lok entsprachen dem Typ »Bismarck« (leichte Ausführung), den Henschel speziell für Privat- und Werkbahnen entwickelt hatte und welcher bei thüringischen und anhaltinischen Privatbahnen oftmals den Grundstock des Lokomotivparks bildete.
Circa 70 Maschinen waren ELNA-Lokomotiven der Typen 1 bis 6. Wir wollen an dieser Stelle vermerken, daß im Gegensatz zu gängigen Auffassungen von den C-gekuppelten ELNA-Typen 1 und 4 nicht eine oder zwei, sondern mindestens acht Maschinen gefertigt worden sind, die allerdings nicht alle zur DR kamen. Mehr darüber ist im Archivteil nachzulesen. Zu den ELNA-Lokomotiven zählten

98 6002 von der ehemaligen Franzburger Südbahn 1961 in Niederschlema zum Transport nach Wolfshain in der Lausitz.
Foto: Sammlung Grundmann

89 6222 mit Tender pr. 3 T 12 am 05.09.1965 in Wriezen.
Foto: Hans Müller

89 6024 (Henschel 1914/13025) auf Sonderfahrt bei Oberoderwitz im Juni 1973.
Foto: Michael Malke

zweifellos auch die von Henschel in den Jahren 1940 bis 1942 gefertigten 1'C1' h2t, welche bei der DR die Betriebsnummern 75 6682 bis 75 6687 erhielten. Für diese Lokomotiven hatte die Firma Henschel & Sohn eine Entwurfszeichnung erstellt, welche tatsächlich mit der Typenangabe »ELNA 7« versehen war. Dagegen hatten die schon erwähnten 1'D1' h2t von Borsig (BR 93^{64} und BR 93^{66}) nichts mit der ELNA-Typenreihe gemein. Die im »Archiv deutscher Klein-und Privatbahnen«, Band Mecklenburg/Brandenburg, geäußerte Ansicht, diese Vierkuppler seien ELNA-Typen gewesen, ist irreführend.

Die erwähnten drei Gruppen – T 3, Bismarck leicht (auch als Bismarck alt bezeichnet) und ELNA-Bauarten – machten allein 50 % aller von der DR übernommenen normalspurigen Privatbahnlok aus. Man möge es uns nicht verübeln, daß wir im Gegensatz zu mancher Veröffentlichung der letzten Jahre keine absoluten Stückzahlen nennen. Der Grund dafür ist wohl einleuchtend: Manche Maschine, die beispielsweise die Verfasser der Bücher »BR 89^{70} – die preußische T 3«, »ELNA-Lokomotiven« oder »Archiv deutscher Klein- und Privatbahnen« einer bestimmten Bauart oder Bau-

89 6162 (Henschel 1914/13026) führt den P 1065 im Jahre 1953 durch die Straßen von Ichtershausen (Thür.) 1954 wurde die Strecke abgebaut.
Foto: Sammlung Grundmann

form zuordnen, hat sich zwischenzeitlich als ganz anderer Typ herausgestellt. Dafür an dieser Stelle einige Beispiele, die sämtlich fotografisch belegt sind: Die im Buch »BR 89^{70}« als pr. T 3 bezeichnete Lok 5 der Osthavelländischen Eisenbahn (DR 89 6217) war in Wirklichkeit ein für Werkbahnen entwickelter Borsig-Typ. Die Publikation »ELNA-Lokomotiven« gibt die Lok 91 der Hohenebra-Ebelebener Eisenbahn (DR 92 6480) irrtümlich als ELNA 6 H an; in Wahrheit glich die Maschine aber weitgehend den ebenfalls von Orenstein & Koppel gelieferten Lok 94 und 95 der Weimar-Berka-Blankenhainer Eisenbahn (bei der DR 92 6582 und 92 6583). Umgekehrt war Lok 2 der Ruhlaer Eisenbahn (DR 89 6280), welcher in der gleichen Veröffentlichung allenfalls der Status einer »ELNA-ähnlichen« Lokomotive zugebilligt wird, eine echte ELNA 1 H.
Außer den eben erwähnten drei großen Bauartgruppen umfaßten die übernommenen Privatbahnlokomotiven mehrere kleine Gruppen gleichartiger Maschinen, ebenso aber Einzelgänger, die kaum einer der anderen Lok glichen.
Eine Kategorie ehemaliger Privatbahnlokomotiven soll an dieser Stelle noch besonders erwähnt werden. Es handelt sich hierbei um Lokomotiven, die konstruktiv unmittelbar von DRG-Einheitslokomotiven abgeleitet worden sind. Diese Tatsache geht aus den Hauptabmessungen und technischen Daten der betreffenden Maschinen, nicht zuletzt aber aus ihrer Entstehungsgeschichte hervor. Diese verkappten oder abgewandelten Einheitslokomotiven, wie man sie wohl zu Recht bezeichnen darf, waren:
Lok 1 bis 3 der HBE (DR 75 6676 bis 75 6679), abgeleitet aus der DRG-Baureihe 64;
Lok 40 bis 42 der RE (DR 93 6478, 93 6480 und 93 6481), abgeleitet aus den BR 64 und 86 und unter Verwendung zahlreicher Einheitslok-Bauteile gefertigt;
Lok 93 0020 und 93 0021 der WBBIE, neu an die Prignitzer Eisenbahn geliefert, nach deren Verstaatlichung bei der DRG als 93 1611 und 93 1612 eingereiht, nach einigen Jahren an Bachstein verkauft und bei der DR schließlich als 93 6676 und 93 6677 bezeichnet. Diese beiden Lok sahen zwar äußerlich recht »preußisch« aus, ihre Hauptabmessungen stimmten aber auf den Millimeter mit denen der DRG-BR 86 (Erstausführung) überein, und der Kessel mit allen Armaturen stammte von der Einheitslok. Laut Merkbuch der DR (Ausgaben 1962/64) sollen zwar einige Abmessungen von denen der Einheitslok abgewichen sein, doch beweist ein Blick in den Firmenkatalog Kleinbahn- und Baulokomotiven, den der Hersteller Henschel & Sohn herausgegeben hatte, daß die vorgeblichen Maßabweichungen nicht bestanden haben.
Zu den abgewandelten Einheitslokomotiven zählten übrigens auch die im »Dampflokarchiv Bd. 5« beschriebenen, von der Prignitzer Eisenbahn stammenden und bei der DRG als 75 611 und 75 612 eingereihten Maschinen.
Erwähnenswert ist an dieser Stelle noch die von der SEG übernommene und durch die DR in 91 6580 umgezeichnete 1'Ch 2t. Die von Henschel & Sohn 1938 unter der Fabriknummer 23 877 fertiggestellte Maschine hatte zwar keine der Einheitslok-Baureihen zum direkten Vorbild; dennoch war diese Sonderkonstruktion unter Verwendung zahlreicher Einheitslok-Bauteile entstanden. Beispielsweise stammte der komplette Kessel von der BR 81.

Lok Nr. 3 der HBE, die spätere 75 6678 (Hanomag 1929/10642), im Bw Blankenburg.
Foto: Sammlung Weisbrod

Die 93 6478, vormals RE 40 der Ruppiner Eisenbahn, hat unverkennbar die Baureihe 86 zum Vorbild.
Foto: M. Baumberg, Sammlung Weisbrod

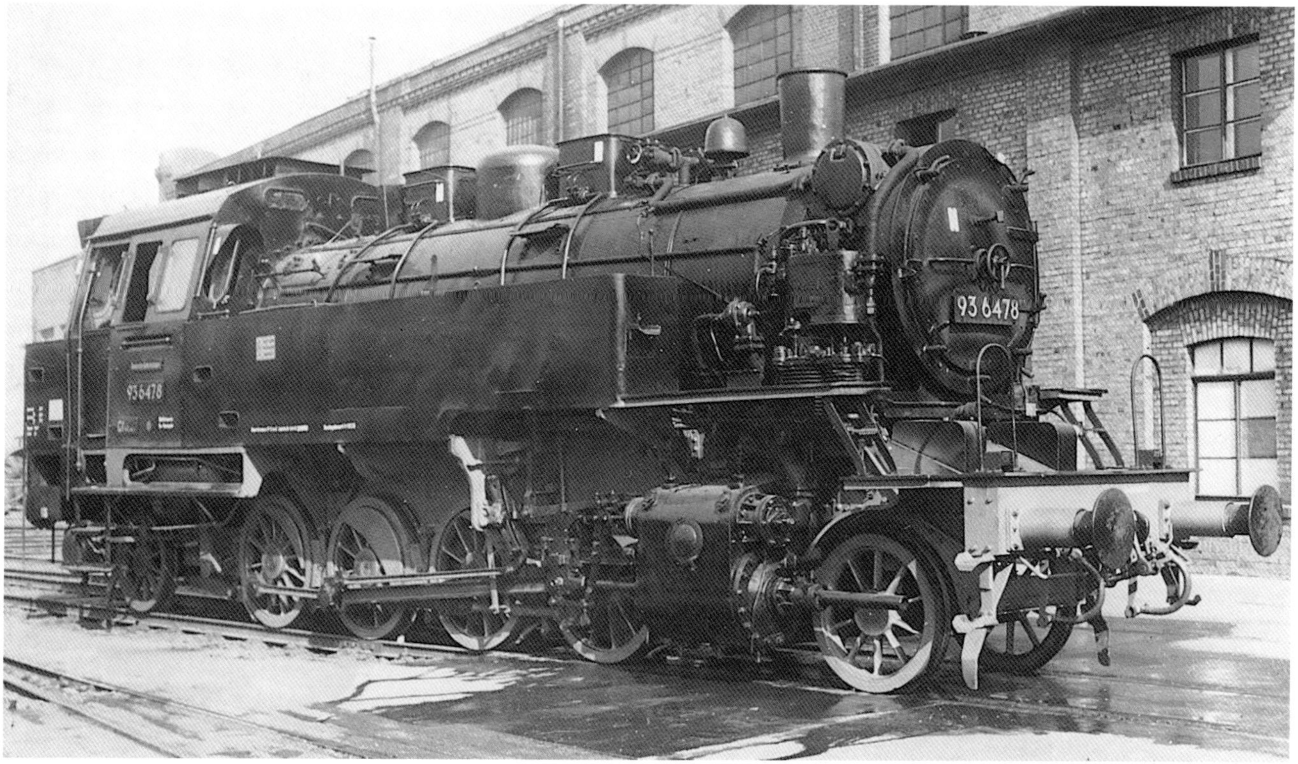

Anpassung der übernommenen Lokomotiven an die Betriebsbedingungen der DR

Die durch die Deutsche Reichsbahn übernommenen Privatbahnlokomotiven waren zwar zum überwiegenden Teil betriebsfähig, mußten aber, von wenigen Ausnahmen abgesehen, für ihren nunmehr vorgesehenen Einsatz erst an die Verhältnisse bei der Reichsbahn angepaßt werden. Diese Anpassungsarbeiten betrafen auch Lokomotiven, die nach ihrer Übernahme durch die DR weiterhin ihre alten Stammstrecken befuhren. Keselausrüstung, Speiseeinrichtungen, Bremse, Luftpumpe und Beleuchtungseinrichtung wichen teilweise erheblich vom Reichsbahn-Standard ab. Soweit es die angespannte Ersatzteilsituation zuließ, glich man die Maschinen DR-Normen an. Der Kessel erhielt, sofern nötig, einen zweiten sichtbaren Wasserstand, der Rost wurde bei den größeren Maschinen zum Kipprost umgebaut, verschlissene Luft- und Speisepumpen ersetzte man durch neue oder aufgearbeitete Knorr-Pumpen. Handölpumpen wurden in vielen Fällen gegen selbsttätige Bosch-Öler getauscht. Sofern die Kolbenschieber noch mit den alten starren Schieberringen versehen waren, kamen nunmehr federnde Kolbenringe zum Einbau. Statt der zum größten Teil noch vorhandenen Petroleum- oder Azetylenbeleuchtung sah man elektrische Beleuchtung vor. Bei Maschinen, die bereits mit elektrischer Beleuchtung zur DR gelangt waren, tauschte man die Dampfturbogeneratoren, soweit erforderlich, gegen solche der Bauart AEG. Schließlich erhielten Lokomotiven, die noch Stangenpuffer besaßen, bei der DR Hülsenpuffer. Darüberhinaus bekamen einige Lokomotiven, z. B. die großen 1'D1' h2t von Borsig, Schornsteinaufsätze. Die genannten Änderungen an den Lokomotiven hatten zwar etwa zeitgleich mit der Anbringung der DR-Betriebsnummern begonnen, zogen sich aber bis in die 60er Jahre hin und erfolgten längst nicht bei allen Maschinen. Einige Lokomotiven besaßen bis zur Ausmusterung weder einen zweiten sichtbaren Wasserstand noch einen Kipprost, auch die Umstellung auf elektrische Beleuchtung geschah recht schleppend. Obgleich die Angleichung der übernommenen Lokomotiven an DR-Normen letztlich nicht konsequent verwirklicht wurde, verursachte sie doch erhebliche Kosten, die den Etat der Reichsbahn belasteten.

Der Umzeichnungsplan vom 12. Dezember 1949

Der schon mehrfach erwähnte »Umzeichnungsplan für die nichtreichsbahneigenen Eisenbahnen in der sowjetischen Besatzungszone« (so lautete die amtliche Bezeichnung) ist von der Generaldirektion der DR, Abteilung IV, auf der Grundlage des durch die Übernahmegruppen ermittelten Lokomotivbestandes der Privatbahnen aufgestellt worden. Das Dokument trägt zwar das Datum vom 12. Dezember 1949, doch ist die Datumsangabe auf dem Original handschriftlich nachgetragen worden. Da im Titelblatt des Umzeichnungsplanes nicht von der DDR, die zu diesem Zeitpunkt bereits existierte, sondern von der sowjetischen Besatzungszone die Rede ist, muß der Plan bereits vor dem 7. Oktober 1949 fertig vorgelegen haben. Im Umzeichnungsplan wurden sowohl die normalspurigen (dort als »Vollspurlok« bezeichnet) als auch die

Führerhausbeschriftung der 91 6488 von der Franzburger Südbahn.
Foto: Reiner Scheffler

schmalspurigen Privatbahnlokomotiven aufgeführt. Im Umzeichnungsplan nicht enthalten waren die Maschinen der bereits 1948 verstaatlichten Görlitzer Kreisbahn sowie die Lokomotiven der Niederbarnimer Eisenbahn, die erst im Sommer 1950 zur DR gelangten.

Grundsätze der Umzeichnung

Für die normalspurigen Privatbahnlokomotiven galten die im folgenden wörtlich wiedergegebenen Umzeichnungsgrundsätze:
»Die von den nichtreichsbahneigenen Eisenbahnen des öffentlichen Verkehrs in der sowjetischen Besatzungszone übernommenen Dampflokomotiven erhalten vom 1. Januar 1950 an eine neue Betriebs-Nr nach den bei der Deutschen Reichsbahn bestehenden Nummerungsgrundsätzen. Die Lok erhalten die ihrer Bauart entsprechenden Stamm-Nummern. Bei der Zuteilung der Ordnungsnummern sind bestimmte, bisher unbesetzte Nummernreihen für diese Lok vorgesehen, damit die Lok dieser Bahnen auch künftig nach der Umzeichnung noch als ehemalige Lok der Privatbahnen erkennbar sind.
Es sind nur Tenderlok übernommen worden. Im Umzeichnungsplan sind bei den Tenderlok bei jeder Bauartreihe die Ordnungsnummern 5000 bis 7000 noch unbesetzt. Unter Verwendung der gleichen für Reichsbahnlok geltenden Stammnummern werden die Ordnungsnummern 5000–7000 für die von den Privatbahnen übernommenen Lok vorbehalten.
Bei jeder Bauartreihe sind die Ordnungsnummern wie folgt festzulegen:
Die ersten beiden Ziffern der Ordnungsnummer geben Aufschluß über den Achsdruck der Lok. Die Ordnungsnummer wird dadurch gebildet, daß der Zahl 50 zunächst die Zahl des durchschnittlichen Achsdruckes zugeschlagen wird, z.B. bei einer Lok mit 13 t Achsdruck
50 + 13 = 63
Die Zahl 63 ist der erste Teil der Ordnungsnummer, während der zweite Teil (die beiden letzten Zahlen) der Nummerung vorbehalten bleibt. Die Nummerung der Lok beginnt für alle Lok gleichen Achsdruckes dem Alter entsprechend mit 6301. Innerhalb der Hundertreihen werden von 1 bis 75 die Naßdampflok und von 76 bis 99 die Heißdampflok eingereiht.«

Außerdem waren folgende allgemeine Bestimmungen sowohl für Normal- als auch für Schmalspurlokomotiven verbindlich:
»Die neuen Eigentumszeichen der Lok sind ...in Ölfarbe anzubringen. Die Lok erhalten am Führerhaus an beiden Seiten die Anschrift »Deutsche Reichsbahn«, das Betriebsgattungszeichen (z.B. K 33.6), die Betriebsnummer und die Bezeichnung der Heimat-RBD. Die Bezeichnung des Heimat-Bw wird später noch angebracht.
Die Betriebsnummer ist außerdem noch an der Rauchkammertür und Führerhausrückwand bzw. bei Lok mit Schlepptendern an der Tenderrückwand anzubringen. Alle andere früheren Eigentums- und Bauartkennzeichen an der Lok sind zu entfernen.«

Zu den allgemeinen Bestimmungen sei hier jedoch gesagt, daß bereits Anfang der 50er Jahre viele Lokomotiven statt der angemalten Betriebsnummern und Gattungszeichen Lokomotivschilder mit aufgenieteten oder aufgeschraubten Ziffern erhalten haben. Keineswegs hat man jedoch bei allen Maschinen die alten Eigentumsbezeichnungen und Betriebsnummern entfernt. Vielmehr blieben bei einer Anzahl von Lokomotiven der BR 89 und bei den Naßdampfmaschinen der BR 91^{64} die Kennzeichnungen aus der Privatbahnzeit zusätzlich zur Reichsbahn-Beschilderung erhalten. Ob dies ein Hang zur Nostalgie oder einfach nur Schlendrian war – wir wissen es nicht.

Der Grund für die Erteilung der 6000er Betriebsnummern

Bis auf vier Lokomotiven, die als 89 5901 bis 89 5903 und 98 5901 eingereiht worden sind, haben die mit Wirkung vom 1. Januar 1950 übernommenen Normalspurlokomotiven Betriebsnummern über 6000 erhalten. Im allgemeinen wird angenommen, daß die Generaldirektion der DR die Vergabe dieser Betriebsnummern lediglich verfügt hat, weil die entsprechenden Nummerngruppen bis dato noch unbesetzt waren. Nimmt man jedoch den Umzeichnungsplan der DRG aus dem Jahre 1925 und die bis 1945 erfolgten Nachträge zur Hand, dann wird deutlich, daß Platznot nicht die wirkliche Ursache dafür gewesen sein kann, den ehemaligen Privatbahnlokomotiven besondere und zudem auffällige Betriebsnummern zuzuteilen. Es wäre nämlich durchaus möglich gewesen, die von den Privatbahnen stammenden Maschinen im Anschluß an bereits bestehende Ordnungsnummerngruppen einzureihen. Dies hätte sogar den Vorteil geboten, Lokomotiven gleicher Radsatzanordnung säuberlich nach Bauarten trennen zu können. Der tatsächliche Grund für die Erteilung der 6000er Ordnungsnummern ist jedoch unschwer aus dem Umzeichnungsplan selbst herzuleiten, wenn man die Textpassage, daß dadurch »die Lok auch künftig ... als

92 6494 mit P 3806 Weißenberg–Görlitz bei Königshain-Hochstein am 24.05.1970.
Foto: Hans Müller ((Vsp-018))

ehemalige Lok der Privatbahnen erkennbar sind« gebührend beachtet. Mit Sicherheit gaben politische Motive für die Entscheidung, den Privatbahnlok besonders markante DR-Betriebsnummern zuzuweisen, den Ausschlag. Schließlich war 1949 (und auch später noch) die baldige Wiedervereinigung Deutschlands Bestandteil der offiziellen Staatsdoktrin der DDR. Wäre damals tatsächlich die Einheit Deutschlands erreicht worden, hätte die Mehrzahl der Privatbahnen zweifellos ihren ursprünglichen Eigentümern zurückgegeben werden müssen, zumal die Reichsbahn mit der Übernahme dieser Bahnen zwar die Rechte zur Betriebsführung, nicht aber den Eigentumsanspruch erworben hatte. Eine Ausnahme von dieser Rechtslage bildete die ehemalige Görlitzer Kreisbahn, welche 1948 auch de jure in das Eigentum der DR übergegangen war.

Mit der Vergabe der 6000er Ordnungsnummern für die 1949 in den Betriebspark der Reichsbahn eingegliederten Maschinen hatte man sich zweifellos die Möglichkeit geschaffen, diese Lokomotiven kurzfristig wieder aus dem DR-Bestand auszuscheiden, ohne erst größere Nachforschungen über ihren Verbleib anstellen zu müssen.

Das »zweite Gattungszeichen« und die nummernmäßige Trennung von Heiß- und Naßdampflokomotiven

Durch die Festlegung im Umzeichnungsplan, daß die ersten beiden Ziffern der Ordnungsnummer aus der Summe von 50 + mittlerer Achsdruck (heutige Bezeichnung: Radsatzfahrmasse) zu bilden seien, schuf die DR völlig überflüssigerweise eine Art zweites Betriebsgattungszeichen, denn das bei der DRG eingeführte Gattungszeichen wurde auch an den Führerhausseitenwänden der ehemaligen Privatbahnlok angebracht.
In praxi stimmte jedoch die aus den ersten beiden Ziffern der Ordnungsnummer ablesbare Radsatzfahrmasse oftmals nicht mit den entsprechenden Angaben des Betriebsgattungszeichens überein – entweder waren die ersten beiden Ziffern der Ordnungsnummer fehlerhaft (weil willkürlich festgelegt), oder das Betriebgattungszeichen war unrichtig. Die häufigen Differenzen in beiden Angaben haben viel zu Verwirrung und phantastischer Interpretation beigetragen, wir erwähnen sie deshalb hier besonders. Eine Besonderheit stellten jedoch die drei als 89 5901 bis 89 5903 eingeordneten und als Gt 33.9 gekennzeichneten Lok dar. Die Angaben zur Radsatzfahrmasse in den ersten beiden Ziffern der Ordnungsnummer und im Betriebsgattungszeichen stimmten bei den drei Maschinen überein – rein formal war also alles in Ordnung. Und doch war gerade bei diesen Lokomotiven hinsichtlich Betriebsnummer und Betriebsgattungszeichen ein grober Schnitzer passiert: es gab nämlich gar keine T 3-Bauform mit nur 9 t Radsatzfahrmasse. Richtigerweise hätten die Maschinen das Gattungszeichen Gt 33.10 erhalten und in die BR 89^{60} eingeordnet werden müssen. Weitere Beispiele für fehlerhafte Vergabe von Ordnungsnummern und/oder Gattungszeichen führen wir im Abschnitt »Abweichungen von den Grundsätzen des Umzeichnungsplans« an.
Im Gegensatz zum »zweiten Gattungszeichen« war die in den »Grundsätzen der Umzeichnung…« fixierte numerische Differenzierung von Heißdampflokomotiven und Naßdampflokomotiven durchaus zweckmäßig. Die praktische Brauchbarkeit dieser Festlegung ist jedoch durch einige Irrtümer bei der Erteilung der letzten beiden Ziffern der Ordnungsnummer eingeschränkt worden. So erhielten einige Heißdampflokomotiven Ordnungsnummern, die eigentlich den Naßdampflokomotiven vorbehalten waren.

91 6493, eine ELNA 5, am 22.05.1968 bei Brüchau (Strecke Klötze - Kalbe).
Foto: Hans Müller

Die Einordnung der Lokomotiven nach ihrem Alter

Die im Umzeichnungsplan vom 12. Dezember 1949 enthaltenen Lokomotiven sollten so einnumeriert werden, daß bei Maschinen gleicher Radsatzfolge die älteste Lok die niedrigste, die jüngste Lok die höchste Betriebsnummer erhielt. Überprüft man jedoch die Auflistung der Lokomotiven im Umzeichnungsplan auf die Einhaltung dieses Grundsatzes, wird man zahlreiche Abweichungen insbesondere bei den Dreikupplern feststellen. Überdies ist im Original des Planes bei einer Reihe von Lokomotiven das Baujahr falsch angegeben, wie Vergleiche mit den Lieferlisten der Hersteller beweisen. Derartige Abweichungen sind nicht nur auf die Tatsache zurückzuführen, daß die Erbauerfirmen in ihren Lieferbüchern mitunter ein anderes Baujahr angaben, als es das Fabrikschild der fertigen Lok auswies. Differen-

89 6480 (AEG 1925/3151) vom Bw Jerichow.
Foto: Hans Müller

89 6215 im Sommer 1960 in Esperstädt am Kyffhäuser.
Foto: Umlauft, Sammlung Scheffler

zen zwischen Lieferlisten und Fabrikschildern betragen, von wenigen Ausnahmen abgesehen, nicht mehr als ein Jahr. In einigen Fällen weichen die Herstellerangaben vom im Umzeichnungsplan genannten Baujahr um bis zu fünf Jahre ab. Mögen solche Ungereimtheiten zum Teil auch daran liegen, daß zum Zeitpunkt der Erfassung der Privatbahnlokomotiven oftmals keine Betriebsbücher vorlagen, die exakten Aufschluß geben hätten können – die Problematik einer Einreihung der Lok nach dem Alter hätte den Urhebern des Umzeichnungsplanes von 1949 eigentlich bekannt sein müssen. Bereits 1925 hatte die DRG längst nicht alle übernommenen Länderbahnlokomotiven nach ihrem Alter einordnen können; für die Zuteilung der DRG-Betriebsnummer spielten meist andere Kriterien wie Heimatdirektion, Herstellerfirma und Fabriknummer eine Rolle. Mit der Beschaffung der Einheitslokomotiven ab 1925 waren HV der DRG und RZA dazu übergegangen, den Herstellern bei der Auftragserteilung nicht nur die Größe eines jeweiligen Bauloses mitzuteilen, sondern gleichzeitig die vorgesehenen Betriebsnummern der zu fertigenden Lok anzugeben. Damit war eine Einnumerierung der Maschinen nach dem Baujahr illusorisch geworden.

Einen wesentlich wichtigeren Gesichtspunkt hatten die Autoren des Umzeichnungsplanes von 1949 jedoch völlig vernachlässigt: die säuberliche Trennung der Bauarten und Bauformen, welche im Interesse des Werkstättendienstes dringend erforderlich gewesen wäre. Stattdessen hat man jedoch in vielen Fällen

75 6276, die ehemalige RE 27 der Ruppiner Eisenbahn, 1963 in der VES-M Halle.
Foto: M. Baumberg, Sammlung Weisbrod

Lokomotiven gleicher Bauart unterschiedlichen Ordnungsnummerngruppen, mitunter sogar unterschiedlichen Stammnummern zugeordnet. Andererseits sind Lokomotiven, die in bezug auf ihre Bauart kaum etwas miteinander gemein hatten, in der gleichen Ordnungsnummerngruppe eingereiht worden. Eklatante Beispiele für letztgenannte Verfahrensweise sind sowohl die C-Kuppler der BR 89 als auch die Lokomotiven, welche als 98er eingereiht worden waren. Bei den als BR 98 bezeichneten Maschinen war noch nicht einmal der Grundsatz, Lokomotiven gleicher Radsatzfolge in der gleichen Odnungsnummerngruppe einzureihen, konsequent befolgt worden. So folgte denn auch auf einen B-Kuppler der Oberweißbacher Bergbahn (98 6009) ein C-Kuppler der Boizenburger Stadt-und Hafenbahn als 98 6010.

Die hier und an anderer Stelle bereits genannten Beispiele verdeutlichen wohl zur Genüge, welche Probleme sich aus den 1949 festgelegten »Grundsätzen der Umzeichnung« und insbesondere ihrer praktischen Handhabung ergeben haben. Letztlich waren die im Umzeichnungsplan des Jahres 1949 aufgetretenen Fehler und Unzulänglichkeiten derart gravierend, daß sie nicht nur bei den erst 1950 übernommenen Lokomotiven der Niederbarnimer Eisenbahn wiederholt wurden, sondern in gleicher Weise für die bis 1956 nachträglich eingereihten Maschinen nachweisbar sind. Das in den Jahren 1962 und 1964 herausgegebene Merkbuch für Triebfahrzeuge der Deutschen Reichsbahn (DV 939 Tr) hat die meisten der bei der Einreihung der Privatbahnlokomotiven in den Betriebspark der DR ab 1949 aufgetretenen Fehler nicht korrigiert. Wir kommen daher nicht umhin, diese Unzulänglichkeiten im folgenden eingehender zu behandeln.

Abweichungen von den Umzeichnungsgrundsätzen und daraus resultierende Einreihungsfehler

Die nachfolgenden Ausführungen beziehen sich sowohl auf Lokomotiven, die aufgrund des Umzeichnungsplanes vom 12. Dezember 1949 DR-Betriebsnummern erhalten haben, als auch auf bis zum Jahre 1956 nachträglich übernommene Maschinen. Soweit sich unsere Darlegungen auf die Erteilung von Betriebsnummern beziehen, haben wir sie aus Gründen der Übersichtlichkeit nach Stammnummern gegliedert.

Fehler und Ungereimtheiten bei der Vergabe von Betriebsnummern

BR 74 Die 1950 übernommenen Lokomotiven 01 und 02 der Niederbarnimer Eisenbahn hat man irrtümlich als Personenzug - Tenderlokomotiven eingereiht und ihnen die DR-Betriebsnummern 74 6611 und 74 6612 gegeben. Wegen ihres geringen Kuppelraddurchmessers hätten die Lokomotiven den Güterzug-Tenderlokomotiven zugeordnet werden müssen. Die fast baugleiche Lok 40 der Osterwieck-Wasserlebener Eisenbahn (ex DRG 91 231) war dagegen richtig in 91 6676 umgezeichnet wor-

Eine mit 16 t Kuppelradsatzfahrmasse sehr leistungsfähige Lokomotive war die 89 6601 von Krupp.
Foto: Hans Müller

den. Die beiden Lokomotiven der NbE haben als Heißdampflok zudem falsche Ordnungsnummern erhalten. Korrekt wäre daher eine Umzeichnung in 91 6677 und 91 6678 gewesen.

BR 75 Während die Lokomotiven 27, 28, 29 und 31 der Ruppiner Eisenbahn bei der DR die Betriebsnummern 75 6276 bis 75 6279 erhalten haben, wurde die fast baugleiche Lok 32 in 75 6476 umgezeichnet. Letztere Maschine war eine im Jahre 1936 nachbestellte Lok, die sich in ihren Hauptabmessungen kaum von den älteren unterschied. Wenn nicht gar falsch, so war doch die Umzeichnung der Lok 32 in 75 6476 zumindest fragwürdig. Ob diese Lok tatsächlich einen stärkeren Rahmen als die anderen gleicher Bauart besaß, kann heute nicht mehr bewiesen werden. Das Betriebsgattungszeichen Pt 35.14, welches die Lok erhielt, deutet zwar auf eine um 2 t höhere Kuppelradsatzfahrmasse als bei den anderen vier Maschinen hin, jedoch dürfte selbst bei Vorliegen einer Rahmenverstärkung der Unterschied nicht so gravierend gewesen sein. Mit großer Wahrscheinlichkeit hätte die Lok 32 eigentlich die Betriebsnummer 75 6280 erhalten müssen, und ebenso wahrscheinlich ist, daß man sich bei ihrer Einreihung in eine andere Ordnungsnummerngruppe lediglich davon hatte leiten lassen, daß Lok 32 neun bzw. elf Jahre jüngeren Baudatums war als die in BR 75^{62} umgezeichneten Maschinen.

BR 89 Bei den unter der Stammnummer 89 eingereihten Lokomotiven sind zahlreiche Einreihungsfehler aufgetreten, von denen wir hier nur die wichtigsten erwähnen wollen.
Eindeutig falsch war die Vergabe der Betriebsnummern 89 5901 bis 89 5903, da Lokomotiven, die in ihrer Grundbauart der pr. T 3 entsprachen, mindestens 10 t Radsatzfahrmasse besaßen. Überhaupt erfolgte die Einnummerung der T 3 recht willkürlich. Beispielsweise wurden Lokomotiven, die der Bauform nach Musterblatt III-4 e (2) entsprachen und 11 t Radsatzfahrmasse hatten, mitten unter Maschinen mit 10 t Radsatzfahrmasse eingereiht. Das betraf u. a. die bei der DR in 89 6015 umgezeichnete Lok 288 der Genthiner Eisenbahn. Andererseits erhielten einige Maschinen, die dem Musterblatt III-4 e (2) entsprachen, Ordnungsnummern, die eigentlich Lokomotiven mit 12 t Radsatzfahrmasse vorbehalten waren. Ein Beispiel dafür war 89 6210 ex Gardelegen–Haldensleben–Weferlingen Nr. 290. Ebenso hat man Lokomotiven, die der ersten Ausgabe des Musterblattes III-4 e entsprachen, also 10 t Radsatzfahrmasse aufwiesen, zum Teil wie Lokomotiven mit 11 t Radsatzfahrmasse eingeordnet. 89 6101 ex Franzburger Südbahn Nr. 27 mag als Beispiel dafür stehen. Auch bei den verstärkten T 3 nach Musterblatt III-4 p unterliefen mehrere Einreihungsfehler. Beispielsweise wurde Lok 21 c der Kleinbahn Horka–Priebus fälschlich in 89 6151 umgezeichnet. Schließlich bekam eine T 3 nach M III-4 p, die ehemalige Lok 21 c der Niederlausitzer Eisenbahn, die völlig falsche Betriebsnummer 89 6306.
Alle fehlerhaft eingereihten T 3 hatten zudem auch noch die falschen, weil ihrer tatsächlichen Radsatzfahrmasse nicht entsprechenden, Betriebsgattungszeichen erhalten. Keineswegs trafen, wie die Verfasser des Buches »BR 89^{70} – die preußische T 3« behaupten, bei den übernommenen Privatbahn-T 3 die Betriebsgattungszeichen erstmals zu.
Bei der T 3-Verwandtschaft, etwa den Lokomotiven des Typs Henschel-Bismarck oder den Borsig-C-Kupplern, lassen sich ähnliche Einreihungsfehler nachweisen. Beispiele hierfür nennen wir im Archivteil. Einen besonders markanten Lapsus wollen wir dem Leser an dieser Stelle jedoch nicht vorenthalten: Während ein von der Kleinbahn Erfurt–Nottleben übernommener C-Kuppler (Lieferer Linke-Hofmann, Fabriknr. 2936) richtig als 89 6237 eingeordnet wurde, bekam die baugleiche Schwesterlok (Fabriknr. 2937) die Betriebsnummer 89 6406.

89 6121 stammt von der Prenzlauer Kreisbahn und ist eine pr. T 3 mit Heusingersteuerung. Das Foto zeigt die Maschine zusammen mit 84 010 in Chemnitz-Hilbersdorf.
Foto: Michael Malke

91 6176, eine Lok der Gattung ELNA 2, lief ursprünglich bei der Mecklenburgischen Bäderbahn.
Foto: Max Baumberg, Sammlung Weisbrod

Ein ähnlich eklatanter Fehler ist bei der Einreihung der Heißdampf-C-Kuppler aufgetreten. Die von Orenstein & Koppel unter den Fabriknummern 12 159 und 12 158 hergestellten und ursprünglich der Kleinbahn Gransee–Neuglobsow gehörenden absolut baugleichen Maschinen erhielten die Betriebsnummern 89 6282 und 89 6676.

Aus nicht nachvollziehbaren Gründen sind schließlich zwei Lokomotiven der Gattung pr. T 8 unterschiedlichen Ordnungsnummerngruppen zugewiesen worden. Lok 1–40 der Brandenburgischen Städtebahn erhielt bei der DR die Betriebsnummer 89 6476, Lok DS 5 der Prenzlauer Kreisbahnen die Betriebsnummer 89 6576. Zweifellos falsch war die Vergabe der DR-Nummer 89 6476 für die von der Bstb übernommene Maschine, denn die Kuppelradsatzfahrmasse beider Bauformen der pr. T 8 betrug 15 t.

BR 91 Ein markanter Einreihungsfehler unterlief bei den 1950 zur DR gelangten Lokomotiven 10 und 11 der Niederbarnimer Eisenbahn. Obwohl es sich bei ihnen um C 1'-Lok handelte, erhielten sie die DR-Betriebsnummern 91 6590 und 91 6591. Korrekt wäre eine Einordnung der beiden Maschinen in die BR 90 gewesen.

91 6301, die ehemalige Bahnnummer 41 der Niederlausitzer Eisenbahn.
Foto: M. Baumberg, Sammlung Weisbrod

91 6488 von der Franzburger Südbahn am 30.03.1968 in Barth.
Foto: Hans Müller

Ebenso hat man einen Teil der ELNA-Lokomotiven der Typen 2 und 5 falsch umgezeichnet, beispielsweise die bei der DR als 91 6176 oder 91 6376 bezeichneten Maschinen. ELNA-Lokomotiven hatten grundsätzlich 12 oder 14 t Radsatzfahrmasse. Die Ausnahmen von dieser Regel betrafen nur einige wenige Maschinen, z.B. die nachträglich verstärkte Lok 1 der Wenigentaft–Oechsener Eisenbahn, die ihre DR-Betriebsnummer 91 6579 zu Recht führte. Die von der Oderbruchbahn übernommene Lok 142, welche die Betriebsnummer 91 6578 erhalten hatte, war dagegen eine ELNA 2 und daher falsch umgezeichnet worden. Überhaupt war die DR bei der Einreihung der ELNA-Lok recht großzügig vorgegangen – Maschinen mit 12 t Radsatzfahrmasse fanden sich in der Ordnungsnummerngruppe, die für Lokomotiven mit 14 t Radsatzfahrmasse vorgesehen war und umgekehrt. Eine der leichten ELNA-Lokomotiven des Typs 2 H (ex Niederlausitzer Eisenbahn Nr. 141«) hatte sogar die völlig absurde Betriebsnummer 91 6780 erhalten.

Ein Fehler im Umzeichnungsplan von 1949 ist nachträglich berichtigt worden: Die bei der DR zunächst als 91 6776 bis 91 6779 eingereihten Lokomotiven 51 bis 54 der HBE, die in ihrer Grundbauart der pr. T 12 entsprachen, hat man 1954 in 74 6776 bis 74 6779 umgezeichnet.

91 6481 mit P 1147 Diesdorf - Beetzendorf am 20.09.1969 bei Rohrberg.
Foto: Hans Müller

Die 91 6484, hier am 06.03.1965 in Berlin-Lichtenberg, war von der AEG für Privat- und Kleinbahnen entwickelt worden.
Foto: Hans Müller

BR 92 Die ehemalige erst 1950 übernommene Wehrmachts-Werklok Jung 1941/9049 ist zwar nach den Grundsätzen des Umzeichnungsplans von 1949 richtig als 92 6588 eingereiht worden; jedoch war es den Verantwortlichen in der HV offensichtlich nicht aufgefallen, daß sich ihre völlig baugleiche Schwestermaschine (Jung 1941/9048) als 92 997 im Betriebspark der DR befand. Da Werklokomotiven nicht zwingend den Richtlinien für die Umzeichnung ehemaliger Privatbahnlok unterlagen, hätte es sich eigentlich angeboten, die als 92 6588 eingereihte Maschine mit der Betriebsnummer 92 998 zu versehen. Obgleich beide Lokomotiven bis ins Detail übereinstimmten, trugen sie unterschiedliche Betriebsgattungszeichen: 92 997 war als Gt 44.12 bezeichnet, 92 6588 aber als Gt 44.15.
Bei der Einreihung der vierfach gekuppelten ELNA-Lokomotiven der Typen 3 und 6 hat man ähnliche Fehler gemacht wie bei den 1'C-ELNA-Maschinen: Beispielsweise wurde Lok 380 der SEG, eine ELNA 3 H mit 12 t Radsatzfahrmasse, fälschlich in 92 6176 umgezeichnet. Ebenso falsch wurde die ELNA 6 H Nr. 4–140 der Oderbruchbahn in 92 6383 umgezeichnet. Bei der Maschine handelte es sich zwar um eine vereinfachte Kriegsausführung, dennoch betrug ihre Radsatzfahrmasse 14 t wie bei allen

92 6504 mit P 3012 auf der Fahrt von Dessau nach Wörlitz am 13.09.1964.
Foto: Hans Müller

Die 92 6477, vormals Nr. 182 der Halle-Hettstedter Eisenbahn, war eine ELNA 6 der Bauart Krauss.
Foto: M. Baumberg, Sammlung Weisbrod

ELNA 6 (abgesehen von der verstärkten, nur in geringer Stückzahl gefertigten Henschel-Bauform mit sogar 16 t Radsatzfahrmasse, von der ein Exemplar als 92 6676 noch zur DR gekommen war).
Auch die ELNA 3 Nr. 171 der Oderbruchbahn hat bei der DR die für eine Lok mit 12 t Radsatzfahrmasse falsche Betriebsnummer 92 6378 erhalten.

Lediglich bei den ELNA 6 Nr. 11 und 12 der Prenzlauer Kreisbahn war die Umzeichnung in 92 6376 und 92 6377 vertretbar, weil es sich bei den beiden Maschinen um Umbauten ehemaliger Naßdampflokomotiven auf Heißdampf handelte, die tatsächlich in einigen Details von der Standardausführung des Typs ELNA 6 H abwichen.
Auch bei der BR 92 hat man völlig baugleiche Lokomotiven in unterschiedliche Ordnungsnumerngruppen eingereiht. So war z.B die als 92 6480 bezeichnete Lok 91 der Hohenebra–Ebelebener Eisenbahn (O & K 1925/10 494) eine Schwesterlok der bei der DR in 92 6582 und 92 6583 umgezeichneten Maschinen. In verschiedenen Veröffentlichungen, so etwa im Buch »ELNA-Lokomotiven«, wird 92 6480 als ELNA 6 bezeichnet. Fotos der Maschine beweisen jedoch eindeutig, daß es sich bei ihr nicht um einen ELNA-Typ handelte.

Die 92 6493 kam von der Aschersleben-Schneidlingen-Nienhagener Kleinbahn und war eine ELNA 6.
Foto: M. Baumberg, Sammlung Weisbrod

Die 92 6879, zunächst falsch als 92 6776 umgezeichnet, gehörte auch nach der Umzeichnung zum Bw Blankenburg.
Foto: M. Baumberg, Sammlung Weisbrod

Zwei absolut baugleiche Maschinen waren die als 92 6488 und 92 6587 eingeordneten Lokomotiven. Erstere war von der HHE, letztere von der Nauendorf–Gerlebogker Eisenbahn übernommen worden. Beide Lokomotiven entsprachen der Krauss-Bauform des Typs ELNA 6 H und entstammten der gleichen Lieferserie des Jahres 1930. 92 6488 war unter der Fabriknummer 8490, 92 6587 unter der Fabriknummer 8491 erbaut worden. Die dritte Maschine dieses Krauss-Bauloses mit der Fabriknummer 8492 kam ebenfalls zur DR und ist in 92 6489 umgezeichnet worden.
Die im Jahre 1949 zunächst als 92 6776 und 92 6777 eingereihten Lokomotiven 18 und 19 der HBE hat man später wegen ihrer Radsatzfahrmasse von 18 t in 92 6879 und 92 6880 umgezeichnet – einer der wenigen Fälle, in denen Fehler im Umzeichnungsplan vom 12. Dezember 1949 nachträglich korrigiert worden sind.

BR 93 Bei den hier eingeordneten 1'D1' h2t-Lokomotiven handelte es sich überwiegend um moderne, leistungsfähige Maschinen jüngeren Baudatums. Als wenig zweckmäßig erwies sich auch hier die Festlegung im Umzeichnungsplan von 1949, die Lokomotiven ihrem Alter entsprechend einzunumerieren. Abgesehen davon, daß dieser Grundsatz keineswegs konsequent befolgt wurde, hat man auch bei den ehemaligen Privatbahnlokomotiven, die bei der DR die Stammnummer 93 erhiel-

93 6776, ex. HBE Nr. 10, am 21. 6. 1965 im Raw Halle.
Foto: Hans Müller

stadt-Blankenburger Eisenbahn die Betriebsnummer 17 getragen haben. Daß die Maschine erst 1952 im Betriebspark der DR auftauchte, hat zu zahlreichen Spekulationen Anlaß gegeben. Manche Autoren bezeichnen sie als Beutelok belgischer oder unbekannter Herkunft. Am wahrscheinlichsten ist jedoch, daß die Lok zu denjenigen Maschinen gehörte, die 1949 bei der Erfassung der Privatbahnlokomotiven »vergessen« wurden. Dagegen war die ebenfalls im Jahre 1952 als 94 6778 eingereihte T 16^1 eindeutig eine Maschine aus dem Bestand der SNCB. Sogar ihre belgische Betriebsnummer ist belegt: 9854.
Die drei pr. T 16^1 stammten übrigens nicht nur vom gleichen Hersteller (Schwartzkopff), sondern sie trugen auch unmittelbar aufeinander folgende Fabriknummern (5725 bis 5727). Diese Tatsache mag die erwähnten Spekulationen mit hervorgerufen haben.

BR 95 Im Umzeichnungsplan vom 12. Dezember 1949 sind nur die vier 1'E1' h2t der HBE, die als »Tierklasse« Lokomotivgeschichte geschrieben haben, mit ihren DR-Betriebsnummern 95 6676 bis 95 6679 erfaßt worden. Dennoch erlebte die BR 95 Zuwachs durch eine weitere Maschine, die im Jahre 1950 zur DR gelangte. Bei dieser Lok handelte es sich um die ehemalige Werklok 7 der Reichswerke Salzgitter, im Jahre 1940 von Krupp unter der Fabriknummer 2427 ausgeliefert. Als 1'D1' h2t hätte die Lok in die BR 93 eingeordnet werden müssen; die Umzeichnung in 95 007^{II} war völlig verfehlt. Daß die Maschine trotz falscher Umzeichnung das zutreffende Betriebsgattungszeichen Gt 46.20 führte, war sicherlich nicht das Verdienst der verantwortlichen Dienststellen der DR. Alle Lokomotiven der Reichswerke trugen nämlich bereits ab Herstellerwerk Betriebsgattungszeichen nach DRG-Muster. Angaben in der Literatur, die

Bei der Kleinbahn AG Wolmirstedt-Colbitz trug die 98 6215 bis 1949 die Bahnnummer 197.
Foto: M. Baumberg, Sammlung Weisbrod

Maschine habe bei der DR den Platz der nicht mehr vorhandenen 95 007 eingenommen und sei wegen ihrer Leistungsfähigkeit als 95er eingeordnet worden, sind bar jeder Tatsache. Zwar befand sich die echte 95 007 bei der DB, doch erfolgte die Festlegung der Betriebsnummer für die ehemalige Werklok in der Weise, daß man ihrer alten Nummer 7 die (falsche) Stammnummer 95 voranstellte und dazwischen zwei Nullen einfügte, um eine reichsbahngerechte Betriebsnummer zu erhalten. Auch mit der verschiedentlich angegebenen Leistungsfähigkeit der Lok war es nicht weit her: ihre Höchstgeschwindigkeit betrug nur 60 km/h, und ihre geringen Vorräte verhinderten einen freizügigen Einsatz.

BR 98 Wie schon erwähnt, hat man unter der Stammnummer 98 alle Lokomotiven eingeordnet, die anderswo nicht unterzubringen waren. Eindeutig falsch war jedoch die Einreihung von zwei C-Kupplern, die eigentlich in die BR 89 gehört hätten. Bei der von der Boizenburger Stadt- und Hafenbahn übernommenen Werklok 3, welche die DR-Betriebsnummer 98 6010 erhielt, handelte es sich um eine 1922 von O & K gebaute, noch mit dem Fahrwerk der pr. T 3 versehene, aber ansonsten recht modern

anmutende Maschine. Die erst 1953 in den Betriebspark der DR eingereihte und in 98 6401 umgezeichnete Werklok der Lauchhammer AG glich dagegen in ihrer Bauform weitgehend den beiden ebenfalls von Linke-Hofmann gefertigten und bei der DR als 89 6237 und 89 6406 bezeichneten Lokomotiven.
Wie schon bei den unter der Stammnummer 75 eingereihten Lokomotiven der Ruppiner Eisenbahn hat man auch bei den als 98er eingeordneten Maschinen ein Exemplar ohne ersichtlichen Grund in einer anderen Ordnungsnummerngruppe untergebracht: Während die ehemaligen RE-Lokomotiven 25, 26 und 24 die DR-Betriebsnummern 98 6376 bis 98 6378 erhielten, ist die 1936 nachbeschaffte fast baugleiche Lok 23 bei der Deutschen Reichsbahn in 98 6476 umgezeichnet worden, und dementsprechend hat sie auch das von dem der drei anderen Maschinen abweichende Betriebsgattungszeichen L 45.14 erhalten.

Fehler bei der Vergabe des Betriebsgattungszeichens

Ebenso wie eine Anzahl von Privatbahnlokomotiven anläßlich ihrer Übernahme durch die DR falsche Betriebsnummern erhielt, waren auch die vergebenen Betriebsgattungszeichen in vielen Fällen nicht korrekt.
So hat man Lokomotiven, die eigentlich den Güterzug-Tenderlokomotiven zuzuordnen waren, als Personenzug-Tenderlokomotiven eingeordnet. Oftmals war auch die Angabe der Radsatzfahrmasse nicht fehlerfrei, und besonders bei den pr. T 3 und ihrer Verwandtschaft stimmten die entsprechenden Angaben im Gattungszeichen vielfach nicht mit den tatsächlichen Verhältnissen überein. In einigen Fällen differierte die Angabe der Radsatzfahrmasse in den ersten beiden Ziffern der Ordnungsnummer mit derjenigen im Betriebsgattungszeichen. Hierfür einige Beispiele:

Betriebsnummer	Gattungszeichen
74 6621–23	Pt 34.14
89 6034	Gt 33.11

Die als 74 6621 bis 74 6623 übernommenen Lokomotiven 07, 08 und 09 der NbE waren ehemalige pr. T 9^2 (DRG-BR 91^{0-1}), welche bei der Privatbahn für die Verwendung im Personenzugdienst umgebaut worden waren. Dieser Umbau hatte Änderungen und Verstärkungen am Rahmen sowie den Einbau neuer Kuppelradsätze mit 1500 mm Laufkreisdurchmesser eingeschlossen. Fälschlicherweise übernahm man in den Umzeichnungsplan für das Betriebsgattungszeichen der drei Umbaulokomotiven jedoch die Kuppelradsatzfahrmasse der Ursprungsbauart.
Ein eindeutig falsches Gattungszeichen erhielten auch die Lokomotiven 92 6401 (Gt 44.14) und 91 6780 (Gt 34.17).
92 6401 war eine pr. T 13 und hätte das Betriebsgattungszeichen Gt 44.15 erhalten müssen; 91 6780 entsprach dem Typ ELNA 2 H und hätte als Gt 34.12 bezeichnet werden müssen. Bei den beiden Lokomotiven stimmten zwar die Angaben der Radsatzfahrmasse in Ordnungsnummer und Gattungszeichen überein; doch die Ordnungsnummer war in beiden Fällen ebenso falsch wie das Betriebsgattungszeichen. 92 6401 hatte man überdies im Umzeichnungsplan mit nicht zutreffenden Baudaten aufgeführt. Zwar stammte die Lok vom Hersteller Hohenzollern, doch angegebenes Baujahr und angegebene Fabriknummer (1910/1837) bezogen sich auf den Tauschkessel, mit welchem die Maschine zum Zeitpunkt der Übernahme durch die DR ausgerüstet war. Tatsächlich war die Lok im Jahre 1912 unter der Fabriknummer 2928 erbaut worden.
Ein Problem besonderer Art stellt hingegen die Vergabe von Betriebsnummer und Betriebsgattungszeichen bei den Lokomotiven 75 6682 bis 75 6687 dar. Über die Einordnung der kleinrädrigen 1'C1' h2t als Personenzug-Tenderlok kann man sicherlich geteilter Meinung sein. In amtlichen Unterlagen finden sich aber völlig unterschiedliche Angaben zur Radsatzfahrmasse. Während im Umzeichnungsplan von 1949 für die Lok das Betriebsgattungszeichen mit Pt 35.16 angegeben ist, bezeichnet das Merkbuch der DR (Ausgaben 1962/64) die Maschinen als Pt 35.14. Trotz dieser Differenz liegt hier kein Fehler vor, denn beide Angaben sind richtig. Als wahrscheinlich einzige Privatbahnlok überhaupt besaßen die sechs Lokomotiven nämlich Ausgleichshebel mit umsteckbaren Lagerbolzen nach dem Vorbild der DRG-Einheitslok BR 41 und 45, so daß die Radsatzfahrmasse wahlweise auf 14 oder 16 t eingestellt werden konnte.
92 6587 (ex Nauendorf–Gerlebogker Eisenbahn 181), eine ELNA 6 H mit 14 t Radsatzfahrmasse, hatte im Umzeichnungsplan das Betriebsgattungszeichen Gt 44.15 erhalten. Im Merkbuch, Ausgaben 1962/64, ist dieses falsche Gattungszeichen in Gt 44.14 abgeändert worden. Die fehlerhafte Ordnungsnummer blieb der Lok jedoch bis zur Ausmusterung erhalten.
Ein Teil der von Borsig gebauten 1'D1' h2t für Privatbahnen war anläßlich ihrer Übernahme durch die DR als BR 93^{64}, ein anderer als BR 93^{66} eingereiht worden. Das Betriebsgattungszeichen lautete dementsprechend Gt 46.14 bzw. Gt 46.16. Im Merkbuch, Ausgaben 1962/64, wurde eine Korrektur vorgenommen und allen Borsig-Lokomotiven das Gattungszeichen Gt 46.15 zugeordnet. Offenbar hatte man der Einfachheit halber für diese Änderung den Mittelwert der ursprünglich festgelegten Angaben der Radsatzfahrmasse gewählt. Indessen hätten alle Maschinen das Betriebsgattungszeichen Gt 46.16 erhalten müssen.

In mancher Veröffentlichung wird zum Ausdruck gebracht, die Einordnung der kleinrädrigen 1'C1' h2t der Brandenburgischen Städtebahn, der Kleinbahnen der ehemaligen preußischen Provinz Sachsen und der Halberstadt-Blankenburger Eisenbahn als Personenzug-Tenderlokomotiven sei generell falsch gewesen. Berücksichtigt man nur den geringen Kuppelraddurchmesser dieser in 75 6679 bis 75 6687 sowie 75 6776 und 75 6777 umgezeichneten Maschinen, ist man fast geneigt, der genannten Ansicht zu folgen. Doch für Tenderlokomotiven der Radsatzfolge 1'C1' war, sofern es sich nicht um Einheitslokomotiven handelte, im bereits von der DRG aufgestellten und von der DR übernommenen Nummernschema lediglich die Stammnummer 75 vorgesehen, und diese war Personenzug-Tenderlokomotiven vorbehalten. Eine Stammnummer für Güterzug-Tenderlokomotiven gleicher Radsatzfolge war nicht frei gehalten worden. Daher blieb 1949, als mit dem Fahrzeugpark der ehemaligen Privatbahnen erstmals 1'C1'-Tenderlokomotiven mit Kuppelraddurchmessern von 1200 bis 1300 mm zur Deutschen Reichsbahn kamen, nichts weiter übrig, als diese Maschinen in die BR 75 einzureihen und ihnen das insofern korrekte Betriebsgattungszeichen Pt 35....zuzuweisen. Wenn diesbezüglich überhaupt von einem Fehler die Rede sein kann, dann ist selbiger nicht den Verfassern des Umzeichnungsplanes vom 12. Dezember 1949 anzulasten, sondern allenfalls den Urhebern der DRG-Umzeichnungsgrundsätze des Jahres 1925. Doch jene hatten nicht vorausahnen können, daß ein Vierteljahrhundert später Güterzug-Tenderlokomotiven mit einer für Staatsbahnen ungewohnten Radsatzfolge zum Bestand der DR zählen könnten. Letztlich erweist sich damit die gesamte diesbezügliche Fehlerdiskussion als gegenstandslos.

Das Merkbuch für Triebfahrzeuge der Deutschen Reichsbahn, Ausgaben 1962/64

Im Jahre 1962 hatte die DR ein neues Merkbuch für Triebfahrzeuge (DV 939 Tr) herausgegeben, welches die bis dahin gültige Ausgabe 1944 ablöste. Abgesehen davon, daß das neue Merkbuch der DR wesentlich später erschien als dasjenige der DB, waren in ihm die ab 1949 in den Betriebspark eingereihten ehemaligen Privatbahnlokomotiven noch nicht enthalten. 1964 erschien daher eine Ergänzung, welche den Privatbahnlokomotiven gewidmet war. Diese Zusammenstellung enthielt allerdings längst nicht alle Bauarten und Bauformen. Lokomotiven, die damals bereits aus dem Betriebsbestand ausgeschieden waren, fanden selbstverständlich keine Aufnahme mehr im neuen Merkbuch. Andererseits verzichtete man auch auf die Aufnahme von Bauarten, deren baldige Ausmusterung abzusehen war. Ebenso wurden noch im Betriebseinsatz stehende Einzelgänger kaum berücksichtigt – in der Regel erstellte man nur für Bauarten, die in mehreren Exemplaren vorhanden waren, ein Datenblatt mit Typenskizze. Allerdings gab es auch Ausnahmen hiervon: Die Einzelgänger 89 6009 (als ehemalige pr. T 3 mit beigestelltem Schlepptender) und 92 3333 wurden im Merkbuch mit allen Angaben erfaßt.

Die Erfassung der noch vorhandenen ehemaligen Privatbahnlokomotiven in einem Nachtrag zum Merkbuch und die anschauliche Darstellung der Maschinen in detaillierten Typenskizzen war übrigens der Initiative Max Baumbergs, des seinerzeitigen Chefs der VES-M Halle, zu verdanken. Wir wären heute sicherlich um einiges an Wissen ärmer, hätte es nicht Baumberg und seinen festen Willen gegeben, wenigstens einen Teil der ehemaligen Privatbahnlokomotiven amtlich zu dokumentieren und sie so zumindest im Schrifttum der Nachwelt zu erhalten.

In Vorbereitung der Ergänzung zum Merkbuch, Ausgabe 1962, wurden die Lokomotiven zur VES-M Halle geholt, verwogen, vermessen und fotografiert. Daß hierbei Fehler auftraten, war fast unvermeidlich, und es liegt uns fern, darüber zu richten, was alles man vor nunmehr fast 35 Jahren hätte besser machen können oder gar besser machen müssen. Trotzdem kommen wir nicht umhin, auf einige Schwächen des Nachtrags zum Merkbuch hinzuweisen. Diese Bemerkungen mögen als Begründung dafür dienen, daß wir bei unseren Darlegungen zum Teil erheblich von den Angaben des Merkbuches abweichen. Gleichzeitig seien sie dem engagierten Eisenbahnfreund, der sich selbst eingehender mit diesen Unterlagen beschäftigt, eine Art Leitfaden.

Unkorrigiert hat man in die Ausgabe 1964 die noch vom Umzeichnungsplan des Jahres 1949 herrührenden grundlegenden Mängel übernommen – die teilweise willkürliche und unpräzise Einnummerung der Lokomotiven, die fehlerhaften Betriebsgattungszeichen, die zum Teil unrichtigen Herstellerangaben. Auch die im Merkbuch angegebenen Betriebsnummern bzw. Nummerngruppen waren nicht immer präzise.

Aus nicht nachvollziehbaren Gründen erhielten die von Krauss gebauten ELNA-Lokomotiven der BR 91 und 92 im Merkbuch jeweils besondere Typenblätter, obgleich sie sich von der Standardausführung nur äußerlich, nicht aber in den technischen Daten unterschieden. Die 1949 fälschlich als 91 6780 eingeordnete ELNA-Lok, welche der Standardausführung des Typs 2 entsprach, wurde gleichfalls auf einem separaten Typenblatt dargestellt. Dagegen hatte man irrtümlich für Lokomotiven, die sich in Bauart und technischen Daten stark voneinander unterschieden, mitunter nur ein gemeinsames Typenblatt aufgestellt.

Ein prägnantes Beispiel dafür war das Blatt für die Lokomotiven 91 6579 und 91 6580. Technische Daten und Typenskizze trafen wohl für 91 6580, nicht aber für 91 6579 zu. Bei der von der Wenigentaft–Oechsener Eisenbahn übernommenen Lok 1 (DR: 91 6579) handelte es sich um eine nachträglich verstärkte ELNA 5 H; die in 91 6580 umgezeichnete Maschine (ex SEG 400) war hingegen eine mit dem Kessel der DRG-Einheitslok BR 81 ausgerüstete Sonderkonstruktion.
In einigen Fällen hat man versucht, fehlerhafte Angaben im Umzeichnungsplan von 1949 zu korrigieren. Diese Korrekturen betrafen vor allem offensichtlich falsche Betriebsgattungszeichen. Die neuen Angaben zur Radsatzfahrmasse waren jedoch zum Teil ebenso unzutreffend wie die alten. Einzelheiten hierzu können der Tabelle »Veränderungen des Betriebsgattungszeichens« am Schluß des Bandes entnommen werden.
Daß die Angaben für die im Merkbuch aufgenommenen C-Kuppler, die in ihrer Grundbauart der pr. T 3 entsprachen, die letzte Präzision vermissen ließen, ist den Verfassern des Nachtrags zum Merkbuch allerdings nicht als Versäumnis anzulasten. Tatsächlich war es mitunter schwer zu entscheiden, welcher Spielart der pr. T 3 eine bestimmte Maschine nun wirklich angehörte. Insbesondere war das der Fall, wenn die betreffende Lok mit einem Tausch- oder Ersatzkessel ausgerüstet war. Hinzu kam, daß die Privatbahn-T 3, soweit es sich nicht um von der KPEV oder der DRG angekaufte Lokomotiven handelte, in mancherlei Hinsicht von der Normalausführung abwichen. Die Bauartunterschiede zwischen einzelnen Lokomotiven waren so vielfältig, daß sie unmöglich in einem Vorschriftenwerk wie dem Merkbuch detailliert zu erfassen waren. Die Typenblätter einschließlich der technischen Daten sind daher, soweit sie die als BR 89^{60}, 89^{61} und 89^{62} eingereihten Privatbahn-T 3 betreffen, als repräsentativer Querschnitt zu betrachten.
Fehlende Angaben zur Radsatzfahrmasse oder unvollständige Betriebsgattungszeichen in einigen Typenblättern deuten darauf hin, daß man sich der Mängel des Umzeichnungsplanes von 1949 wohl bewußt war, aus Zeitmangel aber darauf verzichtete, die korrekten Daten zu ermitteln. Fehlerhafte Maßangaben in mancher Typenskizze lassen sich mit Sicherheit darauf zurückführen, daß die Lokomotiven zum Teil mit recht einfachen Mitteln vermessen worden sind und man den Aufwand, noch vorhandene Originalzeichnungen und Dokumentationen der Herstellerwerke einzusehen, gescheut hat. Sicherlich trugen auch die Zeitumstände dazu bei, daß sich manche Angabe nicht mit wünschenswerter Genauigkeit ermitteln ließ. Vergessen wir nicht: Einige namhafte Hersteller von Privatbahnlok hatten ihren Firmensitz in der damaligen BRD, und dort befanden sich auch die erforderlichen technischen Dokumentationen. So hat die innerdeutsche Grenze das ihre dazu beigetragen, manches Vorhaben von vornherein zum Stückwerk zu verdammen. Diese Feststellung gilt uneingeschränkt auch für den 1964 herausgegebenen Nachtrag zur DV 939 Tr.

Die letzte »Privatbahnlok«

Obgleich die Übernahme von Privatbahnlokomotiven in den Bestand der Deutschen Reichsbahn bis 1956 abgeschlossen war, hat noch ein Vierteljahrhundert später eine Lokomotive eine Betriebsnummer erhalten, die in ihrer Zusammensetzung völlig den Umzeichnungsgrundsätzen von 1949 entsprach.
Im Jahre 1981 hat eine Arbeitsgemeinschaft des Deutschen Modelleisenbahnverbandes der DDR einen C-Kuppler der Torgauer Hafenbahn übernommen, der dort als Werklok die Bahnnummer 2 getragen hatte, um ihn als Ausstellungsstück aufzubewahren. Die Maschine war 1936 von Henschel & Sohn unter der Fabriknummer 23 061 an die Westfälisch-Anhaltinischen Sprengstoffwerke Berlin geliefert worden. Bei der Torgauer Hafenbahn hatte sie seit 1965 im Einsatz gestanden. Die Lokomotive wurde äußerlich aufgearbeitet und 1982 anläßlich der Jubiläumsfeierlichkeiten der Rbd Erfurt erstmalig ausgestellt. Die ehemalige Hafenbahn-Tenderlok trug zunächst keine Betriebsnummer; doch schon nach wenigen Wochen brachte man an der Rauchkammertür die Nummer 89 6311 an. Diese Nummer war trefflich gewählt. Erstens entsprach die Maschine hinsichtlich ihrer Bauart genau derjenigen der echten, 1949 zur DR gekommenen Privatbahnlok 89 6310, zweitens gaben die ersten beiden Ziffern der Ordnungsnummer nicht nur Aufschluß über die Radsatzfahrmasse, sondern gleichzeitig über den Besitzer der Maschine, die Arbeitsgemeinschaft 4/63 des DMV. Diese »letzte Privatbahnlok« war lange Zeit auf dem Bahnhof Erfurt West abgestellt. Nach der »Wende« in der DDR interessierte sich kaum noch jemand für das Ausstellungsstück. 1993 wurde die Lok schließlich im Museums-Bw Arnstadt hinterstellt. Seit 1995 gibt es Bestrebungen einer Torgauer Interesengemeinschaft, die Maschine wieder in ihre alte Heimat zurückzuführen und dort aufzubewahren. So wird die ehemalige Werklok möglicherweise als technisches Denkmal der Nachwelt erhalten bleiben.

Abkürzungen

1. Abkürzungen allgemeiner Bedeutung

a	ausgemustert
ADEG	Allgemeine Deutsche Eisenbahn-Betriebsgesellschaft
AGBB	Aktiengesellschaft für Bahnbau und Betrieb
BR	Baureihe
Bw	Bahnbetriebswerk (bei DRG, DR und DB)
Bw	Betriebswerkstatt (bei Privatbahnen)
DB	Deutsche Bundesbahn
DEBG	Deutsche Eisenbahn-Betriebsgesellschaft
DR	Deutsche Reichsbahn
DRG	Deutsche Reichsbahn-Gesellschaft
EDV	Elektronische Datenverarbeitung. In der DDR trugen die nach den Anforderungen der EDV im Jahre 1970 eingeführten Betriebsnummern der Eisenbahnfahrzeuge die Bezeichnung EDV-Nummern, während man die 1968 in der damaligen BRD eingeführten neuen Nummern als Computernummern bezeichnete.
ELNA	Engerer Lokomotiv-Normungsausschuß. Der ELNA schuf ab 1921 eine vereinheitlichte Typenreihe von Lokomotiven für Klein- und Privatbahnen (ELNA-Lok oder ELNA-Typen)
FEW	Forschungs- und Entwicklungswerk der DR
FVA	Fahrzeugversuchsanstalt
GD	Generaldirektion
H	Heißdampf (bei ELNA-Lok nach der Typennummer)
HD	Hochdruck
HV	Hauptverwaltung
HvM	Hauptverwaltung Maschinenwirtschaft der DR
Hw	Hauptwerkstatt (bei Privatbahnen)
KB	Kreisbahn; Kleinbahn
KDL	Kriegs-Dampflokomotive
KED	Königliche Eisenbahndirektion (Königlich Preußische Staatsbahn)
KKB	Kreiskleinbahn
KPEV	Königlich Preußische Eisenbahn-Verwaltung
Lbf	Lokbahnhof
Lest.	Lokeinsatzstelle
LüP	Länge über Puffer
LVA	Landesverkehrsamt
M	preußisches Musterblatt
m.Abw.	mit Abweichungen gegenüber der Grundbauart
meckl.	mecklenburgisch
MfE	Ministerium für Eisenbahnwesen der DDR
MFFE	Mecklenburgische Friedrich-Franz-Eisenbahn
MfV	Ministerium für Verkehrswesen der DDR
m.L.	mit Lücken
N	Naßdampf (bei ELNA-Lok nach der Typennummer)
ND	Niederdruck
old.	oldenburgisch
PKP	Polnische Staatsbahnen
Raw	Reichsbahnausbesserungswerk
Rbd	Reichsbahndirektion
RVM	Reichs-Verkehrsministerium
RZA	Reichsbahn-Zentralamt
SBZ	Sowjetische Besatzungszone
SEG	Süddeutsche Eisenbahngesellschaft
SMAD	Sowjetische Militäradministration in Deutschland
SNCB	Nationalgesellschaft der Belgischen Eisenbahnen
SNCF	Nationalgesellschaft der Französischen Eisenbahnen
SO	Schienenoberkante
Uz.	Umzeichnung
VKA	Vereinigte Kleinbahnen Aktiengesellschaft
VES-M	Versuchs-und Entwicklungsstelle der Maschinenwirtschaft der DR
Wehrm.	Wehrmacht
WL	Werklokomotive
z.	von der Ausbesserung zurückgestellt
Zw	Zentralwerkstatt (bei Privatbahnen)

2. Abkürzungen für Privatbahnen

AKN	Eisenbahn Altona–Kaltenkirchen–Neumünster
Altlb.	Altlandsberger Kleinbahn
Altm.	Altmärkische Kleinbahnen
Arn.-I	Kleinbahn Atrnstadt–Ichtershausen
ASNE	Aschersleben–Schneidlingen–Nienhagener Eisenbahn

BAE	Bebitz–Alslebener Eisenbahn
BbLE	Butzbach–Licher Eisenbahn
Bergw.	Kleinbahn Bergwitz–Kemberg
BFK	Beeskow–Fürstenwalder Kreisbahn
BLE	Braunschweigische Landeseisenbahn
Boiz.	Boizenburger Stadt- und Hafenbahn
BSE	Braunschweig–Schöninger Eisenbahn
BStB	Brandenburgische Städtebahn
Burxd.	Kleinbahn AG Burxdorf–Mühlberg
CNE	Cassel–Naumburger Eisenbahn
CPO	Kleinbahn Casekow–Penkun (Oder)
Dah.-U.	Dahme–Uckroer Eisenbahn
DS	Eisenbahn Damme–Schönermark (in den Prenzlauer Kreiskleinbahnen aufgegangen)
Del.KB	Delitzscher Kleinbahnen
Des.-W.	Dessau–Wörlitzer Eisenbahn
EFE	Eberswalde–Finowfurter Eisenbahn
Erf.–N.	Kleinbahn Erfurt–Nottleben
FGE	Freiengrunder Eisenbahn AG
FKB Süd	Franzburger Südbahn
FVE	Farge–Vegesacker Eisenbahn
GEKE	Greußen–Ebeleben–Keulaer Eisenbahn
GHW	Kleinbahn Gardelegen–Neuhaldensleben–Weferlingen
Genth.	Kleinbahn AG Genthin
Görl. KB	Görlitzer Kreisbahn
Goldb.	Kleinbahn Goldbeck–Werben
Grfh.	Greifenhagener Kreisbahn
Grfsw.–Gr.	Greifswald–Grimmener Eisenbahn
Grs.–Ngl.	Kleinbahn AG Gransee–Neuglobsow (Betriebsführung durch Ruppiner Eisenbahn)
GS	Kleinbahn Grünberg–Sprottau
Gutt.-V.	Kleinbahn Guttentag–Vossowska (Voßwalde)
HBE	Halberstadt–Blankenburger Eisenbahn
Heu.–M.	Kleinbahn Heudeber–Mattierzoll
HHE	Halle–Hettstedter Eisenbahn
Hoh.–Eb.	Hohenebra–Ebelebener Eisenbahn
H.–Pr.	Kleinbahn Horka (Wehrkirch)–Priebus
IGE	Ilmenau–Großbreitenbacher Eisenbahn
KBB	Kreisbahn Burgdorf
KMT	Königswusterhausen–Mittenwalde–Töpchiner Eisenbahn
KOE	Kreis Oldenburger Eisenbahn
Kön.-R.	Kleinbahn AG Könnern–Rothenburg
Kyffh.	Kyffkäuser Kleinbahn AG
Lgsz.	Langensalzaer Kleinbahn AG
LBE	Lübeck–Büchener Eisenbahn
Lehn. KB	Lehniner Kleinbahn
LRE	Liegnitz–Rawitscher Eisenbahn
Marb.–B.	Marienborn–Beendorfer Eisenbahn
Meckl. BB	Mecklenburgische Bäderbahn
MFWE	Mecklenburgische Friedrich–Wilhelm–Eisenbahn
MEE	Mühlhausen–Ebelebener Eisenbahn
NbE	Niederbarnimer Eisenbahn AG (ehemals Reinickendorf–Liebenwalde–Groß Schönebecker Eisenbahn)
Neuh.	Kleinbahn Neuhaus–Brahlstorf
NGE	Nauendorf–Gerlebogker Eisenbahn
NHE	Neuhaldenslebener Eisenbahn
NLE	Niederlausitzer Eisenbahn AG
NWE	Nordhausen–Wernigeroder Eisenbahn
Odbr.	Oderbruchbahn AG
OHKB	Osthavelländische Kreisbahnen
OP	Kleinbahn Osterburg–Deutsch Pretzier
OSE	Oschersleben–Schöninger Eisenbahn
Owb. B.	Oberweißbacher Bergbahn AG
O.–Wl	Osterwieck–Wasserlebener Eisenbahn
PE	Prignitzer Eisenbahn AG
PLB	Pommersche Landesbahnen
PPK	Liegnitz–Rawitscher Eisenbahn (polnischer Teil)
Prign. KKB	Prignitzer Kreiskleinbahnen
Pr. AK	Prettin–Annaburger Kleinbahn AG
Przl. KB	Prenzlauer Kreiskleinbahnen
Ra. KB	Randower Kleinbahnen
RE	Ruppiner Eisenbahn (in Werkslieferverträgen jedoch oft als NNHE = Neustadt–Neuruppin–Herzberger Eisenbahn nach ihrer Stammstrecke bezeichnet)
Re.–Fr.	Kleinbahn Rennsteig–Frauenwald
RGB	Riesengebirgsbahn
Rosb.	Rosenberger Kreisbahn
RSE	Rinteln–Stadthagener Eisenbahn
Ru. EB	Ruhlaer Eisenbahn
Salzw.	Salzwedeler Kleinbahn GmbH
Sch.–M.	Kleinbahn AG Schildau–Mockrehna
SE	Stendaler Eisenbahn AG
SHKB	Straußberg–Herzfelder Kleinbahn
STEG	Stendal–Tangermünder Eisenbahn AG
Str.–TE	Stralsund–Tribseer Eisenbahn
Teg.–Frf.	Industriebahn Tegel–Friedrichsfelde (zur Niederbarnimer Eisenbahn gehörig)
Telt.	Teltower Eisenbahn
TWE	Teutoburger-Wald-Eisenbahn
Wallw.	Wallwitz–Wettiner Kleinbahn AG
WBBlE	Weimar–Berka–Blankenhainer Eisenbahn

Wg.–Cv.	Kleinbahn Wegenstedt–Calvörde
WLE	Westfälische Landeseisenbahn
Wolm.–Cb.	Kleinbahn AG Wolmirstedt–Colbitz
Wen.–Oe.	Wenigentaft–Oechsener Eisenbahn
WHKB	Westhavelländische Kreisbahnen
ZFE	Zschipkau–Finsterwalder Eisenbahn

3. Lieferfirmen

AEG	Allgemeine Elektrizitäts-Gesellschaft Berlin, Abt. Lokomotivbau Hennigsdorf - Osthavelland
Borsig	A. Borsig, Berlin-Tegel Borsig Lokomotivwerke GmbH, Hennigsdorf - Osthavelland
Esslingen	Maschinenfabrik Esslingen, Esslingen am Neckar
Hagans	Lokomotivfabrik Christian Hagans, Erfurt
Hanomag	Hannoversche Maschinenbau-Aktiengesellschaft vorm. Georg Egestorff, Hannover-Linden
Hartmann	Sächsische Maschinenfabrik vorm. Richard Hartmann, Chemnitz
Henschel	Henschel & Sohn AG bzw. Henschel & Sohn GmbH, Kassel
Hohenzollern	Hohenzollern Aktiengesellschaft für Lokomotivbau, Düsseldorf-Grafenberg
Humboldt	Maschinenbau AG und Lokomotivfabrik Humboldt, Köln-Kalk
Jung	Arn. Jung GmbH, Jungenthal bei Kirchen a. d. Sieg
Krauss	Lokomotivfabrik Krauss & Co., München-Sendling und Linz
Krenau	Lokomotivfabrik Krenau (Chrzanow)
Krupp	Friedrich Krupp AG, Abt. Lokomotivbau, Essen
Linke-Hofmann	Linke-Hofmann-Werke, Breslau (LHB) Linke-Hofmann-Lauchhammer AG, Breslau
Orenstein	Orenstein & Koppel, Berlin, Drewitz und Nowawes (Babelsberg) bei Potsdam
(O & K)	1938 »arisiert«, Firmenname von 1938 bis 1945: Maschinenbau- und Bahnbedarfs-AG (MBA)
Smoschewer	Gesellschaft für Feldbahn-Industrie Smoschewer & Co., Abt. Lokomotivfabrik, Breslau
Schwartzkopff	Berliner Maschinenbau-Aktiengesellschaft vorm. Louis Schwartzkopff (BMAG)
Union	Union Gießerei, Königsberg
Vulcan	Vulcan Werft und Lokomotivbau Aktiengesellschaft, Stettin-Bredow

Vorbemerkung zum Archivteil

Wie bereits im Vorwort bemerkt, haben wir die Bauartbeschreibungen des Bandes 6 nicht nach Stammnummern und Unterbaureihen, sondern nach der Radsatzfolge (Achsfolge) gegliedert. Die Zweckmäßigkeit eines derartigen Vorgehens resultiert daraus, daß die Deutsche Reichsbahn bei der Einreihung der Privatbahnlokomotiven vielfach gleiche oder fast gleiche Lokomotivbauarten ohne ersichtlichen Grund verschiedenen Unterbaureihen zuordnete oder gar für bauartgleiche Maschinen völlig verschiedene Stammnummern und Betriebsgattungszeichen vergab. Andererseits hat man 1949 stark voneinander abweichende Lokomotivbauarten verschiedentlich in einer einzigen Ordnungsnummerngruppe bunt durcheinandergewürfelt. Beispielsweise wurden die C-Kuppler, die in ihrer Grundbauart den verschiedenen Spielarten der Gattung pr. T 3 entsprachen, nicht etwa entsprechend ihrer tatsächlichen Radsatzfahrmasse eingereiht, sondern die T 3 fanden sich unter den Baureihen 89^{59}, 89^{60}, 89^{61}, 89^{62} und 89^{63} wieder, gleichgültig, ob es sich nun um Loks entsprechend den preußischen Musterblättern III-4e (1), III-4e (2), III-4p oder um den Lenz-Typ b, der mit Fug und Recht als Variante der pr. T 3 betrachtet werden muß, handelte. Die sich nur in sehr geringen Details voneinander unterscheidenden 1'C h2t der Niederbarnimer Eisenbahn und der Osterwieck–Wasserlebener Eisenbahn wurden ohne ersichtlichen Grund sogar unterschiedlichen Stammnummern zugeordnet, erstere der BR 74^{66}, letztere der BR 91^{66}. Dagegen hat man etwa die in bezug auf die Bauart gänzlich unterschiedlichen 1'D1'h2t der Brandenburgischen Städtebahn und der Ruppiner Eisenbahn in der gleichen Ordnungsnummerngruppe der BR 93^{64} zusammengefaßt. Die mit den Borsig-Vierkupplern der Brandenburgischen Städtebahn bis auf die Kesselspeiseeinrichtung identischen Maschinen der Oderbruchbahn und der Niederbarnimer Eisenbahn wiederum sind gemeinsam mit anderen Bauarten in der BR 93^{66} eingeordnet worden.

Die Vielzahl derartiger Beispiele, auf die wir schon im Einleitungskapitel hingewiesen haben, dürfte die Berechtigung unseres gegenüber den Bänden 1 bis 5 geänderten Vorgehens bei der Gliederung der Lokomotivbeschreibungen unterstreichen. Die jeder Bauartbeschreibung vorangestellten Tabellenköpfe haben daher folgende Gestalt erhalten:

Radsatzfolge	1'Ch2t	Cn2t
Baureihe(n)	74^{66}; 91^{66}	89^{60}; 89^{61}; 89^{62}; 89^{75}
Betriebsnummern	74 6611–74 6612 91 6676	89 6006 u.a.
Betriebsgattung	Pt 34.16; Gt 34.16	Gt 33.10; Gt 33.11; Gt 33.12
Herkunftsbahn(en)	NbE; O-Wl	verschiedene
Loktyp	AEG-Kleinbahnlok	wie pr. T 3 nach M III-4 e (2)
Einsatzzeitraum	1925–1966	1896–1965
Technische Daten	S. 262	S. 262

Anmerkung: Zum Teil sind in den Tabellenköpfen Betriebsnummern von Lokomotiven in runden Klammern angegeben. In diesen Fällen handelt es sich um von der DR in die gleiche Ordnungsnummerngruppe eingereihte Maschinen, die zwar aus Gründen der Vollständigkeit im Text erwähnt werden, über die aber so gut wie keine verwertbaren Angaben vorliegen.

Die von der DR übernommenen Privatbahn-T 3 preußischer Grundbauart, geordnet nach den Bauformen

M III-4 e (1)	M III-4 e (2)	M III-4 p	Lenz b	BLE-T 3
89 5901*	89 6006–6013*	89 6159	89 953	89 6208
89 6001	89 6015	89 6205	89 5902	89 6220
89 6002	89 6016	89 6207	89 5903	
89 6003 *	89 6018	89 6211	89 6005	
89 6004	(89 6033)	89 6215	89 6008	
89 6101	89 6105	89 6216	89 6014	
89 6102	89 6107	89 6218	89 6141	
89 6103	89 6108–6132	89 6221		
89 6104	89 6134–6140	89 6222–6225*		
89 6106 *	89 6142–6158	89 6228		
	89 6161	89 6235		
	89 6163–6164*	89 6306		
	89 6204			
	89 6206			
	89 6209–6210			
	89 6229–6231*			
	89 6232			
	89 7571			
10	74	15	7	2 (Summe)

Anmerkung: Ehemalige Werklok gleicher Bauart wurden nicht berücksichtigt. Mit * gekennzeichnete Maschinen mit Abweichungen von der Normalbauform bzw. Bauartänderungen, die im folgenden genannt werden:
89 5901, 89 6003, 89 6106 : Dampfdom statt Reglerbüchse
89 6009: von DR mit Schlepptender gekuppelt
89 6013: andere Ausführung der Einströmrohre; Gegendruckbremse
89 6163, 89 6164, 89 6229 - 89 6231: Heusingersteuerung
89 6113: Kuppelraddurchmesser 1200 mm
89 6222 - 89 6225: von DR mit Schlepptender gekuppelt

Radsatzfolge B

B n2t

98^2

98 138–98 139

L 22.14

Wehrm.

WL

1939–1957

Techn. Daten: Seite: 295

Bereits im Jahre 1947 übernahm die Deutsche Reichsbahn zwei B n2t-Lokomotiven mit 14 t Radsatzfahrmasse und gab ihnen die Betriebsnummern 98 138 und 98 139, reihte sie also im Anschluß an die oldenburgischen T 2 (DRG-Baureihe 98^2) ein, obgleich die Loks in ihrer Bauform der T 2 nicht entsprachen. Lediglich 98 139 hatte äußerlich einige Ähnlichkeit mit der old. T 2. Beide Maschinen waren ehemalige Werklokomotiven. In der Literatur heißt es, daß sie aus Wehrmachtsbeständen stammten bzw. der Wehrmacht unterstellt gewesen seien. Diese nebulösen Angaben sind indessen nur eine vornehme Umschreibung für die tatsächliche Herkunft der Lokomotiven. Die von der DR als 98 138 eingereihte Lok hatte von 1944 bis 1946 in der Waggonfabrik Weimar, welche Ende der dreißiger Jahre von den Nationalsozialisten in einen Rüstungsbetrieb umgewandelt worden war und seitdem den Namen »Gustloff-Werke« getragen hatte, Dienst verrichtet. Nach glaubhaften Berichten von Zeitzeugen war die Lok jedoch auch auf dem Lagerbahnhof des Konzentrationslagers Buchenwald und auf den Anschlußgleisen, welche zur nahegelegenen Waffenfabrik »Gustloff-Werke 2« führten, eingesetzt. Diese Maschine war nach übereinstimmenden Angaben in der Literatur belgischer Herkunft. Ob sie allerdings, wie es in einigen Darstellungen heißt, von der Lokfabrik Haine St. Pierre unter der Fabriknummer 1929 gebaut wurde, ist zweifelhaft, zumal diese Fabriknummer von einer Lok der SNCB-Reihe 52 belegt war. Als Baujahr für 98 138 wird 1944 angegeben. Da die Lok einen hochliegenden Kessel und seitliche Wasserkästen hatte und insgesamt recht kurz wirkte, kann es sich bei ihr durchaus um eine KDL 8 gehandelt haben. Dieser Loktyp gehörte zum 1942 vom Hauptausschuß Schienenfahrzeuge beim Reichsministerium für Bewaffnung und Munition verabschiedeten Kriegslok-Bauprogramm. Als Hersteller der KDL 8 waren die Wiener Lokomotivfabrik und die belgische Firma Energie, Marcinelle, vorgesehen. Weil letzte Gewißheit fehlt, mag es hiermit sein Bewenden haben.

Die von der DR in 98 139 umgezeichnete Lok war bereits 1939 von Henschel unter der Fabriknummer 24 915 hergestellt worden. Zusammen mit einer Schwesterlok gleicher Bauform (Fabriknummer 24 914) war sie vom »Interessenverband Reichsparteitag« bestellt worden. Hinter dieser Bezeichnung, die auch in der Lieferliste der Firma Henschel & Sohn angegeben ist, verbarg sich u. a. die Organisation Todt. Die beiden Henschel-Lokomotiven waren wahrscheinlich für einen Einsatz als Baulokomotiven vorgesehen; die Maschine mit der Fabriknummer 24 915 wurde jedoch bald an das Konzentrationslager Oranienburg überstellt, auf dessen Anschlußgleisen sie 1945 vorgefunden wurde.

Mit Ausnahme von Radsatzanordnung und makabrer Vergangenheit hatte 98 139 kaum etwas mit 98 138 gemeinsam. 98 139 gehörte zum Henschel-Typ »Zollern«, der in Werkskatalogen auch unter dem Codewort bidor aufgeführt war. Die Lokomotiven des Typs »Zollern« ähnelten sehr dem Typ »Riebeck«, waren aber schwerer. Sie besaßen einen Blechrahmen, dessen Querversteifungen durch vorderen und hinteren Pufferträger gebildet wurden und der teilweise als Wasserkasten diente. Die LüP betrug 7800 mm, der Achsstand 2300 mm. Der zweite Radsatz wurde angetrieben. Die Zylinder hatten einen Durchmesser von 350 mm und einen Kolbenhub von 500 mm. Die Schieber waren in der Regel als Flachschieber ausgebildet; vereinzelt wurden bei Loks des Typs »Zollern« auch Kolbenschieber eingebaut. Der Kreuzkopf wurde einschienig auf der Gleitbahn geführt; die Steuerung entsprach der Bauart Heusinger. Der Kessel hatte einen Betriebsdruck von 13 bar; die feuerberührte Verdampfungsheizfläche betrug etwa 54 m^2. Der auf dem Vorderteil des Langkessels befindliche Dampfdom nahm den Ventilregler auf. Hinter dem Dom war ein Sandkasten angeordnet. In den Stehkessel war bei Loks älterer Baujahre eine Kupferfeuerbüchse eingebaut; ab Ende der dreißiger Jahre verwendete man eine Stahlfeuerbüchse. Auf dem Stehkesselscheitel saßen entweder ein Doppelsicherheitsventil Bauart Ramsbottom oder zwei Pop-Ventile. Die Rauchkammer trug einen hohen konischen Schornstein. Das Führerhaus entsprach der Henschel-Bauform für kleinere Werklokomotiven. Die Radsätze der Lok wurden einseitig abgebremst. 98 139 besaß Knorr-Druckluftbremse und Extersche Wurfhebelbremse. Der Sandstreuer war handbetätigt. Der Signalgebung diente eine auf dem Führerhausdach befindliche Dampfpfeife. An Vorräten konnten 3, 3 m^3 Wasser und 0,8 t Kohle mitgeführt werden. Die indizierte Leistung der Lok betrug 250 PS, die Höchstgeschwindigkeit 35 km/h.

98 138 schied bereits 1951 wieder aus dem Betriebspark der Deutschen Reichsbahn aus. In entsprechenden Veröffentlichungen ist zu lesen, daß die Lok damals an das Mähdrescherwerk Weimar ver-

kauft wurde und dort noch einige Jahre als Werklok 03 eingesetzt war. Diese Version kann aber nicht stimmen – erstens gab es im Jahre 1951 noch kein Mähdrescherwerk Weimar, zweitens handelte es sich bei dem Betrieb, der ab Mitte der fünfziger Jahre tatsächlich so firmierte, um die ehemalige Waggonfabrik Weimar – mithin dasselbe Werk, in welchem die Lok schon vor Kriegsende Dienst verrichtet hatte. Es liegt daher nahe, daß 98 138 im Jahre 1947 zwar ihre DR-Betriebsnummer erhalten, aber ihren ursprünglichen Einsatzort in Wirklichkeit nie verlassen hat. Wann 98 139 ihren Dienst bei der DR quittierte, ist nicht genau bekannt; es steht lediglich fest, daß sie bereits Ende 1957 nicht mehr in den offiziellen Statistiken geführt wurde.

B n2t

98^{59}

98 5901

L 22.9

Pr. AK

Bonifacius (Bauform 1914)

1914–1956

Techn. Daten: Seite: 296

Im Jahre 1949 übernahm die Deutsche Reichsbahn von der Prettin–Annaburger Kleinbahn eine B n2t-Lok, die bei dieser Bahn die Nr. 180 getragen hatte. Ursprünglicher Eigentümer der Maschine war die Zuckerfabrik Guhrau in Schlesien. Henschel hatte den Zweikuppler im Jahre 1914 unter der Fabriknummer 12 952 als Werklok an den Besteller abgeliefert. Nach dem Zweiten Weltkrieg wurde die Lok auf dem Territorium der sowjetischen Besatzungszone vorgefunden. Die DR zeichnete die Maschine in 98 5901 um und gab ihr das Betriebsgattungszeichen L 33. 9. Sie gehörte damit zu denjenigen übernommenen Privatbahnloks, die keine 6000er Betriebsnummer erhalten hatten. Freilich handelte es sich bei dem leichten B-Kuppler nicht um eine echte Lokalbahnlok, sondern um eine Vertreterin der zahlreichen von Henschel & Sohn für Werk- und Privatbahnen entwickelten Typenlokomotiven. 98 5901 gehörte zum Typ »Bonifacius«, mit welchem Henschel im Jahre 1876 den Bau werksseitig genormter normalspuriger Lokomotiven aufgenommen hatte. Dieser B-Kuppler blieb fünfzig Jahre hindurch im Fertigungsprogramm des Kasseler Werkes; letztmalig wurde er im Sonderkatalog des Jahres 1936 angeboten. Der außergewöhnlich lange Fertigungszeitraum des Typs spricht für eine sehr gelungene Konstruktion, und in der Tat waren die Lok des Typs »Bonifacius« sparsam, robust und nahezu unverwüstlich.

In neuerer und neuester Eisenbahnliteratur findet man mitunter Vergleiche von »Katalogangeboten« Henschels und »ausgeführten Bauformen«. Derartige Vergleiche sind jedoch unzulässig, und dies in dreierlei Hinsicht. Erstens erstellte Henschel seine Werkskataloge nicht aufgrund theoretisch errechneter Daten und unausgeführter Entwürfe, sondern auf der Grundlage der jeweils neuesten in Fertigung befindlichen Bauformen der Loktypen; zweitens lieferte die Firma außer den etwa 200 katalogisierten Typenlokomotiven auf Wunsch auch Maschinen, die nicht zum Henschel-Typenprogramm gehörten und schon deshalb nur bedingt mit den vom Hersteller genormten Typen vergleichbar sind, und drittens waren die Typenlokomotiven selbst einer ständigen Weiterentwicklung und Verbesserung unterworfen. Bei der langen Fertigungsdauer manches Loktyps versteht es sich wohl beinahe von selbst, daß die Hauptabmessungen variierten, daß Hauptbaugruppen und Ausrüstungsteile verändert wurden und die jüngste Ausführung mit der ältesten mitunter nur noch wenig gemeinsam hatte. Gerade beim Typ »Bonifacius« lassen sich diese Veränderungen sehr gut verfolgen, und ein Vergleich etwa der Bauform 1914 (bei Einordnung als »ausgeführte Bauform«) mit der Bauform 1936 (bei Deklarierung als »Katalogangebot«) führt in die Irre.

Die ursprünglich an die Zuckerfabrik Guhrau gelieferte und bei der DR als 98 5901 eingereihte Lok gehörte zur Bauform 1914 des Typs »Bonifacius«. Sie besaß einen Blechrahmen, dessen vorderer Teil als Wasserkasten ausgebildet war. Im hinteren Teil waren die Rahmenplatten mit Aussparungen zur Masseeinsparung versehen. Die LüP betrug 6345 mm, der Achsstand der beiden fest im Rahmen gelagerten Radsätze 1800 mm. Die Räder hatten einen Laufkreisdurchmesser von nur 850 mm; der zweite Radsatz war Treibradsatz. Die Federn der Radsätze waren über den Rahmenwangen angeordnet. Der Zylinderdurchmesser betrug 280 mm, der Kolbenhub 420 mm. Die Schieberkästen nahmen einfache Muschelschieber auf. Der Kreuzkopf wurde zweischienig geführt. Im Gegensatz zur ursprünglich beim Typ »Bonifacius« verwendeten Stephensonsteuerung besaß die Lok eine Allan-Steuerung. Der für einen Betriebsdruck von 12 bar ausgelegte Kessel hatte eine feuerberührte Verdampfungsheizfläche von 35,1 m^2. Die in der Literatur genannten 39 m^2 Heizfläche treffen ebenfalls zu, jedoch für die wasserberührte Heizfläche. Der Langkessel bestand aus nur einem Schuß und trug vorn den Dampfdom mit dem Flachschieberregler. Der mit dem Langkessel vernietete Crampton-Stehkessel nahm eine Kupferfeuerbüchse auf; die Rostfläche betrug 0,64 m^2. Das Kesselsicherheitsventil entsprach der Bauart Ramsbottom und befand sich auf dem Stehkesselscheitel vor dem Führerhaus. Ältere Ausführungen des Typs »Bonifacius« hatten demgegenüber zwei Federwaag-Ventile – eines auf dem Dom und eines auf dem Kesselscheitel – besessen. Die sehr kurze Rauchkammer trug einen hohen konischen Schornstein. Der Kessel wurde von zwei Dampfstrahlpumpen gespeist. Das mit Seitenfenstern versehene Führerhaus besaß ein nur wenig gewölbtes Dach und eine gerade Rückwand. Es entsprach einer Bauform, welche Henschel auch bei anderen kleinen Bau- und Werklokomotiven für Normal- und Schmalspur verwendete. Rechts und links vor dem Führerhaus befand sich je ein kurzer, von innen zugänglicher Kohlekasten. Als Bremse diente ursprünglich nur die Extersche Wurfhebelbremse, die auf den hinteren Radsatz wirkte. Die DR hat jedoch die Knorr-Druckluftbremse nachgerüstet. Im Lieferzustand besaß die Lok keine Sandstreueinrichtung; erst später wurde ein einfacher Handsandstreuer angebaut.

Der Signalgebung diente eine auf dem Führerhausdach angebrachte Dampfpfeife; ein Läutewerk war nicht vorhanden. Die Beleuchtung bestand aus Petroleumlampen. Die Lok konnte 3,0 m^3 Wasser und 0,8 t Kohle mitführen und war für eine Höchstgeschwindigkeit von 20 km/h zugelassen. Ihre Nennleistung betrug 125 PS. Für den Dienst bei der Deutschen Reichsbahn war die Maschine denkbar ungeeignet; Leistung und Höchstgeschwindigkeit beschränkten ihre Einsatzmöglichkeiten auf den leichten Verschiebedienst. Deshalb trennte sich die DR im Jahre 1956 von 98 5901 und verkaufte die Lok an den Volkseigenen Erfassungs- und Aufkaufbetrieb für landwirtschaftliche Erzeugnisse (VEAB) in Torgau.

B n2t

98^{60}

98 6001–98 6002

L 22.10

FKB Süd

Lenz-Typ d

1894–1964

Techn. Daten: Seite: 296

Das Eisenbahnbau- und Betriebsunternehmen Lenz & Co. beschaffte ab 1892 für seine normalspurigen Bahnen B-gekuppelte Naßdampftenderlokomotiven mit einer Radsatzfahrmasse von 12 t und einer Höchstgeschwindigkeit von 35 km/h. Die Konstruktionszeichnungen des als Typ a in die Lenz-Normalien aufgenommenen Zweikupplers entstanden bei der Stettiner Vulcan-Werft. Ab 1894 gelieferte Lokomotiven wurden als Typ d bezeichnet. Der Lenz-Typ d unterschied sich vom Typ a lediglich durch leicht geänderte Führerhausfenster und eine im Dach des Führerhauses angeordnete Lüftungsklappe; ansonsten waren beide Typen völlig identisch. Wie fast alle normalspurigen Lenz-Typen stellte auch der Typ a/d keine eigenständige Konstruktion dar, sondern ging auf eine von Vulcan für die KPEV entwickelte Bauform zurück. Unmittelbares Vorbild für den Lenz-Typ a/d war die für die KED Magdeburg im Jahre 1882 in sieben Exemplaren gebaute 2/2-Omnibus-Tenderlokomotive, die später in die Gattung pr. T 1 eingereiht wurde. Der Lenz-Typ a/d hatte gegenüber der T 1 Bauart Magdeburg von 1240 mm auf 1080 mm Laufkreisdurchmesser verkleinerte Räder; die Verdampfungsheizfläche des Kessels war um 0, 3 m^2 größer. Das Dampfläutewerk war an anderer Stelle als bei der T 1 Bauart Magdeburg

98 6002 (Vulcan 1894/1369) in Wolgast Hafen.
Foto: Sammlung Grundmann

angebracht, und die bei der KPEV-Lok vorhandenen Übergangseinrichtungen und Schutzgitter fehlten. Daß die Firma Lenz & Co. angesichts des schnellen Entwicklungstempos im Dampflokomotivbau auf eine im Grunde zehn Jahre alte Konstruktion zurückgriff, mag verwundern, war aber typisch für das Unternehmenskonzept, welches von strengster Sparsamkeit geprägt war.

Die Deutsche Reichsbahn übernahm im Jahre 1949 mit dem Lokomotivpark der Franzburger Südbahn drei Maschinen des Lenz-Typs d. Zwei davon waren im Jahre 1894 gebaut worden und trugen die Vulcan-Fabriknummern 1368 und 1369. Bei der FKB Süd waren sie ursprünglich mit den Bahnnummern 2^d und 3^d versehen und später in Nr. 02 N 2210 und 03 N 2210 nach dem Nummernschema der Pommerschen Landesbahnen umgezeichnet worden. Die dritte Lok war 1896 unter der Fabriknummer 1390 an die Randower Kleinbahn als deren Bahnnummer 1^d geliefert worden. Bei der FKB Süd erhielt sie die Bahnnummer 04 N 2210. Die DR zeichnete die Maschinen in 98 6001, 98 6002 und 98 6004 um und versah sie mit dem Betriebsgattungszeichen L 22. 10. Eine weitere Lok des Lenz-Typs d (Vulcan 1894/1367, Bahnnummer 1^d bzw. 01 der FKB Süd) kam nicht mehr zur Deutschen Reichsbahn, denn sie war bereits 1937 ausgemustert worden. In der Literatur wird noch eine weitere Maschine des Lenz-Typs d erwähnt, die bei der FKB Süd als Bahnnummer 4^d eingesetzt gewesen sein soll. Nach der Vulcan-Lieferliste wurde die Lok mit der Fabriknummer 1370 jedoch ab Werk an die Kleinbahn Straußberg–Herzfelde ausgeliefert. Der Verbleib dieser Maschine ist ungeklärt.

Die Lokomotiven des Lenz-Typs d hatten einen Blechrahmen, dessen Querversteifungen durch vorderen und hinteren Pufferträger und einen hinter dem ersten Radsatz angeordneten Querträger gebildet wurden. Zur Verminderung der Masse besaßen die Rahmenwangen je drei große Aussparungen. Die LüP betrug 7000 mm, der Achsstand der gekuppelten Radsätze 2500 mm. Der zweite Radsatz diente als Treibradsatz. Die Zylinder waren waagerecht am Rahmen angeordnet. Ihr Durchmesser betrug 280 mm, der Kolbenhub 500 mm. Als Schieber dienten Flachschieber der Regelausführung. Der Kreuzkopf wurde zweischienig auf der Gleitbahn geführt; die Steuerung entsprach der Bauart Allan. Der Kessel war für einen Betriebsdruck von 12 bar ausgelegt und hatte zwischen den Rohrwänden eine Länge von 2550 mm. Ein Dampfdom war nicht vorhanden. Vorn auf dem Langkessel unmittelbar hinter der Rauchkammer befand sich ein Regleraufsatz mit gewichtsbelastetem Sicherheitsventil. Der Stehkessel besaß eine halbzylindrisch gewölbte Decke; der untere Teil der Seitenwände war zwischen den Rahmenwangen eingezogen. Er nahm eine kupferne Feuerbüchse auf. Der Rost war leicht geneigt. Die Rauchkammer war nur 530 mm lang. Sie trug einen Prüsmann-Schornstein. Das Führerhaus besaß ein nur leicht gewölbtes Dach. Rechts und links des Kessels befanden sich seitliche Wasserkästen, die vom Führerhaus bis fast zum hinteren Ende der Rauchkammer reichten. Die Bremsausrüstung bestand ursprünglich nur aus der Handbremse, welche beidseitig auf die Räder des zweiten Radsatzes wirkte. Außerdem waren Umlenkrollen und Handhaspel der Heberleinbremse vorhanden. Die von der DR übernommenen Maschinen erhielten die Knorr-Druckluftbremse. Die einstufige Luftpumpe erhielt ihren Platz vor dem rechten Wasserkasten. Der handbetätigte Sandstreuer sandete den ersten Radsatz von hinten, den zweiten von vorn. Der Signalgebung dienten eine Dampfpfeife preußischer Normalausführung und ein

Die 98 6002 von der Franzburger Südbahn 1961 in Niederschlema.
Foto: Sammlung Grundmann

Dampfläutewerk Bauart Latowski. Entgegen der Vulcan-Übersichtszeichnung, welche die Anordnung des Läutewerkes auf dem Dach des Führerhauses vorgesehen hatte, saß dieses bei fast allen Lokomotiven auf dem Kesselscheitel hinter dem Regleraufsatz. Die Maschinen besaßen ursprünglich Petroleumbeleuchtung; die DR hat elektrische Beleuchtung nachgerüstet und die leichten Stangenpuffer gegen Hülsenpuffer getauscht. Die Loks konnten 2,5 m^3 Wasser und 0,9 t Kohle mitführen.
Im Merkbuch der DR, Ausgaben 1962/64, fanden die Lokomotiven keine Aufnahme mehr.
98 6001, 98 6002 und 98 6004 verblieben nach ihrer Übernahme durch die DR zunächst bei der ehemaligen Franzburger Südbahn, wurden aber später mehrmals umbeheimatet. Nach mehreren Zwischenstationen kam 98 6001 Mitte der fünfziger Jahre zum Bw Köthen (Anhalt); 1957 wurde sie Werklok im Raw Blankenburg/Harz. 1964 oder 1965 wurde 98 6001 ausgemustert und zerlegt. 98 6002 wurde im Juni 1961 an das Fernsehkolbenwerk Niederschlema abgegeben. Nach anderen Angaben soll sie bereits ab 1959 in der Papierfabrik Niederschlema als Heizlok gedient haben. 98 6004 beendete 1964 ihren Dienst bei der Deutschen Reichsbahn; das genaue Datum der Ausmusterung ist nicht bekannt.

B n2t

98^{60}

98 6003

L 22.10

WBBIE

Hanomag-Baulok

1895–1965

Techn. Daten: Seite: 296

Mit dem Fahrzeugpark der thüringischen Bachstein-Bahnen gelangte im Jahre 1949 eine kleine B-gekuppelte Naßdampftenderlok zur Deutschen Reichsbahn, die im Jahre 1895 von der Hanomag unter der Fabriknummer 2650 fertiggestellt worden war. Ursprünglicher Eigentümer der Maschine war die Baufirma G. von Cölln in Hannover. Die Lok wurde bald an die Börßum–Hornburger Eisenbahn abgegeben, verrichtete dann einige Zeit bei der Osterwieck–Wasserlebener Eisenbahn Dienst und fand schließlich ihre endgültige Heimat bei der Esperstedt–Oldislebener Eisenbahn. Nach Übergabe durch die Baufirma an die Centralverwaltung für Sekundärbahnen hatte der B-Kuppler die Bachstein-Nummer 78 erhalten. Im Frühjahr 1949 befand sich die Lok 78 zur Ausbesserung in der Hauptwerkstatt der WBBIE in Weimar und wurde mit der Betriebsnummer 98 0078 versehen. Aus diesem Grunde erschien die Maschine auch mit der Eigentumsangabe »WBBIE« im DR-Umzeichnungsplan vom 12. Dezember 1949. Die Deutsche Reichsbahn zeichnete die Lok in 98 6003 um und gab ihr das Betriebsgattungszeichen L 22.10.
98 6003 gehörte zu einem Typ von Baulokomotiven, welchen die Hanomag nur zehn Jahre – von 1895 bis 1905 – im Fertigungsprogramm hatte. Sie besaß einen

98 6003 (Hanomag 1895/2650) 1961 in Sangerhausen.
Foto: W. Umlauft, Sammlung Malke

Blechrahmen, der zugleich als Wasserkasten diente. Ihre LüP betrug 6770 mm, der Achsstand der gekuppelten Radsätze 2000 mm. Die Räder hatten einen Laufkreisdurchmesser von 880 mm; die Radkörper waren als Scheibenradkörper ausgebildet. Die Federn der Radsätze waren über den Rahmenplatten angeordnet. Die waagerecht am Rahmen angeschraubten Zylinder hatten einen Durchmesser von 285 mm, der Kolbenhub betrug 400 mm. Als Schieber dienten einfache Flachschieber. Der Kreuzkopf war einschienig geführt; als Steuerung diente eine Kulissensteuerung ähnlich der Bauart Allan. Der Kessel besaß eine feuerberührte Verdampfungsheizfläche von 36,85 m^2 und war ursprünglich für einen Betriebsdruck von 12 bar ausgelegt. 1938 hatte die Centralverwaltung jedoch wegen ständiger Kesselschäden die Herabsetzung des Druckes auf 10 bar verfügt. Der Langkessel trug ganz vorn den Dampfdom und das mit dem Dom verbundene Reglergehäuse; in Langkesselmitte befand sich der Sandkasten. Der Stehkessel nahm eine kupferne Feuerbüchse auf. Die Rostfläche betrug 0,75 m^2. Auf dem Stehkesselscheitel vor der Führerhausvorderwand war das Sicherheitsventil angebracht. Die Rauchkammer war sehr kurz und trug einen Prüsmann-Schornstein. Das Führerhaus mit nur gering gewölbtem Dach, je zwei großen Fenstern in Vorder- und Rückwand und mit im unteren Teil nach innen abgeschrägter Rückwand entsprach der bei kleinen Werklokomotiven üblichen Ausführung. Das Dach des Führerhauses besaß im hinteren Teil eine ausstellbare Lüftungsklappe. Die Bremsausrüstung bestand ursprünglich nur aus einer Handbremse. Der handbetätigte Sandstreuer sandete den Treibradsatz. Der Signalgebung diente eine auf dem Führerhausdach angebrachte Dampfpfeife. Die Beleuchtungseinrichtung bestand aus Petroleumlampen. Die Lok konnte 2,0 m^3 Wasser und 1,0 t Kohle mitführen. Ihre Höchstgeschwindigkeit betrug 25 km/h.

Ende der fünfziger Jahre hat die DR einige Umbauten und Nachrüstungen an der Lok vorgenommen, die einer Anpassung an die Einsatzbedingungen bei der

Reichsbahn dienten. Die Lok erhielt eine Druckluftbremse Bauart Knorr. Die Luftpumpe fand auf der rechten Kesselseite hinter der Rauchkammer ihren Platz, der Hauptluftbehälter wurde auf dem linken Umlaufblech angebracht. Weiterhin bekam die Maschine elektrische Beleuchtung und ein Dampfläutewerk Bauart Latowski. Das Läutewerk wurde auf dem Kesselscheitel hinter dem Sandkasten angeordnet. Nach gründlicher Aufarbeitung des Kessels wurde der Betriebsdruck wieder auf den ursprünglichen Wert von 12 bar angehoben. Das ursprüngliche Kesselsicherheitsventil tauschte man gegen ein Sicherheitsventil der Bauart Ramsbottom. Die zulässige Höchstgeschwindigkeit der Lok erhöhte man auf 35 km/h.
Weshalb die erwähnten Umbauten an der Lok so spät erfolgten, mag einige Verwunderung hervorrufen, denn 98 6003 beförderte bei der DR wie vordem auch Personenzüge auf der Strecke Esperstedt (Kyffhäuser)–Oldisleben. Tatsächlich hatte sich die Reichsbahn, wie vordem bereits die Bachsteinsche Centralverwaltung, mehrmals mit dem Gedanken getragen, die Maschine auszumustern, doch für die Strecke, auf der sie Dienst tat, war sie einfach unentbehrlich.
Für die Beförderung von einem oder zwei Personenwagen auf einer Strecke mit einer zulässigen Streckengeschwindigkeit von nur 20 km/h genügte die Lok auch auf längere Sicht den Anforderungen, so daß sie bis Anfang der sechziger Jahre im Einsatz stand. Außer dem Personenverkehr bewältigte 98 6003 auch den Güterverkehr von und zur Zuckerfabrik Oldisleben. Mit der Einstellung des Betriebes auf der Strecke Esperstedt–Oldisleben verlor 98 6003 ihr Einsatzgebiet und wurde abgestellt. Mitte der sechziger Jahre musterte man die beim Bw Sangerhausen beheimatete Maschine aus; der genaue Zeitpunkt konnte nicht ermittelt werden.

B n2t

98^{60}

98 6005 und 98 6008

L 22.10

Neuh., Telt.

wie pr. T 1 (Normalbauart)

1901–1959

Techn. Daten: Seite: 297

Mit dem Fahrzeugpark der ehemaligen Privatbahnen übernahm die Deutsche Reichsbahn im Jahre 1949 zwei B n2t-Lokomotiven, die von der Hanomag im Jahre 1901 unter der Fabriknummer 3764 bzw. von O & K im Jahre 1913 unter der Fabriknummer 6681 hergestellt worden waren. Die Hanomag-Lok war ursprünglich an das Eisenbahnbau-Unternehmen Bergen bei Celle-Garssen geliefert worden und hatte den Namen OETZE (nicht Oertze, wie in der Literatur angegeben) getragen. Sie war dann bei der Kleinbahn Celle–Soltau als deren Bahnnummer 22 eingesetzt, kam später als Nr. 6 zur Kleinbahn Celle–Wittingen und schließlich zur Kleinbahn Neuhaus–Brahlstorf, welche ihr die Bahnnummer 2 gab. Die DR zeichnete die Lok in 98 6005 um.
Die O & K-Maschine war von der Kleinbahn Guttentag–Voßwalde bestellt worden, hatte bei dieser Bahn die Nr. 1 getragen und war, offensichtlich durch Kriegsereignisse, zur Teltower Eisenbahn gekommen, welche die Lok unter ihrer alten Bahnnummer einsetzte. Diese Lok wurde von der DR in 98 6008 umgezeichnet.
Beide Lokomotiven waren waren bis auf geringfügige Äußerlichkeiten baugleich. Sie entsprachen konstruktiv der pr. T 1 (Normalbauart), besaßen aber statt eines dreischüssigen Langkessels einen zweischüssigen und anstelle der Reglerbüchse einen Dampfdom. Der Rahmen war ein im vorderen Teil als Wasserkasten ausge-

98 6005 (Hanomag 1901/3764) im Jahre 1957 in Blankenburg.
Foto: G. Otte, Sammlung Grundmann

Die 98 6008 (O&K 1913/6681) als Werklok Nr. 3 im Bw Dresden-Friedrichstadt im Jahre 1958.
Foto: G. Otte, Sammlung Grundmann

bildeter Blechrahmen; die Lokomotiven hatten eine LüP von 7160 mm und einen Achsstand von 2500 mm. Der Laufkreisdurchmesser der Räder betrug 1080 mm; Treibradsatz war der zweite Radsatz. Die Zylinder hatten einen Durchmesser von 270 mm; der Kolbenhub betrug 550 mm. Die Schieber waren Flachschieber preußischer Regelausführung. Der Kreuzkopf wurde zweischienig auf der Gleitbahn geführt, die Steuerung entsprach der Bauart Allan. Der Kessel war für einen Betriebsdruck von 12 bar ausgelegt und besaß eine Verdampfungsheizfläche von 41,2 m^2. Der Dampfdom saß vorn auf dem Langkessel, der Sandkasten etwa in Langkesselmitte. Die Decke des Stehkessels war halbzylindrisch gewölbt; der untere Teil der Seitenwände war zwischen den Rahmenwangen eingezogen. Der Stehkessel nahm eine kupferne Feuerbüchse auf und trug hinten auf seinem Scheitel das Ramsbottom-Sicherheitsventil. Die 580 mm lange Rauchkammer trug einen Prüsmann-Schornstein. Der Kessel wurde von zwei Dampfstrahlpumpen Bauart Strube gespeist. Das Führerhaus entsprach völlig demjenigen der pr. T 1. Beide Lokomotiven waren mit Einkammer-Druckluftbremse Bauart Knorr und Exterscher Wurfhebelbremse ausgerüstet. Die Knorr-Bremse war im Lieferzustand der Maschinen wahrscheinlich nicht vorhanden, sondern dürfte erst später nachgerüstet worden sein. Der handbetätigte Sandstreuer sandete den Treibradsatz von vorn. Dampfpfeife und Dampfläutewerk Bauart Latowski ermöglichten die Signalgebung. Die Beleuchtungseinrichtung bestand aus Petroleumlampen. Die Lokomotiven konnten 2,4 m^3 Wasser und 0,85 t Kohle mitführen; ihre Höchstgeschwindigkeit betrug 30 km/h.

98 6008 schied im November 1955 aus dem Betriebsdienst aus und wurde Werklok 3 des Raw Dresden, 98 6005 wurde im Jahre 1959 an die Hafenbahn Torgau verkauft.

B n2t

98^{60}

98 6006–98 6007

L 22.10

Wg. - Cv.

Borsig-Kleinbahnlok

1909–1966

Techn. Daten: Seite: 297

Im Jahre 1909 stellte die Firma A. Borsig, Berlin-Tegel, zwei B-gekuppelte Naßdampf-Tenderlokomotiven mit 10 t Radsatzfahrmasse und 30 km/h Höchstgeschwindigkeit unter den Fabriknummern 7234 und 7235 fertig.

Das Bürgermeisteramt Calvörde hatte die beiden Maschinen für die in kommunalem Eigentum befindliche Kleinbahn, welche die beiden Gemeinden Calvörde und Wegenstedt miteinander verband, bestellt. Die Lokomotiven erhielten die Bahnnummern 1 und 2. Die Deutsche Reichsbahn übernahm im Jahre 1949 beide Maschinen und zeichnete sie in 98 6006 und 98 6007 um.

Die B-Kuppler der Kleinbahn Wegenstedt–Calvörde entsprachen keiner der von Borsig an die Preußischen Staatsbahnen oder an andere Privat- und Werkbahnen gelieferten Bauformen. Wenn sie auch in ihrer Architektur durchaus Anklänge an preußische Bautradition zeigten, so waren sie soch insgesamt moderner als manch andere in jenen Jahren entstandene Konstruktion. Mit einer LüP von 8051 mm waren die Lokomotiven zudem für leichte Zweikuppler ohne Laufradsatz recht groß. Sie besaßen einen von der vorderen bis zur hinteren Pufferbohle durchlaufenden Blechrahmen, der als Wasserkastenrahmen ausgebildet war. Unterhalb des Führerhauses waren die Rahmenwangen nach oben gezogen. Der Achsstand der Radsätze betrug 2700 mm; die Federn lagen über den Rahmenwangen. Die Räder hatten einen Laufkreisdurchmesser von 1250 mm; die Radkörper bestanden aus Stahlguß und besaßen angegossene Gegenmassen. Treibradsatz war der zweite Radsatz. Die Zylinder mit einem Durchmesser von 320 mm waren waagerecht am Rahmen angeschraubt; die Schieberkästen nahmen Flachschieber einer Sonderbauform auf. Die Steuerung war nach der Bauart Heusinger ausgeführt. Der für einen höchsten Betriebsdruck von 12 bar ausgelegte Kessel lag frei über dem Rahmen. Der Langkessel bestand aus zwei Schüssen; der vordere Schuß trug den Dampfdom mit dem Flachschieberregler, der hintere einen runden Sandkasten. Der Stehkessel besaß eine halbrund gewölbte Decke und gerade Seitenwände; er nahm eine kupferne Feuerbüchse auf. Der Rost war fast quadratisch und schwach gegen die Waagerechte geneigt. Das Doppelsicherheitsventil Bauart Ramsbottom saß auf dem Stehkesselscheitel unmittelbar vor der Führerhausvorderwand. Die Rauchkammer hatte den gleichen Durchmesser wie der Langkessel; sie stützte sich über einen stabilen Sattel auf dem Rahmen der Lok ab. Ausführung und Ausrüstung der Rauchkammer entsprachen preußischen Normen. Der zweiteilige konische Schornstein bestand aus einem fest mit der Rauchkammer verschraubten Unterteil und einem höheren Oberteil. Der Kessel wurde von zwei Dampfstrahlpumpen Bauart Strube gespeist; die Speiseventile waren in Höhe des Dampfdoms auf Kesselmitte angeordnet. Das Führerhaus entsprach im wesentlichen demjenigen der pr. T 3 nach M III-4 e(2), hatte also eine gerade durchlaufende Rückwand. Ein Lüftungsaufsatz war jedoch nicht vorhanden. Die Maschinen besaßen ursprünglich nur eine Handbremse; später ist die Einkammer-Druckluftbremse Bauart Knorr nachgerüstet worden. Die Radsätze wurden einseitig abgebremst. Der handbetätigte Sandstreuer sandete den ersten Radsatz von vorn, den zweiten von hinten. Der Signalgebung dienten ein Dampfläutewerk Bauart Latowski, welches auf einer Konsole am Schornstein angebracht war, und eine auf dem Führerhausdach befindliche Dampfpfeife. Die Beleuchtungseinrichtung bestand aus Petroleumlampen; bei 98 6006 hat die DR noch elektrische Beleuchtung nachgerüstet. Die Lokomotiven konnten 2,9 m³ Wasser und 1,1 t Kohle mitführen.

Ob die ehemalige Lok 2 der Kleinbahn Wegenstedt–Calvörde tatsächlich noch die für sie vorgesehene DR-Betriebsnummer 98 6007 erhalten hat, ist zweifelhaft, denn bereits im August 1950 verkaufte man die Maschine als Werklok an das Glaswerk Torgau. Ihre Schwesterlok, die von der DR in 98 6006 umgezeichnet worden war, hielt sich dagegen bis Mitte der sechziger Jahre im Betriebsdienst und ist am 17. Januar 1966 ausgemustert worden.

B n2t

98^{60}

98 6009

L 22.10

Owb. B.

Einzelanfertigung

1922–1960

Techn. Daten: Seite: 297

Mit der Oberweißbacher Bergbahn übernahm die Deutsche Reichsbahn im Jahre 1949 eine kleine zweifach gekuppelte Naßdampf-Tenderlok, welche die Betriebsnummer 98 6009 erhielt. Die Bergbahn hatte die Maschine im Jahre 1922 von der Gesellschaft für Feldbahn-Industrie Smoschewer & Co. als deren Fabriknummer 712 bezogen. Neben anderen Produktionsstätten gehörten zu diesem Unternehmen auch zwei Lokomotivfabriken, die eine in Breslau, die zweite in Schmiedefeld bei Breslau. Daß die Firma Smoschewer bei Eisenbahnfreunden und selbst in Fachkreisen nicht allzu bekannt ist, liegt in der Tatsache begründet, daß dort vorwiegend schmalspurige Feldbahn-Lokomotiven, aber nur wenige Normalspurlokomotiven gefertigt wurden. Denoch hat Smoschewer u. a. auch einige Exemplare der pr. T 3 für Privatbahnen gebaut, und immerhin besaß das Unternehmen, das ab 1939 als Budich AG firmierte, eine solche Bedeutung, daß es ab 1942 mit der Serienfertigung der KDL 12 und KDL 13 – zweier Bauloktypen für 600 und 750 mm Spurweite – betraut wurde. Im Gegensatz zu gängigen Angaben in der Literatur konzentrierte Smoschewer seine Aktivitäten weniger auf die Reparatur und den Umbau von Eisenbahnfahrzeugen als vielmehr auf den Neubau. So war auch der an die Oberweißbacher

98 6009 (MBA Breslau 1922/712) im Lokbahnhof Göschwitz.
Foto: G. Otte, Sammlung Grundmann

Bergbahn gelieferte B-Kuppler keineswegs ein Umbau aus einer von Maffei gefertigten Schmalspurlok, wie es in der Literatur heißt. Mit bayerischer Bautradition hatte die Maschine nichts zu tun; obgleich zu den kleinsten normalspurigen Tenderlok gehörig, verkörperte sie den preußischen Baustil in fast reiner Form. Die Lok besaß einen Blechrahmen, der zugleich als Wasserkasten diente. Sie hatte eine LüP von 6300 mm. Der Achsstand der gekuppelten Radsätze betrug 1800 mm, der Laufkreisdurchmesser der Räder 900 mm. Der zweite Radsatz wurde angetrieben. Die Zylinder waren waagerecht am Rahmen angeordnet und mit Flachschiebern üblicher Ausführung versehen. Der Kreuzkopf wurde einschienig geführt; die Steuerung entsprach der Bauart Heusinger. Der Kessel war für einen Betriebsdruck von 12 bar ausgelegt und entsprach in Ausführung und Ausrüstung preußischen Normen. Der Langkessel trug vorn einen großen Dampfdom mit Flachschieberregler, dahinter einen Sandkasten. Der Stehkessel nahm eine kupferne Feuerbüchse auf. Die Kesselsicherheitsventile entsprachen der Bauart Pop. Die Rauchkammer trug einen konischen Schornstein. Gekümpelte Rauchkammertür mit Zentralverschluß und Verkleidung der Einströmrohre stimmten mit den entsprechenden Bauteilen kleinerer KPEV-Tenderlokomotiven überein. Das Führerhaus war mit geringen Änderungen von der pr. T 3 nach M III-4 e (2) übernommen. Die abweichende Form der Frontfenster mag mit zu der Vermutung beigetragen haben, daß die Maschine aus einer Spenderlok bayerischer Herkunft entstanden sei. Die Bremsausrüstung bestand aus der Knorr-Druckluftbremse und der Wurfhebelbremse. Die Radsätze wurden einseitig abgebremst. Die einstufige Luftpumpe war an der rechten Seite der Rauchkammer angebracht. Der handbetätigte Sandstreuer sandete den Treibradsatz von vorn. Zur Signalgebung war eine Dampfpfeife vorhanden. Die Beleuchtung bestand ursprünglich aus Petroleumlampen; Anfang der fünfziger Jahre hat die DR jedoch elektrische Beleuchtung nachgerüstet. Die ursprünglichen Stangenpuffer verblieben bis zur Ausmusterung an der Lok. Die Maschine konnte 1,9 m^3 Wasser und 0,6 t Kohle mitführen. Ihre Dienstmasse betrug 20,5 t, ihre Höchstgeschwindigkeit 35 km/h.

Die Oberweißbacher Bergbahn hatte die kleine Tenderlok für den Einsatz auf der Flachbahnstrecke Lichtenhain–Cursdorf beschafft. Sie war vorwiegend im Winterbetrieb eingesetzt. Ansonsten war sie als Reserve abgestellt und mußte nur bei Ausfall des elektrischen Triebwagens einspringen. Dann beförderte die Lok den aus nur einem zweiachsigen Personenwagen bestehenden Zug. Am 23. Juni 1960 wurde 98 6009 ausgemustert.

B n2t

98^{60}

98 6010

L 22.10

Boiz.

O & K - Privatbahnlok

1922–1957

Techn. Daten: Seite: 298

Im Jahre 1949 gelangte von der Boizenburger Stadt- und Hafenbahn eine Naßdampf-Tenderlok zur Deutschen Reichsbahn, die die Bahnnummer 3 trug. Die Maschine war 1922 von O & K unter der Fabriknummer 9698 für die Anschlußbahn des Rittergutes Dersena hergestellt worden. Die DR zeichnete die Lok in 98 6010 um. Bauart und Radsatzfolge der Lok müssen als ungeklärt gelten. Im Umzeichnungsplan vom 12. Dezember 1949 ist die Maschine als B n2, also als Zweikuppler, mit dem Betriebsgattungszeichen L 22.10 ausgewiesen. Laut O & K-Fabriknummernliste handelte es sich aber um einen Dreikuppler, und diese Angabe kehrt in allen Statistiken und in der Literatur wieder. Wenn 98 6010 tatsächlich eine C n2t war, hat die DR die Lok irrtümlich in die BR 98^{60} eingeordnet, und sie hätte korrekt als 89^{60} bezeichnet werden sowie das Betriebsgattungszeichen Gt 33.10 erhalten müssen. Doch sind diesbezügliche Zweifel durchaus angebracht, zumal im Archiv deutscher Klein- und Privatbahnen, Band Brandenburg/Mecklenburg, ein Foto veröffentlicht worden ist, welches die Lok 3 der Boizenburger Stadt- und Hafenbahn vor ihrer Einfahrt in den Stadtbahnhof zeigen soll. Die auf diesem Foto abgebildete Maschine ist aber zweifelsfrei ein B-Kuppler. Somit besteht die Möglichkeit, daß die im DR-Umzeichnungsplan vom 12. Dezember 1949 erfolgte Bezeichnung der Lok 3 als Zweikuppler zutreffend war und demzufolge alle anderen Angaben falsch sind. Hingegen spricht die altertümliche Bauform der auf besagtem Foto abgebildeten Maschine gegen das verbürgte Baujahr 1922 der Lok mit der Fabriknummer 9698. Aufgrund der bestehenden und wohl auch kaum noch zu klärenden Widersprüche ist es uns nicht möglich, für Lok 98 6010 eine Typenbeschreibung zu geben, geschweige denn Angaben zu ihren technischen Daten und konstruktiven Besonderheiten zu machen. 98 6010 wurde 1957 an die Zuckerfabrik Stavenhagen verkauft und soll dort noch einige Jahre als Werklok im Einsatz gestanden haben.

B n2t

$98^{61, 62}$

98 6101

98 6208–98 6211

98 6214–98 6218 (98 6219)

L 22.11; L 22.12

verschiedene Bahnen

Henschel-Kleinbahnlok

1906–1966

Techn. Daten: Seite: 298

Im Jahre 1905 entwickelte die Firma Henschel & Sohn in Kassel eine zweifach gekuppelte Naßdampftenderlok, deren Konstruktion speziell auf die Bedürfnisse der Klein- und Privatbahnen abgestimmt war. Ausgangspunkt für die Entwicklung bildeten die preußischen Tenderlok der Gattungen T 1 und T 2 (Normalbauart). Die neue Kleinbahnlok ähnelte daher nicht nur äußerlich der pr. T 1 und T 2, sondern hatte auch sehr ähnliche Abmessungen und zum Teil mit den KPEV-Lokomotiven übereinstimmende technische Daten. Mit ihren 12 t Radsatzfahrmasse war sie schwerer als die T 1, deren Radsatzfahrmasse 10 t betrug, aber leichter als die T 2 (14 t Radsatzfahrmasse). Größter äußerlicher Unterschied zwischen den B-gekuppelten Normaltenderlokomotiven der KPEV und der hier zu beschreibenden Bauform war der anstelle der Reglerbüchse vorhandene Dampfdom. Die Kleinbahnlokomotiven waren außerdem für Einmannbedienung eingerichtet und besaßen ursprünglich Übergangseinrichtungen (klappbare Plattformen und Sicherungsgitter) an Vorder- und Hinterfront.
Die Deutsche Reichsbahn übernahm im Jahre 1949 insgesamt zehn derartige Maschinen und gab ihnen die Betriebs-

98 6101 (Henschel 1905/7245) neben 98 6215 am 20.05.1964 im Bw Dessau.
Foto: Hans Müller

nummern 98 6101, 98 6208 bis 98 6211 sowie 98 6215 bis 98 6218. Die als 98 6101 eingeordnete und mit dem Betriebsgattungszeichen L 22. 11 versehene Lok wurde offensichtlich falsch umgezeichnet, denn sie unterschied sich nicht von den als 98^{62} eingereihten anderen neun Maschinen. Nachstehend führen wir die Lokomotiven mit ihren Baudaten, ehemaligen Besitzern und Betriebsnummern an:

Eine elfte B n2t mit 12 t Radsatzfahrmasse übernahm die DR als 98 6219. Sie besaß ähnliche Abmessungen wie die vorstehend aufgelisteten Maschinen und hatte die Baudaten Henschel 1922/ 19 579. Diese Lok war jedoch keine ehemalige Privatbahnlok, sondern eine Werklok der Firma Griesheim-Elektron Bitterfeld. Im Umzeichnungsplan vom 12. Dezember 1949 war sie mit dem folgenden Vermerk erfaßt: »Eigentumsverhältnisse der Lok ungeklärt. Lok ist zum Verkauf vorgesehen. Bei Verkauf der Lok unterbleibt die Umzeichnung«. Tatsächlich hat die DR diese Maschine im Dezember 1951 an die LOWA Freital veräußert.

Die aus der pr. T 1 bzw. T 2 abgeleiteten Kleinbahnlokomotiven besaßen einen Blechrahmen, der zugleich als Wasserkasten diente. Ihre LüP betrug 7582 mm, der Achsstand der gekuppelten Radsätze 2500 mm. Die Radkörper bestanden aus Stahlguß; der Laufkreisdurchmesser der Räder betrug 1000 mm. Treibradsatz war der zweite Radsatz. Die Radsatzfedern waren über den Rahmenblechen angeordnet. Die Zylinder hatten einen Durchmesser von 320 mm; der Kolbenhub betrug 500 mm. Als Schieber dienten Flachschieber der Regelausführung. Der Kreuzkopf wurde zweischienig auf der Gleitbahn geführt; die Steuerung entsprach der Bauart Allan. Der für einen Betriebsdruck von 12 bar ausgelegte Kessel besaß eine Verdampfungsheizfläche von 47,67 m^2. Der Langkessel bestand aus zwei Schüssen; der vordere Schuß trug den Dampfdom mit dem Flachschieberregler, der hintere den

Baujahr	**Fabriknummer**	**geliefert an**	**1. Bahnnr.**	**2. Bahnnr.**	**später bei**	**Bahnnr**	**DR-Betriebsnr.**
1905	7245	BAE	1	–	Kön. - R.	190	98 6101
1906	7244	GHW	3	189	Del. KB.	189	98 6208
1907	7248	Stendal–Arendsee	3	2 (SE)	Kön. - R.	191	98 6209
1907	7249	Ellrich–Zorge	1	–	GHW	192	98 6210
1907	7250	Ellrich–Zorge	2	–	SE	193	98 6211
1909	9217	Genth.	5	195	–	–	98 6214
1910	10 018	Wolm.–Cb.	1	197	–	–	98 6215
1910	10 019	Wolm.–Cb.	2	198	Re. - Fr.	198	98 6216
1910	10 329	Bismark–Wittingen	7	–	Altm.	194	98 6217
1913	12 386	Stendal–Arneburg	31	–	SE	199	98 6218

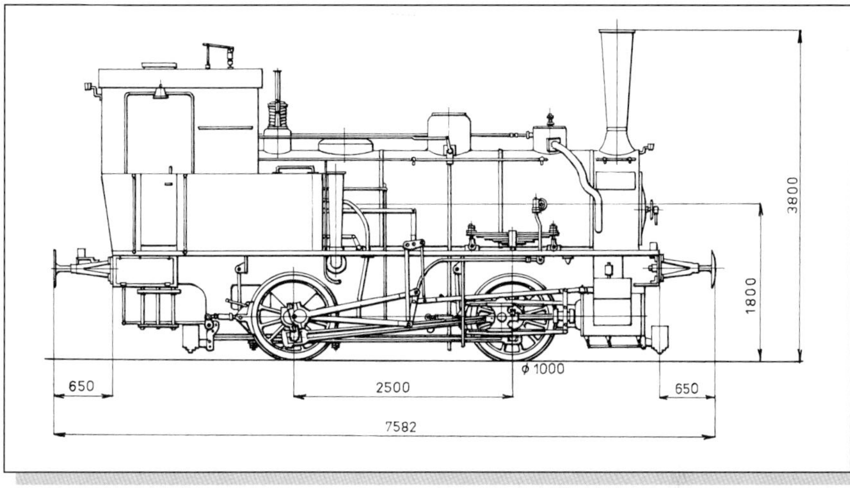

Oben: 98 6210–98 6211
Zeichnung: M. Kratochvíl

Unten: 98 6216
Zeichnung: M. Kratochvíl

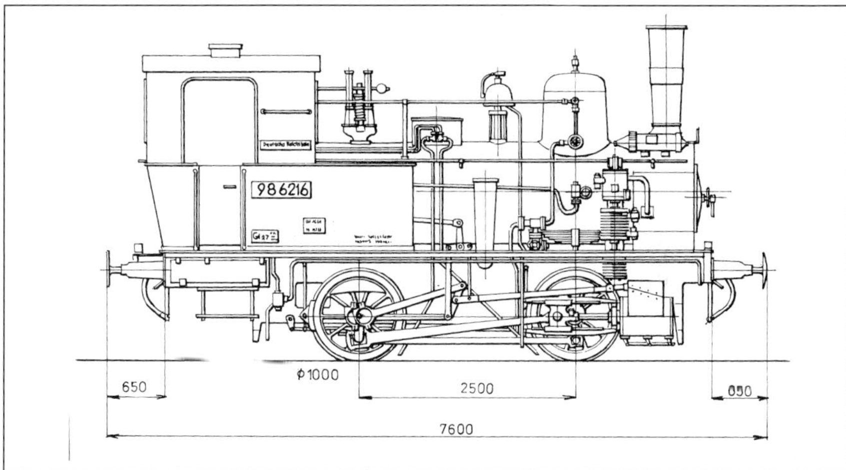

Sandkasten. Der Stehkessel trug auf seinem Scheitel das Ramsbottom-Sicherheitsventil. Die Feuerbüchse bestand aus Kupfer. Sie hatte gerade Seitenwände und war mit dem Kesselmantel durch kupferne Stehbolzen verbunden. Decken- und Queranker des Kessels bestanden aus Stahl. Die wie bei der pr. T 1 ausgeführte Rauchkammer trug einen konischen Schornstein. Der Kessel wurde von zwei Dampfstrahlpumpen gespeist. Das Führerhaus mit im unteren Teil nach innen abgewinkelter Rückwand und quer zur Fahrtrichtung auf dem Dach angebrachtem Lüftungsaufsatz war von gleicher Bauart wie bei den pr. T 1 und T 2. Die Lokomotiven waren zum Teil mit Druckluftbremse Bauart Knorr, zum Teil mit Saugluftbremse Bauart Körting ausgerüstet. Bei Lokomotiven mit Druckluftbremse befand sich die Luftpumpe auf der rechten Seite der Rauchkammer, der Hauptluftbehälter auf dem linken Umlaufblech. Die von der DR übernommenen Maschinen hatten Knorr-Druckluftbremse oder erhielten diese nachträglich. Der handbetätigte Sandstreuer sandete den ersten Radsatz von hinten, den zweiten von vorn. Der Signalgebung dienten eine Dampfpfeife preußischer Regelausführung und ein Dampfläutewerk Bauart Latowski. Das Läutewerk war auf einer Konsole zwischen Dampfdom und Sandkasten angebracht. Die Lokomotiven besaßen ursprünglich Petroleumbeleuchtung; die DR hat elektrische Beleuchtung nachgerüstet. Ebenso wurden die ursprünglichen Stangenpuffer durch Hülsenpuffer ersetzt. Soweit nicht bereits vorher geschehen, entfernte die DR bei allen Lokomotiven die Übergangseinrichtungen; ebenso verschwanden die bei einem Teil der Maschinen auf den Umlaufblechen befindlichen seitlichen Sicherungsgitter. Angaben in einigen Veröffentlichungen, daß 98 6216 ihre Übergangseinrichtungen bis zur Ausmusterung behielt, treffen nicht zu. Die Lokomotiven konnten 3,4 m^3 Wasser und 1,0 t Kohle mitführen. Die Nennleistung betrug 200 PS, die Höchstgeschwindigkeit 40 km/h.

Bei der DR verblieben die Lokomotiven zum Teil in ihren angestammten Einsatzgebieten, zum Teil wurden sie auch umbeheimatet. Beispielsweise wurde 98 6215 im Jahre 1950 zum Bw Magdeburg-Rothensee umgesetzt und war danach bei den Bw Dessau, Salzwedel, Eilsleben, Roßlau, Oebisfelde, Stendal und schließlich nochmals beim Bw Dessau beheimatet. 98 6216 beförderte noch Anfang der sechziger Jahre Reisezüge zwischen Bahnhof Rennsteig und Frauenwald. Ein besonderes Schicksal hatte 98 6218. Diese Lok wurde bereits am 10. Mai 1950 an den Energieversorgungsbetrieb Magdeburg verkauft und zu einer feuerlosen Werklok umgebaut. Als Werklok trug sie dann die Nummer 98 6218-199, zweifellos eine nostalgische Kombination ihrer Reichsbahn-Betriebsnummer und ihrer letzten Privatbahnnummer. 98 6209 wurde im Oktober 1952 Werklok beim Stickstoffwerk Rübeland; 98 6217 wurde 1957 als Werklok an das Magnesitwerk Aken verkauft. 98 6101 wurde am 6. April 1960 ausgemustert; die verbliebenen Maschinen schieden bis 1966 aus dem Betriebspark der Deutschen Reichsbahn aus.

98 6215 (Henschel 1910/10018), vormals Bahn-Nr. 197 der Kleinbahn AG Wolmirstedt-Colbitz. Foto: M. Baumberg, Sammlung Weisbrod

Die 98 6101 von der Kleinbahn Könnern-Rothenburg (dort Bahnnummer 190) im Jahre 1960 im Bw Dessau. Foto: G. Otte, Sammlung Grundmann

98 6208 (Henschel 1906/7244), vormals Bahn-Nr. 189 der Delitzscher Kleinbahn. Foto: G. Illner, Sammlung Weisbrod

98 6216 (Henschel 1910/10019) ist auf der Strecke Rennsteig - Frauenwald entgleist.
Foto: Sammlung Malke

98 6216, vormals Nr. 198 der Kleinbahn Rennsteig-Frauenwald, im »Schnellzugdienst« als Postkartenmotiv (die Karte ist 1957 abgestempelt).
Foto: Spindler, Sammlung Malke

B n2t

98^{61}

98 6102

L 22.11

Lgsz.

Henschel-Kleinbahnlok

1910–1960

Techn. Daten: Seite: 299

Von der Langensalzaer Kleinbahn übernahm die Deutsche Reichsbahn im Jahre 1949 eine zweifach gekuppelte Naßdampftenderlok und gab ihr die Betriebsnummer 98 6102 sowie das Betriebsgattungszeichen L 22. 11. Die Maschine war 1910 von Henschel & Sohn unter der Fabriknummer 9858 an die Kleinbahn Bismark–Wittingen als deren Bahnnummer 6 geliefert worden. Nach Eingliederung dieser Bahn in die Altmärkische Kleinbahn behielt sie zunächst ihre ursprüngliche Nummer, wurde aber später in Nr. 196 nach dem gemeinsamen Nummernschema der Kleinbahnen der preußischen Provinz Sachsen umgezeichnet. Über die Delitzscher Kleinbahn und die Obereichsfelder Kleinbahn gelangte die Lok schließlich zur Langensalzaer Kleinbahn. Völlig widerspruchsfrei lassen sich die Umsetzungen der Maschine jedoch nicht nachzeichnen, weil die offiziellen statistischen Unterlagen der Rbd Erfurt zum Teil abweichende Angaben machen. Danach soll die Lok von der Altmärkischen Kleinbahn an die Kyffhäuser Kleinbahn verkauft worden sein, die sie 1938 an die Obereichsfelder Kleinbahn weitergab. Bei der Obereichsfelder Kleinbahn soll die Maschine die Bahnnummer 43 getragen haben. Tatsächlich wird diese Nummer in den erhaltenen Geschäftsberichten der Bahn erwähnt. Die Nummer 196 hat die Lok nach diesen Angaben erst im Jahre 1940 erhalten. Im Jahre 1948 soll sie an die Gernrode–Harzgeroder Eisenbahn, die in Gernrode einen normalspurigen Gleisanschluß besaß, vermietet worden sein. Wie dem auch sei, Anfang 1949 befand sich die Lok bei der Langensalzaer Kleinbahn, wo sie von der zuständigen Übernahmegruppe der DR erfaßt wurde.

Die ehemalige Lok 6 der Kleinbahn Bismark–Wittingen glich fast den zehn anderen B n2t-Kleinbahnlokomotiven, die ebenfalls von Henschel gebaut worden waren und 1949 als 98 6101, 98 6208 bis 98 6211 und 98 6214 bis 98 6218 zur DR kamen. Sie war lediglich etwas leichter und besaß mit 7419 mm eine etwas geringere LüP. Diese resultierte aus den kürzeren Pufferträgern, welche nicht für den Anbau von Übergangseinrichtungen ausgelegt waren. 98 6102 hatte einen Blechrahmen, der zugleich als Wasserkasten diente. Der Achsstand betrug 2500 mm; der zweite Radsatz wurde angetrieben. Die Zylinder hatten einen Durchmesser von 320 mm und einen Kolbenhub von 500 mm; die Schieber waren als Flachschieber ausgeführt. Die Steuerung entsprach der Bauart Allan. Der Kessel war für einen Betriebsdruck von 12 bar ausgelegt und hatte eine Heizfläche von 47,67 m^2. Der Langkessel bestand aus zwei Schüssen, von denen der vordere den Dampfdom mit dem Flachschieberregler, der hintere den Sandkasten trug. Der Stehkessel nahm eine kupferne Feuerbüchse auf; auf dem Scheitel des Stehkessels vor der Führerhausvorderwand war das Doppelsicherheitsventil Bauart Ramsbottom angebracht. Die Rauchkammer trug den üblichen hohen Schornstein. Der Kessel wurde von zwei Dampfstrahlpumpen gespeist. Das Führerhaus entsprach demjenigen der pr. T1 und T 2; auf dem hinteren Teil des Daches befand sich ein quer zur Fahrtrichtung angeordneter Lüftungsaufsatz. Die Bremsausrüstung bestand aus Knorr-Druckluftbremse und Wurfhebelbremse; die Radsätze wurden einseitig abgebremst. Die einstufige Luftpumpe war auf der rechten Seite des Kessels unmittelbar hinter der Verkleidung der Einströmrohre angebracht. Zwei kleine, übereinander liegende Hauptluftbehälter befanden sich auf dem linken Umlaufblech. Der handbetätigte Sandstreuer sandete den ersten Radsatz von hinten und den zweiten von vorn. Auf dem Dach des Führerhauses befand sich die Dampfpfeife; das Dampfläutewerk Bauart Latowski war auf einer Konsole zwischen Sandkasten und Kesselsicherheitsventil angebracht. Die DR ersetzte die ursprüngliche Petroleumbeleuchtung durch elektrische Beleuchtung und tauschte die Stangenpuffer gegen Hülsenpuffer. Die Lok konnte 3,4 m^3 Wasser und 1,0 t Kohle mitführen und hatte eine Höchstgeschwindigkeit von 40 km/h.

98 6102 wurde nach ihrer Übernahme durch die DR fast ausschließlich im Rangierdienst verwendet. Sie war bei verschiedenen Bw des Rbd-Bezirkes Erfurt beheimatet, zuletzt beim Bw Naumburg. 1959 wurde die Lok abgestellt, am 6. April 1960 ausgemustert und schließlich am 10. November 1960 zerlegt.

B n2t

98^{62}

98 6201

L 22.12

FKB Süd

pr. T 1 Bauart Stargard-Cüstrin

1897–1966

Techn. Daten: Seite: 300

Mit dem Lokomotivpark der Franzburger Südbahn gelangte eine zweifach gekuppelte Naßdampf-Tenderlokomotive zur Deutschen Reichsbahn, welche im Jahre 1897 von Borsig, Berlin-Tegel, unter der Fabriknummer 4610 fertiggestellt worden war. Die Maschine war zusammen mit zwei weiteren Lok gleicher Bauart (Fabriknummern 4611 und 4612) im Januar 1898 an die Pyritzer Kreisbahnen geliefert worden. Die Lok trugen zunächst die Bahnnummern Pyritz I, II und III, später 1^c, 2^c und 3^c. Mit dem Lenz-Typ c hatten die Maschinen nichts zu tun; vielmehr entsprachen sie einer Bauform, die Borsig erstmals im Jahre 1882 in sieben Exemplaren unter den Fabriknummern 3863 bis 3869 an die Stargard–Cüstriner Eisenbahn geliefert hatte. Diese Privatbahn, welche 1903 von den Preußischen Staatseisenbahnen übernommen wurde und zur KED Bromberg kam, hatte übrigens 1898 zwei B n2t erhalten, die der gleichen Bauserie wie die Lok I bis III der Pyritzer Kreisbahnen entstammten und die Borsig-Fabriknummern 4608 und 4609 trugen. Die Maschinen der Stargard–Cüstriner Eisenbahn erhielten 1903 die Nummern BROMBERG 1493 und 1494, ab 1906 die Nummern BROMBERG 6001 und 6002 . Kurz vor ihrer Verstaatlichung beschaffte die Stargard–Cüstriner Eisenbahn nochmals fünf Lokomotiven gleichen Typs, die 1903 unter den Borsig-Fabriknummern 5142 bis 5146 geliefert wurden, bei der KPEV die Nummern BROMBERG 1495 bis 1499 erhielten und 1906 in BROMBERG 6003 bis 6007 umgezeichnet und in die Gattung T 1 eingereiht wurden. Die letzte Lokomotive dieser Bauart lieferte Borsig im Jahre 1907 an die Billwerder Industriebahn AG, Hamburg, unter der Fabriknummer 6176. Diese Maschine glich bis auf die kleineren Räder (1080 mm Durchmesser) in allen Details den für die Stargard–Cüstriner Eisenbahn und für die Pyritzer Kreisbahnen gebauten Lokomotiven. Wir haben die geschichtlichen Zusammenhänge an dieser Stelle so ausführlich dargestellt, weil die T 1 Bauart Stargard-Cüstrin bisher in kaum einer Darstellung, die sich mit den Lokomotiven der KPEV befaßt, überhaupt erwähnt wird und weil die 1898 gelieferten Loks der Pyritzer Kreisbahnen, zur gleichen Bauform gehörend, korrekt nur als T1 Bauart Stargard-Cüstrin bezeichnet werden können.

Lok I, später 1^c der Pyritzer Kreisbahnen, hatte 1941 die Nummer 05 N 2210 nach dem gemeinsamen Nummernschema der Pommerschen Landesbahnen erhalten. In der Zwischenzeit war sie zur Greifenberger Kleinbahn gelangt. Im Umzeichnungsplan vom 12. Dezember 1949 war die Lok lediglich mit der FKB-Nummer 05, also ohne das nachgestellte – übrigens fehlerhafte – PLB-Gattungszeichen, erfaßt. Die Lok hatte wie alle Vertreter ihrer Bauform fast 12 t Radsatzfahrmasse, und die DR zeichnete sie völlig korrekt in 98 6201 um und gab ihr das Betriebsgattungszeichen L 22. 12.

Die T 1 Bauart Stargard-Cüstrin besaßen einen Blechrahmen, der zum Teil als Wasserkasten diente. Sie hatten eine LüP von 7650 mm. Der Achsstand der gekuppelten Radsätze betrug 2000 mm, der Laufkreisdurchmesser der Räder 1200 mm. Der hintere Überhang war verhältnismäßig groß. Die Federn der Radsätze waren über den Rahmenwangen angeordnet. Wie fast stets bei B-Kupplern ohne Laufradsatz wurde der zweite Radsatz angetrieben. Die Zylinder hatten einen Durchmesser von 300 mm; der Kolbenhub betrug 500 mm. Die Schieberkästen nahmen Flachschieber normaler Ausführung auf. Der Kreuzkopf wurde zweischienig geführt; die Steuerung entsprach der Bauart Allan-Trick. Die Umsteuerung erfolgte durch einen Steuerhändel. Der Kessel hatte eine feuerberührte Verdampfungsheizfläche von 44,5 m^2 und war für einen Betriebsdruck von 12 bar ausgelegt. Der Langkessel bestand aus zwei Schüssen. Die 1882 gebauten Lokomotiven für die Stargard–Cüstriner Eisenbahn trugen auf dem ersten Schuß eine Reglerbüchse; bei den späteren Lieferungen war stattdessen ein Dampfdom mit Flachschieberregler vorhanden. Der zweite Langkesselschuß trug einen viereckigen Sandkasten. Der Stehkessel entsprach der Bauart Crampton. Er nahm eine kupferne Feuerbüchse mit schwach geneigtem Rost auf. Auf dem Scheitel des Stehkessels war das Ramsbottom-Sicherheitsventil angebracht. Die Rauchkammer war kurz und trug den für preußische Tenderlokomotiven typischen konischen Schornstein. Der Kesselspeisung dienten zwei Dampfstrahlpumpen. Das Führerhaus entsprach demjenigen der pr. T 1 (Normalbauart) mit im unteren Teil abgeschrägter Rückwand. Bei den 1903 gebauten Lokomotiven war die Rückwand durchgehend gerade ausgeführt. Etwa in der Mitte des Daches befand sich ein quer zur Fahrtrichtung angeordneter Lüftungsaufsatz.

Die Lokomotiven besaßen ursprünglich Schleifer-Bremse und Extersche Wurfhebelbremse sowie Handhaspel und Umlenkrollen für die Heberleinbremse. 98 6201 hatte Knorr-Druckluftbremse. Diese Bremse hatte die Lok wahrscheinlich schon vor ihrer Übernahme durch die DR erhalten. Der handbetätigte Sandstreuer sandete den Treibradsatz von vorn. Der Signalgebung dienten eine Dampfpfeife preußischer Normalausführung (auf dem Stehkessel) und ein Dampfläutewerk Bauart Latowski (auf dem Dach des Führerhauses). Als Beleuchtung waren Petroleumlampen vorgesehen. Die Lokomotiven konnten 2,7 m^3 Wasser und 1,4 t Kohle mitführen, ihre Höchstgeschwindigkeit betrug 40 km/h.

In einigen Veröffentlichungen wird angegeben, daß 98 6201 bereits 1955 als Werklok verkauft worden sei; andere Autoren nennen das Jahr 1965. Tatsächlich wurde die Lok am 12. März 1966 ausgemustert.

B n2t

98^{62}

98 6202–98 6205

L 22.12

Altm., BStB., FKB Süd

Lenz-Typ c

1899–1962

Techn. Daten: Seite: 299

Im Jahre 1949 übernahm die Deutsche Reichsbahn vier B n2t-Lokomotiven des Lenz-Typs c und gab ihnen die Betriebsnummern 98 6202 bis 98 6205. Die Eisenbahnbau- und Betriebsgesellschaft Lenz & Co. hatte den Typ c ab 1896 zunächst von Vulcan, dann auch von Hohenzollern für die von ihr erbauten und betriebenen normalspurigen Privatbahnen beschafft. Der Lenz-Typ c war der Nachbau einer Bauform, welche Vulcan bereits im Jahre 1881 für die Altdamm–Colberger Eisenbahn entwickelt und 1881/82 in zehn Exemplaren an diese Bahn geliefert hatte. Als die Firma Lenz & Co die Konstruktion in ihre Normalien übernahm, war sie mithin bereits 15 Jahre alt.

Die von der Deutschen Reichsbahn übernommenen Lokomotiven stammten von den Altmärkischen Kleinbahnen, der Brandenburgischen Städtebahn und der Franzburger Südbahn. Wir geben nachstehend Baudaten, ursprüngliche Eigentümer und spätere Besitzer der Lokomotiven sowie deren Bahn- bzw. Betriebsnummern in Tabellenform an:

Angaben in einigen Veröffentlichungen, die spätere 98 6204 sei an die Straußberg–Teltower Eisenbahn geliefert worden, treffen nicht zu. Die Hohenzollern-Lieferliste nennt ausdrücklich die Eisenbahn Stralsund–Tribsees. Dagegen ent-

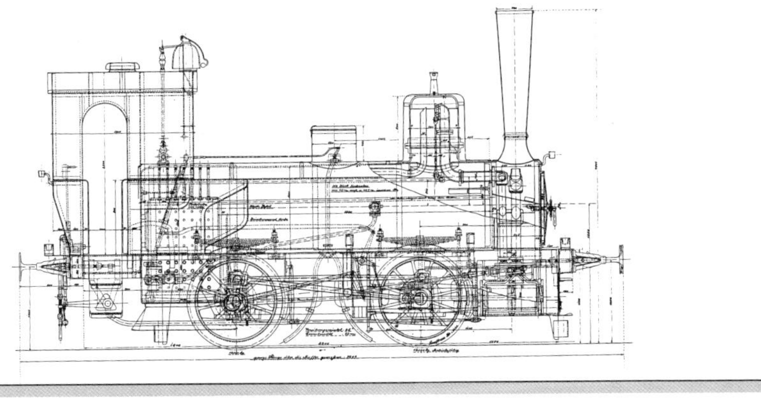

98 6202 - 98 6205 (Lenz Typ c), 98 6301 (Lenz Typ c) Zeichnung: Sammlung Verkehrsmuseum Dresden

Baujahr	Hersteller	Fabriknr.	geliefert an	1. Bahnnr.	2. Bahnnr.	später bei	Bahnnr.	DR-Betriebsnr.
1899	Hohenzollern	1173	Altm.	1c	181	-	-	98 6202
1899	Hohenzollern	1174	Altm.	2c	182	-	-	98 6203
1900	Hohenzollern	1307	Stralsund_Tribsees	2c	-	BStb	1-10	98 6204
1901	Vulcan	1883	Naugarder Kleinb.	11c	-	FKB Süd	07	98 6205

98 6202 (Hohenzollern 1899/1173) als Werklok Nr. 3 des VEB Förderanlagenbau Köthen im Januar 1960.
Foto: Sammlung Scheffler

hält die Vulcan-Lieferliste für die Lok 11^c und ihre beiden Schwestermaschinen (Fabriknr. 1884 und 1885) die Empfängerangabe »Lenz für Franzburg-Süd«, die jedoch durchgestrichen und durch die handschriftliche Änderung »Naugard« ersetzt worden ist. Mit Sicherheit waren die drei Lok 11^c bis 13^c ursprünglich für die Franzburger Südbahn bestellt, jedoch ab Werk zur Naugarder Kleinbahn umverfügt worden. Derartige Umverfügungen seitens der Firma Lenz sind auch bei anderen Lokomotivtypen nachweisbar.
Die Lokomotiven des Lenz-Typs c besaßen einen Blechrahmen, der im mittleren Teil mit großen Aussparungen zur Verminderung der Masse versehen war. Ihre LüP betrug 7200 mm, der Achsstand der beiden Radsätze 2200 mm. Die Radsatzfedern waren über den Rahmenwangen angeordnet. Der zweite Radsatz wurde angetrieben. Die Räder hatten einen Laufkreisdurchmesser von 1030 mm. Die Zylinder waren waagerecht am Rahmen angebracht; sie hatten einen Durchmesser von 300 mm; der Kolbenhub betrug 520 mm. Die Schieber waren Flachschieber herkömmlicher Bauart. Der Kreuzkopf wurde zweischienig auf der Gleitbahn geführt; die Steuerung war nach der Bauart Allan-Trick ausgeführt. Der Kessel besaß eine Verdampfungsheizfläche von 50,21 m^2 und war für einen Betriebsdruck von 11 bar zugelassen. Der Langkessel bestand aus drei miteinander vernieteten Schüssen; der vordere Schuß trug den Dampfdom mit dem Flachschieberregler, der mittlere den Sandkasten. Der Stehkessel nahm eine kupferne Feuerbüchse auf. Der Rost hatte eine Fläche von 0,8 m^2 und war damit sehr klein. Hinten auf dem Stehkesselscheitel saß das Sicherheitsventil. Die Rauchkammer war sehr kurz; ihre Länge betrug lediglich 565 mm. Sie trug einen hohen konischen Schornstein. Der Kessel wurde von zwei Dampfstrahlpumpen gespeist. Links und rechts des Kessels befanden sich seitliche Wasserkästen, die vom Führerhaus bis fast zum hinteren Ende der Rauchkammer reichten. Das Führerhaus war kurz und wirkte mit seiner Rückwand, deren oberer gerader Teil viel länger war als der untere, nach innen abgewinkelte Teil, unpropotioniert. Von der üblichen Bauart abweichend waren die schmalen seitlichen Einstiegsöffnungen mit torbogenähnlichem oberem Abschluß gestaltet. In Dachmitte befand sich ein kleiner runder Lüftungsaufsatz. Die Lokomotiven besaßen ursprünglich nur eine Handbremse, welche einseitig auf die Radsätze wirkte; später wurde die Druckluftbremse nachgerüstet. Der handbetätigte Sandstreuer sandete den ersten Radsatz von hinten, den zweiten von vorn. Getrennte Fallrohre waren nicht vorhanden; vielmehr führte auf jeder Lokseite nur ein Fallrohr vom Sandkasten bis in die Höhe der Rahmenoberkante und teilte sich dann in eine vordere und eine hintere Sandleitung. Dampfpfeife und Dampfläutewerk waren auf dem vorderen Teil des Führerhausdaches angeordnet. Die Dampfpfeife wurde nicht mittels eines Pfeifenzuges betätigt, sondern durch ein auf dem hinteren Ende des Stehkessels innerhalb des Führerhauses angeordnetes Anstellventil. Die Beleuchtungseinrichtung bestand aus Petroleumlampen. Die Lokomotiven konnten 3,5 m^3 Wasser und 0,8 t Kohle mitführen; ihre Höchstgeschwindigkeit betrug 30 km/h.
98 6202 bis 98 6205 wurden nach ihrer Übernahme durch die DR nur in untergeordneten Diensten verwendet. Bereits im Oktober 1951 verkaufte man 98 6204 als Werklok an das Stahlwerk Brandenburg; im November 1951 kam 98 6205 als Werklok zur Zuckerfabrik Anklam. Im Januar 1958 wurde 98 6202 an den Förderanlagenbau Köthen veräußert. Am 20. Juli 1962 schied 98 6203 als letzte Lok des Lenz-Typs c aus dem Betriebsdienst der DR aus.

B n2t

98^{62}

98 6206–98 6207

L 22.12

Bergw.

Riebeck (Bauform 1902)

1902–1959

Techn. Daten: Seite: 299

Von der Kleinbahn Bergwitz–Kemberg übernahm die Deutsche Reichsbahn im Jahre 1949 zwei B n2t-Lokomotiven, die im Jahre 1902 von Henschel & Sohn unter den Fabriknummern 6258 und 6259 fertiggestellt worden waren. Die Kleinbahn hatte die Lokomotiven mit den Bahnnummern 1 und 2 versehen; später erhielten die Maschinen die Nummern 187 und 188 nach dem gemeinsamen Nummernschema der Kleinbahnen der preußischen Provinz Sachsen. Die Deutsche Reichsbahn zeichnete die Loks in 98 6206 und 98 6207 um.

Die Maschinen entsprachen dem Henschel-Werkstyp »Riebeck«, genauer gesagt der Bauform 1902 dieses Typs. Für den Typ »Riebeck« gilt das gleiche wie für andere kleinere Henschel-Typenlokomotiven auch: Er wurde nachweisbar bis Ende der dreißiger Jahre und vermutlich sogar noch in den ersten Jahren des Zweiten Weltkriegs gebaut, und die späten Ausführungen des Typs unterschieden sich in einigen Hauptabmessungen und technischen Details nicht unbeträchtlich von der ursprünglichen Konstruktion. Daher sind Vergleiche zwischen der als »Katalogangebot« bezeichneten Bauform des Jahres 1936 und älteren Bauformen, wie sie in neuerer und neuester Eisenbahnliteratur praktiziert werden, mehr als fragwürdig.

Lok 1 und 2 der Kleinbahn Bergwitz–Kemberg, die späteren 98 6206 und 98 6207, besaßen einen von der vorderen bis zur hinteren Pufferbohle durchgehenden Blechrahmen, der als Wasserkastenrahmen ausgebildet war. Die LüP der Maschinen betrug 7488 mm, der Achsstand der beiden Radsätze 2200 mm. Die Räder hatten einen Laufkreisdurchmesser von 950 mm; der zweite Radsatz diente als Treibradsatz. Der Zylinderdurchmesser betrug 300 mm, der Kolbenhub 500 mm. Die Schieber waren als Flachschieber ausgebildet. Der Kreuzkopf wurde zweischienig auf der Gleitbahn geführt; die Steuerung entsprach der Bauart Allan. Spätere Ausführungen des Typs Riebeck besaßen einschienige Kreuzkopfführung und Heusinger-Steuerung. Vergleicht man die Baugepflogenheiten der deutschen Lokomotivfabriken in den Jahren von 1900 bis etwa 1925, kommt man zu der Feststellung, daß Henschel als größter Hersteller zumindest bei kleineren Tenderlokomotiven recht lange an der Allan-Trick-Steuerung festhielt, während bei anderen Lokfabriken, zum Beispiel Borsig, die Heusingersteuerung auch bei solchen Maschinen allmählich zum Allgemeingut wurde. Der Kessel der beiden hier beschriebenen Lokomotiven war für einen Betriebsdruck von 12 bar zugelassen. Er besaß eine feuerberührte Heizfläche von 47,6 m^2. Der Langkessel bestand aus zwei Schüssen; der vordere Schuß trug den Dampfdom mit dem Regler, der hintere den Sandkasten. In den Stehkessel war eine kupferne Feuerbüchse eingebaut. Das auf dem Stehkesselscheitel befindliche Sicherheitsventil entsprach der Bauart Ramsbottom. Die Rauchkammer war nach preußischen Baugrundsätzen gefertigt und trug einen konischen Schornstein. Zwei Dampfstrahlpumpen Bauart Strube dienten der Kesselspeisung. Das Führerhaus wies keine Besonderheiten auf; es war eine werksseitig genormte Baugruppe, welche Henschel auch bei anderen kleinen Tenderlokomotiven verwendete. Die Maschinen besaßen Druckluftbremse und Wurfhebelbremse; die Radsätze wurden einseitig abgebremst. Dampfläutewerk Bauart Latowski und Dampfpfeife preußischer Normalausführung ermöglichten die Signalgebung. Als Beleuchtung waren Petroleumlampen vorgesehen. Die Lok konnten 3,4 m^3 Wasser und 1,0 t Kohle mitführen. Ihre Höchstgeschwindigkeit betrug 30 km/h.

98 6206 und 98 6207 verblieben bis 1959 im Betriebspark der Deutschen Reichsbahn; dann wurden sie verkauft, ohne regelrecht ausgemustert worden zu sein. Ob die Lokomotiven nach ihrem Ausscheiden aus dem Dienst der Deutschen Reichsbahn als Werklokomotiven weiterverwendet wurden oder nur noch als Heizlokomotiven dienten, ist nicht genau bekannt, weil die entsprechenden Angaben in den zugänglichen Quellen differieren.

B n2t

98^{62}

98 6212–98 6213

L 22.12

Borsig-Privatbahnlok

1908–1962

Techn. Daten: Seite: 300

Im Jahre 1900 entwickelte die Lokomotivfabrik A. Borsig in Berlin-Tegel eine zweifach gekuppelte Naßdampftenderlokomotive mit 12 t Radsatzfahrmasse für Privat- und Industriebahnen. Wie die fast gleichzeitig entstandene B n2t-Kleinbahnlok der Firma Henschel & Sohn war die Borsig-Konstruktion aus den preußischen Normalokomotiven der späteren Gattungen T 1 und T 2 abgeleitet. Borsig- und Henschel-Bauform glichen sich nicht nur äußerlich auffallend, sondern stimmten auch in den Hauptabmessungen und technischen Details weitgehend überein. Eine Zusammenarbeit beider Firmen bei der Entwicklung des B-Kupplers liegt daher nahe. Die von Borsig gebauten B n2t unterschieden sich von den gleichartigen Henschel-Loks im wesentlichen durch don mchr zur Kesselmitte gerückten Dampfdom und durch die gerade Rückwand des Führerhauses. Der Borsig-Zweikuppler verblieb bis 1910 im Lieferprogramm. Er erreichte keine hohen Stückzahlen; bekannt sind lediglich 13 Lokomotiven, welche genau der hier zu beschreibenden Bauform entsprachen. Die ersten beiden Maschinen lieferte Borsig im Jahre 1901 unter den Fabriknummern 5009 und 5010 an die Centralverwaltung für Secundairbahnen Herrmann Bachstein. Im Jahre 1949 übernahm die Deutsche Reichsbahn zwei Borsig-B n2t, welche 1908 gebaut worden waren und die Fabriknummern 6936 und 6947 trugen. Die Lok mit der Fabriknummer 6936 stammte von der Kleinbahn Horka–Rothenburg–Priebus und hatte dort die Bahnnummer 3^b und den Namen NEISSE getragen. Die Maschine mit der Fabriknummer 6947 war ursprünglich von der Firma Carl Schmidt, Hannover, zusammen mit einer Schwesterlok (Fabriknummer 6946) für die Kleinbahn Bremervörde–Osterholz als deren Bahnnummer 2 beschafft worden. 1925 gelangte Lok 2 zur Bleckeder Kreisbahn, 1928 zur Buxtehude–Harsefelder Eisenbahn und 1934 schließlich zur Nordhausen–Wernigeroder Eisenbahn, die ihr die Nr. 61 in Zweitbesetzung gab. Die NWE verwendete die Lok zur Bedienung der regelspurigen Anschlußgleise, welche von Nordhäuser Industriebetrieben zur Harzquerbahn führten. Die DR zeichnete die beiden Maschinen in 98 6212 und 98 6213 um und gab ihnen das Betriebsgattungszeichen L 22. 12.

Die Lokomotiven hatten einen Blechrahmen mit eingebautem Wasserkasten. Ihre LüP betrug 7500 mm, der Achsstand der gekuppelten Radsätze 2200 mm und war damit etwas kleiner als bei den Henschel-Lokomotiven. Die Räder hatten einen Laufkreisdurchmesser von 1000 mm. Die Radsatzfedern waren über den Rahmenplatten angeordnet. Die waagerecht am Rahmen angeordneten Zylinder hatten einen Durchmesser von 300 mm, der Kolbenhub betrug 500 mm. Die Schieber waren Flachschieber normaler Ausführung. Der Kreuzkopf wurde zweischienig auf der Gleitbahn geführt; die Steuerung entsprach der Bauart Allan-Trick. Der Kessel war vollständig genietet und hatte eine feuerberührte Verdampfungsheizfläche von 48,0 m^2. Sein Betriebsdruck betrug 12 bar. Der Langkessel bestand aus zwei Schüssen; der vordere Schuß trug den Dampfdom, der hintere den Sandkasten. Der Stehkessel nahm eine kupferne Feuerbüchse auf. Der waagerecht liegende Rost hatte eine Fläche

98 6213 (Borsig 1908/6947) im Jahre 1960 im Raw Karl-Marx-Stadt.
Foto: G. Otte, Sammlung Grundmann

von 0,85 m^2. Auf dem Stehkessel vor dem Führerhaus war das Ramsbottom-Sicherheitsventil angebracht. Die Rauchkammer entsprach in Bauart und Ausrüstung preußischen Normen und trug den üblichen konischen Schornstein. Das Führerhaus war wie bei der pr. T 3 nach M III 4 e (2) ausgeführt. Es trug auf dem Dach einen quer zur Fahrtrichtung angeordneten Lüftungsaufsatz. Die Lokomotiven besaßen Knorr-Druckluftbremse und Wurfhebelbremse; die Radsätze wurden einseitig abgebremst. Die einstufige Luftpumpe war auf der rechten Kesselseite unmittelbar hinter der Verkleidung der Einströmrohre angebracht. Der handbetätigte Sandstreuer sandete den Treibradsatz. Eine auf dem Dach des Führerhauses angebrachte Dampfpfeife und ein Dampfläutewerk Bauart Latowski dienten der Signalgebung. Wie bei vielen Normaltenderlokomotiven der KPEV saß das Läutewerk auf einer Konsole am Schornstein. Die Loks besaßen ursprünglich Petroleumbeleuchtung; die DR hat elektrische Beleuchtung nachgerüstet. Ebenso wurden die Stangenpuffer gegen Hülsenpuffer getauscht. Die Maschinen konnten 3,0 m^3 Wasser und 1,0 t Kohle mitführen; ihre Höchstgeschwindigkeit betrug 40 km/h.
98 6212 wurde am 6. Februar 1962 ausgemustert; 98 6213 war bereits im Jahre 1960 aus dem Betriebspark der DR ausgeschieden.

B n2t

98^{63}

98 6301

L 22.13

GHW

Lenz-Typ c (verstärkt)

1900–1958

Techn. Daten: Seite: 300

Von der Kleinbahn Gardelegen–Haldensleben–Weferlingen übernahm die Deutsche Reichsbahn im Jahre 1949 eine zweifach gekuppelte Naßdampf-Tenderlokomotive, die bei der GHW die Bahnnummer 183 nach dem gemeinsamen Nummernplan der Kleinbahnen der preußischen Provinz Sachsen getragen hatte. Diese Maschine war im Jahre 1900 von der Lokomotivfabrik Hohenzollern unter der Fabriknummer 1303 fertiggestellt und Anfang 1901an die Kleinbahn Ziesar–Groß Wusterwitz geliefert worden. Bei dieser Bahn war sie als Nr. 1^{c} eingereiht. Die Ziesarer Kleinbahn gab die Lok nach einigen Jahren Betriebseinsatzes an die GHW ab. Im DR-Umzeichnungsplan vom 12. Dezember 1949 war für die Lok die Betriebsnummer 98 6301 vorgesehen; das Betriebsgattungszeichen legte man mit L 22. 13 fest. Die Maschine entsprach weitgehend dem Lenz-Typ c, soll aber gegenüber den anderen von der Reichsbahn übernommenen Lokomotiven dieser Bauart (98 6202 - 98 6205) eine höhere Radsatzfahrmasse besessen haben.
Allenfalls kann die um 1 t höhere Radsatzfahrmasse Resultat einer bereits ab Lieferwerk oder später vorgenommenen Rahmenverstärkung gewesen sein. Allerdings läßt sich auch nicht ausschließen, daß die Einreihung der Maschine in die BR 98^{63} eine der zahlreichen Fehlumzeichnungen, welche 1949 unterliefen, darstellte.
98 6301 verblieb nach ihrer Übernahme durch die DR in der Altmark und wurde bis Mitte der fünfziger Jahre in untergeordneten Diensten eingesetzt. Am 1. Februar 1958 wurde die Lok an das Magdeburger Arzneimittelwerk Fahlberg-List verkauft.
Bezüglich der Typenbeschreibung und der konstruktiven Besonderheiten verweisen wir auf die bei den B n2t des Lenz-Typs c gemachten Ausführungen.

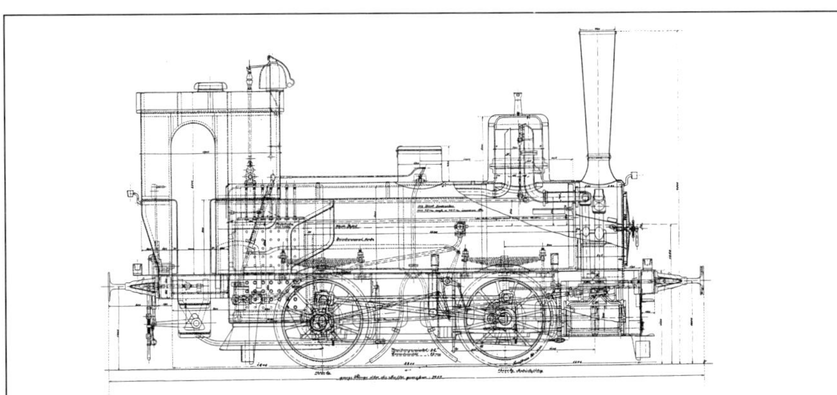

98 6202 - 98 6205 (Lenz Typ c), 98 6301 (Lenz Typ c)
Zeichnung: Sammlung Verkehrsmuseum Dresden

B n2t

98^{63}

98 6302

L 22.13

WL

1908–1950

Techn. Daten: Seite: 301

Im Umzeichnungsplan der Deutschen Reichsbahn vom 12. Dezember 1949 war mit der künftigen DR-Betriebsnummer 98 6302 eine zweifach gekuppelte Naßdampf-Tenderlok aufgeführt, welche im Jahre 1908 von der Firma A. Borsig unter der Fabriknummer 6803 fertiggestellt worden war. Diese Maschine hatte Borsig für den eigenen Bedarf gebaut und im Tegeler Werk als Hoflok verwendet. Nach Kriegsende fand man die Lok in der Gegend von Magdeburg abgestellt vor. Welcher Bauform die Maschine entsprach, ist bisher nicht genau bekannt. Sie soll der Normalausführung der pr. T 2 sehr ähnlich gewesen sein und einen Wasserkastenrahmen, Zylinder mit Flachschiebern, Allan-Steuerung und einen Kessel nach preußischen Normen besessen haben. Das Führerhaus soll mit einer im unteren Teil nach innen abgewinkelten Rückwand versehen gewesen sein. Ob es sich bei der Maschine tatsächlich um eine T 2 oder um ein Exemplar eines von Borsig serienmäßig gefertigten Werkloktyps handelte, ist indessen nicht belegbar. 98 6302 wurde bereits im Mai 1950 an einen unbekannten Interessenten verkauft, hat also mit großer Wahrscheinlichkeit niemals ihre vorgesehene DR-Betriebsnummer getragen. Das Original des DR-Umzeichnungsplanes enthält übrigens folgenden Vermerk: »Eigentumsverhältnisse der Lok ungeklärt. Lok ist zum Verkauf vorgesehen. Bei Verkauf der Lok unterbleibt die Umzeichnung«.
Ein Foto oder eine andere Abbildung von 98 6302 konnten nicht beschafft werden; desgleichen fehlen alle Angaben zu den technischen Daten.

Radsatzfolge B 1'

B 1 n2t

69^{61}

69 6101

Pt 2311

OHKB

pr. T 2 M III-4h

1994–1951

Techn. Daten: Seite: 262

Die Baureihe 69 blieb im endgültigen Umzeichnungsplan der DRG von 1925 unbesetzt; die von der Sächsischen Staatsbahn übernommenen B 1'-Tenderlokomotiven der Gattung III b T ordnete man als Lokalbahnlokomotiven ein und gab ihn die Baureihenbezeichnung 98.
Erst im Umzeichnungsplan der DR vom Dezember 1949 ist die Baureihe 69 mit einer Lokomotive der Osthavelländischen Kreisbahnen besetzt worden, die preußischen Ursprungs war.
Tenderlokomotiven der Achsfolge B 1' hatte die Bergisch-Märkische Eisenbahn mit Direktionssitz in Elberfeld schon 1868 beschafft. Von 1889 bis 1894 beschaffte die Preußische Staatsbahn (Direktionen Coeln lrh, Coeln rrh und Elberfeld) 25 Lokomotiven der als Bauart Elberfeld bezeichneten Gattung, die, von einigen konstruktiven Änderungen abgesehen, den von der Bergisch-Märkischen Eisenbahn eingestellten Lokomotiven entsprachen. 1890 ließ das Ministerium für die 2/3 P. T. L. mit hinterer Laufachse das Musterblatt III-4 h aufstellen. Zwischen 1895 und 1897 bezogen verschiedene Direktionen der Preußischen Staatsbahn

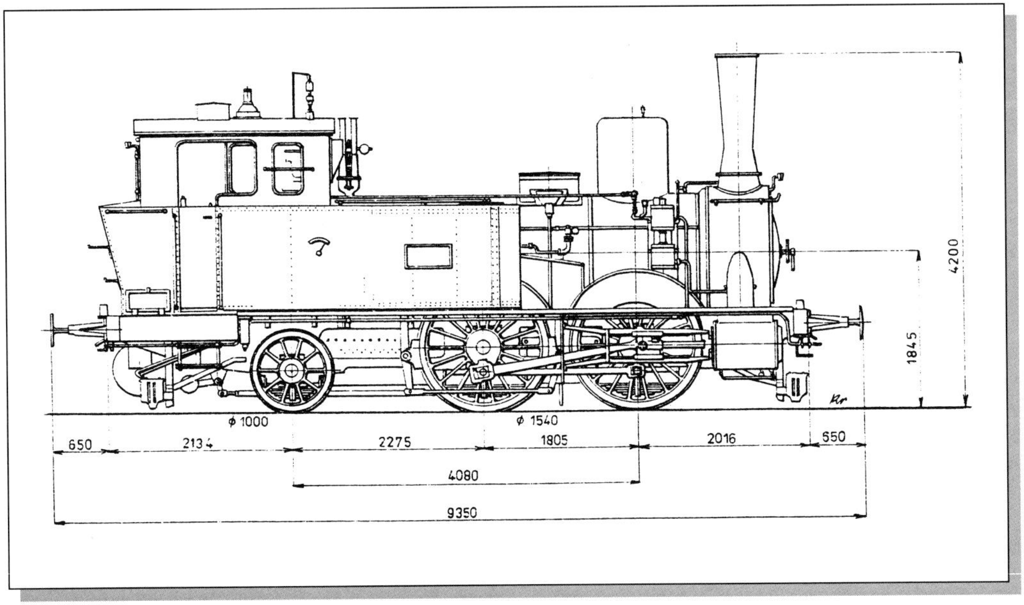

69 6101
Zeichnung: M. Kratochvíl

noch 63 Lokomotiven nach diesem Musterblatt.
Die von der OHKB übernommene und als 69 6101 eingereihte Lokomotive ist 1894 von Henschel mit der Fabriknummer 4082 gebaut und als COELN rrh 1516 eingeordnet worden. 1895 wurde sie zur SAARBRÜCKEN 1516, 1897 zur SAARBRÜCKEN 1508 und erhielt 1906 die Bahnnummer T 2 SAARBRÜCKEN 6045. 1908 ist sie zur Direktion Bromberg umgesetzt und als T 2 BROMBERG 6052 bezeichnet worden. Im Jahre 1906 sind 2/3 des Bestandes der B 1-Tenderlokomotiven in die Gattung T 4^2, der Rest in die Gattung T 2 gekommen. Die dafür ausschlaggebenden Gründe sind heute nicht mehr erkennbar.
Die Direktion Bromberg hatte die Lokomotive 1911 ausgemustert und an die Königsberg–Cranzer-Eisenbahn verkauft. Die Strecke Königsberg–Cranz ist am 31.12.1885 eröffnet und wie alle Eisenbahnen im Samland von privaten Gesellschaften gebaut und betrieben worden. Dort stand sie noch 27 Jahre im Dienst, ehe sie 1938 von den Osthavelländischen Kreisbahnen erworben wurde.
Diese Bahnverwaltung mit ihren westlich von Berlin gelegenen Strecken gab den Lokomotiven Bahnnummern nach den Streckenabschnitten, auf denen sie eingesetzt waren. Die B 1 n2t erhielt die Bahnnummer B-Sp 7, war also auf der Strecke Bötzow–Spandau im Einsatz und in der Betriebswerkstatt Spandau-Johannesstift beheimatet. Ob die Maschine nach der Übernahme durch die DR noch eingesetzt wurde, ist fraglich, denn schon 1951 hat man sie ausgemustert.
Der Kessel der Lokomotive bestand aus drei zylindrischen Schüssen mit einem großen Dampfdom auf dem ersten Kesselschuß. Die Feuerbüchse war zwischen den Rahmenwangen eingezogen, der Hinterkessel hatte eine senkrechte Rückwand, der Rohrwandabstand betrug 3395 mm. Die beiden Kuppelradsätze und der hintere Laufradsatz waren fest im Blechrahmen mit einem Gesamtachsstand von 4080 mm gelagert. Der Antrieb über den zweischienig geführten Kreuzkopf erfolgte auf den zweiten Radsatz. Die Lokomotive besaß eine innenliegende Allan-Steuerung mit Flachschiebern, deren Schieberkästen senkrecht innerhalb der Rahmenwangen angebracht waren.
Mit einer Druckluftbremse Bauart Westinghouse wurden die Räder des zweiten Kuppelradsatzes beidseitig abgebremst. Für die Lokomotive wird eine indizierte Leistung von 380 PSi angegeben.
Schon das preußische Merkbuch von 1915 gibt für die T 2/T 4^2 keine Zugmassen mehr an. A. Wagner (Lokomotiv-Archiv Preußen 3) nennt für die Lokomotive die Beförderung von 320 t Zugmasse in der Ebene mit 60 km/h. Die Lokomotive konnte in den beiden seitlichen Wasserkästen 3, 30 m^3 Wasser und im Kohlekasten hinter dem Führerhaus 1,0 t Kohle mitführen.

Radsatzfolge 1' B

1'B h2t

70^{61}; 70^{63}

70 6176–70 6179

70 6376

Pt 23.11; Pt 23.13

RE

O & K-Kleinbahnlok

1908–1959

Techn. Daten: Seite: 262/263

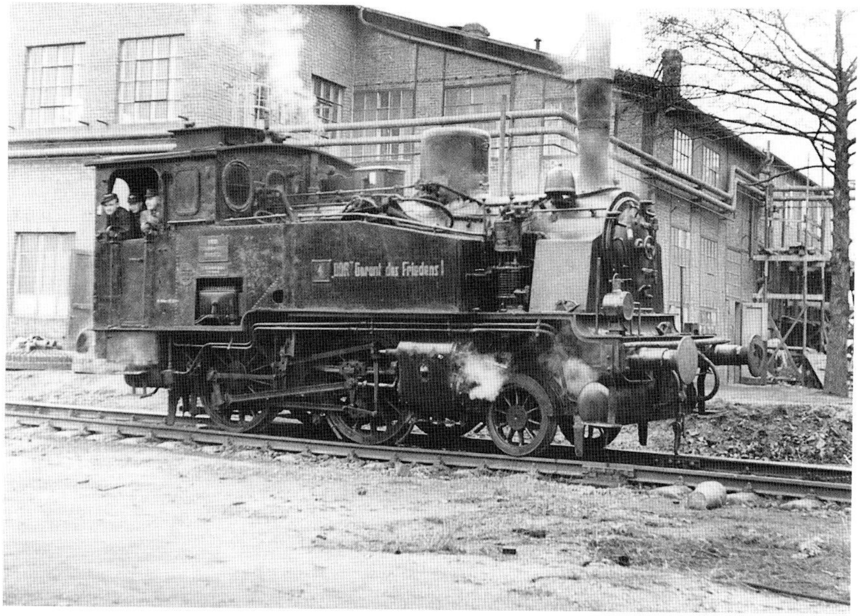

70 6176 (O&K 1908/2959) als Werklok im Stahl- und Walzwerk Gröditz am 23.01.1965 von der Lokführerseite. Foto: Hans Müller

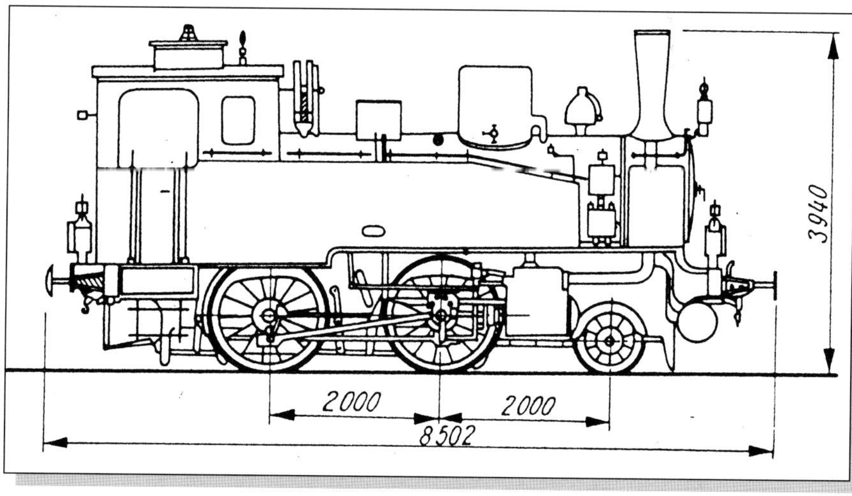

70 6176 - 70 6179, 70 6376 Zeichnung: Sammlung Weisbrod

Die Firma Orenstein & Koppel in Nowawes bei Potsdam gehörte traditionell zu denjenigen Unternehmen des Schienenfahrzeugbaus, deren Produktionsprofil besonders breit war und deren Erzeugnisse einen hohen Innovationsgrad aufwiesen. So baute O & K von Anfang an nicht nur Lokomotiven für deutsche und ausländische Staatsbahnen, sondern widmete sich gleichermaßen der Herstellung von Werklokomotiven, Bau- und Feldbahnlokomotiven. Auch die Fertigung von Lokomotiven für Klein- und Privatbahnen gehörte zu den bedeutenden Produktionszweigen der Firma. O & K machte sich um die Einführung solcher technischer Neuheiten wie des Luttermöller-Antriebs oder des Stroomann-Kessels verdient und leistete nicht zuletzt gemeinsam mit anderen Firmen Pionierarbeit beim Übergang vom Naßdampf- zum Heißdampfprinzip im Lokomotivbau. Das Unternehmen hatte seit 1908 u.a. eine B-gekuppelte Tenderlokomotive mit vorderem Laufradsatz im Fertigungsprogramm, deren Abmessungen und Leistungscharakteristika speziell auf die Bedürfnisse der Klein- und Privatbahnen abgestimmt waren und welche wahlweise als Naßdampf- oder Heißdampflok geliefert werden konnte. Dieser Loktyp wurde u. a. von der Ruppiner Kreisbahn und der

*Die Heizerseite derselben Lok, Gröditz, 23. 01. 1965.
Foto: Hans Müller*

Kremmen-Wittstocker Eisenbahn – beide 1912 in der Ruppiner Eisenbahn AG aufgegangen – bestellt.
Als die DR 1949 den Lokomotivpark der Ruppiner Eisenbahn übernahm, befanden sich darunter vier 1'B h2t-Lokomotiven, die O & K in den Jahren 1908–1911 gebaut hatte. Die älteste Maschine stammte aus dem Jahre 1908, trug die Fabriknummer 2959, war als Nr. 14 bei der Ruppiner Kreisbahn eingesetzt und bei der RE in Nr. 10 umgezeichnet worden. Die anderen drei Lokomotiven waren 1910/11 gebaut worden und bei der Kremmen-Wittstocker Eisenbahn unter den Nummern 7–9 eingesetzt. Diese Nummern hatten die Maschinen auch nach Eingliederung der Bahn in die RE behalten. Lok Nr. 7 hatte die O & K-Fabriknummer 3910, Nr. 8 die Fabriknummer 4400 und Nr. 9 schließlich die Jubiläums-Fabriknummer 5000. Die Deutsche Reichsbahn übernahm die vier Lokomotiven in ihren Betriebspark und zeichnete sie in 70 6176–70 6179 um. Die Maschinen waren als Naßdampflokomotiven geliefert und 1924 im Herstellerwerk auf Heißdampf unter Verwendung des Schmidtschen Rauchrohrüberhitzers umgebaut worden.
Eine weitere 1'B h2-Tenderlok, die 1913 von O & K unter der Fabriknummer 6717 erbaut worden war, gelangte gleichfalls zur DR. Bei ihr handelte es sich um die ehemalige Nr. 20 der RE. Sie war etwas schwerer als die anderen vier Lokomotiven, hatte im Lieferzustand ebenfalls ein Naßdampftriebwerk und einen Stroomann-Kessel besessen und war 1926 auf Heißdampf und Normalkessel umgebaut worden. Die DR gab ihr die Betriebsnummer 70 6376.
Im äußeren Erscheinungsbild und in der konstruktiven Durchbildung lehnten sich die Maschinen unverkennbar an preußische Bautraditionen an. Der Lokrahmen war ein Blechrahmen üblicher Bauart. Von den beiden Kuppelradsätzen mit 1350 mm Laufkreisdurchmesser wurde der hintere angetrieben. Der Laufradsatz war als Adamsachse ausgeführt. Die Achsabstände zwischen Laufradsatz und erstem Kuppelradsatz sowie zwischen erstem und zweitem Kuppelradsatz waren mit je 2000 mm gleich. Daher wirkte das Fahrwerk recht harmonisch. Die Dampfzylinder mit 350 mm Durchmesser und 550 mm Kolbenhub besaßen ursprünglich Flachschieber, die anläßlich des Umbaus auf Heißdampf gegen Kolbenschieber getauscht worden sind. Eine vordere Kolbenstangenführung war nicht vorhanden. Der Kreuzkopf war einschienig geführt; die Steuerung entsprach der Bauart Heusinger. Der Langkessel der Lok bestand aus zwei Schüssen, von denen der vordere den Dampfdom, der hintere den Sandkasten trug. Der Flachschieberregler befand sich nicht im Dom, sondern in einem mit diesem verbundenen Reglergehäuse. Beim Umbau der Lokomotiven auf Heißdampf ist der Regler gegen einen Ventilregler Bauart Schmidt & Wagner getauscht worden. Der Kesselspeisung dienten zwei Dampfstrahlpumpen Bauart Strube. Der Stehkessel war im oberen Teil von gleichem Durchmesser wie der Langkessel und nahm eine schmale, zwischen den Rahmenwangen eingezogene Feuerbüchse auf. Er trug auch das Ramsbottom-Sicherheitsventil. Die kurze Rauchkammer trug einen konischen Schornstein in der Bauform preußischer Normallokomotiven. Die Einströmrohre waren nach Art der pr. T 11 und T 12 ausgeführt, und selbst das Führerhaus mit seinem Lüftungsaufsatz entsprach den Konstruktionsprinzipien der KPEV. Als Lokomotivbremse diente die Einkammer-Druckluftbremse Bauart Knorr, welche den ersten Kuppelradsatz von hinten, den zweiten von vorn abbremste. Der Hauptluftbehälter hatte seinen Platz unter der vorderen Pufferbohle. Zusätzlich besaß die Lok die Extersche Wurfhebelbremse. Der Sand-

streuer sandete den zweiten Kuppelradsatz bei Vorwärts- und Rückwärtsfahrt. Der Signalgebung dienten ein auf dem Langkessel vor dem Dampfdom angebrachtes Dampfläutewerk sowie eine auf dem Führerhausdach befindliche Dampfpfeife. Die Maschinen besaßen ursprünglich Petroleumbeleuchtung, die später durch elektrische Beleuchtung mittels Dampfturbogenerator Bauart AEG ersetzt worden ist. Die Lok konnten 4 m^3 Wasser und 1,4 t Kohle mitführen.

Der ursprünglich mit Lok 20 der RE (DR: 70 6376) gelieferte Stroomann-Wasserrohrkessel ist 1926 gleichzeitig mit dem Umbau der Maschine auf Heißdampf gegen einen normalen Stephenson-Kessel getauscht worden. In der Fachliteratur heißt es, daß sich der Stroomann-Kessel bei keiner der damit ausgerüsteten Lokomotiven bewährt habe und die mit Wasserrohrkessel gelieferten Maschinen bald auf Normalkessel umgebaut worden seien, sofern man nicht die hohen Kosten einer Neubekesselung scheute und die Lok ausmusterte. Um so erstaunlicher ist daher, daß Lok 20 der RE immerhin 13 Jahre mit Stroomann-Kessel im Einsatz stand.

70 6176–70 6179 und 70 6376 leisteten bis Mitte der 50er Jahre Zugdienst bei der DR. Ihr Heimat-Bw war Neuruppin. Da die Lokomotiven mit ihrer Höchstgeschwindigkeit von nur 50 km/h den gestiegenen Anforderungen nicht mehr entsprachen, trennte sich die DR von ihnen. Bereits 1954 wurde 70 6179 an die Zuckerfabrik Wismar als Werklok abgegeben. Ende 1955 verkaufte man 70 6176 und 70 6177 an das Stahlwerk Gröditz.

70 6178 wurde 1955 ebenfalls aus dem Betriebsdienst zurückgezogen, aber erst 1959 ausgemustert. 70 6376 verkaufte man im Januar 1959 an das Zementwerk Mellenhagen. Als letzte der 1'B-Tenderlokomotiven der ehemaligen Ruppiner Eisenbahn wurde sie dort am 30. Juni 1964 endgültig abgestellt und bald darauf verschrottet.

1'B n2t

70^{64}

70 6401

Pt 23.14

Odbr.

Humboldt-Kleinbahnlok

1903–1954

Techn. Daten: Seite: 263

Die Radsatzanordnung 1'B war bei Lokomotiven der Klein- und Privatbahnen nicht allzu häufig. Viele Bahnverwaltungen bevorzugten lange Zeit den einfachen B-Kuppler ohne führenden Laufradsatz oder den C-Kuppler, beides unkomplizierte, robuste Bauarten, mit denen man alle anfallenden Zugförderungsaufgaben bewältigen zu können glaubte. Dennoch hatten einige Privatbahnen bereits um 1900 zweifach gekuppelte Tenderlokomotiven mit führendem Laufradsatz beschafft und insbesondere im Personen- und Gemischtzugdienst eingesetzt. Zu den Herstellern von 1'B-Tenderlokomotiven für Privatbahnen zählte die Lokomotivfabrik Humboldt in Köln-Kalk. Diese Firma stellte im Jahre 1902 eine kleine Serie von fünf 1'B n2t-Lokomotiven fertig, die die Fabriknummern 165–169 erhielten. Vier Maschinen gelangten zur Moselbahn; die Lok mit der Fabriknummer 168 kam zur Teutoburger Waldeisenbahn (TWE) und trug dort die Betriebsnummer 36. Kriegsereignisse verschlugen die Lok zur Oderbruchbahn, wo sie 1945 vorgefunden wurde. Wahrscheinlich war die Maschine bei der Oderbruchbahn nur abgestellt. Als die Deutsche Reichsbahn im Jahre 1949 die Oderbruchbahn übernahm, erfaßte sie mit deren Lokomotiven auch die TWE 36. Die Maschine wurde zwar in den Umzeichnungsplan vom 12. Dezember 1949 aufgenommen, aber zusammen mit weiteren fünf Normalspurlokomotiven wegen unklarer Eigentumsverhältnisse von der Umzeichnung zurückgestellt. In den Anmerkungen zum DR-Umzeichnungsplan war übrigens als Baujahr nicht wie in der Humboldt-Lieferliste 1902, sondern 1903 angegeben. Im Jahre 1950 wurde die Lok schließlich doch umgezeichnet und erhielt die DR-Betriebsnummer 70 6401. Ob die Maschine jemals bei der DR im Betriebseinsatz stand, erscheint fraglich. Jedenfalls liegen keine Angaben vor, die einen Einsatz im Betriebsdienst für den Zeitraum 1949–1954 belegen könnten. Im März 1954 hat man die ehemalige TWE 36 verschrottet. Dem Vernehmen nach soll die Lok der pr. T 4 stark geähnelt haben. Da jedoch mehrere Bauformen der T 4 existierten, bleibt dies eine bloße Vermutung, zumal Humboldt selbst keine T 4 für die KPEV gebaut hatte. Über die technischen Daten liegen keine Angaben vor.

Ein Foto oder eine Maßskizze der Lok 70 6401 konnten nicht beschafft werden.

Radsatzfolge B' + B

B'B n4vt

98^{60}; 98^{61}

98 6051

98 6151–98 6153

L 44.10; L 44.11

Hoh.-Eb.; GEKE; WBBIE; Arn.-I.

Jung-Nebenbahnlok

1901–1960

Techn. Daten: Seite: 298

98 6151 (Jung 1901/474), die einstige 98 0084 der Weimar-Berka-Blankenhainer Eisenbahn und ab 1960 Werklok beim VEB Fewa Karl-Marx-Stadt.
Foto: Hans Müller

Die Firma Arnold Jung in Jungenthal entwickelte im Jahre 1900 auf Veranlassung der Centralverwaltung für Secundairbahnen Herrmann Bachstein eine normalspurige Mallet-Lokomotive für Nebenbahnen mit 11 t mittlerer Radsatzfahrmasse und einer Höchstgeschwindigkeit von 45 km/h. Diese Lokomotive sollte die Beförderung höherer Zugmassen als bis dahin auf normalspurigen Privatbahnen üblich ermöglichen und die Doppelbespannung von schweren Zügen überflüssig machen. Da die Privatbahnen Strecken mit teilweise sehr engen Kurvenradien besaßen, war der Einsatz von Lokomotiven mit besonders guter Bogenläufigkeit ein dringendes Erfordernis. Weil seitenverschiebliche Radsätze nach Gölsdorf zur damaligen Zeit noch unbekannt waren, blieb bei der zur Erzielung der angestrebten Reibungsmasse und Zugkraft der Lok notwendigen vierfachen Kupplung der Radsätze keine andere Alternative, als das Triebwerk zu teilen. Jung hatte bereits 1897 einen meterspurigen Lokomotivtyp mit Mallet-Triebwerk für die NWE entworfen (vgl. Deutsches Lokarchiv, Dampflokomotiven Bd. 4, BR 99^{590}), besaß also genügend Erfahrung in der Konstruktion und Fertigung derartiger Maschinen. Vornehmlich das Bachsteinsche Unternehmen bestellte für seine Bahnen die normalspurigen Mallet-Lokomotiven bei Jung. Die Eisenbahnbau- und Betriebsgesellschaft Friedrich Lenz zeigte ebenfalls Interesse an der Konstruktion, übertrug die Fertigung der für ihre Bahnen bestimmten Mallet-Lokomotiven jedoch der Vulcan-Werft in Stettin. Die ab 1903 von Vulcan gebauten Maschinen des Lenz-Typs cc waren, abgesehen von geringfügigen Veränderungen bei der LüP und beim Achsstand sowie der Verstärkung einiger Baugruppen, fast getreue Kopien der Jung-Nebenbahnlokomotiven. Schließlich diente die Jung-Konstruktion als unmittelbares Vorbild für die B'B n4vt-Lokomotiven, die von 1903 bis 1910 von Hohenzollern und Humboldt an die Kreis Bergheimer und an die Mödrath–Liblar–Brühler Eisenbahn geliefert und im Jahre 1913 von der KED Cöln als T 13 Bauart Mallet übernommen worden waren. Auch diese Maschinen unterschieden sich kaum von den normalspurigen Mallet-Lokomotiven, die Jung für seine Kunden gebaut hatte.
Unter den im Jahre 1949 von der Deutschen Reichsbahn übernommenen normalspurigen Privatbahnlokomotiven befanden sich vier Mallet-Lokomotiven, die allesamt von Jung gebaut worden waren. Drei der Lokomotiven stammten aus dem Bestand der thüringischen Bachstein-Bahnen (Hohenebra–Ebelebener Eisenbahn, Greußen–Ebeleben–Keulaer Eisenbahn und Weimar–Berka–Blankenhainer Eisenbahn): Das waren die Maschinen mit den Fabriknummern 472 (Baujahr 1901, Bachstein-Nr. 82), 474 (Baujahr 1901, Betriebsnummer 98 0084 der WBBIE, vordem Bachstein-Nr. 84) und 765 (Baujahr 1904, Bachstein-Nr.85). Die vierte Lokomotive war 1908 für die SEG gebaut worden und trug die Fabrik-

nummer 1239. Die SEG hatte ihr die Nummer 352 gegeben und sie auf der Arnstadt–Ichtershäuser Eisenbahn eingesetzt.
Die Deutsche Reichsbahn zeichnete die Lok mit der Jung-Fabriknummer 472 in 98 6051 um und gab ihr das Betriebsgattungszeichen L 44.10; die anderen drei Lokomotiven erhielten die Betriebsnummern 98 6151 bis 98 6153 und das Gattungszeichen L 44.11. Die Umzeichnung der Lok mit der Fabriknummer 472 in 98 6051 war zweifellos falsch, denn sie gehörte zum gleichen Baulos wie die in 98 6151 umgezeichnete Maschine mit der Fabriknummer 474 und unterschied sich in nichts von jener. Als verfehlt müssen auch die Einreihung der Jung-Mallets in die BR 98 und ihre Kennzeichnung als Lokalbahnlokomotiven angesehen werden. Hätte die DR die Umzeichnungsgrundsätze, welche dem ersten und zweiten vorläufigen und dem endgültigen Umzeichnungsplan der DRG aus den Jahren 1923 und 1925 zugrunde lagen, beachtet, wären die Lokomotiven folgerichtig in die BR 92 eingereiht worden und hätten demzufolge das Betriebsgattungszeichen Gt 44.11 erhalten müssen. Doch als im Jahre 1949 der Umzeichnungsplan für die ehemaligen Privatbahnlokomotiven aufgestellt wurde, hatte man sich nicht die Zeit für eingehende Recherchen genommen. Anderenfalls wären die Verfasser dieses Umzeichnungsplanes mit Sicherheit darauf gestoßen, daß fast baugleiche Lokomotiven bei den Preußischen Staatsbahnen die Gattungsbezeichnung T 13 getragen hatten. Für die T 13 aber hatte die DRG bekanntlich unabhängig von der Bauform die Einordnung in die BR 92 vorgesehen.
Wie bei allen Mallet-Lokomotiven mit vier Kuppelradsätzen waren auch bei den Jung-Nebenbahnlokomotiven die hinteren beiden Radsätze in einem starren Rahmen gelagert, während die vorderen beiden Radsätze in einem Innenrahmendrehgestell lagerten, auf welches sich der vordere Teil des Lokkessels abstützte. Die Verbindung von Lokkessel und Triebdrehgestell wurde kraftschlüssig mittels Drehzapfen und Drehpfanne hergestellt. Die Hochdruckzylinder mit 360 mm Durchmesser arbeiteten auf den vierten, die Niederdruckzylinder mit 560 mm Durchmesser auf den zweiten Kuppelradsatz.Der Kolbenhub betrug einheitlich 550 mm. Die Kreuzköpfe wurden zweischienig geführt; jede Zylindergruppe besaß ihre eigene Heusingersteuerung. Als Schieber dienten Flachschieber der Regelausführung. Der Achsstand der im Hauptrahmen gelagerten Radsätze und der Achsstand der im Drehgestell gelagerten Radsätze betrug jeweils 1450 mm; der Gesamtachsstand betrug 5050 mm. Die Räder wiesen einen Laufkreisdurchmesser von 1080 mm auf. Die Lokomotiven hatten eine LüP von 9850 mm. Der Kessel war nach preußischen Normen gefertigt und für einen Betriebsdruck von 13 bar ausgelegt. Der Langkessel bestand aus drei Schüssen, von denen der mittlere den Dampfdom, der vordere und hintere je einen Sandkasten trugen. Der Flachschieberregler war in einem besonderen, hinter dem Dom angeordneten und mit diesem verbundenen Reglergehäuse untergebracht. Der nach Bauart Crampton ausgebildete Stehkessel nahm eine kupferne Feuerbüchse auf. Er trug auf seinem Scheitel das Ramsbottom-Sicherheitsventil. Die Rauchkammer hatte den gleichen Durchmesser wie der Langkessel und war mit diesem durch eine genietete Rundnaht verbunden. Sie trug einen hohen konischen Schornstein; ihre Ausrüstung entsprach den Vorschriften der KPEV. Der Kessel wurde von zwei Dampfstrahlpumpen gespeist. Das Führerhaus besaß große Frontfenster, jedoch keine seitlichen Fenster. In den hinteren Teil des nur schwach gewölbten Daches war eine ausstellbare Lüftungsklappe eingelassen. Die Lokomotiven hatten große seitliche Wasserkästen, die bis zum hinteren Ende der Rauchkammer reichten. Die Decke der Wasserkästen war im vorderen Teil wegen der besseren Streckensicht nach unten abgewinkelt. Hinter dem Führerhaus war ein kurzer Kohlekasten angeordnet. Die Bremsausrüstung bestand aus der Druckluftbremse Bauart Westinghouse, der Saugluftbremse und der Exterschen Wurfhebelbremse. Darüberhinaus besaßen die Lokomotiven im Lieferzustand noch die Umlenkrolle und die Handhaspel für die Heberleinbremse. Die einstufige Westinghouse-Luftpumpe saß auf der rechten Seite der Rauchkammer vor dem Wasserkasten; der Luftsauger der Saugluftbremse befand sich auf dem Kesselscheitel zwischen Schornstein und vorderem Sandkasten. Die Abbremsung der Radsätze erfolgte einseitig von vorn. Man sollte annehmen, die Herstellerfirma habe des Guten zuviel getan, wenn sie die Maschinen mit drei (bei Einbeziehung der Wurfhebelbremse sogar vier) verschiedenen Bremsbauarten ausrüstete. Doch der Grund dafür war ganz einfach der, daß auf verschiedenen zum Bachstein-Konzern gehörenden Bahnen unterschiedliche Bremssysteme im Gebrauch waren. Bei einer durch die Centralverwaltung verfügten Umsetzung einer Lokomotive mußte die Bremsausrüstung nicht erst den jeweiligen Betriebsverhältnissen angepaßt werden, wenn die Maschine bereits alle vorkommenden Bremsbauarten besaß. Die Ausrüstung mit Druckluftbremse, Saugluftbremse und Heberleinbremse diente also dem freizügigen Einsatz der Lokomotiven und war auf ausdrücklichen Wunsch der Centralverwaltung erfolgt. Der handbetätigte Sandstreuer sandete den zweiten Radsatz von vorn und den dritten von hinten. Dampfläutewerk Bauart Latowski (auf dem Kesselscheitel vor dem Sicherheitsventil) und Dampfpfeife preußischer Normalausführung (auf dem Dach des Führerhauses) dienten der Signalgebung. Die Lokomotiven hatten Petroleumbeleuchtung. Sie konnten 6,0 m^3 Wasser und 1,8 t Kohle mitführen.

Die Lokomotiven 98 6051 und 98 6151 bis 98 6153 gehörten nach ihrer Übernahme durch die DR nicht mehr allzu lange zum Betriebspark. 98 6152 wurde bereits 1953 ausgemustert und bald zerlegt; 98 6051 verkaufte man im Jahre 1958 als Werklok an die Zuckerfabrik Walschleben bei Erfurt, 98 6151 wurde im gleichen Jahr an das Transformatoren- und Röntgenwerk Dresden abgegeben. 1960 schied auch 98 6151 aus dem Betriebsdienst aus und wurde an das Fettchemie- und Fewawerk Karl-Marx-Stadt (Chemnitz) verkauft.

Radsatzfolge C

C n2t

89^9

89 955

Gt 33.14

WL

Typ Bismarck (modifiziert)

1930–1966

Techn. Daten: Seite: 267

Neben den Typenlokomotiven »Thüringen« mit 12 t Radsatzfahrmasse und »Bismarck neu« mit 14 t Radsatzfahrmasse hatte die Firma Henschel & Sohn eine sehr ähnliche C n2t im Fertigungsprogramm, die wie der Typ Bismarck 14 t Radsatzfahrmasse aufwies und ebenfalls für Werk- und Privatbahnen entwickelt worden, aber vorwiegend für den Export ins Ausland vorgesehen war. Die ersten Lokomotiven dieses abgeänderten Typs Bismarck wurden 1930 gebaut. Die Hamburger Firma Illies & Co. hatte bei Henschel eine derartige Lok für die Mandschurische Eisenbahn bestellt. Henschel stellte die Maschine unter der Fabriknummer 21 850 fertig, lieferte sie aber (laut Lieferbuch) erst 1935 an den Besteller ab. Die Schwesterlok mit der Fabriknummer 21 851, gleichfalls 1930 fertiggestellt, wurde im Jahre 1931 an die Zuckerfabrik Maltsch (Schlesien) geliefert. Henschel fertigte in der Folgezeit weitere Exemplare dieses Typs für verschiedene Werkbahnen, meist als Einzelexemplare. Erst 1942 folgte ein zusammenhängendes Baulos von neun Maschinen (Fabriknummern 26 549 bis 26 557), die nach Angaben in der Literatur für China (Eisenbahn Peking–Mukden) bestimmt gewesen sein sollen. Die Henschel-Fabriknummernliste weist jedoch als Besteller die Koreanische Nationaleisenbahn aus. Es läßt sich heute nicht mehr mit Sicherheit feststellen, welche der beiden Angaben richtig ist. Der Abschluß des Kaufvertrages und die Überführung der neun Lokomotiven nach

89 955 (Henschel 1937/21851) , 1948 von der DR übernommen, im Bw Dresden-Altstadt.
Foto: Hans Müller

Die 89 955 gehört zum modifizierten Typ Bismarck neu.
Foto: Hans Müller

Asien oblagen dem Vertriebsunternehmen Illies & Co. Wegen der Kriegsereignisse konnten die fertiggestellten Maschinen jedoch nicht mehr auf dem Seeweg zum Empfänger befördert werden und blieben im Hafen von Bordeaux (Frankreich) stehen. Nach Kriegsende übernahm die SNCF die Lokomotiven und reihte sie als 030 TX 1 bis 030 TX 9 in ihren Betriebspark ein. Die 1942 gebauten Maschinen unterschieden sich von den Erstlieferungen lediglich durch ein Führerhausdach mit Lüftungsaufsatz, einen hinteren Kohlekasten und durch im vorderen Teil leicht abgeschrägte Wasserkästen.
Die Werklok der Zuckerfabrik Maltsch (Fabriknummer 21 851) wurde 1945 bei der Rbd Dresden vorgefunden. Die DR wartete ab, ob die PKP Ansprüche auf die Maschine erheben würden, reihte sie schließlich im Jahre 1948 in ihren Betriebspark ein und gab ihr die Betriebsnummer 89 955.
Die modifizierten Lokomotiven des Typs Bismarck besaßen einen Blechrahmen ähnlich der pr. T 3. Der Gesamtachsstand betrug 3000 mm, das Laufwerk war asymmetrisch ausgebildet. Wie bei der T 3 betrug der Abstand zwischen erstem und zweitem Radsatz 1700 mm, der Abstand zwischen zweitem und drtittem Radsatz 1300 mm. Die Lokomotiven hatten eine LüP von 9310 mm; das waren noch 110 mm mehr als beim Typ Bismarck. Die Räder hatten einen Durchmesser von 1100 mm; der zweite Radsatz wurde angetrieben. Die Abmessungen der Zylinder mit 430 mm Durchmesser und 550 mm Kolbenhub entsprachen denen des Typs Bismarck; die Lokomotiven besaßen jedoch Kolbenschieber und Winterthur-Druckausgleicher. Die Steuerung entsprach der Bauart Heusinger. Der für einen Betriebsdruck von 13 bar ausgelegte Kessel hatte zwischen den Rohrwänden eine Länge von 3310 mm und lag frei über dem Rahmen. Der Langkessel bestand aus zwei Schüssen, von denen der vordere den Dampfdom mit dem Ventilregler Bauart Schmidt & Wagner, der hintere den Sandkasten trug. Die Feuerbüchse bestand bei den bis Ende der dreißiger Jahre gebauten Lokomotiven aus Kupfer, bei den Kriegslieferungen aus Stahl. Der Kessel wurde von zwei Dampfstrahlpumpen gespeist. Bei den zuerst gefertigten Lokomotiven entsprach das Sicherheitsventil der Bauart Ramsbottom, Lokomotiven jüngeren Baudatums hatten dagegen zwei Pop-Ventile. Die Rauchkammer trug einen schwach konischen Schornstein mit Krempe. Das Führerhaus der ersten Maschinen mit abgeschrägter Rückwand und kleinen Seitenfenstern war sehr geräumig. Es besaß anstelle eines Lüftungsaufsatzes eine ausstellbare Dachklappe. Bei später gebauten Lokomotiven hatte man das Führerhaus verkleinert und mit einer geraden Rückwand versehen. Diese Maßnahme diente der Unterbringung eines hinteren Kohlekastens. Die neuen, kleineren Führerhäuser erhielten einen Lüftungsaufsatz. Die Seitenwände der seitlichen Wasserkästen waren bei den Erstlieferungen rechteckig; später wurden Wasserkästen vorgesehen, deren Decke im vorderen Teil abgesenkt war. Die Bremsausrüstung bestand aus der Knorr-Druckluftbremse und der Wurfhebelbremse. Die Radsätze wurden einseitig von vorn abgebremst. Der handbetätigte Sandstreuer sandete den zweiten und den dritten Radsatz. Dampfpfeife und Läutewerk dienten der Signalgebung. Die Lokomotiven der ersten Baujahre konnten 4,0 m³ Wasser und 1,3 t Kohle mitführen; bei Maschinen mit hinterem Kohlekasten betrug der Kohlevorrat 1,6 t. Die Lokomotiven hatten eine Höchstgeschwindigkeit von 45 km/h.
In manchen Publikationen werden die hier besprochenen Henschel-C-Kuppler fälschlich als ELNA-Lokomotiven bezeichnet. Mit den ELNA-Bauarten hatten die Maschinen aber nicht das geringste zu tun.
89 955 wurde nach ihrer Einreihung in den Betriebspark der DR im Bestand der Rbd Dresden geführt und fast ausschließlich im Verschiebedienst eingesetzt. 1966 hat man die Lokomotive ausgemustert.

C n2t

$89^{59, 60, 61}$

89 5901

89 6001–6004

896101–6104, 6106

Gt 33.9; Gt 33.10; Gt 33.11

Arn-I, Wen-Oe., FKB Süd

Genth., Telt., DWE

1892–1965

Techn. Daten: Seite: 267

Die nachfolgend aufgeführten Lokomotiven entsprachen weitgehend dem Musterblatt III-4 e bzw. III-4 e (1). Sie hatten eine Rahmenlänge von 6760-6765 mm, eine LüP von 8300 mm und eine Kuppelradsatzfahrmasse von 9-10 t. Die 89 6101–6104 trugen das Gattungszeichen Gt 33. 11; möglicherweise erreichten sie durch die nachträgliche Ausrüstung mit Druckluftbremse eine Radsatzfahrmasse von 11 t. In den meisten Ausführungen besaßen die Lokomotiven eine Reglerbüchse anstelle des Dampfdomes und außenliegende Einströmrohre. Die Führerhausrückwand war im unteren Teil nach innen eingezogen. Es gab jedoch auch Übergangsformen, so daß eine lupenreine Zuordnung zu einer bestimmten Ausgabe des Musterblattes unmöglich ist, zumal es sich bei den Musterblättern nicht um Zeichnungen mit genormten Bauteilen handelte.

Die 89 5901, von Henschel 1904 mit der Fabriknummer 6541 geliefert und von der Kleinbahn Arnstadt–Ichtershausen übernommen, wo sie die Bahnnummer 340 trug, gehörte zur ersten Bauform der T 3, besaß aber einen Dampfdom. Die Maschine brachte es auf 61 Dienstjahre und ist am 15. April 1965 ausgemustert worden.

89 6002, 89 6003, 89 6101 und 89 6102 sind 1949 von der Franzburger Kreisbahn Süd übernommen worden.

Die 89 6002 (Hanomag 1893/2489) ist als T 3 BROMBERG 1822 in Dienst gestellt und 1906 in BROMBERG 6124 umgezeichnet worden. Später wechselte sie die Direktion und wurde als KÖNIGSBERG 6189 geführt. Um 1920 ist die Lokomotive an die Greifenberger Kleinbahn verkauft worden, wo sie die Bahnnummer 13 c erhielt. Als Rückführlok landete sie 1945 in Tribsees. Von den Pommerschen Landesbahnen bekam sie die Bahnnummer 17 N 3310. Als 89 6002 war sie ab November 1954 im Bestand des Bw Stralsund und ist am 14. 07.1958 ausgemustert worden.

Eine T 3 nach M III-4 e (1) war die 89 6003 (Hanomag 1893/2533), die bei der KED Altona als ALTONA 1852 in Dienst ging und 1906 in ALTONA 6153 umgezeichnet worden ist. Im Jahre 1917 erwarb die Randower Kleinbahn die Lokomotive und gab ihr die Bahnnummer 11 c. Als Rückführlok war sie 1945 in Tribsees hinterstellt. Bei den Pommerschen Landesbahnen trug die Lokomotive die Bahnnummer 20 N 3310. Nach der Umzeichnung in 89 6003 kam sie zur Rbd Berlin, wo sie am 01. 03. 1959 ausgemustert und als Werklokomotive an die Berliner Osthafenmühle verkauft wurde. Die Lokomotive hatte auf dem ersten Kesselschuß einen Dampfdom.

Die von Henschel 1892 mit der Fabriknummer 3598 gefertigte T 3 BRESLAU 1936 erhielt 1906 die Bahnnummer BRESLAU 6157 und ist 1917 an die Kleinbahn Casekow–Penkun (Oder) verkauft worden. Dort trug die die Bahnnummer 7 b. 1939 kam sie in den Besitz der Randower Kleinbahn und erhielt die Bahnnummer 11 c. Als Rückführlok stand sie 1945 in Tribsees, ab 1947 in Barth. Bei den Pommerschen Landesbahnen trug sie die Bahnnummer 27 N 3311 und wurde 1949 in 89 6101 umgezeichnet. Die Lokomotive stand noch bis zum 22. 10.

Die 89 5901 (Henschel 1904/6541) stammt von der Arnstadt-Ichtershausener Eisenbahn. Foto: G. Otte, Sammlung Grundmann

89 6004 (Union 1894/791), eine pr. T 3 nach M III-4 e (1).
Foto: G. Otte, Sammlung Grundmann

1953 im Schadpark und verrichtete nach der Aufarbeitung bis zur Ausmusterung am 14. 07. 1958 Dienst. Die Lokomotive entsprach dem Musterblatt III-4 e (1).
Diesem entsprach auch die 89 6102 (Henschel 1893/3772), die als T 3 ALTONA 1835 in Dienst gestellt worden ist, später bei der KED Berlin die Nummer BERLIN 1853 trug. Nach Angaben von W. Valtin soll die Lokomotive von der Marburger Kreisbahn zur Franzburger Südbahn (Bahnnummer 3 t) gekommen sein. Bei den Pommerschen Landesbahnen trug sie die Bahnnummer 28 N 3311. Sie stand bis 1949 in Tribsees im Einsatz und kam dann zur Rbd Berlin. Am 15. 10. 1960 hat die DR die Lokomotive ausgemustert und an die Bau-Union Süd in Luckenwalde verkauft.
Die 1949 in 89 6001 umgezeichnete Lokomotive war eine T 3 nach M III-4 e (1). Sie ist von Schwartzkopff mit der Fabriknummer 2043 1893 an die KED Erfurt geliefert worden und war ab 1906 als ERFURT 6123 eingeordnet. Am 12. 12. 1912 kaufte die Centralverwaltung Herrmann Bachstein diese Lokomotive von der KED Erfurt für die von ihr betriebene Strecke Wenigentaft–Oechsen in der Rhön, die am 15. 08. 1912 für den Güterverkehr eröffnet worden war. Die Lokomotive fuhr mit der Bahnnummer 6123 (die sie auch bei der Preußischen Staatsbahn getragen hatte). Die Lokomotive hatte nur eine Reglerbüchse, außenliegende Einströmrohre, ein Dampfläutewerk auf dem Stehkesselscheitel und eine Luftpumpe im rechten Umlauf zwischen 1. und 2. Radsatz. Sie ist von der DR noch neu bekesselt, aber schon am 22. 07. 1958 ausgemustert worden.
Die 89 6004 ist 1949 von der Genthiner Eisenbahn übernommen worden. Sie war ebenfalls eine pr. T 3 nach M III-4 e (1), die die Union-Gießerei Königsberg 1894 mit der Fabriknummer 791 an die KED Bromberg geliefert hatte, wo sie ab 1906 die Bahnnummer BROMBERG 6133 trug. Umbeheimatet zur KED Halle trug sie die Nummer HALLE 6149. Bei der Genthiner Eisenbahn lief sie mit der Bahnnummer 281. Die Lokomotive ist 1958 ausgemustert und an das Stahlwerk Gröditz als Werklok Nr. 6 verkauft worden.

Die 89 6103 und 89 6104, ebenfalls T 3 nach M III-4 e (1), wurden 1897 von der Hanomag mit den Fabriknummern 2860 und 2861 an die Niederlausitzer Eisenbahn geliefert und trugen dort die Bahnnummern 3 und 4, später die Bahnnummern 22 und 23. Als sie die DR 1949 umgezeichnete, waren sie an die Teltower Eisenbahn vermietet. Die 89 6103 ist am 15. 09. 1965 in Magdeburg-Buckau ausgemustert worden. Die 89 6104 hatte man bereits 1958 ausgemustert und als Heiz- oder Werklok verkauft.
Die 89 6106 stammt von der Dessau–Wörlitzer Eisenbahn. Diese hatte die T 3 am 15. 03. 1937 von der Westfälischen Landeseisenbahn gekauft, wo die Maschine die Bahnnummer 17 trug. Hersteller war Hohenzollern (1899/1182). Bei der DWE erhielt die Lokomotive die Bahnnummer 8. Sie wurde 1945 durch Kriegseinwirkung schwer beschädigt, 1949 dennoch umgezeichnet, aber schließlich nicht wieder aufgebaut, sondern am 20. 12. 1951 ausgemustert.

C n2t

$89^{9, 59, 60}$

89 5902–5903

89 6005

89 6014

89 953

Gt 33.9; Gt 33.10; Gt 33.12

Grfsw.-Gr., Telt., KMT, GS

Lenz Typ b

1895–1963

Techn. Daten: Seite: 267

Die nachfolgend beschriebenen Lokomotiven entsprachen dem Lenz-Typ b, der erstmals 1894 von Vulcan gebaut worden ist. Der Typ b hatte einen Dampfdom mit Flachschieberregler auf dem ersten Kesselschuß, innenliegende Einströmrohre und einen Sandkasten auf dem zweiten Kesselschuß, vom dem beidseits je ein Fallrohr zwischen die Räder des 1. und 2. Radsatzes sandete. Die Federn der Radsätze 1 und 2 lagen oberhalb der Achslager und oberhalb des Umlaufs und waren durch Ausgleichhebel verbunden. Der separat abgefederte 3. Radsatz hatte die Federn unterhalb der Achslager. Dampfpeife und Dampfläutewerk waren ursprünglich auf dem Führerhausdach angeordnet, doch ist das Läutewerk später vielfach auf den Langkessel verlegt worden. Den Kesseldruck überwachte ein Ramsbottom-Sicherheitsventil auf dem Stehkesselscheitel. Der Raddurchmesser betrug 1100 mm, der Achsstand war unsymmetrisch, die Führerhausrückwand ab Oberkante Tür nach innen eingezogen. Der Lenz-Typ b war aus den preußischen Normalien von 1883 abgeleitet. Diese Typ-Bezeichnung erhielten später auch Lokomotiven der pr. Gattung T 3 nach Musterblatt III-4 e, die neu oder gebraucht von der Firma Lenz gekauft worden sind.

Lok Nr. 1-24 c (Baujahr 1911) der Kleinbahn Grünberg-Sprottau in Schlesien wurde 1946 in Berlin vorgefunden und 1948 in 89 953 umgezeichnet. Die Aufnahme zeigt sie als Werklok Nr. 1 des Raw Görlitz-Schlauroth.
Foto: M. Baumberg, Sammlung Weisbrod

89 6014 (Vulcan 1907/2323), eine Maschine vom Lenz-Typ b.
Foto: G. Otte, Sammlung Grundmann

C n2t

89^{60}

89 6006–6013

Gt 33.10

Altm., KMT, Heu. -M., Marb. -B., Wallw., HBE

T 3

1897–1967

Techn. Daten: Seite: 268

Die 89 5902-5903 stammen von der Greifswald–Grimmener Eisenbahn. Sie trugen dort die Bahnnummern 11 c und 12 c und wurden von Vulcan 1910 mit der Fabriknummer 2615 bzw. 1913 mit der Fabriknummer 2905 geliefert. Die DR hat 1956 die 89 5903 als Heiz- oder Werklok verkauft. 1957 verkaufte sie die 89 5902 als Heizlok an die Molkerei Ferdinandshof bei Pasewalk.

Die 89 6005 ist die Bahnnummer 21 der Teltower Eisenbahn. Vulcan hat sie 1895 mit der Fabriknummer 1504 an die Kleinbahn Neustadt (Schlesien)–Gogolin geliefert, von der sie die Kleinbahn Guttentag–Voßwalde in Schlesien übernahm. Die Lokomotive trug dort die Bahnnummer 21 c. Als Rückführlok kam sie 1945 zur Teltower Eisenbahn. Die DR hat sie 1949 übernommen und 1957 als Heiz- oder Werklok verkauft.

Die spätere 89 6014 ist 1907 von Vulcan mit der Fabriknummer 2323 an die Bunzlauer Eisenbahn geliefert worden, wo sie die Bahnnummer 24 trug. Wann die Lokomotive in den Besitz der Niederlausitzer Eisenbahn überging, ist heute nicht mehr nachweisbar. Auch dort behielt sie ihre Bahnnummer 24. In 89 6014 ist die Lokomotive bei der Königs Wusterhausen-Mittenwalde–Töpchiner Eisenbahn umgezeichnet worden. Die DR hat sie am 28. 02. 1963 ausgemustert.

Eine Sonderstellung nimmt die 89 953 ein. Vulcan lieferte die Maschine 1911 mit der Fabriknummer 2619 an die Kleinbahn Grünberg–Sprottau in Schlesien, wo sie die Bahnnummer 4 in zweiter Besetzung, später 1-24 c trug. 1946 fand man die Lokomotive im Bereich der Rbd Berlin und hat ihr 1948 die Betriebsnummer 89 953 und das Gattungszeichen Gt 33. 12 gegeben. Zwei weitere 1946 im Bereich der Rbd Dresden aufgefundene C n2-Tenderlokomotiven, eine von der Rosenberger Kreisbahn und eine Werklok der oberschlesischen Zuckerfabrik Maltsch, erhielten 1948 die Betriebsnummern 89 954 und 89 955. Die 89 953 war in Dresden-Altstadt im Rangierdienst eingesetzt und kam im Mai 1954 als Werklok 1 zum Raw Görlitz-Schlauroth.

Wenn auch von verschiedenen Herstellern für verschiedene Bahnverwaltungen gefertigt, so ist diesen Lokomotiven die Abstammung nach Musterblatt III-4 e (2) gemeinsam. Es sind also Maschinen, die der pr. Gattung T 3 entsprechen. Sie besaßen 1100 mm Kuppelraddurchmesser, einen unsymmetrischen Achsstand (1700 mm + 1300 mm) und Lastausgleich zwischen erstem und zweitem Kuppelradsatz.

Die mit den Betriebsnummern 89 6006 und 89 6007 eingeordneten und von den Altmärkischen Eisenbahnen übernommenen Lokomotiven sind von Hagans 1897 mit der Fabriknummer 342 und von Jung 1898 mit der Fabriknummer 350 gebaut worden. Es waren Lieferungen an die Preußische Staatsbahn, die sie als ERFURT 6132 und als MAGDEBURG 6179 führte. Die ERFURT 6132 wurde von der Kleinbahn Bismark–Diesdorf erworben, die MAGDEBURG 6179 war im vorläufigen Umzeichnungsplan als 89 7480 vorgesehen. Bei der Altmärkischen Eisenbahn AG erhielten sie die Bahnnummern 282 und 283. Die 89 6006 kam nach der Übernahme zum Bw Salzwedel, wo sie bis zum 11. 09. 1953 verblieb. Anschließend war sie bis zur z-Stellung am 28. 11. 1963 beim Bw Haldensleben stationiert. Die Ausmusterung erfolgte am

Oben: 89 6007 (Jung 1898/350), vormals Nr. 283 der Altmärkischen Eisenbahn.
Foto: M. Baumberg, Sammlung Weisbrod

14. 09. 1965, die Verschrottung im Februar 1976 in Praha-Tesnov. Für die Erhaltung war bis 1959 das Raw Blankenburg, anschließend das Raw Halle zuständig. Die 89 6007 war ebenfalls nach Übernahme durch die DR bis 28. 03. 1962 beim Bw Salzwedel beheimatet, nur unterbrochen durch eine Beheimatung beim Bw Stendal vom 26. 04. 1960 bis 21. 12. 1961. Weitere Stationen waren die Bw Haldensleben (29. 03. 1962 bis 21. 07. 1964), Magdeburg-Rothensee (22. 07. 1964 bis 05. 01. 1965) und Bernburg (06. 01. 1965 bis 26. 02. 1965). Bei der DR hat die Maschine Druckluftbremse und elektrische Beleuchtung erhalten. Die z-Stellung erfolgte am 21. 12. 1965, die Ausmusterung am 27. 05. 1967.
Von der Königs Wusterhausen–Mittenwalde–Töpchiner Eisenbahn stammen

Unten: 89 6009 (Humboldt 1902/135). Die Lokomotive gehört noch heute zum betriebsfähigen Museumsbestand des VM Dresden.
Foto: Hans Müller

89 6013 (Esslingen 1906/3381) als Werklok Nr. 1 des WSB Blankenburg im August 1963. Foto: M. Baumberg, Sammlung Weisbrod

die 89 6008 und 89 6012. Sie waren dort als Nr. 1 und als Nr. 22 eingenummert und von Borsig (1900/4789) und von Linke-Hofmann (1905/294) geliefert worden. Die Borsig-Lokomotive stammte von der Neucölln–Mittenwalder Eisenbahn, trug dort die Bahnnummer 1, die Linke-Hofmann-Lok kam über die Bunzlauer Kleinbahn und die Niederlausitzer Eisenbahn (Bahn-Nr. 22) zur KMT. Über den weiteren Einsatz bei der DR ist nichts bekannt. Die 89 6008 wurde am 21. 06. 1960, die 89 6012 im Jahre 1958 ausgemustert. Die 89 6008 entsprach dem Lenz-Typ b, also dem Musterblatt III-4 e (1). Die 89 6010 und 89 6011 waren Lieferungen der Hanomag (1902/3871) an die Marienborn–Beendorfer Eisenbahn und von Henschel (1902/6268) an die Wallwitz–Wettiner Kleinbahn AG (dort Bahnnummer 286). Die 89 6010, die einen kleinen Dampfdom besaß, wurde am 15. 09. 1965 ausgemustert, die 89 6011 übernahm 1959 der Magdeburger Elbhafen als Werklok.

Die 89 6013 ist 1906 von der Maschinenfabrik Esslingen mit der Fabriknummer 3381 und dem Namen DREI ANNEN HOHNE an die Halberstadt–Blankenburger Eisenbahn geliefert worden. Die Maschine wies einige Abweichungen vom Musterblatt III-4 e (2) auf. So waren die Einströmrohre vom Dampfdom außen am Kessel zu den Zylindern geführt. Die Lokomotive ist 1954 bei der DR ausgemustert worden, aber als Werklok Nr. 1 des WSB Blankenburg bis mindestens Ende 1963 weiterhin im Einsatz gewesen. Eine gewisse Sonderstellung nimmt die 89 6009 ein. 1902 von Humboldt mit der Fabriknummer 135 erbaut, kam sie nach ihrer Abnahmefahrt auf der Strecke Grunewald–Drewitz am 19. 06. 1902 als BERLIN 1808 zur Preußischen Staatsbahn. 1906 wurde sie in BERLIN 6146 umgezeichnet und als 89 7403 1925 von der DRG übernommen. Von Juli 1925 bis zum 10. 05. 1931 war sie beim Bw Leipzig Hbf West im Einsatz und wurde vom Raw Magdeburg-Buckau erhalten. Die Kleinbahn Heudeber–Mattierzoll erwarb 1932 die ausgemusterte Lokomotive, die bereits 1 076 613 km zurückgelegt hatte, ließ sie in der Sächsischen Eisenbahnbedarfs- und Maschinenfabrik Sachsenwerk GmbH in Stendal aufarbeiten und stellte sie als Nr. 2 der Provinzial Kleinbahn-Gesellschaft in Dienst. 1940 erhielt die Maschine die Bahnnummer 284. Seit der Übernahme der Kleinbahn Heudeber–Mattierzoll durch die Deutsche Reichsbahn im Jahre 1949 trägt die Lokomotive die Betriebsnummer 89 6009, war bis Ende 1951 beim Bw Halberstadt, anschließend bis November 1955 beim Lokbahnhof Bernburg beheimatet. Anläßlich einer Schadgruppe L 4 erhielt die Maschine im November 1953 im Raw Blankenburg einen Tender pr. 3 T 12 mit 12 m^3 Wasser und 5 t Kohle von einer pr. G 5. Ab 01. 04. 1957 war die Maschine im Bw Wriezen der Oderbruchbahn beheimatet, bekam Anfang 1959 im Raw Karl-Marx-Stadt eine L 4, wurde anschließend im Raw Halle erhalten, wo sie Anfang 1966 erneut nach der Schadgruppe L 4 aufgearbeitet worden ist. Am 12. 12. 1962 hatte das Raw Halle die Maschine mit neuem Steh- und Langkessel in Schweißausführung im Rahmen einer Schadgruppe L 3 ausgerüstet. Ab 12. 11. 1966 war die Lokomotive beim Bw Salzwedel beheimatet, ab 05. 03. 67 beim Bw Oebisfelde. Eilsleben und Magdeburg waren die letzten Stationen ihres Reichsbahn-Einsatzes, ehe sie am 16. 11. 1971 das Verkehrsmuseum Dresden übernahm und beim Bw Dresden beheimatete. Die Lokomotive, ständig bei Ausstellungen und Sonderfahrten im Einsatz, erhielt 1978 und 1989 vom Raw Meiningen eine Schadgruppe L 7 und ist auch heute bei Dampflokfesten und ähnlichen Ausstellungen für Führerstandsmitfahrten unentbehrlich.

C n2t

$89^{60, 61}$

89 6015–6016

89 6105

89 6107–6113

Gt 33.10; Gt 33.11

Genth., Arn. -l., Przl. KB

BRöth., GHW, Wallw., Altlb.,

OHKB

1907–1965

Techn. Daten: Seite: 268

Die nachfolgend beschriebenen Lokomotiven entsprachen dem Musterblatt III-4 e (2). Das Laufwerk entsprach den bisherigen Ausführungen, der Rahmen war in der Regel 6995 mm lang, die LüP betrug 8591 mm, und die Dienstmasse konnte 32,5 t erreichen. Der Kessel besaß auf dem zweiten Schuß einen Dampfdom mit Flachschieberregler. Die Einströmrohre lagen innerhalb der Rauchkammer, die Rückwand des Führerhauses verlief senkrecht.
Die 89 6015 und 89 6016 stammten von der Genthiner Eisenbahn, wo sie die Bahnnummern 288 und 296 trugen. Hersteller beider Maschinen war Henschel (1907/7028 und 1910/10 039). Die Lokomotive mit der Bahnnummer 288 ist von der Gardelegen–Neuhaldensleben–Weferlinger Eisenbahn übernommen worden. Die Lokomotive mit der Bahnnummer 296 kam über die Gardelegen–Neuhaldensleben–Weferlinger Eisenbahn und die Kleinbahn AG Bebitz–Alsleben zur Genthiner Eisenbahn. Während die 89 6015 bereits am 20. 01. 1954 ausgemustert wurde, stand die 89 6016 bis 05. 03. 1965 im Dienst.
Von der Prenzlauer Kreisbahn ist die Bahnnummer 1 (Henschel 1897/4662) als 89 6105 übernommen worden. Die Lokomotive stammte von der Stettiner Hafenbahn und ist bei der DR 1957 ausgemustert worden.
89 6107 und 89 6108 waren 1949 von der Kleinbahn Brandenburg–Röthehof übernommen worden. Jung hatte die Lokomotiven 1900 mit den Fabriknummern 425 und 426 gebaut. Bei der Kleinbahn trugen sie die Bahnnummern WH 1 und WH 2. Von der 89 6107 ist bekannt daß sie bis 1957 vom Raw Blankenburg, anschließend vom Raw Halle erhalten wurde. Nach Aufenthalten im Bw Ketzin (1954) und Bw Dessau (1955) kam sie über das Bw Bernburg (1956/1957) zum Bw Magdeburg-Rothensee (1957–1961), wo sie auch am 15. 09. 1965 ausgemustert worden ist.
Die 89 6109 war die Bahnnummer 259 der Kleinbahn-AG Gardelegen–Neuhaldensleben–Weferlingen und war von der Kostener Kreisbahn, wo sie die Bahnnummer 1 und den Namen BERNAUER trug, übernommen worden. Die Lokomotive, die Hohenzollern 1900 mit der Fabriknummer 1270 lieferte, ist am 15. 09. 1965 ausgemustert worden.
Ebenfalls von der Kostener Kreisbahn stammte die Lokomotive mit der Bahnnummer 257, die die DR 1949 von der Kleinbahn AG Wallwitz–Wettin mit der Betriebsnummer 89 6110 übernahm. Hohenzollern hatte die Maschine1900 mit der Fabriknummer 1295 geliefert. Die DR hat die Lokomotive am 11. 09. 1965 ausgemustert.
Von der Altlandsberger Kleinbahn, die 1898 ihren Betrieb zwischen Altlandsberg und Hoppegarten auf 6,8 km Streckenlänge aufnahm, stammten die 89 6111 und 89 6113. Die Berliner Vorortbahn hatte ihren Betrieb mit zwei B-Kupplern von der Fa. Jung aufgenommen. 1946 erhielt man über die Kleinbahn Straus-

89 6110 (Hohenzollern 1900/1295) am 14.09.1965 in Neu-Rüdnitz.
Foto: G. Otte, Sammlung Grundmann

Die 89 6016 (Henschel 1910/10039) wurde von der Genthiner Eisenbahn übernommen.
Foto: G. Otte, Sammlung Grundmann

berg–Herzfelde die von Vulcan 1901 mit der Fabriknummer 1881 gebaute Lokomotive, die dort ab 1940 die Bahnnummer 1-22 getragen hatte und von der Kleinbahn Jauer–Maltsch stammte. Die DR hat die Lokomotive 1949 in 89 6111 umgezeichnet und 1955 an den Hafen in Velten (Mark) als Werklok verkauft. Die Kesselaufbauten der Lokomotive entsprachen dem Lenz-Typ b. Die 1949 als 89 6113 umgezeichnete Lokomotive hat Henschel 1902 mit der Fabriknummer 5655 gebaut. Sie wurde von der Altlandsberger Kleinbahn 1940 von der Mecklenburgischen Friedrich-Wilhelm-Eisenbahn erworben, wo sie den Namen NEUSTRELITZ und die Bahnnummer 9 getragen hatte. 1940 erhielt sie die Bahnnummer 1-21. Sie ist am 25. 09. 1961 von der DR ausgemustert worden. Die Maschine besaß einen Treib- und Kuppelraddurchmesser von 1200 mm.

Die 89 6112, eine Schwartzkopff-Maschine des Baujahres 1902 mit der Fabriknummer 3020, stammt von den Osthavelländischen Kreisbahnen, wo sie die Bahnnummer 4^{II} trug. Sie ist 1957 von der DR als Heiz- oder Werklok verkauft worden.

C n2t

$89^{60, 61, 62}$

89 6017, 89 6019–89 6032

89 6133, 89 6160, 89 6162,

89 6166–89 6167

89 6212, 89 6234

Gt 33.10; Gt 33.11; Gt 33,12

verschiedene Bahnen

Bismarck alt

1907–1967 (1977)

Techn. Daten: Seite: 268

Oben: Vom Typ Bismarck alt ist die 89 6019 (Henschel 1912/11085).
Foto: Illner, Sammlung Weisbrod

Unten: 89 6020 (Henschel 1912/11086) beim Umsetzen auf dem Bahnhof Rennsteig.
Foto: Gernot Malsch

Die Lokomotivfabrik Henschel & Sohn in Kassel entwickelte im Jahre 1905 eine dreifach gekuppelte Naßdampf-Tenderlokomotive mit 10 t Radsatzfahrmasse für die Kleinbahnen der preußischen Provinz Sachsen. Sicherlich hätte zur damaligen Zeit auch die pr. T 3 die Zugförderungsaufgaben bei den Provinzialkleinbahnen bewältigen können; doch die Provinzialverwaltung in Merseburg wünschte eine Neukonstruktion, die speziell auf die Bedürfnisse der ihr unterstellten Bahnen abgestimmt war. Den Lokomotiven lag der Henschel-Zeichnungssatz Nr. 878 zugrunde; sie trugen zunächst die (interne) Werksbezeichnung »Bismarck«. Noch vor dem Ersten Weltkrieg entwickelte Henschel jedoch eine schwerere C n2t mit 14,3 t Radsatzfahrmasse, welche ebenfalls die Typenbezeichnung »Bismarck« erhielt. Diese Gleichheit der Bezeichnung hat in der Literatur viel zur Verwirrung beigetragen, obgleich beide Bauformen außer der Radsatzanordnung kaum Gemeinsamkeiten besaßen. Die Firma Henschel & Sohn hat in ihren Katalogen der Jahre 1925 und 1936 nur noch den schweren Dreikuppler als »Typ Bismarck« angeboten. Keinesfalls hat das

Unternehmen jedoch den leichteren Typ, was naheliegend wäre, aus dem Fertigungsprogramm genommen. Vielmehr wurde der leichte C-Kuppler fast 25 Jahre hindurch mit nur geringfügigen Änderungen gebaut.

Mit dem Lokomotivpark der ehemaligen Privatbahnen übernahm die Deutsche Reichsbahn insgesamt 22 Maschinen des Typs »Bismarck alt« bzw. »Bismarck leicht« in ihren Einsatzbestand. Nimmt man die etwas abweichende Lok »KOLLE« der Kleinbahn Goldbeck–Werben (DR: 89 6168), die wir gesondert beschrieben haben, noch hinzu, waren es sogar 23 Maschinen. Die älteste Lok war 1907, die jüngste 1930 gebaut worden. Die DR zeichnete die Maschinen in 89 6017, 89 6019 bis 89 6032, 89 6133, 89 6160, 89 6162, 89 6166, 89 6167 sowie 89 6212 und 89 6234 um. Die in die BR 89^{60} umgezeichneten 15 Maschinen sind korrekt eingeordnet worden; dage-

Oben: 89 6024 (Henschel 1914/13025) vor dem Lokschuppen in Löbau (17.06.1973). Foto: Michael Malke

Unten: Die 89 6030 (Henschel 1929/21445) wurde 1949 von der Genthiner Eisenbahn übernommen. Foto: M. Baumberg, Sammlung Weisbrod

89 6031 (Henschel 1929/21446) als Werklok 2 der Zuckerfabrik Walschleben (Unstrut). Foto: W. Umlauft, Sammlung Scheffler

gen war die Einreihung von fünf Lokomotiven in die BR 89^{61} und zwei Lokomotiven in die BR 89^{62} eindeutig falsch; denn auch diese Maschinen hatten nur 10 t mittlere Radsatzfahrmasse.

Die für die Kleinbahnen der preußischen Provinz Sachsen entwickelten, aber gelegentlich auch von anderen Privatbahnen beschafften Lokomotiven des Typs »Bismarck alt« hatten einen von der vorderen bis zur hinteren Pufferbohle durchlaufenden Blechrahmen. Ihre LüP betrug 8300 mm und war damit geringer als die LüP der pr. T 3; der Gesamtachsstand betrug nur 2700 mm. Die Räder hatten einen Laufkreisdurchmesser von 1100 mm; als Treibradsatz diente nicht wie bei vielen C-Kupplern ähnlicher Bauartz der zweite, sondern der dritte Radsatz. Die waagerecht angeordneten Zylinder hatten einen Durchmesser von 350 mm und einen Kolbenhub von 500 mm. Die abgeschrägten Schieberkästen nahmen Flachschieber üblicher Ausführung auf. Die Lokomotiven besaßen Heusinger-Steuerung und zweischienige Kreuzkopf-

89 6016–6032
Zeichnung: Merkbuch für Triebfahrzeuge

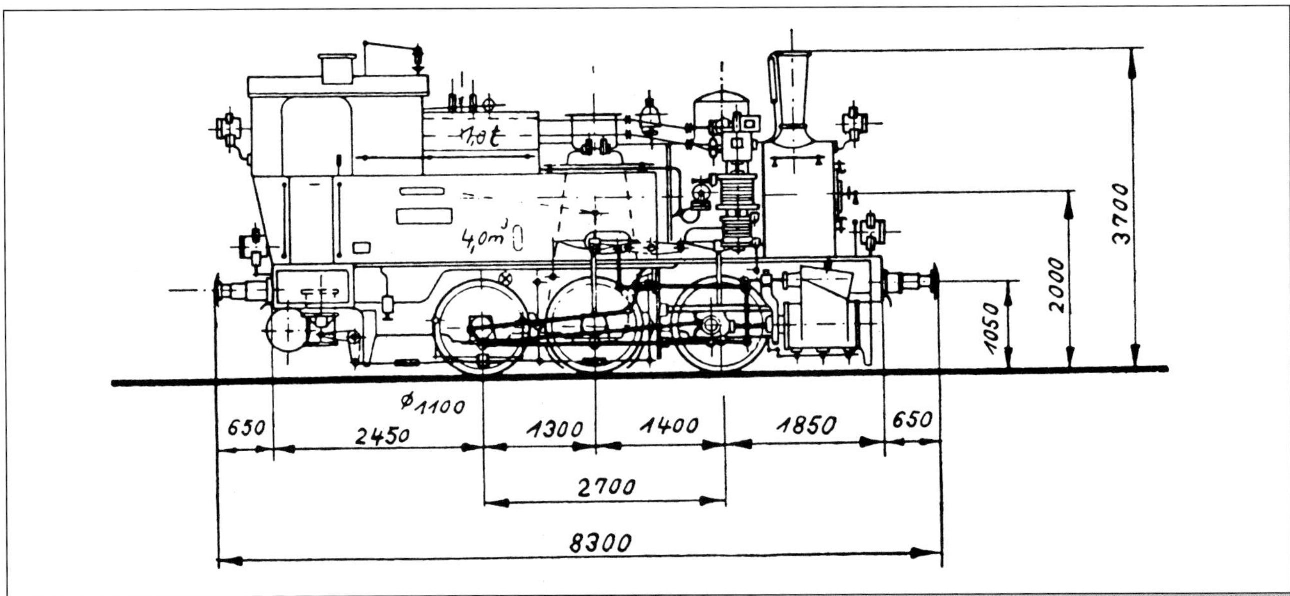

89 6032 (Henschel 1930/21810) 1956 im Bw Dresden-Altstadt.
Foto: G. Otte, Sammlung Grundmann

führung. Der Kessel war für einen Betriebsdruck von 12 bar ausgelegt. Der Langkessel bestand aus zwei Schüssen, von denen der vordere den Dampfdom mit dem Regler, der hintere den Sandkasten trug. Die Rohrlänge zwischen den Rohrwänden betrug 3000 mm. In den Stehkessel war eine kupferne Feuerbüchse eingebaut; der waagerecht liegende Rost hatte eine Fläche von 1, 05 m^2. Auf dem Stehkessel vor der Führerhausvorderwand saß das Doppelsicherheitsventil Bauart Ramsbottom. Die Rauchkammer entsprach in Ausführung und Ausrüstung preußischen Normen. Sie trug einen konischen Schornstein. Der Kessel wurde von zwei Dampfstrahlpumpen Bauart Strube gespeist. Das Führerhaus entsprach bei den Maschinen älterer Baujahre demjenigen der pr. T 3 nach Musterblatt III-4 e (erste Ausgabe), hatte also eine im unteren Teil abgeschrägte Rückwand. Ab Mitte der zwanziger Jahre hat man die Führerhäuser mit einer durchgängig geraden Rückwand versehen. Beide Führerhausbauformen besaßen einen auf dem Dach quer zur Fahrtrichtung angeordneten Lüftungsaufsatz. Die Lokomotiven hatten seitliche Wasserkästen; der Kohlevorrat wurde auf dem rechten Wasserkasten mitgeführt. Die Knorr-Druckluftbremse bremste den zweiten und dritten Radsatz einseitig von vorn ab. Die zweistufige Luftpumpe war auf der rechten Seite des Kessels in Höhe des Dampfdoms angebracht. Der Hauptluftbehälter hing am hinteren Rahmenende unter dem Führerhaus; bei Lok der ersten Lieferserien war er längs zur Fahrtrichtung, bei Lok jüngerer Baujahre quer zur Fahrtrichtung angeordnet. Der handbetätigte Sandstreuer sandete den zweiten Radsatz von vorn und hinten. Der Signalgebung dienten Dampfläutewerk Bauart Latowski (zwischen Dampfdom und Sandkasten auf dem Kesselscheitel) sowie eine auf dem Führerhausdach befindliche Dampfpfeife preußischer Regelausführung. Die Beleuchtung bestand ursprünglich aus Petroleumlampen; die DR hat bei fast allen Lokomotiven elektrische Beleuchtung nachgerüstet. Der AEG-Turbogene-

89 6133 (Henschel 1908/8587) von der Stendaler Eisenbahn am 23.06.1966 in Stendal.
Foto: M. Baumberg, Sammlung Weisbrod

89 6162 (Henschel 1914/13026) bei Klein-Welsbach.
Foto: Gernot Malsch

rator wurde wie üblich auf dem Rauchkammerscheitel neben dem Schornstein plaziert. Ein Austausch der Puffer war nicht erforderlich, denn die Maschinen hatten bereits im Lieferzustand Hülsenpuffer. Die Lokomotiven konnten 4, 0 m^3 Wasser und 1,0 t Kohle mitführen und waren für eine Höchstgeschwindigkeit von 45 km/h zugelassen. Bei der DR waren sie längere Zeit für Zugförderungsleistungen und leichten Rangierdienst unentbehrlich. Im Jahe 1958 schieden die ersten Maschinen, darunter 89 6020, aus dem Betriebsdienst aus. Als eine der letzten Lokomotiven des Typs »Bismarck alt« wurde 89 6026 im Jahre 1967 ausgemustert. Sechs Lokomotiven wurden an Industriebetriebe als Werklok abgegeben. 89 6024 ist heute noch erhalten. Diese im Jahre 1914 von Henschel unter der Fabrikummer 13 025 gebaute Maschine hatte ursprünglich der Kyffhäuser Kleinbahn gehört und dort zunächst die Bahnnummer 41 und später die Nummer 269 nach dem gemeinsamen Nummernschema der Kleinbahnen der preußischen Provinz Sachsen getragen, ehe sie an die Kleinbahn Bebitz–Alsleben abgegeben wurde. Im April 1963 wurde 89 6024 als Werklok in das Raw Görlitz-Schlauroth umgesetzt. Sie erhielt die WL-Nummer 1, wurde aber noch einige Male zu Sonderfahrten für Eisenbahnfreunde herangezogen und trug zu diesen Anlässen ihre alte DR-Nummer. Im Jahre 1977 erwarb das Deutsche Dampflok-Museum Neuenmarkt-Wirsberg die Maschine für seine Sammlung.

89 6166 (Henschel 1927/20938) am 05.09.1965 in Neu Rüdnitz.
Foto: Hans Müller

C n2t

$89^{60, 61, 62, 75}$

89 6018

89 6152–6158

89 6161

89 6163–6164

89 6204

89 6206

89 6209–6210

89 6229–6232

89 7511

Gt 33.10; Gt 33.11; Gt 33,12

Arn. -I., BStB, Prign. KKB

Nburx., ASNE, Goldb., Dah, -U.,

Pr. -AK, GHW, Przl. KB, Görl. KB

1902–1967

Techn. Daten: Seite: 268

Die 89 6152 (Henschel 1911/10328) neben 89 3160, 92 6676, 74 1106 und anderen am 19.04.1965 in Neu Rüdnitz.
Foto: G. Otte, Sammlung Grundmann

Die im folgenden beschriebenen Lokomotiven entsprechen der Ausführung nach Musterblatt III-4 e (2). Die überwiegende Zahl der T 3 besaß außenliegende Allan-Steuerung, zumindest dürften alle an die Preußische Staatsbahn gelieferten Maschinen diese Steuerungsbauart besessen haben. Auf Wunsch des Bestellers sind jedoch auch Lokomotiven mit außenliegender Heusinger-Steuerung gebaut worden, wofür es jedoch keine gesonderte Ausgabe des Musterblattes gab.

Lokomotiven mit außenliegender Heusinger-Steuerung waren die 89 6018 (Hanomag 1912/5398), die mit der Bahnnummer 360 von der Arnstadt–Ichtershausener Eisenbahn 1949 übernommen wurde. Die DR hat die Lokomotive 1958 an die Kieswerke Gerwisch (Krs. Magdeburg) verkauft. Auch die 89 6163-6164, vormals die Bahnnummern 23 und 24 der Aschersleben–Schneidlingen–Nienhagener Kleinbahn, entsprachen dieser Ausführung. Henschel hatte die Lokomotiven 1920 mit den Fabriknummern 17 870 und 17 871 geliefert; die DR hat die 89 6163 am 08. 11. 1955, die 89 6164 im Jahre 1957 ausgemustert.

89 6154 (Henschel 1911/10325) vom Bw Wittenberg im Jahre 1966 im Raw Halle, wo sie 1967 zerlegt wurde.
Foto: Reiner Scheffler

89 6155 (Henschel 1911/10327) im Jahre 1965 als Werklok Nr. 2 des Raw Cottbus. Foto: G. Otte, Sammlung Grundmann

Heusinger-Steuerung besaßen auch die 89 6229-6232 der Prenzlauer Kreisbahn. Alle vier Lokomotiven stammten von Jung und sind 1914 mit den Fabriknummern 2235 und 2236 und 1915 mit den Fabriknummern 2237 und 2238 geliefert worden. Die Lokomotive mit der Fabriknummer 2236 ging an die Kreisbahn Schönermark–Damme, erhielt dort die Bahnnummer 4, und bekam, als diese Bahngesellschaft in der Prenzlauer Kreisbahn aufging, die Bahnnummer 3 (DS 4). Die drei anderen Maschinen besaßen die Bahnnummern 8 bis 10. Die 89 6229 ist am 28. 03. 1967 ausgemustert worden, die 89 6231 am 07. 05. 1965, die 89 6232 am 20. 01. 1954. Die 89 6230 ging 1958 als Werklok 2 an das Raw Eberswalde.

Die Brandenburgische Städtebahn erwarb 1937 von der Westprignitzer Eisenbahn deren T 3 mit der Bahnnummer 5 und dem Namen PREUSSEN. Die von Henschel 1911 mit der Fabriknummer 10 328 gebaute Lokomotive bekam bei der BStB die Bahnnummer 10 in zweiter Besetzung, ist noch 1937 auf die Bahnnummer 8 und 1940 in 1-27 umgezeichnet worden. Bei der DR erhielt die Lokomotive die Betriebsnummer 89 6152 und ist am 13. 09. 1965 ausgemustert worden.

Von den Prignitzer Kreiskleinbahnen stammen die 89 6153-6155 und die 89 6157-6158. Da zum Zeitpunkt der Lieferung der Lokomotiven die Streckennetze der Ost- und Westprignitz noch getrennt waren, sind 89 6153-6155 (Henschel 1911/10 324, 10 325, 10 327) an die Westprignitzer Kreiskleinbahnen geliefert worden, trugen dort die Bahnnummer 1, 2 und 4 und die Namen KARSTÄDT, v. GRAENITZ und MECKLENBURG. Bei den Prignitzer Kreiskleinbahnen bekamen sie die Bahnnummern 6-20 bis 6-22. Ebenfalls in die Westprignitz ging die spätere 89 6157 (Henschel 1912/10 837) als Bahnnumer 6 DALLMIN, die im vereinigten Netz die Bahnnummer 6-23 bekam. An die Ostprignitz lieferte Henschel 1912 mit der Fabriknummer 10 839 die Bahnnummer 3 v. WINTERFELD, die im vereinigten Netz die Bahnnummer 5-21 und von der Reichsbahn die Betriebsnummer 89 6158 bekam. Im August 1954 erhielt das Raw Wittenberge diese Lokomotive als Werklok 805-80/1. Die 89 6153 ist am 23. 08. 1966, die 89 6154 am 15. 04. 1967, die 89 6155 am 24. 10. 1966 ausgemustert worden. Die 89 6157 schied am 17. 01. 1963 aus.

Aus der Prignitz kommt auch die 89 6156, die aus der gleichen Lieferserie von Henschel stammt (1912/10 838) und bei den Prignitzer Kreiskleinbahnen die Nummer 6-24 trug. Sie wurde jedoch an die Kleinbahn Neuburxdorf–Mühlberg (Elbe) abgegeben, erhielt dort die Bahnnummer 297 und ist 1956 von der DR als Heiz- oder Werklok verkauft worden.

Die 89 6161 (Jung 1913/1965), vormals Bahnnummer 22 der Aschersleben–Schneidlingen–Nienhagener Kleinbahn, hatte im Gegensatz zu den Bahnnummern 23 und 24 keine Heusinger-, sondern außenliegende Allan-Steuerung. Die Lokomotive kam 1953 von Aschersleben für ein Jahr zum Bw Stendal und war anschließend bis zur Ausmusterung am 01. 07. 1964 beim Bw Magdeburg-Rothensee beheimatet.

Die 89 6204 (O&K 1902/962) ist von der Goldbeck–Werbener Eisenbahn übernommen worden. Bei der DRG trug die Maschine die Betriebsnummer 89 7422, bei der Privatbahn die Nr. 7 und den Namen FREISE. 1959 ist sie von der DR als Heiz- oder Werklok verkauft worden.

Die 89 6206 (MBA Breslau 1905/293) war an die Bunzlauer Kleinbahn als Nr. 1 b, später Nr. 21, geliefert worden. Vermutlich als Rückführlok gelangte sie zur Dahme–Uckroer Eisenbahn und erhielt dort die Bahnnummer 7-21. Die DR hat die Lokomotive 1957 als Heiz- oder Werklok verkauft.

1906 hatte Henschel mit den Fabriknummern 7029 und 7030 zwei T 3 an die Gardelegen–Haldensleben–Weferlinger Kleinbahn geliefert, die dort als Nr. 1 und 2, später als Nr. 289 und 290 eingeordnet worden sind. Während die Lok mit der Nummer 289 zur Prettin–Annaburger Kleinbahn AG kam, ihre Bahnnummer dort behielt, verblieb die Lok mit Bahnnummer 290 in Gardelegen. Die DR hat beide Lokomotiven 1949 mit den Betriebsnummern 89 6209 und 89 6210 übernommen. Die 89 6209 wurde im Dezember 1962 an die Zuckerfabrik Erdeborn im Saalkreis als Werklok verkauft. Die 89 6210 ist im Juli 1967 an die LPG »Thomas Müntzer« in Worin (Kreis Seelow) als Heizlok verkauft worden.
Die 89 7571 (O&K 1914/6861) stammt von der Görlitzer Kreisbahn, wo sie die Bahnnummer 21 c trug. Die DR hat sie bereits Juli 1948 übernommen, als noch kein Umzeichnungsplan existierte und im Anschluß als bereits vorhandene T 3 eingenummert. 1957 ist die Maschine als Heiz- oder Werklok verkauft worden.

B n2t

89^{60}

89 6034; (89 6033)

Gt 33.12 (G 33.12)

Solvay-Werke

Henschel-WL (Typ Thüringen)

1913–1967

Techn. Daten: Seite: 269

Im Jahre 1949 hatte die Deutsche Reichsbahn über 380 normalspurige Dampflokomotiven der ehemaligen Privatbahnen in ihren Bestand übernommen und mit dem Umzeichnungsplan vom 12. Dezember 1949 die Grundlage für die Einordnung der Maschinen in das Nummernsystem der DR geschaffen. Damit war jedoch keineswegs der endgültige Abschluß der Übernahme von Privatbahn- und Werklokomotiven gekommen. Bis Mitte der fünfziger Jahre gelangten weitere Maschinen, meist als Einzelexemplare, in den Besitz der DR. Unter diesen Einzelgängern befand sich eine dreifach gekuppelte Naßdampf-Tenderlokomotive der Solvay-Werke Bernburg. Die Maschine war im Jahre 1913 von Henschel & Sohn unter der Fabriknummer 12 307 fertiggestellt worden. Als die Reichsbahn die Lok übernahm, trug sie die Nummer 89 0001. Das war auf keinen Fall die Nummer, welche sie bei ihrem Erstbesitzer ursprünglich getragen hatte; denn diese an das DRG-Nummernschema angelehnte Betriebsnummer kann frühestens 1925 vergeben worden sein. Wahrscheinlich hatten die Solvay-Werke die Maschine sogar erst im Zweiten Weltkrieg oder kurz nach Kriegsende mit der Nummer 89 0001 versehen. Wie dem auch sei, die DR zeichnete die ehemalige Werklok nach den Grundsätzen des Umzeichnungsplanes für Privatbahnlokomotiven um und gab ihr die neue Betriebsnummer

Am 18.10.1964 war die 89 6034 (Henschel 1913/12307) betriebsfähig abgestellt.
Foto: Hans Müller

Am 05.09.1965 war die 89 6034 in Wriezen wieder unter Dampf.
Foto: Hans Müller

89 6034 und das Betriebsgattungszeichen Gt 33. 12. Ab wann die Lok dem Betriebspark der Reichsbahn angehörte, ist nicht genau bekannt. Die Literaturquellen nennen sowohl das Jahr 1953 als auch das Jahr 1956. Im Jahre 1961 wurde die Maschine mit einem dreiachsigen Schlepptender gekuppelt, um sie auf den Strecken der ehemaligen Oderbruchbahn freizügig einsetzen zu können. Sie wurde jedoch nicht in die BR 53 umgezeichnet, sondern behielt ihre Betriebsnummer 89 6034. Sogar das Betriebsgattungszeichen ließ man unverändert, wie zeitgenössische Fotografien der Lok beweisen.

Die Maschine war keine pr. T 3, sondern eine Vertreterin der Henschel-Typenlokomotiven, welche das Kasseler Unternehmen für Werkbahnen entwickelt hatte und jahrzehntelang in fast unveränderter Ausführung seinen Kunden anbot. 89 6034 gehörte zum Typ »Thüringen«, der in Firmenkatalogen auch unter dem Codewort »biegg« angeboten wurde. Das Fahrgestell dieser Lokomotiven ähnelte zwar sehr demjenigen der T 3, in den konstruktiven Einzelheiten unterschieden sich die Maschinen aber erheblich von den preußischen Lok.

Der Typ »Bismarck neu«, ebenfalls eine Henschel-Typenlok, war für den flüchtigen Betrachter sehr leicht mit dem Typ »Thüringen« zu verwechseln, wirkte aber durch seinen größeren Kessel wesentlich wuchtiger.

Lokomotiven des Typs »Thüringen« hatten eine LüP von 8935 mm. Die Radsätze waren wie bei der pr. T 3 asymmetrisch angeordnet; der Gesamtachsstand betrug 3000 mm, der Laufkreisdurchmesser der Räder 1100 mm. Der zweite Radsatz wurde angetrieben. Die Zylinder hatten einen Durchmesser von 400 mm und einen Kolbenhub von 550 mm. Die Schieber waren als Flachschieber ausgebildet. Die Steuerung entsprach der Bauart Heusinger. Zur Umstellung diente jedoch nicht die übliche Steuerschraube, sondern ein Steuerhändel. Der Kessel lag frei über dem Blechrahmen, hatte eine feuerberührte Verdampfungsheizfläche von ca. 77 m^2 und war für einen Betriebsdruck von 13 bar ausgelegt. Er trug auf dem vorderen Langkesselschuß einen Dampfdom mit Flachschieberregler und dahinter einen runden Sandkasten mit je zwei Fallrohren für jede Maschinenseite. Der Stehkessel mit kupferner Feuerbüchse war im unteren Teil nur leicht eingezogen. Der Rost lag fast waagerecht und hatte eine Fläche von 1, 47 m^2. Als Kesselsicherheitsventil war ein etwas vereinfachtes Ramsbottom-Doppelventil vorgesehen. Zwei Dampfstrahlpumpen dienten der Kesselspeisung. Die Rauchkammer hatte den gleichen Durchmesser wie der Langkessel und trug einen konischen Schornstein. Das Führerhaus mit quer auf dem Dach befindlichen Lüftungsaufsatz entsprach der üblichen Henschel-Bauform für kleinere Industrie- und Baulokomotiven. Die Maschinen waren mit seitlichen Wasserkästen ausgerüstet. Als Bremsausrüstung dienten wahlweise Dampfbremse oder Druckluftbremse sowie die Wurfhebelbremse. 89 6034 besaß Druckluftbremse Bauart Knorr; die zweistufige Luftpumpe war auf der rechten Lokomotiveneite hinter der Verkleidung des Einströmrohres angebracht. Der Signalgebung dienten Dampfpfeife (auf dem Führerhausdach) und Dampfläutewerk (auf einer Konsole zwischen Schornstein und Dampfdom). Der handbetätigte Sandstreuer sandete den zweiten und dritten Radsatz. Als Beleuchtung war Petroleumbeleuchtung vorgesehen; 89 6034 erhielt bei der DR elektrische Beleuchtung. Die Lokomotiven konnten 4, 0 m^3 Wasser und 1,12 t Kohle mitführen. Ihre Nennleistung betrug 350 PS, ihre Höchstgeschwindigkeit 45 km/h. Um die Lok 89 6034 mit einem Schlepptender kuppeln zu können, baute die DR im Jahre 1961 am hinteren Rahmenende einen Kuppelkasten ein. Das Führerhaus wurde umgebaut, erhielt Seitenfenster und ein verlängertes Dach ohne Lüftungsaufsatz sowie eine Tender-

brücke. Der beigestellte Tender der Bauart pr. 3 T 12 erhielt einen neuen Kohlekasten mit kurvenförmig nach vorn und hinten abfallenden Seitenwänden. Die Vorräte betrugen nunmehr 12 m^3 Wasser und 5 t Kohle. Der ursprüngliche Sandkasten wich einem eckigen mit größerem Fassungsvermögen. 89 6034 war nach ihrem Umbau zur Schlepptenderlok beim Bw Wriezen (Rbd Berlin) beheimatet und wurde auf der ehemaligen Oderbruchbahn eingesetzt. Im Jahre 1963 war eine größere Kesselausbesserung erforderlich, die im Raw Halle durchgeführt wurde. Nach ihrer Rückkehr ins Heimat-Bw war die Lok meist als Reserve abgestellt. Der genaue Zeitpunkt ihrer Ausmusterung konnte nicht ermittelt werden; jedoch dürfte sie spätestens 1967 aus dem Betriebsdienst ausgeschieden sein.
Außer der hier beschriebenen 89 6034 hatte die DR Anfang der 50er Jahre noch eine weitere ehemalige Werklok in ihren Betriebspark übernommen. Von dieser als 89 6033 eingereihten Maschine liegen keinerlei Angaben über Hersteller und Baujahr vor. Die Lok hatte vor ihrer Übernahme durch die DR bei der Waggonfabrik Gotha Dienst geleistet. In der Literatur wird angegeben, daß es sich bei 89 6033 um eine pr. T 3 gehandelt habe. Ein Beweis für diese Vermutung ist aber bisher nicht erbracht worden und wird wohl auch nicht mehr erbracht werden können. 89 6033 gehörte nur ein Jahr dem Betriebspark der DR an. 1952 übernommen, wurde die Maschine bereits 1953 an das Stahl- und Walzwerk Riesa als Werklok verkauft.

C n2t

89^{61}

89 6114–6132

Gt 33.11

versch. Bahnverwaltungen

T 3

1901–1969

Techn. Daten: Seite: 268

Lokomotiven, die die Deutsche Reichsbahn in die Baureihe 89^{61} eingeordnet hat, entsprechen im wesentlichen der pr. T 3 nach Musterblatt III-4 e (2), also dem dritten Nachtrag des Musterblattes III-4 e. In dieser Ausführung sind die Lokomotiven ab 1897/1898 gebaut worden. Rahmen und Fahrwerk entsprachen im wesentlichen der ersten Ausführung, jedoch war der Rahmen jetzt 6965 mm lang, und die LüP betrug 8591 mm. Leistung und zulässige Geschwindigkeit waren unverändert. Markantester Unterschied zur vorhergehenden Ausführung waren der Dampfdom mit Flachschieberregler auf dem mittleren Kesselschuß und die innenliegenden Einströmrohre. Die mittlere Kuppelradsatzfahrmasse betrug 11 t. Die DR hat 1949 die Betriebsnummern an die von den verschiedenen Bahnverwaltungen stammenden und im wesentlichen baugleichen Lokomotiven nach Baujahren vergeben, wobei die ältesten Lokomotiven die niedrigsten Betriebsnummern erhielten.
89 6114: Die Lokomotive (Hagans 1901/434) stammt von der Dessau–Wörlitzer Eisenbahn und trug dort die Bahn-

89 6122 (Linke-Hofmann 1903/113) stammt, wie die 89 6121, von der Prenzlauer Kreisbahn.
Foto: Sammlung Baumberg

Oben: 89 6114 (Hagans 1901/434), ehemals Nr. 9 der DWE, am 22.02.1964 in Köthen.
Foto: Hans Müller

Unten: 89 6118 (Hohenzollern 1903/1488), ebenfalls eine ehemalige BStB-Lok, 1960 in Dolgelin aufgenommen.
Foto: G. Otte, Sammlung Grundmann

nummer 9. Es war die ehemalige BRESLAU 6179, die bei der DRG nach dem vorläufigen Umzeichnungsplan von 1923 die Betriebsnummer 89 7476 trug und vor der endgültigen Umzeichnung 1924 von der DWE erworben wurde. Nach der 1949 erfolgten Umzeichnung in 89 6114 verblieb die Maschine bis zum Jahresende 1950 in Dessau, ist dann recht oft in Falkenberg (Lokbf Prettin) beheimatet gewesen, aber auch in verschiedenen Leipziger Bahnbetriebswerken. Über Bernburg (1963) und Köthen (1963/1964) kam die Lok zum Bw Oebisfelde, wo sie am 04. 04. 1967 ausgemustert worden ist.

89 6115: Die Lokomotive ist 1902 von Hohenzollern mit der Fabriknummer 1485 gebaut und an die Brandenburgische Städtebahn geliefert worden. Dort erhielt sie den Namen NEUSTADT, ab 1922 die Bahnnummer 5, ab 1937 die Bahnnummer 1 und nach dem neuen Bezeichnungsschema des Landesverkehrsamtes Brandenburg 1940 die Nummer 1-20. Die DR hat sie 1949 in 89 6115 umgezeichnet und 1964 ausgemustert.

89 6116: Diese Maschine ist 1902 von Henschel mit der Fabriknummer 6279 an die Kleinbahn Wallwitz–Wettin geliefert worden und trug dort die Bahnnummer 2. Endabnahme war am 23. 06. 1903. Die Kleinbahn Schildau–Mockrena erwarb diese Lokomotive und setze sie mit der Bahnnummer 287 ein. 1949 von der DR in 89 6116 umgezeichnet, verblieb die Lokomotive bis 1955 auf ihrer Stammstrecke und wurde vom Bw Falkenberg entweder im Lokbf Schildau oder im Lokbf Prettin eingesetzt. Bis Ende Januar 1958 war sie beim Bw Falkenberg beheimatet und gelangte über die Bw Leipzig Hbf West (bis Juli 1959), Hoyerswerda (bis November 1962) nach Bautzen. Dort wurde sie wegen ihres schlechten Allgemeinzustandes und Abzehrungen an den Rahmenverbindungen am 25. 08. 1965 ausgemustert.

89 6117: Orenstein & Koppel lieferte 1902 diese Lokomotive mit der Fabriknummer 971 an die Preußische Staatsbahn (BERLIN 6163). 1925 erhielt sie die Betriebsnummer 89 7425 und wurde von der DRG um 1930 an die Kleinbahn m. b. H. Goldbeck–Werben in der Altmark verkauft, wo sie die Bahnnummer 6 erhielt. Die Kleinbahn Goldbeck–Werben diente vorrangig dem Rübentransport. Die 1949 in 89 6117 umgezeichnete Lok Nr. 6 ist 1957 von der DR verkauft worden.

89 6118, 89 6119: Der Nummernplan der Brandenburgischen Städtebahn von1922

enthielt nicht weniger als 13 dreifach gekuppelte Naßdampf-Tenderlokomotiven, die Hohenzollern gebaut hatte. Die Lok mit der Bahnnummer 6, die Hohenzollern 1903 mit der Fabriknummer 1488 geliefert hatte, trug zunächst den Namen BRANDENBURG. 1937 erhielt sie die Bahnnummer 2, 1940 die Bahnnummer 1-21 und 1949 die Betriebsnummer 89 6118. Die Lok mit der Bahnnummer 3 lieferte Hohenzollern ebenfalls 1903 mit der Fabriknummer 1490 und dem Namen PRITZERBE. Ab 1940 trug sie die Bahnnummer 1-22 und bekam 1949 die Betriebsnummer 89 6119. 1964 bzw. 1965 sind beide Maschinen ausgemustert worden.

89 6120: Für die 1901 abschnittsweise eröffnete Kleinbahn Brandenburg Dom–Röthehof im Westhavelland standen drei baugleiche T 3 nach Musterblatt III-4 e (2) zur Verfügung, denen 1903 eine weitere Maschine folgte. Hersteller aller Maschinen war die Fa. Jung. Die Lok des Baujahres 1903 hatte die Fabriknummer 661 und die Bahnnummer 4. 1949 in 89 6120 umgezeichnet, ist die Lokomotive am 11. 09. 1965 ausgemustert worden.

89 6121, 89 6122: Die Maschinenbauanstalt Breslau lieferte 1902/1903 mit den Fabriknummern 112 und 113 zwei Lokomotiven nach dem Muster der pr. T 3 an die Kleinbahn Schönermark–Damme, die dort die Bahnnummern 1 und 2 erhielten. Von der Bahnnummer 1 ist bekannt, daß ihre Probefahrt am 05. 01. 1903 von Mochbern nach Deutsch-Lissa und zurück stattfand. Bei der bahnaufsichtführenden KED Stettin sind die Lokomotiven im Februar 1903 in Dienst gestellt worden. Abweichend von der üblichen Ausführung besaßen beide Lokomotiven keine außenliegende Allan-, sondern eine Heusinger-Steuerung. Die Kleinbahn Schönermark–Damme ging in die Prenzlauer Kreiskleinbahnen ein, und die beiden Lokomotiven erhielten die Bahnnummern PK 5 und PK 6. 1949 sind sie in 89 6121 und 89 6122 umgezeichnet worden. Die 89 6121 war bis Juli 1954 in Prenzlau beheimatet, gelangte dann nach Sachsen, war in Riesa beheimatet und 1954 und 1955 für einige Monate an die Stahlwerke Riesa und Gröditz als Werklok verliehen. Auch das Bw Dresden Altstadt, das die Lokomotive 1957 übernahm, hat sie gelegentlich verliehen, z. B. an die Kunstseide Pirna. Ende 1958 kam die Maschine zum Bw Karl-Marx-Stadt - Hil-

Oben: Eine pr. T 3 nach M III-4 e (2) war die 89 6120 (Jung 1903/661), fotografiert 1959 in Dolgelin.
Foto: G. Otte, Sammlung Grundmann

Alltag bei der Brandenburgischen Städtebahn. Lok 11, die spätere 89 6124 (Hohenzollern 1904/1708) gibt Lok Nr. 13 Vorspanndienste. Aufnahme vor 1937.
Foto: Sammlung Weisbrod

Nur ein ein Torso ist die 89 6125 (Hohenzollern 1904/1709), die von der BStB kam und zuletzt als Werklok 2 im VEB Weinbrand Wilthen diente (Juli 1962).
Foto: Sammlung Scheffler

Die 89 6128 (Linke-Hofmann 1904/224) ist einst an die Liegnitz-Rawitscher Eisenbahn geliefert worden.
Foto: M. Baumberg, Sammlung Weisbrod

bersdorf. Dort hat man sie ab 1960 nur noch im Bw-Verschub eingesetzt, als »Gerät« geführt und keine Kilometer mehr in den Betriebsbogen eingetragen. Im August 1963 abgestellt, rostete sie neben der 84 010, bis sie am 02. 07. 1965 offiziell ausgemustert wurde.

Der Lebenslauf der 89 6122 ist nicht bekannt, ging aber einige Jahre länger, denn die Maschine war im Entwurf des Umzeichnungsplanes von 1970 noch als 89 6122-9 vorgesehen, ist dann jedoch im Februar 1969 ausgemustert worden.

89 6123–89 6125: Diese drei Lokomotiven gehören zu den Lieferungen von Hohenzollern an die Brandenburgische Städtebahn. Sie stammen aus dem Jahre 1904 und trugen die Fabriknummern 1706, 1708 und 1709 (die Lok mit der Fabriknummer 1707 ist bereits 1935 bei der BStB ausgemustert worden). Bei der BStB erhielten sie die Namen NIEMEGK (ab 1922 Bahnnummer 9), KREIS RUPPIN (Bahnnummer 11) und KREIS ZAUCH-BELZIG (Bahnnummer 12). 1937 sind die Lokomotiven in Nr. 4, 5 und 6 umgezeichnet worden, 1940 gab ihnen das Landesverkehrsamt Brandenburg die Bahnnummern 1-23 bis 1-25. Die DR zeichnete sie 1949 in 89 6123 bis 89 6125 um. Die 89 6123 ist 1956 im Bw Ketzin zu finden, wechselt 1957 für ein Jahr zum Bw Magdeburg-Rothensee und ist mit kurzen Unterbrechungen (Bw Oebisfelde, Bw Haldensleben) ab November 1958 bis November 1963 beim Bw Salzwedel beheimatet. Dann sind die Bw Magdeburg-Buckau und Magdeburg-Rothensee ab November 1963 bis zur Ausmusterung am 01. 07. 1967 die letzten Stationen. Die DR hat die 89 6124 im Jahre 1957 an das Braunkohlenwerk Edderitz (Krs. Köthen) und die 89 6125 im gleichen Jahr an das Zellstoffwerk Pirna als Werklok verkauft.

89 6126, 89 6127: Schwartzkopff lieferte für die Eisenbahn Nauen–Velten im Jahre 1904 mit den Fabriknummern 3304 und 3305 zwei Lokomotiven nach dem Muster der pr. T 3, die die Bahnnummern 1 und 2 erhielten. Diese Bahnnummern behielten die Lokomotiven auch, als die Strecke Nauen–Velten Teilstrecke der Osthavelländischen Eisenbahnen wurde. Mit der Übernahme der Bahnverwaltung durch die DR erhielten die Lokomotiven die Betriebsnummern 89 6126 und 89 6127. Die 89 6126 ist am 31. 01. 1963 ausgemustert worden. Die 89 6127 war bis November 1958 beim Bw Frankfurt

Betriebsfähig auf »w« abgestellt: 89 6130 (Henschel 1906/6707) am 05.09.1965 in Neu Rüdnitz. Foto: Hans Müller

(Oder) stationiert (1955 für ein Dreivierteljahr beim Bw Wriezen), in den Jahren 1959 und 1960 bei den Bw Rostock und Hagenow Land und kam am 10. 09. 1960 zum Bw Haldensleben, wo sie am 17. 04. 1967 ausgemustert worden ist.

89 6128: Diese Lokomotive hatte Linke-Hofmann in Breslau 1904 mit der Fabriknummer 224 an die Liegnitz–Rawitscher Eisenbahn geliefert. Wann die Maschine zu den Prignitzer Kreiskleinbahnen kam, ist nicht bekannt. Dort erhielt sie die Bahnnummer 25 und ist 1949 von der DR in 89 6128 umgezeichnet und am 20. 06. 1967 ausgemustert worden.

89 6129: Die Lokomotive wurde 1905 von Linke-Hofmann mit der Fabriknummer 295 an die Bunzlauer Kleinbahn (Bahnnummer 23) geliefert. Von dort kam sie über die Kleinbahn Kohlfurt–Rothwasser und die Kleinbahn Freienwalde–Zehden zur Oderbruchbahn, wo sie die Bahnnummer 22 trug. Als sie 1949 von der DR in 89 6129 umgezeichnet wurde, vermerkt der Umzeichnungsplan, daß der Eigentümer der Lokomotive unbekannt sei. Die Maschine war beim Bw Wriezen beheimatet und ist am 27. 09. 1965 ausgemustert worden.

89 6130: Im Jahre 1906 lieferte Henschel mit der Fabriknummer 6707 eine T 3 nach Musterblatt III-4 e (2) an die Rixdorf–Mittenwalder Eisenbahn im Süden Berlins, die sich mit der Umbenennung von Rixdorf in Neukölln am 27. 01. 1912 ab 1919 Neukölln–Mittenwalder Eisenbahn (NME) nannte. Die Henschel-Lokomotive trug dort die Bahnnummer 5 und kam um 1936 zur benachbarten Königs Wusterhausen–Mittenwalde–Töpchiner Kleinbahn, wo sie die Bahnnummer 2^{II} erhielt. 1949 in 89 6130 umgezeichnet, ist die Maschine am 11. 09. 1965 ausgemustert worden.

89 6131: Orenstein & Koppel lieferte 1906 mit der Fabriknummer 1892 eine Lokomotive nach Musterblatt III-4 e (2) an die Kreisbahn Schönermark–Damme, die bereits 1903 zwei gleichartige Lokomotiven von Linke-Hofmann in Dienst gestellt hatte. Die O&K-Lokomotive erhielt die Bahnnummer DS 3 und behielt sie auch, als die Kreisbahn Schönermark–Damme in den Prenzlauer Kreiskleinbahnen aufging. 1949 wurde die Lokomotive in 89 6131 umgezeichnet, 1958 ausgemustert und von der DR verkauft.

89 6132: Die Kleinbahn Horka–Priebus, deren erster Abschnitt von Horka bis Rothenburg am 15. 12. 1907 und deren zweiter Abschnitt von Rothenburg bis Priebus am 17. 05. 1908 in Betrieb ging, beschaffte 1907 von Borsig zwei T 3 nach Musterblatt III-4 e (2), die die Fabriknummern 6674 und 6675 trugen. Bei der Kleinbahn, die von der Firma Lenz & Co. gebaut und betrieben wurde, erhielten die Lokomotiven die Namen ODER und ELBE und die Bahnnummern 1^c und 2^c, später 23^c und 24^c. Auf Anweisung der Nationalsozialisten wurde Horka 1937 in Wehrkirch umbenannt, die Bahn firmierte bis 1945 als Kleinbahn Wehrkirch–Rothenburg–Priebus. Die Lokomotive Nr. 24^c ist vor der Umzeichnung durch die DR an das Gaswerk Dresden-Reick als Werklok verkauft worden, die Nr. 23^c erhielt die Betriebsnummer 89 6132 und wurde am 03. 02. 1965 ausgemustert.

C n2t

89^{61}

89 6134–6135

Gt 33.11

MüK

1909–1967

Techn. Daten: Seite: 268

Die Stadt Müncheberg war beim Bau der Ostbahn Berlin–Küstrin 1866/1867 nicht mit einer Bahnstation bedacht worden. Der Staatsbahnhof Dahmsdorf-Müncheberg lag 4, 5 km von der Stadt entfernt. Seit 1894 gab es Bestrebungen, Dahmsdorf-Müncheberg durch eine Eisenbahn mit der Stadt Müncheberg zu verbinden und den Gedanken, sie bis Frankfurt (Oder) zu verlängern. Die ungeklärte Finanzlage verzögerte das Vorhaben, und erst am 13. 1. 1908 erhielt die Stadt die Baugenehmigung. Die offizielle Eröffnung der 4, 2 km langen Strecke war am 23. 9. 1909. Von Orenstein & Koppel hatte die Müncheberger Kleinbahn 1909 zwei dreifach gekuppelte Naßdampf-Tenderlokomotiven mit den Fabriknummern 3154 und 3155 beschafft. Die Lokomotiven entsprachen der pr. T 3 nach Musterblatt III 4 e (2) und hatten eine LüP von 8591 mm. Sie erhielten die Bahnnummern 1 und 2 und die Namen WETZEL und HAMANN. Das waren die Namen des Bürgermeisters von Müncheberg und eines Sanitätsrates, die sich für den Bau der Eisenbahn eingesetzt hatten, denen jedoch die Stadtverordneten von Müncheberg die Unterstützung versagt hatten. Ab dem 3. 6. 1911 hatte die Müncheberger Kleinbahn in Müncheberg Anschluß an die Oderbruchbahn, so daß die beiden Lokomotiven der MüK in der auf der Strecke nach Hasenfelde gelegenen Werkstatt der Oderbruchbahn erhalten werden konnten. Im Jahre 1941 fusionierten die MüK und die Oderbruchbahn. Nach dem Nummernschema, das das Landesverkehrsamt Brandenburg 1940 einführte, erhielten die WETZEL und die HAMANN die Bahnnummern 2-20 und 2-21 (die 2 war die Kennziffer für die MüK, die 20 und die 21 die fortlaufenden Nummern der dem Landesverkehrsamt unterstehenden Lokomotiven), 1941 hat man sie in den Nummernplan der Oderbruchbahn (Kennziffer 3) eingeordnet und ihnen die Bahnnummern 3-32 und 3-33 gegeben. Mit der Übernahme der Oderbruchbahn durch die Deutsche Reichsbahn im Jahre 1949 erhielten die beiden Maschinen die Betriebsnummern 89 6134 und 89 6135. Die Lokomotiven verblieben auf ihren Stammstrecken und sind am 6. 2. 1965 (89 6134) und am 17. 4. 1967 (89 6135) ausgemustert worden.

89 6135 (O&K 1909/3154) im Bf Müncheberg (Mark) im August 1964. Foto: Nickel, Sammlung Scheffler

C n2t

89^{61}

89 6136–6141

Gt 33.11

versch. Bahnverwaltungen

1909–1967

Techn. Daten: Seite: 268

Die im folgenden beschriebenen Lokomotiven sind, wie die auf Seite XXX dargestellten 89 6114–6132 Maschinen, die der pr. T 3 nach Musterblatt III-4 e (2) entsprachen, wobei geringfügige Abweichungen bei den Lieferungen der verschiedenen Hersteller durchaus möglich sind. Die Lokomotiven hatten einen 6965 mm langen Rahmen, eine LüP von 8591 mm und einen Dampfdom mit Flachschieberregler auf dem mittleren Kesselschuß. Bei der Übernahme durch die Deutsche Reichsbahn im Jahre 1949 erfolgte die Vergabe der Betriebsnummern nach Baujahren, d. h. die ältesten Lokomotiven erhielten die niedrigste Ordnungsnummer.

89 6136: Die Lokomotive ist von Borsig 1909 mit der Fabriknummer 7082 an die Aschersleben–Schneidlingen–Nienhagener Kleinbahn geliefert worden. Die Anlieferung erfolgte am 26. 06. 1909, die Abnahme jedoch erst am 10. 05. 1910. Die Maschine erhielt die Bahnnummer 21. Nach der Übernahme durch die DR im Jahre 1949 wurde sie in 89 6136 umgezeichnet und dem Raw Chemnitz zur Hauptuntersuchung überstellt. Wenn die Lokomotive anschließend nur bis zum 14. 01. 1951 in Aschersleben stationiert war, blieb sie doch im Bezirk Magdeburg und kam über die Bw Stendal, Salzwedel und Oebisfelde am 12. 03. 1954 zum Bw Magdeburg-Rothensee, wo sie bis zur Ausmusterung am 15. 04. 1967 verblieb.

89 6137: Henschel lieferte 1909 mit der Fabriknummer 9246 eine Lokomotive nach Musterblatt III-4 e (2) an die Kleinbahn-A. G. Stendal–Arendsee, die 1908 ihren Betrieb aufnahm und sich ab 1915 Stendaler Kleinbahn-A. G. nannte. Am 01. 04. 1909 abgenommen und mit der Bahnnummer 4 in Dienst gestellt, erhielt die Lokomotive im Verband provinzialsächsischer Kleinbahnen die Bahnnummer 292 und 1949 nach Übernahme durch die DR die Betriebsnummer 89 6137. Bis November 1955 war die Maschine in Stendal beheimatet, gehörte von März 1956 bis November 1960 zum Bestand des Bw Salzwedel, gab Ende 1960 ein dreiwöchiges Gastspiel im Bw Wriezen und war vom Dezember 1960 bis November 1961 beim Bw Bernburg beheimatet. Dann kehrte sie nach Stendal zurück, ist dort aber schon im Mai 1962 abgestellt und in Reserve gehalten worden. Die Ausmusterung erfolgte am 10. 02. 1965.

89 6138: Diese Henschel-Lokomotive (Baujahr 1909, Fabriknummer 9248) ging an die Kleinbahn Neuburxdorf–Mühlberg (Elbe), trug dort die Bahnnummer 2 und erhielt im Verband provinzial-sächsischer Kleinbahnen die Bahnnummer 293. 1949 von der DR in 89 6138 umgezeichnet, wurde sie am 29. 08. 1958 abgestellt und im Juli 1961 an das Stahlwerk Gröditz als Werklok verkauft.

89 6139: Henschel lieferte diese Lokomotive 1909 mit der Fabriknummer 9249 an die Kleinbahn AG Bebitz–Alsleben (Saale), von der sie die Kleinbahn-AG Wallwitz–Wettin übernahm und ihr die Bahnnumer 3 gab. Der Verband provinzialsächsischer Kleinbahnen zeichnete die Lokomotive auf die Bahnnummer 294 um, die DR gab ihr 1949 die Betriebsnummer 89 6139. Bis zum Juni 1951 war die Maschine im Bw Aschersleben stationiert, kam über den Lokbf Bernburg (1951-1952) und einen Verleih an das Hydrierwerk Rodleben Anfang 1953 zum Bw Hal-

89 6138 (Henschel 1909/9248). Die Lokomotive stammt von der Kleinbahn Neuburxdorf - Mühlberg.
Foto: G. Otte, Sammlung Grundmann

Die 89 6141 (Vulcan 1911/2617) kam von der Kleinbahn Grünberg - Sprottau zur Oderbruchbahn.
Foto: M. Baumberg, Sammlung Weisbrod

berstadt, wo sie bis zum Mai 1955 beheimatet war. Das Bw Brandenburg-Altstadt arbeitete die Maschine nach der Schadgruppe L 2 auf, anschließend war sie bis zum März 1965 beim Bw Magdeburg-Rothensee beheimatet. Über die Bw Haldensleben, Oebisfelde und Roßlau kam sie wieder nach Oebisfelde, wo sie am 15. 04. 1967 ausgemustert worden ist.
89 6140: Die von Henschel 1910 mit der Fabriknummer 10 038 gebaute Lokomotive ging an die Kleinbahn-AG Gardelegen–Neuhaldensleben–Weferlingen (so die Bezeichnung ab 1922), erhielt dort die Bahnnumer 10 und kam dann zur Kleinbahn-AG Bebitz–Alsleben (Saale), wo sie vom Verband provinzial-sächsischer Kleinbahnen die Bahnnummer 295 erhielt. 1949 in 89 6140 umgezeichnet, wurde die Maschine 1965 ausgemustert und von der DR verkauft.

89 6141: Die Stettiner Vulcan-Werft lieferte 1911 mit der Fabriknummer 2617 an die Kleinbahn-AG Grünberg–Sprottau in Schlesien eine Lokomotive von Typ pr. T 3 entsprechend dem Lenz-Typ b. Vermutlich im Zuge der Rückführung von Betriebsmitteln bei Kriegsende ist die Lokomotive zur Oderbruchbahn gekommen. Der Umzeichnungsplan von 1949 übernimmt sie als Bahnnummer 22 wie auch die 89 6129. Richtig dürfte die Bahnnummer $3\text{-}20^{II}$ sein, die aber auch in Meyer/Regling, Die Oderbruchbahn (transpress Verlag, Stuttgart) nicht zu finden ist. Die Lokomotive war bis März 1955 beim Bw Frankfurt (Oder) Pbf beheimatet, im Jahre 1955 beim Bw Wriezen und anschließend wieder in Frankfurt (Oder), wo sie auch am 13. 09. 1965 ausgemustert worden ist.

C n2t

89^{61}

89 6142–6151

Gt 33.12

Oderbruchbahn

T 3

1911–1967

Techn. Daten: Seite: 268

Die Oderbruchbahn beschaffte im Jahre 1911 von der Firma Orenstein & Koppel zwölf dreifach gekuppelte Naßdampf-Tenderlokomotiven, die der pr. T 3 nach Musterblatt III-4 e (2) entsprachen. Die Lokomotiven sind mit ihren Namen, Bahn- und Betriebsnummern in der Tabelle auf Seite 95 aufgeführt.
Die Lokomotiven besaßen eine LüP von 8591 mm und einen Achsstand von 3000 mm. Der Dampfdom mit Flachschieberregler saß auf dem zweiten Kesselschuß, dahinter war der Sandkasten angeordnet. Aus ihm konnten mit beidseits je zwei Fallrohren die Räder des Treibradsatzes von vorn und hinten gesandet werden. Alle Lokomotiven der Oderbruchbahn waren mit Pulsometer (rechts neben der Rauchkammer) ausgerüstet, um unterwegs aus offenen Wasserstellen oder solchen mit Standrohr Kesselspeisewasser entnehmen zu können, denn die 4 m^3, die mitgeführt werden konnten, reichten nicht allzulange. Problematisch war in der Nachkriegszeit auch die Bekohlung. Im Kohlekasten konnten 1,5 t mitgeführt werden, und bei Braunkohlen- und Brikettfeuerung mußte auch das Führerhaus vollgeladen werden, wodurch für das Personal sehr mißliche Arbeitsbedingungen entstanden.
Ab 1937 sind die Lokomotiven mit Druckluftbremse Bauart Knorr mit Zusatzbrem-

Name	Fabr. -Nr.	Bahn-Nr. 1911	Bahn-Nr. 1940	Betriebs-Nr. DR	Ausmusterung	Nr.
LEBUS	4401	3	3-20	89 6142	30. 04. 51	
MÜNCHEBERG	4402	4	3-21	(Kriegsverlust)		
FÜRSTENWALDE	4403	5	3-22	89 6143	28. 02. 67	
HASENFELDE	4404	6	3-23	89 6144	12. 10. 65	
DIEDERSDORF	4405	7	3-24	89 6145	23. 08. 66	
SEELOW	4406	8	3-25	89 6146	17. 01. 63	
SACHSENDORF	4407	9	3-26	89 6147	28. 04. 67	
ZECHIN	4408	10	3-27	89 6148	13. 09. 65	
KIENITZ	4409	11	3-28	89 6149	03. 02. 65	
GR. NEUENDORF	4410	12	3-29	89 6150	1958 (Heizlok)	
V. OPPEN	4411	13	3-30	(Kriegsverlust)		
TECHOW	4412	14	3-31	89 6151	04. 12. 65	

se ausgerüstet worden. Im Lieferzustand besaßen sie Wurfhebelbremse und eine Vorrichtung zum Bedienen der Seilzugbremse. Die Erhaltung erfolgte in der Werkstätte Müncheberg. Man unterschied nur zwischen äußerer und innerer Untersuchung, die im Wechsel stattfanden. Erst Mitte der dreißiger Jahre gebrauchte man die Begriffe Haupt- und Zwischenuntersuchung. Nach Übernahme der Lokomotiven durch die Deutsche Reichsbahn erfolgte die Erhaltung im Raw Blankenburg (Harz) und ging um 1959/1960 an das Raw Halle über. Gelegentlich führten auch die Raw Cottbus und Karl-Marx-Stadt Schadgruppen aus. Die Lokomotiven sind nach Übernahme durch die DR dem Bw Frankfurt (Oder) Pbf zugewiesen worden, dem die Lokbahnhöfe Fürstenwalde, Müncheberg, Dolgelin, Zechin und Groß-Neuendorf unterstellt waren. Als Wriezen am 1. April 1955 selbständiges Bahnbetriebswerk wurde, waren die Maschinen dort bis Mitte oder Ende der 60er Jahre beheimatet. Die 89 6142 war schon am 30. 4. 1951, offensichtlich wegen Kriegsschäden, ausgemustert worden.

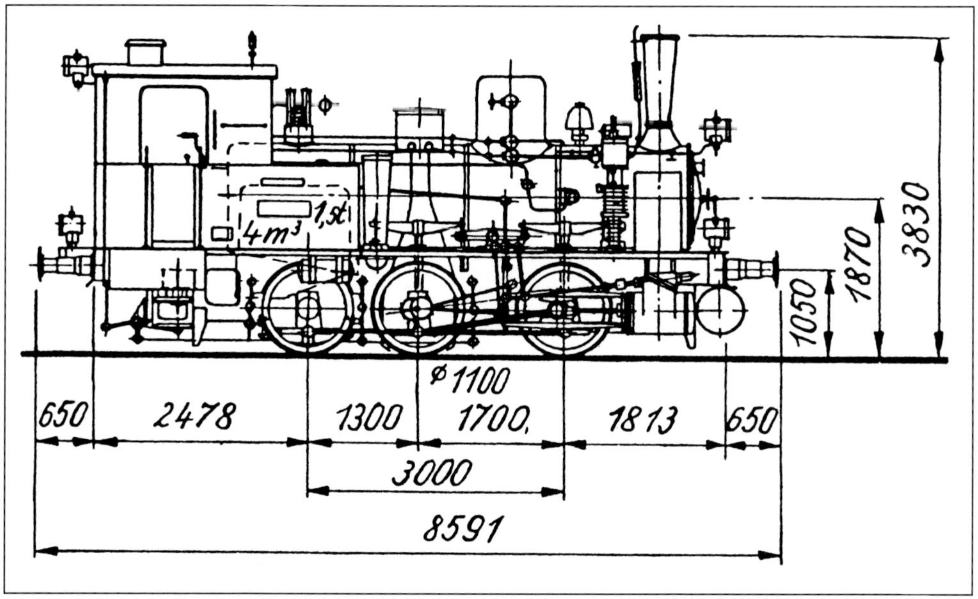

89 6143–6151
Zeichnung: Merkbuch für Triebfahrzeuge

89 6143 O&K 1911/4403) im Raw Halle. Foto: M. Baumberg, Sammlung Weisbrod

89 6149 (O&K 1911/4409) abgestellt 1962 in Lübbenau.
Foto: G. Otte, Sammlung Grundmann

89 6150 (O&K 1911/4410), vormals Nr. 3-29 der Oderbruchbahn, als Heizlok in Brand-Erbisdorf.
Foto: G. Otte, Sammlung Grundmann

C n2t

$89^{61, 62}$

89 6159

89 6205, 6207, 6221, 6228

Gt 33.11; Gt 33.12

H. -Pr., DWE, OHKB,

Prign. KKB, GHW

1904–1965

Techn. Daten: Seite: 269

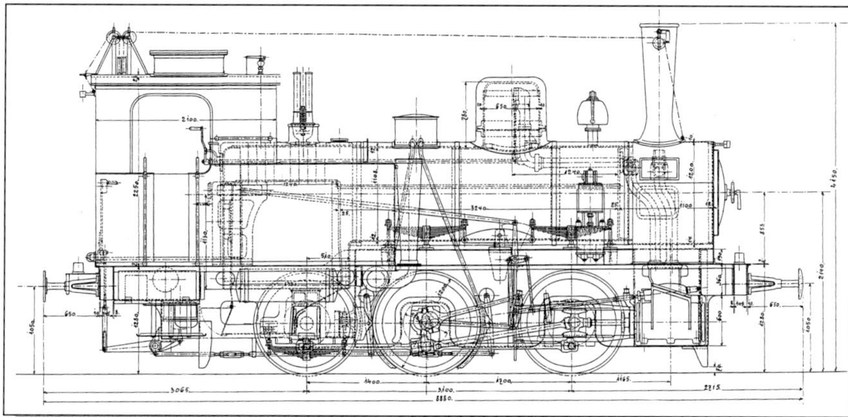

89 6159, 89 6205, 89 6207, 89 6211, 89 6215, 89 6216, 89 6218, 89 6221, 89 6306 (T 3 nach M III-4 p).
Zeichnung: Sammlung Verkehrsmuseum Dresden

Die nachfolgend beschriebenen Lokomotiven entsprechen im wesentlichen der pr. T 3 nach Musterblatt III-4 p, also der ab 1904 gebauten Ausführung. Die Rahmenlänge dieser Lokomotiven betrug 7154 mm, die LüP 8780 mm, die Dienstmasse 36 t. Die höhere Dienstmasse gegenüber den Lokomotiven nach Musterblatt III-4 e (2) resultiert aus einem höheren Rahmen, einem größeren Kohlevorrat von 1,9 t und einem Wasservorrat von jetzt 5,0 m^3. Die Lokomotiven nach Musterblatt III-4 p hätten also das Gattungszeichen Gt 33. 12 erhalten müssen. Dieser Bauart entsprachen auch die an anderer Stelle beschriebenen Lokomotiven 89 6211, 6215, 6216, 6218, 6235, 6306 und die bei der DR mit Schlepptender gekuppelten 89 6222-6225. Die Maschinen nach M III-4 p besaßen einen Dampfdom auf dem mittleren Kesselschuß, dahinter einen viereckigen Sandkasten. Kesseltausch zwischen Lokomotiven nach M III-4 e (2) und M III-4 p war möglich. Das Führerhaus hatte eine senkrechte Rückwand.

89 6159: Die Lokomotive ist 1913 von Orenstein & Koppel mit der Fabriknummer 6117 gebaut und am 28. 04. 1913 bei der Kleinbahn Bunzlau Modlau angeliefert worden, wo sie die Bahnnummer 13 c erhielt. Die Abnahme erfolgte am 02. 07. 1913, und die Genehmigung für die Indienststellung erteilte die preußische Kleinbahnaufsicht der KED Breslau am 09. 07. 1913. Ab 1924 gehörte die Maschine mit der Bahnnummer 27 c zur Bunzlauer Kleinbahn AG und ist 1934 von der Kleinbahn Horka–Rothenburg–Priebus gekauft worden. Dort erhielt sie die Bahnnummer 21 c, behielt auch diese

89 6205 (Hagans 1904/503) auf der DWE in Mildensee.
Foto: Sammlung Grundmann

Oben: 89 6207 (O&K 1906/2012) 1960 in Werben (Elbe).
Foto: G. Otte, Sammlung Grundmann

Unten: 89 6212 (Henschel 1907/8074) 1960 in Dolgelin.
Foto: G. Otte, Sammlung Grundmann

Bahnnummer, als die Nazis Horka in Wehrkirch und die Kleinbahn AG in Wehrkirch–Rothenburg–Priebus umbenannten. Die Lokomotive erhielt in der Werkstatt Jauer die fälligen inneren und äußeren Untersuchungen, wie man damals die Schadgruppen nannte, und wurde am 25. 02. 1948 mit Warten auf eine Hauptuntersuchung abgestellt. Inzwischen war die Kleinbahn Horka–Priebus 1949 von der DR übernommen worden, und die fällige L4 führte das Raw Chemnitz vom 08. 02.–15. 07. 1950 aus. Die Lokomotive bekam die (falsche) Betriebsnummer 89 6159, weil ihr mit Gt 33. 11 ein falsches Gattungszeichen zugeteilt wurde. Anschließend war die Lokomotive bis zum 31. 03. 1955 beim Bw Hoyerswerda beheimatet, kam am 01. 04. 1955 zum Bw Görlitz, wo sie bis zum Oktober 1962 verblieb. Bis Januar 1963 war sie wieder in Hoyerswerda beheimatet, wurde am 07. 01. 1963 zum Bw Senftenberg umgesetzt und dort am 03. 02. 1965 ausgemustert. Nach Wolgang Valtin soll die Lokomotive im Mai 1960 an das Kieswerk Doberlug-Kirchhain verkauft worden sein. In die Erhaltung teilten sich die Raw Chemnitz, Blankenburg und Halle, die Schadgruppen L 0 und L2 führte das Bw Luckau aus. Vom Raw Chemnitz erhielt die Lokomotive am 15. 07. 1950 im Rahmen der Schadgruppe L 4 elektrische Beleuchtung.

89 6205: Bei dieser Lokomotive gibt es widersprüchliche Angaben über den Hersteller. Die im Bestand der DRG als 89 7464 geführte Lokomotive wird im Umzeichnungsplan von 1925 mit der Fabriknummer 503 und dem Hersteller Wolf geführt. Das Betriebsbuch nennt die Stahlbauwerke Freudenstein und Co. AG in Berlin-Tempelhof mit der Fabriknummer 224 als Hersteller, und Günther Fiebig führt in seiner Broschüre über die DWE die Lokomotive als Fabrikat von Hagans aus dem Jahre 1904 mit der Fabriknummer 503 auf. Da das Hagansche Unternehmen 1916 in den Besitz der Fa. R. Wolf AG in Magdeburg-Buckau überging, dürften die Hersteller Hagans bzw. Wolf und die Fabriknummer 503 richtig sein. In der Lieferliste von Hagans wird die Lokomotive als T 3, die an die KPEV geliefert wurde, geführt, die zunächst die Bahnnummer HALLE 1760, ab 1906 HALLE 6201 und dann die DRG-Betriebsnummer 89 7464 trug. Sowohl die Angaben Hagans bei Fiebig als auch die Angabe Wolf im Umzeichnungsplan sind richtig, Freudenstein als Hersteller im

89 6228 (Henschel 1913/12387), ehemalige Nr. 285 der Kleinbahn AG Gardelegen-Haldensleben-Weferlingen.
Foto: M. Baumberg, Sammlung Weisbrod

Betriebsbuch ist sicherlich falsch. Die Lokomotive ist von der DRG 1937 an die DWE verkauft worden, wo sie die Bahnnumer 7 erhielt. Bei der Übernahme durch die DWE besaß die Lokomotive einen von Freudenstein hergestellten Kessel mit der Fabriknummer 224, wodurch die Angabe des Herstellers im Betriebsbuch erklärt wird. Die 1949 mit der Betriebsnummer 89 6205 übernommene Lokomotive kam am 01. 12. 1950 zum Bw Bitterfeld und hat fortan fast jährlich ihr Heimat-Bw gewechselt. Über den Lbf Krostitz des Bw Eilenburg, die Bw Halle-Klaustor, Merseburg, Großkorbetha, Leipzig-Plagwitz und Leipzig Hbf West kam die Lokomotive über die Bw Röblingen, Bernburg, Haldensleben und Dessau 1961 zum Bw Magdeburg-Buckau. 1962 war sie noch im Einsatz, am 15. 09. 1965 hat man sie ausgemustert.

89 6207: Diese Lokomotive lieferte Orenstein & Koppel im Jahre 1906 mit der Fabriknummer 2012 an die KED Berlin, wo sie die Bahnnummer BERLIN 1829, später die Nummer BERLIN 6167 erhielt. Die Osthavelländischen Kreisbahnen kauften diese Lokomotive am 9. November 1915 und gaben ihr die Bahnnummer 1 in zweiter Besetzung. In erster Besetzung hatte eine von Vulcan 1892 gebaute B n2t diese Nummer getragen, die aber schon 1906 ausgemustert worden war. Nach Übernahme durch die Deutsche Reichsbahn erhielt die Lokomotive die Betriebsnummer 89 6207, blieb bis zum 13. Januar 1957 auf ihrer Stammstrecke und war beim Bw Ketzin beheimatet. Über das Bw Magdeburg-Rothensee kam sie im Oktober 1958 zum Bw Salzwedel, wo sie bis zum 14. 03. 1960 verblieb. Die letzten Stationen waren Stendal und Oebisfelde, wo die Maschine im Oktober 1962 abgestellt und am 15. 09. 1965 ausgemustert wurde. Die DR hat sie als Schrott an die CSSR verkauft, und im Februar 1967 ist die Lokomotive in Praha-Liben verschrottet worden.

89 6221: Vulcan lieferte 1910 mit der Fabriknummer 2613 diese T 3 an die Liegnitz–Rawitscher Eisenbahn, wo sie zunächst die Bahnnummer 25 c, später die Bahnnummer 35 erhielt. Die Westprignitzer Kreiskleinbahn lieh sich zunächst diese Lokomotive und hat sie wohl später käuflich erworben. In der Prignitz lief die Lokomotive mit der Bahnnummer 35^3, behielt also ihre frühere Bahnnummer, die nicht in das Bezeichnungsschema der Prignitzer Kreiskleinbahnen paßte. Die DR gab ihr 1949 die Betriebsnummer 89 6221 und hat sie am 03. 10. 1961 ausgemustert.

89 6228: An die Kleinbahn AG Gardelegen–Neuhaldensleben–Weferlingen lieferte Henschel im Jahre 1913 mit der Fabriknummer 12 387 eine T 3 nach M III 4 p, die aber auf Wunsch des Bestellers durch seitliche Wasserkästen einen größeren Wasservorrat hatte. Ursprünglich lief die Maschine mit der Bahnnummer 5, erhielt später von der provinzial-sächsischen Kleinbahnverwaltung die Bahnnummer 235. Im Jahr 1949, nach Übernahme durch die DR, erhielt sie die Betriebsnummer 89 6228.

Von der Anlieferung bis zum Jahre 1951 war die Lokomotive in Haldensleben beheimatet. Bei der DR erhielt sie 1950 und 1957 (jeweils Raw Blankenburg) eine Hauptuntersuchung. 1951/1952 gehörte die Maschine zum Bw Magdeburg-Rothensee, anschließend bis Januar 1955 zum Lokbahnhof Bernburg. In der Folgezeit wechselte fast jährlich die Heimatdienststelle. Über Stendal, Brandenburg-Altstadt, Oschersleben, Jerichow, Salzwedel, Halberstadt kam die Lokomotive im Mai 1961 wieder nach Haldensleben und taucht im Mai 1962 beim Bw Blankenburg (Harz) auf. Von dort wurde sie für die Monate Juni/Juli 1962 an den VEB Buna Rübeland als Werklok im Kalksteinbruch vermietet. Ab Oktober 1963 diente sie dem Bw Blankenburg nur noch als Reserve (abgestellt) und wanderte schließlich im Juni 1964 in den Schadpark. Am 07. 09. 1965 hat man sie ausgemustert und ein Jahr später im Raw Halle zerlegt.

C n2t

89^{61}

89 6165

Gt 33.11

Hohenzollern-WL

1925–…

Techn. Daten: Seite: 270

Von der Boizenburger Stadt- und Hafenbahn übernahm die DR im Jahre 1949 eine dreifach gekuppelte Naßdampf-Tenderlokomotive, welche von der Düsseldorfer Lokomotivfabrik Hohenzollern im Jahre 1925 unter der Fabriknummer 4536 geliefert worden war. Bei der Boizenburger Hafenbahn hatte sie als Lok Nr. 1 Dienst verrichtet. Die Maschine erinnerte äußerlich und in ihren Abmessungen an den ELNA-Typ 1, war aber keine Vertreterin der ELNA-Typenreihe. Vielmehr entsprach sie einer Bauart, welche Hohenzollern bereits vor dem Ersten Weltkrieg an Privat- und Industriebahnen geliefert hatte, war allerdings von leichterer Ausführung. Daß der ELNA sich bei der Erarbeitung seines im Jahre 1921 beschlossenen Typenprogramms auch von den Hohenzollern-Lok der Radsatzfolge C n2t hatte inspirieren lassen, steht indessen außer Zweifel. Leider ist über die technischen Daten der Hafenbahnlok nicht allzu viel bekannt. Der Rahmen war ein Blechrahmen mit eingehängtem Wasserkasten. Die LüP betrug etwa 8500 mm, der Achsstand 3000 mm und der Raddurchmesser 1100 mm. Der Zylinderdurchmesser dürfte 400 mm nicht überschritten haben. Die Schieber waren Kolbenschieber; die Steuerung war als Heusinger-Steuerung ausgebildet. Der Kessel war genietet und trug auf dem ersten Langkesselschuß den Dampfdom, auf dem zweiten Schuß den Sandkasten. Das Sicherheitsventil entsprach der Bauart Ramsbottom. Die kurze Rauchkammer trug einen konischen Schornstein. Das Führerhaus hatte man ohne Seitenfenster ausgeführt. Die Lok besaß einen kleinen Kohlekasten hinter dem Führerhaus. Als Bremse diente die Druckluftbremse Bauart Knorr. Handbetätigter Sandstreuer, Dampfpfeife und Dampfläutewerk bildeten die Sondereinrichtungen. Die Lok konnte ca. 4 m^3 Wasser und 1 t Kohle mitführen und entwickelte eine Höchstgeschwindigkeit von 40 km/h. Die ehemalige Hafenbahnlok erhielt bei der DR die Betriebsnummer 89 6165. Wie lange die Maschine bei der Reichsbahn im Betriebseinsatz stand, ist nicht genau bekannt; spätestens Mitte der sechziger Jahre dürfte 89 6165 ausgemustert worden sein.

Die leichten Dreikuppler von Hohenzollern, echte Vorläufer der ELNA-Lokomotiven der Typen 1 und 4, bildeten übrigens den konstruktiven Ausgangspunkt für die Entwicklung einer schweren Werklokomotive, welche das Düsseldorfer Werk als Typ Krefeld in seinen Katalogen angeboten und bis zur Einstellung des Lokomotivbaus im Jahre 1928 an verschiedene Werkbahnen geliefert hat. Diese Bauart darf nicht mit dem gleichfalls von Hohenzollern gebauten älteren Typ Crefeld verwechselt werden. Letzterer Typ war speziell für die Krefelder Hafenbahn entwickelt worden, fand jedoch auch Abnehmer bei anderen Privat- und Werkbahnen und ähnelte in seinen Abmessungen und seinem Äußeren dem Jung-Typ »Pudel«. Vom Typ Crefeld gelangte als 89 6501 ebenfalls noch ein Exemplar zur DR.

C n2t

89^{61}

89 6168

Gt 33.11

Goldb.

Einzelanfertigung

1930–1966

Techn. Daten: Seite: 270

Die Deutsche Reichsbahn übernahm im Jahre 1949 mit dem Lokomotivpark der ehemaligen Privatbahnen über 130 C-gekuppelte Naßdampf-Tenderlokomotiven, von denen ca. 100 Maschinen den verschiedenen Spielarten der pr. T 3 und etwa 30 Lokomotiven der leichten Ausführung des Typs Henschel-Bismarck angehörten. Hinzu kam eine Anzahl von jeweils nur in wenigen Exemplaren oder als Einzelstück vorhandenen Bauformen. Ein solcher Einzelgänger war die Lok Nr. 5 KOLLE der Kleinbahn GmbH Goldbeck–Werben. Henschel & Sohn hatte die Maschine im Jahre 1930 unter der Fabriknummer 21 705 gebaut. Bei der DR erhielt sie die Betriebsnummer 89 6168. Die Lok gehörte keiner der von Henschel werksseitig genormten Bauformen von Privatbahn- und Industrielokomotiven an, sondern war eine Einzelanfertigung nach den Wünschen des Bestellers. Weshalb sich die Bahn dazu entschlossen hatte, bei der Kasseler Firma einen eigenen Lokomotivtyp entwickeln zu lassen, der nur in einem Exemplar gebaut worden ist, bleibt unklar. Mit einiger Wahrscheinlichkeit ist eine Nachbeschaffung weiterer Maschinen wegen der schlechten finanziellen Situation der Bahn nicht erfolgt. Die Auswirkungen der Weltwirtschaftskrise hatten gerade bei den kleineren Privatbah-

89 6168 (Henschel 1930/21705) in Blankenburg (Harz) am 26.07.1964.
Foto: Hans Müller

nen diesbezüglich merkliche Spuren hinterlassen.
Obgleich es sich bei der Lok KOLLE um eine Sonderanfertigung handelte, hatte Henschel & Sohn offenbar beabsichtigt, diese Bauform auch anderen Interessenten anzubieten; denn noch im Sonderkatalog des Jahres 1936 wurde sie unter dem Codewort bogve geführt. Um die Fertigungskosten in vertretbaren Grenzen zu halten, hatte die Firma soweit möglich genormte Baugruppen und Ausrüstungsteile beim Bau der Maschine verwendet. Die Lok erinnerte mit ihrem Wasserkastenrahmen, dem niedrig liegenden Kessel und dem hohen konischen Schornstein an die pr. T 3. Die Abmessungen und technischen Daten der Maschine entsprachen jedoch nicht denjenigen des preußischen Dreikupplers; vielmehr waren sie mit denen des Henschel-Typs Bismarck alt nahezu identisch. Die LüP betrug 8250 mm, der Achsstand 2700 mm, der Laufkreisdurchmesser der Räder 1100 mm. Die Zylinder hatten einen Durchmesser von 350 mm und einen Kolbenhub von 500 mm. Als Steuerung diente die Bauart Heusinger. Der Kessel war wesentlich kleiner als bei der pr. T 3. Er besaß eine Verdampfungsheizfläche von 47, 8 m^2. Die Feuerbüchse bestand aus Kupfer, der Rost hatte eine Fläche von nur 1,05 m^2. Der Kessel wurde von zwei Dampfstrahlpumpen gespeist. Das Führerhaus war demjenigen der pr. T 3 ähnlich. Die Lok besaß Druckluftbremse und einen handbetätigten Sandstreuer. Dampfpfeife und Dampfläutewerk ermöglichten die Signalgebung. Die Beleuchtungseinrichtung bestand aus Petroleumlampen; die DR hat elektrische Beleuchtung nachgerüstet. Die Maschine konnte 4,5 m^3 Wasser und 0,8 t Kohle mitführen. Ihre Höchstgeschwindigkeit betrug 45 km/h. Nach ihrer Umzeichnung durch die DR verblieb 89 6168 in der Altmark. Ihre Beheimatung wechselte mehrmals zwischen den Bw Stendal und Salzwedel. Am 1. Oktober 1966 wurde 89 6168 ausgemustert.

C n2t

89^{62}

89 6201–89 6203

89 6213–89 6214

89 6262

Gt 33.12

NLE

Hanomag-Sondertyp

1901–1966

Techn. Daten: Seite: 270

Die Firma Hanomag in Hannover-Linden entwickelte im Jahre 1900 für die Niederlausitzer Eisenbahn eine dreifach gekuppelte Naßdampf-Tenderlokomotive, die nicht nur im Güterzug- und Gemischtzugdienst, sondern auch im Personenzugdienst einsetzbar sein sollte. Die NLE hatte eine Bauform gewünscht, die einen leistungsfähigeren Kessel als die pr. T 3 und einen größeren Raddurchmesser als die preußische Normallok besitzen sollte. Hanomag konstruierte eine Lokomotive, die den Forderungen des Bestellers entsprach, in ihrer Architektur aber dennoch unverkennbare Ähnlichkeiten mit der pr. T 3 aufwies. Wohl aus diesem Grunde bezeichnen manche Autoren die C n2t der NLE irrtümlich als T 3. Hätte es zum Zeitpunkt der Auftragserteilung für den Bau der ersten drei Maschinen bereits die T 3 nach M III-4 p gegeben, wäre von der NLE wahrscheinlich diese Ausführung beschafft worden, zumal manche Privatbahnen später tatsächlich die verstärkte KPEV-Lok, zum Teil mit vergrößertem Raddurchmesser und vergrößerten Zylindern, beschafften und damit gut zurecht kamen. Doch die verstärkte pr. T 3 wurde erst 1903 von O & K entworfen und 1904 erstmalig an die KPEV geliefert. Daher

89 6201 (Hanomag 1901/3651) mit unterschiedlichen Spitzenlaternen.
Foto: Sammlung Grundmann

89 6213 (Hanomag 1907/5009) 1960 im Raw Wittenberge.
Foto: G. Otte, Sammlung Grundmann

blieb der NLE nichts anderes übrig, als eine Sonderbauform entwickeln zu lassen, die den eigenen Vorstellungen entsprach. Hanomag lieferte im Jahre 1901 unter den Fabriknummern 3649 bis 3651 drei Lokomotiven, die bei der NLE die Bahnnummern 7 bis 9 und später die Bahnnummern 32 bis 34 trugen. Im Jahre 1907 folgten zwei weitere Maschinen mit den Fabriknummern 5009 und 5215. Sie wurden bei der NLE unter den Bahnnummern 10 und 11 geführt und später in Nr. 35 und 36 umgezeichnet. 1912 beschaffte die NLE nochmals eine C n2t. Lieferer war diesmal O & K. Die Lok trug die O & K-Fabriknummer 5364. Die NLE gab ihr die Bahnnummer 5 in Zweitbesetzung und zeichnete sie später in Nr. 31 um. Weshalb die NLE die letzte Maschine von einem anderen Hersteller bezog, ist nicht eindeutig zu klären. Die von O & K gebaute Lokomotive war bis auf unwesentliche Äußerlichkeiten (anders gestaltete Führerhausrückwand, geänderter Sandkasten) mit den von der Hanomag gelieferten fünf Maschinen baugleich. Wahrscheinlich hatte O & K der Niederlausitzer Eisenbahn günstigere Konditionen als die Urheberfirma geboten.
Die DR zeichnete im Jahre 1949 die Lok 32 bis 34 der NLE in 89 6201 bis 89 6203 um; Lok 35 und 36 erhielten die Betriebsnummern 89 6213 und 89 6214, und Lok 31 wurde zur 89 6226.
Die Dreikuppler der NLE besaßen einen genieteten Blechrahmen, der zum Teil als Wasserkasten diente. Der Gesamtachstand betrug 3600 mm, der Laufkreisdurchmesser der Räder 1350 mm. Die Federn des ersten und zweiten Radsatzes sowie die Ausgleichshebel waren über den Rahmenwangen angeordnet. Treibradsatz war der zweite Radsatz. Die Zylinder hatten einen Durchmesser von 400 mm und einen Kolbenhub von 600 mm. Die Schieber waren Flachschieber normaler Bauart. Der Kreuzkopf wurde zweischienig auf der Gleitbahn geführt; die Steuerung entsprach der

Bauart Heusinger. Der Kessel hatte einen zulässigen Betriebsdruck von 12 bar und besaß eine feuerberührte Verdampfungsheizfläche von 74, 9 m^2. In der Mitte des Langkessels befand sich der Dampfdom mit dem Flachschieberregler; dahinter war ein runder Sandkasten mit zwei Fallrohren für jede Maschinenseite angeordnet. Der Stehkessel war im unteren Teil leicht eingezogen; er nahm eine kupferne Feuerbüchse auf. Der waagerecht liegende Rost bestand aus genormten Stäben und hatte eine Fläche von 1, 59 m^2. Auf dem Stehkesselscheitel vor der Führerhausvorderwand war das Ramsbottom-Sicherheitsventil angebracht. Die kurze Rauchkammer entsprach in Ausführung und Ausrüstung preußischen Baugrundsätzen. Rauchkammerträger und Verkleidung der Einströmrohre waren wie bei der pr. T 3 ausgeführt. Der einteilige konische Schornstein war über einen großen Dichtungsflansch mit der Rauchkammer verbunden. Zwei Dampfstrahlpumpen dienten der Kesselspeisung. Der Kessel ist mit geringfügigen Änderungen auch für die großrädrigen C n2vt der Westfälischen Landeseisenbahn, von denen eine Maschine noch als 89 6403 zur DR kam, verwendet worden. Das Führerhaus mit im unteren Teil abgeschrägter Rückwand entsprach demjenigen der pr. T 3 nach M III-4 e (1. Auflage). Rechts und links vor dem Führerhaus befanden sich kurze seitliche Wasserkästen. Da die Maschinen als Seitentenderlokomotiven ausgeführt waren, war kein hinterer Kohlekasten vorhanden. Die Bremsausrüstung bestand aus Knorr-Druckluftbremse und Wurfhebelbremse; die Abbremsung der Radsätze erfolgte einseitig von vorn. Der Hauptluftbehälter war quer zur Fahrtrichtung am hinteren Rahmenende unterhalb des Führerhauses aufgehängt; der Hilfsluftbehälter war längs zur Fahrtrichtung angebracht. Der Bremsausgleichsbehälter hing unter dem rechten Umlaufblech in Höhe der Führerhausvorderwand. Die zweistufige Knorr-Luftpumpe hatte auf der linken Seite der Rauchkammer ihren Platz. Der handbetätigte Sandstreuer sandete den Treibradsatz von vorn und hinten. Auf dem Langkessel vor dem Dampfdom saß das Dampfläutewerk Bauart Latowski; die Dampfpfeife war auf dem Kesselscheitel hinter dem Sandkasten angebracht. Die Lokomotiven hatten Petroleumbeleuchtung. Sie konnten 6,4 m^3 Wasser und 1,5 t Kohle mitführen. Die zulässige Höchstgeschwindigkeit betrug 40 km/h. Trotz ähnlicher Hauptabmessungen wirkten die C n2t der NLE äußerlich harmonischer als die Verbundlokomotiven der WLE. Sie galten als robust und anspruchslos in der Unterhaltung und waren wesentlich zuverlässiger als die recht unglücklich konstruierten Dreikuppler der Westfälischen Landeseisenbahn. Die ehemaligen NLE-Lokomotiven hielten sich bis in die sechziger Jahre im Betriebspark der DR. 89 6226 wurde am 10. Juni 1960 ausgemustert und an das Chemiewerk Nünchritz bei Riesa als Dampfspender abgegeben. 89 6213 quittierte am 31. Mai 1964 den Dienst; 89 6214 war bereits 1958 als Werklok an das Braunkohlekombinat »Schwarze Pumpe« abgegeben worden. 89 6201 bis 89 6203, die ältesten der sechs Lokomotiven, standen am längsten bei der Deutschen Reichsbahn im Einsatz. Diese drei Maschinen wurden von Januar bis August 1966 ausgemustert.

C n2t

89^{62}

89 6208

Gt 33.12

Dah. -U.

BLE-T 3

1906–1965

Techn. Daten: Seite: 271

Diese Lokomotive lieferte die Hanomag 1906 mit der Fabriknummer 4621 an die Braunschweigische Landes-Eisenbahn (BLE), die ihr die Bahnnumer 21 und den Namen NETTE gab. Aus welchen Gründen man die Lokomotive 1922 ausgemustert hat, ist nicht bekannt. Ältere dreifach gekuppelte Naßdampf-Tenderlokomotiven der BLE sind 1938 noch von der DRG übernommen worden.
1925 taucht die Lokomotive bei der Dahme–Uckroer Eisenbahn auf, die zu dieser Zeit mit ihrem von jeher bescheidenen Lokomotivpark in Schwierigkeiten geraten war. Die Lokomotiven mit den Bahnnummern 3 (Henschel 1898/4957) und 2^{II} (Henschel 1901/5621), beides C n2-Tenderlokomotiven, mußten 1925 ausgemustert werden. Die T 3 der BLE (siehe auch 89 6220) ist mit der Bahnnummer 1^{II} in Dienst gestellt worden. 1940 erhielt sie vom Landesverkehrsamt Brandenburg die Bahnnummer 7-20 (7 = Kennziffer für die Dahme–Uckroer Eisenbahn). Im gleichen Jahr übernahm man von der DRG eine pr. T 8 (89 011) als Ersatz für die ausgeschiedene Bahnnummer 2^{II} (siehe auch 89 6476) und hatte nun wieder die zwei für den planmäßigen Betrieb erforderlichen Lokomotiven. Im Februar 1944 mußte die Lok 7-20 wegen des desolaten Zustandes der Feuerbüchsrohrwand abgestellt werden. Die

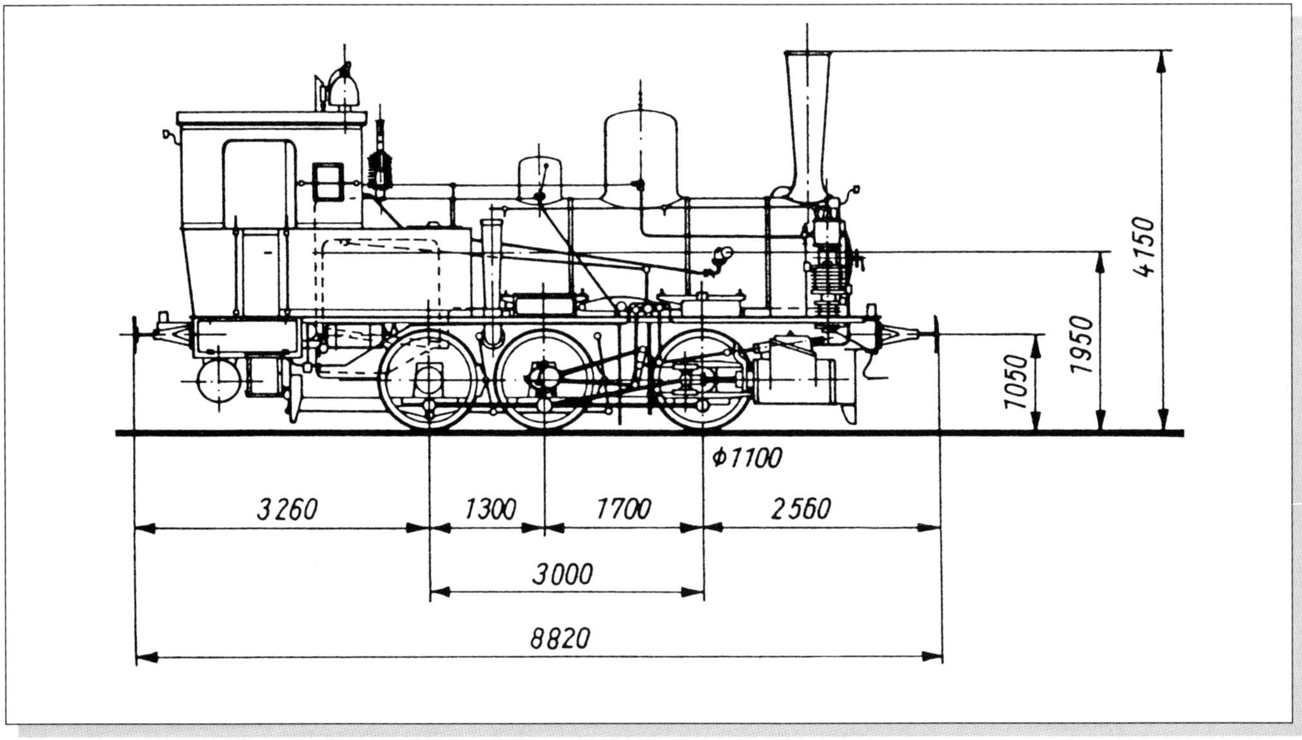

89 6208, 89 6220 (T 3 der BLE)
Zeichnung: W. Dietmann

benötigten 386 kg Kupfer genehmigte die Reichsverkehrsgruppe Schienenbahnen im Januar 1944, doch erst im Juni 1944 lieferte das Kupferwerk Ilsenburg die Rohrwand. Die weiteren Arbeiten übernahm, wie Erich Preuß berichtet, die Firma Gebbers & Co in Berlin-Niederschönhausen. Nach einer Irrfahrt, bedingt durch das Kriegsende, über Eberswalde und Magdeburg-Sudenburg landete der Kessel im Raw Chemnitz. Die dort aufgearbeitete Lokomotive wurde am 20. 03. 1947 abgenommen. Vom 23. 12. 1949 bis zum 31. 01. 1950 war die Lokomotive zur Hauptuntersuchung im Raw Cottbus. Bis zum 25. 11. 1955 war sie im Bw Luckau beheimatet, inzwischen zur 89 6208 umgezeichnet. Vom 26. 11. 1955 bis zum 23. 06. 1959 gehörte sie dem Bw Hoyerswerda, anschließend bis zum 15. 06. 1960 dem Bw Senftenberg. Über die Stationen Lübbenau, Bautzen und Kamenz kam sie im Juni 1965 wieder nach Senftenberg, wo sie am 24. 08. 1965 wegen schlechten Allgemeinzustandes und verbrauchtem Rahmen und Kessel ausgemustert worden ist. Im Betriebsdienst war die Maschine schon ab Januar 1963 nicht mehr. Das Bw Kamenz hatte sie zuletzt im Januar 1963 in zehn Tagen mit einer Laufleistung von 1400 km eingesetzt. In den Monaten November und Dezember 1962 war sie vermietet worden. An wen, ist nicht bekannt.

C n2t

89^{62}

89 6211, 6215, 6216, 6218

Gt 33.12

Ruppiner EB, WBBE, OWE

T 3

1907–1965

Techn. Daten: Seite: 269

Alle vier Lokomotiven stammten von Orenstein & Koppel und entsprachen der pr. T 3 nach Musterblatt III-4p. Die Firma lieferte die spätere 89 6211 im Jahre 1907 mit der Fabriknummer 2600 an die Kremmen-Neuruppin-Wittstocker Eisenbahn, wo sie die Bahnnummer 5 b erhielt. 1908 lieferte O & K mit der Fabriknummer 2800 eine zweite Lokomotive, die die Bahnnummer 6 b bekam (spätere 89 6216). Nach der Fussion der Kremmen–Neuruppin–Wittstocker Eisenbahn mit der Ruppiner Kreisbahn am 15. 3. 1913 zur Ruppiner Eisenbahn bekamen beide Maschinen die Bahnnummern 5 und 6. Sie sind 1949 von der Deutschen Reichsbahn übernommen worden und erhielten die genannten Betriebsnummern. Über das weitere Schicksal der 89 6211 ist wenig bekannt, sie ist bereits am 29. 8. 1957 ausgemustert worden. Die 89 6216 war 1953 kurze Zeit beim Bw Ketzin und anschließend vom 25. 5. 1954 bis zum 2. 11. 1956 beim Bw Berlin-Schöneweide beheimatet. Nach einem vom November 1956 bis zum Februar 1958 währenden Einsatz beim Bw Merseburg kam die Lokomotive nach einer Hauptuntersuchung beim Raw Blankenburg am 30. 4. 1958 zum Bw Falkenberg (Elster). Die letzten Stationen waren das Bw Oebisfelde (25. 3. 1961 bis 29. 9. 1963) und das Bw Haldensleben (14. 10. 60 bis 24. 3. 1961 und ab 31. 10. 1963 bis zur z-Stellung am 12. 8. 1965. Die Lokomotive ist im Februar 1967 in Praha-Liben verschrottet worden.

Die beiden anderen Lokomotiven sind von Orenstein & Koppel 1907 (Fabriknummer 2538) und 1908 (Fabriknummer 2926) an die Ruhlaer Eisenbahn geliefert worden, deren Betriebsführung in den Händen der Centralverwaltung für Secundairbahnen Herrmann Bachstein GmbH lag. Sie erhielten die Bahnnummern 76 und 77 und lösten die beiden Henschel-Lokomotiven RUHLA und ERBSTROM aus dem Jahre 1880 ab. Im November 1940 kam die Lok mit der Bahnnummer 76 zur Greußen–Ebeleben–Keulaer Eisenbahn (GEKE), anschließend zur Esperstedt–Oldislebener Eisenbahn (EOE). 1942 hat Herrmann Bachstein die Lokomotive gekauft und an die Industrie vermietet. 1949 ist sie bei der Weimar–Berka–Blankenhainer Eisenbahn (WBBE) und wird mit der Betriebsnummer 89 6215 von der Deutschen Reichsbahn übernommen. In der Folgezeit war die Lokomotive bei den Bw Weimar, Weißenfels, Sangerhausen und Naumburg beheimatet, wurde am 7. 8. 1965 bei der DR ausgemustert und an das Phosphatwerk Steudnitz verkauft.

Die Lokomotive mit der Bahnnummer 77 lief ab Juli 1941 auf der Esperstedt–Oldislebener Eisenbahn, war von 1942 bis 1945 vermietet und kam im November 1945 zur Osterwieck–Wasserlebener Eisenbahn (OWE). Dort erhielt sie 1949 von der DR die Betriebsnummer 89 6218 und war bis zum 8. 12. 1952 beim Bw Halberstadt beheimatet. Dann wurde sie dem Bw Frankfurt (Oder) Pbf überwiesen, war zwischenzeitlich von April bis Dezember 1955 dem Bw Wriezen zugeteilt und ist am 14. 3. 1962 ausgemustert worden.

89 6215 (O&K 1907/2538), die bei der Weimar–Berka–Blankenhainer Eisenbahn die Bahnnummer 89 0076 trug.
Foto: G. Otte, Sammlung Grundmann

Oben: 89 6216 (O&K 1908/2800) am 07.08.1965 abgestellt in Haldensleben. Foto: Hans Müller

Unten: 89 6218 am 11.11.1960 in Dolgelin. Foto: G. Otte, Sammlung Grundmann

C n2t

89^{62}

89 6217 und 89 6219

Gt 33.12

OHKB; KMT

Borsig-WL 350 PS

1908–1958

Techn. Daten: Seite: 271

Die Firma A. Borsig in Berlin-Tegel hatte für die unterschiedlichsten Einsatzzwecke mehrere Typen von C-gekuppelten Naßdampf-Tenderlokomotiven mit Nennleistungen von 200 bis 400 PS im Fertigungsprogramm. Diese Dreikuppler, die vorwiegend für Werkbahnen gedacht waren, fanden auch bei Privatbahnen des öffentlichen Verkehrs Abnehmer. Die Maschinen ähnelten in ihrer Grundkonzeption den verschiedenen Bauformen der pr. T 3; die konstruktiven Einzelheiten und technischen Daten wichen jedoch mehr oder weniger von denen der preußischen Normallokomotiven ab. Trotzdem werden diese Lokomotiven in der Literatur immer wieder fälschlich als T 3 bezeichnet. Eine der Borsig-Werksloktypen war ein C-Kuppler mit 350 PS Leistung. Von diesem Typ gab es zwei Spielarten, die sich lediglich in der Länge des Rahmens und des Kessels voneinander unterschieden. Ansonsten waren die technischen Daten beider Ausführungen nahezu gleich. Zwei derartige Lokomotiven gelangten im Jahre 1949 mit der Übernahme der Privatbahnen zur DR. Die eine Maschine war 1908 gebaut worden, trug die Borsig-Fabriknummer 6899 und hatte den Osthavelländischen Kreisbahnen gehört. Dort hatte sie die Nummer B Sp 5 getragen, war also auf der Strecke Bötzow–Spandau eingesetzt und bei der

89 6219 (Borsig 1909/7408) als Werklok Nr. 4 der Kaliwerke Merkers.
Foto: Gernot Malsch

Betriebswerkstatt Spandau-Johannesstift beheimatet. Entgegen einigen Angaben in der Literatur hatten die OHKB die Maschine nicht gebraucht von der Kleinbahn Bismark-Wittingen erworben. Aus dem Borsig-Lieferverzeichnis geht eindeutig hervor, daß die Lok fabrikneu zu den OHKB gelangte. Diese Maschine gehörte zur kürzeren Bauvariante des 350-PS-Typs. Die zweite Lok trug die Fabriknummer 7408, war 1910 fertiggestellt worden und trug vor ihrer Umzeichnung durch die DR die Bahnnummer 3 der Königswusterhausen–Mittenwalde–Töpchiner Eisenbahn. Diese Maschine war von der Firma Vering & Waechter für die Rixdorf–(später: Neukölln)–Mittenwalder Eisenbahn als deren Bahnnummer 7 beschafft und von dort 1936 an die KMT verkauft worden. Sie gehörte zur längeren Version des 350-PS-Typs.

Die Lok mit der Fabriknumer 6899 wurde von der DR in 89 6217, die Maschine mit der Fabriknummer 7408 in 89 6219 umgezeichnet. 89 6219 schied bereits am 30. April 1951 wieder aus dem Bestand der DR aus. Ob sie zu den wenigen ehemaligen Privatbahnlokomotiven zählte, die als nicht aufarbeitungswürdig eingestuft wurden, oder ob sie an einen Industriebetrieb (evtl. Nr. 4 der Kaliwerke Merkers) als Werklok abgegeben wurde, ist nicht eindeutig belegbar.

Die Lokomotiven besaßen einen Wasserkastenrahmen ähnlich demjenigen der pr. T 3; die LüP betrug bei der kürzeren Bauform 8200 mm, bei der längeren 8750 mm. Das Laufwerk war asymmetrisch mit größerem Achsstand zwischen erstem und zweitem Radsatz und geringerem zwischen zweitem und drittem Radsatz ausgeführt. Der zweite Radsatz wurde angetrieben. Die Räder waren mit nur 1000 mm Laufkreisdurchmesser kleiner als bei der Serienausführung der pr. T 3. Der Zylinderdurchmesser betrug 380 mm, der Kolbenhub 550 mm. Die Flachschieber entsprachen der preußischen Regelausführung. 89 6217 hatte einschienig geführte Kreuzköpfe und Heusinger-Steuerung, 89 6219 zweischienig geführte Kreuzköpfe und Allan-Steuerung. Der Kessel war für einen Betriebsdruck von 12 bar ausgelegt und besaß eine Verdampfungsheizfläche von 74,5 m^2. Er trug auf dem vorderen Langkesselschuß den Dampfdom mit dem Regler und auf dem hinteren den Sandkasten. Der Stehkessel nahm eine kupferne Feuerbüchse auf. Die Rostfläche betrug 1, 6 m^2. Auf dem Stehkessel vor der Führerhausvorderwand befand sich das Ramsbottom-Sicherheitsventil. Die Rauchkammer war in Bauform und Ausrüstung gleich derjenigen zweifach und dreifach gekuppelter preußischer Normaltenderlokomotiven. Das Führerhaus mit schmalen Seitenfenstern und Lüftungsaufsatz auf dem Dach (bei 89 6217) bzw. ausstellbarer Dachklappe (bei 89 6219) entsprach in seiner Bauform im wesentlichen derjenigen, die Borsig für die Lokomotiven der Industriebahn Tegel–Friedrichsfelde verwendet hatte, besaß jedoch eine im unteren Teil abgeschrägte Rückwand. Rechts und links vor dem Führerhaus befanden sich die Kohlekästen. Die Bremsausrüstung bestand aus Druckluftbremse Bauart Knorr und Wurfhebelbremse. Der handbetätigte Sandstreuer sandete den Treibradsatz von vorn und hinten. Dampfläutewerk (bei 89 6217 auf einer Konsole am Schornstein, bei 89 6219 auf dem Kessel zwischen Dom und Sandkasten) sowie Dampfpfeife (auf dem Dach des Führerhauses) dienten der Signalgebung. Die Lokomotiven besaßen bis zur Ausmusterung Petroleumbeleuchtung. Sie konnten 4,0 m^3 (89 6217) bzw. 4,5 m^3 Wasser mitführen. Ihre Höchstgeschwindigkeit betrug 40 km/h. Im Gegensatz zu der bereits 1951 ausgemusterten 89 6219 hielt sich 89 6217 noch einige Jahre im Betriebsdienst. Sie wurde 1950 zur Rbd Erfurt umbeheimatet und im Zugdienst u. a. auf der Strecke der ehemaligen Langensalzaer Kleinbahn eingesetzt. 1958 verkaufte die DR die Lok an die Zuckerfabrik Erdeborn (Saalkreis).

C n2t

89^{62}

89 6220

Gt 33.12

Gardel.

BLE-T 3

1910–1967

Techn. Daten: Seite: 271

Diese Lokomotive ist von der Braunschweigischen Landeseisenbahn (BLE) beschafft worden (Zeichnung S. 104). Lieferfirma war Hanomag 1910 mit der Fabriknummer 5832. Die BLE hatte von der Hanomag zwischen 1904 und 1917 neun dieser Lokomotiven vom Typ T 3 beschafft, die mit kleinen Abweichungen dem Musterblatt III-4 e (2) entsprachen. Abweichungen gab es beim Zylinderdurchmesser (380 mm), bei der Größe der Rostfläche (1,59 m^2), der Heizfläche (59,40 m^2) und der Zahl der Heizrohre (135 Stück). Bei der BLE trug die Lokomotive die Bahnnummer 25 und den Namen BORNUM. Als die BLE zum 1. Januar 1938 verstaatlicht wurde, erhielt die Maschine die DRG-Betriebsnummer 89 7535. Sie war weniger als ein Jahr im Bestand der DRG und wurde im September 1938 an die Wehrmachts-Anschlußbahn Uchtspringe bei Gardelegen verkauft. Wann sie von dort zur Kleinbahn AG Gardelegen–Neuhaldensleben–Weferlingen gelangte, ist nicht bekannt. Dort erhielt sie die Bahnnummer 298. Mit Übernahme der Kleinbahn durch die DR im Jahre 1949 bekam die Lokomotive wieder eine 89er Betriebsnummer, diesmal die 89 6220 und das Gattungszeichen Gt 33. 12.

Die Maschine war von ihrer Übernahme durch die DR bis zu ihrer Ausmusterung am 17. 04. 1967 ständig beim Bw Haldensleben beheimatet. Die Erhaltung oblag dem Raw Blankenburg, ab 1959 dem Raw Halle. Im Raw Blankenburg erhielt die Lokomotive im Rahmen einer Schadgruppe L 3 am 25. 03. 1952 elektrische Beleuchtung mit Dampf-Turbodynamo. Die letzte Hauptuntersuchung hat das Raw Halle vom 18. 02.–18. 04. 1963 vorgenommen.

89 6220 (Hanomag 1910/5832) abgestellt in Haldensleben neben der 75 457 (bad. VI c1-7). Foto: Hans Müller

C n2t/C n2

89^{62}

89 6222–6225

Gt/G 33.12

Oderbruchbahn

T 3

1911–1969

Techn. Daten: Seite: 271

Die 1911 eröffnete Kleinbahn Fürstenwalde–Beeskow bezog im gleichen Jahr von der Firma Orenstein & Koppel in Nowawes (später Babelsberg) vier C n2-Tenderlokomotiven mit den Fabriknummern 4701 bis 4704, die der pr. T 3 nach Musterblatt III-4 p, also der verstärkten Bauart entsprachen. Die Lokomotiven erhielten die Bahnnummern 15 bis 18 und die Namen BEESKOW, GROSS RIETZ, PIESKOW und KETSCHENDORF. Die Erhaltung der Lokomotiven oblag der Werkstatt in Müncheberg. 1940 führte das Landesverkehrsamt Brandenburg ein neues Nummernschema für die Lokomotiven der Kleinbahnen ein. Die Maschinen der Müncheberger Kleinbahn, der Oderbruchbahn und der Kreisbahn Beeskow–Fürstenwalde erhielten fortlaufende Bahnnummern, denen als Kennzahl für die Müncheberger Kleinbahn eine 2, für die Oderbruchbahn eine 3 und für die Kreisbahn Beeskow–Fürstenwalde eine 4 vorangestellt worden ist. Die vier Lokomotiven trugen fortan die Bahnnummern 4-20 bis 4-23. Im Jahre 1941 sind die Müncheberger Kleinbahn und die Oderbruchbahn zusammengelegt worden.

Mit der Übernahme der Kreisbahn Beeskow–Fürstenwalde und der Oderbruchbahn durch die Deutsche Reichsbahn im Jahre 1949 war das Bw Frankfurt (Oder) Pbf Heimatdienststelle der Lokomotiven, und sie erhielten die Betriebsnummern 89 6222 bis 89 6225. Die Erhaltung oblag bis 1961 dem Raw Blankenburg im Harz und ging dann an das Raw Halle über. Fallweise erfolgten auch Ausbesserungen in den Raw Cottbus und Karl-Marx-Stadt. Zum 1. April 1955 ist Wriezen wieder selbständiges Bahnbetriebswerk geworden und beheimatete die Lokomotiven der ehemaligen Kreisbahn und der Oderbruchbahn. Um die Vorräte der Lokomotiven zu vergrößern und den Aktionsradius zu erweitern (die Entfernung von Wriezen bis Fürstenwalde betrug 96 km), erhielten die Lokomotiven 89 6222-6225 Schlepptender. Den Umbau besorgte das Raw Blankenburg. Die 89 6222 wurde zunächst mit einem zweiachsigen Tender (pr. 2 T 10) gekuppelt, bekam aber später den pr. 3 T 12, den 89 6223-6225 von Anfang an erhiel-

89 6222–6225
Zeichnung: Merkbuch für Triebfahrzeuge

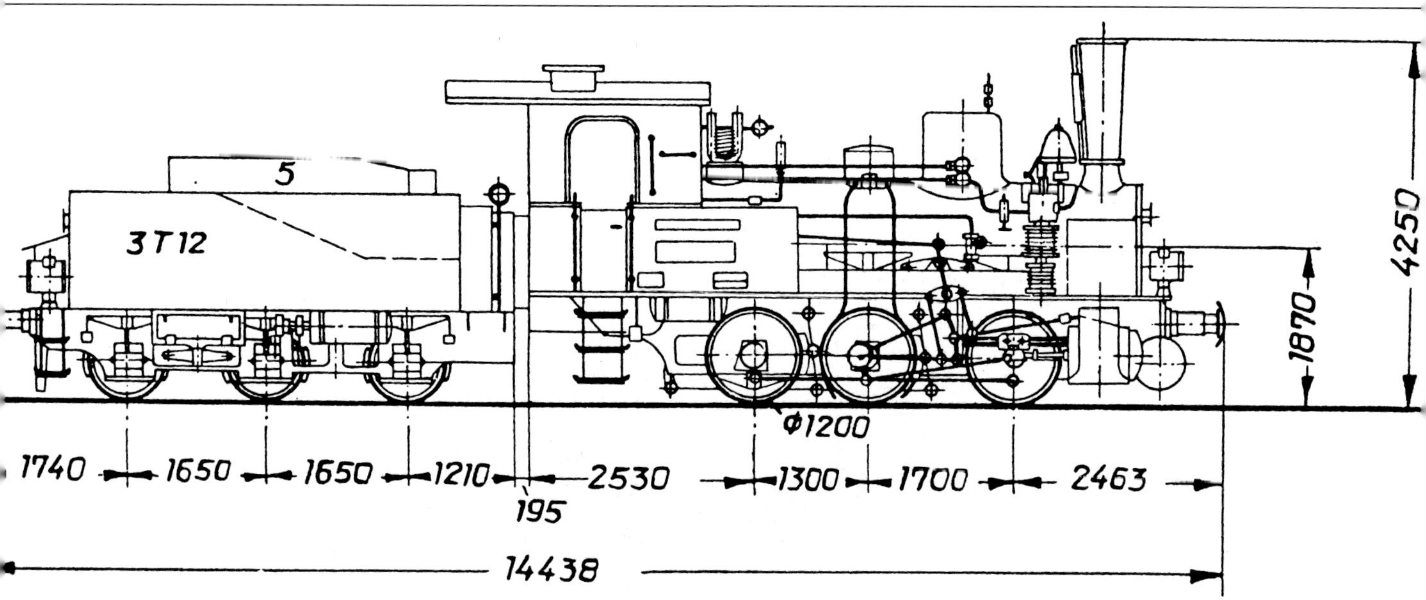

89 6223 (O&K 1911/4702) im Juni 1966 in Wriezen.
Foto: G. Otte, Sammlung Grundmann

ten. Für die 89 6222 erfolgte der Umbau am 31. 5. 1955 im Rahmen einer L 2, bei der die Lokomotive auch mit elektrischer Beleuchtung ausgerüstet wurde. Die 89 6223 erhielt den Tender 3 T 12 im Rahmen einer L 4 am 31. 12. 1955, die 89 6224 bekam ihn am 7. 11. 1955 ebenfalls bei einer Hauptuntersuchung. Für den Tender mußte jedoch ein neuer Wasserkasten in Schweißausführung gefertigt werden. Bereits 1937 waren die Lokomotiven mit Druckluftbremse ausgestattet worden, wonach die zulässige Geschwindigkeit auf 50 km/h erhöht werden konnte. Nachweisbar haben 89 6223 und 89 6224 (1955 Raw Blankenburg bzw. 1960 Raw Karl-Marx-Stadt) neue Feuerbüchsen aus Stahl erhalten. Es ist anzunehmen, daß auch bei 89 6222 und 89 6225 die kupfernen Feuerbüchsen verschlissen waren und durch Stahlfeuerbüchsen ersetzt worden sind. Als erste Lokomotive wurde die 89 6225 am 18. 7.

89 6222 (O&K 1911/4701) am 05.09.1965 in Wriezen.
Foto: Hans Müller

89 6224 (O&K 1911/4703) bei der VES-M in Halle.
Foto: G. Illner, Sammlung Weisbrod

1967 ausgemustert, ihr folgten am 5. 10. 1967 die 89 6223 und 89 6224 und am 10. 6. 1969 die 89 6222, die als Heizlok an die Firma Röber KG in Auerbach im Vogtland verkauft wurde. Das Filmunternehmen DEFA erwarb die 89 6225, ließ sie vom Lokomotivbau »Karl Marx« Babelsberg in eine Westernlok umbauen und setzte sie im Film »Spur des Falken« ein (die Traktion besorgte jedoch eine Diesellokomotive). Um 1980 ist auch diese Lokomotive verschrottet worden.

89 6225 (O&K 1911/4704) bei der Einfahrt in Wriezen am 05.09.1965 in Wriezen.
Foto: Hans Müller

C n2t

89^{62}; 89^{63}

89 6227 und 89 6239

89 6303

Gt 33.12; Gt 33.13

ASNE; Görl. Kb; BStb.

Pudel

1913–1960

Techn. Daten: Seite: 272

Wie andere Lokfabriken hatte auch die Firma Arnold Jung, Jungenthal, eine leistungsfähige Naßdampf-Tenderlokomotive mit drei gekuppelten Radsätzen und einer Radsatzfahrmasse von 12 bis 13 t im Lieferprogramm, welche äußerlich der pr. T 3 ähnelte, in den technischen Daten aber erheblich von der preußischen Normaltenderlok abwich. Die Jung-Dreikuppler trugen die Werksbezeichnung »Pudel« und wurden vorwiegend von Hafenbahnen und Hafenbaufirmen beschafft, aber auch von Privatbahnen des öffentlichen Verkehrs bestellt. Am bekanntesten wurden die zehn »Pudel« der Hafenbahn Bremen, welche bereits im Jahre 1930 zur DRG gekommen waren und die Betriebsnummern 89 7512 bis 89 7521 erhalten hatten. Die DRG hatte diesen Maschinen übrigens das fehlerhafte Betriebsgattungszeichen Gt 33. 15 erteilt. Diese Lokomotiven sind im Band 5 des Dampflok-Archivs auf S. 12 f. beschrieben. Im Jahre 1949 kamen mit der Übernahme des Fahrzeugparks der ehemaligen Privatbahnen drei weitere »Pudel« zur Deutschen Reichsbahn. Sie erhielten die DR-Betriebsnummern 89 6227, 89 6239 und 89 6303. 89 6227 stammte von der Aschersleben–Schneidlingen–Nienhagener Eisenbahn, hatte dort die Bahnnummer 33 getragen und war im Jahre 1913 unter der Fabriknummer 2025 fertiggestellt worden. Die in 89 6239 und 89 6303 umgezeichneten Lokomotiven waren ebenfalls 1913 erbaut worden. Ihre Fabriknummern lauteten 1914 bzw. 1913. Sie entstammten einer Serie von fünf Maschinen, die unter den Fabriknummern 1910 bis 1914 für die Firma Hafen- und Brückenbau Frankfurt/Main erbaut worden waren. Das Hafenbauunternehmen hatte die Lokomotiven unter den Bahnnummern 1 bis 5 eingesetzt. Die Lok mit der Bahnnummer 5 wurde 1919 an die Niederlausitzer Eisenbahn verkauft; nach dem Zweiten Weltkrieg befand sie sich bei der Görlitzer Kreisbahn. Die Maschine dürfte wohl längere Zeit abgestellt gewesen sein, ohne daß ein Einsatz im Betriebsdienst erfolgte. Im Umzeichnungsplan vom 12. Dezember 1949 war sie nicht aufgeführt; und erst im Jahre 1951 erschien sie in den offiziellen Statistiken als 89 6239. Wahrscheinlich gehörte 89 6239 zu denjenigen Lokomotiven, die man im Jahre 1949 bei der Erfassung der Privatbahnlokomotiven »vergessen« hatte. Die ehemalige Bahnnummer 4 des Frankfurter Unternehmens wurde 1919 an die Brandenburgische Städtebahn veräußert und erhielt zunächst deren Bahnnummer 9; später wurde sie in Nr. 1–28 umgezeichnet. Weshalb die Deutsche Reichsbahn diese Maschine in 89 6303 umzeichnete, ist unklar, denn sie war mit 89 6239 völlig baugleich und hatte wie jene 12 t Radsatzfahrmasse.

Die Lokomotiven des Typs »Pudel« besaßen einen genieteten Blechrahmen, dessen vorderer Teil als Wasserkasten ausgebildet war. Ihre LüP betrug 8950 mm, der Achsstand der gekuppelten Radsätze 3000 mm. Die Räder hatten einen Laufkreisdurchmesser von 1100 mm; der zweite Radsatz wurde

89 6227 (Jung 1913/2025), ehemalige Nr. 33 der Aschersleben-Schneidlingen-Nienhagener Kleinbahn.
Foto: G. Otte, Sammlung Grundmann

89 6239 (Jung 1913/1914) abgestellt im Bw Görlitz (1960).
Foto: G. Otte, Sammlung Grundmann

angetrieben. Alle Radsätze waren fest im Rahmen gelagert. Die Maschinen waren in drei Punkten abgestützt; die Federn des ersten und zweiten Kuppelradsatzes waren oberhalb des Rahmens angeordnet und durch Ausgleichshebel miteinander verbunden. Der dritte Kuppelradsatz wurde mittels einer Querblattfeder abgestützt. Das Triebwerk war ein Zweizylinder-Naßdampftriebwerk mit waagerecht am Rahmen angeordneten Zylindern. Die Zylinder hatten einen Durchmesser von 400 mm; der Kolbenhub betrug 550 mm. Die Schieber waren als Flachschieber ausgebildet; die Schieberkästen waren in der Regel schräg nach außen auf den Zylindern angeordnet; es gab jedoch auch »Pudel« mit waagerecht auf den Zylindern sitzenden Schieberkästen. Der Kreuzkopf wurde einschienig auf der Gleitbahn geführt; die Steuerung entsprach der Bauart Heusinger mit Kuhnscher Schleife. Der Kessel war vollständig genietet und war für einen Betriebsdruck von wahlweise 12 oder 13 bar ausgebildet. Die »Pudel« der Bremer Hafenbahn beispielsweise hatten Kessel mit 13 bar Betriebsdruck. Der Langkessel bestand aus zwei Schüssen, von denen der vordere den Dampfdom mit dem Regler, der hintere einen viereckigen Sandkasten preußischer Normalbauform trug. Der Stehkessel nahm eine kupferne Feuerbüchse auf; auf seinem Scheitel vor der Führerhausvorderwand befand sich das Doppelsicherheitsventil Bauart Ramsbottom. Die Rauchkammer entsprach in Bauart und Ausrüstung preußischen Normen; der konische Schornstein war wie bei den pr. T 11 und T 13 ausgebildet. Der Kessel wurde von zwei Dampfstrahlpumpen Bauart Strube gespeist. Das Führerhaus glich weitgehend demjenigen der pr. T 13, war jedoch etwas kleiner. Auf seinem Dach befanden sich zwei quer zur Fahrtrichtung angeordnete Lüftungsaufsätze. Links und rechts vor dem Führerhaus waren kurze seitliche Wasserkästen angebaut. Hinter dem Führerhaus war gewöhnlich ein kurzer Kohlekasten angeordnet; Jung lieferte auf besonderen Wunsch jedoch auch »Pudel« ohne hinteren Kohlekasten, also als Seitentenderlok. Die Bremsausrüstung bestand aus Druckluftbremse Bauart Westinghouse oder Bauart Knorr und Exterscher Wurfhebelbremse; die Räder des zweiten und dritten Radsatzes wurden einseitig von vorn abgebremst. Die einstufige Luftpumpe Bauart Westinghouse oder Knorr war rechts am ersten Langkesselschuß über dem Umlaufblech angebracht. Der Hauptluftbehälter war quer unter dem Führerhaus am hinteren Ende des Lokrahmens aufgehängt. Der handbetätigte Sandstreuer sandete die Räder des zweiten Kuppelradsatzes von vorn und hinten.

Auf einer Konsole am Schornstein befand sich ein Dampfläutewerk Bauart Latowski oder ein Druckluftläutewerk Bauart Knorr. Außerdem war eine Dampfpfeife preußischer Normalausführung vorhanden. Die Beleuchtungseinrichtung bestand ursprünglich aus Petroleumlampen; die DR hat bei den drei übernommenen Lok elektrische Beleuchtung mittels Dampfturbogenerator Bauart AEG nachgerüstet. Desgleichen wurden die Stangenpuffer gegen Hülsenpuffer getauscht. Die Lokomotiven des Typs »Pudel« konnten 4,5 m^3 Wasser und 1,2 t Kohle mitführen und waren für eine Höchstgeschwindigkeit von 45 km/h zugelassen.

89 6303 quittierte bereits 1957 ihren Dienst und wurde ausgemustert; im Jahre 1960 schied auch 89 6239 aus dem Betriebsdienst der Deutschen Reichsbahn aus. Wann 89 6227 ausgemustert wurde, ist unbekannt; jedoch dürfte auch sie spätestens Anfang der sechziger Jahre nicht mehr zum Einsatzbestand gehört haben.

C n2t

$89^{62, 63, 64}$

89 6233

89 6307

89 6405

Gt 33.12; Gt 33.13; Gt 33.14

Marb-B.;OSE

Hanomag-WL

1916–1956

Techn. Daten: Seite: 273

Die Hanomag fertigte fast zwei Jahrzehnte hindurch eine dreifach gekuppelte Naßdampf-Tenderlokomotive für Werkbahnen und Privatbahnen des öffentlichen Verkehrs, deren Konstruktion in mancher Hinsicht an die pr. T 3 erinnerte, deren technische Daten aber deutlich von denen der preußischen Normallok abwichen. Diese C n2t wurde in mehreren Varianten gefertigt. Die leichteste Ausführung hatte 12 t, die schwerste 14 t mittlere Kuppelradsatzfahrmasse. Davon abgesehen, wiesen alle diese C-Kuppler jedoch weitgehend einheitliche konstruktive Merkmale auf. Allen Bauformen gemeinsam waren der Wasserkastenrahmen, der gegenüber der pr. T 3 größere Kessel und die Ausführung der Steuerung nach Bauart Heusinger. Die Architektur der Maschinen erinnerte stark an diejenige der pr. T 3, begünstigt durch die Tatsache, daß einige Baugruppen, u. a. das Führerhaus, nahezu unverändert von der preußischen Normaltenderlok übernommen worden waren.

Die Deutsche Reichsbahn übernahm im Jahre 1949 drei fast baugleiche Hanomag-C-Kuppler und zeichnete sie in 89 6233, 89 6307 und 89 6405 um. Zwei der Maschinen stammten von der Kleinbahn Marienborn–Beendorf, die dritte von der Oschersleben–Schöninger Eisenbahn. Die Lokomotiven waren jedoch nicht ab Werk an diese Bahnen geliefert worden, wie der Hanomag-Lieferliste zu entnehmen ist. Lieferdaten, ursprüngliche Eigentümer, spätere Besitzer und DR-Betriebsnummern geben wir in der Tabelle weiter unten wieder. Ob die drei Lokomotiven tatsächlich eine unterschiedliche mittlere Radsatzfahrmasse besaßen, ist zweifelhaft. Allerdings läßt sich heute auch nicht mehr mit letzter Sicherheit beweisen, daß die Maschinen absolut baugleich waren. Indessen waren sie typische Vertreter der dreifach gekuppelten Werk- und Kleinbahnlokomotive Bauart Hanomag. Die Maschinen besaßen einen von der vorderen bis zur hinteren Pufferbohle durchlaufenden Wasserkastenrahmen. Die Räder hatten einen Laufkreisdurchmesser von 1100 mm; der Gesamtachsstand betrug 3000 mm. Der zweite Radsatz war Treibradsatz. Der Kreuzkopf wurde einschienig auf der Gleitbahn geführt. Der Durchmesser der Zylinder betrug 430 mm, der Kolbenhub 550 mm. Der für einen Betriebsdruck von 13 bar ausgelegte Kessel trug in Langkesselmitte den Dampfdom und unmittelbar dahinter den Sandkasten. Er hatte eine Heizfläche von 89,79 m^2 und wurde von zwei Dampfstrahlpumpen Bauart Strube gespeist. Der zwischen den Rahmenwangen leicht eingezogene Stehkessel nahm eine Kupferfeuerbüchse auf. Die relativ kurze Rauchkammer trug einen konischen Schornstein. Sie war mittels genieteter Rundnaht mit dem Langkessel verbunden. Die Lok hatten Knorr-Druckluftbremse und Wurfhebelbremse. Zweiter und dritter Radsatz wurden einseitig von vorn abgebremst. Der handbetätigte Sandstreuer sandete den Treibradsatz von vorn und hinten. Auf der Rauchkammer vor dem Schornstein war das Dampfläutewerk Bauart Latowski angebracht. Eine Dampfpfeife preußischer Regelbauart war ebenfalls vorhanden. Die Lokomotiven besaßen Petroleumbeleuchtung. Sie konnten 4,5 m^3 Wasser und 1,2 t Kohle mitführen und waren für eine Höchstgeschwindigkeit von 40 km/h zugelassen. Bereits Mitte der fünfziger Jahre hat die DR alle drei Maschinen ausgemustert; der genaue Zeitpunkt konnte nicht ermittelt werden.

Baujahr	Fabrik-Nr.	geliefert an	Bahn-Nr.	verkauft an	Bahn-Nr.	Betriebs-Nr. DR	Gattungszeichen
1916	7975	KBB	?	Marb. -B.	7975	89 6233	Gt 33. 12
1920	9436	KBB	?	Marb. -B.	9436	89 6405	Gt 33. 14
1920	9450	BSE	9 b	OSE	1031	89 6307	Gt 33. 13

Anmerkung: Die für die Kreisbahn Burgdorf bestimmten Lokomotiven wurden laut Hanomag-Lieferliste von der Gewerkschaft Riedel, Hänsigsen, bestellt. Die Kleinbahn Marienborn–Beendorf verwendete die Fabriknummern als Bahnnummern.

C n2t

89^{62}

89 6235

Gt 33.12

Pr AK

1923–1963

Techn. Daten: Seite: 269

Von der Prettin–Annaburger Kleinbahn AG übernahm die DR 1949 eine T 3 nach Musterblatt III-4 p und gab ihr die Betriebsnummer 89 6235. Die Lokomotive war 1923 von Linke-Hofmann mit der Fabriknummer 718 geliefert worden. Die am 15. Juni 1902 eröffnete Kleinbahn verband Prettin an der Elbe mit Annaburg an der Hauptbahn Falkenberg–Wittenberg und hatte eine Länge von 12,5 km. Sie diente dem Transport von landwirtschaftlichen Gütern und Baustoffen (Kies) aus dem Prettiner Raum, der Industrie Annaburgs (Fahrzeugbau) und der Forstwirtschaft der Annaburger Heide. Bis 1949 unterstand die Bahn der sächsischen Provinzialverwaltung, die nach ihrem Nummernschema der Lokomotive die Bahnnummer 258 gegeben hatte. Die zweite Lokomotive, Bahnnummer 259, war von der Gardelegen–Neuhaldensleben-Weferlinger Kleinbahn gekommen und ist als 89 6209 von der DR übernommen worden.

Die 89 6235 hatte, wie manche der zuletzt gebauten T 3, keine Allan-, sondern eine Heusinger-Steuerung, entsprach in der übrigen Ausführung dem Musterblatt. Zum Dampfdom auf dem ersten Kesselschuß führte der Zug für das Anstellventil der Lichtmaschine, die wahrscheinlich erst zu DR-Zeiten angebracht worden ist und ihren Platz links neben dem Schornstein hatte. Der Abdampf der Lichtmaschine wurde über ein an den Schornstein angelehntes Rohr ins Freie geleitet. Der mit 12 bar Dampfdruck betriebene Kessel hatte eine Verdampfungsheizfläche von 60,6 m². Die Lokomotive ist dem Bw Leipzig Hbf Süd zugewiesen worden, war aber dort bereits 1961 betriebsfähig abgestellt und wurde im März 1963 ausgemustert. Für einige Zeit diente sie dann noch dem Raw Dresden als Werklok.

89 6235 (MBA Breslau 1923/718) abgestellt im Bw Leipzig Hbf Süd im Jahre 1961.
Foto: G. Otte, Sammlung Grundmann

C n2t

$89^{62, 63}$

89 6236 und 89 6238

89 6308–89 6309

ASNE; FKB Süd

O & K-Kleinbahntyp

1922–1957 (1958)

Techn. Daten: Seite: 272

Die Deutsche Reichsbahn übernahm im Jahre 1949 mit dem Lokomotivpark der ehemaligen Privatbahnen vier fast baugleiche dreifach gekuppelte Naßdampf-Tenderlokomotiven eines von Orenstein & Koppel für Privat- und Werkbahnen entwickelten Typs. Drei Maschinen stammten von der Aschersleben–Schneidlingen–Nienhagener Eisenbahn, die vierte Lok zählte vor ihrer Übernahme durch die DR zum Bestand der Franzburger Südbahn. Die Lokomotiven der ASNE trugen die O & K-Fabriknummern 10 236, 10 239 und 10 389, die Bahnnummern 35, 31 und 32 und waren in den Jahren 1922, 1923 und 1924 erbaut worden. Die Maschine der FKB Süd hatte die Fabriknummer 9973, war 1922 an die Saatzinger Kleinbahn geliefert und durch Kriegsereignisse auf das Territorium der sowjetischen Besatzungszone verschlagen worden. Ihre ursprüngliche Bahnnummer 11 hatte die Lok auch bei der Franzburger Südbahn getragen. Obgleich alle vier Maschinen demselben O & K-Kleinbahntyp angehörten, ordnete die DR sie verschiedenen Unterbaureihen zu. Lok 35 der ASNE wurde in 89 6309 umgezeichnet, Lok 31 in 89 6236 und Lok 32 in 89 6238. Lok 11 der Franzburger Südbahn erhielt bei der DR die Betriebsnummer 89 6308. Zweifellos sind zwei der Lokomotiven falsch umgezeichnet worden; da die verfügbaren Angaben jedoch äußerst lückenhaft sind, kann nicht mit letzter Sicherheit gesagt werden, ob die Einreihung in die BR 89^{62} oder die Einreihung in die BR 89^{63} der tatsächlichen Radsatzfahrmasse der Maschinen entsprach.

Diese O & K-Privatbahnlokomotiven entsprachen nicht, wie mitunter vermutet wird, der pr. T 3. Vielmehr wiesen sie viele Ähnlichkeiten mit den von Borsig, Hanomag, Henschel, Hohenzollern und Humboldt entwickelten dreifach gekuppelten Werk- und Privatbahnokomotiven auf. Eine Gemeinsamkeit mit der pr. T 3 hatten alle diese C-Kuppler dennoch: den Wasserkastenrahmen und das Laufwerk mit asymmetrischem Achsstand der drei gekuppelten Radsätze.

Bei den von O & K gelieferten Maschinen wurde, der dritte Radsatz angetrieben. Der Laufkreisdurchmesser der Räder betrug 1100 mm, die Radkörper besaßen angegossene Gegenmassen. Die Zylinder hatten einen Durchmesser von 380 mm und einen Kolbenhub von 550 mm. Das waren Abmessungen, die verschiedentlich auch bei Privatbahnlokomotiven, die in ihrer Grundbauart tatsächlich der pr. T 3 entsprachen, verwendet worden waren. Die Dampfverteilung erfolgte durch eine Heusinger-Steuerung. Der Kessel war größer als bei der pr. T 3, aber auch nur für einen Betriebsdruck von 12 bar ausgelegt. Der Langkessel bestand aus zwei Schüssen; der vordere Schuß trug den Dampfdom, der hintere den Sandkasten. Der Stehkessel hatte eine runde Decke und nahm eine kupferne Feuerbüchse auf. Er trug auf seinem Scheitel das Sicherheitsventil Bauart Ramsbottom. Die Rauchkammer war durch eine genietete Rundnaht mit dem Langkessel verbunden. Bläser, Rauchkammerspritze und Funkenfänger entsprachen bewährten preußischen Ausrüstungsteilen. Die Lokomotiven hatten einen konischen Schornstein, der jedoch kürzer als bei der pr. T 3 war. Die Maschinen wirkten dadurch gedrungener als die preußische Normal-

89 6236 (O&K 1923/10239) als Werklok in Dessau-Wallwitzhafen.
Foto: Sammlung Grundmann

89 6238 (O&K 1924/10389) auf der Drehscheibe des Bw Karl-Marx-Stadt.
Foto: G. Otte, Sammlung Grundmann

lok. Das Führerhaus besaß große ovale Stirnfenster und war verhältnismäßig geräumig. Die Bremsausrüstung bestand aus der Knorr-Druckluftbremse und der Exterschen Wurfhebelbremse. Zweiter und dritter Radsatz wurden einseitig von vorn abgebremst. Dampfläutewerk Bauart Latowski und Dampfpfeife dienten der Signalgebung. Bei der DR ist die ursprüngliche Petroleumbeleuchtung durch elektrische Beleuchtung ersetzt worden.

In den Jahren 1956 und 1957 schieden alle vier Maschinen aus dem Betriebspark der Deutschen Reichsbahn aus. 89 6308 wurde bereits 1956 ausgemustert und bald darauf zerlegt, 89 6309 wurde an einen Industriebetrieb als Heizlok verkauft. Der genaue Ausmusterungszeitpunkt von 89 6238 ist unbekannt. Dagegen sind von 89 6236 die Beheimatungen lückenlos nachgewiesen. Die Lok war bis November 1950 beim Bw Aschersleben beheimatet; von November 1950 bis August 1952 gehörte sie zum Einsatzbestand des Bw Halberstadt. Im August 1952 setzte man die Lok zum Bw Magdeburg-Rothensee um. Ab September 1954 wurde das Bw Haldensleben zur neuen Heimat von 89 6236. Im März 1957 verlieh die DR die Maschine an den Binnenhafen Magdeburg. Die Lok verblieb dort als Werklokomotive, ohne offiziell ausgemustert worden zu sein, und erhielt im Juni 1957 die Bahnnummer 9 der Hafenbahn Magdeburg. Im September 1957 wurde die ehemalige 89 6236 dem Raw Stendal zur Hauptuntersuchung zugeführt. Der Raw-Aufenthalt dauerte bis Anfang Juni 1958; danach wurde die Maschine an den Binnenhafen Magdeburg verkauft. Dort stand sie noch für einige Jahre als Werklok 1 im Einsatz.

C n2t

$89^{62,\ 64}\ 98^{64}$

89 6237; (89 6240)

89 6406

98 6401

Salzw., Erf. -N., WL

Linke-Hofmann-Typ

Gt 33.12; Gt 33.14; L 33.14

1924 (1914)–1966

Techn. Daten: Seite: 272

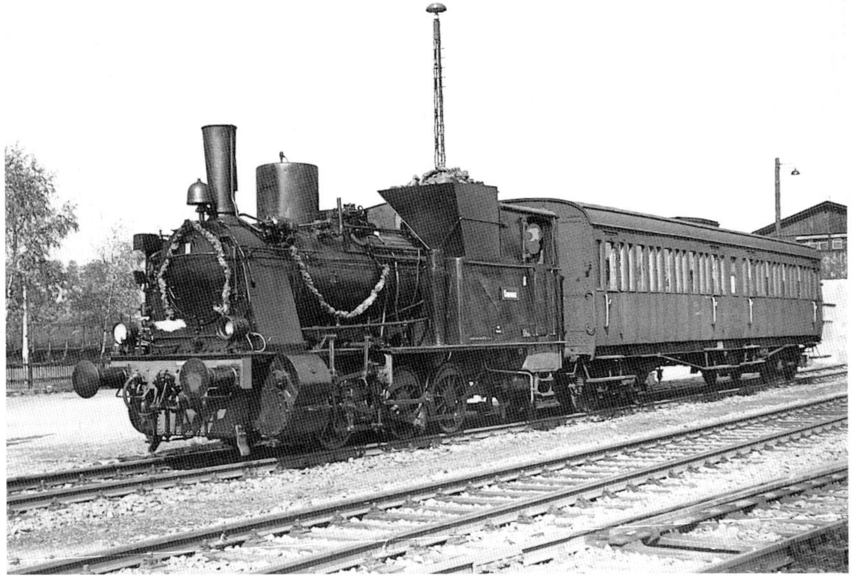

89 6237 (Linke-Hofmann 1924/2936) am 07.10.1971 in Kamenz.
Foto: Michael Malke

Wie andere Lokomotivhersteller auch, hatten die Linke-Hofmann-Werke in Breslau bereits vor dem Ersten Weltkrieg verschiedene Typen von Lokomotiven für Klein- und Privatbahnen entwickelt. Dazu zählte eine C n2-Tenderlok, deren Lauf- und Triebwerk Ähnlichkeiten mit dem der pr. T 3 hatte. Dieser Loktyp war jedoch erheblich schwerer als die pr. T 3 und besaß einen größeren Kessel. Nach 1920 gebaute Exemplare hatten ein moderneres und geräumigeres Führerhaus. Die Deutsche Reichsbahn übernahm im Jahre 1949 zwei Lokomotiven dieser Bauart, welche im Jahre 1924 hergestellt worden waren. Im Dezember 1953 kam noch eine dritte Maschine hinzu, die der älteren Bauform angehörte. Diese Lok war bereits 1914 fertiggestellt worden.

Die 1924 gebauten Lokomotiven hatte die DR laut Umzeichnungsplan vom 12. Dezember 1949 von der Kleinbahn Erfurt–Nottleben bzw. von der Salzwedeler Kleinbahn übernommen. Beide Maschinen waren völlig baugleich, trugen benachbarte Fabriknummern und vor ihrer Umzeichnung benachbarte Betriebsnummern nach dem Nummernschema der Kleinbahnen der preußischen Provinz Sachsen. Die DR ordnete die von der Kleinbahn Erfurt–Nottleben übernommene Lok jedoch in die BR 89^{62}, die Lok der Salzwedeler Kleinbahn in die BR 89^{64} ein. Um dem Leser das Verständnis der nachfolgenden Ausführungen zu erleichtern, sei hier zunächst die 1949 entstandene Situation in der Tabelle weiter unten dargestellt.

Später hat man wohl bemerkt, daß Lok 251 falsch umgezeichnet worden war; denn 1952 ist das Betriebsgattungszeichen von 89 6237 in Gt 33. 14 korrigiert worden. Die fehlerhafte Ordnungsnummer hat man allerdings nicht verändert.

Nach Angaben in der Literatur soll die Lok mit der Linke-Hofmann-Fabriknummer 2936 (bei der DR in 89 6237 umgezeichnet) ab Werk an die Kleinbahn Ellrich–Zorge geliefert worden sein und dort die

Fabriknummer	Baujahr	Privatbahn-Betriebsnr.	DR-Betriebsnr.	Betriebsgattungszeichen	
2936	1924	251	89 6237	Gt 33. 12	1952: Gt 33.14
2937	1924	252	89 6406	Gt 33. 14	

89 6240 am 26.06.1959 in Neubrandenburg. Foto: G. Otte, Sammlung Grundmann

Betriebsnummer 3 getragen haben. 1930 soll sie an die Kleinbahn Bebitz–Alsleben verliehen und 1932 dorthin verkauft worden sein. 1941 soll die Maschine nach einer Ausbesserung im Sachsenwerk Stendal an die Kleinbahn Erfurt–Nottleben verkauft worden sein. Hingegen wird angegeben, daß die Lok mit der Fabriknummer 2937 (DR: 89 6406) sofort an die Salzwedeler Kleinbahn geliefert worden sei, dort zunächst die Betriebsnummer 8 getragen und später die neue Nummer 252 erhalten habe. Vergleicht man diese Angaben miteinander und berücksichtigt dazu noch die Tatsache, daß beide Lokomotiven vor ihrer Übernahme durch die DR unmittelbar aufeinander folgende Betriebsnummern des preußisch-sächsischen Provinzial-Kleinbahnverbandes trugen, drängen sich erhebliche Zweifel an der Richtigkeit der zitierten Darstellungen auf. Das gemeinsame Nummernschema der Kleinbahnen der preußischen Provinz Sachsen, welchem sich sämtliche ursprünglich dem Kleinbahnverband zugehörigen sowie später beigetretenen Bahnen bis Ende der zwanziger Jahre angeschlossen hatten, war nämlich bereits 1919 geschaffen worden. Hinzu kommt, daß als Besteller von Lokomotiven für die Provinzialkleinbahnen stets die in Merseburg ansässige Zentralverwaltung auftrat, welche auch die Vertragsbedingungen mit den Lieferfirmen aushandelte, von den Herstellern die fertiggestellten Lokomotiven übernahm und die Maschinen schließlich den Empfängerbahnen übergab. Die Zentralverwaltung in Merseburg beglich auch die Kaufpreise für die von ihr beschafften Lokomotiven und legte ihre Betriebsnummern fest. Schließlich wurden Fahrzeugumsetzungen von einer Provinzialkleinbahn zur anderen nicht als Käufe oder Verkäufe abgewickelt, sondern der Wert des betreffenden Fahrzeuges wurde jeweils buchhalterisch dem Anlagevermögen einer Bahn zugeschlagen bzw. von ihm abgesetzt. In der Regel behielten umgesetzte Lokomotiven die Betriebsnummern, die ihnen der Provinzialverband ursprünglich zugeteilt hatte. Hinsichtlich der 89 6237 und 89 6406 ergibt sich somit die Frage, ob nicht beide Maschinen ursprünglich entweder bei der Kleinbahn Ellrich–Zorge oder bei einer der altmärkischen Kleinbahnen eingesetzt waren. Die Fabriknummernliste des Herstellers liefert hierüber keinen Aufschluß.

Bei der erst 1953 zur DR gekommenen Lok des Baujahres 1914 handelte es sich um die ehemalige Werklok 6 der Lauchhammerwerke. Ihre Fabriknummer ist nicht bekannt. Die Reichsbahn ordnete diese Lok nicht in die BR 89, sondern in die BR 98 ein und gab ihr das Betriebsgattungszeichen L 33.14. (Eine weitere Werklok der Lauchhammerwerke mit der Nr. 4 kam im Oktober 1953 ebenfalls zur DR, wurde Anfang 1954 in 89 6240 umgezeichnet und 1963 ausgemustert. Von ihr ist lediglich bekannt, daß sie 1920 gebaut worden war.)

Der Rahmen der von Linke-Hofmann gelieferten Privatbahn-Dreikuppler war ein Blechrahmen mit eingebautem Wasserkasten, welcher in seinen Abmessungen demjenigen der pr. T 3 nach M III-4 p entsprach. Auch die Achsstände stimmten mit denen der T 3 überein. Der zweite Radsatz war Treibradsatz; die Lokomotiven besaßen Heusinger-Steuerung. Die Zylinder waren waagerecht angeordnet; die großen, schräg liegenden Schieberkästen erinnerten an bayerische Bautradition. Der Kessel lag frei über dem Rahmen. Der vordere Langkesselschuß trug den Dampfdom, der hintere einen eckigen Sandkasten. Die Rauchkammer mit ihrem hohen konischen Schornstein war wie bei preußischen Länderbahn-Tenderlokomotiven ausgeführt. Das Führerhaus der älteren Ausführung war der pr. T 3 entlehnt; die nach dem Ersten Weltkrieg gebauten Lokomotiven erhielten ein größeres Führerhaus, dessen Seitenwände im oberen Teil unmittelbar in das leicht gewölbte Dach übergingen. Das Führerhausdach trug hinten einen quer zur Fahrtrichtung angeordneten Lüftungsaufsatz. Rechts und links vor dem Führerhaus befand sich je ein Kohlekasten. Die Lok besaßen Druckluftbremse Bauart Knorr und Wurfhebelbremse. Der handbetätigte Sandstreuer sandete den zweiten und dritten Radsatz. Dampfpfeife (auf dem Führerhausdach) und Dampfläutewerk dienten der Signalgebung. Das Läutewerk saß ursprünglich vor dem Schornstein; bei 89 6406 hatte es die DR auf den Kesselscheitel hinter den Sandkasten verlegt. Bei der DR erhielten die Lokomotiven elektrische Beleuchtung. Die Maschinen waren für eine Höchstgeschwindigkeit von 45 km/h zugelassen. 89 6406 erhielt im Jahre 1958 einen Schlepptender 2 T 10, welcher 1961 gegen einen pr. 3 T 12 getauscht wurde. Die Umbauten, die an der Lok zwecks Kupplung mit dem Schlepptender erforderlich waren, umfaßten den Einbau eines Kuppelkastens und einer Tenderbrücke sowie den Ersatz des Führerhausdaches durch ein neues, längeres Dach ohne Lüftungsaufsatz. Nach Beistellung des Tenders 3 T 12 konnte die Lok erheblich größere Vorräte (12 m^3 Wasser und 5 t Kohle) mitführen und war freizügiger einsetzbar. 89 6406 war im Bw Salzwedel beheimatet und ist am 16. September 1966 ausgemustert worden. Ihre Schwesterlok 89 6237 verblieb bis 1955 bei der Rbd Erfurt, war eine Zeitlang auf der Strecke der ehemaligen Langensalzaer Kleinbahn eingesetzt und kam dann als Werklok 5 zum Raw Dresden. Im März 1981 überführte man die Lok zur Mindener Kreisbahn, die sie aufarbeiten und im Traditionsbetrieb einsetzen wollte. Die in 98 6401 umgezeichnete ehemalige Werklok 6 der Lauchhammerwerke gehörte nur zwei Jahre zum Betriebspark der DR. 1953 übernommen und umgezeichnet, wurde sie bereits 1955 wieder ausgemustert.

C h2t

89^{62}

89 6276

Gt 33.12

Przl. KB

Henschel-Kleinbahnlok

1914–1966

Techn. Daten: Seite: 273

Neben einer Anzahl recht unterschiedlicher Bauformen von dreifach gekuppelten Naßdampf-Tenderlokomotiven hatte die Kasseler Firma Henschel & Sohn bereits vor dem Ersten Weltkrieg einen Heißdampf-C-Kuppler mit 12 t Radsatzfahrmasse und 1250 mm Kuppelraddurchmesser für Privatbahnen entwickelt. Obgleich die Konstruktion solide ausgeführt war, fand sie doch nur bei recht wenigen Bahnen Anklang. Ein Grund dafür mag sein, daß viele Privatbahnen in jenen Jahren dem Heißdampfverfahren gegenüber noch eine abwartende Haltung zeigten und bei Maschinen mit einer Leistung von 300 bis 400 PS den Überhitzer für überflüssig hielten. Hinzu kam, daß man bei Heißdampflokomotiven mit höheren Unterhaltungs- und Instandsetzungskosten als bei den relativ unkomplizierten und anspruchslosen Naßdampfmaschinen rechnete. Dennoch gab es unter den Privatbahnen auch solche, die sich dem technischen Fortschritt nicht verschließen wollten. Zu diesen Bahnen gehörte u.a. die Elmshorn–Barmstedt–Oldesloer Eisenbahn. Diese in Norddeutschland gelegene Privatbahn bestellte im Jahre 1914 ein Exemplar des Henschel-Dreikupplers. Die Lok wurde unter der Fabriknummer 12 532 fertiggestellt, erhielt die Bahnnummer 8 und wurde im

89 6276 (Henschel 1914/12532), vormals Nr. PK 15 der Prenzlauer Kreisbahnen. Foto: M. Baumberg, Sammlung Weisbrod

89 6276–6278
Zeichnung:
Merkbuch für
Triebfahrzeuge

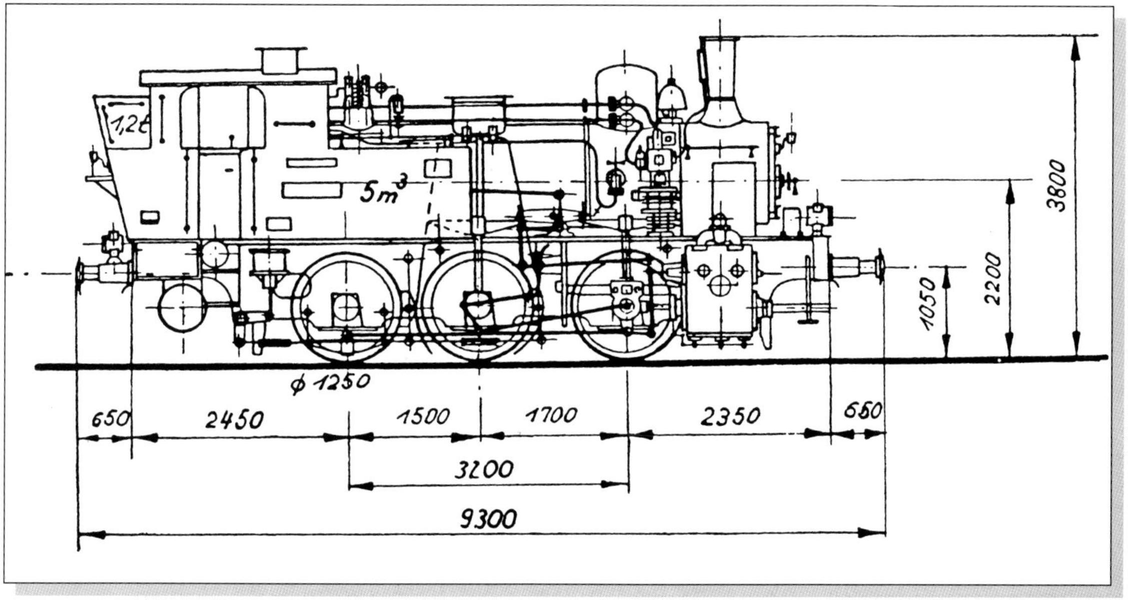

Jahre 1925 nach elf Jahren Betriebseinsatz über die bekannte Schrottfirma Erich am Ende, die als Zwischenhändler fungierte, an die Prenzlauer Kreisbahn, die ihr die Nummer 15 gab, verkauft. Von der Prenzlauer Kreisbahn gelangte die Lok im Jahre 1949 zur Deutschen Reichsbahn und erhielt die Betriebsnummer 89 6276 sowie das Betriebsgattungszeichen Gt 33.12.

Die Lokomotive erinnerte in ihrer Architektur entfernt an die pr. T 3, wich aber in ihren Hauptabmessungen und technischen Daten erheblich von der preußischen Normallok ab. Sie besaß einen durchgehenden Blechrahmen, der zugleich als Wasserkasten diente. Die LüP betrug 9300 mm, der Gesamtachsstand 3200 mm. Der zweite Radsatz diente als Treibradsatz. Die Federn der Kuppelradsätze und die Ausgleichshebel waren über den Rahmenwangen angeordnet. Die Zylinder hatten einen Durchmesser von 430 mm und einen Kolbenhub von 550 mm. Die Schieber waren als Regelkolbenschieber ausgebildet; den Druckausgleich besorgten selbsttätige Druckausgleicher der Bauart Winterthur. Der Kreuzkopf wurde einschienig auf der Gleitbahn geführt; die Steuerung entsprach der Bauart Heusinger. Der Kessel war für einen Betriebsdruck von 12 bar zugelassen und hatte zwischen den Rohrwänden eine Länge von 3500 mm. Der Langkessel bestand aus zwei Schüssen, von denen der vordere, kürzere Schuß den Dampfdom mit dem Ventilregler, der hintere den Sandkasten trug. Der Kessel lag frei über dem Rahmen, so daß der untere Teil des Stehkessels nur leicht eingezogen werden mußte. Der Überhitzer war als Schmidtscher Rauchrohrüberhitzer ausgebildet. Der Stehkesel mit kupferner Feuerbüchse trug auf seinem hinteren Teil das Doppelsicherheitsventil Bauart Ramsbottom in der Wöhlerschen Abwandlung mit großem Ventiluntersatz. Die kurze, preußischen Bauprinzipien entsprechende Rauchkammer stützte sich über einen aus miteinander vernieteten Blechen bestehenden Sattel auf dem Lokrahmen ab. Der konische Schornstein bestand aus einem mit der Rauchkammer verschraubten Unterteil und einem durch Klemmverbindung mit diesem verbundenen, bei Beschädigung leicht auswechselbaren Oberteil.

Der Kessel wurde von zwei Dampfstrahlpumpen gespeist. Das Führerhaus war eine Abwandlung des T 3-Führerhauses; es trug auf dem vorderen Teil des nur leicht gewölbten Daches einen quer zur Fahrtrichtung angeordneten Lüftungsaufsatz. Außer dem Rahmenwasserkasten besaß die Lok noch kurze, rechts und links vor dem Führerhaus befindliche Wasserkästen. Hinter dem Führerhaus war ein Kohlekasten angebracht, der später bei der DR durch einen Aufsatz vergrößert wurde. Die Bremsausrüstung bestand aus der Einkammer-Druckluftbremse Bauart Knorr mit Zusatzbremse und der Exterschen Wurfhebelbremse. Der Hauptluftbehälter war am hinteren Rahmenende quer zur Fahrtrichtung aufgehängt. Die zweistufige Luftpumpe Bauart Knorr hate ihren Platz auf der rechten Seite des Langkessels unmittelbar hinter der Rauchkammer. Der handbetätigte Sandstreuer sandete den Treibradsatz bei Vorwärts- und Rückwärtsfahrt. Der Signalgebung dienten Dampfläutewerk Bauart Latowski (auf dem Kesselscheitel vor dem Dampfdom) und Dampfpfeife preußischer Normalausführung (auf dem Stehkessel vor dem Sicherheitsventil). Die ursprüngliche Petroleumbeleuchtung ist bei der DR durch elektrische Beleuchtung ersetzt worden. Die Lokomotive konnte 5,0 m^3 Wasser und 1,2 t Kohle mitführen. Ihre Höchstgeschwindigkeit betrug 40 km/h. Bedingt durch die etwas ungleichmäßige Verteilung der Radsatzfahrmassen – der vordere Radsatz war mit 12,5 t am höchsten, der hintere mit 11,1 t am geringsten belastet – waren die Laufeigenschaften der Lok nicht überragend, was aber bei der geringen Höchstgeschwindigkeit kaum ins Gewicht fiel. Im Merkbuch der Deutschen Reichsbahn, Ausgaben 1962/64, wurde der Einzelgänger fälschlich in einem Typenblatt mit den Lokomotiven 89 6277 und 89 6278 zusammengefaßt, die von der Altmärkischen Kleinbahn stammten, zwar ebenfalls von Henschel gebaut worden waren, aber eine ganz andere Bauform darstellten. 89 6276 verblieb bis Mitte der sechziger Jahre im Betriebspark der Deutschen Reichsbahn. Zunächst weiter bei der ehemaligen Prenzlauer Kreisbahn im Einsatz, wurde sie jedoch bald ins Oderbruch umgesetzt. 1965 stellte man die Lok in Neu-Rüdnitz ab und musterte sie am 25. Januar 1966 aus, nachdem bereits viele Ausrüstungsteile, wie Luftpumpe, Läutewerk, Dampfpfeife und Druckausgleicher zur Ersatzteilgewinnung abgebaut worden waren.

C h2t

89^{62}

89 6277–89 6279

89 6281

89 6376

Gt 33.12; Gt 33.13

Altm.

Henschel-Kleinbahnlok

1914–1968

Techn. Daten: Seite: 273

Zu denjenigen Privatbahnen, die auch bei Lokomotiven geringerer Leistung an der Nutzung der Vorteile des Heißdampfverfahrens interesssiert waren, gehörte die Kleinbahn Bismark–Gardelegen–Wittingen. Diese in der Altmark gelegene Bahn bestellte im Jahre 1914 bei Henschel & Sohn in Kassel zunächst zwei dreifach gekuppelte Heißdampf-Tenderlokomotiven, die sich konstruktiv, insbesondere in der Ausführung des Laufwerkes, an die pr. T 3 anlehnen sollten. Henschel erfüllte die Forderungen des Bestellers und entwickelte eine Lokomotivbauform, deren Laufwerk und Rahmen tatsächlich fast genau mit den entsprechenden Baugruppen der pr. T 3 übereinstimmten. Das Kasseler Unternehmen lieferte die beiden Lokomotiven der eigens für die Kleinbahn Bismark–Gardelegen–Wittingen entwikkelten Bauform unter den Fabriknummern 13 030 und 13 031 ab. Sie erhielten die Bahnnummern 8 und 9 und nach Eingliederung der Bahn in die Altmärkische Kleinbahn die Nummern 201 und 202 nach dem gemeinsamen Nummernschema der preußischen Provinzialkleinbahnen. 1925 folgte eine weitere baugleiche Maschine unter der Fabriknummer 20 572. Diese Lok trug zunächst die

89 6277 (Henschel 1914/13030), ehemals Nr. 201 der Altmärkischen Eisenbahn. Foto: Fiebig, Sammlung VM Dresden

89 6281
Zeichnung: M. Kratochvíl

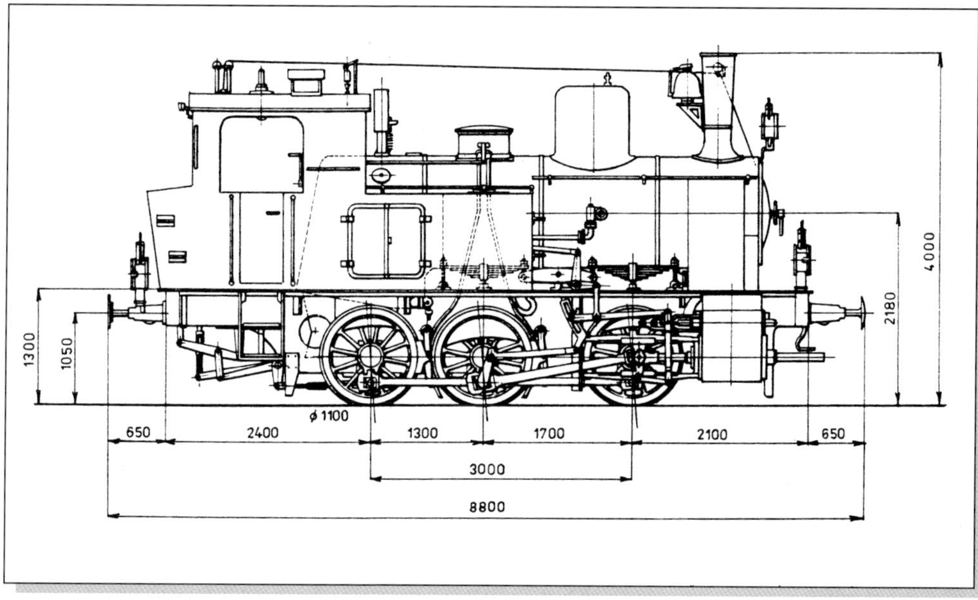

Bahnnummer 10, später die Bahnnummer 203. Im Jahre 1929 lieferte Henschel ein weiteres Exemplar mit der Fabriknummer 21 447, nunmehr direkt an die Altmärkische Kleinbahn als deren Bahnnummer 204. Schließlich folgte 1931 noch eine etwas verstärkte Lok mit der Fabriknummer 21 808, die bei der Altmärkischen Kleinbahn die Bahnnummer 205 erhielt. Die Deutsche Reichsbahn zeichnete die Lokomotiven im Jahre 1949 in 89 6277 bis 89 6279, 89 6281 und 89 6376 um. Ob die Einreihung der ehemaligen Lok 205 der Altmärkischen Kleinbahn in die BR 89^{63} tatsächlich gerechtfertigt war, muß jedoch stark bezweifelt werden, denn diese Maschine unterschied sich äußerlich kaum von ihren Vorgängerinnen.

Die hier vorgestellten C h2t-Lokomotiven werden selbst in neuester Eisenbahnliteratur zu den kleinsten dreifach gekuppelten Tenderlokomotiven gezählt. Das ist jedoch falsch, denn so klein wie mitunter dargestellt waren die Maschinen durchaus nicht. Ihre LüP von 8800 mm übertraf diejenige der pr. T 3 nach M III-4 e, und die Kesselmitte befand sich mit 2100 mm über SO wesentlich höher als bei der preußischen Normallok. Die Lokomotiven besaßen einen Blechrahmen, der gleichzeitig als Wasserkasten diente. Gesamtachsstand von 3000 mm und die Achsstände zwischen erstem und zweitem Radsatz von 1700 mm sowie zwischen zweitem und drittem Radsatz von 1300 mm waren unverändert von der pr. T 3 übernommen worden. Auch der Laufkreisdurchmesser der Räder von 1100 mm war mit demjenigen der pr. T 3 identisch. Radsatzfedern und Ausgleichshebel waren über den Rahmenwangen angeordnet. Der zweite Radsatz wurde angetrieben; wegen des besseren Bogenlaufes waren seine Spurkränze um 10 mm geschwächt. Die Zylinder hatten einen Durchmesser von 400 mm und einen Kolbenhub von 550 mm; die Kolbenschieber entsprachen der Regelbauart. Auf den Schieberkästen befanden sich selbsttätige Winterthur-Druckausgleicher. Der Kreuzkopf wurde zweischienig auf der Gleitbahn geführt. Die Steuerung war nach der Bauart Heusinger ausgeführt. Der Kessel hatte eine Rohrlänge von 2800 mm zwischen den Rohrwänden und war für einen Betriebsdruck von 12 bar zugelassen. Die Heizfläche des Schmidt-Überhitzers betrug 27,8 m^2. Der Langkessel bestand aus zwei Schüssen; der vordere Schuß trug den Dampfdom mit dem Ventilregler, der hintere den Sandkasten. Der Stehkessel nahm eine kupferne Feuerbüchse auf. Die Rostfläche von 1,3 m^2 war recht knapp bemessen. Auf dem Stehkesselscheitel vor dem Führerhaus saß das Sdicherheitsventil Bauart Ramsbottom. Die Rauchkammer entsprach in Ausführung und Ausrüstung preußischer Bauweise. Sie trug einen hohen konischen Schornstein. Ein als Gußstück ausgeführter Rauchkammersattel stellte die Verbindung zwischen Rauchkammer und Lokrahmen her. Der Kessel wurde von zwei Dampfstrahlpumpen Bauart Strube gespeist. Das Führerhaus war demjenigen der pr. T 3 ähnlich. Es trug auf dem vorderen Teil des Daches einen quer zur Fahrtrichtung angeordneten Lüftungsaufsatz. Rechts und links vor dem Führerhaus waren kurze seitliche Wasserkästen angeordnet. Der Kohlevorrat war in einem hinter dem Führerhaus befindlichen recht kleinen Kohlekasten untergebracht. Die Bremsausrüstung bestand aus der Knorr-Druckluftbremse und der Wurfhebelbremse. Die gekuppelten Radsätze wurden einseitig von vorn abgebremst. Die längs zur Fahrtrichtung angeordneten

Hauptluftbehälter hingen links und rechts unter dem Führerhaus in Höhe des dritten Radsatzes. Die zweistufige Knorr-Luftpumpe hatte ihren Platz auf der rechten Kesselseite unmittelbar hinter der Rauchkammer. Der Abdampf der Luftpumpe wurde durch eine besondere, an der Vorderwand des Schornsteins verlegte Abdampfleitung ins Freie geführt. Der handbetätigte Sandstreuer sandete den Treibradsatz von vorn und von hinten. Das Dampfläutewerk Bauart Latowski war auf einer Konsole am Schornstein angebracht. Diese Konsole befand sich jedoch nicht vorn am Schornstein, sondern hinten. Die Dampfpfeife saß auf dem Kesselscheitel zwischen Sandkasten und Sicherheitsventil. Die DR hat die ursprüngliche Petroleumbeleuchtung gegen elektrische Beleuchtung getauscht. Der Dampfturbogenerator Bauart AEG fand seinen Platz auf der linken Seite der Rauchkammer. Anfang der sechziger Jahre erhielten die Lokomotiven noch die dritte Signallaterne für das Dreilicht-Spitzensignal. Die Lokomotiven konnten 4,0 m^3 Wasser und 1,0 t Kohle mitführen. Ihre Höchstgeschwindigkeit betrug 45 km/h.

Im Merkbuch der DR,Ausgaben 1962/64, ist in dem zugehörigen Typenblatt nur die Lok 89 6279 aufgeführt; die Lokomotiven 89 6281 und 89 6376 fehlen. Dagegen hat man die Lokomotiven 89 6277 und 89 6278 fälschlich in das gleiche Typenblatt wie die Lok 89 6276 aufgenommen. Diese irrtümliche Einordnung hat zu mancherlei fehlerhaften Darstellungen in der Literatur beigetragen.

Alle fünf Lok verblieben auch nach ihrer Übernahme durch die Deutsche Reichsbahn in der Altmark. Auslauf-Bw war das Bw Salzwedel. Bereits am 16. Januar 1965 wurde 89 6281 ausgemustert; am 6. Februar 1965 folgte 89 6376. Die verbliebenen 89 6277, 89 6278 und 89 6279 musterte man im Laufe des Jahres 1967 aus. Alle Maschinen sind von 1965 bis 1968 im Raw Halle zerlegt worden.

C n2t; C h2t

$89^{9,\ 62,\ 66}$

89 954

89 6280, 89 6282

89 6676

Gt 33.12; Gt 33.16

verschiedene Bahnen

ELNA 1 und ELNA 4 m. Abw.

1927–1966

Techn. Daten: Seite: 267/274

Im Jahre 1921 hatte der Engere Lokomotivnorm-Ausschuß (ELNA) ein Typenprogramm in wesentlichen Teilen vereinheitlichter Tenderlokomotiven für Klein- und Privatbahnen erarbeitet. Das Typenprogramm enthielt Lokomotiven für 12 und 14 t Radsatzfahrmasse mit den Radsatzfolgen C, 1'C und D sowohl in Naß- als auch in Heißdampfausführung. Bei den C-Kupplern ohne Laufradsatz konnte wahlweise ein Raddurchmesser von 1100 oder 1200 mm angewendet werden, so daß schließlich 6 Grundtypen in insgesamt 16 Varianten zur Verfügung standen, die den Bedarf der Klein- und Privatbahnen an leistungsfähigen, aber hinsichtlich der Beschaffungs- und Unterhaltungskosten nicht zu teuren Lokomotiven auf lange Sicht abdecken sollten. Aufbau der ELNA-Typenreihe siehe Tabelle weiter unten.

Die endgültigen Entwürfe waren von den Firmen Hanomag, Vulcan und Schwartzkopff ausgearbeitet worden.

Die ELNA-Typen waren zwar vereinheitlicht, doch längst nicht so konsequent wie die Einheitslok der DRG. Die Richtlinien für Lokarchitektur oder Rahmenbau hatten den Charakter von Empfehlungen. Verbindlich waren lediglich die technischen Daten, aber auch diese konnten auf Wunsch des Bestellers in gewissen Grenzen variiert werden. Die Verwendung zusätzlicher Baugruppen und Ausrüstungsteile lag im Ermessen des Bestel-

89 954 (O&K 1929/11687), vormals Nr. 1 der Rosenberger Kreisbahn vor dem Expreß Junger Sozialisten in Dresden.
Foto: Hans Müller

Grundtype	Dampfart	Radsatzfahrmasse	Radsatzfolge	Kuppelraddurchmesser
ELNA 1	N	12 t	C	1100 oder 1200 mm
ELNA 1	H	12 t	C	1100 oder 1200 mm
ELNA 2	N	12 t	1'C	1200 mm
ELNA 2	H	12 t	1'C	1200 mm
ELNA 3	N	12 t	D	1100 mm
ELNA 3	H	12 t	D	1100 mm
ELNA 4	N	14 t	C	1100 oder 1200 mm
ELNA 4	H	14 t	C	1100 oder 1200 mm
ELNA 5	N	14 t	1'C	1200 mm
ELNA 5	H	14 t	1'C	1200 mm
ELNA 6	N	14 t	D	1100 mm
ELNA 6	H	14 t	D	1100 mm

lers der Lok. So waren ELNA-Lokomotiven mit zusätzlichen seitlichen Wasserkästen, Kipprost oder Deuta-Geschwindigkeitsmesser gar nicht so selten. Alle denkbaren und tatsächlich ausgeführten Abweichungen anzuführen ist hier nicht möglich. Wir verweisen deshalb auf die entsprechende Spezialliteratur. Trotz aller Abweichungen von den Musterzeichnungen blieb die Grundkonzeption eines bestimmten ELNA-Typs stets gewahrt. Mit der Zeit kristallisierten sich jedoch zwei Bauformen von ELNA-Lokomotiven heraus: Standard-ELNAs und Krauss-ELNAs. Beide Bauformen unterschieden sich nur äußerlich, nicht aber in den wichtigen technischen Daten. Mehr darüber ist bei den Beschreibungen der 1'C- und D-ELNA-Typen nachzulesen.
In manchen Veröffentlichungen wird die Ansicht vertreten, es sei mitunter schwer zu entscheiden, ob es sich bei einer bestimmten Maschine um eine ELNA-Lok handelt. Es existieren aber objektive Kriterien, welche die exakte Einordnung als ELNA-Type ermöglichen. Das sind:

Technische Daten: Die Hauptabmessungen entsprechen im wesentlichen den vom ELNA veröffentlichten Angaben.

Architektur: Die äußere Gestalt entspricht der aus den Musterzeichnungen hervorgehenden Standardausführung oder der von Krauss gewählten Bauform.

Baujahr: ELNA-Lokomotiven sind erstmals im Jahre 1922 gebaut worden.

Werksangaben: Die Lokomotive muß in Fabriknummernverzeichnissen, Firmenkatalogen, Geschäftspapieren oder auf Bauzeichnungen als ELNA-Type oder ELNA-Variante bzw. -Abart gekennzeichnet sein.
Weiterhin ist ins Kalkül zu ziehen, daß bestimmte Lokfabriken, wie z.B. AEG, Borsig, Jung oder Krupp niemals eine

Heizerseite der 1948 von der DR übernommenen 89 954.
Foto: Hans Müller

89 6280 (Hohenzollern 1927/4600) im Jahre 1962 in Nordhausen.
Foto: W. Umlauft, Sammlung Malke

ELNA-Lok gebaut, sondern ihren Kunden stets Eigenentwicklungen, mitunter sogar mit technischen Daten, die denen der ELNA-Lokomotiven gleich oder sehr ähnlich waren, angeboten haben.

Werden die von uns genannten Aspekte berücksichtigt, lassen sich Fehleinordnungen vermeiden, und die Charakterisierung echter ELNA-Lokomotiven als »ELNA-ähnlich« oder »ELNA-Vorstufe« erübrigt sich.

Lokomotiven, die man tatsächlich als ELNA-Vorstufen bezeichnen kann, wurden indessen schon vor dem Ersten Weltkrieg gebaut. Erinnert sei hier beispielsweise an die D n2t-Lok, 1904 von Krauss für die Lausitzer Eisenbahn gebaut, oder an die C n2t von Hohenzollern für die MFWE, welche 1911–1914 entstanden waren (Beschreibung siehe Dampflok-Archiv 5, S. 146 ff. und S. 158 f.). Das ELNA-Typenprogramm des Jahres 1921 war im Grunde lediglich der Schlußpunkt einer bereits umd die Jahrhundertwende angebahnten Entwicklung.

Dies ist der wesentliche Unterschied zum Einheitslokprogramm der DRG von 1925, welches zwar an vorhandene Erfahrungen anknüpfte, aber Lokomotivtypen hervorbrachte, die tatsächlich etwas Neues darstellten.

Unter Berücksichtigung der hier getroffenen Feststellungen sind bei der Darstellung der ELNA-Bauarten einige Korrekturen gegenüber bisherigen Veröffentlichungen unumgänglich. Die ELNA-Typen 1 und 4 waren zwar die in geringster Stückzahl gefertigten Bauarten;aber es wurden nicht nur ein oder zwei bzw. allenfalls vier Exemplare gebaut, wie in der Literatur angegeben wird. Tatsächlich war die Anzahl der gebauten C-ELNA-Lokomotiven mindestens doppelt so hoch.

Den ELNA-Bauarten 1 und 4 entsprachen außer der Lok 8 der Kleinbahn Wilstedt–Zeven–Tostedt (Hanomag 1931/10 672) noch Lok 1« und 2« der Prignitzer Eisenbahn (Linke-Hofmann 1925/3061 und 2859, bei der DRG als 89 911 und 89 912 eingereiht; vgl. Bd. 5, S.176 f.) und eine Lok der Rosenberger Kreisbahn (O & K 1929/11688; C n2t), die nach 1945 zu den PKP kam. Weitere C-ELNAs gelangten zur DR. Bereits 1948 hatte die Reichsbahn die Lok 1 der Rosenberger Kreisbahn (ehemals Nr. 5 dieser Bahn) übernommen und sie in 89 954 umgezeichnet. Die Maschine war 1929 von O & K als Naßdampflok erbaut worden.

Im Umzeichnungsplan vom 12. Dezember 1949 wurden drei weitere C-Kuppler erfaßt, die zweifellos zur ELNA-Bauart gehörten. Das waren Lok 2 der Ruhlaer Eisenbahn (Hohenzollern 1927/4600), die in den Werksunterlagen des Herstellers eindeutig als ELNA-Lok ausgewiesen war und bei der DR in 89 6280 umgezeichnet wurde, sowie Lok 2 der Kleinbahn Gransee–Neuglobsow (O & K 1930/12 159), die die DR-Nummer 89 6282 erhielt. Deren Schwesterlok (O & K 1930/12 158) wurde von der Lehniner Kleinbahn (dort unter der Nr. 02-40 eingesetzt) übernommen und in 89 6676 umgezeichnet. Die Maschine war ursprünglich bei der Kleinbahn Gransee–Neuglobsow als Nr. 1 eingesetzt, aber 1940 von der betriebsführenden Ruppiner Eisenbahn verkauft worden.

Damit sind bisher acht ELNA-Lokomotiven mit der Radsatzfolge C nachgewiesen. 89 6280 war eine ELNA 1 H mit geringen Abweichungen von den Musterzeichnungen; 89 6282 und 89 6676 entsprachen dem Typ 4 H, hatten aber asymmetrisch angeordnete Radsätze und seitliche Wasserkästen. Beide Lokomotiven sind falsch umgezeichnet worden. Da ihre tatsächliche Radsatzfahrmasse 14 t betrug, hätten sie in die BR 89^{64} eingeordnet werden und das Betriebsgattungszeichen Gt 33.14 erhalten müssen. Fast baugleich war 89 954.

Alle C-ELNA-Lokomotiven besaßen einen Blechrahmen mit 20 mm Plattendicke, einen einschüssigen, frei über dem Rahmen liegenden Langkessel und einen T-förmigen, in den Rahmen eingehängten Wasserkasten. Auf ausdrücklichen Wunsch des Bestellers konnten seitliche Wasserkästen angebaut werden. Der verhältnismäßig kurze Stehkessel nahm eine kupferne Feuerbüchse auf. Die LüP betrug bei dem Typ 1 etwa 8700 mm, bei dem Typ 4 dagegen 9475 mm. Der dritte Radsatz war Treibradsatz. Die Zylinder hatten bei dem Typ 1 H einen Durchmesser von 410 mm, bei dem Typ 4 H von 430 mm. Der Kreuzkopf war einschienig geführt, als Steuerung diente die Bauart Heusinger. Das Führerhaus entsprach der üblichen ELNA-Bauform mit gewölbtem Dach und durchgehendem Lüftungsaufbau. Bei dem Typ 1 waren keine Seitenfenster vorhanden. Die Bremsausrüstung wurde entsprechend den Wünschen des Bestellers ausgeführt; die von der DR übernommenen Lokomotiven besaßen die Knorr-Druckluftbremse. Die Sondereinrichtungen wurden ebenfalls nach den Vorgaben des Bestellers gestaltet. Augenfällig ist, daß keine der gebauten C-ELNAs in allen Details den Musterzeichnungen entsprach. Beispielsweise besaßen die Lokomotiven 89 6282, 89 6676 und 89 954 außer den seitlichen Wasserkästen abweichende Kesselaufbauten. Hinter dem für die Typen 1 und 4 eigentlich nicht vorgesehenen Speisedom waren Dampfdom und Sandkasten angeordnet. 89 6280 hatte Zylinder von nur 375 mm Durchmesser; der Raddurchmesser betrug nur 1000 mm. Die Laufeigenschaften der C-Kuppler sollen nicht befriedigt haben, weshalb man die Maschinen vorwiegend im Rangierdienst verwendete. 89 6282 und 89 6676 verblieben nach ihrer Übernahme durch die DR an ihren angestammten Einsatzorten, 89 6280 wurde zum Bw Nordhausen umbeheimatet. Dort hat man sie am 15. April 1965 ausgemustert. Für 89 6282 kam der Ausmusterungsbescheid am 16. Februar 1966. 89 6676 wurde nicht, wie es in einigen Quellen heißt, bereits im Oktober 1951 ausgemustert, sondern stand bis 1963 im Dienst der DR. Im gleichen Jahr hat man die Lok an das Baustoffkombinat Bitterfeld, Werk Bad Köstritz, abgegeben. Dort war sie noch einige Jahre als Werklok 2 im Einsatz. 89 954 war Rangierlok beim Bw Dresden-Altstadt und wurde im Januar 1966 an die Zellstoff- und Papierfabrik Krossen verkauft.

C n2t

89^{63}

89 6301

Gt 33.13

Lehn. KB

Hohenzollern-Typenlok

1911–1964

Techn. Daten: Seite: 274

Von der Lehniner Kleinbahn übernahm die DR im Jahre 1949 eine dreifach gekuppelte Naßdampf-Tenderlokomotive, welche die Lokomotivfabrik Hohenzollern im Jahre 1911 unter der Fabriknummer 2723 gebaut hatte. Die Maschine hatte die Betriebsnummer 02–20 nach dem Nummernplan des Landesverkehrsamtes Brandenburg getragen. Die Deutsche Reichsbahn gab ihr die Betriebsnummer 89 6301 und das Betriebsgattungszeichen Gt 33.13. Die Lokomotive gehörte zu einer Bauform, welche Hohenzollern in Werkskatalogen für den Einsatz auf Nebenbahnen empfohlen hatte. Drei fast gleiche Maschinen waren bereits im Jahre 1941 mit der Übernahme der MFWE zur DRG gelangt und hatten die Betriebsnummern 89 941, 89 942 und 89 952 erhalten (vgl. Dampflok-Archiv Bd. 5, S. 158 ff.). 89 6301 besaß einen genieteten Blechrahmen mit eingebautem Wasserkasten. Die Federn des ersten und zweiten Kuppelradsatzes waren oberhalb des Rahmenwasserkastens angeordnet und durch Längsausgleichshebel miteinander verbunden. Die Achsstände zwischen erstem und zweitem sowie zwischen zweitem und drittem Radsatz waren gleich. Das war insofern bemerkenswert, als in den Jahren bis zum Ersten Weltkrieg und auch später noch zahlreiche Bahnverwaltungen, aber auch manche Lokomotivhersteller Vorurteile gegenüber symmetrischen Laufwerken bei kleinrädrigen Dreikupplern mit Achsständen zwischen 2700 und 3500 mm hegten. Ursache derartiger Ansichten war wohl weniger die Befürchtung, daß sich ein symmetrisches Laufwerk nachteilig auf den Oberbau auswirken könnte, als vielmehr die Tatsache, daß sich das Laufwerk der pr. T 3 mit seinen asymmetrisch angeordneten Radsätzen tausendfach bewährt hatte. Von den drei Radsätzen diente der zweite als Treibradsatz; der Laufkreisdurchmesser der Räder betrug 1200 mm. Die Zylinder mit 430 mm Durchmesser und 550 mm Kolbenhub waren waagerecht angeordnet. Als Schieber dienten Kolbenschieber. Die Steuerung war eine Heusinger-Steuerung, wich jedoch in einigen Bauteilen (Steuerwelle, Schwinge, Schieberschubstange) von der gewöhnlichen Ausführung ab. Der Kreuzkopf wurde einschienig auf der Gleitbahn geführt. Alle Stangenlager waren nachstellbar. Der für einen Betriebsdruck von 12 bar ausgelegte Kessel war vollständig genietet. Der Langkessel bestand aus zwei Schüssen, von denen der vordere den Dampfdom mit dem Regler, der hintere den Sandkasten trug. Der Stehkessel mit kupferner Feuerbüchse stützte sich auf dem Rahmen ab. Der Kesselspeisung dienten zwei Dampfstrahlpumpen. Das Doppelsicherheitsventil Bauart Ramsbottom saß auf dem Stehkesselscheitel vor der Führerhausvorderwand. Ausführung und Ausrüstung der Rauchkammer entsprachen preußischer Bautradition. Die Rauchkammer war durch einen stabilen Rauchkammerträger mit dem Vorderteil des Rahmens verbunden. Das Führerhaus besaß ein stark gewölbtes Dach ohne Lüftungsaufsatz. Seitliche Fenster waren nicht vorhanden; trotzdem waren, bedingt durch die großen vorderen und hinteren Frontfenster, ausreichende Sichtverhältnisse gewährleistet. Rechts und links vor dem Führerhaus war je ein Kohlekasten angeordnet. Die Lokomotive

besaß Knorr-Druckluftbremse und Extersche Wurfhebelbremse. Zweiter und dritter Radsatz wurden einseitig von vorn abgebremst. Rechtsseitig neben der Rauchkammer war die zweistufige Luftpumpe der Bauart Knorr angebracht. Der Hauptluftbehälter hing quer zur Fahrtrichtung am hinteren Rahmenende unter dem Führerhaus. Der handbetätigte Sandstreuer sandete den Treibradsatz von vorn und hinten. Dampfläutewerk Bauart Latowski (auf der Rauchkammer vor dem Schorntein) und Dampfpfeife preußischer Normalausführung (auf dem Dach des Führerhauses) dienten der Signalgebung. Die Beleuchtung bestand ursprünglich aus Petroleumlampen; die Deutsche Reichsbahn hat elektrische Beleuchtung nachgerüstet.
Zweifellos gehörte der hier vorgestellte Hohenzollern-Nebenbahntyp zu denjenigen Bauarten, welche Anfang der zwanziger Jahre zum Vorbild für die Konstruktion der C-gekuppelten ELNA-Typen 1 und 4 wurden.
89 6301 war bei der DR fast ausschließlich im Verschiebedienst eingesetzt. Am 31. Mai 1964 wurde sie ausgemustert.

C n2t

89^{63}

89 6302 und 89 6304

Gt 33.13

KMT

Borsig-Privatbahntyp

1912–1965

Techn. Daten: Seite: 275

Von der Königswusterhausen–Mittenwalde–Töpchiner Eisenbahn kamen im Jahre 1949 zwei dreifach gekuppelte Naßdampf-Tenderlokomotiven mit 13 t Radsatzfahrmasse zur DR, denen im Umzeichnungsplan vom 12. Dezember 1949 die Reichsbahn-Betriebsnummern 89 6302 und 89 6304 zugeteilt wurden. Bei der KMT hatten sie die Bahnnummern 4 und 9 getragen. Die Lok waren 1912 bzw. 1913 von Borsig unter den Fabriknummern 8345 und 8511 gebaut worden. Die Firma Vering und Waechter hatte die Maschinen ursprünglich für die Rixdorf–Mittenwalder Eisenbahn beschafft, wo sie unter den Bahnnummern 8 und 9 eingesetzt gewesen waren. Lok 8 wurde bereits 1936 an die KMT verkauft, Lok 9 gelangte erst 1945 dorthin. Die Lokomotiven ähnelten in Konstruktion und technischen Daten dem Borsig-Werkloktyp mit 350 PS Nennleistung, unterschieden sich aber von jener Bauform durch den höher über SO liegenden Kessel und den hinter dem Führerhaus angeordneten Kohlekasten. Obgleich Rahmen und Laufwerk von der pr. T 3 abgeleitet waren, hatten die Maschinen mit der preußischen Normallokomotiven nur entfernte Ähnlichkeit. Durch den hochliegenden Kessel wirkten sie wesentlich gedrungener. Der Rahmen der Lokomotiven war als Blechrahmen mit eingebautem Wasserkasten ausgebil-

89 6302 (Borsig 1912/8345), vormals Nr. 4 der Königs Wusterhausen-Mittenwalde-Töpchiner Kleinbahn. Foto: G. Illner, Sammlung Grundmann

89 6304 (Borsig 1913/8511) am 05.09.1965 in Neu Rüdnitz. Foto: Hans Müller

det. Um die Mitführung etwas größerer Wasservorräte zu ermöglichen, hatte man jedoch Teile des Rahmenwasserkastens über die Rahmenwangen hochgezogen. Die Blattfedern des ersten und zweiten Radsatzes waren über diesen Behälterteilen angeordnet. Das Laufwerk mit asymmetrischem Achsstand der drei Radsätze entsprach demjenigen der pr. T 3. Treibradsatz war der zweite Radsatz. Die Zylinder hatten einen Durchmesser von 380 mm und einen Kolbenhub von 550 mm. Als Schieber dienten Flachschieber preußischer Regelausführung. Die Maschinen besaßen zweischienig geführte Kreuzköpfe; die Steuerung entsprach der Bauart Allan. Der Kessel war nach preußischen Normen gebaut und ausgerüstet. Der Langkessel bestand aus zwei Schüssen, von denen der vordere den Dampfdom mit dem Flachschieberregler, der hintere den Sandkasten trug. Der Stehkessel stand auf dem Rahmen und nahm eine kupferne Feuerbüchse auf. Die Rauchkammer war von der pr. T 3 nach Musterblatt III-4 p übernommen; der Rauchkammerträger war jedoch wegen der höheren Kessellage über SO nach unten verlängert. Das recht geräumige Führerhaus mit großen ovalen Stirnfenstern, bis fast unter die Dachklante reichenden Seitenfenstern und nur schwach gewölbtem Dach war eine von Borsig werksseitig genormte Baugruppe, die in gleicher Form auch bei den sehr ähnlichen C-Tenderlokomotiven der Teltower Eisenbahn und den ebenfalls konstruktiv verwandten Maschinen der Reinickendorf–Liebenwalde–Groß Schönebecker Eisenbahn verwendet worden war. Die Lokomotiven besaßen Knorr-Druckluftbremse und Wurfhebelbremse. Die gekuppelten Radsätze wurden einseitig von vorn abgebremst. der handbetätigte Sandstreuer sandete den zweiten und dritten Radsatz. Dampfpfeife und Läutewerk entsprachen der preußischen Regelausführung. Die Beleuchtung bestand ursprünglich aus Petroleumlampen; die DR hat elektrische Beleuchtung mittels Dampfturbogenerator Bauart AEG nachgerüstet. Ebenso wurden die Stangenpuffer gegen Hülsenpuffer getauscht. Die Lokomotiven waren für eine Höchstgeschwindigkeit von 45 km/h zugelassen. Im Jahre 1965 sind 89 6302 und 89 6304 ausgemustert worden.

C n2t

89^{63}

89 6305

Gt 33.13

OHKB

Typ Thüringen m. Abw.

1914–1957

Techn. Daten: Seite: 275

Im Jahre 1949 übernahm die Deutsche Reichsbahn mit dem Lokomotivpark der ehemaligen Privatbahnen außer ca. 100 Maschinen der Grundbauart pr. T 3 zahlreiche weitere C-gekuppelte Naßdampflokomotiven, die zwar im Aussehen und in den technischen Daten den verschiedenen Bauformen der preußischen Normaltenderlokomotiven mehr oder weniger ähnelten, aber dennoch keine T 3 waren. Zu diesen Bauformen zählte auch der Henschel-Typ »Thüringen«, eine C n2t-Lokomotive mit 12,2 t mittlerer Radsatzfahrmasse. Diese Typenlok, die für Werkbahnen und Privatbahnen des öffentlichen Verkehrs entwickelt worden war, wird in der Literatur fast stets mit dem Typ »Bismarck« (neue Ausführung) verwechselt. Beide Typen waren sich tatsächlich sehr ähnlich; doch besaß der Typ »Bismarck« einen größeren Kessel und eine mittlere Radsatzfahrmasse von 14 t. Noch ein Unterschied zwischen dem Typ »Bismarck neu« und dem Typ »Thüringen« ist zu nennen: Lokomotiven des Typs »Bismarck«, besonders diejenigen jüngeren Baudatums, besaßen meist Zylinderblöcke mit Kolbenschiebern; bei Maschinen vom Typ »Thüringen« waren dagegen fast ausnahmslos Flachschieber eingebaut. Dieses Unterscheidungsmerkmal war allerdings von wesentlich geringerer Relevanz als die beiden erstgenannten. Eine Maschine, die in allen Details der in den Henschel-Werkskatalogen angebotenen Bauform des Typs »Thüringen« entsprach, kam erst 1953 zur DR. Das war die in 89 6034 umgezeichnete ehemalige Werklok 89 0001 der Solvay-Werke, welche bei der Reichsbahn später noch einen Schlepptender erhielt. Doch bereits 1949 hatte die DR von den OHKB eine C n2t übernommen, welche dort die Bahnnummer 6 getragen hatte. Diese Lok war im Jahre 1914 von Henschel & Sohn unter der Fabriknummer 12 900 erbaut worden.Die Maschine entsprach weitgehend dem Typ »Thüringen« und wich in den technischen Daten nur wenig von der in Werkskatalogen angebotenen Bauform ab. Der größte äußerlich sichtbare Unterschied zur normalen Ausführung des Typs »Thüringen« bestand darin, daß die Maschine ab Werk einen hinter dem Führerhaus angeordneten Kohlekasten besaß. Solche Abweichungen aufgrund von speziellen Wünschen der Besteller waren nichts Außergewöhnliches. Beispielsweise stellte die Firma Jung, deren vergleichbarer Typ »Pudel« normalerweise einen hinteren Kohlekasten besaß, auf Wunsch auch derartige Maschinen als Seitentenderlok her. Ob die Lok B-Sp 6 der OHKB allerdings tatsächlich eine größere Radsatzfahrmasse als die Normalausführung des Typs »Thüringen« hatte, wie man aus der ihr von der DR zugeteilten Betriebsnummer 89 6305 und dem Betriebsgattungszeichen Gt 33.13 schließen muß, sei dahingestellt.

Um bauliche Besonderheiten, die an anderer Stelle bereits erwähnt worden sind, nicht unnötigerweise zu wiederholen, verweisen wir diesbezüglich auf die Beschreibung der C n2t 89 6034. An dieser Stelle ist noch hinzuzufügen, daß bei 89 6305 auch folgende weitere Details von der gängigen Ausführung des Typs »Thüringen« abwichen bzw. darauf hindeuteten, daß die Lok zu den ältesten Maschinen dieser Bauform gehörte: Das Kesselsicherheitsventil war als Federwaag-Ventil ausgebildet. Das Führerhausdach trug auf dem hinteren Teil einen quer zur Fahrtrichtung angeordneten Lüftungsaufsatz (normalerweise war der Aufsatz etwa in Dachmitte angeordnet). Das Dampfläutewerk Bauart Latowski war auf einer hohen, auf dem Kesselscheitel vor dem Sicherheitsventil befindlichen Konsole angebracht. Der Hauptluftbehälter für die nachgerüstete Knorr-Druckluftbremse hatte seinen Platz auf dem linken Umlaufblech. Die DR hat die Maschine mit elektrischer Beleuchtung versehen; der Dampfturbogenerator Bauart AEG wurde auf der linken Seite der Rauchkammer neben dem Schornstein angebracht.

89 6305 schied bereits 1957 aus dem Betriebspark der Deutschen Reichbahn aus. Im Kaliwerk Volkenroda war sie danach noch für einige Jahre als Werklok 3 eingesetzt.

C n2t

89^{63}

89 6306

Gt 33.13

N.L.E.

1915–1965

Techn. Daten: Seite: 269

Die Lokomotive ist im September 1915 mit der Fabriknummer 7886 von Orenstein & Koppel als »Commissionsnummer 1097« an Lenz & Co. für die Eisenbahn Lissa–Krehlau in Schlesien als Bahnnummer 1 geliefert worden. Von 1915 bis zum April 1945 lief sie als Bahn-Nr. 1 auf der Kleinbahn Lissa–Guhrau–Steinau und kam am 14.04.1945 zum Bw Luckau der Niederlausitzer Eisenbahn-Gesellschaft, die sie unter der Bahnnummer 21^{II}, später als 21 c einordnete. Die N.L. E. hat die Lokomotive von 1947 bis 1950 an die Brabag Benzinverflüssigung Schwarzheide vermietet und erhielt sie vermutlich gegen Ende 1949 zurück. Für den 03.01.1950 ist eine Schadgruppe L 4 im Betriebsbuch vermerkt. Bis Anfang 1951 verblieb die Lokomotive beim Bw Luckau und ging Anfang 1951 auf das Bw Riesa über. Diese Dienststelle hat die Maschine bis Anfang 1953 an das Stahlwerk Gröditz verliehen, bekam sie im Februar 1953 zurück und übergab sie dem Raw Chemnitz zur Schadgruppe L 3. Im Bw Riesa war die Lokomotive bis zum November 1956 beheimatet, erhielt 1954 eine L 2 und 1955 eine L 0 im Bw Nossen und schließlich vom 28.03. bis 31.05.1956 eine L 4 im Raw Karl-Marx.Stadt. Das Bw Riesa vermietete die Lokomotive noch von Anfang Dezember 1956 bis Ende Januar 1957 an das Stahl- und Walzwerk Riesa und gab sie dann an das Bw Dresden-Altstadt ab. Auch hier wurde die Maschine, wenn sie nicht kalt abgestellt war, gelegentlich verliehen, so an das Bw Pirna oder an den Dresdener Schlachthof. Im letzten Quartal des Jahres 1958 war sie »Leihlok« beim Bw Dresden-Friedrichstadt und kam am 27.04.1959 zum Bw Karl-Marx-Stadt Hbf. Vom 05.04.1960 bis 31.07.1960 bekam die Lokomotive im Raw Karl-Marx-Stadt noch eine Schadgruppe L 3, wurde ab 01.08.1960 beim Bw Karl-Marx-Stadt Hbf als »Gerät« geführt und diente im Bw als Verschublok. Das Abstellen am 30.05.63 mit Warten auf eine Schadgruppe L 4 nützte nichts, denn die z-Stellung erfolgte am 09.07.1964. Auf Antrag vom 15.05.1965 der Rbd Dresden wurde die Lokomotive lt. Verfügung 171/65 am 02.07.1965 ausgemustert und anschließend zerlegt.

Das Betriebsbuch nennt an Bauartänderungen das Anbringen von zwölf Achslagergleitplatten aus Gußeisen am 31.03.1953 im Raw Chemnitz, das Anbringen der Blitzpfeilschilder am 31.05.1956 ebenfalls im Raw Karl-Marx-Stadt (wie es damals hieß) und hartverchromte Gleitbahnen, die am 05.09.1958 im gleichen Ausbesserungswerk angefertigt worden sind. Der Originalkessel blieb bis zur Ausmusterung erhalten, jedoch erhielt er am 25.08.1958 im Raw Karl-Marx-Stadt eine Stahlfeuerbüchse und am 13.07.1960 im Raw Halle einen Stehkessel in Schweißausführung und einen Bodenring mit einer Nietlochreihe.

Die 89 6306 gehört zur Gattung der pr. T 3 Normalbauart in verstärkter Ausführung, wie sie ab 1903 geliefert worden ist. Durch den auf 5 m^3 vergrößerten Wasservorrat und den Kohlevorrat von 1,9 t besaß sie eine Kuppelradsatzfahrmasse von 12 t, für die das Musterblatt III-4 p verbindlich war. Bei der Deutschen Reichsbahn erhielt die Lokomotive elektrische Beleuchtung durch einen links neben dem Schornstein angeordneten Generator und linksseitig einen trapezförmigen Aufsatz auf den Kohlekasten, um den Brennstoffvorrat zu vergrößern. Der größere Kohlevorrat rechtfertigt sicher nicht das von der DR vergebene Gattungszeichen Gt 33.13. Es hätte korrekterweise Gt 33.12 lauten müssen.

89 6306 (O&K 1915/7886), ehemals Nr. 21 c der Niederlausitzer Eisenbahn.
Foto: Sammlung Grundmann

C n2t

$89^{63, 64}$

89 6310 (89 6311)

89 6404

Gt 33.13; Gt 33.14

Sch.-M; RE

Bismarck (neu)

1913–1964

Techn. Daten: Seite: 275

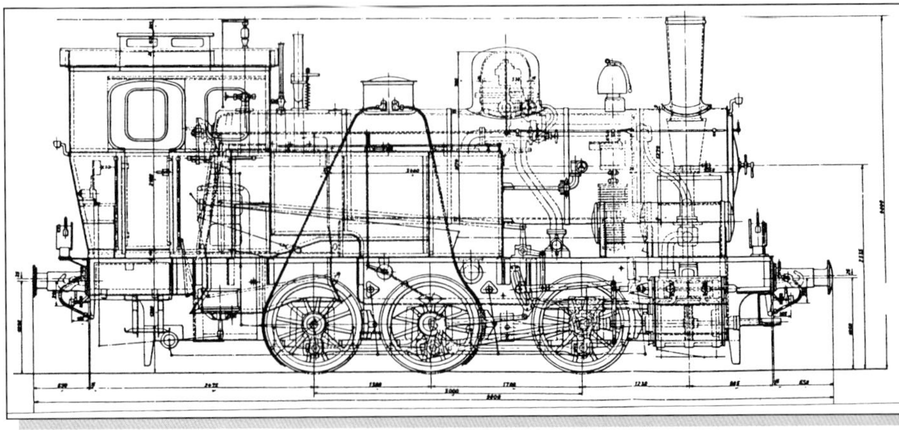

89 6310
Zeichnung: Henschel, Sammlung Weisbrod

Unter den zahlreichen Typenlokomotiven, welche die Firma Henschel & Sohn für den Einsatz bei Werkbahnen und Privatbahnen des öffentlichen Verkehrs entwickelt hatte, befand sich eine dreifach gekuppelte C n2t mit 14,3 t mittlerer Radsatzfahrmasse. Die Lokomotive ähnelte etwas der pr. T 3, besaß aber einen wesentlich größeren Kessel. Dieser Typ »Bismarck«, der bereits vor dem Ersten Weltkrieg konstruiert worden war, ist noch Anfang der vierziger Jahre mit nur geringen Veränderungen gegenüber der Ursprungsausführung gefertigt worden. Er darf nicht mit der C n2t-Lokomotive gleicher Bezeichnung mit nur 10 t Radsatzfahrmasse, die Henschel für die Kleinbahnen der preußischen Provinz Sachsen konstruiert hatte, verwechselt werden. Obgleich der Typ »Bismarck« (neu) in hoher Zahl bei deutschen und ausländischen Privatzbahnen und Industriebahnen eingesetzt war, gelangten im Jahre 1949 nur zwei derartige Lokomotiven zur Deutschen Reichsbahn. Die ältere der beiden Maschinen war 1913 gebaut worden und trug die Henschel-Fabriknummer 11 942. Bei der Ruppiner Eisenbahn, aus deren Bestand die Lok stammte, hatte sie die Bahnnummer 21 getragen. Laut Henschel-Lieferliste war die Maschine ursprünglich von der Bergbaugesellschaft Societé Mines de Fer bestellt worden. Nach Angaben in der Literatur soll sich dieser Betrieb irgendwo in Belgien befunden haben. Diese vage Vermutung läßt allerdings auch die Möglichkeit offen, daß es sich bei dem Besteller um ein französisches Unternehmen gehandelt haben könnte. Auch steht nicht fest, ob die Lok überhaupt an den Besteller ausgeliefert wurde; denn bereits 1914 wurde sie von der KED Essen übernommen, mit der

89 6310 im Jahre 1961 im Bw Leipzig Hbf Süd.
Foto: G. Otte, Sammlung Grundmann

89 6311 (Henschel 1936/23061) wurde von der Torgauer Hafenbahn 1981 übernommen. Foto: Reiner Scheffler

Gattungsbezeichnung T 3 versehen und als Werklok eingesetzt. 1920 verkaufte die Reichsbahn die Maschine an die Ruppiner Eisenbahn. Die DR gab ihr im Jahre 1949 die Betriebsnummer 89 6404 und das Betriebsgattungszeichen Gt 33.14. Die zweite durch die DR übernommene Lok vom Typ »Bismarck« (neu) stammte von der Kleinbahn Schildau–Mockrehna. Sie hatte bei dieser Bahn zunächst die Nummer 1, später die Nummer 253 getragen. Ihr Baujahr war 1931, ihre Fabriknummer lautete 21 846. Die DR zeichnete diese Maschine in 89 6310 um und gab ihr das Gattungszeichen Gt 33.13, das jedoch später in Gt 33.14 korrigiert wurde. Die fehlerhafte Ordnungsnummer behielt die Lok jedoch bis zur Ausmusterung.

Bereits 1948 hatte die DR eine C n2t sehr ähnlicher Bauform übernommen und in 89 955 umgezeichnet. Diese Lok ist wegen ihrer abweichenden Baumerkmale und ihrer lokomotivgeschichtlichen Bedeutung gesondert beschrieben.

Die Lokomotiven des Typs »Bismarck« (neu), die in Werkskatalogen auch unter dem Codewort »bieke« angeboten wurden, besaßen einen von der vorderen bis zur hinteren Pufferbohle durchlaufenden, mit Querversteifungen versehenen Blechrahmen. Die LüP der Maschinen betrug 9200 mm, der Gesamtachsstand 3000 mm. Alle Kuppelradsätze waren fest im Rahmen gelagert. Der zweite Kuppelradsatz wurde angetrieben. Die Räder hatten einen Laufkreisdurchmesser von 1100 mm. Die Zylinder waren waagerecht angeordnet und besaßen einen Durchmesser von 430 mm; der Kolbenhub betrug 550 mm. Lokomotiven älterer Baujahre waren meist mit Flachschiebern ausgerüstet (derartige Schieber hatte auch 89 6404); ab Anfang der 30er Jahre wurden vorwiegend (aber nicht ausschließlich) Kolbenschieber und Winterthur-Druckausgleicher verwendet. Der in Nietbauweise gefertigte Kessel besaß eine feuerberührte Verdampfungsheizfläche von etwa 90 m². Der Langkessel bestand aus zwei Schüssen. Der vordere Langkesselschuß trug den Dampfdom mit dem Regler, der bei den Maschinen der Erstlieferungen als Flachschieberregler ausgebildet war, bei Lokomotiven jüngerer Jahre aber durch einen Ventilregler ersetzt wurde. Der zweite Langkesselschuß trug den Sandkasten. Auch an der Form dieses Ausrüstungsteils konnte man Maschinen älteren und jüngeren Baudatums voneinander unterscheiden. Bis Anfang der dreißiger Jahre verwendete Henschel eckige Sandkästen unterschiedlicher Größe; danach gebaute Lokomotiven vom Typ »Bismarck« erhielten runde Sandkästen. Der Stehkessel mit glatter Decke trug auf seinem Scheitel die Sicherheitsventile. Verwendet wurden unterschiedliche Bauarten von Sicherheitsventilen. Es gab Bismarck-Lokomotiven mit Federwaag-Ventilen, mit Ramsbottom-Ventilen und solche mit Pop-Ventilen. 89 6310 und 89 6404 besaßen Sicherheitsventile der Bauart Ramsbottom. Die Feuerbüchse bestand aus Kupfer; ab Ende der dreißiger Jahre baute man Stahlfeuerbüchsen ein. Die Rauchkammer war verhältnismäßig kurz und stützte sich über einen stabilen Rauchkammerträger auf dem Lokrahmen ab. Sie trug einen konischen Schornstein ähnlich demjenigen preußischer Normaltenderlokomotiven. Der Kessel wurde meist von zwei Dampfstrahlpumpen Bauart Strube gespeist; es gab jedoch auch Maschinen mit Friedmann-Pumpen. Das Führerhaus mit im unteren Teil abgeschrägter Rückwand und Lüftungsaufsatz oder Dachlüftungsklappe besaß in der Regel keine Seitenfenster. Es war eine werksseitig genormte Baugruppe, die in völlig gleicher Form und mit identischen Abmessungen auch bei Lokomotiven der Typen »Thüringen« und »Oberhessen« Verwendung fand. Die Maschinen besaßen relativ kurze seitliche Wasserkästen. Wie bei anderen Henschel-Typenlokomotiven auch, konnten beim Typ »Bismarck« werksseitig unterschiedliche

Bremsbauarten entsprechend den speziellen Wünschen der Besteller eingebaut werden. 89 6310 und 89 6404 hatten Knorr-Druckluftbremse mit Zusatzbremse und die Extersche Wurfhebelbremse. Zweiter und dritter Radsatz wurden einseitig von vorn abgebremst. Der Sandstreuer sandete den Treibradsatz von vorn und hinten. Der Signalgebung dienten Dampfpfeife und Dampfläutewerk Bauart Latowski. Bei 89 6404 saß das Läutewerk, wie für den Typ »Bismarck« normalerweise vorgesehen, auf dem Kesselscheitel hinter dem Sandkasten; bei 89 6310 war das Läutewerk auf der Rauchkammer angebracht. Die DR hat die ursprüngliche Petroleumbeleuchtung durch elektrische Beleuchtung ersetzt; der Dampfturbogenerator fand auf der Rauchkammer neben dem Schornstein seinen Platz. Die Lokomotiven konnten 4,0 m^3 Wasser und 1,3 t Kohle mitführen. Ihre indizierte Leistung betrug 400 PS, ihre Höchstgeschwindigkeit 45 km/h.
89 6310 verblieb bis Anfang 1961 im Einsatzbestand der DR; im Juli 1961 wurde die Lok an das Kaliwerk »Werra« in Merkers/Rhön verkauft und war dort noch einige Jahre als Werklok 21 eingesetzt. 89 6404 gelangte im Jahre 1960 zur ehemaligen Kleinbahn Neuhaus (Elbe)–Brahlstorf. Dort wurde sie sowohl im Verschiebe- als auch im Zugdienst verwendet. Am 22. Februar 1964 kam für 89 6404 der Ausmusterungsbescheid.
Wer von den deutschen Eisenbahnfreunden den Henschel-Typ Bismarck (neu) und seine Verwandtschaft noch nicht kannte, hatte im Jahre 1982 ausreichend Gelegenheit, das nachzuholen. Damals stellte die Rbd Erfurt zunächst vor dem Hauptbahnhof und dann auf dem Westbahnhof eine C n2t aus, die die Betriebsnummer 89 6311 trug. Die Maschine war jedoch niemals bei der DR im Einsatz gewesen, sondern stammte von der Torgauer Hafenbahn. Ihre Geschichte ist im Einleitungsteil unter der Überschrift »Die letzte Privatbahnlok« geschildert.

C n2t

89^{64}

89 6401

Gt 33.14

Arn.-I.

pr. T 7

1890–1956

Techn. Daten: Seite: 276

Die von der Thüringischen Eisenbahn gebaute Strecke zwischen Neudietendorf (Strecke Erfurt–Eisenach) und Arnstadt ließ die Interessen der im Tal der Gera ansässigen umfangreichen Industrie unberücksichtigt. Nach den Plänen eines »Tramway-Bahn-Comitees aus dem Jahre 1884 sollte eine 1000 mm-Schmalspurbahn zwischen Arnstadt und Ichtershausen über Rudisleben gebaut werden. Weil keine Einigung über die Finanzierung erzielt werden konnte, scheiterte das Projekt. Erst Verhandlungen mit der Centralverwaltung für Secundairbahnen Herrmann Bachstein führten zum Erfolg. Als normalspurige Bahn konnte die Strecke am 13.12.1885 eröffnet werden. 1895 ging die Strecke in den Besitz der Süddeutschen Eisenbahn-Gesellschaft (SEG) über, die Betriebsführung verblieb aber bei Herrmann Bachstein bis zum Ablauf der Vertrages am 31. 3. 1921. Zum 1. 4. 1921 übernahm die SEG die Betriebsführung.
Die SEG hatte 1922 von der DRG die pr. T 7 mit der Bahnnummer BERLIN 6824 erworben, die Hohenzollern 1890 mit der Fabriknummer 558 gebaut hatte. Die Lokomotive war von der SEG auf der

89 6401 (Hohenzollern 1890/558), ehemalige Nr. 372 der Arnstadt-Ichtershausener Eisenbahn.
Foto: Wiegner, Sammlung Weisbrod

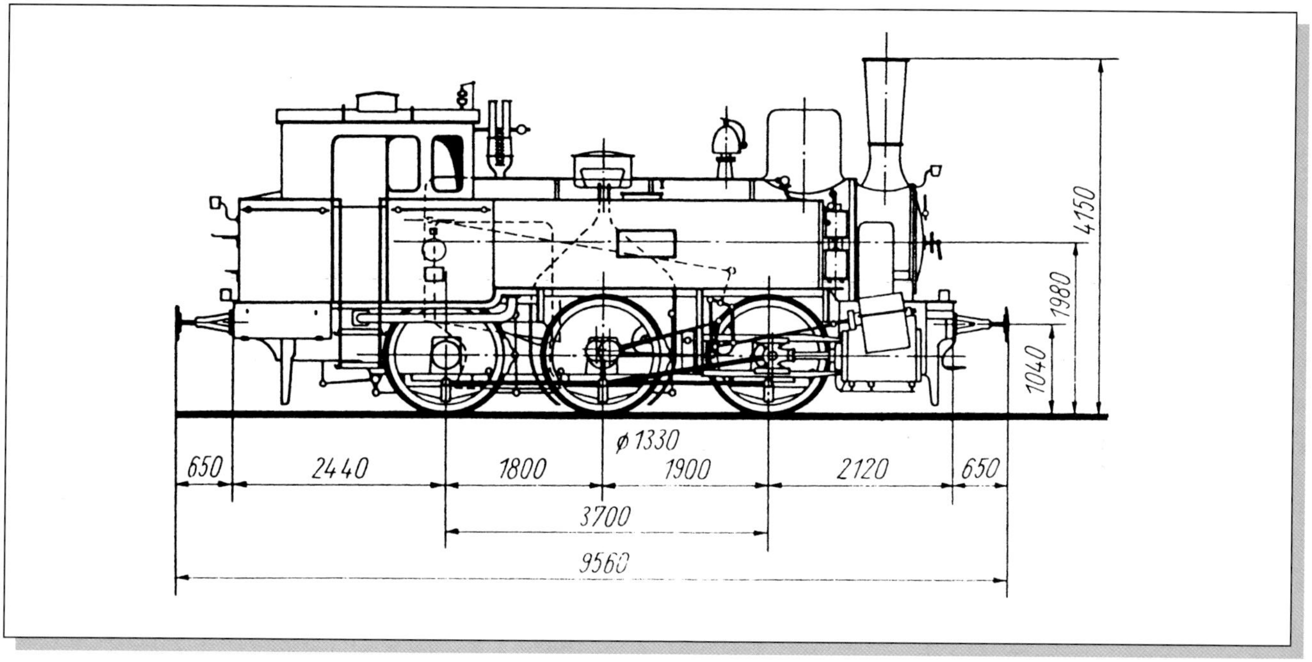

89 6401 (pr. T 7)

Bregtalbahn mit der Bahnnummer 372 eingesetzt worden und ist, um dem Lokomotivmangel abzuhelfen, ab 23.3.1938 auf der Strecke Arnstadt–Ichtershausen zum Einsatz gekommen. Sie war bis zur Übernahme der Bahn durch die DR beim Lokbahnhof Ichtershausen beheimatet und erhielt von Januar bis März 1950 im Raw Chemnitz eine Schadgruppe. Vom 19. 3. bis 14. 6. 1950 gehörte die Lokomotive zum Bestand des Bw Arnstadt, war dann bis zum 21. 7. 1950 dem Bw Gotha zugeteilt, mußte aber im gleichen Jahr nochmals die Heimatdienststelle wechseln. Ab 23. 7. 1950 war sie beim Bw Sangerhausen beheimatet, wo sie bis zum ihrem Verkauf an die Industriebahn Erfurt im Januar 1956 verblieb. Von Oktober 1953 bis Januar 1954 weilte sie nochmals zur Fristuntersuchung im Raw Karl-Marx-Stadt. Bei der Erfurter Industriebahn trug sie die Bahnnummer 1^{II}. Über die konstruktive Ausführung der pr. T 7 ist im Deutschen Lok-Archiv, Dampflokomotiven 3 (4. Auflage), auf den Seiten 163–165 berichtet.

C n2t

89^{64}

89 6402

Gt 33.14

HBE

T 7

1906–1959

Techn. Daten: Seite: 276

Mit dem Lokomotivpark der Halberstadt–Blankenburger Eisenbahn übernahm die Deutsche Reichsbahn im Jahre 1949 auch eine schwere dreifach gekuppelte Tenderlokomotive, welche bei der HBE die Bahnnummer 31 und das Gattungszeichen T 7 getragen hatte. Die Lok war 1906 von Hohenzollern unter der Fabriknummer 2104 gebaut und von der HBE mit dem Namen QUEDLINBURG versehen worden. Die DR zeichnete die Maschine in 89 6402 um und gab ihr entsprechend ihrer Radsatzfahrmasse von reichlich 14 t das Betriebsgattungszeichen Gt 33.14. Zusammen mit der in 89 6402 umgezeichneten Lok 31 hatte die HBE 1906 noch eine weitere Maschine genau gleichen Typs beschafft. Diese Lok hatte die Hohenzollern-Fabriknummer 2105, die HBE-Bahnnummer 32 und den Namen THALE getragen. Als die DR die HBE übernahm, war Lok 32 bereits ausgemustert. Die Bezeichnung T 7, welche beide Maschinen an den Führerhausseitenwänden trugen, war eigentlich irreführend, denn mit der preußischen Normallok dieser Gattung hatten die Lokomotiven nichts gemein. Vielmehr stellten die Maschinen eine gegenüber dem preußischen Musterblatt III-4 p nochmals verstärkte und vergrößerte Ausführung der T 3 dar. Der Blechrahmen entsprach in seinem prinzipiellen Aufbau dem der T 3, war jedoch länger. Dementsprechend war auch die LüP der Lokomotiven größer. Da man die Achsstände unverändert von der pr. T 3 übernommen hatte, wiesen die Lokomotiven vorn und hinten stärkere Überhänge auf. Die Zylinder waren etwas größer als bei der T 3 ; die Kolbenstangen wurden zweiseitig geführt. Die Maschinen besaßen zweischienige Kreuzköpfe und eine Steue-

89 6402 (Hohenzollern 1906/2104) in Drei Annen Hohne.
Foto: Gernot Malsch

rung, die der Bauart Heusinger entsprach, jedoch in einigen Bauteilen von der üblichen Ausführung abwich. Experimente mit abgewandelten Steuerungsbauarten waren zwar nicht alltäglich, aber in der Zeit von etwa 1900 bis 1920 auch nicht ungewöhnlich. Erinnert sei an dieser Stelle an die von Orenstein & Koppel gefertigte Schwingensteuerung mit Joy-Lenkern oder an die Henschel-Bauform der Allan-Steuerung mit Gegenkurbeln. Die Lokfabrik Hohenzollern reihte sich mit ihrer abgewandelten Heusinger-Steuerung durchaus würdig unter die Experimentatoren ein. Der Kessel der für die HBE gebauten C n2t entsprach im prinzipiellen Aufbau dem Kessel der pr. T 3, war aber länger. In Langkesselmitte befand sich der Dampfdom; vor und hinter dem Dom war je ein Sandkasten angeordnet. Stehkessel mit kupferner Feuerbüchse sowie die komplette Rauchkammer waren fast unverändert von der pr. T 3 übernommen worden. Der Kesselspeisung dienten zwei Dampfstrahlpumpen; das Sicherheitsventil entsprach der Bauart Ramsbottom. Schließlich stammte auch das Führerhaus von der pr. T 3 ab. Sein Dach trug jedoch einen größeren Lüftungsaufsatz, und die Stirnfenster waren mit Blendschirmen versehen. Die Bremsausrüstung bestand aus Knorr-Druckluftbremse und Wurfhebelbremse. Der Sandstreuer wurde von Hand betätigt. Dampfpfeife preußischer Normalausführung und Dampfläutewertk Bauart Latowski ermöglichten die Signalgebung. Das Läutewerk saß wie bei vielen pr. T 3 auf einer Konsole am Schornstein. 89 6402 wurde von der DR mit elektrischer Beleuchtung ausgerüstet. Die Vorräte betrugen 5,0 m³ Wasser und 1,2 t Kohle, die Höchstgeschwindigkeit 40 km/h. 89 6402 verblieb auch nach ihrer Übernahme durch die DR bei der ehemaligen HBE; ihr Heimat-Bw war Blankenburg. Die Lok war fast ausschließlich im Rangierdienst eingesetzt und wurde 1959 als Heizlok an den Energieversorgungsbetrieb Magdeburg abgegeben.

C n2vt

89^{64}

89 6403

Gt 33.14

Salzw.

Hanomag-WLE-Typ

1908–1958

Techn. Daten: Seite: 276

Die Westfälische Landeseisenbahn bestellte im Jahre 1908 bei der Hanomag in Hannover-Linden drei C-gekuppelte Naßdampf-Tenderlokomotiven mit 14 t mittlerer Radsatzfahrmasse und einer Höchstgeschwindigkeit von 50 km/h. Diese Maschinen sollten bei der WLE im Personen- und Gemischtzugdienst eingesetzt werden. Daher erhielten sie den für Privatbahn-C-Kuppler ohne Laufradsatz ungewöhnlich großen Kuppelraddurchmesser von 1350 mm. Ebenso fiel das bei den drei Lokomotiven angewendete Zweizylinder-Verbundtriebwerk aus dem Rahmen des Üblichen. Hanomag lieferte die Lokomotiven unter den Fabriknummern 5205 bis 5207 an den Besteller ab; die WLE gab ihnen die Bahnnummern 81 bis 83. Lok 81 wurde nach einigen Jahren an die Eisenbahn Damme–Schönermark veräußert, deren Betriebsführung den Prenzlauer Kreiskleinbahnen oblag. Von dort gelangte die Maschine schließlich zur Salzwedeler Kleinbahn. Als deren Bahnnummer 299 übernahm die Deutsche Reichsbahn im Jahre 1949 die Lok und zeichnete sie in 89 6403 um.

89 6403 (Hanomag 1908/5205). Die ehemalige Nr. 299 der Salzwedeler Eisenbahn, eine Zweizylinder-Verbund-Naßdampflokomotive, in weidlich ausgeschlachtetem Zustand.
Foto: M. Baumberg, Sammlung Weisbrod

Die von der Hanomag gebauten Verbundlokomotiven wirkten mit ihren relativ großen Kuppelrädern, dem vergleichsweise klein erscheinenden Kessel und den beträchtlichen Überhängen sehr unharmonisch. Wesentlich schwerwiegender als die architektonische Unausgewogenheit waren jedoch die technischen Mängel der Maschinen. Die Lokomotiven besaßen einen Blechrahmen, dessen Wangen zu schwach ausgebildet waren, um die einwirkenden Kräfte ohne Überbeanspruchung aufzunehmen. Der Rahmen war als Wasserkastenrahmen ausgeführt. Die gekuppelten Radsätze waren fest im Rahmen gelagert, der Gesamtachsstand betrug 3600 mm. Der zweite Radsatz diente als Treibradsatz. Da die an den Radkörpern angegossenen Gegenmassen beim zweiten und dritten Radsatz gleich groß waren, befriedigten die Laufeigenschaften der Maschinen nicht. Sie neigten stark zum Nicken und Wanken. Der Hochdruckzylinder hatte einen Durchmesser von 420 mm, der linksseitig angeordnete Niederdruckzylinder einen Durchmesser von 630 mm. Der Kolbenhub betrug 600 mm. Die Zylinderabmessungen und das Verhältnis der Zylinderdurchmesser von 1: 1,5 waren zwar recht günstig gewählt worden; doch die gleich großen überdimensionierten Flachschieber neigten zum Festfressen und ließen keine optimale Funktion der Dampfmaschine zu. Die Lokomotiven hatten eine Anfahrvorrichtung nach Gölsdorf. Die Steuerung entsprach der Bauart Heusinger; der Kreuzkopf wurde einschienig auf der Gleitbahn geführt. Die Gleitbahnträger waren zu schwach ausgebildet und zeigten schon nach kurzer Betriebszeit Verbiegungen und Anrisse. Der Kessel entsprach im wesentlichen dem Kessel der von Hanomag ab 1901 für die Niederlausitzer Eisenbahn gefertigten C n2t, war jedoch für einen Betriebsdruck von 13 bar zugelassen. In der Mitte des Langkessels befand sich der Dampfdom mit dem Flachschieberregler, dahinter war der Sandkasten angeordnet. Der nach Bauart Crampton ausgebildete Stehkessel nahm eine Kupferfeuerbüchse auf; er trug auf seinem Scheitel das Ramsbottom-Sicherheitsventil. Die Rauchkammer entsprach in Bauform und Ausrüstung preußischen Normen. Sie war von gleichem Durchmesser wie der Langkessel, mit diesem durch eine genietete Rundnaht verbunden und trug einen hohen konischen Schornstein. Der Kessel wurde von zwei Dampfstrahlpumpen gespeist. Das Führerhaus ähnelte stark demjenigen der pr. T 7. Auf dem vorderen Teil des Daches befand sich ein quer zur Fahrtrichtung angeordneter Lüftungsaufsatz. Hinter dem Führerhaus war ein Kohlekasten angebracht. Die Lokomotiven hatten Knorr-Druckluftbremse und Extersche Wurfhebelbremse; die Abbremsung der Radsätze erfolgte einseitig von vorn. Die zweistufige Luftpumpe hatte auf der linken Seite der Rauchkammer ihren Platz. Der handbetätigte Sandstreuer sandete den Treibradsatz von vorn und hinten. Dampfpfeife preußischer Normalausführung und Dampfläutewerk Bauart Latowski (auf einer Konsole am Schornstein) ermöglichten die Signalgebung. Die Maschinen konnten 4,7 m^3 Wasser und 1,5 t Kohle mitführen. Wegen ihrer konstruktiven Mängel waren die Lokomotiven störanfällig und mußten des öfteren außerplanmäßigen Ausbesserungen unterzogen werden. 89 6403 wurde zwar bis 1957 im Bestand des Bw Salzwedel geführt; es ist allerdings fraglich, ob sie bei der DR überhaupt noch im Betriebsdienst verwendet worden ist. Am 14. Juli 1958 hat man den Einzelgänger nach jahrelanger Abstellzeit ausgemustert.

C n2t

$89^{64, 66}$

89 6407–89 6408

89 6601

Gt 33.14; Gt 33.16

Des.-W.; SE

Krupp-WL

1936–1967

Techn. Daten: Seite: 277

Die Firma Friedrich Krupp in Essen gehörte zu denjenigen Unternehmen, die sich seit Mitte der zwanziger Jahre mit der Entwicklung leistungsfähiger Lokomotiven für Werkbahnen und Privatbahnen des öffentlichen Verkehrs befaßt hatten. Krupp hatte zwar Anfang der zwanziger Jahre an der Entwicklung der ELNA-Typen mitgearbeitet, gleichwohl aber auf den Bau von ELNA-Lokomotiven verzichtet. Stattdessen entwickelte die Firma eine eigene Typenreihe moderner Tenderlokomotiven, die Maschinen für Radsatzfahrmassen von 12 bis 20 t vom leichten C-Kuppler bis zur schweren 1'D1' umfaßte. Diese Lokomotiven waren werksseitig genormt und wiesen daher eine Anzahl übereinstimmender Baugruppen und Ausrüstungsteile auf. Die meisten Bauformen waren wahlweise als Naßdampf- oder Heißdampflok lieferbar. Das Krupp-Typenprogramm überdauerte den Zweiten Weltkrieg und wurde nach Kriegsende in modernisierter Form weitergeführt. Noch in den fünfziger Jahren hat Krupp nach dem eigenen Typenprogramm gefertigte Maschinen an Werk- und Zechenbahnen geliefert. Zu den Krupp-Typenlokomotiven gehörte ein Anfang der dreißiger Jahre entwickelter C-Kuppler mit einer Radsatzfahrmasse von 14 t bzw.

89 6601
Zeichnung: Merkbuch für Triebfahrzeuge

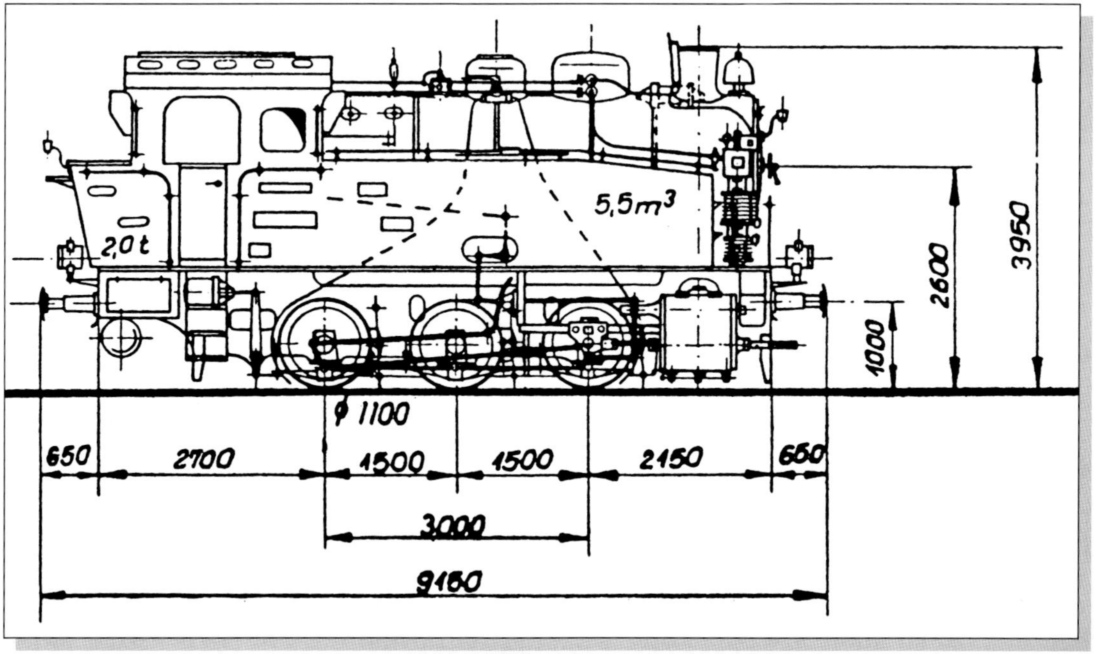

16 t. Modernere Versionen dieser Konstruktion erhielten später die Typbezeichnung »Hannibal«.
Die Deutsche Reichsbahn übernahm im Jahre 1949 insgesamt drei von Krupp in den Jahren von 1936 bis 1941 gebaute C-Kuppler in Naßdampfausführung. Zwei davon hatten eine mittlere Radsatzfahrmasse von 14 t und stammten von der Dessau-Wörlitzer Eisenbahn, wo sie die Nummern 10 und 11 getragen hatten. Krupp hatte die Lokomotiven im Jahre 1936 unter der Fabriknummer 1561 und im Jahre 1937 unter der Fabriknummer 1757 an die Junkers-Werke Dessau als Werklok 2 und 3 geliefert. Nach Kriegsende gelangten beide Maschinen von dem als Rüstungsbetrieb enteigneten und größtenteils demontierten Werk zur Dessau-Wörlitzer Eisenbahn, die sie unter den Bahnnummern 10 (ex Werklok 3) und 11 (ex Werklok 2) einsetzte. Die DR zeichnete die Lokomotiven in der Reihenfolge der Fabriknummern in 89 6407 und 89 6408 um und gab ihnen das Betriebsgattungszeichen Gt 33.14. Die dritte übernommene Lok hatte eine mittlere Radsatzfahrmasse von 16 t und war im Jahre 1941 für das Volkswagen-Werk in Wolfsburg als Werklok gebaut worden. Sie trug die Fabriknummer 2436. Noch vor Kriegsende war die Maschine zur Stendaler Eisenbahn gelangt und hatte dort die Bahnnummer 254 erhalten. Diese Lok wurde von der DR in 89 6601 umgezeichnet und mit dem Betriebsgattungszeichen Gt 33.16 versehen. Abgesehen von den durch die Verwendung leichterer bzw. schwererer Rahmenbleche bedingten Masseunterschieden waren die drei Lokomotiven weitgehend baugleich. Geringfügige äußerliche Abweichungen, wie im vorderen Teil stärker abgeschrägte Wasserkästen oder etwas längere Schornsteine bei den Lokomotiven 89 6407 und 89 6408 ändern nichts an dieser Tatsache.
Der Rahmen der Lokomotiven war als Blechrahmen ausgebildet, dessen Wangen im Bereich des Führerhauses und der Rauchkammer hochgezogen waren. Die Bauhöhe des mittleren Rahmenteiles war wesentlich geringer. Diese eigenwillige Konstruktion ermöglichte eine gute Zugänglichkeit der unterhalb des Kessels angeordneten Armaturen. Die Lokomotiven hatten eine LüP von 9150 mm; der Gesamtachsstand betrug 3000 mm. Das Laufwerk war symmetrisch ausgebildet; alle Radsätze waren fest im Rahmen gelagert. Der Laufkreisdurchmesser der Räder betrug 1100 mm. Um ausreichend lange Treibstangen zu erhalten, hatte man als Treibradsatz den dritten Radsatz gewählt. Die Zylinder hatten einen Durchmesser von 450 mm und einen Kolbenhub von 550 mm. Die Schieber waren als Regelkolbenschieber ausgebildet; dem Druckausgleich dienten Winterthur-Druckausgleicher. Der Kreuzkopf wurde einschienig auf der Gleitbahn geführt; die Steuerung entsprach der Bauart Heusin-

89 6408 (Krupp 1937/1757) 1964 in Halle-Klaustor.
Foto: G. Kielstein, Sammlung Grundmann

89 6601 (Krupp 1941/2436), die ehemalige Nr. 254 der Stendaler Eisenbahn.
Foto: M. Baumberg, Sammlung Weisbrod

ger. Der Kessel war für einen Betriebsdruck von 13 bar ausgelegt und hatte zwischen den Rohrwänden eine Länge von 2900 mm. Der Langkessel bestand aus zwei Schüssen, von denen der vordere den Dampfdom mit dem Ventilregler Bauart Schmidt & Wagner, der hintere den Sandkasten trug. Der Stehkesel besaß im unteren Teil gerade Seitenwände. Die Feuerbüchse bestand aus IZ II-Stahl. Die vor der hinteren Rohrwand auf dem Kessel angeordneten Sicherheitsventile entsprachen der Bauart Pop-Coale. Die Rauchkammer trug einen kurzen, schwach konischen Schornstein. Ihre Ausrüstung glich derjenigen der DRG-Einheitslokomotiven. Der Kessel wurde von zwei Dampfstrahlpumpen Bauart Strube gespeist. Am Kesselbauch befand sich ein Schnellschluß-Abschlammventil. Das Führerhaus mit seinem durchgehenden Lüftungsaufbau ähnelte stark der bei ELNA-Lokomotiven der Standardausführung verwendeten Bauform. Die Frontfenster waren mit Blendschirmen versehen. Die Lokomotiven besaßen große seitliche Wasserkästen, die vom Führerhaus bis in Rauchkammermitte reichten. Die Decke der Wasserkästen war im vorderen Teil wegen der besseren Streckensicht leicht nach unten abgewinkelt. Hinter dem Führerhaus befand sich der Kohlekasten mit nach innen abgeschrägter Rückwand. Im Gegensatz zu vielen anderen Lokomotiven hat die DR bei 89 6601 auf die Vergrößerung des Kohlekastens durch einen Aufsatz verzichtet. Die Bremsausrüstung bestand aus der Knorr-Druckluftbremse mit Zusatzbremse und der Exterschen Wurfhebelbremse. Die Abbremsung der Radsätze erfolgte einseitig von vorn. Die zweistufige Luftpumpe hatte ihren Platz ganz vorn vor dem rechten Wasserkasten; der Hauptluftbehälter war am hinteren Rahmenende quer zur Fahrtrichtung aufgehängt. Der Druckluftsandstreuer Bauart Borsig sandete den ersten Radsatz von vorn und den dritten von hinten. Der Signalgebung dienten ein auf dem Rauchkammerscheitel vor dem Schornstein befindliches Druckluftläutewerk Bauart Knorr und eine auf dem Stehkessel angeordnete Dampfpfeife. Die Lokomotiven hatten elektrische Beleuchtung; der Dampfturbogenerator Bauart AEG saß auf der linken Seite der Rauchkammer neben dem Schornstein. Die Betriebsvorräte betrugen 5,5 m^3 Wasser und 2,0 t Kohle. Die zulässige Höchst-

geschwindigkeit war auf 45 km/h festgesetzt.
Im Klein- und Privatbahnarchiv wird angegeben, daß die Lok 89 6407 wegen irreparabler Kriegsschäden ausgemustert bzw. die Lok 89 6408 aus Teilen der ehemaligen Werklok 2 und 3 zusammengebaut worden sei. Das ist jedoch unpräzise. Zwar hatte die Lok 10 der Dessau–Wörlitzer Eisenbahn, die spätere 89 6408, am 19. April 1949 den Kessel Krupp 1935/1561 aus Lok 11 erhalten, doch wurde auch diese Lok trotz ihres desolaten Zustandes später aufgearbeitet und als 89 6407 bei der DR in Dienst gestellt. 89 6407 wurde im Juni 1954 betriebsfähig als Werklok an die Hafenbahn Dessau abgegeben. 89 6408 stand bis Anfang der sechziger Jahre im Einsatz bei der Deutschen Reichsbahn; vom 2. Februar 1950 bis zum 6. Juni 1950 war sie beim Bw Bitterfeld der Rbd Halle beheimatet. Auch danach war die Lok ausschließlich in Bw der Rbd Halle stationiert, das waren die Bw Eilenburg, Leipzig-West, Falkenberg, Engelsdorf und Leipzig-Wahren. Ab 24. Dezember 1961 gehörte 89 6408 schließlich zum Bw Halle P. Von Oktober bis März 1963 verwendete man die Lok beim Bw Bitterfeld als Heizlok. Danach kehrte sie zum Bw Halle P zurück. Die letzte Eintragung im Betriebsbuch stammt vom 1. April 1963. Der genaue Zeitpunkt der Ausmusterung ist unbekannt, und das Betriebsbuch schweigt sich darüber aus. 89 6601 war bis 1953 beim Bw Stendal beheimatet; danach wurde sie zum Bw Blankenburg/Harz abgegeben und leistete Dienst auf der Rübelandbahn, dem Streckenabschnitt der ehemaligen Halberstadt–Blankenburger Eisenbahn zwischen Blankenburg und Tanne. Diese Tatsache ist sogar unter Fachleuten kaum bekannt, aber durch Fotos, die aus jener Zeit stammen, beweiskräftig belegt. Anfang der sechziger Jahre fand 89 6601 eine neue Heimat beim Bw Köthen (Anhalt). Am 8. Februar 1967 wurde 89 6601 ausgemustert.

C n2t

89^{64}

89 6409–89 6413

Gt 33.14

NbE

Borsig-WL

1907–1965

Techn. Daten: Seite: 277

Die Lokomotivfabrik A. Borsig in Berlin-Tegel hatte im Jahre 1905 eine schwere C n2-Tenderlokomotive mit 14 t Radsatzfahrmasse entwickelt, die vorwiegend für den Einsatz auf Werkbahnen gedacht war, aber auch von Privatbahnen des öffentlichen Verkehrs beschafft wurde. Die erste Maschine dieses Typs war die 1907 unter der Fabriknummer 6185 fertiggestellte Lok 13 der Zschipkau–Finsterwalder Eisenbahn, welche 1943 die DRG-Betriebsnummer 89 7562 erhielt. Die ZFE beschaffte später noch zwei weitere Lokomotiven gleicher Bauart, die die Bahnnummern 14 und 15 erhielten und später als 89 7563 und 89 7564 zur DRG kamen (vgl. Dampflok-Archiv 5, S. 218 f.) Eine weitere baugleiche Maschine wurde im Jahre 1908 von der Reinickendorf–Liebenwalde–Groß Schönebecker Eisenbahn beschafft. Sie trug die Fabriknummer 6846, die Bahnnummer 7 und den Namen WANDLITZ. 1931 war sie bereits ausgemustert. Das Betriebsgattungszeichen Gt 33.12, welches die zur DRG gekommenen drei Lokomotiven erhalten hatten, war übrigens falsch; es hätte korrekt Gt 33.14 lauten müssen.
Mit der Übernahme des Lokomotivparks der Niederbarnimer Eisenbahn durch die DR im Jahre 1950 kamen fünf weitere Maschinen gleichen Typs zur Reichsbahn. Die Lokomotiven wurden jedoch nicht in die BR 89^{75} umgezeichnet, sondern entsprechend den Richtlinien des Umzeichnungsplanes für Privatbahnlokomotiven vom 12. Dezember 1949 in die BR 89^{64} eingereiht. Ihre DR-Betriebsnummern lauteten 89 6409 bis 89 6413, das Betriebsgattungszeichen Gt 33.14. Die Lokomotiven waren ursprünglich für die Industriebahn Tegel–Friedrichsfelde, welche seit 1925 zur Niederbarnimer Eisenbahn gehörte, beschafft worden. Nachfolgend geben wir die Baudaten und Betriebsnummern der fünf Lokomotiven an: Borsig hatte den hier vorgestellten Loktyp zusammen mit einer gleichartigen D n2t-Lokomotive entwickelt, welche u.a. von der Stendal–Tangermünder Eisenbahn beschafft worden war (vgl. die Beschreibung der D n2t, BR $92^{60,\ 61,\ 62}$). Beide Bauarten stimmten im grundsätzlichen Aufbau, in einer Anzahl von Baugruppen und in den meisten Ausrüstungsteilen miteinander überein. Im Prinzip war der C-Kuppler eine verkürzte Ausgabe des D-Kupplers. Die C n2t-Maschinen besaßen einen Blechrahmen mit eingebautem Wasserkasten; ihre LüP betrug

Baujahr	Fabrik-Nr.	Bahn-Nr. Teg.-Frf.	Bahn-Nrt. NbE	Betriebs-Nr. DR
1907	6343	1	11	89 6409
1907	6344	2	12	89 6410
1909	7365	3	13	89 6411
1913	8796	4	14	89 6412
1920	10 817	5	15	89 6413

9180 mm. Die Achsstände der Radsätze (1700 mm zwischen erstem und zweitem, 1300 mm zwischen zweitem und drittem Radsatz) und den Laufkreisdurchmesser der Räder (1100 mm) hatte man von der pr. T 3 übernommen. Der zweite Radsatz wurde angetrieben. Die Zylinder hatten einen Durchmesser von 450 mm und einen Kolbenhub von 550 mm und waren mit denen der D n2t-Nebenbahnlok identisch. Die Schieber waren als Flachschieber ausgebildet. Die Steuerung entsprach der Bauart Heusinger. Der Kreuzkopf wurde bei den Lokomotiven der Industriebahn Tegel–Friedrichsfelde einschienig auf der Gleitbahn geführt; die Maschinen der ZFE (s. Dampflok-Archiv 5, S. 218) hatten dagegen zweischienig geführte Kreuzköpfe. Der Kessel entsprach demjenigen der D n2t-Nebenbahnlokomotiven; er besaß jedoch infolge des geänderten Rohrspiegels eine noch größere Verdampfungsheizfläche (100 m^2 statt 89,83 m^2). Um den Kessel dem dreiachsigen Fahrgestell anpassen zu können, hatte man eine kürzere Rauchkammer vorgesehen. Der Dampfdom mit dem Regler saß auf dem vorderen, der Sandkasten auf dem hinteren Langkeselschuß. In den Stehkessel war eine Kupferfeuerbüchse eingebaut. Der Rost hatte eine Fläche von 1,7 m^2 und war damit geringfügig größer als bei der D-Nebenbahntenderlok. Auf dem Stehkessel vor der Führerhausvorderwand saß das Sicherheitsventil Bauart Ramsbottom. Das Führerhaus mit quer zur Fahrtrichtung angeordnetem Lüftungsaufsatz war das gleiche wie bei der Erstausführung des D n2t-Typs. Auch die kurzen seitlichen Kohlekästen waren von gleicher Bauart. Die Bremsausrüstung bestand aus der Knorr-Druckluftbremse und der Exterschen Wurfhebelbremse; der zweite und dritte Radsatz wurden einseitig von vorn abgebremst. Der handbetätigte Sandstreuer sandete die Räder des Treibradsatzes von vorn und hinten. Dampfpfeife (auf dem Führerhausdach) und Dampfläutewerk (auf dem Kesselscheitel zwischen Dom und Sandkasten) dienten der Signalgebung. Die ursprüngliche Petroleumbeleuchtung ist bei der DR durch elektrische Beleuchtung ersetzt worden. Lok 1 bis 5 der Industriebahn Tegel–Friedrichsfelde besaßen ursprünglich Stangenpuffer, die später gegen Hülsenpuffer getauscht wurden. Die zum gleichen Typ gehörenden Maschinen der ZFE waren ab Werk mit Hülsenpuffern ausgerüstet. Die Lokomotiven konnten 3,7 m^3 Wasser und 1,5 t Kohle mitführen. Ihre Höchstgeschwindigkeit betrug 45 km/h, ihre Nennleistung 460 PS.

89 6409 bis 89 6413 verblieben nach ihrer Übernahme durch die DR bei der Rbd Berlin und waren weiterhin im Rangier- und Zubringerdienst eingesetzt. 89 6413 wurde bereits 1957 ausgemustert, 89 6411 folgte ein Jahr später. 89 6409, 89 6410 und 89 6412 verblieben noch bis 1965 im Einsatzbestand. Am 7. Mai 1965 kam auch für diese drei Lokomotiven der Ausmusterungsbescheid.

C h2t

$89^{64, 65}$

89 6476

89 6576

Gt 33.14; Gt 33.15

BStB

Przl. KB

pr. T 8

1906–1966

1908–1958

Techn. Daten: Seite: 278

Die 1949 von der Deutschen Reichsbahn von der Brandenburgischen Städtebahn mit der Betriebsnummer 89 6476 und die von den Prenzlauer Kreiskleinbahnen mit der Betriebsnummer 89 6576 übernommenen Lokomotiven waren ehemalige pr. T 8, die von der DRG an Privatbahnen verkauft worden sind. Die 89 6476 trug bei der DRG die Betriebsnummer 89 011 (zuvor ELBERFELD 7004), die 89 6576 die Betriebsnummer 89 071 (zuvor OSTEN 7003). Die Baureihe 89^0 hatte bei der DRG das Betriebsgattungszeichen Gt 33.15 erhalten. Somit ist die Lokomotive der BStB im Umzeichnungsplan von 1949 als Gt 33.14 falsch eingeordnet worden. Sie hätte die Betriebsnummer 89 6576, die real als 89 6576 umgezeichnete Maschine hätte die Betriebsnummer 89 6577 erhalten müssen.

Die BStB hatte die Lokomotive (Breslauer Eisenbahnwagen und Maschinenbau AG 1906/399) im Jahre 1938 von der Dahme–Uckroer Eisenbahn gekauft, wo sie mit der Bahnnummer 1 im Dienst stand. Die Bahngesellschaft hatte die Lokomotive 1925 von der DRG erworben. Bei der BStB bekam sie die Bahnnummer 61 und wurde 1940 in 1-40 umgezeich-

89 6576
Zeichnung: M. Kratochvíl

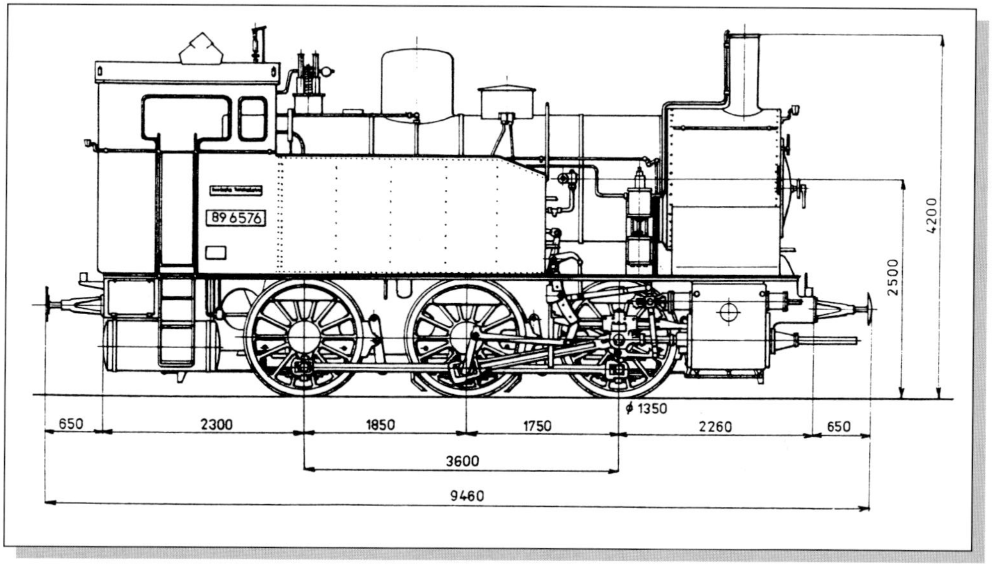

net. Bis April 1954 war sie im Bw Brandenburg-Altstadt beheimatet und kam nach einer Schadgruppe L 3 im Raw Blankenburg im Juli 1954 zum Bw Ketzin, wo sie bis zum August 1956 verblieb. Für die letzte Hauptuntersuchung, die die Maschine bekam, brauchte das Raw Blankenburg ein Jahr (23.08.1956 bis 26.07.1957). Ab 1959 ging die Erhaltung an das Raw Halle über. Über die Bw Magdeburg-Rothensee und Bernburg kam die Lokomotive im August 1958 zum Bw Jerichow, wo sie mit kurzen Unterbrechungen bis zum 30.03.63 beheimatet war. Über das Bw Oebisfelde gelangte die Maschine am 01.10.1964 zum Bw Haldensleben, wo sie auch 1966 ausgemustert wurde. Die Lokomotive ist als Schrott an die CSSR verkauft und im März 1967 in Praha-Tesnov zerlegt worden.

Die 89 071 (Orenstein & Koppel 1908/2576) ist 1925 von der Eisenbahn Damme–Schönermark angekauft worden und erhielt die Bahnnummer 5. Als die Eisenbahn Damme–Schönermark (DS) in die Prenzlauer Kreiskleinbahnen aufging, behielt die Maschine ihre Bahnnummer DS 5. 1949 hat die DR sie (mit richtigem Gattungszeichen Gt 33.15) in 89 6576 umgezeichnet. 1958 ist die Maschine an die Märkischen Kieswerke als Werklok 1 verkauft worden.

Die pr. T 8, BR 89^0 (erste Besetzung), ist im Deutschen Lok-Archiv, Dampflokomotiven 3, auf den Seiten 137-140 der 4. Auflage beschrieben.

89 6476 (MBA Breslau 1906/399) 1961 auf dem Bahnhof Rogäsen der Genthiner Kleinbahn AG.
Foto: Sammlung Grundmann

C h2t

89^{64}

89 6477–6478

Gt 33.14

DWE

Henschel-Typ Preußen

1918–1965

Techn. Daten: Seite: 278

89 6477 (Henschel 1918/16655) 1960 im Leipziger Hauptbahnhof.
Foto: G. Otte, Sammlung Grundmann

89 6478 (Henschel 1919/17353), die ehemalige Nr. 6 der DWE, eine Heißdampflokomotive, im Bw Bitterfeld.
Foto: Hans Müller

Mit den beiden dreifach gekuppelten Tenderlokomotiven, die Henschel 1918 mit der Fabriknummer 16 655 und 1919 mit der Fabriknummer 17 353 baute, hielt bei der Dessau–Wörlitzer Eisenbahn der Heißdampf Einzug. Die Lokomotiven, am 26.06.1919 und am 28.11.1919 bei der DWE angeliefert, erhielten die Bahnnummern 5 und 6. Sie gehörten zum Typ Preußen der Bauform 1914, den Henschel für Privat- und Kleinbahnen entwickelt hatte. Die Kenn-Namen für vollspurige Dreikuppler der Henschel-Bauarten wie »Thüringen«, »Bismarck« oder »Preußen« blieben über Jahrzehnte unverändert, doch die Ausführung der Lokomotiven änderte sich.
Die Lokomotiven hatten einen zweischüssigen Langkessel, der auf dem ersten Schuß einen großen Dampfdom, auf dem zweiten Schuß einen viereckigen Sandkasten trug. Der Kessel hatte einen Betriebsdruck von 14 bar. Ein Dampfläutewerk Bauart Latowski saß auf dem Rauchkammerscheitel vor dem Schornstein. Die Kesselspeisung erfolgte durch zwei Strahlpumpen, die über Kesselspeiseventile beidseits in Langkesselmitte in Höhe des Domes einspeisten. Seitliche Wasserkästen waren nicht vorhanden, vielmehr wurde der gesamte Wasservorrat von 5,3 m^3 im als Wasserkasten ausgebildeten Rahmen mitgeführt. Einfülltrichter waren beidseits des Kessels im Umlaufblech vorhanden. Die beiden außenliegenden Zylinder trieben den zweiten Kuppelradsatz an. Die Dampfverteilung erfolgte durch Kolbenschieber, die von einer außenliegenden Heusinger-Steuerung angetrieben wurden. Den Abdampf der zweistufigen Luftpumpe leitete man, weil kein Vorwärmer vorhanden

war, über ein an den Schornstein angelehntes Rohr mit Schalldämpfer ins Freie. Der Hauptluftbehälter saß quer unter dem Kohlekasten. Die Lichtmaschine auf dem Rauchkammerscheitel hinter dem Schornstein ist vermutlich erst durch die DR angebaut worden. Der Kohlekasten hinter dem Führerhaus faßte 1,3 t Kohle und ist in seinem Volumen bei der DR durch einen hölzernen Aufsatz vergrößert worden.
Die beiden Lokomotiven Nr. 5 und 6 waren die leistungsfähigsten und schnellsten Lokomotiven (50 km/h Höchstgeschwindigkeit), die die DWE besaß. 1949 sind sie von der DR mit den Betriebsnummern 89 6477 und 89 6478 übernommen worden und bekamen das Gattungszeichen Gt 33.14. Die 89 6477 beließ die DR nur bis zum Juli 1950 in Dessau und beheimatete sie nach einer Schadgruppe L 2 im Raw Chemnitz ab September 1950 beim Bw Bitterfeld, ab Mai 1953 beim Bw Leipzig Hbf West und setzte sie im Rangierdienst auf dem Hauptbahnhof ein. Bis 1959 lag die Erhaltung beim Raw Blankenburg, nach dieser Zeit beim Raw Halle. Ab 1961 wechselten die Dienststellen häufig, und über Falkenberg, Leipzig-Plagwitz und Bitterfeld kam die Maschine zum Bw Röblingen, wo sie auch 1964 ausgemustert worden ist. Die 89 6478 ist ebenfalls schon im Juni 1950 von Dessau abgezogen und dem Bw Bitterfeld (Lokbahnhof Delitzsch-West) zugeteilt worden. Von 1953 bis 1960 war die Maschine beim Bw Leipzig Hbf West beheimatet und im Rangierdienst auf dem Hauptbahnhof eingesetzt. Ab Februar 1960 wechselten die Heimatdienststellen oft mehrmals jährlich: Wittenberg, Halle G, Altenburg, Leipzig Bayer. Bf, Leipzig-Wahren, Leipzig Hbf Süd. Ab 24.11.1962 war die Maschine wieder beim Bw Bitterfeld, das sie ab Mai 1963 bis Jahresende 1963 an den VEB Braunkohlewerk Mulde-Nord verlieh. Ab 26.11.1964 hat man die Lokomotive abgestellt und 1965 ausgemustert.

C h2t

89^{64}

89 6479–89 6481

Gt 33.14

OHKB; WHKB

AEG-Typenlok

1925–1970

Techn. Daten: Seite: 278

Die Lokomotivfabrik der AEG in Hennigsdorf hatte Anfang der zwanziger Jahre ein Typenprogramm für Privatbahnlokomotiven aufgestellt, das eine echte Alternative zu den ELNA-Typen darstellte. Die AEG-Typenreihe umfaßte daher ebenso wie die vom ELNA aufgestellte Entwurfsreihe Tenderlokomotiven der Radsatzanordnungen C, 1'C und D. Die AEG vertrat nicht völlig zu Unrecht die Auffassung, daß die ELNA-Entwürfe im Grunde auf einer veralteten Konzeption beruhten und die nach ihnen gebauten Lokomotiven zu wenig leistungsfähig waren. Tatsächlich hatten bei der Konzipierung der ELNA-Typen 1 bis 6 weniger Leistungsfähigkeit und ästhetisch befriedigende Gestaltung der Lokomotiven, als vielmehr kostengünstige Fertigung und Beschaffung sowie Sparsamkeit im Betrieb und in der Unterhaltung im Vordergrund gestanden. Und ebenso offensichtlich unterschieden sich die ELNA-Typen konstruktiv nur wenig von Lokomotivbauarten, welche Hohenzollern, Hanomag, Vulcan oder Krauss bereits kurz nach der Jahrhundertwende entwickelt hatten. Die Kritik der AEG an den ELNA-Entwürfen und der Verzicht der Firma auf den Bau von ELNA-Lok war daher durchaus verständlich. Hinzu kam ein weiterer Aspekt: Die AEG hatte erst 1920 den Bau von Dampflokomotiven aufgenommen und konnte es sich daher nicht leisten, ihren potentiellen Kunden veraltete Konstruk-

89 6479 (AEG 1925/3106), vormals Nr. 11 der OHE.
Foto: G. Otte, Sammlung Grundmann

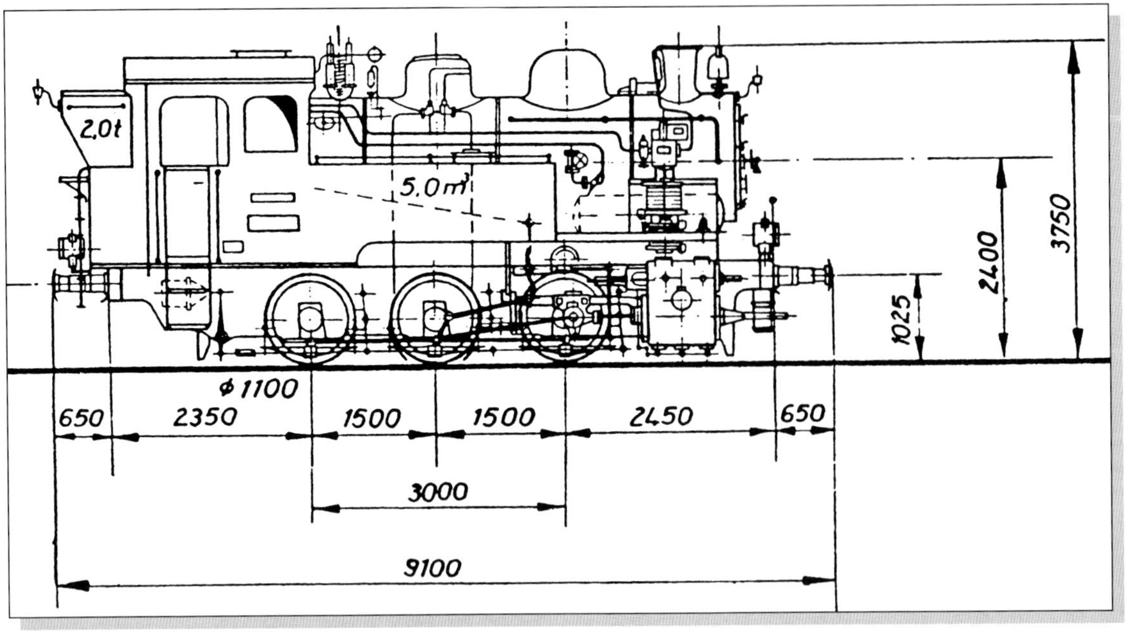

89 6479–6481
Zeichnung:
Merkbuch für
Triebfahrzeuge

tionen anzubieten, wenn sie im Wettbewerb mit den alteingesessenen Lokomotivbaufirmen bestehen wollte. Die von der AEG entworfenen Privatbahnlok waren zweifellos moderner als die ELNA-Typen gleicher Radsatzanordnung; doch die Leistungsdaten der AEG-Lokomotiven unterschieden sich teilweise nicht allzu sehr von denen der ELNA-Maschinen. Trotzdem gab es Privatbahnen, die nicht allein Wert auf wirtschaftliche Lokomotiven legten, sondern bei der Neubeschaffung moderne Maschinen bevorzugten. Zu diesen Bahnen gehörte die Osthavelländische Kreisbahn (später Osthavelländische Eisenbahn). Die Osthavelländische Eisenbahn bestellte 1925 bei der AEG zunächst eine C h2t-Typenlok. Die Maschine wurde unter der Fabriknummer 3106 fertiggestellt und erhielt bei der OHKB die Bahnnummer 11. Noch im gleichen Jahr wurden zwei weitere baugleiche Lokomotiven mit den Fabriknummern 3151 und 3152 fertiggestellt, jedoch erst 1926 ausgeliefert. Die Maschinen wurden bei der OHKB als Nr. 12 und Nr. 13 eingereiht. Die Lok mit der Fabriknummer 3152 wurde im Jahre 1929 an die Westhavelländische Kreisbahn Brandenburg–Röthehof weiterverkauft und erhielt dort die Bahnnummer WH 5. Der Umzeichnungsplan vom 12. Dezember 1949 sah für die Lokomotiven die DR-Betriebsnummern 89 6479 bis 89 6481 vor; das Betriebsgattungszeichen lautete Gt 33.14.

Die Lokomotiven hatten einen von der vorderen bis zur hinteren Pufferbohle durchlaufenden, mit mehreren Querversteifungen versehenen Blechrahmen. Die LüP betrug 9100 mm, der Gesamtachsstand 3000 mm. Das Laufwerk war symmetrisch ausgebildet; alle Radsätze waren fest im Rahmen gelagert. Die Räder hatten den bewährten Laufkreisdurchmesser von 1100 mm. Der zweite Radsatz war Treibradsatz. der Durchmesser der Zylinder betrug 450 mm, der Kolbenhub 550 mm. Ursprünglich hatten die Maschinen Regelkolbenschieber und Winterthur-Druckausgleicher. Wie Fotos der Lok im Betriebszustand beweisen, hat man die Regelkolbenschieber jedoch in späteren Jahren gegen Druckausgleichkolbenschieber getauscht und die Anschlüsse für den Winterthur-Apparat blind verflanscht. Der Kreuzkopf wurde einschienig auf der Gleitbahn geführt; die Steuerung entsprach der Bauart Heusinger mit Kuhnscher Schleife. Der Kessel lag frei über dem Rahmen. Er war für einen Betriebsdruck von 13 bar ausgelegt und hatte zwischen den Rohrwänden eine Rohrlänge von 3000 mm. Der Langkessel bestand aus zwei Schüssen, von denen der vordere den Dampfdom mit dem Ventilregler Bauart Schmidt & Wagner, der hintere den Sandkasten trug. Die im Durchmesser großen, aber relativ flachen Kesselaufbauten verstärkten den modernen Eindruck, den die Maschinen auf den ersten Blick hinterließen. Der Überhitzer entsprach der Bauart Schmidt. Zum Zwecke der Kühlung der Überhitzerelemente bei geschlossenem Regler war auf

Heißdampflokomotive 89 6479 im Zugdienst.
Foto: G. Otte, Sammlung Grundmann

der Rauchkammer ein Luftsaugeventil angebracht. Der Stehkessel nahm eine breite Kupferfeuerbüchse auf; die Rostfläche war fast quadratisch. Auf dem Stehkessel vor der Führerhausvorderwand saßen die Sicherheitsventile, die ähnlich der Bauart Pop ausgebildet waren. Offensichtlich haben sich diese Ventile jedoch nicht bewährt, denn später erhielten die Lok ein Doppelsicherheitsventil Bauart Ramsbottom. Die Rauchkammer war von gleichem Durchmesser wie der Langkesel und trug einen kurzen Schornstein ohne Aufsatz. Sie war durch einen stabilen Sattel mit dem Lokrahmen verbunden. Der Kessel wurde durch zwei Dampfstrahlpumpen Bauart Strube gespeist. Das Führerhaus war geräumig und ermöglichte durch seine großen Stirn- und Seitenfenster ausgezeichnete Sichtverhältnisse. Die Lokomotiven besaßen verhältnismäßig große seitliche Wasserkästen und einen hinter dem Führerhaus befindlichen Kohlekasten. Die DR hat den Kohlekasten mit einem Blechaufsatz versehen. Die Bremsausrüstung bestand aus der Einkammer-Druckluftbremse Bauart Knorr mit Zusatzbremse und der Exterschen Wurfhebelbremse. Die Radsätze wurden einseitig von vorn abgebremst. Im Lieferzustand befanden sich die beiden Hauptluftbehälter auf dem Rahmen quer zur Fahrtrichtung in Höhe des Treibradsatzes, der Hilfsluftbehälter quer zur Fahrtrichtung in Höhe des ersten Radsatzes. Der Bremsausgleichsbehälter hing auf der rechten Seite unter dem Führerhaus. Die DR hat die beiden kleinen Hauptluftbehälter gegen einen großen Behälter, der auf dem linken Umlaufblech vor dem Wasserkasten seinen Platz fand, getauscht. Dieser Umbau war zwar zweckmäßig, aber dem Aussehen der Lok abträglich. Ebenso wurde die ursprüngliche, auf der rechten Seite der Rauchkammer befindliche einstufige Luftpumpe durch eine zweistufige Knorr-Pumpe ersetzt. Der Druckluftsandstreuer Bauart Borsig sandete den Treibradsatz von vorn und von hinten. Der Signalgebung dienten ein auf der Rauchkammer vor dem Schornstein befindliches Druckluftläutewerk Bauart Knorr und eine auf dem Stehkesselscheitel angebrachte Dampfpfeife preußischer Normalausführung. Die Lokomotiven hatten ursprünglich Petroleumbeleuchtung; die DR

89 6480 (AEG 1925/3151) vor der VES-M in Halle. Foto: M. Baumberg, Sammlung Weisbrod

hat elektrische Beleuchtung nachgerüstet. Der Dampfturbogenerator Bauart AEG fand auf der linken Seite der Rauchkammer neben dem Schornstein seinen Platz. Nach Werksangaben konnten die Lok 6,0 m³ Wasser und 2,0 t Kohle mitführen; das Merkbuch der DR, Ausgaben 1962/64, gibt den geringeren Wasservorrat von 5,0 m³ an. Auch andere Angaben des Merkbuches wie Lokleermasse, Lokdienstmasse und Reibungsmasse weichen mehr oder weniger von den Angaben des Herstellers ab. Die Maschinen waren für eine Höchstgeschwindigkeit von 45 km/h zugelassen.

89 6481 erhielt im März 1955 eine Stahlfeuerbüchse; im Januar 1963 bekam sie einen Ersatzkessel alter Konstruktion, jedoch in Schweißausführung. Auch bei 89 6480 ist der verschlissene Kessel etwa zur gleichen Zeit erneuert worden. Die Lokomotiven bewährten sich gut und wurden für die unterschiedlichsten Leistungen herangezogen. Die DR verwendete die Lok hauptsächlich im Verschiebedienst, doch wurden auch Nahgüterzüge mit ihnen bespannt. 89 6479 war von 1959 bis 1960 beim Bw Stendal beheimatet und beförderte sogar Personenzüge auf der Strecke Goldbeck–Werben. Von 1961 bis 1967 gehörte sie zum Bw Jerichow. 89 6480 gehörte bis 1961 zum Bw Salzwedel und wurde dann ebenfalls dem Bw Jerichow zugewiesen, wo sie bis November 1968 im Einsatz stand. 89 6481 war von 1929 bis 1957 ununterbrochen beim Bw Ketzin beheimatet. Im Jahre 1957 gehörte die Lok zum Bw Falkenberg und danach für ein halbes Jahr zum Bw Altenburg. Weitere Bw der Rbd Halle, wie das Bw Leipzig Bayerischer Bahnhof, das Bw Eilenburg, das Bw Bitterfeld und das Bw Köthen gehörten zu ihren nächsten Stationierungsorten. Im August 1964 wurde auch 89 6481 zum Bw Jerichow umbeheimatet, das zum Auslauf-Bw aller drei Lokomotiven wurde. 89 6479 wurde am 7. August 1967 ausgemustert. Am 6. November 1968 kam für 89 6480 die Ausmusterungsverfügung, und als letzte der drei Lokomotiven schied 89 6481 am 8. Juli 1970 aus dem Betriebspark der Deutschen Reichsbahn aus. Im Zeitraum von 1968 bis 1970 sind die Maschinen zerlegt worden. Angaben in der Literatur, daß die Zerlegung durch das Raw Halle durchgeführt worden sei, treffen nicht zu. Vielmehr sind alle drei Lokomotiven, wie aus den Eintragungen in den Betriebsbüchern hervorgeht, durch das Raw Stendal zerlegt worden.

Radsatzfolge C 1'

C 1'n2t

90^{64}

90 6401–90 6402

Gt 34.14

EFE

Abart der pr. T 9/T 9^1

1903–1956

Techn. Daten: Seite: 279

Die Aktiengesellschaft für Bahnbau und Betrieb Frankfurt (Main) bestellte im Jahre 1903 bei Borsig in Berlin-Tegel drei dreifach gekuppelte Naßdampf-Tenderlokomotiven mit hinterem Laufradsatz für die Cassel–Naumburger Eisenbahn. Borsig lieferte die Maschinen unter den Fabriknummern 5184 bis 5186 an den Empfänger ab. Bei der CNE erhielten die Lokomotiven die Bahnnummern 1 bis 3. 1908 folgte noch eine weitere Lok gleichen Typs mit der Fabriknummer 6810, welche die Bahnnummer 4 erhielt. 1925/26 ersetzte die CNE die Maschinen durch von Krauss gelieferte moderne, an die ELNA-Typen angelehnte E h2t. Die alten C 1'n2t wurden verkauft. Drei Lok kamen zur Eberswalde–Finowfurter Eisenbahn, die vierte Maschine zur Freiengrunder Eisenbahn Neunkirchen. Die EFE musterte die ehemalige Bahnnummer 1 der CNE Anfang der vierziger Jahre aus, übernahm aber 1943 von der FGE deren Bahnnummer 4 (ex Lok 3 der CNE). Bei Übernahme der EFE durch die DR im Jahre 1949 waren somit drei C 1'n2t vorhanden. Zwei Maschinen reihte die Reichsbahn in ihren Betriebspark ein und gab ihnen die Betriebsnummern 90 6401 und 90 6402; die dritte Lok stellte man wegen scheinbar unklarer Eigentumsverhältnisse von der Umzeichnung zurück. Im Umzeichnungsplan vom 12. Dezember 1949 erschien die Lok lediglich in der Aufstellung zurückgestellter Maschinen mit dem Vermerk »Lok gehört der Freiengrunder Eisenbahn«. Um dem Leser die Übersicht zu erleichtern, geben wir die Baudaten und Betriebsnummern der vier Maschinen in Tabellenform wieder.

In einigen Veröffentlichungen wird irrtümlich angegeben, daß es sich bei der Lok mit der Borsig-Fabriknummer 5186 um einen C-Kuppler gehandelt habe, der 1954 die DR-Nummer 89 6240 erhalten hätte. Die Vertreter dieser Ansicht, welche erstmals 1963 publiziert wurde, kannten wohl den DR-Umzeichnungsplan von 1949 und die Auflistung der von der Umzeichnung zurückgestellten Lokomotiven, schlußfolgerten aber aus der Tatsache, daß für die ehemalige FGE-Lok keine Radsatzfolge angegeben war, es müsse sich bei ihr um eine C n2t gehandelt haben. Die Lieferliste der Firma Borsig widerlegt diese Meinung jedoch eindeutig. 89 6240 war indessen eine 1920 gebaute Werklok der Lauchhammerwerke.

Die C 1'n2t der Cassel–Naumburger Eisenbahn trugen unverkennbare Merkmale preußischen Lokomotivbaus. Als Vorbild für ihre Entwicklung hatten zweifellos die pr. T 9 (Bauarten Elberfeld und Langenschwalbach) und die pr. T 9^1 gedient. Das war nicht verwunderlich, denn die AGBB hatte vor der Beschaffung der Lok für die CNE von Borsig eine C 1' n2t (Fabriknummer 5157) für die Frankfurt–Königsteiner Eisenbahn bezogen, welche einen fast unveränderten Nachbau der pr. T 9^1 darstellte. Lok 1 bis 4 der CNE besaßen einen Blechrahmen, der in seiner Grundbauart demjenigen der pr. T 9^1 entsprach, jedoch geringfügig kürzer war. Dementsprechend betrug auch die LüP nur 10 850 mm. Die Lokomotiven hatten einen Achsstand von 5900 mm und einen Kuppelraddurchmesser von 1250 mm. Der zweite Kuppelradsatz wurde angetrieben. Der Laufradsatz war als Adamsachse ausgebildet; die Laufräder hatten einen Durchmesser von 850 mm. Die Zylinder hatten einen Durchmesser von 430 mm und einen Kolbenhub von 630 mm; als Schieber dienten Flachschieber preußischer Regelausführung. Im Unterschied zur pr. T 9^1 waren die Schieberkästen jedoch nicht schräg, sondern waagerecht angeordnet. Der Kreuzkopf wurde zweischienig geführt; als Steuerung diente eine außenliegende Allan-Trick-Steuerung. Der Kes-

Fabrik-Nr.	Baujahr	Bahn-Nr. CNE	Verkaufsjahr	verk. an	Bahn-Nr.	weiterverk. an	Bahn-Nr.	Betriebs-Nr. DR
5184	1903	1	1927	EFE	3	–	–	–
5185	1903	2	1925	EFE	1	–	–	90 6401
5186	1903	3	1926	FGE	4	EFE	4	–
6810	1908	4	1925	EFE	2	–	–	90 6402

sel mit einer Verdampfungsheizfläche von 120 m^2 und einem Betriebsdruck von 12 bar entsprach konstruktiv dem Kessel der pr. T 9 (Bauart Elberfeld); die Aufbauten waren jedoch wie bei der pr. T 9^1 ausgeführt. Auf dem vorderen Langkesselschuß saß der Dampfdom, auf dem mittleren der Sandkasten. In den Stehkessel war eine kupferne Feuerbüchse eingebaut; auf dem Stehkesselscheitel vor der Führerhausvorderwand war das Sicherheitsventil Bauart Ramsbottom angebracht. Die Rauchkammer entsprach in Bauart und Ausrüstung preußischen Normen. Der Kessel wurde von zwei Dampfstrahlpumpen Bauart Strube gespeist. Führerhaus mit quer zur Fahrtrichtung auf dem Dach befindlichem Lüftungsaufsatz und hinterer Kohlekasten stammten von der pr. T 9^1; die seitlichen Wasserkästen entsprachen in Ausführung und Fassungsvermögen denen der Bauart Elberfeld. Die Bremsausrüstung bestand aus der Druckluftbremse Bauart Westinghouse und der Wurfhebelbremse; zweiter und dritter Kuppelradsatz wurden einseitig von vorn abgebremst. Die Westinghouse-Luftpumpe war auf der rechten Seite des Langkessels vor dem Wasserkasten angebracht. 90 6401 und 90 6402 erhielten bei der DR die Knorr-Druckluftbremse. Der Sandstreuer sandete den Treibradsatz einseitig von vorn. Dampfläutewerk Bauart Latowski (auf dem dritten Langkesselschuß) und Dampfpfeife preußischer Normalausführung (auf dem Führerhausdach) dienten der Signalgebung. Die Lokomotiven besaßen Petroleumbeleuchtung. Ob die DR elektrische Beleuchtung nachgerüstet hat, ist nicht bekannt. Die Vorräte betrugen 7,0 m^3 Wasser und 1,75 t Kohle. Die Lok waren für eine Höchstgeschwindigkeit von 50 km/h zugelassen.

Aus den hier erwähnten technischen Daten und konstruktiven Besonderheiten wird deutlich, daß es sich bei den C 1'n2t der Cassel–Naumburger Eisenbahn nicht um eine eigenständige Konstruktion, sondern um eine Mischbauform handelte, welche Merkmale aller drei Bauformen der pr. T 9 mit hinterem Laufradsatz in sich vereinte.

90 6401 und 90 6402 gehörten nicht allzu lange zum Einsatzbestand der Deutschen Reichsbahn; bereits 1952 wurde 90 6401 an das Edelstahlwerk Freital abgegeben und war dort noch einige Zeit als Werklok 3 eingesetzt.

Im März 1956 schied auch 90 6402 aus dem Betriebspark der DR aus und wurde an die Großkokerei Lauchhammer verkauft.

C1' h2t

91^{65}

91 6590 –91 6591

Gt 34. 15

NbE

Borsig–Sondertyp

1916–1965

Techn. Daten: Seite: xxx

Die Reinickendorf–Liebenwalde–Groß Schönebecker Eisenbahn bestellte im Jahre 1916 bei Borsig eine dreifach gekuppelte Heißdampf-Tenderlokomotive mit hinterem Laufradsatz. Die Maschine wurde unter der Fabriknummer 9442 fertiggestellt und erhielt die Bahnnummer 10. Unmittelbar nach Indienststellung der Lok gab die Bahn bei Borsig eine weitere Maschine gleicher Bauart in Auftrag, die noch im gleichen Jahr unter der Fabriknummer 9558 an den Besteller geliefert wurde und die Bahnnummer 11 erhielt. In einigen Veröffentlichungen wird angegeben, daß die beiden Maschinen gleichzeitig ausgeliefert worden seien; dies trifft jedoch nicht zu. Im Jahre 1925 wurden die Maschinen nach dem neuen Nummernplan der Niederbarnimer Eisenbahn in 03 und 04 umgezeichnet. Beide Lokomotiven kamen 1950 zur Deutschen Reichsbahn und erhielten die Betriebsnummern 91 6590 und 91 6591. Diese Einreihung war falsch; denn aufgrund ihrer Radsatzfolge C 1' hätten die Lokomotiven in die BR 90 umgezeichnet werden müssen. Die korrekten Betriebsnummern 90 6576 und 90 6577 haben die Maschinen jedoch nie erhalten; vielmehr behielten sie bis zu ihrem Ausscheiden aus dem Betriebsdienst der DR die Nummern, die man ihnen 1950 irrtümlich gegeben hatte.

91 6590 (Borsig 1916/9442) am 06.03.1965 in Berlin-Lichtenberg.
Foto: Hans Müller

Tenderlokomotiven mit der Radsatzfolge C 1' waren bei deutschen und ausländischen Eisenbahnen kaum seltener anzutreffen als Maschinen der Radsatzanordnung 1'C. Dennoch war die eine Radsatzfolge nicht einfach die Umkehrung der anderen; denn für die Entstehung beider Bauarten hatten völlig unterschiedliche Gründe eine Rolle gespielt. Die C 1'-Anordnung hatte in erster Linie den Einbau größerer und leistungsfähigerer Kessel als bei laufradsatzlosen C-Kupplern ermöglicht; die Radsatzfolge 1'C hatte vor allem einer Verbesserung der Bogenläufigkeit gedient. Heißdampftriebwerke wurden bei deutschen C 1'-Tenderlokomotiven bis nach dem Ersten Weltkrieg allerdings nicht allzu häufig verwendet; die beiden Maschinen der Niederbarnimer Eisenbahn gehörten zu den wenigen Ausnahmen.

Die von Borsig gebauten Lokomotiven 10 und 11 besaßen zwar viele Merkmale preußischen Baustils; dennoch waren sie mit den KPEV-Tenderlok gleicher Radsatzfolge (Gattungen T 9 und T 9[1]) nur bedingt vergleichbar. Die LüP betrug 10 700 mm, der Gesamtachsstand 5500 mm. Der Blechrahmen lief vom vorderen bis zum hinteren Pufferträger durch und besaß im Bereich des Laufradsatzes eine große Aussparung zur Massereduzierung. Die Räder der drei Kuppelradsätze hatten einen Laufkreisdurchmesser von 1350 mm; der Durchmesser der Laufräder betrug 850 mm. Der Laufradsatz war als Adamsachse ausgebildet. Der zweite Kuppelradsatz wurde angetrieben. Die Zylinder hatten einen Durchmesser von 480 mm und einen Kolbenhub von 600 mm. Andere Angaben, nach denen der Kolbenhub 660 mm betragen haben soll, dürften auf einem Irrtum beruhen. Die Schieber waren Regelkolbenschieber; dem Druckausgleich dienten Druckausgleichsventile der Bauart Müller-Knorr. Die Steuerung entsprach der Bauart Heusinger. Der nach preußischen Normen gebaute und ausgerüstete Kessel hatte eine Heizfläche von 77,0 m^2; die Heizfläche des Schmidt-Überhitzers betrug 28,0 m^2. Auf dem Dampfsammelkasten war ein Luftsaugeventil angeordnet, welches der Kühlung der Überhitzerelemente bei geschlossenem Regler diente. Der Langkessel trug in der Mitte den Dampfdom mit dem Ventilregler Bauart Wagner. Hinter dem Dom war ein Sandkasten in preußischer Regelausführung angeordnet. Der Stehkessel war im unteren Teil zwischen den Rahmenwangen eingezogen. Die Feuerbüchse bestand aus Kupfer. Auf dem Stehkessel befand sich das Doppelsicherheitsventil Bauart Ramsbottom. Die Rauchkammer, von gleichem Durchmesser wie der Langkessel, trug einen konischen Schornstein; ihre Ausrüstung entsprach preußischen Normen. Daß die Rauchkammer nicht die für KPEV-Heißdampflokomotiven dieser Bauperiode typische erweiterte Form hatte, mag manche Autoren zu der Annahme verleitet haben, die Maschinen seien als Naßdampflok geliefert und erst später auf Heißdampf umgebaut worden. Der Kesselspeisung dienten zwei Dampfstrahlpumpen Bauart Strube. Das Führerhaus mit großem Lüftungsaufsatz entsprach der typischen Borsig-Bauform für Privatbahnlokomotiven. Der hinter dem Führerhaus angeordnete Kohlekasten stützte sich auf einem leichten Hilfsrahmen ab, der vom hinteren Pufferträger bis zu den Aufstiegen reichte. Rechts und links vor dem Führerhaus befanden sich seitliche Wasserkästen, die bis zur Kesselmitte reichten. Die Lokomotiven besaßen Knorr-Druckluftbremse und Extersche Wurfhebelbremse. Die gekuppelten Radsätze wurden einseitig von vorn abgebremst. Die Luftpumpe war ursprünglich auf der linken Maschinenseite angebracht; später fand sie ihren Platz auf der rechten Seite der Rauchkammer. Der Sandstreuer sandete den zweiten und dritten Kuppelradsatz. Dampfpfeife preußischer Normalausführung (auf dem Kessel hinter dem Sandkasten) und Dampfläutewerk Bauart Latowski dienten der Signalgebung. Das Läutewerk saß ursprünglich auf dem Kesselscheitel vor dem Dom; später hat man es vor den Schornstein verlegt. Die Beleuchtung bestand aus Petroleumlampen; die DR hat elektrische Beleuchtung nachgerüstet. Die Lokomotiven konnten 5,5 m^3 Wasser und 1,6 t Kohle mitführen; die DR hat das Fassungsvermögen des Kohlekastens durch Anbringen eines Aufsatzes auf 2,0 t erhöht. Die Höchstgeschwindigkeit der Lok betrug 50 km/h.

Die Maschinen haben im allgemeinen befriedigt; jedoch erwies sich der Massenausgleich als wenig gelungen. Die DR hat aus diesem Grunde die Gegenmassen des ersten und dritten Kuppelradsatzes ausgebohrt.

91 6591 wurde bereits am 6. Juni 1955 an das Stahlwerk Gröditz abgegeben und war dort noch einige Zeit als Werklok 7 eingesetzt; 91 6590 wurde am 5. Januar 1965 ausgemustert.

Radsatzfolge 1' C

1'C h2t

74^{66}; 91^{66}

74 6611–74 6612

91 6676

Pt 34.16; Gt 34.16

NbE; O-WI

AEG-Kleinbahnlok

1925–1966

Techn. Daten: Seite 263 und 285

Anfang der zwanziger Jahre hatte der Engere Lokomotiv-Normen-Ausschuß (ELNA) eine Entwurfsreihe vereinheitlichter Lokomotiven für Klein- und Privatbahnen aufgestellt, die als ELNA-Bauarten Eingang in die Lokomotivgeschichte fanden. Die ELNA-Typenreihe umfaßte Maschinen der Radsatzfolgen C, 1'C und D in insgesamt 16 Varianten. Von der Schaffung der ELNA-Lokomotiven, deren erste Exemplare 1922 gebaut wurden, hatte man sich die Befriedigung der Bedürfnisse der Kleinbahnen nach verhältnismäßig billigen, aber dennoch leistungsfähigen Lokomotiven auf lange Sicht erhofft. Den Lokomotivfabriken hatte man empfohlen, Klein- und Privatbahnlokomotiven zukünftig nach den vom ELNA entwickelten Zeichnungssätzen zu fertigen und so kostengünstiger als bisher die Aufträge der Kunden abzuwickeln. Doch weder alle Klein- und Privatbahnen noch alle Lokomotivbaufirmen freundeten sich mit dem ELNA-Programm an – erstere, weil es wirtschaftlicher schien, im Bedarfsfall gebrauchte Staatsbahnlokomotiven anzukaufen oder weil die ELNA-Typen nicht den gewünschten Leistungsbereich abdeckten, letztere, weil man eigene Konstruktionen für vorteilhafter hielt und sich überdies nicht von anderen Firmen bevormunden lassen wollte. Schließlich waren die ELNA-Typen im wesentlichen auf Initiative der Eisenbahnbau- und Betriebsgesellschaft Lenz & Co. entstanden, und für die endgültige Typenreihe zeichneten die Firmen Hanomag, Vulcan und Schwartzkopff verantwortlich. Da Vulcan und Hanomag seit langem zu den bevorzugten Auftragnehmern von Lenz & Co. gehörten, fürchteten andere Lokomotivhersteller wohl nicht ganz zu Unrecht einen ungünstigen Einfluß des Lenzschen Kleinbahnimperiums auf die eigenen Absatzchancen – gesetzt den Fall, daß die ELNA-Typen den größten Anteil bei der Fertigung von Kleinbahnlokomotiven erreichen würden. Aus solchen Erwägungen heraus verzichteten viele namhafte Lokomotivhersteller auf die Fertigung von ELNA-Bauarten und boten ihren Kunden eigene Entwürfe an, meist mit dem Argument, diese Konstruktionen seien besser als die ELNA-Lokomotiven. Daß der größte deutsche Lokomotivhersteller, die Firma Henschel & Sohn, später auch zum führenden Hersteller von ELNA-Lokomotiven wurde, steht dazu nicht im Widerspruch.

Zu denjenigen Herstellerwerken, die von den ELNA-Lokomotiven nichts hielten, zählte die AEG. Trotz mancher anders lautenden Angabe in der Literatur hat das Unternehmen keine einzige ELNA-Lok gebaut. Vielmehr schuf die Firma Anfang der 20er Jahre eine eigene Typenreihe von Klein- und Privatbahnlokomotiven als Alternative zu den ELNA-Bauarten. Zum AEG-Typenprogramm gehörten u. a. Normalspur-Tenderlokomotiven der Radsatzanordnungen C, 1'C und D. Die mit

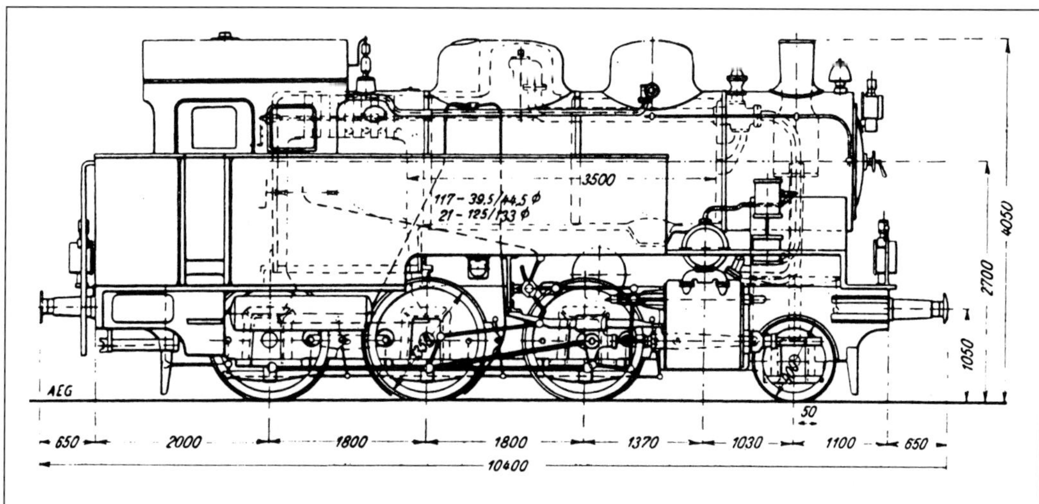

74 6611–74 6612
Zeichnung: AEG,
Sammlung Weisbrod

74 6611 (AEG 1925/2941) 1958 in Nauen.
Foto: G. Otte, Sammlung Grundmann

den ELNA-Bauarten identische Radsatzfolge war aber die einzige Gemeinsamkeit beider Typenreihen. Konstruktive Einzelheiten, technische Daten und Leistungscharakteristika der AEG-Kleinbahnlokomotiven unterschieden sich erheblich von denen der entsprechenden ELNA-Typen. Auch die Architektur der AEG-Lokomotiven war anders. Sie wirkte wesentlich moderner als diejenige der ELNA-Lokomotiven und bot tatsächlich etwas Neues, während die ELNA-Bauarten nicht nur in dieser Hinsicht lediglich den Abschluß einer bereits um die Jahrhundertwende angebahnten Entwicklung darstellten.
Die 1'C h2t-Lokomotive des AEG-Typenprogramms ist im Jahre 1925 in zunächst vier Exemplaren gefertigt worden. Zwei Maschinen hatte die Niederbarnimer Eisenbahn (NbE) bestellt, die anderen beiden Lok gingen an die Mecklenburgische Friedrich-Wilhelm-Eisenbahn. Die Lokomotiven für die NbE trugen die Fabriknummern 2941 und 2942, diejenigen für die MFWE die Fabriknummern 3141 und 3142. Die NbE-Maschinen hatten die Betriebsnummern 01 und 02, die MFWE-Lokomotiven die Betriebsnummern 27 und 28. 1941 ist die MFWE verstaatlicht und ihr Fahrzeugpark in den Bestand der DRG eingegliedert worden. Die beiden 1'C h2t erhielten die DRG-Betriebsnummern 91 231 und 91 232. Die Lok 91 231 ist noch vor 1945 an die Osterwieck–Wasserlebener Eisenbahn verkauft worden und fuhr dort unter der Bahnnummer 40; 91 232 verblieb der Deutschen Reichsbahn.
Die 1'C h2t-Kleinbahnlok ist im Jahre 1929 noch einmal in zwei Exemplaren unter den Fabriknummern 4258 und 4391 gebaut worden. Diese Maschinen waren für die Brandenburgische Städtebahn bzw. für die Kleinbahn Freienwalde–Zehden bestimmt. Sie unterschieden sich in einigen Details, u. a. in den Abmessungen des Kessels und im Kuppelraddurchmesser, von den 1925 gefertigten Lokomotiven, stimmten aber wiederum in wesentlichen Baugruppen mit dem D h2t-Typ überein, der 1927 bzw. 1929 in zwei Exemplaren unter den Fabriknummern 3877 und 4230 für die Kreis Oldenburger Eisenbahn (KOE) fertiggestellt worden ist.
Die 1925 für die NbE und die MFWE gefertigten 1'C h2t besaßen einen 22 mm dicken Blechrahmen mit 1240 mm lichter Weite zwischen den Platten. Als Querversteifungen dienten vorderer und hinterer Pufferträger sowie über dem Laufradsatz und zwischen den Kuppelradsätzen eingenietete Bleche. Die gekuppelten Radsätze mit 1350 mm Laufkreisdurchmesser waren fest im Rahmen gelagert; Treibradsatz war der zweite Kuppelradsatz. Der feste Achsstand betrug 3600 mm. Der Laufradsatz war als Adamsachse ausgebildet; seine Räder hatten 900 mm Laufkreisdurchmesser. Die Zylinder der NbE-Lokomotiven hatten einen Durchmesser von 480 mm; der Kolbenhub betrug 630 mm. Bei den Maschinen der MFWE hatte man den Zylinderdurchmesser auf 520 mm erhöht. Die Schieber waren Regelkolbenschieber; auf den Schieberkästen befanden sich selbsttätige Druckausgleicher der Bauart Winterthur. Als Steuerung diente die Bauart Heusinger mit Kuhnscher Schleife. Die MFWE-Lok Nr. 27 hatte abweichend von dieser Ausführung Lentz-Ventilsteuerung mit liegenden Ventilen. Der Langkessel bestand aus zwei Schüssen, die durch Doppellaschennietung miteinander verbunden waren. An ihn schloß sich der Stehkessel mit Kupferfeuerbüchse und senkrechter Rückwand an. Die Rohrlänge zwischen den Rohrwänden betrug bei den NbE-Lokomotiven 3500 mm, bei den MFWE-Lokomotiven 3650 mm. Der Rauchrohrüberhitzer entsprach der Bauart Schmidt; der in der Rauchkammer untergebrachte Überhitzerkasten war mit einem Luftsaugeventil versehen. Die Rauchkammer war 1550 mm lang und trug einen schwach konischen Schornstein. Bei grundsätzlich gleichem Aufbau und fast gleicher Verdampfungsleistung unterschieden sich die Kessel der NbE- und der MFWE-Lokomotiven geringfügig voneinander. Die Verdampfungsheiz-

fläche betrug bei ersteren 117, 95 m^2, bei letzteren nur 96 m^2. Dafür war bei den Maschinen der MFWE die Überhitzerheizfläche mit 34,2 m^2 größer als bei den NbE-Lokomotiven, deren Kessel nur eine Überhitzerheizfläche von 31,7 m^2 besaßen. Die Rostfläche war bei beiden Kesselvarianten gleich und betrug 1, 86 m^2. Der Kesselspeisung dienten eine Kolbenspeisepumpe Bauart Knorr mit quer auf dem Rahmen in Höhe der Zylinder befindlichen Oberflächenvorwärmer Bauart Knorr sowie eine Dampfstrahlpumpe Bauart Strube. Die Kesselsicherheitsventile entsprachen der Bauart Pop. Unterschiedlich waren bei den NbE- und den MFWE-Lokomotiven die Kesselaufbauten ausgeführt. Bei den NbE-Lokomotiven trug der erste Langkesselschuß einen Speisedom mit den Kesselspeiseventilen, der zweite Langkesselschuß den Reglerdom und den mit ihm unter einer gemeinsamen Verkleidung befindlichen Sandkasten. Die MFWE-Lokomotiven besaßen nur einen Dampfdom auf dem ersten Langkesselschuß; die Speiseventile waren unterhalb desselben angebracht. Auch bei ihnen saß der Sandkasten auf dem zweiten Kesselschuß. Die Lokomotiven waren mit verhältnismäßig großen seitlichen Wasserkästen und geräumigen Führerhäusern ausgerüstet. Als Bremse diente die Druckluftbremse Bauart Kunze-Knorr mit Zusatzbremse, die die gekuppelten Radsätze einseitig von vorn abbremste. Die zweistufige Luftpumpe war rechts vorn im Umlaufblech angebracht. Die Hauptluftbehälter waren bei den NbE-Lokomotiven unterhalb des Führerhauses angebracht, bei den MFWE-Lokomotiven lagen sie quer auf dem Rahmen. Außer der Druckluftbremse besaßen die Maschinen die Extersche Wurfhebelbremse. Der Druckluftsandstreuer sandete die Räder des ersten Kuppelradsatzes von vorn, die des zweiten von hinten. Dampfpfeife und Dampfläutewerk Bauart Latowski dienten der Signalgebung. Geschwindigkeitsmesser Bauart Deuta, Pyrometer und Schieberkastenmanometer vervollständigten die Sondereinrichtungen. Die Lokomotiven hatten Petroleumbeleuchtung, die später durch elektrische Beleuchtung ersetzt wurde. An Betriebsvorräten konnten 6 m^3 Wasser und 1,8 t Kohle bei den Lokomotiven der NbE bzw. 2 t Kohle bei den Lokomotiven der MFWE mitgeführt werden. Die zulässige Höchstgeschwindigkeit der Maschinen betrug 60 km/h. Mit der Übernahme der Privatbahnen durch die DR im Jahre 1949 kehrte zunächst die ehemalige Lok 27 der MFWE in den Betriebspark der Reichsbahn zurück. Sie bekam jedoch nicht mehr die Nummer 91 231, die sie bei der DRG getragen hatte, sondern wurde entsprechend den Umzeichnungsrichtlinien als 91 6676 eingereiht. Als die NbE im Jahre 1950 ebenfalls durch die DR übernommen wurde, gelangten auch deren Lokomotiven 01 und 02 in den Besitz der Reichsbahn. Unverständlicherweise wurden die beiden NbE-Lokomotiven jedoch in die BR 74 eingeordnet und mit den für Heißdampflokomotiven völlig falschen Betriebsnummern 74 6611 und 74 6612 versehen.

91 6676 war auch bei der DR mit Ventilsteuerung im Einsatz. 1954 wurde die stark verschlissene Steuerung im Rahmen einer planmäßigen Schadgruppe aufgearbeitet, danach kehrte die Lok in den Betriebsdienst zurück. Die ehemaligen NbE-Lokomotiven 74 6611 und 74 6612 wurden auch nach ihrer Umzeichnung im Bereich der Rbd Berlin eingesetzt. 74 6611 wurde am 18. Mai 1965, 74 6612 am 27. Juli 1966 ausgemustert. Bereits am 1. Dezember 1961 hatte man 91 6676 als Werklok an das Stahlwerk Thale/Harz abgegeben.

Die beiden 1929 von AEG hergestellten 1'C h2t, die 1949 von der DR als 91 6484 und 91 6485 eingereiht worden waren, sind wegen der größeren Bauartunterschiede zu den 1925 gelieferten Maschinen gesondert beschrieben.

1'C n2t

74^{66}
74 6621–6623
Pt 34.14
NbE
ex pr. T 9^2
1998–1965
Techn. Daten: Seite: 264

Die 1901 eröffnete regelspurige Privatbahn Reinickendorf–Liebenwalde–Groß Schönebeck ist von dem Eisenbahn-Bauunternehmen Becker & Co. erbaut worden. Die Strecke begann unweit des Stettiner Vorortbahnhofs in Berlin in Reinickendorf-Rosenthal und teilte sich im Bahnhof Basdorf. Das linke Gleis führte nach Liebenwalde, das rechte nach Groß Schönebeck. Der Betrieb begann mit Tenderlokomotiven nach dem Vorbild der pr. Gattungen T 2 und T 3 . Die Bahn, die vornehmlich dem Ausflugsverkehr in das wald- und wasserreiche Gebiet des Niederbarnim diente, ist 1913 von den Anrainergemeinden übernommen worden und führte ab 1934 den Namen Niederbarnimer Eisenbahn AG. Bereits während des Ersten Weltkrieges reichten die bisher eingesetzten B- und C-Kuppler nicht mehr aus, so daß man von Borsig mit den Bahnnummern 10 und 11 zwei C 1'-Naßdampf-Tenderlokomotiven beschaffte, die 1926 auf Heißdampf umgebaut worden sind (ab 1949 DR-Betriebsnummern 91 6590 und 91 6591).

1923 und 1925 erwarb die Bahnverwaltung von der DRG drei T 9^2-Lokomotiven, die nach dem vorläufigen Umzeichnungsplan die Betriebsnummern 91 084 (Hanomag 1898/3122), 91 085 (Hanomag 1898/3123) und 91 060 (Union 1898/936) erhalten sollten. Bei den Preußisch-Hessi-

schen Staatsbahnen hatten die Lokomotiven die Bahnnummern ERFURT 7255, ELBERFELD 7233 und OPPELN 7221 getragen. Bei der Reinickendorf–Liebenwalde–Groß Schönebecker Eisenbahn erhielten sie die Bahnnummern 07 bis 09. 1925 hatte die Bahnverwaltung ein neues Nummernschema eingeführt. Neubeschaffungen und Umbauten erhielten eine Null als erste Ziffer der Bahnnummer, vorhandene Lokomotiven aus den Baujahren bis 1913 behielten ihre alten Nummern bis zur Verschrottung oder zum Verkauf. 1925 war auch die Tegel–Friedrichsfelder Industriebahn in das Eigentum der Reinickendorf–Liebenwalde–Groß Schönebecker Eisenbahn übergegangen. Um Doppelbesetzungen zu vermeiden, sind die Bahnnummern der Industriebahn-Maschinen um 10 erhöht worden und waren nun als Nr. 11 bis 16 im Einsatz, womit auf einfache Weise Lokomotiven des allgemeinen Verkehrs von den Industriebahn-Lokomotiven unterschieden werden konnten.
Die Lokomotiven mit den Bahnnummern 07 bis 09 sind 1925 von der später als NbE firmierenden Gesellschaft umgebaut worden. Sie erhielten neue Kessel und Kuppelradsätze mit 1500 mm Laufkreisdurchmesser anstelle der vorhandenen mit 1350 mm Laufkreisdurchmesser. Das war problemlos möglich, weil die T 9^2 mit 1900 mm Achsstand zwischen erstem und zweitem Kuppelradsatz und 2300 mm zwischen zweitem und drittem Kuppelradsatz sehr großzügig bemessene Achsstände besaß. Natürlich war mit dem Umbau auch der Einbau eines neuen Stangensatzes und neuer Steuerungsteile erforderlich. Das Naßdampftriebwerk blieb erhalten. Die Ausrüstung mit Kuppelradsätzen von 1500 mm Laufkreisdurchmesser erhob die ehemaligen T 9^2 in den Rang von Personenzug-Tenderlokomotiven. Aus diesem Grunde sind die Maschinen bei Übernahme der Niederbarnimer Eisenbahn AG durch die DR im Jahre 1949 nicht als Baureihe 91, wie es ihrem Ursprung als pr. T 9^2 angemessen gewesen wäre, eingeordnet worden, sondern als 1'C-Personenzug-Tenderlokomotiven mit der Baureihenbezeichnung 74 und den Ordnungsnummern 74 6621 bis 74 6623. Die 74 6621-6622 sind bereits 1951 von der DR ausgemustert worden, die 74 6623 folgte im Jahre 1965.

1'C h2t

74^{67}

74 6776–6779

Pt 34.17

HBE

1911–1966

Techn. Daten: Seite: 264

Die am 31. März 1873 eröffnete Halberstadt–Blankenburger Eisenbahn (HBE) beschaffte für die Flachlandbahn Halberstadt–Blankenburg von Borsig 1911 zwei Tenderlokomotiven nach Bauart der pr. T 12 mit den Fabriknummern 7864 und 7865, die die Namen HERMANN WOLF und BERNHARD CASPAR und die Bahnnummern 51 und 52 erhielten. Noch im gleichen Jahr lieferte Borsig mit der Fabriknummer 8164 eine dritte Maschine, die Bahnnummer 53 STAATSMANN HARTWIG. 1913 folgte die vierte Maschine mit der Fabriknummer 8705, der Bahnnummer 54 und dem Namen PRÄSIDENT SOMMER. Die Eröffnung der Strecke Halberstadt–Blankenburg und die Verknüpfung im Bahnhof Halberstadt mit der Magdeburg–Halberstädter Eisenbahn hatte ein nur mäßiges Verkehrsaufkommen gebracht. Erst der Weiterbau der Strecke in den Harz und der Anschluß von Hüttenwerken, Steinbrüchen und den Forsten gab der Bahn wirtschaftliches Hinterland, so daß 1886 der Bau einer kombinierten Zahnrad- und Reibungsbahn nach System Abt bis Tanne vollendet wurde.
Die Menge transportierter Güter stieg von 120 000 t im Jahre 1886 auf 455 000 t im Jahre 1916 und überstieg die Leistungsfähigkeit des Zahnradbetriebes. Im Jahre 1915 war Otto Steinhoff an die Spitze der Bahngesellschaft gekommen. Er änderte die von seinem Vorgänger Werner Glanz

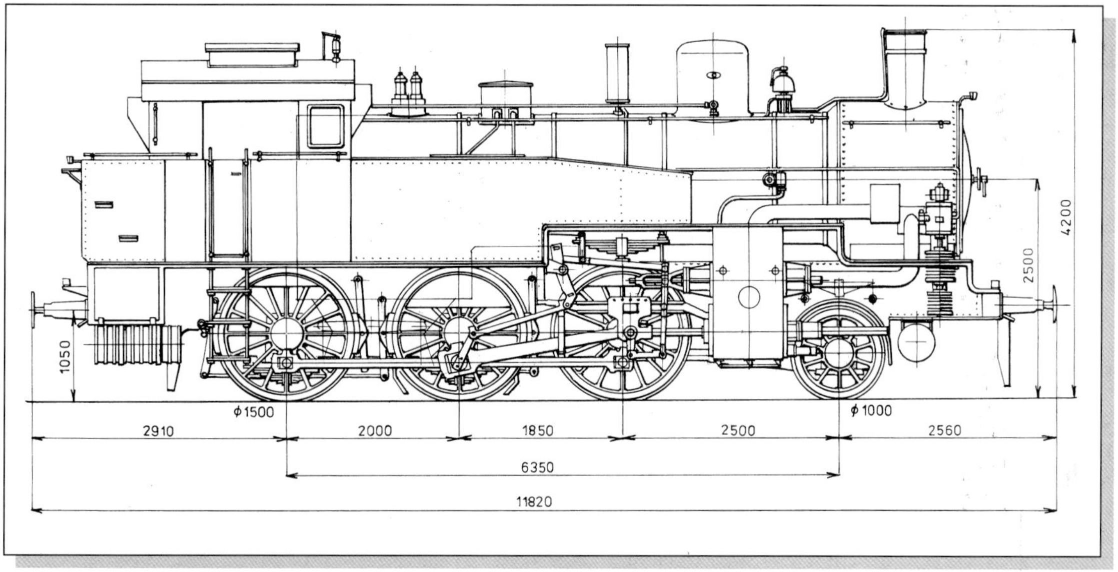

74 6776–74 6779
Zeichnung:
M. Kratochvíl

aufgegebene Bestellung einer 1'C 1' bei Borsig in eine E-Lokomotive, mußte dafür aber die bereits gefertigten Radsätze zum Preis von 7450 M als Reserve für die Lokomotiven Nr. 51 bis 54 in Zahlung nehmen. Steinhoffs Bestrebungen zielten auf eine Ablösung des kostspieligen Zahnradbetriebes durch reinen Adhäsionsbetrieb, weshalb er im Juni 1918 Versuchsfahrten mit den Lokomotiven Nr. 51 (1'C h2t) und 42 (1'C n2t) zwischen Blankenburg und Hüttenrode unternehmen ließ. Die Lokomotiven hatten für diese Fahrten Riggenbach-Gegendruckbremse erhalten. Diese bekamen dann auch die drei anderen T 12-Lokomotiven für den leichten Personenzugdienst auf der Harzbahn.

Die DR übernahm 1949 die vier T 12-Lokomotiven mit den Betriebsnummern 91 6776-6779, womit sie fälschlicherweise als Güterzug-Tenderlokomotiven eingeordnet worden waren. 1952 korrigierte die DR ihren Irrtum und zeichnete die Maschinen in 74 6776-6779 um. Die 74 6779 wurde bereits am 17. 03. 1964 ausgemustert. Ihr folgte die 74 6777 am 14. 09. 1965. Die 74 6776 schied am 28. 01. 1966 aus, und die 74 6778 ging im November 1966 als Werklok an das Transformatoren- und Röntgenwerk (TuR) Dresden.

74 6776 (bis 1952 91 6776) (Borsig 1911/7864) 1962 in Berlin Rga.
Foto: G- Otte, Sammlung Grundmann

HBE Nr. 51, 1949 in 91 6776, 1952 in 74 6776 umgezeichnet. Mit dieser Lok wurden im Juni/Juli 1918 Probefahrten auf der Harzbahn durchgeführt.
Foto: Sammlung W. Steinke

1'C h2t

$91^{61, 62, 63, 64, 65, 67}$

91 6176–91 6177

91 6276, 91 6279–91 6284

91 6376

91 6480–91 6481, 91 6494,

91 6497

91 6578

91 6780

Gt 34.11; Gt 34.12; Gt 34.13;

Gt 34.14; Gt 34.15; Gt 34.17

verschiedene Bahnen

ELNA 2H (Standardausführung)

1925–1971

Techn. Daten: Seite: 279

Im endgültigen Typenprogramm vereinheitlichter Lokomotiven für Klein- und Privatbahnen, welches der Engere Lokomotiv-Normen-Ausschuß (ELNA) im Jahre 1921 ausgearbeitet hatte, waren auch zwei Bauformen von Tenderlokomotiven mit der Radsatzanordnung 1'C enthalten. Die Bauform für 12 t Radsatzfahrmasse wurde als ELNA-Typ 2, die Bauform für 14 t Radsatzfahrmasse als ELNA-Typ 5 bezeichnet. Im Gegensatz zu den D-Kupplern der ELNA-Typen 3 und 6 waren die Typen 2 und 5 mehr für den Einsatz im Personenzugdienst bestimmt. Deshalb hatte man für die 1'C-ELNA-Lok den etwas größeren Kuppelraddurchmesser von 1200 mm vorgesehen. Neben der Standard- oder Normalausführung gab es auch bei den 1'C-ELNAs von Krauss gefertigte Spielarten, die sich in einigen technischen Details, mehr aber noch in ihrer Architektur von der Bauform, welche in den ELNA-Musterzeichnungen angegeben war, unterschieden. Die Gründe für die Entstehung dieser Spielarten können unter der Beschreibung der ELNA-Type 6 H (Bauform Krauss) nachgelesen werden.

Von dem leichten 1'C-ELNA-Typ 2 übernahm die Deutsche Reichsbahn im Jahre 1949 insgesamt 18 Lokomotiven, allesamt in Heißdampfausführung. Davon entsprachen 16 Maschinen der normalen Ausführung, zwei Lokomotiven waren Vertreter der Bauform Krauss. Diese beiden Maschinen, welche die DR-Betriebsnummern 91 6277 und 91 6278 erhielten, werden gesondert beschrieben.

Die 16 ELNA-Lokomotiven des Typs 2 H (Standardversion) wurden nicht, wie aufgrund ihrer Radsatzfahrmasse von 12 t zu erwarten gewesen wäre, durchweg in die BR 91^{62} umgezeichnet, sondern insgesamt sechs verschiedenen Bauartreihen zugeordnet. Die beiden 1938 bzw. 1941 von Henschel für die Mecklenburgische Bäderbahn gebauten Maschinen (dort unter den Nummern 141 und 142 registriert) zeichnete die DR in 91 6176 und 91 6177 um; die von der Kleinbahn Horka–Priebus übernommene Lok 141, welche 1943 von Henschel fertiggestellt worden war, erhielt die Betriebsnummer 91 6376. Vier Maschinen ordnete man irrtümlich in die BR 91^{64} ein, offensichtlich in der Annahme, daß es sich um Lokomotiven des ELNA-Typs 5 handele. Völlig abwegig war die Umzeichnung einer 1925 von Vulcan für die Liegnitz–Rawitscher Eisenbahn gebauten und bei der Oderbruchbahn vorgefundenen Maschine in 91 6578, und schließlich bekam die ehemalige Lok 141 der Ohlauer Kleinbahn, 1938 von Henschel gebaut und bei der Niederlausitzer Eisenbahn vorgefunden, die DR-Betriebsnummer 91 6780. Dementsprechend falsch waren auch die vergebenen Betriebsgattungszeichen. Im Merkbuch der DR, Ausgaben 1962/64, ist

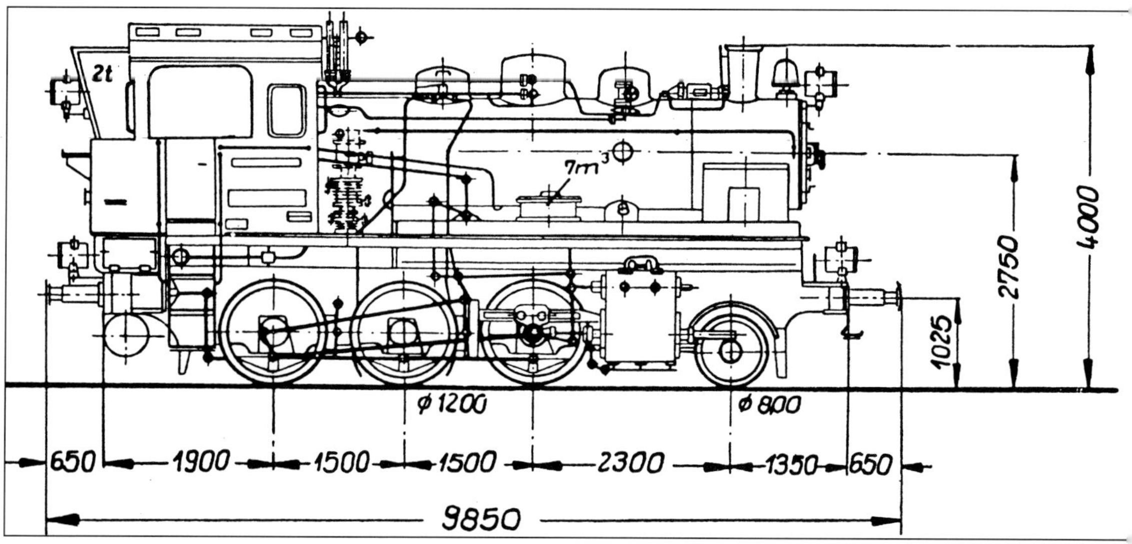

91 6176 - 6177
Zeichnung: Merkbuch für Triebfahrzeuge

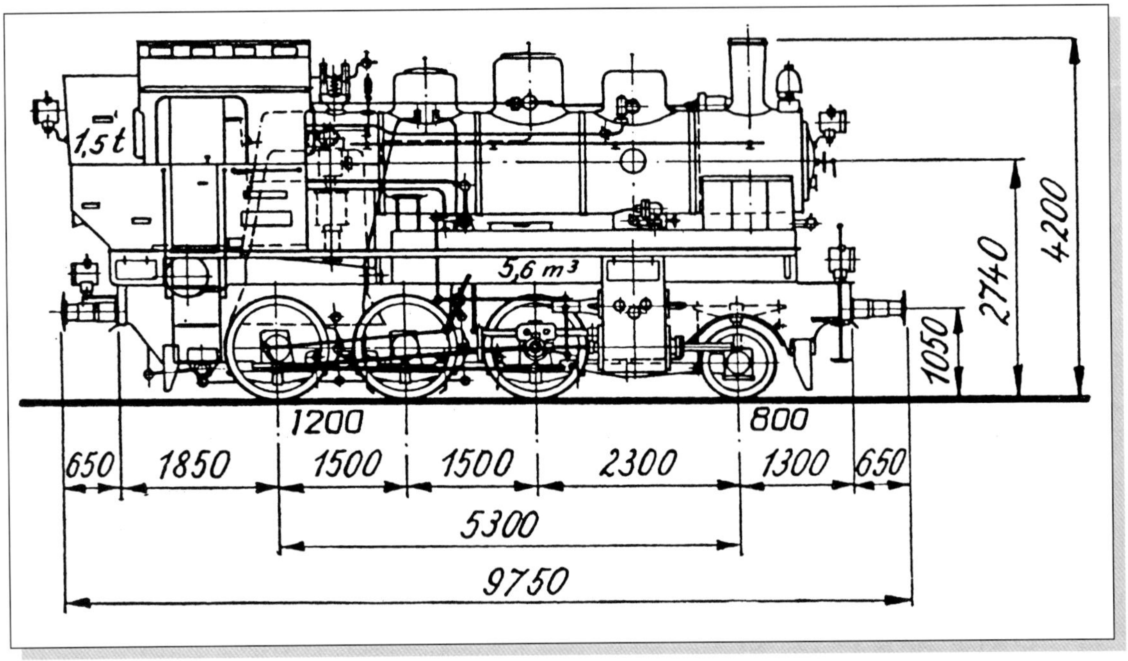

91 6276, 6279, 6280, 6283
Zeichnung: Merkbuch für Triebfahrzeuge

zwar versucht worden, die fehlerhaften Gattungszeichen zu korrigieren; doch diese Änderungen stellten keine echte Korrektur dar, weil sie die 1949 gemachten Fehler nur durch andere ersetzten. Wer diese DV heute zur Hand nimmt, wird außerdem bemerken, daß gar nicht alle vorhandenen ELNA 2 H erfaßt worden sind. Dafür hat man 1964 für die Lok 91 6780 aus nicht nachvollziehbaren Gründen ein eigenes Typenblatt aufgestellt. An dieser Stelle bleibt nachzutragen, daß die Lok 141 der Liegnitz–Rawitscher Eisenbahn, welche 1945 bei der Niederlausitzer Eisenbahn verblieben war, nicht im Umzeichnungsplan vom 12. Dezember 1949 stand. Offensichtlich hatte man sie bei der Erfassung des Lokbestandes vergessen. Die DR hat die Maschine erst 1950 übernommen und in 91 6497 umgezeichnet.

Die ELNA-Lokomotiven des Typs 2 H (Normalausführung) hatten wie alle ELNA-Lokomotiven einen aus 20 mm dicken Platten bestehenden und mit mehreren Querversteifungen versehenen Blechrahmen. Der Wasserkasten mit T-förmigem

91 6176 (Henschel 1938/23726), vormals Nr. 141 der Mecklenburgischen Bäderbahn. Foto: M. Baumberg, Sammlung Weisbrod

Querschnitt war in den Rahmen eingehängt. Die LüP betrug entsprechend der Musterzeichnung 9750 mm; in der Praxis gab es bei einzelnen Maschinen geringe Abweichungen davon. Die Kuppelradsätze waren fest im Rahmen gelagert; ihr Achsstand betrug 3000 mm. Der Laufradsatz war nur bei wenigen Lokomotiven als Adamsachse ausgeführt; die meisten Maschinen besaßen stattdessen ein Bisselgestell. Der dritte Kuppelradsatz wurde angetrieben. Die Zylinder hatten einen Durchmesser von 430 mm und einen Kolbenhub von 550 mm. Die Kolbenschieber entsprachen der Regelbauart; den Druckausgleich besorgten Winterthur-Druckausgleicher. Der Kreuzkopf war einschienig geführt; die Steuerung entsprach der Bauart Heusinger. Der Kessel mit einem Nenndurchmesser von 1200 mm und einer Länge von 3500 mm zwischen den Rohrwänden lag frei über dem Rahmen. Speisedom, Dampfdom mit Ventilregler und Sandkasten bildeten die Aufbauten. Die Feuerbüchse bestand aus Kupfer; ab Ende der dreißiger Jahre wurde eine Stahlfeuerbüchse verwendet. Der Überhitzer war nach Bauart Schmidt ausgeführt. Die auf dem Stehkessel befindlichen Kesselsicherheitsventile waren bei der Type ELNA 2 H meist solche der Bauart Ramsbottom, seltener Pop-Ventile. Ackermann Sicherheitsventile fanden nur vereinzelt und auf ausdrücklichen Wunsch des Bestellers Verwendung. Ausführung und Ausrüstung der Rauchkammer entsprachen derjenigen der anderen ELNA-Typen. Zur Ausrüstung gehörten Bläser, Rauchkammerspritze und ein korbförmiger Funkenfänger. Die Saugzuganlage mit ihrem schwach konischen Schornstein sorgte für einen befriedigenden, aber keineswegs optimalen Saugzug. Die Lokomotiven besaßen das typische ELNA-Führerhaus mit gewölbtem Dach und durchgehendem Lüftungsaufsatz. Bei einigen Maschinen fehlten die seitlichen Führerhausfenster. Die Bremsausrüstung der Lok bestand aus Knorr-

Oben: 91 6276 (Hohenzollern 1925/4533), vormals Nr. 141 der Straußberg-Herzfelder Kleinbahn.
Foto: M. Baumberg, Sammlung Weisbrod

Unten: 91 6279 (Hohenzollern 1925/4534) im Jahre 1965 in Barth.
Foto: G. Otte, Sammlung Grundmann

Druckluftbremse und Wurfhebelbremse. Abgebremst wurden nur die gekuppelten Radsätze. Der Sandstreuer war bei den meisten Lokomotiven handbetätigt; einige Maschinen besaßen aber einen Druckluftsandstreuer. Der Signalgebung dienten Dampfpfeife und Dampfläutewerk. Die Lokomotiven wurden mit Beleuchtungseinrichtungen unterschiedlicher Art geliefert; die DR hat die meisten Maschi-

nen nachträglich mit elektrischer Beleuchtung versehen. Die Betriebsvorräte betrugen 5,0 m^3 Wasser und 1,2 t Kohle. Die Höchstgeschwindigkeit war für die mit Bisselgestell ausgerüsteten Lokomotiven auf 65 km/h festgesetzt; Lokomotiven mit Adamsachse waren im allgemeinen nur für 50 km/h zugelassen.

Die ELNA-Lokomotiven des Typs 2H waren bei der DR bis Mitte der sechziger Jahre unentbehrlich. Danach begann die Ausmusterung, welche sich bis zum Jahre 1971 hinzog. Zu den Maschinen, welche am längsten im Betriebseinsatz verblieben, zählten 91 6282, 91 6283 und 91 6780. Diese Lokomotiven sind zwischen Oktober und Dezember 1971 ausgemustert worden. 91 6780 hatte in ihren letzten Einsatzjahren auf der Strecke Mühlhausen–Ebeleben Dienst getan und wegen ihres bereits desolaten Zustandes von den Eisenbahnern den Spitznamen »Kaffeebrenner« erhalten.

Oben: 91 6280 (Hohenzollern 1927/4605) von der Franzburger Südbahn.
Foto: Sammlung Grundmann

Unten: 91 6283 (Hohenzollern 1929/4680) am 30.03.1968 bei Velgast.
Foto: Hans Müller

91 6481 (Vulcan 1925/3855) am 15.10.1964 in Salzwedel.
Foto: Hans Müller

91 6376 (Henschel 1943/24935) am 15.12.1965 in Gotha.
Foto: Hans Müller

91 6480 (Vulcan 1925/3856) am 22.05.1968 in Kalbe (Milde).
Foto: Hans Müller

Die 91 6578, aufgenommen in Berlin-Lichtenberg 1958, gehört zum Typ ELNA 2.
Foto: G. Otte, Sammlung Grundmann

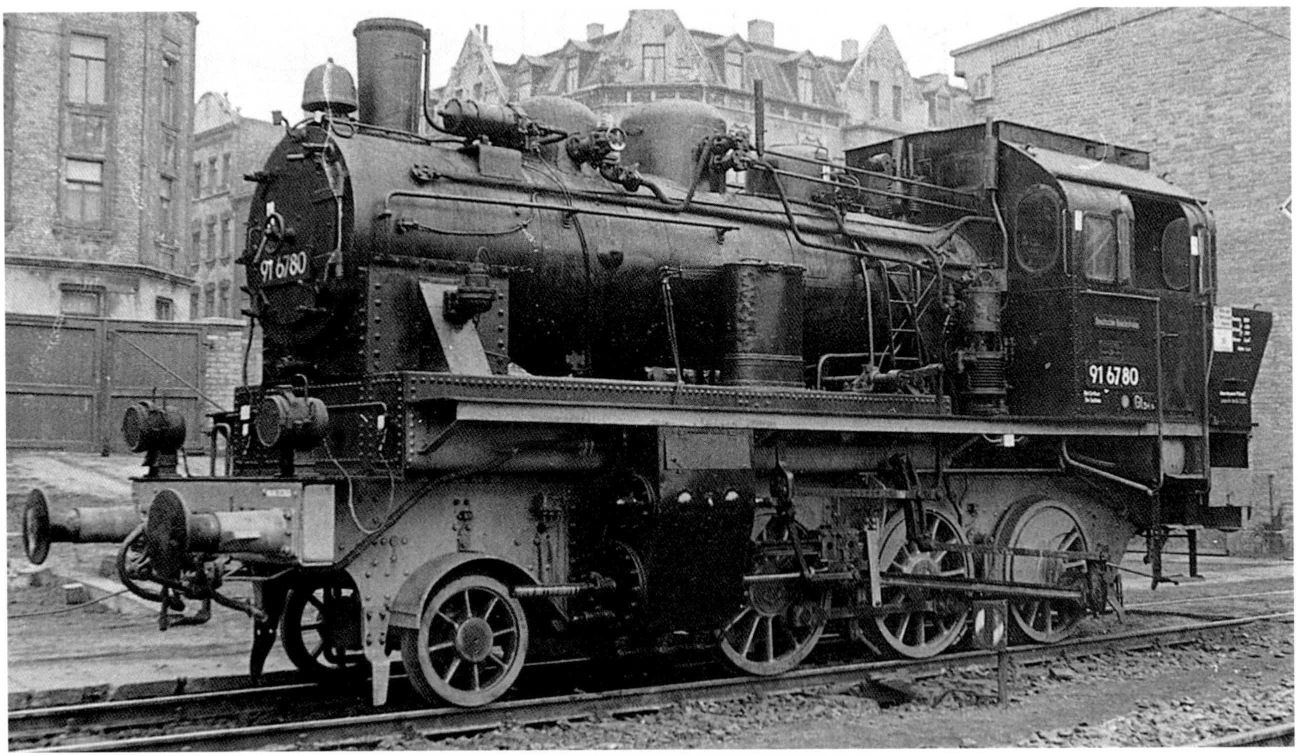

91 6780 (Henschel 1938/23697), vormals Nr. 141 der Niederlausitzer Eisenbahn.
Foto: M. Baumberg, Sammlung Weisbrod

1'C h2t

91^{62}

91 6277–91 6278

Gt 34.12

MEE

ELNA 2 H (Bauform Krauss)

1925–1971

Techn. Daten: Seite: 280

Die Mühlhausen–Ebelebener Eisenbahn bestellte im Jahre 1925 bei Krauss in München zwei ELNA-Lokomotiven des Typs 2 H als Ersatz für ältere, ausmusterungsreife Maschinen. Krauss lieferte die Lokomotiven noch im gleichen Jahr unter den Fabriknummern 8337 und 8338 an den Besteller ab. Die MEE gab ihnen die Bahnnummern 141 und 142 und setzte sie vor Personenzügen, aber auch vor leichten Güterzügen ein. 1949 übernahm die DR beide Lokomotiven. Der Umzeichnungsplan vom 12. Dezember 1949 teilte ihnen die Betriebsnummern 91 6277 und 91 6278 zu; das Betriebsgattungszeichen lautete typgerecht Gt 34. 12. Im Merkbuch der DR, Ausgaben 1962/64, ist das Gattungszeichen in Gt 34. 13 verändert worden. Die Verwiegung der Maschinen bei der VES-M Halle hatte ergeben, daß die Lokomotiven tatsächlich eine Kuppelradsatzfahrmasse von über 13 t besaßen. Dagegen betrug die Fahrmasse des Laufradsatzes nur 9,2 t. Die Maschinen waren also etwas hecklastig. Die Kuppelradsatzfahrmasse von 12 t, welche der Hersteller der Konstruktion zugrunde gelegt hatte, war offensichtlich nur rechnerisch ermittelt worden. Eine bemerkenswerte Differenz zwischen den Angaben des Umzeichnungsplanes und der Betriebsbücher ist hier zu registrieren: Während im Umzeichnungsplan für die Lok 91 6278 die Fabriknummer 8338 angegeben ist, die auch am Rahmen der Lok angebracht gewesen sein soll, war im Betriebsbuch als Fabriknummer 8339 vermerkt. Sowohl 91 6277 als auch 91 6278 gehörten zu einer Serie von vier ELNA-Lokomotiven des Typs 2 H, die Krauss unter den Fabriknummern 8336 bis 8339 für Lenz-Bahnen gebaut hatte. Zwei Maschinen hatte die Mühlhausen–Ebelebener Eisenbahn erhalten, die beiden anderen Lokomotiven waren zur Butzbach–Licher Eisenbahn gekommen. Da Statistiken der Butzbach–Licher

91 6277–6278 Zeichnung: Merkbuch für Triebfahrzeuge

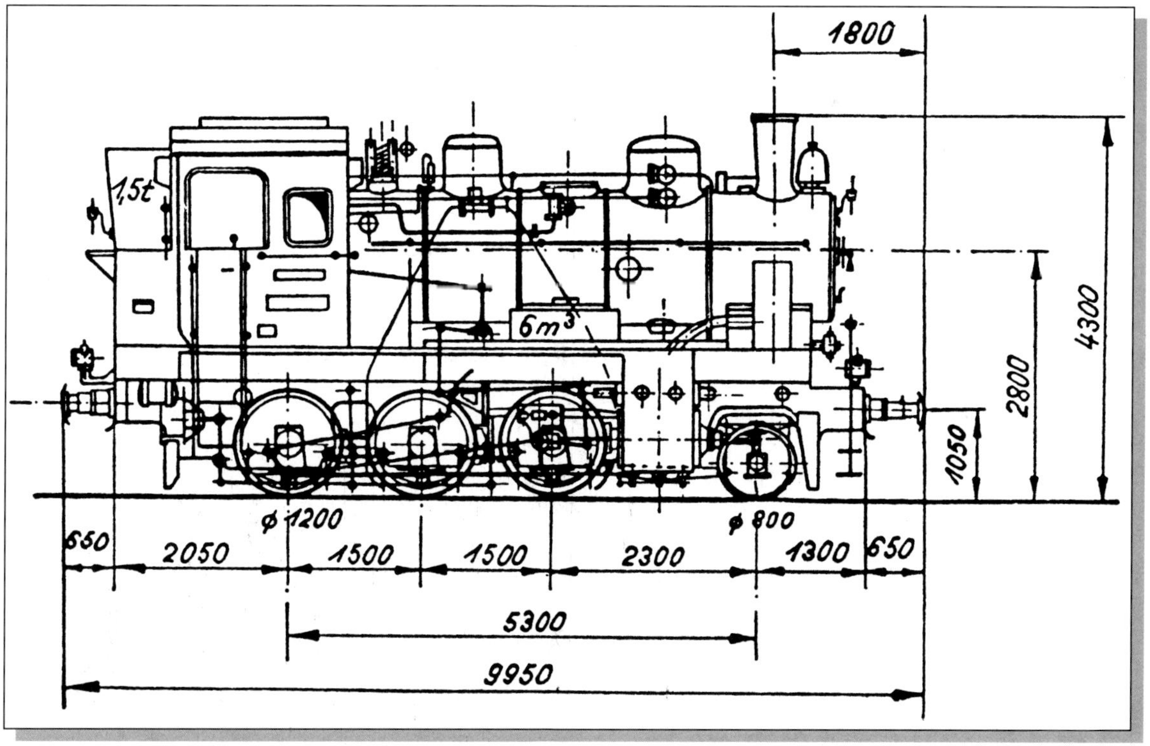

91 6278 (Krauss 1925/8338) auf dem Gelände der VES-M Halle an der Volkmannstraße.
Foto: M. Baumberg, Sammlung Weisbrod

Eisenbahn die Krauss-Fabriknummer 8338 für die BbLE-Lok 142 nennen, könnte die gleichlautende Angabe im DR-Umzeichnungsplan auf einem Irrtum beruhen. Andererseits ist jedoch nicht auszuschließen, daß bereits ab Lieferwerk eine Vertauschung von Fabriknummern und den Maschinen beigegebenen Dokumentationen erfolgt ist. Klären läßt sich diese Ungereimtheit heute jedoch nicht mehr.

Die ELNA-Lokomotiven des Typs 2 H (Bauform Krauss) wiesen zwar die typische Architektur von Krauss-ELNAs auf, unterschieden sich aber in den Hauptabmessungen und den technischen Daten kaum von der Normalausführung. Bei den von Krauss gebauten ELNA-Vierkupplern der Typen 3 und 6 waren die Unterschiede zur Standardbauform schon erheblicher. Die LüP der von Krauss gefertigten ELNA-Lok des Typs 2 H war mit 9950 mm 200 mm größer als bei der Normalausführung. Der Blechrahmen bestand aus 20 mm dicken Platten. In den Rahmen war wie üblich der Wasserkasten eingehängt. Die Achsstände stimmten mit denen der Normalausführung überein. Wie bei dieser diente der dritte Kuppelradsatz als Treibradsatz. Die Bauform der Heusinger-Steuerung war ebenfalls der Normalausführung entlehnt. Auch die Zylinderabmessungen wichen keinen Millimeter von denen der Normalausführung ab. Interessant ist, daß 91 6277 und 91 6278 keine Regelkolbenschieber, sondern Druckausgleichkolbenschieber Bauart Nicolai besaßen. In den Betriebsbüchern beider Lokomotiven war diese Schieberbauart ausdrücklich angegeben. Es darf jedoch bezweifelt werden, daß die Maschinen bereits ab Werk Nicolai-Schieber besaßen, denn bekanntlich hatte die DRG diesen Schieber erst Anfang der dreißiger Jahre bei ihren Einheitslokomotiven eingeführt, und es erscheint nahezu ausgeschlossen, daß eine Privatbahn wie die MEE eine Schieberbauart, die seinerzeit nicht nur technischen Höchststand darstellte, sondern auch kostspielig war, mehr als ein halbes Jahrzehnt vorher eingeführt haben könnte. Der Kessel entsprach in seinen Abmessungen demjenigen der Normalausführung; lediglich die Aufbauten waren anders ausgeführt. Wie bei Krauss-ELNAs üblich, saß der Dampfdom mit dem Ventilregler vorn auf dem Langkessel. Dahinter war ein Speisedom angeordnet, der den Kesselscheitel nur geringfügig überragte. Dritter Kesselaufbau war der Sandkasten mit zwei Fallrohren für jede Lokomotiveneite. Die Kesselsicherheitsventile entsprachen der Bauart Ramsbottom. Die Rauchkammer trug den für Krauss-ELNAs typischen längeren Schornstein. Der Kesselspeisung dienten zwei Dampfstrahlpumpen mit einer Förderleistung von je 125 l/min. Das Führerhaus besaß entsprechend Krauss'schen Gepflogenheiten Blendschirme und einen schmalen Lüftungsaufsatz. Der hinter dem Führerhaus angeordnete Kohlekasten hatte ursprünglich einen Aufsatz mit gerader Rückwand, der bei der DR durch einen größeren Aufsatz mit schräger Rückwand ersetzt worden ist. Die Bremsausrüstung bestand aus der Druckluftbremse Bauart Knorr mit Zusatzbremse und G/P-Umstellventil sowie der Wurfhebelbremse. Die gekuppelten Radsätze wurden einseitig von vorn abgebremst. Der handbetätigte Sandstreuer sandete den ersten und zweiten Kuppelradsatz. Der Signalgebung dienten Dampfpfeife und Dampfläutewerk Bauart Latowski. Die Lokomotiven besaßen ursprünglich Petroleumbeleuchtung, die bei der DR durch elektrische Beleuchtung ersetzt wurde. Laut Betriebsbuch konnten die Lokomotiven 6,0 m^3 Wasser und 1,6 t Kohle mitführen; das Merkbuch der DR, Ausgaben 1962/64, nennt den etwas geringeren Kohlevorrat von 1,5 t. Die Höchstgeschwindigkeit der Maschinen war – ungewöhnlich niedrig für ELNA-Lokomotiven des Typs 2 – auf 40 km/h festgesetzt. 91 6277 und 91 6278 waren nach ihrer Übernahme durch die DR zunächst weiter bei der ehemaligen MEE eingesetzt. Anfang der fünziger Jahre beheimatete man die Lokomotiven zum Bw Gotha um; danach gehörten sie zum Bw Arnstadt. Von 1966 bis 1967 gab 91 6278 ein Gastspiel beim Bw Weimar. Beide Maschinen beendeten ihren Betriebseinsatz beim Bw Arnstadt. Am 24. September 1970 wurde 91 6278 ausgemustert; 91 6277 schied am 28. Oktober 1971 aus.

1'C h2t

$91^{62, 64}$

91 6285

91 6483, 91 6487–91 6493,

91 6495–91 6496

Gt 34.12; Gt 34.14

verschiedene Bahnen

ELNA 5 H (Standardausführung)

1927–1971

Techn. Daten: Seite: 283

Mit dem Lokomotivpark der ehemaligen Privatbahnen übernahm die Deutsche Reichsbahn im Jahre 1949 insgesamt 18 Maschinen des ELNA-Typs 5 H. Dieser Typ war die schwerere Schwesterbauart des ELNA-Typs 2 H und hatte gleich jenem die Radsatzanordnung 1'C; die Kuppelradsatzfahrmasse betrug beim ELNA-Typ 5 H jedoch 14 t. Gleich dem Typ 2 war der Typ 5 im endgültigen Typenprogramm des Jahres 1921 vorwiegend für die Beförderung von Personenzügen vorgesehen und hatte daher einen Kuppelraddurchmesser von 1200 mm erhalten. Die DR ordnete beide ELNA-Typen jedoch als Güterzug-Tenderlokomotiven ein.

Von den 18 übernommenen ELNA-Lokomotiven des Typs 5 H entsprachen vier Maschinen der Krauss-Bauform. Sie erhielten bei der DR die Betriebsnummern 91 6476 bis 91 6479 und sind wegen ihrer Bauartabweichungen gesondert beschrieben. Die übrigen 14 Lokomotiven entsprachen der Bauform, die der Engere Loknormen-Ausschuß in seinen Musterzeichnungen vorgeschlagen hatte. Bis auf die ehemalige Lok 1 der Wenigentaft–Oechsener Eisenbahn, die eine Radsatzfahrmasse von 15 t besaß und bei der DR die Betriebsnummer 91 6579 erhielt, hatten alle Maschinen eine Kuppelradsatzfahrmasse von 14 t. Dazu gehörten

91 6285 (Henschel 1939/24916) vom Bw Gotha 1956 in Bad Langensalza West. Foto: Sammlung Malke

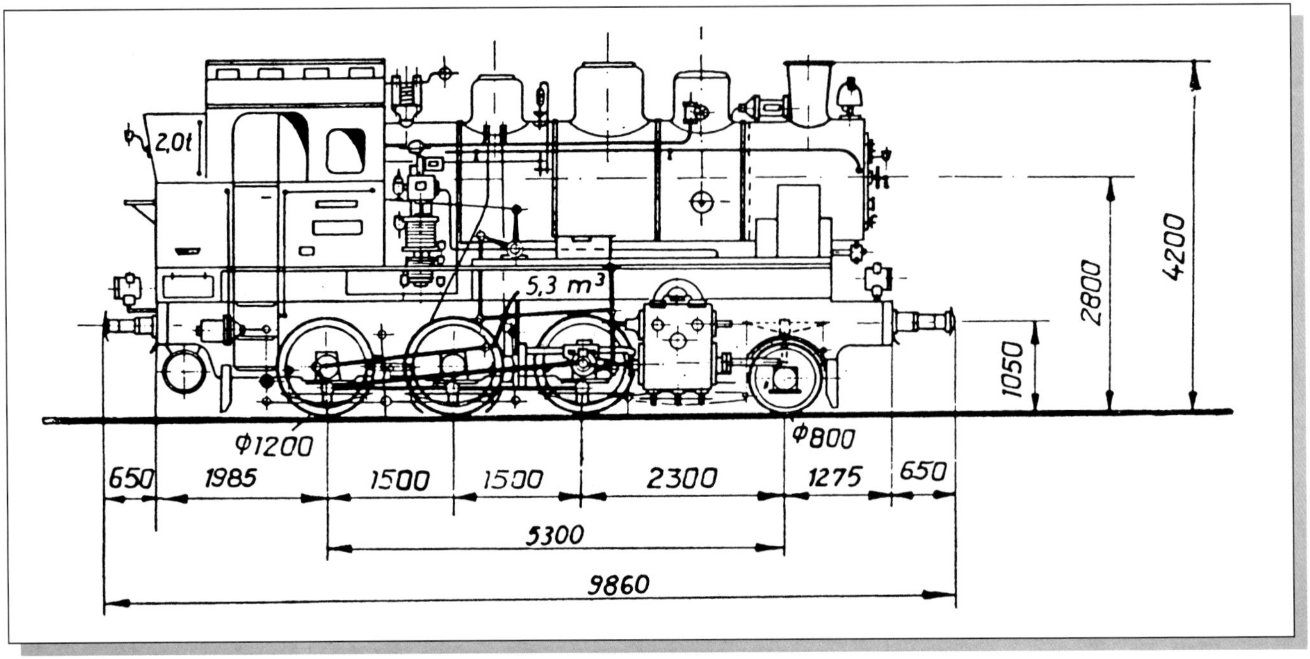

91 6483–6496
Zeichnung: Merkbuch für Triebfahrzeuge

auch die von der DR in 91 6482 und 91 6486 umgezeichneten Maschinen, die zwar äußerlich völlig der Standardausführung glichen, aber sich in einigen Details von ihr unterschieden. Beide Maschinen waren Mischformen der ELNA-Typen 2 und 5, und ihr Hersteller Henschel & Sohn hatte sie in seinen Katalogen und Dokumentationen als Abart des ELNA-Typs 2 bezeichnet.
Von den elf Lokomotiven, welche genau der Standardausführung entsprachen, wurden zehn richtig in die BR 91^{64} eingeordnet und erhielten das Betriebsgattungszeichen Gt 34.14; die ehemalige Lok 151 der MEE zeichnete man jedoch unerklärlicherweise in 91 6285 um und gab ihr das unzutreffende Gattungszeichen Gt 34.12. Bei dieser Maschine handelte es sich um eine erst 1940 von Henschel gebaute Lok mit Stahlfeuerbüchse.
Die im Umzeichnungsplan vom 12. Dezember 1949 erfaßten und in 91 6484–91 6485 umgezeichneten 1'C h2t der Brandenburgischen Städtebahn hatten indessen nichts mit ELNA-Typen gemein. Diese Lokomotiven waren Vertreter einer von der AEG als Alternative zum ELNA-Programm entworfenen Typenreihe von Klein- und Privatbahnlokomotiven.
Die Normalausführung des ELNA-Typs 5 H besaß einen Blechrahmen mit 20 mm Plattendicke und eingehängtem T-förmigen Wasserkasten. Die LüP war mit 9860 mm geringfügig größer als bei der Type 2 H; die Achsstände stimmten mit ihr überein. Treibradsatz war der dritte Kuppelradsatz; der Laufradsatz lagerte in einem Bisselgestell. Die Zylinder hatten einen Durchmesser von 450 mm und einen Kolbenhub von 550 mm. Falls Regelkolbenschieber verwendet wurden, dienten an den Schieberkästen angeflanschte Winterthur-Druckausgleicher dem Druckausgleich. Ab Mitte der dreißiger Jahre rüstete man die Lokomotiven ab Werk mit Druckausgleichkolbenschiebern aus. Die von Henschel & Sohn 1940 unter der Fabriknummer 24 916 an die MEE gelieferte und von der DR in 91 6285 umgezeichnete Maschine hatte beispielsweise Nicolai-Schieber, die ebenfalls von Henschel im Jahre 1938 hergestellte und bei der DR als 91 6579 eingereihte Lok besaß Müller-Schieber. Die Steuerung entsprach der üblichen, bei ELNA-Lokomotiven verwendeten Ausführung der Bauart Heusinger; der Kreuzkopf wurde einschienig auf der Gleitbahn geführt. Der Kessel mit 3500 mm Rohrlänge und 1350 mm lichtem Durchmesser lag frei über dem Rahmen. Die Feuerbüchse bestand aus Kupfer, bei ab Ende der 30er Jahre gebauten Lokomotiven aus IZ II-

Oben: Heizerseite der 91 6483.
Foto: M. Baumberg, Sammlung Weisbrod

Unten: 91 6487 (Henschel 1930/21776) im August 1969 im Bf Barth.
Foto: H. Goltzsch, Sammlung Weisbrod

Stahl. Der Dampfdom nahm den Ventilregler Bauart Schmidt & Wagner auf, der davor angeordnete Speisedom trug rechts und links je ein Kesselspeiseventil. Die Sicherheitsventile waren entweder nach Bauart Ramsbottom oder nach Bauart Coale ausgeführt; einige Lokomotiven besaßen Ackermann-Ventile. Der Kessel wurde in der Regel von zwei Dampfstrahlpumpen mit einer Förderleistung von je 125 l/min gespeist; es gab jedoch gerade bei dem ELNA-Typ 5 H eine Anzahl von Lokomotiven mit Oberflächenvorwärmer und Kolbenspeisepumpe. Der Vorwärmer lag bei diesen Lokomotiven auf dem Umlaufblech in Höhe des Zylinderblocks. Derart ausgerüstet waren beispielsweise die von der DR in 91 6493, 91 6495 und 91 6496 umgezeichneten Maschinen. Bauform und Ausrüstung der Rauchkammer waren mit derjenigen anderer ELNA-Typen identisch. Das Führerhaus entsprach der typischen ELNA-Bauform und hatte bei dem Typ 5 ausnahmslos Seitenfenster. Die Bremsausrüstung bestand aus Druckluftbremse oder Dampfbremse sowie Exterscher Wurfhebelbremse. Die bei der DR eingesetzten Maschinen hatten grundsätzlich die Druckluftbremse Bauart Knorr mit Zusatzbremse und G/P-Wechsel. Der Sandstreuer war zum Teil handbetätigt, zum Teil als Druckluftsandstreuer ausgeführt. Dampfpfeife und Läutewerk (meist ein Dampf-, seltener ein Druckluftläutewerk) dienten der Signalgebung. Die DR hat die ursprünglichen Beleuchtungseinrichtungen durch elektrische Beleuchtung ersetzt, soweit die Lokomotiven nicht bereits ab Werk eine entsprechende Ausrüstung besaßen. Die Lokomotiven konnten 6, 0 m^3 Wasser und 1,6 t Kohle mitführen; das Merkbuch der DR, Ausgaben 1962/64, nennt die abweichenden Werte von 5,3 m^3 Wasser und 2,0 t Kohle. Die zulässige Höchstgeschwindigkeit betrug entweder 50 oder 65 km/h.

Die ELNA-Lokomotiven des Typs 5 H (Standardausführung) haben ihre Zugförderungsaufgaben bis zum Ende ihres Betriebseinsatzes zur Zufriedenheit erfüllt. Mitte der sechziger Jahre begann die Ausmusterung, welche sich bis 1971 hinzog. Letzte einsatzfähige Maschinen waren 91 6483, 91 6488 und 91 6489, die erst Mitte bzw. Ende 1971 den Dienst quittieren mußten.

*91 6492 (Henschel 1936/23101) am 13.07.1968 in Falkenberg.
Foto: Hans Müller*

*91 6493 (Henschel 1936/23421) am 22.05.1968 auf der Fahrt von Kalbe (Milde) nach Klötze.
Foto: Hans Müller*

*91 6488
(Henschel 1930/21777)
im August 1969 in Barth Hafen.
Foto: H. Goltzsch, Sammlung Weisbrod*

91 6495 (Henschel/1939/25049), vormals Nr. 304 der Genthiner Eisenbahn.
Foto: M. Baumberg, Sammlung Weisbrod

91 6496 auf der Strecke Arendsee–Osterburg am 25.05.1968 in Stapel.
Foto: Hans Müller

1'C n2t

91^{63}

91 6301

Gt 34.13

NLE

bojry

1919–1967

Techn. Daten: Seite: 280

Die Niederlausitzer Eisenbahn AG bestellte im Jahre 1919 bei Henschel & Sohn in Kassel eine dreifach gekuppelte Naßdampf-Tenderlokomotive mit vorderem Laufradsatz, 13 t mittlerer Kuppelradsatzfahrmasse und 50 km/h Höchstgeschwindigkeit, die gleichermaßen im Personen- und Güterzugdienst einsetzbar sein sollte. Henschel erfüllte die Forderungen des Bestellers nach einer Neukonstruktion und stellte die Maschine noch im gleichen Jahr unter der Fabriknummer 16 912 fertig. Obgleich es sich um eine Einzelanfertigung handelte, nahm Henschel die Lok in die Liste seiner Typenlokomotiven auf und teilte ihr die Werkscodebezeichnung »bojry« zu. Offensichtlich hatte die Kasseler Firma mit Anschlußaufträgen gerechnet; denn noch im Sonderkatalog des Jahres 1936 bot das Unternehmen diese recht gelungene Konstruktion an. Die an die NLE ausgelieferte Maschine erhielt zunächst die Bahnnummer 6 und wurde später in Nr. 41 umgezeichnet. Die Deutsche Reichsbahn gab der Lok im Jahre 1949 die Betriebsnummer 91 6301 und das Betriebsgattungszeichen Gt 34.13.

Die Lokomotive hatte einen von der vorderen bis zur hinteren Pufferbohle durchlaufenden, mit mehreren Querversteifungen versehenen Blechrahmen. Die LüP betrug 10 000 mm, der Gesamtachsstand 5600 mm. Laufradsatz und erster Kuppelradsatz waren zu einem Krauss-Gestell verbunden; zweiter und dritter Kuppelradsatz waren fest im Rahmen gelagert, woraus ein fester Achsstand von 1600 mm resultierte. Die Laufräder hatten einen Laufkreisdurchmesser von 800 mm, die Kuppelräder einen Laufkreisdurchmesser von 1350 mm. Der zweite Kuppelradsatz wurde angetrieben. Die Zylinder hatten einen Durchmesser von 400 mm; der Kolbenhub betrug 600 mm. Die großen Schieberkästen nahmen Flachschieber normaler Bauform auf. Der Kreuzkopf wurde einschienig auf der Gleitbahn geführt; die Steuerung entsprach der Bauart Heusinger. Der für einen Betriebsdruck von 12 bar ausgelegte Kessel lag frei über dem Rahmen. Der Langkessel bestand aus zwei Schüssen, von denen der erste den Dampfdom mit dem Regler, der zweite einen runden Sandkasten mit beiderseitig je zwei Fallrohren trug. Die auf dem Dom angeordnete Schmierpumpe wurde von einer außen liegenden Schmierleitung mit Öl versorgt. Diese

91 6301
Zeichnung: Merkbuch für Triebfahrzeuge

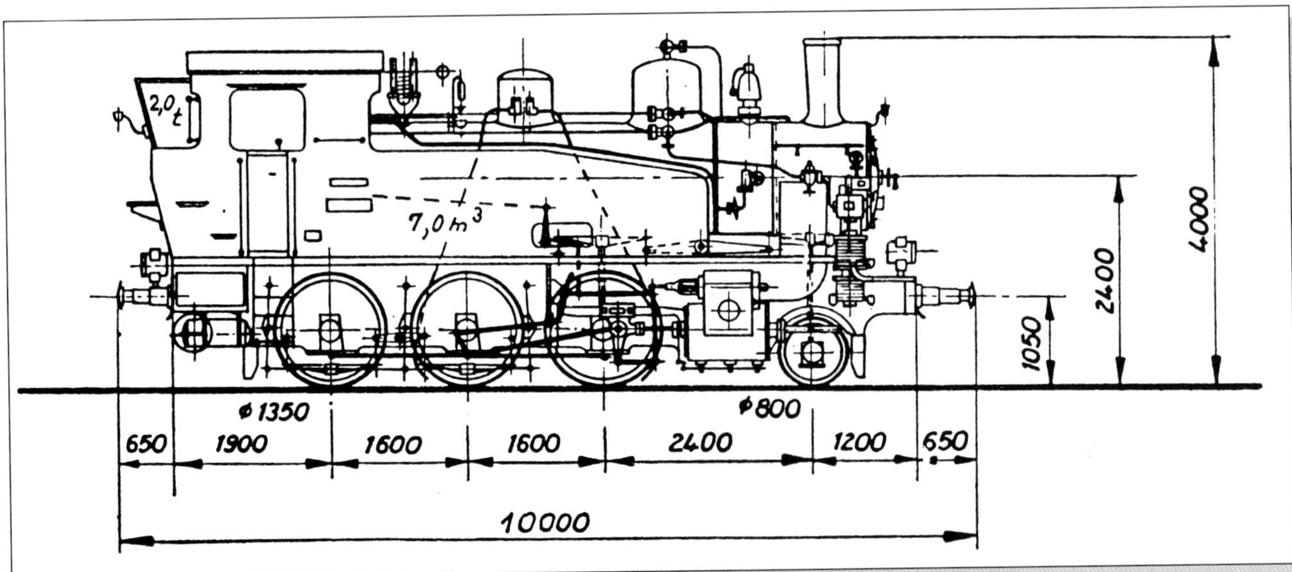

Anordnung war bei deutschen Dampflokomotiven recht selten zu finden. Der Stehkessel mit kupferner Feuerbüchse trug auf seinem Scheitel das Ramsbottom-Sicherheitsventil. Die Rauchkammer war verhältnismäßig kurz und trug einen hohen, nur schwach konischen Schornstein. Blasrohr, Hilfsbläser, Funkenfänger und Rauchkammerspritze entsprachen preußischen Normen. Die Rauchkammer stützte sich auf dem Rahmen über einen aus miteinander vernieteten Blechen bestehenden Rauchkammerträger ab. Der Kessel wurde von zwei Dampfstrahlpumpen Bauart Strube gespeist. Laut Angaben des Herstellers betrug seine Verdampfungsheizfläche 83,6 m^2; im Merkbuch der DR, Ausgaben 1962/64, ist der etwas geringere Wert von 81,37 m^2 angegeben. Das Führerhaus war recht geräumig. Es besaß zwar keine Seitenfenster; dennoch ermöglichten die großen Frontfenster ausreichende Sichtverhältnisse. Die Lok hatte seitliche Wasserkästen mit im Vorderteil abgeschrägter Decke und einer ovalen Aussparung im Bereich von Steuerwelle und Aufwerfhebel. Der Kohlevorrat wurde in einem hinter dem Führerhaus befindlichen Kohlekasten mitgeführt. Die DR hat den Kohlekasten mit einem Blechaufsatz zur Vergrößerung des Brennstoffvorrates versehen. Die Bremsausrüstung bestand aus Knorr-Druckluftbremse und Wurfhebelbremse. Der Treibradsatz wurde beidseitig, der dritte Kuppelradsatz einseitig von hinten abgebremst. Erster Kuppelradsatz und Laufradsatz waren ungebremst. Der Hauptluftbehälter war am hinteren Rahmenende quer zur Fahrtrichtung, der Hilfsluftbehälter in unmittelbarer Nähe des Hauptluftbehälters, aber längs zur Fahrtrichtung aufgehängt. Die zweistufige Knorr-Luftpumpe hatte ihren Platz ganz vorn auf der rechten Seite der Rauchkammer. Der handbetätigte Sandstreuer sandete den ersten Kuppelradsatz von vorn und den zweiten von hinten. Das Dampfläutewerk Bauart Latowski saß auf

Oben: 91 6301 (Henschel 1919/16912) in Salzwedel am 15.10.1964
Foto: Hans Müller

Unten: Führerseite der 91 6301.
Foto: M. Baumberg, Sammlung Weisbrod

einer Konsole zwischen Schornstein und Dampfdom; die Dampfpfeife war zwischen Sandkasten und Sicherheitsventil auf dem Kesselscheitel angebracht. Die DR hat die ursprüngliche Petroleumbeleuchtung durch elektrische Beleuchtung ersetzt. Die Lok konnte nach Originalangaben von Henschel 8,0 m^3 Wasser mitführen; das Merkbuch der DR, Ausgaben 1962/64, gibt jedoch nur 7,0 m^3 Wasserkasteninhalt an. Im Lieferzustand betrug der Brennstoffvorrat 1,3 t; nach Vergrößerung des Kohlekastens konnte die Lok 2, 0 t Kohle mitführen. Die Deutsche

Reichsbahn setzte die ursprüngliche Höchstgeschwindigkeit von 50 km/h auf 45 km/h herab. Der Grund für diese Maßnahme dürfte die Tatsache gewesen sein, daß von den drei gekuppelten Radsätzen der Treibradsatz am geringsten belastet war und daher in engen Gleisbögen zum Auflaufen neigte.
91 6301 verblieb bis 1957 in der Lausitz und war in den Bw Luckau, Bautzen, Hoyerswerda und Cottbus beheimatet. Von 1957 bis 1959 gehörte sie zum Bw Berlin-Lichtenberg und war danach bei den Bw Barth, Prenzlau und Stralsund stationiert. Von September 1962 bis Februar 1966 war die Lok beim Bw Salzwedel beheimatet, lediglich unterbrochen von einer zeitweiligen Umsetzung zum Bw Aschersleben im Jahre 1963. Ihre letzte Heimat fand die Maschine beim Bw Ketzin, dessen Einsatzbestand sie vom 1. März 1966 bis zum 19. Dezember 1967 angehörte. Am 20. Dezember 1967 wurde 91 6301 ausgemustert. Im Laufe des Jahres 1968 erfolgte schließlich die Zerlegung des Einzelgängers durch das Raw Halle.

1'C n2t

91^{64}

91 6401–91 6404

Gt 34.14

Kleinbahnen d. pr. Prov. Sachsen

verstärkte meckl. T 4

1919–1967

Techn. Daten: Seite: 281

Die Mecklenburgische Friedrich-Franz-Eisenbahn (MFFE), nicht zu verwechseln mit der MFWE, hatte als zweitkleinste der ehemaligen deutschen Länderbahnen kaum eigene Lokomotivtypen entwickelt, sondern überwiegend Nachbauten bewährter preußischer Konstruktionen beschafft. Eine der wenigen Ausnahmen von dieser Beschaffungspolitik bildete die mecklenburgische T 4. Diese 1'C n2t-Lokomotive war von Henschel & Sohn entsprechend den Vorgaben der MFFE projektiert worden. Die Urheberfirma und O & K bauten von 1907 bis 1922 insgesamt 50 Exemplare der meckl. T 4, die bei der DRG zur BR 91^{19} wurde.
Über die meckl. T 4 ist viel Richtiges, aber auch manches Falsche geschrieben worden. Daß noch heute in Eisenbahn-Zeitschriften Beiträge erscheinen, die sich mit der Geschichte dieses Typs befassen, haben sich die Schöpfer der robusten Nebenbahn-Tenderlok wohl nicht träumen lassen. Indessen enthalten fast alle Publikationen über die T 4 zwei grundlegende Fehler. Der erste besteht in der Aussage, die T 4 habe ein Fahrwerk besessen, dessen Laufradsatz als Adamsachse ausgebildet gewesen sei, der zweite in der Behauptung, die T 4 sei nur für die MFFE gefertigt worden. Tatsächlich waren bei der T 4 Laufradsatz und erster Kuppelradsatz zu einem

91 6401 (Henschel 1919/16431) am 15.10.1964 im Bw Salzwedel.
Foto: Hans Müller

Betriebs-Nr.	Empfängerbahn	Baujahr	Fabrik-Nr.
351	GHW	1919	16 431
352	GHW	1919	16 432
353	SE	1919	16 433
354	SE	1920	16 434
10	Genth.	1920	16 435
11	Genth.	1920	16 436

Krauss-Gestell verbunden. Den Beweis dafür hat vor nunmehr eineinhalb Jahrzehnten Dr. Lutz Mohr, der die Blaupausen der Originalzeichnungen im Archiv der ehemaligen Rbd Schwerin einsehen konnte, erbracht. Auch die Typenskizze für die BR 91^{19} im Merkbuch der DR, Ausgaben 1962/64, deutet auf die Existenz eines Lenkgestells hin: Für Laufradsatz und ersten Kuppelradsatz ist eine Seitenverschieblichkeit von jeweils ± 22 mm angegeben.

Ebenso hält die Ansicht, daß nur die MFFE die T 4 beschafft habe, der genauen Nachprüfung nicht stand. In Wirklichkeit ist diese Nebenbahnlok in weiteren sechs Exemplaren in den Jahren 1919 und 1920 gebaut worden.

Kurioserweise waren es diesmal die Preußen, die eine mecklenburgische Lok (welche allerdings weitgehend preußischen Bauprinzipien folgte) nachbauen ließen. Jedoch waren nicht die Preußischen Staatsbahnen Initiator dieses Nachbaus, sondern die in Merseburg ansässige Leitung der Kleinbahnen der preußischen Provinz Sachsen. Diese Institution bestellte 1919 bei Henschel sechs 1'C n2t mit Krauss-Gestell. Die Maschinen entsprachen bis auf geringfügige Änderungen der meckl. T 4. Die Lieferdaten können Sie der Tabelle entnehmen.

In der Henschel-Lieferliste ist für alle sechs Lokomotiven 1919 als Baujahr angegeben. Die beiden Maschinen der Genthiner Kleinbahn sind bald an die Eisenbahn Altona–Kaltenkirchen–Neumünster (AKN) verkauft worden. Daß sie keine Bahnnummern nach dem Nummernplan des Provinzialverbandes erhalten hatten, war der Tatsache geschuldet, daß die Genthiner Kleinbahn zum damaligen Zeitpunkt noch nicht unmittelbar der Provinzialverwaltung in Merseburg unterstellt war.

Die Bauartabweichungen der Lokomotiven gegenüber der ursprünglichen Konstruktion waren sehr geringfügig und

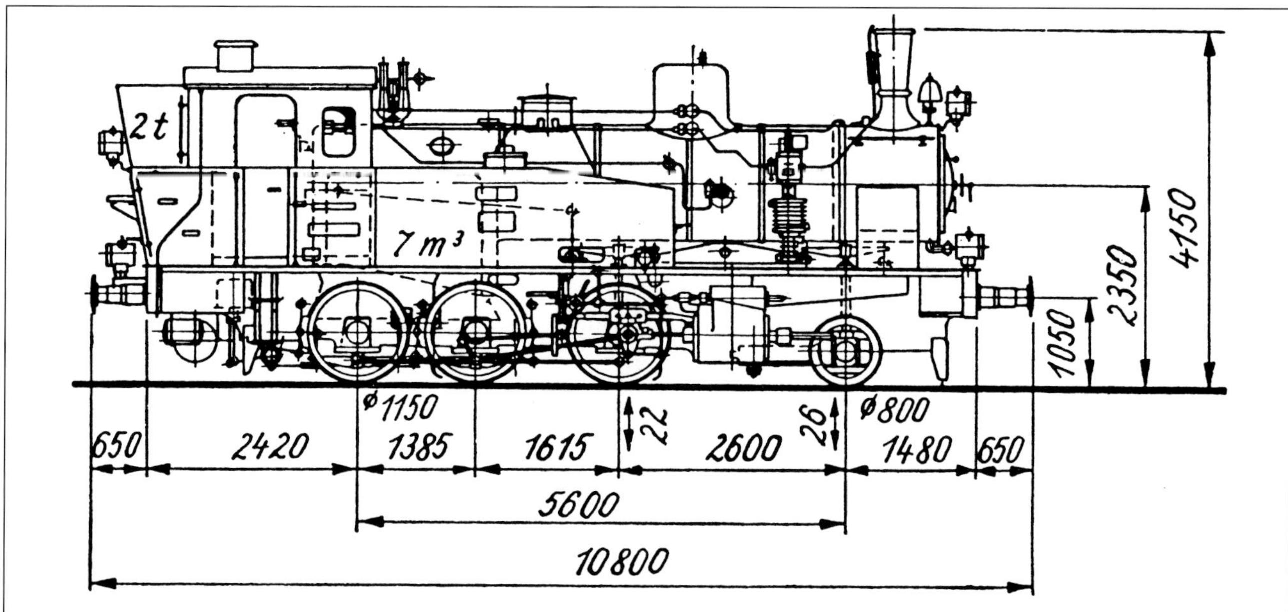

Oben: *91 6403 (Henschel 1919/16433), vormals Nr. 353 der Stendaler Eisenbahn. Foto: M. Baumberg, Sammlung Weisbrod*

Unten: *91 6404 (Henschel 1920/16434), vormals Nr. 354 der Stendaler Eisenbahn. Foto: Gernot Malsch*

umfaßten im wesentlichen die Verstärkung einiger Baugruppen. Insgesamt waren die Unterschiede zwischen der meckl. T 4 und ihrer preußischen Privatbahn-Schwester nicht größer als diejenigen zwischen zwei aufeinander folgenden Lieferserien preußischer oder bayrischer Länderbahnlokomotiven. Meckl. T 4 und aus ihr abgeleitete Privatbahn-1'C n2t gehörten somit zweifelsfrei der gleichen Lokbauart an.

Der Blechrahmen der sechs Lokomotiven war mit dem der meckl. T 4 bis auf die etwas größere Länge identisch. Dementsprechend hatten die Maschinen auch eine etwas größere LüP (10 800 mm gegenüber 10 375 mm). Mit der meckl. T 4 stimmten die Achsstände der gekuppelten Radsätze (1615 mm zwischen erstem und zweitem, 1385 mm zwischen zweitem und drittem Kuppelradsatz) sowie der Achsabstand zwischen Laufradsatz und erstem Kuppelradsatz (2600 mm) vollständig überein. Der Laufkreisdurchmesser der Kuppelräder entsprach mit 1150 mm demjenigen der ersten Baulose der meckl. T 4. Auch der Durchmesser der Laufräder (800 mm) war mit dem der MFFE-Lokomotiven identisch. Das Lenkgestell hatte man in allen Teilen von der T 4 übernommen; lediglich der seitliche Ausschlag des Laufradsatzes war wegen der besseren Bogenläufigkeit auf ± 26 mm erhöht worden. Angetrieben wurde der zweite Kuppelradsatz. Der Zylinderdurchmesser war mit 430 mm geringfügig größer als bei den T 4 der MFFE; die Flachschieber waren von gleicher Bauart. Im Gegensatz zur meckl. T 4 war bei den sechs Lokomotiven eine vordere Kolbenstangenführung vorhanden; statt des zweischienig geführten Kreuzkopfes der MFFE-Maschinen besaßen sie einen einschienig geführten. Derartige Unterschiede gab es jedoch auch bei verschiedenen Baulosen preußischer Normallokomotiven und änderten nicht das geringste an der Grundkonzeption der Lok. Die Heusinger-Steuerung war wiederum mit derjenigen der meckl. T 4 identisch. Absolut gleich waren bei meckl. T 4 und Privatbahn-Schwester auch Abfederung und Ausgleichssystem ausgeführt. Der Kessel der sechs Lokomotiven entsprach im grundlegenden Aufbau (zweischüssiger genieteter Langkessel, Stehkessel mit zwischen den Rah-

menblechen eingezogener Kupferfeuerbüchse) und in seiner Ausrüstung demjenigen der T 4; er war lediglich 300 mm länger. Auch der Rost war geringfügig größer.
Der Kessel wurde von zwei Dampfstrahlpumpen Bauart Strube gespeist; die Speiseventile waren wie bei der meckl. T 4 angeordnet. Rauchkammer und Rauchkammerausrüstung waren wiederum unverändert von der meckl. T 4 übernommen worden. Der Dampfdom saß auf dem ersten Langkesselschuß und nahm den Flachschieberregler auf. Der zweite Kesselschuß trug den Sandkasten preußischer Normalausführung. Auf dem Stehkessel vor dem Führerhaus war das Doppelsicherheitsventil Bauart Ramsbottom angeflanscht. Das Führerhaus selbst war wiederum dem der MFFE-T 4 gleich; lediglich eine optische Retusche durch Einbau etwas veränderter Seitenfenster bewirkte einen architektonischen Anklang an Tenderlokomotiven der KPEV. Seitliche Wasserkästen und Kohlekasten waren gegenüber der meckl. T 4 geringfügig vergrößert worden. Als Bremse diente die Einkammerdruckluftbremse Bauart Knorr mit Zusatzbremse, die alle Kuppelradsätze einseitig von vorn abbremste. Die zweistufige Luftpumpe war rechts vorn über dem Laufblech angeordnet. Außer der Druckluftbremse war die Extersche Wurfhebelbremse vorhanden. Die Privatbahnlokomotiven besaßen im Unterschied zu den Maschinen der MFFE nur einen Hauptluftbehälter. Der handbetätigte Sandstreuer sandete den ersten Kuppelradsatz bei Vorwärts- und den zweiten bei Rückwärtsfahrt. Dampfpfeife und Dampfläutewerk waren wie bei der meckl. T 4 angeordnet. Die Lokomotiven waren mit Petroleumbeleuchtung ausgerüstet. Sie konnten 6 m^3 Wasser und 2 t Kohle mitführen. Ihre zulässige Höchstgeschwindigkeit war mit 45 km/h festgesetzt.
Die DR übernahm im Jahre 1949 die Lok mit den Betriebsnummern 351–354 und zeichnete sie in 91 6401 bis 91 6404 um. Hätte es nicht den Umzeichnungsplan vom 12. Dezember 1949 gegeben, wären die Maschinen mit Sicherheit und völlig zu Recht in die BR 91^{19} eingereiht worden. Alle vier Lokomotiven wurden auf elektrische Beleuchtung umgestellt. Bei 91 6404 verlegte man das Dampfläutewerk vom ursprünglichen Platz vor dem Schornstein auf den Kessel zwischen Sandkasten und Sicherheitsventil. Die Maschinen verblieben nach ihrer Übernahme durch die DR in der Altmark, wurden jedoch mehrmals umbeheimatet. Auslauf-Bw waren die Bahnbetriebswerke Stendal (für 91 6401 und 91 6402) und Salzwedel (für 91 6403 und 91 6404). Gleich ihren mecklenburgischen Schwestern verschwanden auch die Naßdampflokomotiven der BR 91^{64} fast unbemerkt aus dem Betriebsdienst. Im Jahre 1967 wurden alle vier Maschinen ausgemustert.

1'C h2t

91^{64}

91 6476–91 6479

Gt 34.14

HHE

ELNA 5 H (Bauform Krauss)

1924–1969

Techn. Daten: Seite: 281

Die Halle-Hettstedter Eisenbahn war die erste deutsche Privatbahn, die ELNA-Lokomotiven in Dienst stellte. Nach der 1922 erfolgten Beschaffung von vier Lokomotiven des ELNA-Typs 6 H gab die HHE im Jahre1924 bei der Firma Krauss & Co. in München eine Bestellung über weitere vier ELNA-Lokomotiven für 14 t Radsatzfahrmasse, diesmal jedoch mit der Radsatzanordnung 1'C h2t, auf. Krauss lieferte die Maschinen noch im gleichen Jahr unter den Fabriknummern 8317 bis 8320 aus. Bei der HHE erhielten sie die Bahnnummern 151 bis 154.
Der Umzeichnungsplan der DR vom 12. Dezember 1949 sah für die Lokomotiven die Reichsbahn-Nummern 91 6476 bis 91 6479 vor; das Betriebsgattungszeichen lautete Gt 34. 14. Das Merkbuch der DR, Ausgaben 1962/64, sah für die Lok jedoch das veränderte Betriebsgattungszeichen Gt 34. 15 vor. Die Verwiegung bei der VES-M Halle hatte ergeben, daß der erste und zweite Kuppelradsatz zwar eine Fahrmasse von 14, 5 t besaßen, der dritte, angetriebene Kuppelradsatz jedoch mit 15, 7 t wesentlich stärker belastet war. Obgleich die vier Lokomotiven im grundlegenden Aufbau durchaus dem ELNA-Typ 5 glichen, wichen sie doch in einigen Hauptabmessungen und konstruktiven Einzelheiten von der Normalausführung ab. Die LüP war mit 10 300 mm größer;

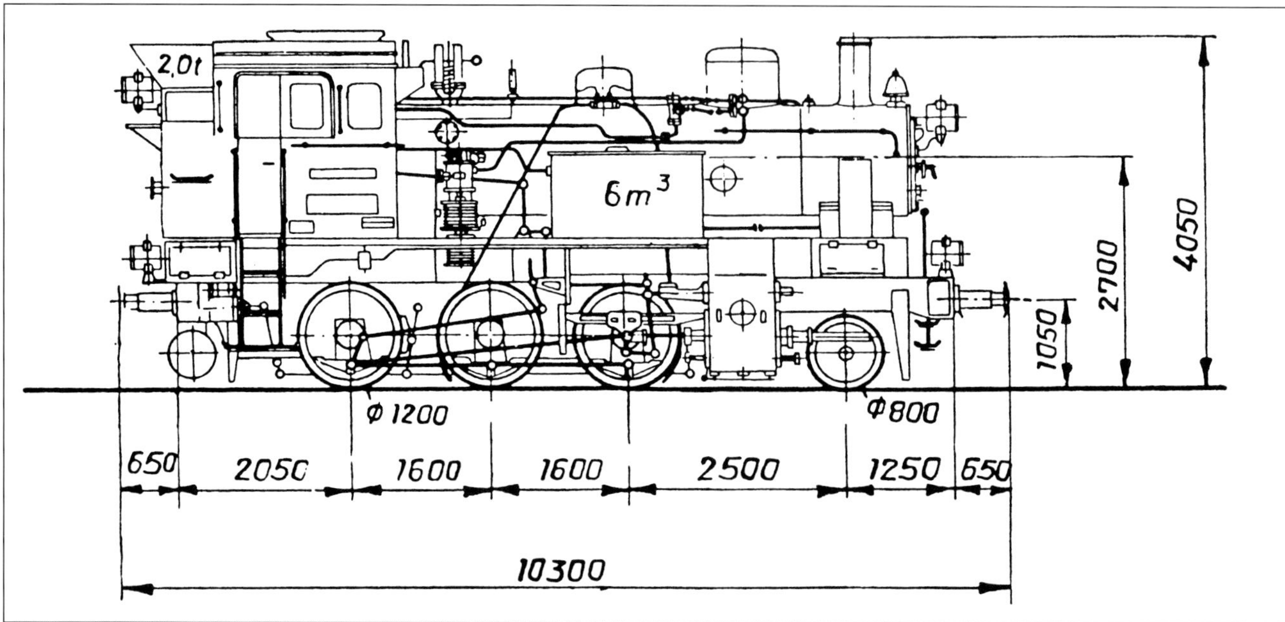

91 6476–6479
Zeichnung: Merkbuch für Triebfahrzeuge

auch die Achsstände zwischen den gekuppelten Radsätzen und zwischen Laufradsatz und erstem Kuppelradsatz übertrafen diejenigen der Standardbauform. Der Blechrahmen mit eingehängtem T-förmigen Wasserkasten entsprach den ELNA-Baugrundsätzen. Zusätzlich zum Rahmenwasserkasten waren noch kleine, seitlich am Langkessel angeordnete Wasserkästen vorhanden. Der Zylinderdurchmesser betrug bei den Krauss-ELNAs des Typs 5 H nur 435 mm. Der Kreuzkopf wurde einschienig auf der Gleitbahn geführt; die Steuerung entsprach der Bauart Heusinger. Der Kessel hatte eine um 200 mm größere Länge zwischen den Rohrwänden als der Kessel der Normalausführung; die Überhitzerheizfläche war größer als bei jener. Die Kesselaufbauten waren in der Reihenfolge Dampfdom - Speisedom - Sandkasten angeordnet. Die Kesselsicherheitsventile entsprachen der Bauart Ramsbottom. Die Rauchkammer war wie bei allen Krauss-ELNAs ausgeführt und trug einen nur schwach konischen Schornstein. Das Führerhaus war mit einem schmalen Lüftungsaufsatz versehen; die Frontfenster hatten Blendschirme. Die Bremsausrüstung bestand aus der Knorr-Druckluftbremse und der Wurfhebelbremse. Die Lokomotiven besaßen ursprünglich einstufige, an der rechten Seite der Rauchkammer hängende Luftpumpen. Später sind zweistufige Luftpumpen angebaut worden, die ihren Platz auf der rechten Maschinenseite neben dem Stehkessel erhielten. Der handbetätigte Sandstreuer sandete den ersten und zweiten Kuppelradsatz. Der Signalgebung dienten Dampfpfeife und Dampfläutewerk. Die DR hat die Maschinen nachträglich mit elektrischer Beleuchtung ausgerüstet. Die Lokomotiven konnten 6 m³ Wasser und 2 t Kohle mitführen. Ihre Höchstgeschwindigkeit betrug 50 km/h. Obgleich die vier Lokomotiven im Lieferzustand einander völlig glichen, führten Tausch und abgeänderte Anordnung von Ausrüstungsteilen im Laufe der Betriebszeit dazu, daß jede Maschine an kleinen, nur ihr eigenen Besonderheiten erkenntlich war. Beispielsweise hatte 91 6476 statt des großen runden Sandkastens einen eckigen erhalten; bei 91 6478 war der ursprüngliche Sandkasten gegen einen gleichfalls runden, aber wesentlich kleineren getauscht worden. Die Dampfpfeife war im Lieferzustand bei allen Lokomotiven an der Vorderwand des Führerhauses unterhalb der Dachwölbung angebracht; bei 91 6476 und 91 6477 verlegte man sie später auf das Dach, bei 91 6478 auf den Stehkessel. 91 6477 erhielt im Rahmen einer planmäßigen Schadgruppe neue Gleitbahnträger in der Form von I-Profilen.

Die Lokomotiven verblieben nach ihrer Übernahme durch die DR weiterhin in der Lokeinsatzstelle Halle-Klaustor und befuhren die Strecken der ehemaligen

Oben: 91 6477 (Krauss 1924/8318) am 02.09.1964 in Bitterfeld.
Foto: Hans Müller

Unten: 91 6478 (Krauss 1924/8319), eine ELNA 5 auf dem Gelände der VES-M Halle.
Foto: M. Baumberg, Sammlung Weisbrod

HHE. 91 6476 kam Mitte der 60er Jahre für einige Zeit zum Bw Stralsund, kehrte dann aber nach Halle zurück. 91 6477 wurde zum Bw Eilenburg umbeheimatet und stand dort bis 1966 im Einsatz. Im November 1966 verkaufte man die Maschine an das Stahl- und Walzwerk Riesa. Dort wurde sie noch bis Dezember 1970 als Werklok 16 eingesetzt und anschließend zerlegt. 91 6478 und 91 6479 musterte die DR im Jahre 1967 aus. Als letzte Lok des ELNA-Typs 5 H (Bauform Krauss) wurde 91 6476 im Oktober 1969 ausgemustert.

1'C h2t

91^{64}

91 6482 und 91 6486

Gt 34.14

NLE; Salzw.

ELNA 5 m. Abw.

1927–1972

Techn. Daten: Seite: 282

Unter den 1949 von der Deutschen Reichsbahn übernommenen 18 Lokomotiven des ELNA-Typs 5 H befanden sich zwei Maschinen, die äußerlich völlig der Standardausführung glichen, aber in einigen Baumerkmalen und technischen Daten so markante Abweichungen aufwiesen, daß eine gesonderte Beschreibung gerechtfertigt scheint. Es handelte sich hierbei um die von der Deutschen Reichsbahn in 91 6482 und 91 6486 umgezeichneten Lokomotiven. Erstere war von Henschel & Sohn im Jahre 1927 unter der Fabriknummer 20 816 für die Niederlausitzer Eisenbahn gebaut und dort zunächst mit der Bahnnummer 12, später 151 eingesetzt worden; letztere stammte ebenfalls von Henschel, war 1929 erbaut worden, trug die Fabriknummer 21 450 und hatte bei ihrem Besteller, der Salzwedeler Kleinbahn, zunächst die Bahnnummer 10, dann die Bahnnummer 302 (nach dem Nummernschema der preußischen Provinzialkleinbahnen) getragen.
Henschel & Sohn, inzwischen zum bedeutendsten Hersteller von ELNA-Lokomotiven avanciert, hatte 1927 dem Drängen mehrerer Privatbahnen, die ELNA-Lokomotiven mit der Radsatzfolge 1'C konstruktiv zu verändern und möglichst Wirtschaftlichkeit und Leistungsfähigkeit zu erhöhen, nachgege-

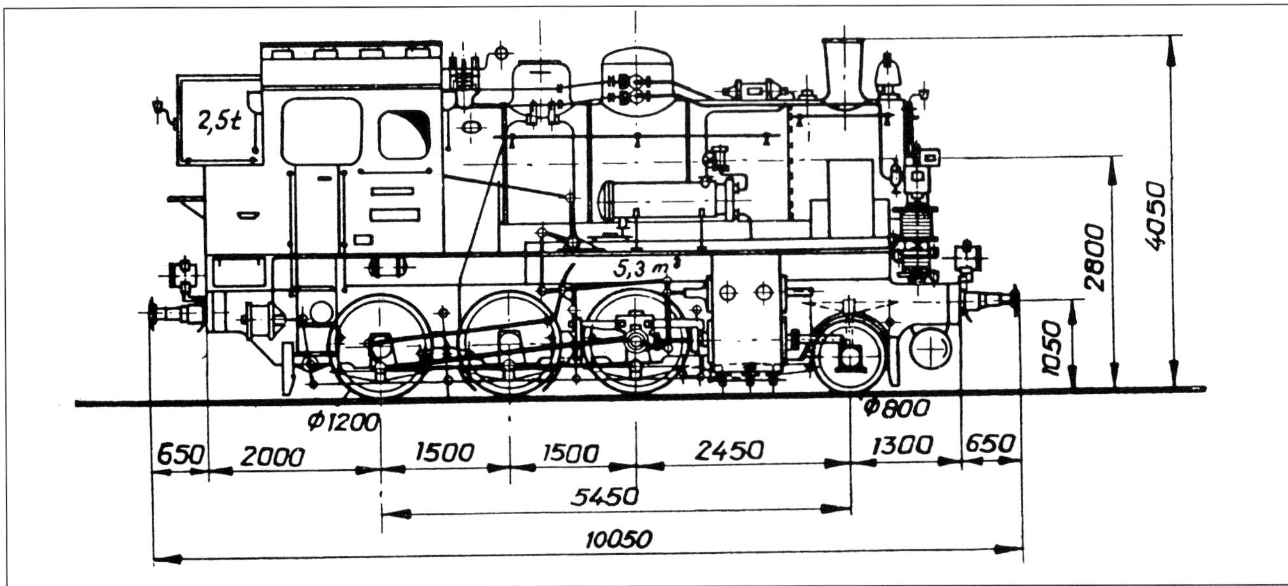

91 6482 und 91 6486
Zeichnung: Merkbuch für Triebfahrzeuge

ben. Das Kasseler Unternehmen entwickelte fünf Subtypen der 1'C h2t-Version für 14 t Radsatzfahrmasse, die den besonderen Wünschen der Kunden gerecht werden sollten. Diese Bauvarianten entsprachen im Prinzip zwar dem ELNA-Typ 5 H, wurden in Werkskatalogen aber als Abart des Typs 2 H ausgewiesen. Zu diesen abgeänderten 1'C-ELNAs zählten übrigens auch die Lokomotiven 32 und 33 der BLE, die nach Verstaatlichung der Bahn die DRG-Nummern 91 201 und 91 202 erhielten. Die Beschreibung dieser beiden Lokomotiven ist im Dampflok-Archiv Bd. 5 auf S. 111 ff. zu finden.

Ob sich der zusätzliche konstruktive Aufwand für die Herstellerfirma gelohnt hat , sei dahingestellt, denn von den abgeänderten 1'C-ELNA-Lokomotiven sind insgesamt nur zwölf Maschinen gebaut worden.

Da der prinzipielle Aufbau der Lok demjenigen des Typs 5 H entsprach, soll hier nur auf die Bauartabweichungen eingegangen werden. Lok 12 der Niederlausitzer Eisenbahn, die spätere 91 6482 der DR, entsprach dem Subtyp I. Sie besaß eine vergrößerte LüP von 10 010 mm, weil der Rahmen gegenüber der Ursprungsausführung verlängert worden war. Den Laufradsatz hatte man um 150 mm nach vorn verlegt, so daß der Abstand zwischen Laufradsatz und erstem Kuppelradsatz nicht mehr 2300 mm, sondern 2450 mm betrug. Das Bisselgestell hatte ± 80 mm Seitenspiel erhalten; die Spurkränze des zweiten Kuppelradsatzes waren um 5 mm geschwächt. Diese Maßnahmen dienten einer Verbesserung der Bogenläufigkeit. Da die Zylinder ebenfalls um 150 mm weiter vorn als bei der Ursprungsausführung angeordnet waren, mußten längere Kolben- und Schieberstangen sowie abgeänderte Kreuzkopfgleitbahnen vorgesehen werden. Der Kessel erhielt einen vergrößerten Überhitzer; die Lok besaß ab Werk Oberflächenvorwärmer und Kolbenspeisepumpe. Die Feuerbüchsbleche waren 15 mm dick, der Rost war als Titan-Kipprost ausgebildet. Die Feuertür hatte man, bei ELNA-Lokomotiven durchaus nicht Allgemeingut, als Marcotty-Kipptür ausgeführt. Der Speisedom war mit einem Winkelrost-Schlammabscheider versehen. Die Maschine besaß ab Werk Hülsenpuffer.

Lok 10 der Salzwedeler Kleinbahn (bei der DR als 91 6486 eingereiht) entsprach dem Subtyp III. Die Hauptabmessungen waren mit denen des Subtyps I weitgehend identisch, Lokleermasse, Lokdienstmasse und Reibungsmase waren allerdings etwas geringer. Die Lok besaß weder Vorwärmer noch Speisedom; statt des Ventilreglers hatte sie einen Flachschieberregler. Die Feuertür war als einfache Klapptür ausgebildet; ein Kipprost war nicht vorgesehen. Zur Schmierung der Stangenlager dienten Schmierbuchsen der Bauart Conrad. Die Maschine hatte im Lieferzustand Stangenpuffer. Die DR hat bei beiden Lokomotiven elektrische Beleuchtung nachgerüstet und die Sondereinrichtungen vereinheitlicht. 91 6482 und 91 6486 standen bis Anfang der siebziger Jahre im Betriebseinsatz und waren beim Bw Falkenberg bzw. beim Bw Salzwedel beheimatet. Von 91 6486 ist bekannt, daß sie sogar noch die neue EDV-Betriebsnummer nach dem DR-Umzeichnungsplan von 1970 getragen hat. Im Laufe des Jahres 1972 sind beide Maschinen ausgemustert worden.

91 6482 (Henschel 1927/20816) am 20.04.1968 in Osterburg.
Foto: Hans Müller

91 6486 (Henschel 1929/21450), ehemals Nr. 301 der Salzwedeler Eisenbahn.
Foto: Hans Müller

Die 91 6482, eine ELNA 5, war die Nr. 151 der Niederlausitzer Eisenbahn.
Foto: Hans Müller

1'C h2t

91^{64}

91 6484–6485

Gt 34.14

BStB

AEG-Typ

1929–1967

Techn. Daten: Seite: 281

Die Deutsche Reichsbahn hat 1949 von der BStB zwei 1'C h2-Tenderlokomotiven übernommen, die die AEG 1929 gebaut hatte. Die AEG hatte sich nicht dem ELNA-Programm angeschlossen, hat auch nie eine ELNA-Lok gebaut, vielmehr für Klein- und Privatbahnen eine eigene Typenreihe von Lokomotiven mit den Achsfolgen C, 1'C und D entwickelt.

Die DR übernahm die beiden Lokomotiven mit den Betriebsnummern 91 6484 und 91 6485. Die 91 6484 trug bis 1937 bei der BStB die Bahnnummer 13^{II}, die 91 6485 die Bahnnummer 14^{II}. In erster Besetzung hatten die 1937 bzw. 1938 verkauften C n2- bzw. D n2-Tenderlokomotiven LANDRAT VON LOEBELL und LANDRAT VON TSCHIRSCHKY diese Nummern getragen. 1937 erhielten die Lokomotiven der zweiten Besetzung die Bahnnummern 11 und 12 und 1940 auf Anordnung des Landesverkehrsamtes Brandenburg die Bahnnummern 1-60 und 1-61 (1 = Kennzahl für die BStB). Merkwürdig ist nur, daß die 1-60 die AEG-Fabriknummer 4391 und die 1-61 die niedrigere Fabriknummer 4258 trägt. Von Wolfgang Valtin (Deutsches Lok-Archiv, Verzeichnis aller Lokomotiven und Triebwagen 2) wird die 91 6485 (BStB 1-61) zunächst der Kleinbahn Freienwalde–Zehden zugewiesen. Auch Dr. Löttgers nimmt im LOK Magazin 196 auf Seite 106 an, daß die Lok mit der AEG-Fabriknummer 4258 zunächst an die Kleinbahn Freienwalde–Zehden als Bahnnummer 1 geliefert worden sei und erst später zur BStB kam, was die Einnummerung nach der Fabriknummer 4391 erklären könnte. Wie auch immer – die beiden Maschinen gehörten zum Modernsten, was bei deutschen Klein- und Privatbahnen im Dienst stand. Die Lokomotiven besaßen Speisedom mit Speisewasserreiniger, Dampfdom und einen Sandkasten, aus dem die Räder des Treibradsatzes in beiden Fahrtrichtungen gesandet werden konnten. Der Kessel enthielt 24 Rauchrohre und 133 Heizrohre mit einer Länge von 3200 mm. Einen Vorwärmer besaßen die Lokomotiven nicht, dafür erfolgte die Kesselspeisung durch einen Friedmann-Abdampfinjektor, der bei manchen europäischen Bahnverwaltungen (z. B.

91 6484–6485
Zeichnung: Merkbuch für Triebfahrzeuge

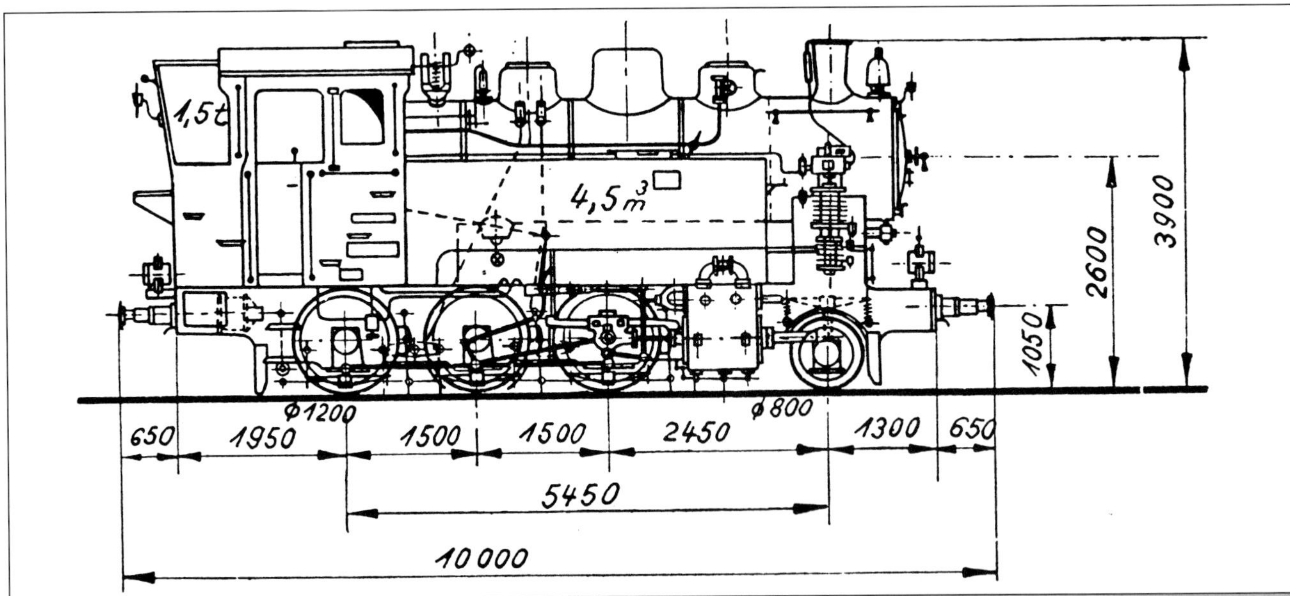

91 6484 (AEG 1929/4391) bei der VES-M in Halle.
Foto: M. Baumberg, Sammlung Weisbrod

BBÖ, ČSD) gut funktionierte, bei der DRG aber nie über das Versuchsstadium hinauskam. Die Lokomotiven besaßen Blechrahmen. Die drei gekuppelten Radsätze mit 1200 mm Laufkreisdurchmesser waren fest im Rahmen gelagert und bildeten mit 3000 mm den festen Achsstand der Lokomotive. Die Laufradsatz mit 800 mm Laufkreisdurchmesser der Räder wurde als Bisselachse geführt. Die außenliegenden Zylinder mit 450 mm Durchmesser und 550 mm Kolbenhub trieben den zweiten Kuppelradsatz an. Auf den Schieberkästen saßen Druckausgleicher Bauart Winterthur. Die außenliegende Heusinger-Steuerung besaß Kuhnsche Schleife. Die Lokomotiven waren mit elektrischer Beleuchtung ausgerüstet, die zu diesem Zeitpunkt noch nicht einmal alle Reichsbahn-Lokomotiven besaßen, hatten Druckluftbremse Bauart Knorr mit Zusatzbremse und ein Dampfläutewerk auf dem Rauchkammerscheitel vor dem Schornstein. Auf Fotos ist erkennbar, daß die Pop-Kesselsicherheitsventile bei der DR gegen Ramsbottom-Ventile getauscht worden sind. An Vorräten konnten in den beiden seitlichen Wasserkästen 4, 5 m^3 Wasser und im Kohlekasten hinter dem Führerhaus 1, 5 t Kohle mitgeführt werden. Die 91 6484 ist 1965 ausgemustert worden, die 91 6485 wurde im Oktober 1967 an das Stahlwerk Thale als Werklok verkauft.

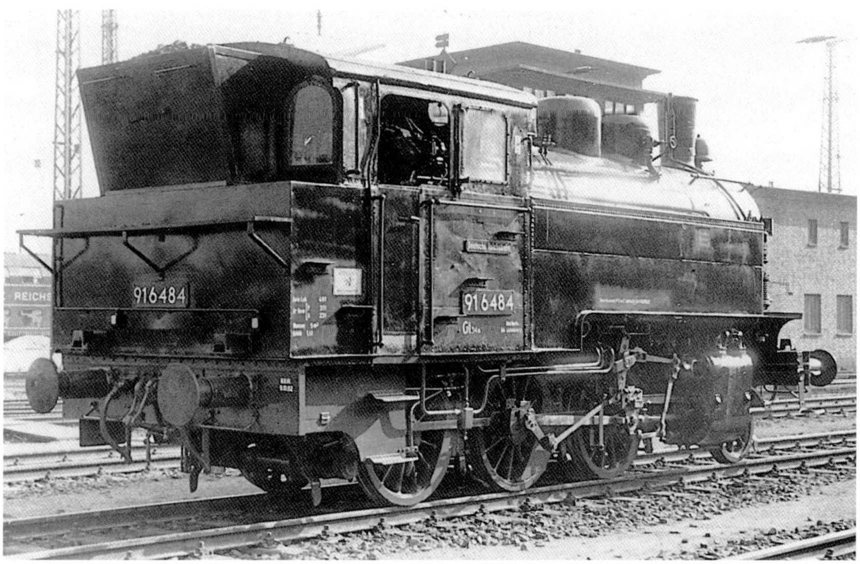

Nach der Aufarbeitung im Raw Halle kamen die Lokomotiven zum Vermessen und Verwiegen zur benachbarten VES-M, so auch die 91 6484.
Foto: M. Baumberg, Sammlung Weisbrod

1'C n2t

91^{65}

91 6501

Gt 34.15

HBE

1906–1965

Techn. Daten: Seite: 282

91 6501 (Union 1906/1450) 1963 in Torgau.
Foto: W. Umlauft, Sammlung Malke

1931 erwarb die HBE von der DRG die Lokomotive 91 790. Das war eine Maschine der pr. Gattung T 9^3, die die Königsberger Union 1906 mit der Fabriknummer 1450 an die Preußisch-Hessischen Staatsbahnen geliefert hatte. Die Lokomotive wurde zunächst als KATTOWITZ 7306, später als OPPELN 7306 geführt. Bei der HBE erhielt die Lokomotive die Bahnnummer 45. Sie wurde im Verschiebedienst auf den großen Bahnhöfen der HBE eingesetzt, die zu diesem Zeitpunkt die Strecken Halberstadt–Tanne, Langenstein–Derenburg, Elbingerode West–Drei Annen Hohne, Blankenburg–Quedlinburg und Timmenrode–Thale betrieb.
Mit Übernahme der HBE durch die Deutsche Reichsbahn erhielt die Lokomotive die Betriebsnummer 91 6501 und das Gattungszeichen Gt 34.15. Die Ausrüstung mit elektrischer Beleuchtung ist wahrscheinlich erst zur DR-Zeit erfolgt. Im Jahre 1965 ist die Maschine ausgemustert worden.

Die Baureihe 91^{3-18} (pr. T 9^3) ist im Deutschen Lok-Archiv, Dampflokomotiven 3, auf den Seiten 180-183 der 4. Auflage beschrieben.

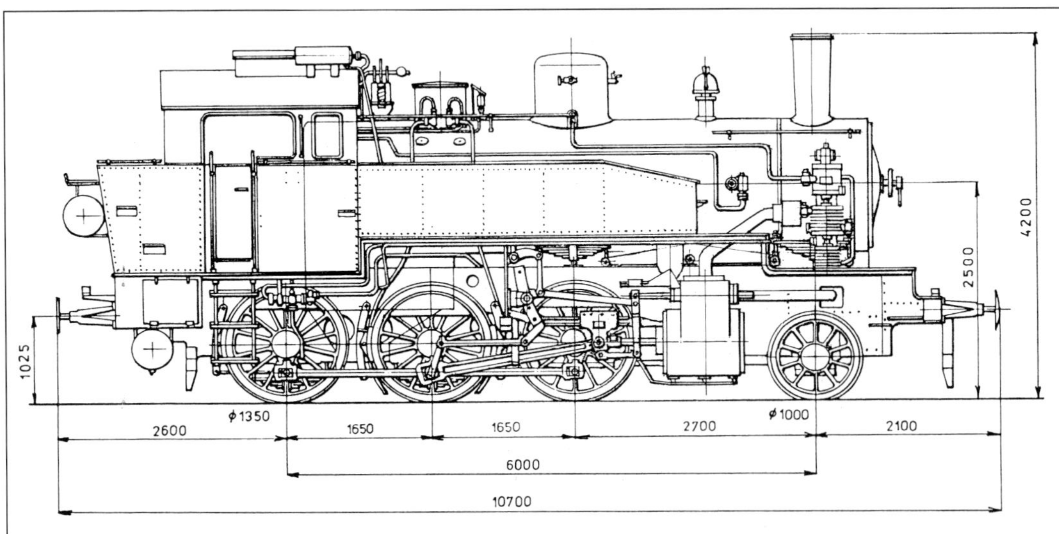

91 6501
Zeichnung:
M. Kratochvíl

1'C h2t

91^{65}

91 6576–6577

Gt 34.15

HBE

T 9^3

1907–1967

Techn. Daten: Seite: 283

HBE Nr. 42 (Hohenzollern 1907/2106), die spätere 91 6576 .
Foto: W. Hubert, Sammlung Weisbrod

Die HBE beschaffte von Hohenzollern im Jahre 1907 mit der Fabriknummer 2106 eine 1'C n2-Tenderlokomotive nach dem Muster der pr. Gattung T 9^3, die den Namen PRÄSIDENT BALTZ und die Bahnnummer 23 (später 42) erhielt. Bereits 1904 hatte die HBE bei Hohenzollern (Fabriknummer 1794) eine T 9^3 mit einigen Abweichungen vom Musterblatt gekauft, ihr den Namen BROCKEN und die Bahnnummer 16 (später 41) verliehen. Diese Lokomotive, die Heberlein- und Hardy-Saugluftbremse besaß, ist jedoch Ende der 30er Jahre an den Klöckner-Konzern als Werklok verkauft worden. 1938 erwarb die HBE die T 9^3 91 1163 (ehemals ESSEN 7061), die Hohenzollern 1909 mit der Fabriknummer 2441 gebaut hatte. Die Lokomotive war 1936 von der DRG an die Schrottfirma Erich am Ende in Berlin verkauft, dann als »Frachtgut« nach Witten-West abgerollt worden. Von wem die HBE die Maschine erwarb, ist nicht mehr bekannt. Bei der HBE bekam die

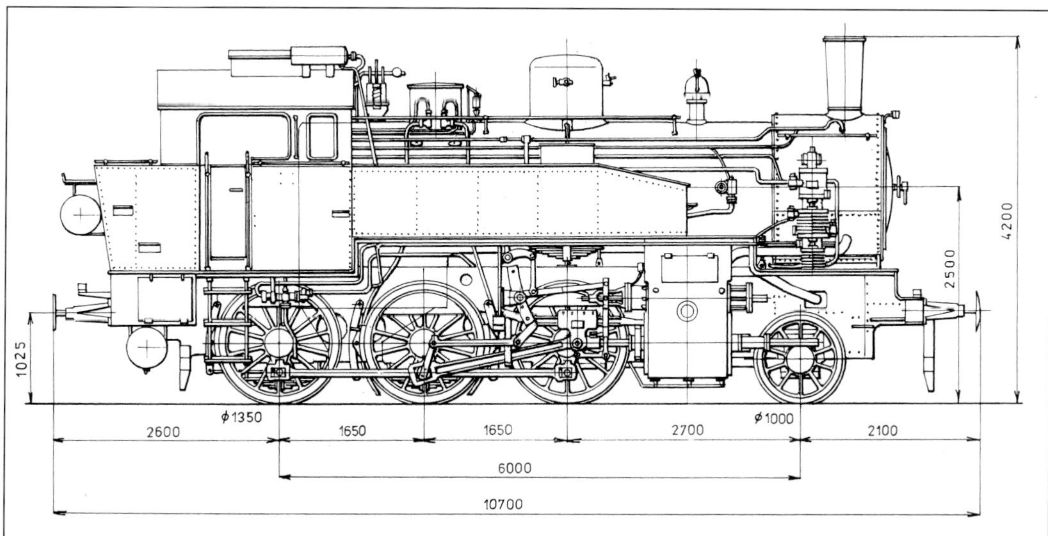

91 6576–91 6577
Zeichnung:
M. Kratochvíl

Lokomotive die Bahnnummer 44. Beide T 9^3-Maschinen waren für den Einsatz auf den Flachbahnstrecken der HBE bestimmt. Mit der Lok Nr. 42 sind in Vorbereitung der Beschaffung der 1'E 1'-Tenderlokomotiven der TIERKLASSE am 26. Juni 1918 auf den Zahnradabschnitten Versuche im Reibungsbetrieb gefahren worden, wobei die Lokomotive zwischen Blankenburg und Braunesumpf und zwischen Braunesumpf und Hüttenrode jeweils Zugmassen von 80 t beförderte.

1932 hat die HBE in eigener Werkstatt die Lokomotiven mit den Bahnnummern 42 und 44 auf Heißdampf umgebaut und mit Kolbenschiebern und Gegendruckbremse ausgerüstet. Mit der Übernahme der HBE durch die Deutsche Reichsbahn erhielten die beiden Lokomotiven die Betriebsnummern 91 6576 und 91 6577. Die 91 6576 verblieb bis zum Februar 1955 beim Bw Blankenburg und kam über die Bw Eilsleben, Halberstadt, Stendal und Salzwedel im Mai 1961 zum Bw Ketzin. 1962 erhielt sie im Raw Halle noch eine Hauptuntersuchung. Die Maschine war bis zum April 1966 beim Bw Ketzin im Dienst und wurde am 14. 04. 1967 ausgemustert.

Die 91 6577 kam im März 1952 vom Bw Blankenburg zum Bw Halberstadt, war ab April 1955 für ein Jahr beim Bw Oschersleben und anschließend bis zum Sommer 1962 beim Bw Salzwedel beheimatet. Bis zum 08. 12. 1966 gehörte sie dem Bw Ketzin und kehrte dann wieder zum Bw Salzwedel zurück, wo sie am 20. 12. 1967 ausgemustert worden ist. Die letzte Hauptuntersuchung hatte das Raw Tempelhof vom November 1959 bis zum April 1960 ausgeführt.

91 6576 in Blankenburg.
Foto: Hans Müller

1'C h2t
91^{65}
91 6579
Gt 34.15
Wen. - Oe.
ELNA 5 m. Abw.
1938–1967
Techn. Daten: Seite: 283

Unter der Baureihenbezeichnung 91^{65} und den Betriebsnummern 91 6576 bis 91 6580 faßte die DR 1949 im Umzeichnungsplan für Privatbahnlokomotiven fünf Heißdampflokomotiven unterschiedlicher Bauart zusammen. Zwei davon waren umgebaute pr. T 9^3, eine Lok ein von Henschel 1938 gebauter Einzelgänger, und zwei Maschinen waren ELNA-Lokomotiven. Davon ist die als 91 6578 eingereihte Maschine falsch umgezeichnet worden, denn sie gehörte zum ELNA-Typ 2 und hatte eine Radsatzfahrmasse von 12 t. Dagegen war die Betriebsnummer der in 91 6579 umgezeichneten Lok entsprechend den Festlegungen des Umzeichnungsplanes richtig gewählt. Die Maschine gehörte zum ELNA-Typ 5 H, besaß aber statt 14 t Radsatzfahrmasse eine solche von 15 t. Dementsprechend waren auch Lokleermasse und Lokdienstmasse höher, als beimTyp 5 üblich.

91 6579 war im Jahre 1938 unter der Fabriknummer 23 696 von Henschel & Sohn an die Wenigentaft–Oechsener Eisenbahn geliefert worden. Diese 10,1 km lange, in der Rhön gelegene Nebenbahn hatte stets nur eine oder zwei Lokomotiven im Bestand. Mehr waren für die Betriebsabwicklung auch nicht erforderlich.

Ende der dreißiger Jahre besaß die Bahn

zwei Lokomotiven – die Nr. 1 (bei DR 91 6579) und die Nr. 2, eine pr. T3, die ebenfalls noch zur DR als 89 6001 gelangte. Die ELNA-Lok hatte man vor allem wegen des gestiegenen Güterverkehrs beschafft. Nach der Anlieferung unternahm man mit der Lok zwar eine Probefahrt auf der Strecke von Wenigentaft-Mansbach nach Oechsen, veranlaßte dann aber die Überführung der Maschine in die Zentralwerkstatt der WBBIE nach Weimar. Dort verblieb sie drei Jahre. Die Zentralwerkstatt nahm einige Bauartänderungen an der Lok vor. Dazu gehörten der Einbau von Ballastgewichten und die Anbringung einer zusätzlichen Rahmenquerversteifung. Der Kohlekasten erhielt einen Aufsatz. Der Zylinderdurchmesser wurde geringfügig vergrößert; den Schwierigkeiten mit den anstelle von Regelkolbenschiebern und Winterthur-Druckausgleichern eingebauten Druckausgleich-Kolbenschiebern Bauart Müller begegnete man durch Änderungen an den Schieberkörpern. Der Müller-Schieber war bereits 1934 vorgestellt und der DRG als Alternative zum Nicolai-Schieber empfohlen worden, fand jedoch bis 1945 nur bei einigen Privatbahnlokomotiven Verwendung. Ab Sommer 1941 stand die Lok schließlich für den Betriebseinsatz bei der Wenigentaft–Oechsener Eisenbahn zur Verfügung.

Da die Standardausführung der ELNA 5 H an anderer Stelle beschrieben ist, werden im folgenden nur die Bauartabweichungen genannt. Die LüP der Maschine betrug 10 010 mm, die Leermasse 46, 3 t und die Dienstmasse bei vollen Vorräten 56, 5 t. Der Kesseldruck betrug 14 bar. Der Zylindernenndurchmesser war um 5 mm auf 435 mm erhöht worden. Die Müller-Schieber hatten einen Durchmesser von 200 mm. Die Lok hatte Azetylenbeleuchtung; der Gasentwickler befand sich auf dem Führerstand.

Die Lok befuhr nach Übernahme durch die DR zunächst weiter die Strecke Wenigentaft–Oechsen. Nach der Einstellung des Betriebes im Oktober 1952 setzte man die Lok zum Bw Erfurt G um. In Erfurt war 91 6579 fast ausschließlich als Verschiebelok eingesetzt. Mitte der 50er Jahre beheimatete man die Maschine nach Mühlhausen um. Dort leistete sie gemeinsam mit 91 6580 Dienst auf der ehemaligen Mühlhausen–Ebelebener Eisenbahn. Am 24. Mai 1967 kam für 91 6579 der Ausmusterungsbescheid. Zwei Jahre später wurde die Lok zerlegt.

91 6579 (Henschel 1938/23696) 1960 in Weimar Berkaer Bf. Foto: W. Umlauft, Sammlung Malke

1'C h2t

91^{65}

91 6580

Gt 34.15

IGE

Sonderanfertigung

1938–...

Techn. Daten: Seite: 283

Im Jahre 1938 bestellte die Süddeutsche Eisenbahngesellschaft (SEG) bei Henschel & Sohn in Kassel eine dreifach gekuppelte Tenderlok mit führendem Laufradsatz, 15 t Radsatzfahrmasse und 60 km/h Höchstgeschwindigkeit, die gleichermaßen den Anforderungen des Personen- und Güterzugdienstes gewachsen sein sollte. Die Maschine war zunächst als Einzelstück gedacht und für den Einsatz auf der SEG-Bahn Ilmenau-Großbreitenbach vorgesehen. Den gedachten Zweck hätte durchaus eine ELNA-Lok des Typs 5 H erfüllen können, doch da die ELNA-Typen nicht mehr modernen Anforderungen entsprachen und zudem als zu leistungsschwach erschienen, lehnte die SEG den von Henschel vorgeschlagenen Bau einer ELNA 5 ab.

Weil die SEG zu den Stammkunden der Kasseler Firma gehörte, wollte sich Henschel dem Wunsch nach einer Neukonstruktion nicht verschließen. Andererseits waren vorerst keine Anschlußaufträge zu erwarten, so daß eine vollständige Neuentwicklung für den Hersteller nicht rentabel erschien. Also griff man bei Henschel in die Trickkiste und entwarf eine Lok, die auf den ersten Blick modern wirkte und keiner der bislang gefertigten Lokomotivbauarten entsprach, im Grunde aber ein Konglomerat mehrerer Baugruppen der Großserienfertigung darstellte. Lauf- und

Triebwerk waren an dasjenige der ELNA 5 angelehnt, die Dampfzylinder waren mit denen der ELNA-Typen 3 H und 6 N identisch, das Führerhaus entsprach bis auf geringfügige Abweichungen demjenigen der Einheits-Tenderlok der DRG. Der Kessel stammte von der DRG-Einheitslok BR 81.

Mit der Konstruktion der Maschine hat Henschel einmal mehr bewiesen, was heutzutage oft bestritten wird – nämlich, daß sowohl das ELNA-Programm als auch das Einheitslok-Programm der DRG so flexibel waren, daß jederzeit unter Verwendung vorhandener Hauptbaugruppen ein völlig neuer Loktyp entwickelt werden konnte. Weiterhin hat Henschel gezeigt, daß es sogar möglich war, Baugruppen beider Typenprogramme miteinander zu kombinieren. Das hatte vordem keine andere Lokomotivbaufirma versucht. Und letztlich hat das Kasseler Unternehmen demonstriert, wie universell verwendbar die heutzutage so verschrieenen DRG-Einheitskessel waren. Der für die BR 81 entwickelte Kessel war vordem bereits bei zwei Baureihen der DRG verwendet worden – bei der BR 81 selbst und bei der BR 99^{22}. Henschel hat als dritte Verwendungsmöglichkeit diejenige des Einbaus bei einem Einzelgänger, der in keinem Typenprogramm enthalten war, gefunden.

Die Maschine ist von Henschel & Sohn im Jahre 1938 unter der Fabriknummer 23 877 fertiggestellt worden und hat vor ihrer Übergabe an die SEG mehrere Probefahrten auf hessischen und badischen Strecken absolviert. Dabei erwies sich die Konstruktion als wohlgelungen, denn die Lok überzeugte auch auf Streckenabschnitten mit größeren Steigungen. Bei der SEG erhielt die Maschine die Betriebsnummer 400 und wurde wie vorgesehen der Ilmenau–Großbreitenbacher Eisenbahn überstellt. Nach Übernahme der Bahn durch die DR im Jahre 1949 zeichnete man die Lok in 91 6580 um; sie hätte aber durchaus auch in die BR 91^{66} eingereiht werden können, denn ihre mittlere Kuppelradsatzfahrmasse betrug fast 16 t. Die Lok besaß einen sehr stabilen Blechrahmen, der zur Gewichtseinsparung mehrere Aussparungen aufwies und länger als der Rahmen der 1'C-ELNAs war. Dementsprechend hatte die Maschine mit 10 600 mm auch eine größere LüP. Das Laufwerk war dem des ELNA-Typs 5 nachempfunden; allerdings war der Achsstand vergrößert. Zudem war der Abstand zwischen erstem und zweitem Kuppelradsatz um 300 mm größer als derjenige zwischen zweitem und drittem Kuppelradsatz. Die asymmetrische Anordnung der Kuppelradsätze

91 6580
Zeichnung: Merkbuch für Triebfahrzeuge

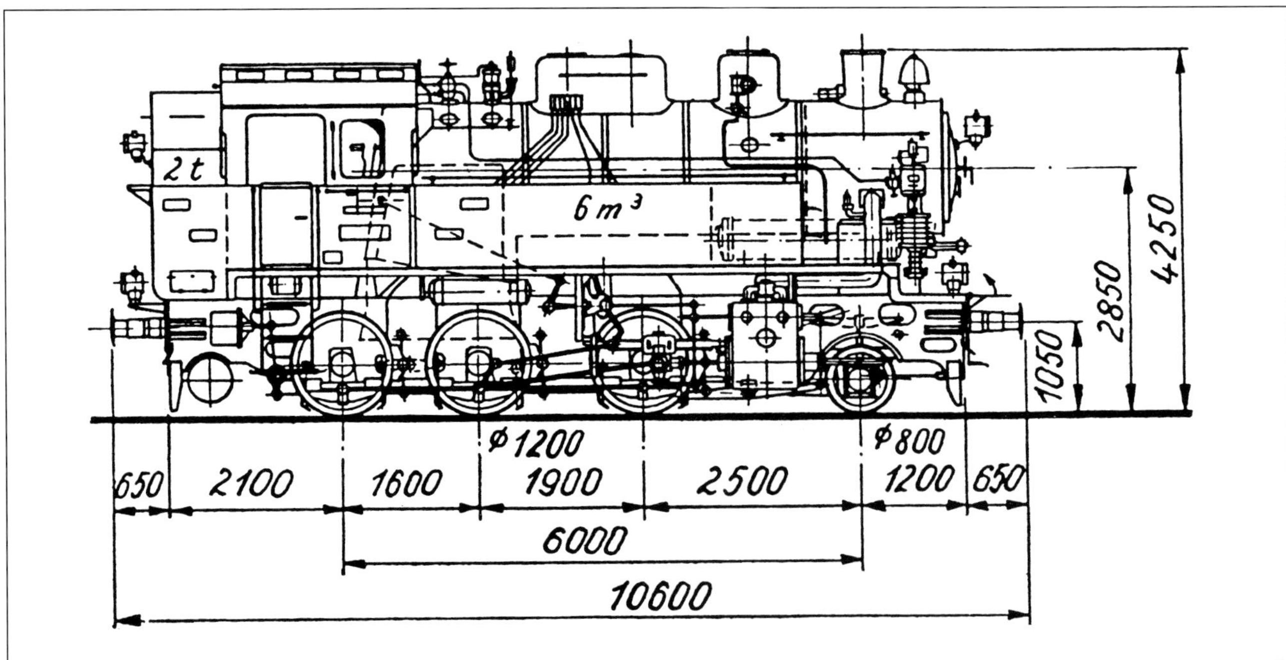

91 6580 (Henschel 1938/23877), vormals Nr. 400 der Ilmenau-Großbreitenbacher Eisenbahn.
Foto: Hans Müller

war im Interesse einer günstigen Gewichtsverteilung notwendig geworden und ursächlich durch die Verwendung des gegenüber den ELNA-Kesseln schwereren Einheitskessels bedingt. Der Laufradsatz war in einem Bisselgestell gelagert. Kuppel- und Laufräder stammten aus dem ELNA-Typenprogramm; der Durchmesser der Kuppelräder betrug 1200 mm, der Durchmesser der Laufräder 800 mm. Treibradsatz war der zweite Kuppelradsatz. Die Dampfzylinder hatten einen Durchmesser von 480 mm und einen Kolbenhub von 550 mm. Als Schieber dienten Regelkolbenschieber ; der Druckausgleich erfolgte durch Winterthur-Druckausgleicher. Der Kreuzkopf wurde einschienig geführt; die Steuerung entsprach der Bauart Heusinger mit Kuhnscher Schleife und war in wesentlichen Bauteilen von den Einheitslok der BR 64 und 86 übernommen worden. Der komplette Kessel stammte von der BR 81; lediglich die Aufbauten waren anders ausgeführt. Vorn auf dem Langkessel saß der Speisedom mit den Speiseventilen der DRG-Einheitsausführung, dahinter unter einer gemeinsamen Verkleidung Dampfdom und Sandkasten. Der Dom nahm den Ventilregler Bauart Schmidt & Wagner auf. Die Kesselsicherheitsventile entsprachen der Bauart Ackermann. Der Kesselspeisung dienten eine Kolbenspeisepumpe Bauart Knorr-Tolkien mit Oberflächenvorwärmer Bauart Knorr (linksseitig neben dem Kessel angeordnet) sowie eine Dampfstrahlpumpe der Einheitsbauart. Die Rauchkammer samt Ausrüstung entsprach ebenfalls derjenigen der DRG-Einheitstenderlok. Im Merkbuch der DR, Ausgaben 1962/64, sind zwar einige Kesseldaten angegeben, die geringfügig von denen des Kessels der BR 81 abweichen, doch beruhen diese Differenzen auf Rundungsfehlern. Wasserkästen und Kohlekasten waren geschweißt. Als Bremse diente die Einkammerdruckluftbremse Bauart Knorr mit Zusatzbremse. Alle Kuppelradsätze wurden einseitig von vorn abgebremst. Die zweistufige Luftpumpe war zunächst an der linken Lokomotivseite angebracht und ist Mitte der 50er Jahre auf die rechte Seite der Rauchkammer verlegt worden. Die übliche Wurfhebelbremse war ebenfalls vorhanden. Der Druckluftsandstreuer Bauart Borsig mit je sechs Fallrohren für rechte und linke Lokomotiveneite sandete alle Kuppelradsätze bei Vorwärts- und Rückwärtsfahrt. Der Signalgebung diente ein Druckluftläutewerk Bauart Knorr (vor dem Schornstein auf dem Rauchkammerscheitel). Die Lok besaß elektrische Beleuchtung. Sie konnte 6 m^3 Wasser und 2 t Kohle mitführen.

Bei allen Qualitäten besaß die Maschine jedoch eine Schwäche – sie war etwas hecklastig. Die Fahrmasse des Laufradsatzes betrug nur 11,9 t, diejenige des dritten Kuppelradsatzes dagegen 16,1 t.

91 6580 war bis 1955 beim Bw Arnstadt beheimatet und weiter auf ihrer alten Stammstrecke von Ilmenau nach Großbreitenbach eingesetzt. Danach wurde sie nach Mühlhausen umbeheimatot und leistete Zugdienst zwischen Mühlhausen und Ebeleben. Im August 1969 verkaufte die DR die Lok an die Industriebahn Erfurt. Dort erhielt sie die Bahnnummer 4 und bediente gemeinsam mit anderen ehemaligen DR-Lokomotiven dieAnschlußgleise zu den Erfurter Großbetrieben. Diesen Dienst versah die Lok bis 1977. Die Industriebahn hatte die Absicht, die Lok als Denkmal vor ihrem Verwaltungsgebäude aufzustellen. Die DR kaufte die Maschine jedoch zurück und ließ sie im Raw Meiningen aufarbeiten. Die Lok war jedoch nicht betriebsfähig, weil man auf die Aufarbeitung des Kessels verzichtet hatte. Sie erhielt ihre DR-Nummer 91 6580 zurück und wurde 1982 als

Ausstellungsstück zum hundertjährigen Jubiläum der Rbd Erfurt präsentiert. Später wurde die Lok in Eisenach abgestellt und schien vergessen. Erst nach der »Wende« in der DDR arbeitete man 91 6580 betriebsfähig auf. Dabei erhielt sie auch den Rauchkammer-Zentralverschluß, den sie 1969 eingebüßt hatte, zurück. Nach der Aufarbeitung wurde die Lok zunächst von Eisenach aus vor Traditionszügen eingesetzt. Seit 1993 ist 91 6580 zusammen mit anderen Museumslokomotiven der ehemaligen DR in Arnstadt stationiert. Sie ist jedoch seit 1996 nicht mehr betriebsfähig, und die DB AG dürfte mit Sicherheit kein Geld für eine erneute Aufarbeitung zur Verfügung stellen.

1'C h2t

91^{65}

91 6581–91 6582

Gt 34.15

NbE

pr. T 9^3 Umbau

1902–1965

Techn. Daten: Seite: 284

Mit dem Lokomotivpark der Niederbarnimer Eisenbahn übernahm die Deutsche Reichsbahn im Jahre 1950 zwei 1'C h2t-Lokomotiven, die bei der NbE die Bahnnummern 05 und 06 getragen hatten. Es handelte sich bei diesen Maschinen um ehemalige pr. T 9^3 (DRG-Baureihe 91^{3-18}). Die NbE hatte die Lok im Jahre 1928 von der DRG erworben. Lok 05 war im Jahre 1904 von der Firma Jung unter der Fabriknummer 673 an die KED Erfurt geliefert worden, hatte die Bahnnummer ERFURT 1827 erhalten und ab 1925 die DRG-Betriebsnummer 91 595 getragen. Lok 06 war bereits 1902 von Hohenzollern unter der Fabriknummer 1523 hergestellt worden, hatte bei der KED Erfurt die Nummer ERFURT 1809 getragen und war 1925 in 91 352 umgezeichnet worden. Die Niederbarnimer Eisenbahn ließ beide Lokomotiven mit Überhitzer und Lentz-Ventilsteuerung ausrüsten. Die DR übernahm Lok 05 als 91 6581 und Lok 06 als 91 6582. In der Ergänzung zum Umzeichnungsplan für ehemalige Privatbahnlokomotiven war als Hersteller der Lok 05 fälschlich Henschel angegeben. Trotz des Umbaus auf Heißdampf hatte sich bei den beiden Lokomotiven die mittlere Kuppelradsatzfahrmasse nur unwesentlich erhöht, so daß sie, wie die T 9^3 der Originalausführung, das Betriebsgattungszeichen Gt 34.15 erhielten. Der Umbau preußischer Naßdampflokomotiven auf Heißdampf zur Leistungssteigerung und Erhöhung der Wirtschaftlichkeit war durchaus nichts Ungewöhnliches. Die DRG hatte eine Anzahl preußischer G 9 mit Überhitzer versehen, und die Halberstadt–Blankenburger Eisenbahn hatte gleich der NbE zwei ihrer pr. T 9^3 in Heißdampflokomotiven umgebaut. Diese Lok waren bereits 1949 zur DR gekommen und hatten die Betriebsnummern 91 6576 und 91 6577 erhalten (vgl. dazu die Beschreibung der 1'C h2t ex Nr. 42 und 44 der HBE). Nicht alltäglich, zumindest für deutsche Bahnen, war indessen der von der NbE veranlaßte Einbau des Überhitzers bei gleichzeitigem Ersatz der bewährten Schiebersteuerung durch die Lentz-Ventilsteuerung. Die theoretische Begründung für eine solche Verfahrensweise hatte Oberbaurat Dr.-Ing. Wittfeld bereits im Jahre 1921 in der Zeitschrift des Vereins Deutscher Ingenieure und 1923 in »Glasers Annalen« geliefert. Wittfeld argumentierte, daß der Kleinrohrüberhitzer (welcher den Umbau von Naßdampf- in Heißdampflokomotiven auf sehr unkomplizierte Weise ermöglichte) nur in Verbindung mit der Ventilsteuerung vorteilhaft einzusetzen sei, da der Kolbenschieber bei der hohen Überhitzung, die der Kleinrohrüberhitzer bewirke, nur unzureichend geschmiert werden könne und daraus Schieberundichtigkeiten resultierten. Diese Gefahr sei aber bei gleichzeitiger Verwendung von Kleinrohrüberhitzer und Ventilsteuerung abwendbar. Für den Kleinrohrüberhitzer plädierte Wittfeld wegen der zu erwartenden hohen Kohleersparnis gegenüber mit Großrohrüberhitzer ausgerüsteten Lokomotiven. Für den Umbau von Lokomotiven von Schiebersteuerung auf Ventilsteuerung empfahl Wittfeld die damals neueste Bauform der Lentz-Steuerung mit geschlossenem Ventilkasten. Bei dieser Bauform erfolgte die Bewegung der Ventile durch eine schwingende Nockenwelle, welche von der üblichen Heusin-

91 6581 (Jung 1904/673) 1958 in Frankfurt (Oder).
Foto: G. Otte, Sammlung Weisbrod

ger-Steuerung angetrieben wurde. Vergleicht man die hier in gestraffter Form wiedergegebenen Ausführungen Wittfelds mit dem Umbaukonzept, welches die Niederbarnimer Eisenbahn bei ihren pr. T 9^3 verwirklicht hatte, dann wird deutlich, daß die NbE Wittfelds Argumenten bis ins kleinste gefolgt war. Beide Umbaulokomotiven besaßen den Schmidtschen Kleinrohrüberhitzer, dessen Einbau lediglich einen teilweisen Wechsel der den Langkessel durchziehenden Rohre, die Bestückung der Rohre mit den Überhitzerelementen und den Umbau des Dampfsammelkastens erforderlich machte. Die erzielte Heißdampftemperatur betrug etwa 390°C. Äußerlich hatte sich an den Maschinen gegenüber der Ursprungsausführung kaum etwas geändert; lediglich die großen Ventilkästen auf den Zylindern wiesen auf die Bauartänderung hin. Erwähnenswert ist noch, daß die NbE beide Lokomotiven mit neuen Radkörpern für die gekuppelten Radsätze ausgerüstet hatte, deren Gegengewichte nicht mehr kreissegmentförmig, sondern sichelförmig ausgeführt waren. Alle anderen konstruktiven Besonderheiten und maßgebenden technischen Daten waren nach dem Umbau unverändert geblieben; wir verweisen diesbezüglich den Leser auf die Beschreibung der BR 91^{3-18} im Buch Deutsches Lokarchiv - Dampflokomotiven 3.

Mit ihrer Höchstgeschwindigkeit von 65 km/h, die sich allerdings nicht von derjenigen der Ursprungsausführung unterschied, waren die beiden Umbaulokomotiven für den Vorortverkehr im Berliner Raum gut brauchbar. Die Ersparnisse an Betriebsstoffen erreichten allerdings nicht die erhofften Werte. Die Ventilsteuerung neigte zu schnellem Verschleiß und bewirkte ungleichmäßige Dampfverteilung und letztlich einen erhöhten Dampfverbrauch – die bekannte Erscheinung, die allen Bauformen der Lentz-Steuerung eigen war.

91 6581 und 91 6582 verblieben bis 1965 im Betriebspark der Deutschen Reichsbahn. Noch im gleichen Jahr sind beide Lokomotiven ausgemustert und im Raw Karl-Marx-Stadt zerlegt worden.

Die 91 6581 stammt von der Niederbarnimer Eisenbahn und trug früher die Betriebsnummer 91 595. Aufnahme von 1959 in Frankfurt (Oder).
Foto: G. Otte, Sammlung Weisbrod

1'C h2t

91^{65}

91 6583

Gt 34.15

CPO

ELNA 5 H

1943–...

Techn. Daten: Seite: 284

Die Deutsche Reichsbahn hatte im Jahre 1949 insgesamt 17 Lokomotiven des ELNA-Typs 5 H in ihren Bestand aufgenommen. 1950 kam eine weitere Lok hinzu, die als 91 6497 eingereiht wurde. Diese Maschine war 1925 von Vulcan gebaut und an die Liegnitz–Rawitscher Eisenbahn geliefert worden. 1945 wurde Lok 141 der LRE bei der Niederlausitzer Eisenbahn vorgefunden und gelangte so schließlich in den Besitz der DR. Warum diese Maschine nicht im Umzeichnungsplan vom 12. Dezember 1949 stand, ist nicht restlos geklärt. Wahrscheinlich hatten die PKP Ansprüche auf die Lok geltend gemacht, so daß die DR zunächst auf die Übernahme der Lok verzichten mußte. Derartige Aussagen finden sich in mehreren Quellen, so. u. a. im Verzeichnis aller Lokomotiven und Triebwagen, Bd. 2. Jedenfalls kam die Lok 1950 zur DR, wurde aufgearbeitet und ab Mai 1951 in den statistischen Nachweisen geführt.

Außer der nachträglich eingereihten Lok 91 6497 hat es bei der DR eine weitere ELNA 5 H gegeben, die nicht im Umzeichnungsplan von 1949 erfaßt worden war. Diese Lok trug die Reichsbahn-Betriebsnummer 91 6583.

Obgleich nur wenige Angaben über die Maschine vorliegen, kann mit hinreichender Sicherheit gesagt werden, daß es sich um die ehemalige Lok 52 der Kleinbahn Casekow–Penkun (Oder) handelte. Die CPO war zwar eine Schmalspurbahn mit 750 mm Spurweite, besaß jedoch auf einer Länge von 3,3 km ein Dreischienengleis für Übergabefahrten vom und zum Oderhafen Pommerendorf, welches mit normalspurigen Dampflokomotiven bedient wurde. Lok 52 war im Jahre 1943 von Schwartzkopff unter der Fabriknummer 12 272 zusammen mit einer weiteren ELNA 5 H (Fabriknummer 12 271) an die Pommerschen Landesbahnen geliefert worden. Das geht aus der Schwartzkopff-Lieferliste eindeutig hervor. Da beide Lokomotiven einer Kriegslieferung entstammten, kann es sich bei ihnen nur um etwas vereinfachte ELNA 5 H der Normalausführung mit Stahlfeuerbüchse gehandelt haben. Wahrscheinlich hatte man auf Speisedom und Führerhausseitenfenster verzichtet. Bisher sind jedoch noch keine Abbildungen der Lokomotiven aufgetaucht, die das bestätigen könnten. Die in den letzten Kriegsjahren gefertigten ELNA-Lokomotiven des Typs 5 H waren etwas leichter als die Maschinen der Friedensausführung mit 14 t Radsatzfahrmasse. Daher war die Einreihung der ehemaligen CPO-Lok in die BR 91^{65} mit Sicherheit verfehlt. Wie lange 91 6583 bei der DR eingesetzt war, ist nicht bekannt. Unbekannt geblieben ist bisher auch, ob die Lok bei der Reichsbahn ausgemustert oder an einen Industriebetrieb verkauft worden ist. Angaben in der Literatur, die Maschine sei bereits 1945 von den sowjetischen Besatzern nach Osten abgefahren worden, treffen mit Sicherheit nicht auf die Lok mit der Fabriknummer 12 272, sondern auf ihre Schwesterlok zu.

Radsatzfolge 1'C 1'

1'C 1' h2t

64^{65}

64 6576

Pt 35.15

BStB

1940–1972

Techn. Daten: Seite: 262

Die Maschine ist eine Einheitslokomotive der Baureihe 64 und wurde 1940 von der Fa. Jung unter der Fabriknummer 9261 gebaut. Sie erhielt bei der DR die Betriebsnummer 64 511 und wurde im Oktober 1940 dem Bw Stettin Gbf zugewiesen. Das ab Oktober 1940 von Jung gelieferte Baulos, das die 64 511 bis 64 520 umfaßte, besaß anstelle der Bisselachsen Krauss-Helmholtz-Lenkgestelle. Bei Kriegsende befand sich die Lokomotive im Bereich der RBD Berlin, sehr wahrscheinlich beim Bw Rummelsburg.

Darüber, wie die Lokomotive in den Besitz der Brandenburgischen Städtebahn kam, gibt es verschiedene Versionen. Die eine lautet, die DR habe der BStB die Lokomotive verkauft. Eine andere berichtet, das Bw Rummelsburg habe der BStB gemeldet, die Lok 1-100 sei aufgefunden worden und stünde zur Abholung bereit. Diese 1'C 1'-Maschine mit der Bahn-Nr. 1-100 stammte aus der Lieferung von vier Maschinen der Borsig Lokomotivwerke an die BStB. Als das Personal der BStB in Rummelsburg erschien, war jedoch keine Lok 1-100 zu finden. Die Reichsbahn soll den Städtebahnern als Ersatz die 64 511 überlassen haben.

Für die dritte Version verbürgt sich Wolfgang Petznick als Zeitzeuge. Ende 1945 machten russische Soldaten mit einem Lokzug aus Maschinen, die sie unterwegs eingesammelt hatten, im Städtebahnhof von Rathenow Station. Die Russen hatten Lokomotiven, aber nichts zu essen. Die Städtebahner konnten Eßbares beschaffen, hatten aber keine Lokomotiven, denn bei Kriegsende waren von 28 Maschinen noch drei betriebsfähig. Lokführer Reimann, seines Zeichens auch Vorsitzender der Betriebsgewerkschaftsleitung (BGL), besorgte aus Rhinow einige Säcke Kartoffeln als »Tauschobjekt«. Als sich der Lokzug in Rathenow wieder in Bewegung setzte, hatten die Russen die 64 511 abgehängt und »vergessen«. Dieser Sachverhalt konnte zu DDR-Zeiten natürlich nicht publiziert werden, so daß man eine glaubhaft erscheinende Geschichte von der in Rummelsburg übergebenen Ersatzlok 64 511 in Umlauf brachte. Die BStB nummerte die Maschine als 1-100^{II} in ihren Bestand ein.
Mit der Übernahme der BStB durch die DRG erhielt die Lokomotive die Betriebsnummer 64 6576. 1957 entdeckte jemand, vermutlich am Fabrikschild, die Herkunft der Lokomotive, und die Maschine wurde wieder als 64 511 umgezeichnet. Peter Melcher hat in seinem Buch »Die Baureihe 64« die Stationen dieser Lokomotive vom Bw Brandenburg Altstadt (dem Bw der Städtebahn), dem sie bis 1952 angehörte, bis zur z-Stellung am 28.02.71 beim Bw Salzwedel und der dort am 27.07.72 erfolgten Ausmusterung aufgezeichnet. Die konstruktiven Merkmale dieser Lokomotive sind im Deutschen Lok-Archiv 3 (Baureihen 61-98) zu finden.

1'C 1' h2t

$75^{62,64}$

75 6276–6279

Pt 35.12

Ruppiner Eisenbahn

1925–1971

Techn. Daten: Seite: 193

Die Ruppiner Eisenbahn AG, die am 13. Januar 1913 durch den Zusammenschluß mehrerer Privatbahnen entstanden war, beschaffte 1925 von Orenstein & Koppel drei 1'C 1'-Heißdampf-Tenderlokomotiven mit den Fabriknummern 10 934 bis 10 936, denen 1927 zwei weitere Maschinen mit den Fabriknummern 11 431 und 11 432 folgten. Die Maschinen erhielten die Bahnnummern 27 bis 31. Lokomotiven dieses Typs waren bereits 1915 von O & K an die Samlandbahn Königsberg–Rauschen geliefert worden. Ihre Herkunft aus der Länderbahnzeit verrieten die Lokomotiven nicht zuletzt durch den ausgerundeten Übergang zwischen Führerhaus und seitlichem Wasserkasten, wie er auch bei der sä. VIII V 2 aus dem Jahre 1897 zu finden ist (nur hier zwischen Führerhaus und Laufblech, denn die VIII V 2 hatte keine seitlichen Wasserkästen).
Obwohl die Lokomotiven einen Kuppelraddurchmesser von 1600 mm hatten, war die Höchstgeschwindigkeit auf 70 km/h begrenzt, was für die von ihnen zu bedienenden Strecken jedoch ausreichend war. Die drei gekuppelten Radsätze waren mit 1800 mm Achsstand fest im Blechrahmen gelagert. Die beiden Laufradsätze mit 1000 mm Laufkreisdurchmesser waren als Bisselachsen ausgebildet. Der zweischüssige Langkessel enthielt 111 Heizrohre (Bahn-Nr. 29: 84) und 12 Rauchrohre (Bahn-Nr. 29: 18) von 4200 mm Länge, was eine Rohrheizfläche von 77,6 m^2 (bzw. 73,4 m^2) ergab. Die Strahlungsheizfläche von 8,49 m^2 hinzugerechnet, ergab sich eine Verdampfungsheizfläche von 86,1 m^2 bzw. 81, 9 m^2. Die Kesselspeisung erfolgte

75 6276 (O&K 1925/10934) im Gelände der VES-M Halle. Foto: M. Baumberg, Sammlung Weisbrod.

75 6278 (O&K 1925/10936).
Foto: M. Baumberg, Sammlung Weisbrod.

durch zwei Strahlpumpen, ein Vorwärmer war nicht vorhanden. Die Lok mit der Bahn-Nr. 29 hatte gegenüber den anderen Maschinen mit 13 bar auch einen um 1 bar höheren Kesseldruck.
Die Lokomotive stützte sich mit ihrem Blechrahmen in vier Punkten gegen das Laufwerk ab. Zwei Abstützpunkte bildeten vorderer Laufradsatz und erster Kuppelradsatz, die beiden anderen die Kuppelradsätze 2 und 3 und der hintere Laufradsatz. Die Druckluftbremse Bauart Knorr mit Zusatzbremse bremste die Räder der gekuppelten Radsätze einseitig von hinten mit knapp unter Achsmitte angeordneten Bremsklötzen mit ungeteilten Sohlen. Die zweistufige Knorr-Luftpumpe saß rechts neben dem ersten Kesselschuß, der Hauptluftbehälter hing quer unter der vorderen Pufferbohle. Der

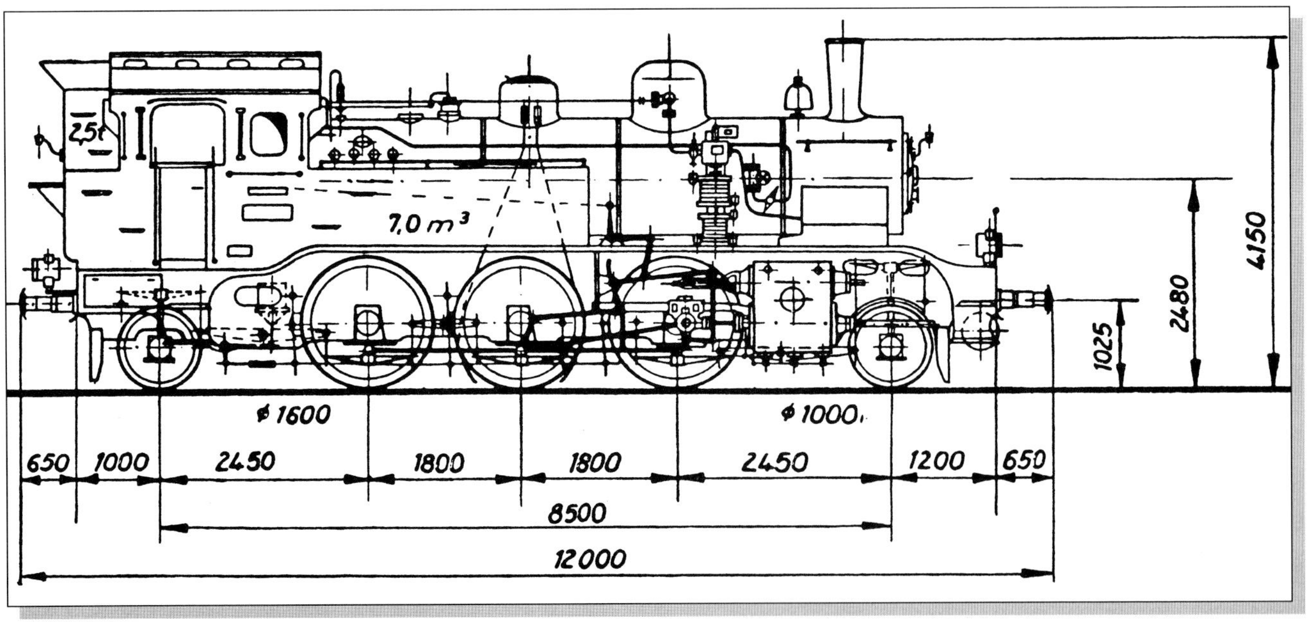

75 6276–6279
Zeichnung: Merkbuch für Triebfahrzeuge

75 6279 (O&K 1927/11432) im April 1966 im Bw Ketzin.
Foto: Hans Müller

im Vergleich zum voluminösen Dampfdom recht klein ausgefallene Sandkasten auf dem zweiten Kesselschuß sandete nur die Räder des Treibradsatzes (zweiter Kuppelradsatz) bei Vorwärts- und Rückwärtsfahrt. Ein Druckluftläutewerk Bauart Knorr saß hinter dem Schornstein auf dem Rauchkammerscheitel. An Vorräten konnten 7 m^3 Wasser in zwei seitlichen Wasserkästen und 2,5 t Kohle im Kohlekasten hinter dem Führerhaus mitgeführt werden.
Die Deutsche Reichsbahn übernahm 1949 die Lokomotiven mit den Bahnnummern 27 bis 29 und 31 mit den Betriebsnummern 75 6276 bis 75 6279. Die Lok mit der Bahnnummer 30 ist bereits 1945, offensichtlich mit einem Kriegsschaden, ausgemustert worden. Die Maschinen blieben auch nach Übernahme durch die DR im wesentlichen in ihren angestammten Einsatzgebiet und waren bei den Bw Neuruppin, Neustadt (Dosse) und Ketzin beheimatet. Als erste wurde die 75 6277 am 02. 01. 68 ausgemustert. Ihr folgten am 27. 10. 69 die 75 6278, am 22. 02. 71 die 75 6276 und am 09. 08. 71 die 75 6279. Die Erhaltung erfolgte im Raw Halle.

1'C 1' h2t

75^{64}

75 6476

Pt 35.14

RE

1936–1968

Techn. Daten: Seite: 265

Am 11.03.1936 erhielt die Ruppiner Eisenbahn von Orenstein & Koppel mit der Fabriknummer 12 730 eine moderne Heißdampf-Personenzug-Tenderlokomotive, die am 27.05.1936 ihre Abnahmefahrt zwischen Neuruppin und Neustadt (Dosse) absolvierte. Bei der Ruppiner Eisenbahn erhielt die Maschine die Bahnnumer 32. Sie war mit 14 t Kuppelradsatzfahrmasse die schwerste Maschine der RE, denn die 1925 und 1931 gelieferten 1'C 1' h2t-Maschinen von O & K besaßen nur eine mittlere Kuppelradsatzfahrmasse von 12 t (DR 75 6276-75 6279).
Nach Übernahme durch die DR erhielt die Lokomotive die Betriebsnummer 75 6476 und war bis zum 12.05.1954 beim Bw Neuruppin beheimatet. Nach einer Schadgruppe L 2 vom 15.05.1954 bis 20.07.1954 im Raw Karl-Marx-Stadt, das seit 1950 für die Erhaltung zuständig war, kam die Maschine zum Bw Haldensleben, wo sie bis zum 29.11.1956 beheimatet war. Über die Bw Stendal (30.11.1956-13.03.1957) und Dessau (01.06.1957-31.08.1959) kam die Lokomotive zum Bw Ketzin (01.09.1959), wo sie bis zur z-Stellung am 22.06.1966 verblieb. War bis 1959 das Raw Karl-Marx-Stadt für die Erhaltung zuständig, ging 1961 die Ausbesserung an das Raw Engelsdorf über. Dieses Raw baute am 30.06.1962 im Rahmen einer Schadgruppe L 2 Geschwindigkeitsmesser und Läutewerk an.

Bei gleicher Schadgruppe am 13.04.1964 erhielt die Lokomotive vier Windstauschuten. Die 75 6476 ist am 16.01.1968 ausgemustert worden.

1'C 1' h2t

75^{66}

75 6676–6678

Pt 35.16

HBE

Privatbahntyp

1929–1967

Techn. Daten: Seite: 265

Die Halberstadt-Blankenburger Eisenbahn (HBE) begann nach dem Ersten Weltkrieg systematisch, ihren Lokomotivpark zu erneuern und zu modernisieren. Den 1'E 1' h2-Lokomotiven der Tierklasse aus dem Jahre 1920 mit 81,7 t Reibungsmasse folgten 1927 die 1'D 1' h2-Lokomotiven mit 72,0 t Reibungsmasse und 1929 die 1'C 1' h2-Lokomotiven mit 51, 5 t Reibungsmasse.
Von der Bauart 1'C 1' beschaffte die HBE von der Hanomag mit den Fabriknummern 10 640 bis 10 642 drei Lokomotiven, die die Bahnnummern 1 bis 3 erhielten. Mit den 1'E 1'-Lokomotiven der Tierklasse hatte sich die HBE vom kombinierten Zahnrad-/Reibungsbetrieb gelöst und den reinen Adhäsionsbetrieb eingeführt. Die dabei gewonnenen Erkenntnisse sind auch in die Konstruktion der 1'D 1'- und 1'C 1'-Lokomotiven eingeflossen. Das waren ein kräftiger Barrenrahmen mit soliden Versteifungen, ein Maximum an Reibungsmasse durch gute Masseverteilung, ausreichend dimensionierte Dampfzylinder zur Entwicklung hoher Zugkräfte,

75 6676–6679
Zeichnung: Merkbuch für Triebfahrzeuge

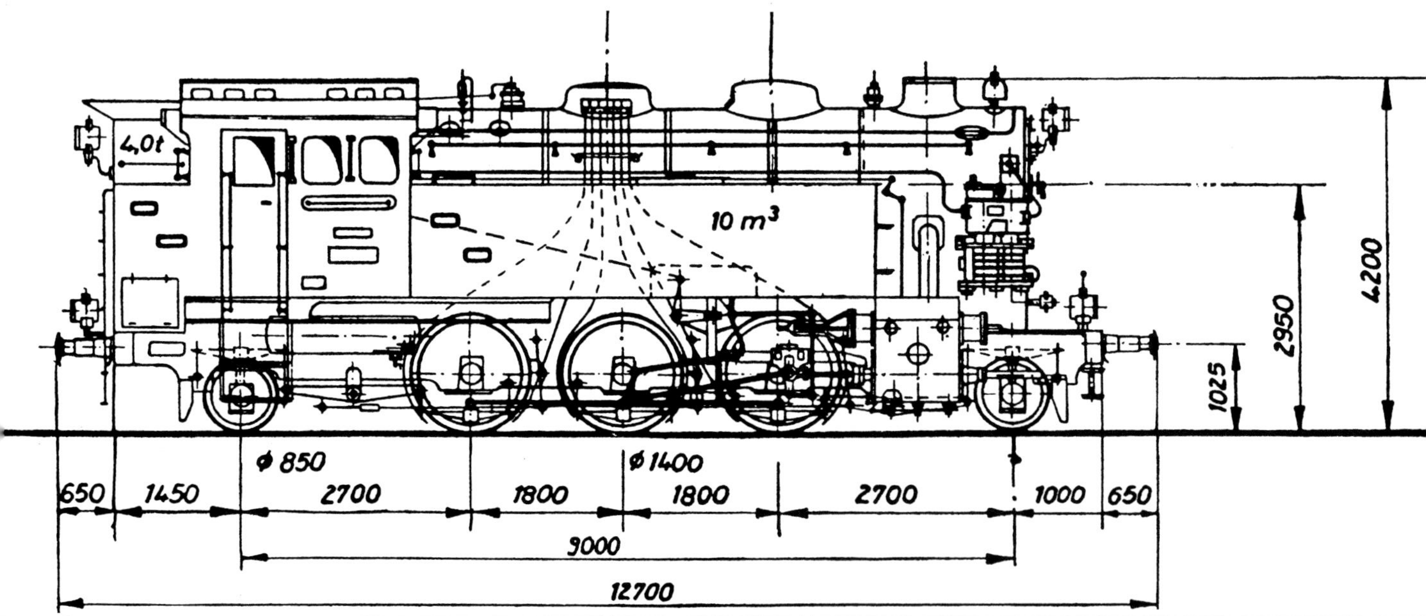

großer Dampfraum und stark geneigte Feuerbüchsdecke für den Steilstreckenbetrieb, Ausrüstung mit Gegendruckbremse und leistungsfähigem Sandstreuer.
Die Lokomotiven mit den Bahnnummern 1 bis 3 hatten unverkennbar die Einheitslokomotive der Baureihe 64 zum Vorbild, mit ihnen aber nur den festen Achsstand (der Lokomotiven mit Bissel-Achsen) mit 3600 mm und den Gesamtachsstand mit 9000 mm gemeinsam. Der Kuppelraddurchmesser war mit 1400 mm bei den HBE-Maschinen um 100 mm geringer, der Laufraddurchmesser mit 850 mm bei beiden Baureihen gleich. Kam die Baureihe 64 mit 70 mm dicken Wangen des Barrenrahmens aus, hielt man bei den HBE-Maschinen 85 mm Dicke und kräftigere Querversteifungen für erforderlich. Das Laufwerk war in vier Punkten gegen den Rahmen abgestützt. Zwei Abstütz-

75 6676 (Hanomag 1929/10640), die ehemalige Bahn-Nr. 1 der HBE.
Foto: G. Illner, Sammlung Weisbrod

75 6678 (Hanomag 1929/10642), ehemalige Bahn-Nr. 3 der HBE.
Foto: M. Baumberg, Sammlung Weisbrod

Lok Nr. 3 der HBE, die spätere 75 6678, auf der Drehscheibe des Bw Blankenburg.
Foto: Sammlung Weisbrod

punkte bildeten der vordere Laufradsatz und die Kuppelradsätze 1 und 2, zwei weitere das Lastausgleichsystem zwischen drittem Kuppelradsatz und hinterem Laufradsatz. Der Antrieb erfolgte auf den zweiten Kuppelradsatz. Die Dampfzylinder hatten einen Durchmesser von 530 mm (BR 64 = 500 mm), so daß bereits bei 50 % Füllung die für den Steilstreckenbetrieb notwendige Zugkraft erreicht werden konnte.

Die 1'C 1'-Lokomotiven der HBE waren in allen Baugruppen kräftiger dimensioniert als die Einheitslokomotive der BR 64. Sie hatten einen größeren Kesseldurchmesser und eine höhere Lage der Kesselmitte (2950 mm gegen 2700 mm BR 64), eine größere Feuerbüchse mit größerer Rostfläche und mit 118,5 m^2 auch eine um 14 m^2 größere Verdampfungsheizfläche als die BR 64. Im Lieferzustand besaßen die Lokomotiven eine Rauchleiteinrichtung am Schornstein, eine Kolbenspeisepumpe links neben der Rauchkammer und einen Oberflächenvorwärmer quer auf dem Rahmen. All das hat man später entfernt, entweder noch bei der HBE, spätestens bei der DR. Der Sandkasten hatte beidseits sechs Fallrohre, womit alle gekuppelten Räder in beiden Fahrtrichtungen gesandet werden konnten. Die Vorräte waren mit 10 m^3 Wasser und 4 t Kohle um jeweils eine Tonne bzw. einen Kubikmeter reichlicher bemessen als bei der BR 64. Die stärkere Bauart der HBE-Lokomotive dokumentiert sich auch in einer Dienstmasse von 79,1 t und einer mittleren Kuppelradsatzfahrmasse von 17,2 t. Die Lokomotive war im leichten Dienst auf den Bergstrecken und im Reisezugdienst auf den Flachlandstrecken im Einsatz. Die zulässige Geschwindigkeit von 75 km/h konnte in beiden Richtungen gefahren werden.

Die drei Maschinen sind 1949 von der Deutschen Reichsbahn mit den Betriebsnummern 75 6676 bis 75 6678 übernommen und um 1967 ausgemustert worden.

1'C 1' h2t

75^{66}

75 6679–6681

Pt 35.16

BStB

Borsig-Typ

1935–1967

Techn. Daten: Seite:265

In den Jahren 1935 und 1936 bezog die Brandenburgische Städtebahn von der Firma Borsig vier 1'C 1'-Heißdampf-Tenderlokomotiven. 1935 lieferte Borsig mit den Fabriknummern 14606 und 14607 die Bahnnummer 2^{II} und 3^{II}, 1936 mit den Fabriknummern 14625 und 14626 die Bahnnummern 4^{II} und 1^{II}. 1937 sind die Lokomotiven in die Bahnnummern 21-24 umgezeichnet worden, 1940 mit Unterstellung unter das Landesverkehrsamt Brandenburg erhielten sie die Nummern 1-100 bis 1-103.

Die Lokomotiven sahen der Einheitslok der Baureihe 64 ähnlich, waren jedoch wesentlich kürzer und gedrungener. Der Kuppelraddurchmesser betrug nur 1300 mm, und weil Borsig auf die Übereinstimmung von Zylinder- und Schornsteinmitte geachtet hatte, mußte, um eine ausreichend lange Treibstange unterbringen zu können, der dritte Kuppelradsatz angetrieben werden. Der Achsstand der gekuppelten Radsätze betrug 1550 mm, so daß die Bremsklötze noch auf Achsmitte wirken konnten. Der Achsstand der als Bisselachsen ausgeführten Laufradsätze zum benachbarten Kuppelradsatz betrug 2400 mm, womit die Lokomotiven ein symmetrisches Laufwerk besaßen. Die außenliegende Heusinger-Steuerung steuerte die Dampfverteilung

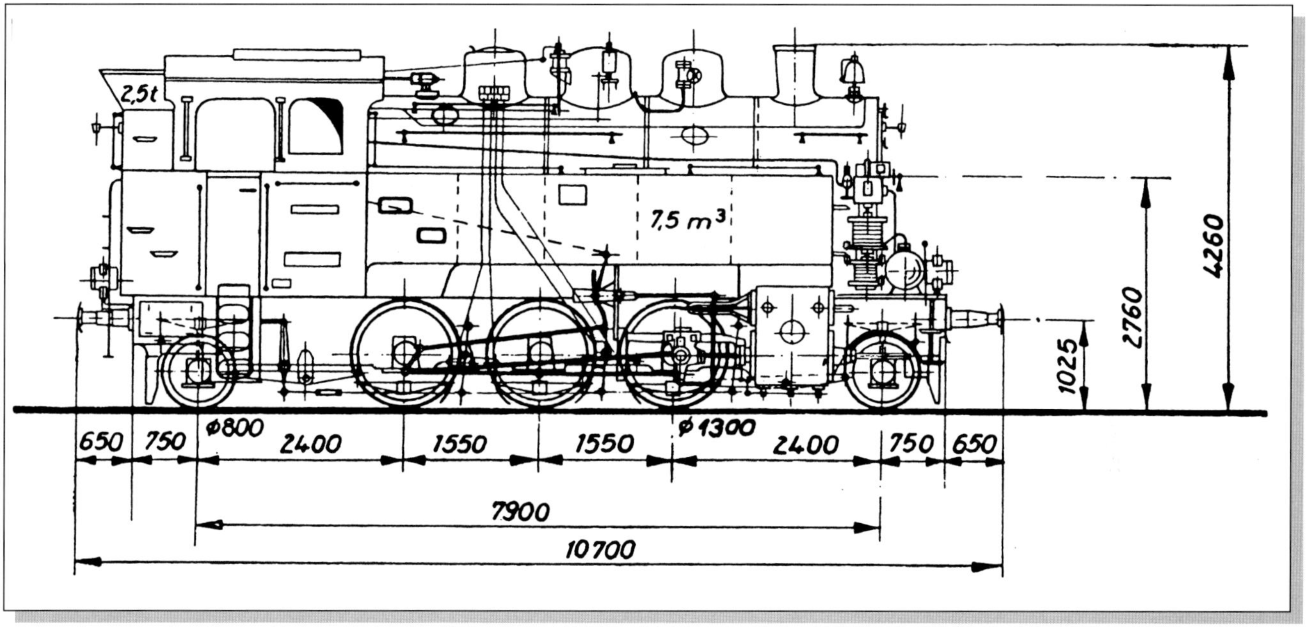

75 6679–6681
Zeichnung: Merkbuch für Triebfahrzeuge

durch Kolbenschieber von 210 mm Durchmesser.
Von der Baureihe 64 unterschieden sie sich durch den Blechrahmen, auch war die LüP mit 10 700 mm um 1800 mm geringer. Der mit 16 bar betriebene Kessel hatte einen Rohrwandabstand von 3100 mm und eine Rostfläche von 2,0 m^2. Er enthielt 127 Heiz- und 40 Rauchrohre. Der Schmidtsche Rauchrohrüberhitzer hatte 36,0 m^2 Heizfläche. Der Oberflächenvorwärmer Bauart Knorr war auf dem Rahmen über dem zweiten Kuppelradsatz untergebracht.
Der Kessel trug, wie bei der Baureihe 64, auf dem ersten Kesselschuß den Speisedom mit Winkelrost-Schlammabscheider, auf dem zweiten Kesselschuß den Dampfdom mit Naßdampf-Ventilregler, angeflanschten Sicherheitsventilen Bauart Ackermann und angeflanschter Dampfpfeife und dahinter den Sandkasten, der aus beidseits vier Fallrohren den ersten Kuppelradsatz von hinten, den zweiten Kuppelradsatz beidseitig und den dritten Kuppelradsatz von vorn sandete.
Die Lokomotiven besaßen eine Druckluftbremse Bauart Knorr mit Zusatzbremse, die die gekuppelten Radsätze einseitig von vorn abbremsten. Die zweistufige Knorr-Luftpumpe saß rechts vor dem Wasserkasten, die Kolbenspeisepumpe links neben der Rauchkammer. Das für den Nebenbahnbetrieb erforderliche Läutewerk hatte seinen Platz auf dem Rauchkammerscheitel vor dem Schornstein. Der Wasservorrat in den beiden seitlichen genieteten Wasserkästen betrug 7,5 m^3, der Kohlevorrat im Kohlekasten hinter dem Führerhaus 2,5 t.
Die Lokomotiven besaßen zwar eine Höchstgeschwindigkeit von 80 km/h, doch durften auf der BStB nur max. 50 km/h gefahren werden. Auf den Abschnitten Treuenbrietzen–Fredersdorf und Sieversdorf–Neustadt (Dosse) durften mit 50 km/h 275 t befördert werden, auf dem Abschnitt Fredersdorf–Sieversdorf mit gleicher Geschwindigkeit 380 t. Bei Talfahrten waren die Höchstbelastungen auf der Strecke Fredersdorf–Sieversdorf mit 1250 t bei 25 km/h maßgebend, jedoch durfte von Rathenow nach Neustadt (Dosse) über die Reichsbahnunterführung diese Zugmasse nur mit Schiebelok befördert werden. Wenn keine Schiebelok vorhanden war, durfte man nur 825 t anhängen.
Die Lokomotive mit der Bahnnummer 1-100 gilt seit 1945 als verschollen. Die verbliebenen drei Lokomotiven sind von der DR mit den Betriebsnummern 75 6679-6681 übernommen worden. Die 75 6679 und 75 6681 waren auf der Dessau–Wörlitzer Eisenbahn im Einsatz. Die 75 6679 ist am 10. 02. 65, die 75 6680 am 18. 02. 66 und die 75 6681 im Jahre 1967 ausgemustert worden.

75 6679 (ex BStB 1-101).
Foto: M. Baumberg, Sammlung Weisbrod

75 6680 (Borsig 1936/14625), die ehemalige 1-102 der BStB.
Foto: Raw »Einheit« Leipzig, Sammlung Weisbrod

Bahn-Nr. 1 der BStB (später Nr. 24, dann 1-103) (Borsig 1936/14626). Die Lokomotive kam als 75 6681 zur DR.
Foto: Werkfoto BLW, Sammlung VMD

1'C 1' h2t

75^{66}

75 6682–75 668

Pt 35.14/16

Kleinbahnen d. pr. Prov. Sachsen

ELNA 7

1940–1968

Techn. Daten: Seite: 266

75 6682 (Henschel 1940/24751) im Juni 1962. Foto: M. Baumberg, Sammlung Weisbrod

Anfang der zwanziger Jahre hatte der Engere Lokomotiv-Normenausschuß (ELNA) eine Typenreihe vereinheitlichter Lokomotiven für Klein- und Privatbahnen entworfen. Die ab 1922 gebauten ELNA-Lokomotiven konnten aber trotz aller Vorschußlorbeeren die in sie gesetzten Erwartungen nur bedingt erfüllen.
Als ab Mitte der dreißiger Jahre die Leistungsanforderungen insbesondere im Güterzugdienst sprunghaft anstiegen, erwiesen sich die bisher gefertigten ELNA-Typen 1 bis 6 als den Transportaufgaben nicht mehr gewachsen. Manche Privatbahn mußte zur Selbsthilfe greifen und stärkere Lokomotiven beschaffen. Daher trug man sich mit dem Gedanken, neue, leistungsfähigere ELNA-Bauarten zu entwerfen – diesmal auch mit den Radsatzfolgen 1'C1', 1'D1' und E. Dabei war die Erwägung, eine fünffach gekuppelte ELNA-Lok zu entwickeln, gar nicht so neu. Die Firma Krauss & Co. hatte bereits 1925 für die Kleinbahn Kassel–Naumburg einen E-Kuppler entwickelt, dessen Hauptbaugruppen dem ELNA-Typenprogramm entstammten. Offiziell wegen mangelnder Nachfrage, tatsächlich aber, weil dieser Loktyp nicht auf den Reißbrettern von Hanomag, Vulcan oder BMAG entstanden war, war eine nachträgliche Aufnahme der Konstruktion in das ELNA-Typenprogramm abgelehnt worden.
Für die neuen ELNA-Lokomotiven waren die Typennummern ab 7 aufwärts vorgesehen. Doch wie so viele andere Projekte fiel auch das zweite ELNA-Typenprogramm dem Zweiten Weltkrieg zum Opfer. Lediglich der ELNA-Typ 7, eine 1'C1' h2t-Lokomotive, ist durchkonstruiert und von 1940 bis 1942 in der bescheidenen Stückzahl von sechs Maschinen gebaut worden. Ihre Entstehung verdankte die ELNA 7 allerdings nicht mehr der Tätigkeit des Lokomotiv-Normenausschusses, sondern einem Alleingang der Firma Henschel & Sohn. Henschel war spätestens ab 1926 zum führenden Hersteller von ELNA-Lokomotiven geworden und besaß Erfahrung in derlei Aktivitäten. Bereits 1927 hatte die Kasseler Firma eine verstärkte Version des ELNA-Typs 6 H entwickelt und gebaut, die von der ursprünglichen Konstruktion erheblich abwich. 1927/28 hatte Henschel auf Wunsch mehrerer Privatbahnen die ELNA-Lokomotiven der Radsatzfolge 1'C h2t modifiziert und auf diese Weise fünf neue Unterbauarten geschaffen. Diese Henschel-ELNAs werden in der Literatur als Varianten des Typs 5 H bezeichnet; Henschel selbst wies sie in den Werksunterlagen und Firmenkatalogen als Variante des Typs 2 H aus. Beide Bezeichnungen besitzen ihre Berechtigung; es kommt hierbei lediglich darauf an, welche Hauptbaugruppe als Grundlage der Benennung gewählt wird: Lauf- und Triebwerk der Lok oder ihr Kessel.
Als die Kleinbahnen des Provinzialverbandes der preußischen Provinz Sachsen Anfang 1940 die Anfrage stellten, ob die Lieferung von für ihre Streckenverhältnisse geeigneten 1'C1'h2t-Lokomotiven kurzfristig möglich sei, griff Henschel die bereits zu den Akten gelegten Pläne für das neue ELNA-Typenprogramm auf.
Die fertiggestellten Konstruktionszeichnungen trugen die Typenangabe ELNA 7. Die Lieferung der Maschinen erstreckte sich über die Jahre 1940 bis 1942. Die Lokomotiven erhielten die Betriebsnummern 401 bis 406 nach dem Nummernschema des Provinzialverbandes. Sie hatten folgende Lieferdaten:

Betriebsnummer	Empfängerbahn	Baujahr	Fabriknummer
401	Genth.	1940	24 751
402	Genth.	1941	25 991
403	Salzw.	1940	25 928
404	Heu. -M.	1940	24 752
405	GHW	1942	26 459
406	Altm.	1942	26 499

Im grundsätzlichen Aufbau entsprachen die Maschinen den älteren ELNA-Lokomotiven der Standardausführung. Der Rahmen war als kompakter Blechrahmen mit eingehängtem T-förmigen Wasserkasten ausgeführt. Die drei Kuppelradsätze hatten einen Laufkreisdurchmesser von 1200 mm. Angetrieben wurde der dritte Kuppelradsatz. Vorderer und hinterer Laufradsatz waren als Bisselgestell ausgeführt; der Durchmesser der Laufräder betrug 800 mm. Die Lokomotiven wiesen eine bemerkenswerte technische Neuerung auf, welche den DRG-Einheitslokomotiven der BR 41 und 45 entlehnt war: Durch Umstecken der Lagerbolzen in den Ausgleichshebeln konnte die Radsatzfahrmasse wahlweise auf 14 oder 16 t eingestellt werden. Der Zylinderdurchmesser betrug 480 mm, der Kolbenhub 550 mm. Die Druckausgleichkolbenschieber mit 200 mm Durchmesser entsprachen der Bauart Karl Schulz. Als Steuerung diente die übliche Heusinger-Steuerung. Der Kessel entsprach in seinem grundsätzlichen Aufbau einschließlich der Grob- und Feinausrüstung dem der älteren ELNA-Typen, war jedoch in seinen Abmessungen vergrößert. Die Rohrlänge zwischen den Rohrwänden betrug 3800 mm. Die Größe der Verdampfungsheizfläche erreichte allerdings nicht diejenige der schwersten alten ELNA-Bauart, des Typs 6. Dafür war die Überhitzerheizfläche mit 42,6 m^2 erheblich größer. Die Lokomotiven konnten wahlweise mit einem Kesseldruck von 14 oder 16 bar betrieben werden. Die Anordnung der Kesselaufbauten in der Reihenfolge Speisedom – Dampfdom – Sandkasten war von den älteren Standard-ELNAs übernommen worden. Der Kesselspeisung dienten zum Teil Oberflächenvorwärmer und Kolbenspeisepumpe sowie eine

75 6682–6687
Zeichnung: Merkbuch für Triebfahrzeuge

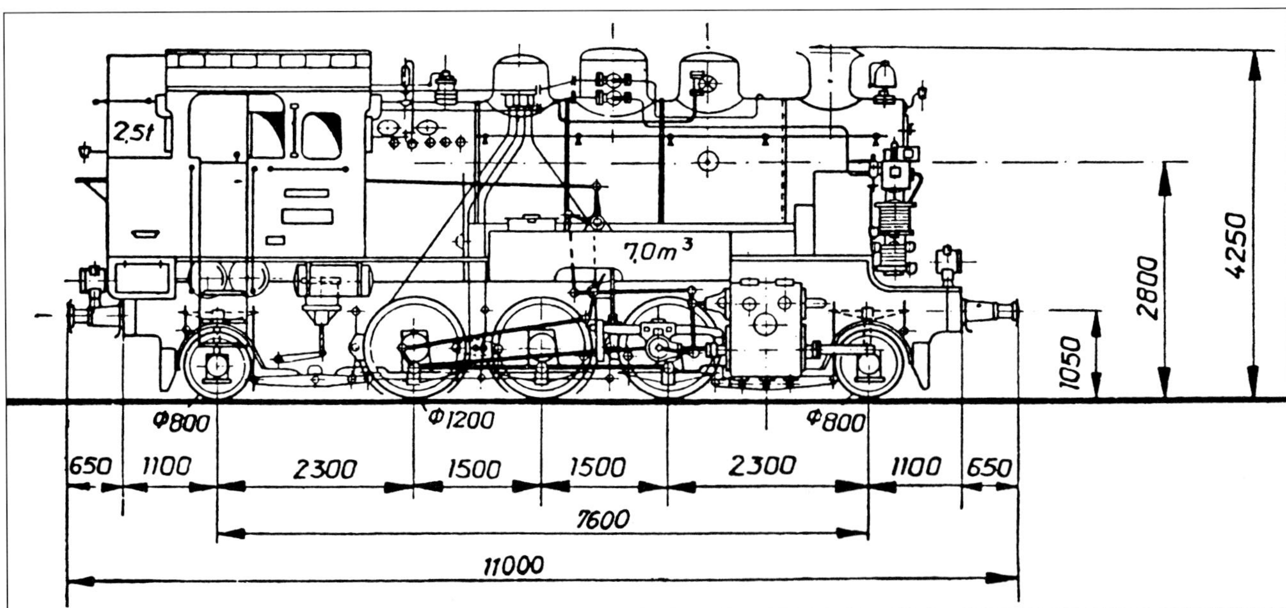

75 6684 (Henschel 1941/25928) von der Salzwedeler Eisenbahn (Bahn-Nr. 403). Foto: M. Baumberg, Sammlung Weisbrod

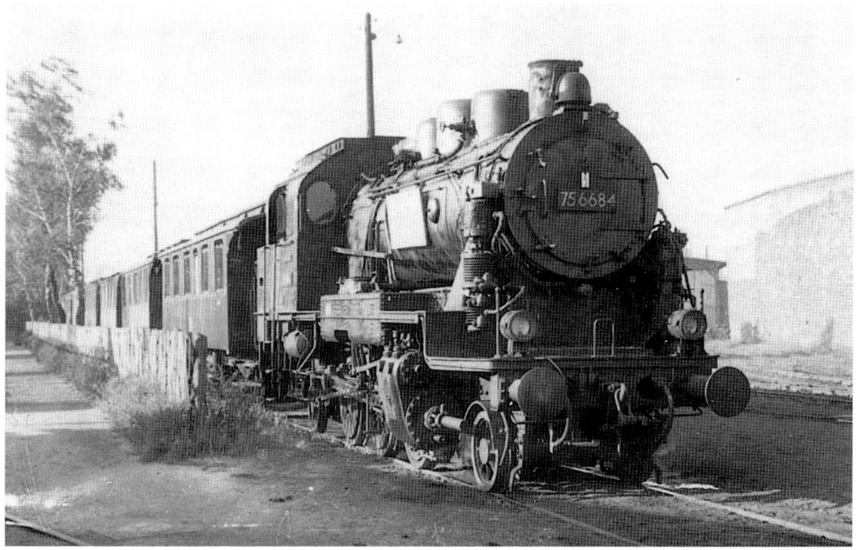

Strahlpumpe; zum Teil waren die Lok auch nur mit zwei Dampfstrahlpumpen ausgerüstet. Erst bei der DR versah man auch die anderen Maschinen mit Vorwärmer und Kolbenpumpe. Die Lokomotiven wurden mit Schornsteinen unterschiedlicher Form ausgeliefert. Beispielsweise hatte Nr. 401 einen schwach konischen Schlot, Nr. 404 aber einen Krempenschornstein. In der Literatur wird angegeben, die unterschiedlichen Schornsteinformen seien entsprechend den Wünschen der Besteller zur Anwendung gekommen. Dem war aber nicht so. Lokomotiven für die Kleinbahnen der preußischen Provinz Sachsen wurden grundsätzlich zentral durch die Provinzialverwaltung beschafft und auf die einzelnen Empfängerbahnen verteilt. Der tatsächliche Grund für die Verwendung unterschiedlicher Schornsteinformen lag in der Fertigung der Maschinen unter Kriegsbedingungen. Henschel baute Schornsteine auf, die vorrätig waren. Hier sei daran erinnert, daß die Firma auch eine Anzahl von Lok der DRG-Baureihe 86 ÜK mit Krempenschornstein versehen hatte, weil die normalen Einheitssschornsteine nicht verfügbar waren.

Das Führerhaus der ELNA 7 war gegenüber dem der älteren Typen vergrößert. Die Bremsausrüstung bestand aus der Einkammer-Druckluftbremse Bauart Knorr mit Zusatzbremse und der üblichen Wurfhebelbremse. Die gekuppelten Radsätze wurden einseitig von hinten abgebremst. Die Druckluft wurde von einer rechts an der Rauchkammer angeordneten zweistufigen Luftpumpe Bauart Knorr erzeugt. Der Sandstreuer sandete den zweiten und dritten Kuppelradsatz bei Vorwärts- und Rückwärtsfahrt. Läutewerk und Dampfpfeife entsprachen den bei ELNA-Lokomotiven üblichen Ausführungen. Die Maschinen wurden mit elektrischer Beleuchtung geliefert; der Dampfturbogenerator hatte auf der linken Seite der Rauchkammer neben dem Schornstein seinen Platz. Die Lok konnten 7 m^3 Was-

75 6686 (Henschel 1942/26459), ehemals Bahn-Nr. 405 der Kleinbahn AG Gardelegen-Haldensleben-Weferlingen. Foto: G. Illner, Sammlung Weisbrod

75 6686 mit Vorwärmer auf dem linken Laufblech von der Heizerseite.
Foto: G. Illner, Sammlung Weisbrod

ser und 2,5 t Kohle mitführen. Trotz des geringen Kuppelraddurchmessers betrug ihre zulässige Höchstgeschwindigkeit 70 km/h.
1949 gelangten alle sechs Lok in den Besitz der DR und wurden in 75 6682 bis 75 6687 umgezeichnet.
Sie erhielten zunächst das Betriebsgattungszeichen Pt 35. 16, das jedoch später in Pt 35. 14 verändert wurde. Die DR hat auf die Möglichkeit, die Radsatzfahrmasse zu verstellen, verzichtet und die Lagerbolzen der Ausgleichshebel in der Stellung für 14 t festgelegt. Weitere Änderungen betrafen die Vereinheitlichung der Kesselspeiseeinrichtungen und die Ausrüstung von fünf Lok mit einem Kipprost. 75 6686 behielt jedoch ihren ursprünglichen ungeteilten Rost. Die Maschinen waren bei der DR zunächst auf ihren alten Stammstrecken im Einsatz, wurden aber später von einem Bw zum anderen weitergereicht. So leisteten z. B. 75 6682 und 75 6684 eine Zeitlang Dienst auf der Strecke Dessau-Wörlitz. Die Lokomotiven waren weder bei den Lokpersonalen noch bei den Lokleitungen der Bw beliebt. Im schwereren Dienst neigte der Kessel zu rascher Erschöpfung, und im Winter blieben die Maschinen des öfteren in Schneewehen stecken, weil sie infolge des Kastenrahmens nicht genügend Bodenfreiheit besaßen. Zwischen dem 16. Januar und dem 6. November 1968 sind alle Lok ausgemustert worden.

1'C 1' h2t

75^{67}

75 6776–6777

Pt 35.16

HBE

1942–1967

Techn. Daten: Seite: 266

Im Jahre 1942 bezog die Halberstadt–Blankenburger Eisenbahn von den Borsig Lokomotivwerken mit den Fabriknummern 14 980 und 14 981 zwei Heißdampf-Tenderlokomotiven, die den Einheitslokomotiven der Baureihe 64 ähnlich sahen und ebenfalls einen Barrenrahmen besaßen. Die Lokomotiven erhielten bei der HBE die Bahnnummern 6 und 7 in zweiter Besetzung. Im Gegensatz zur BR 64 hatten die HBE-Maschinen mit Dampfdom und Sandkasten nur zwei Aufbauten auf dem zweischüssigen Langkessel. Die Kesselspeisung erfolgte durch zwei Strahlpumpen, und die Kesselspeiseventile mündeten unmittelbar unterhalb des Dampfdomes in den Kessel. Die beiden Lokomotiven waren für leichte bis mittelschwere Dienste auf den Steil- und Flachlandstrecken bestimmt. Der Zylinderdurchmesser war mit 540 mm um 40 mm größer als bei der BR 64, auch stand mit 16 bar hochwertigerer Dampf zur Verfügung. Die Lokomotiven besaßen Kolbenschieber mit 300 mm Durchmesser, wie sie sonst nur bei den großen Einheitslokomotiven zu finden waren. Der Kuppelraddurchmesser von 1250 mm gestattete eine Höchstgeschwindigkeit von 65 km/h. Die Strahlungsheizfläche (8,4 m^2), Verdampfungsheizfläche (108,28 m^2) und Überhitzerheizfläche (41,6 m^2) entsprach etwa der der Baureihe 64.

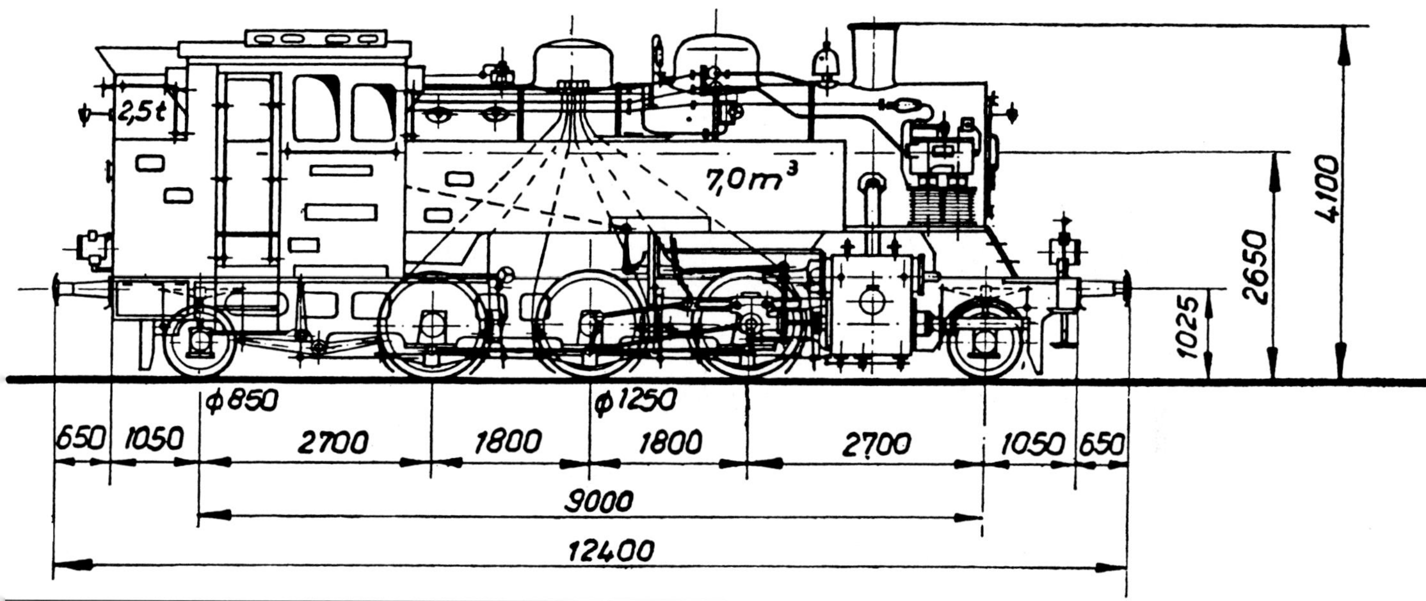

Der große Achsstand der gekuppelten Radsätze von 1800 mm erlaubte zwar die problemlose Unterbringung der Bremsklötze auf Achsmitte, führte aber bei angetriebenem zweitem Kuppelradsatz zu einer recht kurzen Treibstange. Die gekuppelten Radsätze wurden mit der Druckluftbremse Bauart Knorr mit Zusatzbremse einseitig von vorn gebremst. Die Laufradsätze waren ungebremst. Die Druckluft lieferte eine Doppelverbundpumpe rechts neben der Rauchkammer. Außerdem besaßen die Lokomotiven eine Wurfhebel-Handbremse und Riggenbach-Gegendruckbremse. Wichtig für den Steilstreckenbetrieb war der zuverlässig funktionierende Druckluft-Sandstreuer Bauart Borsig, mit dem alle gekuppelten Räder in beiden Fahrtrichtungen gesandet werden konnten. Die Lokomotiven besaßen ein Druckluft-Läutewerk. Ursprünglich saß es vorn auf dem Rauchkammerscheitel, später hatte es seinen Platz hinter dem Schornstein. Die

75 6776–6777
Zeichnung: Merkbuch für Triebfahrzeuge

75 6776 (Borsig 1942/14980), vormals HBE Nr. 6.
Foto: M. Baumberg, Sammlung Weisbrod

stark gewölbte Rauchkammertür, die für Privatbahnlokomotiven der Firma Borsig typisch war, mußte später zumindest bei der Bahnnummer 6 einer flachen Ersatztür weichen. Die Vorräte betrugen 7,0 m^3 Wasser in den beiden seitlichen Wasserkästen und 2,5 t Kohle im Kohlekasten hinter dem Führerhaus. Die Maschinen besaßen eine mittlere Kuppelradsatzfahrmasse von 16,5 t und eine Reibungsmasse von 46,9 t. Die Deutsche Reichsbahn übernahm 1949 die Bahnnummern 6^{II} und 7^{II} mit den Betriebsnummern 75 6776 und 75 6777 und hat sie nach 25 Dienstjahren am 27. 05. bzw. 18. 01. 1967 ausgemustert.

Führerseite der 75 6776, aufgenommen in der VES-M Halle.
Foto: M. Baumberg, Sammlung Weisbrod

Radsatzfolge D

D h2t

92^{10}

92 1047II

Gt 44.14

WL

KDL 4 (ELNA 6)

1944–1948

Techn. Daten: Seite: 285

Nach Ende des Zweiten Weltkrieges wurde bei der Rbd Halle eine vierfach gekuppelte Heißdampf-Tenderlokomotive vorgefunden, die ohne höhere Weisung die DR-Nummer 92 1047 in zweiter Besetzung erhielt. Es handelte sich hierbei um eine Werklok der Linke-Hofmann-Werke Breslau, welche durch Kriegsereignisse auf das Territorium der sowjetisch besetzten Zone Deutschlands verschlagen worden war.

Obgleich sich die Maschine nur drei Jahre (von 1945 bis 1948) im Betriebspark der DR befand, wurde sie in dieses Buch aufgenommen, denn ihre Geschichte, obgleich in der Literatur heftig umstritten, konnte weitestgehend geklärt werden. Kaum ein Zeitzeuge hat die Lok wohl jemals zu Gesicht bekommen, und Fotos oder sonstige Abbildungen von ihr dürften nicht existieren. Trotzdem steht es fest, daß es sich bei der mit der DR-Nummer 92 1047 versehenen Lok um ein Exemplar der KDL 4, der Kriegsausführung des ELNA-Typs 6 H, handelte. Die Maschine war 1944 von der Lokomotivfabrik Krenau (Chrzanow) unter der Fabriknummer 1047 fertiggestellt und an die LHW abgeliefert worden. Soweit diese Tatsache in der Literatur Erwähnung findet, ist als Bestimmungsort der Lok irrtümlich Altenburg in Thüringen angegeben. Das Fabrikummernverzeichnis der polnischen Lokfabrik Chrzanow nennt aber eindeutig Breslau. Die Betriebsnummer, welche ihr die Rbd Halle 1945 gab, setzte sich aus der Stammnummer entsprechend dem DRG-Nummernplan und der Fabriknummer als Ordnungsnummer zusammen. Diese Tatsache wird von manchen Autoren bestritten. Das »Verzeichnis aller Lokomotiven und Triebwagen«, Band 2, und andere Veröffentlichungen gehen von der irrtümlichen Annahme aus, daß es sich bei der Werklok der LHW um die echte 92 1047 der DRG gehandelt habe, die 1942 verkauft worden und 1945 zur Reichsbahn zurückgekehrt sei.

Indessen ist 92 1047 (Erstbesetzung), eine pr. T 13, zwar 1942 aus dem Betriebspark der DRG ausgeschieden, aber regulär ausgemustert und zerlegt worden. In einer Publikation des Jahres 1997 wird die Meinung vertreten, die Lok mit der Fabriknummer 1047 habe dem Typ »Oberschlesien« angehört. Trotz fotografischer Belege von Maschinen mit benachbarten Fabriknummern, welche tatsächlich dieser Bauart entsprachen, kann dieser Annahme nicht gefolgt werden. Erstens weist die Auflistung der deutschen Bauaufträge in der erwähnten Publikation stärkere Abweichungen von den Angaben in der Original-Fabriknummernliste der Lokfabrik Chrzanow auf, zweitens waren durchaus nicht alle Lokomotiven der Fabriknummernreihe 1045 bis 1052, obgleich ausnahmslos D-Kuppler, von gleicher Bauart. So war auch die Maschine mit der Fabriknummer 1045 keineswegs eine Lok vom Typ »Oberschlesien«, sondern ein durch Krenau verwirklichter Nachbau einer bereits früher von anderen Herstellern an die Gräflich Schaffgottschen Werke, Gleiwitz, gelieferten D n2t. Mit dem Henschel-Typ »Essen« hatte der Typ »Oberschlesien« im Gegensatz zur Auffassung des Autors kaum etwas gemeinsam, und ebensowenig ist beweisbar, daß der Bauauftrag für diese recht modernen Vierkuppler an die rumänische Lokfabrik Malaxa verlagert worden ist. Tatsächlich dürfte der Großteil der mit Krenau-Fabriknummern ab 1942 ausgelieferten D-Tenderlokomotiven auch dort gebaut worden sein. Verlagerungslokomotiven hätten mit Sicherheit keine Krenau-, sondern Henschel-Fabriknummern erhalten, weil die Lokfabrik Chrzanow während der deutschen Besetzung Polens unter der Verwaltung Henschels stand.

Daß die Lokfabrik Krenau unter der Fabriknummer 1047 eine ELNA 6 und nicht etwa einen D-Kuppler anderer Bauart gefertigt hat, ist kaum verwunderlich. Erstens besaß das Werk Erfahrung im Bau von ELNA-Lokomotiven. Bereits 1930 waren unter den Fabriknummern 348 und 349 zwei ELNA 6 H an die PPK (polnischer Teil der Liegnitz–Rawitscher Eisenbahn) geliefert worden. Die Lokomotiven trugen übrigens die Bahnnummern 183 und 184 und gelangten 1939 als 92 2601 und 92 2602 zur DRG. Zweitens war nach den Festlegungen des im Jahre 1942 vom Hauptausschuß Schienenfahrzeuge beim Reichsministerium für Bewaffnung und Munition verabschiedeten Kriegslok-Programms die ELNA 6 H, abgesehen von der als KDL 6 genehmigten Industrielok vom Typ »Essen« (Naßdampfversion), die einzige normalspurige vierfach gekuppelte Tenderlok, die als KDL 4 weitergebaut werden durfte. Diese Festlegungen hatten für die Lokfabriken im »Reich« und in den besetzten Gebieten gleichermaßen Gültigkeit. Für Lokomotiven abweichender Bauformen mußten die Besteller eine spezielle Typgenehmigung beim Hauptausschuß einholen, die jedoch nur in den seltensten Fällen und nach Zubilligung einer Wehrmachts-

Dringlichkeitsstufe S (»schnell«) oder SS (»sehr schnell«) erteilt wurde.
Da die Normalausführung der ELNA 6, von der sich die Kriegsausführung in den Hauptabmessungen und technischen Daten kaum unterschied, an anderer Stelle beschrieben ist, soll hier nur auf die Vereinfachungen, die auf Veranlassung des Hauptausschusses an der Konstruktion erfolgt waren, eingegangen werden. Die KDL 4 erhielt dünnere Radreifen als die Normalausführung, so daß der Laufkreisdurchmesser der Räder im Neuzustand nicht mehr 1100, sondern nur noch 1050 mm betrug. Speisedom, Seitenfenster des Führerhauses und Rauchkammer-Zentralverschluß fielen fort. Die Feuerbüchse bestand aus Stahl. Die Druckluftbremse wirkte auf den zweiten bis vierten Radsatz. Statt elektrischer Beleuchtung war Azetylen-Beleuchtung vorgesehen.
In den drei Jahren ihres Einsatzes bei der Rbd Halle dürfte 92 1047II ausschließlich im Verschiebedienst eingesetzt worden sein. Ende 1948 oder Anfang 1949 schied die Lok wieder aus dem Betriebsdienst der DR aus.

D h2t

92 29, 63, 64

92 2901–92 2903

92 6383

92 6481–92 6487

92 6490–92 6494

Gt 44.13; Gt 44.14

verschiedene Bahnen

ELNA 6 H (Standardausführung)

1927–1973

Techn. Daten: Seite: 286/289

92 2901 (Henschel 1931/22011) am 17.08.1966 im Raw Halle.
Foto: Hans Müller

Mit dem Lokomotivpark der ehemaligen Privatbahnen übernahm die Deutsche Reichsbahn im Jahre 1949 etwa 70 Maschinen in ihren Bestand, deren Grundkonzeption Anfang der zwanziger Jahre vom Engeren Lokomotiv-Normen-Ausschuß (ELNA) entwickelt worden war und die demzufolge als ELNA-Lokomotiven oder ELNA-Typen bekannt wurden. Das war fast die Hälfte aller für deutsche Bahnen und immerhin ein Drittel aller überhaupt gebauten Maschinen der ELNA-Bauart. Die ELNA-Lokomotiven waren in wesentlichen Baugruppen vereinheitlichte Tenderlokomotiven für Klein- und Privatbahnen mit den Radsatzanordnungen C, 1'C und D für 12 und 14 t Radsatzfahrmasse. Die endgültige ELNA-Typenreihe war im Jahre 1921 unter Regie des Eisenbahnbau- und Betriebsunternehmens Lenz & Co. sowie der Firmen Hanomag, Vulcan und Schwartzkopff konzipert worden. Zeitweilig hatte

92 6383 (Henschel 1944/26147), vormals 4-140 der Oderbruchbahn.
Foto: G. Otte, Sammlung Grundmann

auch Krupp an den Entwürfen mitgearbeitet. Eine zweite, Ende der dreißiger Jahre in Aussicht genommene ELNA-Typenreihe blieb wegen des Zweiten Weltkrieges unvollendet. Die Konstruktionszeichnungen des Jahres 1921 standen allen Lokomotivfabriken zur Verfügung. Die ersten ELNA-Lokomotiven, die überhaupt gebaut wurden, waren Maschinen des Typs 6 H. Die Halle–Hettstedter Eisenbahn (HHE) hatte im Jahre 1922 vier derartige Maschinen bei Krauss bestellt, die noch im selben Jahr fertiggestellt waren. Der ELNA-Typ 6 war auch die Bauart, die am längsten im Fertigungsprogramm der Lokfabriken verblieb. Im Zweiten Weltkrieg wurde sie als KDL 4 weitergebaut, und 1946 lieferte Henschel die letzten Exemplare an Privatbahnen in den westlichen Besatzungszonen Deutschlands. Von den 1949 durch die DR übernommenen 23 Lokomotiven des Typs ELNA 6 H entsprachen 13 der ab 1925 gefertigten, völlig den Musterzeichnungen entsprechenden Standardausführung.
Erstes Baujahr der zur DR gelangten Lokomotiven dieser Ausführung war 1927. Sieben Lokomotiven entsprachen der Krauss-Bauform, die sich in einigen Details von der Normalausführung unterschied. Zwei Maschinen waren Umbauten aus ELNA-Lokomotiven des Typs 6 N, und eine Lok entsprach der von Henschel kreierten verstärkten Bauform. Drei weitere ELNA 6 H mit Gegendruckbremse hatte die DR bereits 1948 von der Görlit-

92 6492 (Henschel 1939/24753) am 20.05.1964 im Bw Dessau.
Foto: Hans Müller

92 6494 (Henschel 1944/26200) am 02.03.1968 in Königshain-Hochstein. Foto: Hans Müller ((009-07))

zer Kreisbahn übernommen. Die Krauss-Version des ELNA-Typs 6, die beiden Umbaulokomotiven und die verstärkte Henschel-Ausführung sind wegen ihrer Bauartabweichungen gesondert beschrieben.

Während die 1948 zur DR gekommenen ELNA 6 H die Betriebsnummern 92 2901–92 2903 erhielten, wurden die 1949 übernommenen Lokomotiven nach den Grundsätzen des Umzeichnungsplanes vom 12. Dezember 1949 eingereiht. Die Maschinen, welche der Standardbauform entsprachen, erhielten die Betriebsnummern 92 6383, 92 6481–92 6487 und 92 6490–92 6494. Dementsprechend lauteten die Betriebsgattungszeichen Gt 44. 13 und Gt 44.14. Allein die Einreihung in die BR 92^{64} und das Gattungszeichen Gt 44.14 waren jedoch korrekt, denn die ELNA 6 hatten (soweit es sich nicht um Lokomotiven der verstärkten Bauform handelte) durchweg eine Radsatzfahrmasse von 14 t. Das Merkbuch der DR von 1962/64 hat (und das gilt für alle dort erfaßten ELNA-Lokomotiven, also auch die Typen 2, 3 und 5) die Fehler von 1949 nicht nur nicht korrigiert, sondern den damaligen Irrtümern weitere in Form fehlerhafter technischer Daten hinzugefügt. Bei unseren Bauartbeschreibungen und Zahlenangaben folgen wir daher so weit wie möglich den Originaldokumentationen.

Was indessen die 1949 gemachten Fehler bei der Umzeichnung der ELNA-Lokomotiven anbelangt, so hätten sie trotz fehlender Betriebsbücher und ähnlicher Mißstände durchaus vermieden werden können. Die Lenz & Co. GmbH, ohnehin zu den Initiatoren des ELNA-Programms gehörend, hatte nämlich für die ELNA-Lokomotiven ein Nummernschema entwickelt, welches eindeutige Rückschlüsse auf die Bauform zuließ. Dieses Schema war nicht nur von den Lenz-Bahnen angewendet, sondern von den meisten Privatbahnen, die ELNA-Lokomotiven besaßen, in gleicher oder leicht abgewandelter Form zur Kennzeichnung der Maschinen übernommen worden. Es sah wie folgt aus:

ELNA-Typ	Bahnnummer
2	141 ff.
3	171 ff.
5	151 ff.
6	181 ff.
6 verstärkt	191 ff.

Einzelne Privatbahnen stellten diesen Bahnnummern noch eine 1 voran, um Leihlokomotiven oder Lokomotiven, die zwar zur gleichen Gesellschaft, aber zum Eigentum einer anderen Bahn gehörten, von den eigenen Maschinen zu unterscheiden. Die Görlitzer Kreisbahn hatte den Nummern 181 bis 183 ihrer drei ELNA-Lokomotiven, welche bei der DR in 92 2901–92 2903 umgezeichnet wurden, ein hochgestelltes D zur Kennzeichnung der Radsatzfolge hinzugefügt, so daß die Betriebsnummern 181^{D}, 182^{D} und 183^{D} lauteten.

Die ELNA-Lokomotiven des Typs 6 H (Normalausführung) besaßen wie alle ELNA-Lokomotiven einen Blechrahmen mit 20 mm dicken Rahmenplatten, in den ein Wasserkasten mit T-förmigem Querschnitt eingehängt war. Die LüP betrug zeichnungsgerecht 10 080 mm. Alle Radsätze waren fest im Rahmen gelagert; der Achsstand betrug 4300 mm. Die Räder der gekuppelten Radsätze hatten einen Laufkreisdurchmesser von 1100 mm; der dritte Radsatz diente als Treibradsatz. Die Zylinder hatten einen Durchmesser von 520 mm und einen Kolbenhub von 550 mm. Die Schieber waren als Regelkolbenschieber ausgebildet und hatten einen Durchmesser von 200 mm. Bei den Lokomotiven der älteren Baujahre waren Universalventile Bauart Vulcan vorhanden, die gleichzeitig als Druckausgleicher, Luftsaugeventil und Zylindersicher-

92 6482 (Hohenzollern 1927/4610), ehemals Nr. 186 der Halle-Hettstedter Eisenbahn.
Foto: Hans Müller

92 6484 (Schwartzkopff 1929/9582) im Oktober 1969 im Bw Görlitz.
Foto: Michael Malke

92 6483 (Hohenzollern 1927/4611) am 14.06.1966 auf der Strecke Frohburg–Kohren-Sahlis.
Foto: Hans Müller

92 6487 (Hanomag 1930/10726) am 15.06.1968 zwischen Toitz und Rustow.
Foto: Hans Müller

heitsventil wirkten. Wegen mangelnder Funktionstüchtigkeit hat man später diese Mehrzweck-Ventile ausgebaut und durch Winterthur-Druckausgleicher ersetzt. Die Zylinder wurden mit Sicherheitsventilen üblicher Bauform nachgerüstet. Lokomotiven ab Baujahr 1930 besaßen ab Werk Winterthur-Druckausgleicher. Der Kreuzkopf wurde einschienig auf der Gleitbahn geführt, die Steuerung entsprach der Bauart Heusinger. Der Kessel lag frei über dem Rahmen. Die Rohrlänge zwischen den Rohrwänden betrug 3500 mm, die Verdampfungsheizfläche 88,1 m². Der Stehkessel nahm eine Kupferfeuerbüchse auf. Während der Kriegsjahre gebaute Lokomotiven erhielten eine Feuerbüchse aus IZ II-Stahl. Der Rauchrohrüberhitzer entsprach der Bauart Schmidt. Ein auf dem Überhitzerkasten angebrachtes Luftsaugeventil diente der Überhitzerkühlung bei geschlossenem Regler. Der Kessel trug in der Regel einen Speisedom mit den Speiseventilen und den Dampfdom mit dem Ventilregler Bauart Schmidt & Wagner. Hinter dem Dampfdom war ein Sandkasten mit meist zwei Fallrohren für jede Lokomotivseite angeordnet. Die Kesselsicherheitsventile entsprachen entweder der Bauart Ramsbottom oder der Bauart Coale. Der Kessel wurde von zwei Dampfstrahlpumpen gespeist. Oberflächenvorwärmer und Kolbenspeisepumpe wurden nur auf ausdrücklichen Wunsch des Bestellers eingebaut. Die Rauchkammerausrüstung entsprach dem üblichen Standard. Der Funkenfänger war korbförmig und bestand aus Maschendraht. Der Schornstein hatte eine nur geringe Konizität. Das charakteristische ELNA-Führerhaus besaß ein Tonnendach mit durchgehendem Lüftungsaufsatz. Der Kohlekasten war an der Rückwand des Führerhauses angeordnet. Dampfbremse oder Knorr-Druckluftbremse wurden wahlweise eingebaut. Die Radsätze wurden einseitig von vorn abgebremst. Die Extersche Wurfhebelbremse war bei allen Lokomotiven vorhanden. Der Sandstreuer war entweder ein handbetätigter oder ein Druckluftsandstreuer. Der Signalgebung dienten Dampfpfeife und Dampf- oder Druckluftläutewerk. Dem Besteller stand die Wahl zwischen Petroleumbeleuchtung, Azetylenbeleuchtung und elektrischer Beleuchtung frei. Pyrometer und Deuta-Geschwindigkeitsmesser wurden ebenfalls auf Wunsch eingebaut. Die Lokomotiven konnten 6 m³ Wasser und 1,85 t Kohle mitführen. Ihre Höchstgeschwindigkeit betrug 40 km/h.

Im Rahmen der Möglichkeiten vereinheitlichte die DR Bremsausrüstung und Sondereinrichtungen. Alle Maschinen erhielten die Knorr-Druckluftbremse, der größte Teil elektrische Beleuchtung. 92 6383, eine ELNA 6 H in Kriegsausführung, wies einige Vereinfachungen auf, die im Rahmen planmäßiger Schadgruppen beseitigt wurden. 92 6484 wurde für den Einsatz auf Strecken mit stärkerer Steigung mit der Riggenbach-Gegendruckbremse ausgerüstet.

Die von der DR übernommenen Lokomotiven des ELNA-Typs 6 H (Standardausführung) waren in Bw nördlich von Berlin gleichermaßen anzutreffen wie bei der ehemaligen Görlitzer Kreisbahn. Zum Teil verblieben sie an ihren ursprünglichen Standorten, teilweise wurden sie auch umbeheimatet. Ihre Domäne waren der Güterzugdienst auf Nebenstrecken, die Bespannung von Übergabezügen und der Verschiebedienst. Mitte der sechziger Jahre begann die verstärkte Ausmusterung der Maschinen. Einige wenige Lokomotiven fanden noch im Umzeichnungsplan der DR von 1970 Aufnahme und erhielten die EDV-Betriebsnummern. Als letzte ELNA 6 H der Deutschen Reichsbahn wurden 92 2901 und 92 6494 im Jahre 1973 ausgemustert.

D h2t
92^{33}
92 3333
Gt 44.15
Hafen Stettin
Krupp-WL
1941–1966
Techn. Daten: Seite: 286

Nach dem Zweiten Weltkrieg wurde auf dem Territorium der sowjetischen Besatzungszone eine vierfach gekuppelte Tenderlok vorgefunden, die von der Friedrich Krupp AG, Essen, im Jahre 1938 unter der Fabriknummer 1762 gebaut worden war. Diese Maschine stammte von der Stettiner Hafenbahn und hatte dort die Bahnnummer IX getragen. Die DR zeichnete die Lok 1947 in 92 3333 um und setzte sie bei der Rbd Greifswald im Rangierdienst ein. Offensichtlich hat es zwischen DR und PKP Streitigkeiten bezüglich des Eigentums an der Maschine gegeben, denn 92 3333 wurde laut amtlichen Angaben erst seit Oktober 1950 offiziell im DR-Bestand geführt. Daß die Lok ihre DR-Betriebsnummer jedoch wesentlich früher erhalten haben muß, geht daraus hervor, daß die Ordnungsnummer nicht nach den Grundsätzen des Umzeichnungplanes vom 12. Dezember 1949 gebildet worden war. Warum sie jedoch ausgerechnet eine Ordnungsnummer erhielt, die aus vier Dreien bestand, bleibt ungeklärt. Als einziges Exemplar der BR 92^{33} hätte die Maschine eigentlich die Betriebsnummer 92 3301 erhalten müssen. Die ungewöhnliche Betriebsnummer mag mit zu den jahrzehntelangen Spekulationen um die Existenz der Lok beigetragen haben.

92 3333 (Krupp 1938/1762), ehemals Nr. IX der Stettiner Hafenbahn.
Foto: M. Baumberg, Sammlung Weisbrod

Dabei hätten so manche Autoren nur das Merkbuch der DR, Ausgaben 1962/64, einzusehen brauchen, denn diese DV enthält ein Typenblatt der Lok mit Übersichtszeichnung und den wesentlichen technischen Daten.
Die ehemalige Lok IX der Stettiner Hafenbahn entstammte einer von Krupp entwickelten Typenreihe leistungsfähiger Privatbahn- und Werklokomotiven für unterschiedlichste Einsatzzwecke. Das Unternehmen hatte zwar zu denjenigen Firmen gehört, die Anfang der zwanziger Jahre an der Ausarbeitung der endgültigen ELNA-Typenreihe beteiligt waren, jedoch selbst nie eine ELNA-Lok gebaut. Krupp hielt die ELNA-Konstruktionen für veraltet und wenig leistungsfähig und befand sich dabei in guter Gesellschaft mit solch bedeutenden Lokomotivherstellern wie Borsig, AEG oder Jung. Die Hafenbahn Stettin hatte bereits 1925 zwei ELNA-Lokomotiven des Typs 6 H, gebaut von Vulcan, in Dienst gestellt. 1938 wurde die Beschaffung einer neuen Lok als Ersatz für eine ältere, abgängige Maschine erforderlich. Da die Vulcan-Werft den Lokomotivbau aufgegeben hatte, vergab man den Auftrag zum Bau nach Essen. Krupp bot der Hafenbahn seine für den Verschiebedienst entwickelte D h2-Tenderlok an und lieferte die Maschine noch im gleichen Jahr an den Besteller ab.
Der Rahmen der Lok war als Blechrahmen ausgebildet. Der Achsstand betrug 4050 mm, die LüP 10450 mm. Die Räder der vier gekuppelten Radsätze hatten den bei Verschiebelokomotiven üblichen Durchmesser von 1100 mm. Der dritte Radsatz wurde angetrieben. Die Zylinder hatten einen Durchmesser von 530 mm und einen Kolbenhub von 550 mm. Als Schieber dienten Regelkolbenschieber mit Winterthur-Druckausgleichern. Auffällig ist, daß der Winterthur-Apparat bei Privatbahn- und Werklokomotiven die am häufigsten angewendete Bauform einer Druckausgleichvorrichtung überhaupt darstellte. Daß er sich nicht bewährt habe, wie man des öfteren lesen kann, ist eine Überspitzung. Zylinder und Druckausgleicher der Hafenbahnlok besaßen eine Verkleidung, die der bei ELNA-Lokomotiven anzutreffenden Form ähnelte. Der Kreuzkopf war einschienig geführt; die Steuerung entsprach der Bauart Heusinger. Der Kessel mit 3700 mm Länge zwischen den Rohrwänden lag frei über dem Rahmen. In Langkesselmitte war der Dampfdom

Die 92 3333 ist bereits 1947 von der DR übernommen worden.
Foto: M. Baumberg, Sammlung Weisbrod

mit dem Ventilregler, davor der Speisedom mit den Speiseventilen angeordnet. Hinter dem Dampfdom saß der Sandkasten mit je drei Fallrohren für jede Lokomotiveneite. Die Kesselsicherheitsventile waren als Hochhub-Ventile ausgebildet. Rauchkammer und Rauchkammerausrüstung ähnelten derjenigen des schweren ELNA-Typs 6. Der Kessel wurde von zwei Dampfstrahlpumpen Bauart Strube gespeist. Das Führerhaus mit im oberen Teil eingezogenen Seitenwänden , Blendschirmen und Dachlüftungsklappe war typisch für Kruppsche Rangiertenderlokomotiven der dreißiger Jahre. Die Lok besaß große seitliche Wasserkästen mit im Vorderteil abgesenkter Decke und Aussparungen im Bereich von Steuerwelle und Aufwerfhebel. Der Kohlekasten war hinter dem Führerhaus angebracht. Die Bremsausrüstung bestand aus Knorr-Druckluftbremse und Wurfhebelbremse. Der zweite bis vierte Radsatz wurden von vorn abgebremst. Diese Radsätze konnten auch mittels des Sandstreuers gesandet werden. Eine zweistufige Luftpumpe an der rechten Rauchkammerseite erzeugte die Druckluft für Bremse, Sandstreuer und Läutewerk. Das Druckluftläutewerk Bauart Knorr hatte seinen Platz auf der Rauchkammer vor dem Schornstein, die Dampfpfeife den ihren auf dem Stehkessel. Die Lok besaß elektrische Beleuchtung; der Turbogenerator Bauart AEG war rechtsseitig neben dem Schornstein angebracht.

Nach dem Merkbuch der DR, Ausgaben 1962/64, betrugen die Betriebsvorräte 7,5 m^3 Wasser und 2,5 t Kohle. Die Höchstgeschwindigkeit war mit 45 km/h festgelegt.

Obgleich die Lok im Betriebspark der DR einen Einzelgänger darstellte, waren baugleiche oder sehr ähnliche Maschinen auf mehreren Werkbahnen, vorwiegend im Westen Deutschlands, eingesetzt. 92 3333 stand bis 1966 im Betriebseinsatz der Reichsbahn. Im gleichen Jahr wurde die Lok ausgemustert.

D n2t

$92^{60, 61, 62}$

92 6001

92 6104 und 92 6106

92 6201

Gt 44.10; Gt 44.11; Gt 44.12

STEG

Borsig-Nebenbahntyp

1905–1967

Techn. Daten: Seite: 286, 287/288

Mit dem Lokomotivpark der Stendal–Tangermünder Eisenbahn übernahm die Deutsche Reichsbahn im Jahre 1949 vier D n2t-Lokomotiven, welche die STEG in den Jahren 1905 bis 1927 beschafft hatte. Bis auf die 1927 gelieferte Lok Nr. 7 hatten alle Maschinen bei der STEG außer der Betriebsnummer noch einen Namen getragen. Erbauer der Lokomotiven war die Firma Borsig in Berlin-Tegel. Die DR zeichnete die vier Lok in 92 6001, 92 6104, 92 6106 und 92 6201 um. Die entsprechenden Angaben entnehmen Sie der Tabelle auf Seite 215.

Die von der DR vorgenommene Einordnung der Maschinen in drei verschiedene Unterbaureihen war mit hoher Wahrscheinlichkeit nicht gerechtfertigt. Abgesehen von der etwas höheren Lokmasse der Lok 7 und von geringfügigen äußeren Unterschieden, waren die vier Maschinen weitgehend baugleich, und ihre technischen Daten stimmten völlig überein. Es steht zudem nicht mit Sicherheit fest, daß die Lokomotiven tatsächlich eine unterschiedliche Radsatzfahrmasse besaßen, die nach den Grundsätzen des Umzeichnungsplanes vom 12. Dezember 1949 zu einer Einreihung in unterschiedliche Ordnungsnummerngruppen hätte führen müssen. Von den vier D-Kupplern der ehemaligen STEG ist keine bei der VES-M Halle neu verwogen worden, und ein Typenblatt für das Merkbuch der DR, Ausgaben 1962/64, wurde nicht mehr aufgestellt. Angaben in der Literatur, die

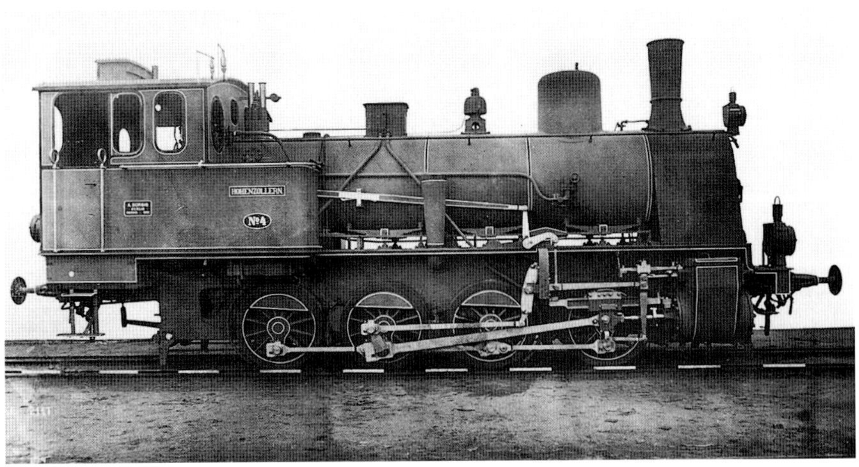

Lok Nr. 4 HOHENZOLLERN (Borsig 1905/5648) der Stendal-Tangermünder Eisenbahn, die spätere 92 6001. Foto: Werkfoto Borsig, Sammlung Weisbrod

Baujahr	Fabrik-Nr.	Betriebs-Nr. STEG	Name	Betriebs-Nr. DR	Gattungszeichen
1905	5648	4	HOHENZOLLERN	92 6001	Gt 44. 10
1913	8504	5	MARKGRAF	92 6104	Gt 44. 11
1924	11 835	6	HUGO MEYER	92 6106	Gt 44. 11
1927	12 055	7	-	92 6201	Gt 44. 12

ehemaligen Lokomotiven 6 und 7 der STEG (DR: 92 6106 und 92 6201) seien als Heißdampflok geliefert worden oder später auf Heißdampf umgebaut worden, sind unzutreffend.
Die von Borsig in vier Exemplaren an die STEG gelieferte Nebenbahn-Tenderlok der Radsatzfolge D n2t war übrigens gleichzeitig mit einem C-Kuppler entwickelt worden, der vorwiegend für Werkbahnen bestimmt war. Diese schwere und leistungsfähige C n2t-Lok, welche Borsig u. a. an die Industriebahn Tegel–Friedrichsfelde geliefert hatte, stimmte im grundsätzlichen Aufbau und in vielen Baugruppen und Ausrüstungsteilen mit den D-Kupplern der Stendal–Tangermünder Eisenbahn überein. Die von der STEG übernommenen D n2t-Lokomotiven besaßen einen genieteten Blechrahmen mit eingebautem Wasserkasten. Ihre LüP betrug 9980 mm, der Gesamtachsstand 4000 mm. Die Räder der gekuppelten Radsätze hatten einen Laufkreisdurchmesser von 1100 mm. Treibradsatz war der dritte Radsatz. Die Radsatzfedern waren über dem Rahmen angeordnet. Die Zylinder hatten einen Durchmesser von 450 und einen Kolbenhub von 550 mm. 92 6001 besaß Flachschieber, ab 92 6104 waren Kolbenschieber und Winterthur-Druckausgleicher vorhanden. Der Kreuzkopf war einschienig geführt; die Steuerung entsprach der Bauart Heusinger. Der Kessel war für einen Betriebsdruck von 12 bar ausgelegt und besaß bei 92 6001 eine Verdampfungsheizfläche von 82,3 m^2, bei den anderen Lokomotiven eine Verdampfungsheizfläche von 89, 83 m^2. Der Langkessel bestand bei 92 6001 aus drei miteinander vernieteten Schüssen; die später gebauten Maschinen hatten einen zweischüssigen Langkessel. Der Stehkessel nahm eine kupferne Feuerbüchse auf und trug das Sicherheitsventil Bauart Ramsbottom. Der Kessel wurde mittels zweier Dampfstrahlpumpen gespeist. In Langkesselmitte saß der Dampfdom mit dem Regler; dahinter war ein Sandkasten mit je zwei Fallrohren für jede Maschinenseite angeordnet. Bei 92 6001 war ein viereckiger Sandkasten preußischer Regelausführung vorhanden; die anderen Lokomotiven besaßen einen runden Sandkasten. Die Rauchkammer mit leicht konischem Schornstein entsprach preußischer Bautradition. 92 6001 hatte ein Führerhaus mit quer auf dem Dach angeordnetem Lüftungsaufsatz in gleicher Bauform wie die C-Kuppler der Industriebahn Tegel–Friedrichsfelde; die anderen drei Lokomotiven hatten größere Führerhäuser mit z. T. längs angeordnetem Lüftungsaufsatz. Vor dem Führerhaus war auf jeder Seite ein kurzer Kohlekasten angebracht. Die Knorr-Druckluftbremse bremste die Radsätze einseitig von vorn ab. Die Luftpumpe war auf der rechten Lokomotivseite unmittelbar hinter der Rauchkammer angebracht. Der Sandstreuer wurde von Hand betätigt und sandete bei Lok 92 6001 den zweiten

92 6104 (Borsig 1913/8504) neben 92 6102 im August 1963 im Raw Cottbus.
Foto: M. Baumberg, Sammlung Weisbrod

92 6106 (Borsig 1924/11835) in Blankenburg am 26.07.1964
Foto: Hans Müller

und vierten, bei den anderen Maschinen den dritten und vierten Radsatz.
Dampfpfeife preußischer Regelausführung und Dampfläutewerk Bauart Latowski ermöglichten die Signalgebung. Das Läutewerk saß bei 92 6001 auf einer Konsole zwischen Dampfdom und Sandkasten, bei den anderen drei Lokomotiven zwischen Schornstein und Dampfdom. Die Maschinen besaßen ursprünglich Petroleumbeleuchtung; die DR hat bei allen Lokomotiven elektrische Beleuchtung nachgerüstet. Die Lokomotiven konnten nach Angaben in der Literatur 6,0 m^3 Wasser und 1,35 t Kohle mitführen und waren für eine Höchstgeschwindigkeit von 40 km/h zugelassen. Originalunterlagen von Borsig nennen für die Vorräte die abweichenden Werte von 5,0 m^3 Wasser und 1,6 t Kohle. Die Maschinen waren nach ihrer Übernahme durch die DR beim Bw Stendal beheimatet und leisteten weiterhin Dienst auf altmärkischen Strecken. Im Jahre 1963 wurde 92 6201 an das Raw Stendal als Werklok abgegeben; 92 6104 musterte die DR am 12. Dezember 1963 aus. 92 6106 wurde 1964 Werklok im Forschungs-und Entwicklungswerk (FEW) Blankenburg der DR. 92 6001, die älteste der vier Maschinen, hielt sich am längsten im Betriebsdienst. Diese Lok wurde erst am 7. Mai 1967 ausgemustert.

D n2t

92^{61}

92 6101

Gt 44.11

NHE

O & K-KLeinbahntyp

1907–1964

Techn. Daten: Seite: 287

Gleich anderen deutschen Lokomotivfabriken hatte auch Orenstein & Koppel eine D n2-Tenderlok für Klein- und Privatbahnen entwickelt, die ab etwa 1905 im Fertigungsprogramm der Firma enthalten war und bis in die zwanziger Jahre hinein gebaut wurde. Eine dieser Lokomotiven kam 1949 mit der Übernahme der Neuhaldenslebener Eisenbahn zur Deutschen Reichsbahn. Diese Lok war 1907 von O & K unter der Fabriknummer 2231 gebaut worden und hatte bei der NHE die Bahnnummer 33 getragen. Die Reichsbahn zeichnete die Maschine in 92 6101 um und gab ihr entsprechend ihrer Radsatzfahrmasse von 11 t das Betriebsgattungszeichen Gt 44. 11. Die Lok wirkte in ihrem Äußeren etwas moderner als zur gleichen Zeit entstandene Konstruktionen anderer Hersteller. Das war durchaus nicht verwunderlich; denn die Unternehmensstrategie von O & K war hinsichtlich des Lokomotivbaus weniger auf die Fertigung möglichst hoher Stückzahlen, als vielmehr auf eine ständige Weiterentwicklung der Erzeugnisse ausgerichtet. Erinnert sei hier an die Tatsache, daß O & K im Jahre 1903 auch die verstärkte und verbesserte Bauform der pr. T 3 entwickelt hatte, für welche die KPEV erst im Nachhinein das Musterblatt III-4 p aufstellen ließ.

92 6101 (O&K 1907/2231) am 05.09.1965 in Neu Rüdnitz.
Foto: Hans Müller

D n2t

92^{61}

92 6102–92 6103

Gt 44.11

WBBIE; Ru. EB

Hanomag-Nebenbahntyp

1911–1966

Techn. Daten: Seite: 287

92 6101 besaß einen Blechrahmen, der zwecks Massereduzierung mit mehreren Aussparungen versehen war. Vorderer und hinterer Pufferträger sowie zwischen den Kuppelradsätzen eingenietete Querbleche dienten der Versteifung des Rahmens. Der Gesamtachsstand der Lok betrug 4200 mm, der Laufkreisdurchmesser der Räder 1100 mm. Der dritte Radsatz wurde angetrieben. Die Zylinder hatten einen Durchmesser von 450 mm und einen Kolbenhub von 550 mm. Der Kreuzkopf wurde zweischienig geführt; als Steuerung diente die Allan-Steuerung. Der Kessel lag frei über dem Rahmen und trug auf dem vorderen Langkesselschuß den Dampfdom, auf dem hinteren den Sandkasten. Der Stehkessel war nach Bauart Crampton ausgebildet und mit Ramsbottom-Sicherheitsventil versehen; die Feuerbüchse bestand aus Kupfer. Die Rauchkammer ruhte auf einem stabilen genieteten Träger und trug einen konischen Schornstein. Der Kessel wurde von zwei Dampfstrahlpumpen gespeist. Das Führerhaus besaß ein leicht gewölbtes Dach mit Lüftungsaufsatz und große Frontfenster. Die Lok hatte seitliche Wasserkästen und einen hinter dem Führerhaus befindlichen Kohlekasten. Die Bremsausrüstung bestand aus Knorr-Druckluftbremse und Exterscher Wurfhebelbremse. Der Sandstreuer sandete den zweiten und vierten Radsatz. Dampfläutewerk Bauart Latowski (zwischen Schornstein und Dampfdom auf dem Kesselscheitel) und Dampfpfeife ermöglichten die Signalgebung. Die ursprüngliche Petroleumbeleuchtung ist bei der DR durch elektrische Beleuchtung ersetzt worden. Die Vorräte betrugen 6 m^3 Wasser und 1,5 t Kohle. Als Höchstgeschwindigkeit waren 40 km/h zugelassen.
92 6101 verblieb bis Anfang der sechziger Jahre im Einsatzbestand der DR und wurde im Mai 1964 ausgemustert.

Die Centralverwaltung für Secundairbahnen Herrmann Bachstein beschaffte 1911 für die Greußen–Ebeleben–Keulaer Eisenbahn eine D n2t-Lokomotive mit nur 11 t Radsatzfahrmasse, welche die Bachstein-Betriebsnummer 87 erhielt. 1913 erhielt die GEKE noch eine Maschine gleicher Bauart mit der Bachstein-Nummer 88. Beide Lokomotiven hatte Hanomag unter den Fabriknummern 6323 bzw. 6822 gebaut. Die Maschinen waren bis 1945 auf verschiedenen Bahnen, die zur Betriebsabteilung Thüringen des Bachstein-Konzerns gehörten, eingesetzt. Die DR übernahm im Jahre 1949 die Lok 87 von der Weimar–Berka–Blankenhainer Eisenbahn und die Lok 88 von der Ruhlaer Eisenbahn. Da bei der WBBIE 1945 ein eigenes Nummernschema mit Stammnummern analog dem DRG-Nummernplan eingeführt worden war, hatte Lok 87 inzwischen die Bahnnummer 92 0087 erhalten. Die Deutsche Reichsbahn zeichnete die Maschinen in 92 6102 und 92 6103 um.
Die Lokomotiven trugen zwar einige Merkmale preußischen Baustils, fielen aber durch ihren ungewöhnlich hoch über dem Rahmen liegenden Kessel, den sehr hohen Dampfdom, den langen Wassereinfüllstutzen und die fehlenden seitlichen Wasserkästen auf.

92 6102 (Hanomag 1911/6323) im August 1963 im Raw Cottbus.
Foto: M. Baumberg, Sammlung Weisbrod

Vermutungen, diese Lokomotivbauform sei von der Hanomag ursprünglich gar nicht für deutsche Bahnen, sondern möglicherweise für Rußland entwickelt worden, entbehren daher nicht einer gewissen Berechtigung.
Hanomag-Werkfotos der Lok 87 im Ursprungszustand scheinen derartige Mutmaßungen noch zu unterstützen, zumal sie folgende Bildunterschrift tragen: »D-Zweizylinder-Naßdampf-Nebenbahn-Tenderlokomotive, geliefert an verschiedene Bahnen des In- und Auslandes«. Ein Beweis dafür dürfte allerdings nicht mehr zu erbringen sein. Im Gegensatz zur etwas fremdartig anmutenden Architektur der Maschinen lagen die technischen Daten durchaus im Bereich der für deutsche Privatbahnlokomotiven üblichen Größenordnungen.
Die Lokomotiven besaßen einen Blechrahmen mit eingebautem Wasserkasten und Querversteifungen an den Kopfstücken. Die LüP betrug 9870 mm, der Gesamtachsstand 3900mm. Die Räder hatten einen Laufkreisdurchmesser von 1100 mm. Der dritte Radsatz wurde angetrieben. Die waagerecht liegenden Zylinder hatten einen Durchmesser von 430 mm und einen Kolbenhub von 550 mm. Die Kolbenstangen wurden zweiseitig geführt. Die Schieberkästen waren sehr groß und nahmen entlastete Flachschieber Bauart Hanomag auf. Deren Schieberstangen besaßen eine zusätzliche vordere Schieberstangenführung. Der Kreuzkopf wurde zweischienig auf der Gleitbahn geführt; die Steuerung entsprach der Bauart Heusinger. Der Kessel war für einen Betriebsdruck von 12 bar ausgelegt und besaß eine Heizfläche von 91,6 m^2. Der Dampfdom mit dem Regler befand sich etwa in Langkesselmitte; dahinter war ein Sandkasten mit je zwei Fallrohren für rechte und linke Lokomotiveneite angeordnet. Bei Lok 88 (später 92 6103) war der Dampfdom kleiner als bei Lok 87. Der Stehkessel mit kupferner Feuerbüchse stützte sich unmittelbar auf dem Rahmen ab. Er trug das Doppelsicherheitsventil Bauart Ramsbottom. Der Kessel wurde von zwei Strahlpumpen gespeist. Die Rauchkammer mit aufsatzlosem konischem Schornstein ruhte auf einem hohen, aus mehre-

92 6103 (Hanomag 1913/6822), vormals Nr. 88 der Wutha-Ruhlaer Eisenbahn.
Foto: Hans Müller

ren Blechen zusammengesetzten Rauchkammerträger. Das Führerhaus war weder mit Lüftungsaufsatz noch mit Sonnenblenden versehen. Der Kohlekasten war an der Führerhausrückwand angebracht. Die Lokomotiven besaßen ursprünglich Saugluftbremse und die Haspel der Heberlein-Bremse; später ist die Umrüstung auf Druckluftbremse Bauart Knorr erfolgt. Die Luftpumpe fand rechtsseitig in Kesselmitte ihren Platz. Der Sandstreuer wurde von Hand betätigt. Dampfläutewerk (auf dem Kesselscheitel vor dem Dom) und Dampfpfeife dienten der Signalgebung; die Beleuchtung bestand aus Petroleumlampen. Die DR hat elektrische Beleuchtung nachgerüstet und die leichten Stangenpuffer gegen Hülsenpuffer getauscht. Die Lokomotiven konnten 4,5 m^3 Wasser und 1,5 t Kohle mitführen. Ihre Höchstgeschwindigkeit betrug 45 km/h.
Die Deutsche Reichsbahn setzte die beiden Lok sowohl auf den Strecken um Ebeleben als auch bei der ehemaligen Langensalzaer Kleinbahn ein. 1965/66 sind 92 6102 und 92 6103 ausgemustert worden.

D n2t

92^{61}

92 6105

Gt 44.11

ASNE

RGB-Typ

1921–1956

Techn. Daten: Seite: 288

Die Deutsche Reichsbahn übernahm im Jahre 1949 von der Aschersleben–Schneidlingen–Nienhagener Eisenbahn eine vierfach gekuppelte Naßdampf-Tenderlokomotive mit 11 t Radsatzfahrmasse in ihren Bestand. Bei der ASNE hatte die Maschine die Bahnnummer 73 getragen. Die Lok war 1921 von Henschel & Sohn unter der Fabriknummer 17 872 fertiggestellt und an die Riesengebirgsbahn Zillerthal–Erdmannsdorf–Krummhübel geliefert worden, wo sie die Bahnnummer 3 getragen hatte. Nach der unter Regie der DRG durchgeführten Elektrifizierung der RGB war die Maschine im Jahre 1934 gemeinsam mit der Bahnnummer 2 an die ASNE verkauft worden und gelangte so schließlich zur DR.
Obgleich es sich bei der RGB-Lok um eine durchaus bemerkenswerte Bauart handelte, führte Henschel sie nicht in seinen Werkskatalogen. Der Grund dafür bestand zweifellos darin, daß die Konstruktion der Maschine von Borsig stammte. Die bereits erwähnte Bahnnummer 2 der RGB war bereits 1912 von Borsig unter der Fabriknummer 8261 geliefert worden. Die ASNE soll diese Lok im Jahre 1945 an die Kleinbahn Neheim–Hüsten–Sundern weiterverkauft haben.
Es läßt sich nicht eindeutig belegen, ob Henschel einfach die Borsig-Bauzeichnungen der RGB-Lok 2 übernommen hatte, um auf ihrer Grundlage die Lok 3 zu fertigen. Wahrscheinlich haben beide Hersteller in den Jahren zwischen 1900 und 1930 eng zusammengearbeitet und verschiedentlich Konstruktionsunterlagen miteinander ausgetauscht. Wer Henschel- und Borsig- Bauarten von Privatbahn- und Werklokomotiven jener Bauperiode miteinander vergleicht, wird noch mehr derartige, auf den ersten Blick frappierende Übereinstimmungen feststellen. Solche Beispiele einer Kooperation zwischen den Lokomotivfabriken bis zum Ende der dreißiger Jahre waren durchaus nicht so selten, wie es den Anschein hatte. Beispielsweise sind auch die 1936 von Henschel und Schwartzkopff gebauten 1'C1'h2t für die MFWE (DRG 75 621 - 75 624; vgl. Dampflok-Archiv 5, S. 155 ff.) nach dem gleichen Zeichnungssatz entstanden. Der in der Eisenbahnliteratur zur Genüge strapazierte Konkurrenzkampf der Hersteller untereinander kann auf keinen Fall so unbarmherzig gewesen sein, wie manche Autoren dies glauben machen möchten. Gerade bei der Entwicklung und Fertigung von Privatbahn- und Werklokomotiven nach den speziellen Wünschen der Besteller und angesichts der oftmals sehr kleinen Baulose derartiger Maschinen war Zusammenarbeit zwischen den Firmen nicht nur ein Gebot der Vernunft, sondern beinahe eine Frage der Existenz. Der von Borsig gefertigten Lok 2 der RGB und der neun Jahre später von Henschel gebauten Lok 3 der gleichen Bahn lag zweifelsfrei der gleiche Zeichnungssatz zugrunde; denn beide Maschinen waren absolut baugleich.
In ihrem prinzipiellen Aufbau entsprachen die D-Kuppler der Riesengebirgsbahn der von Borsig für die Stendal–Tangermünder Eisenbahn entwickelten und erstmals 1905 gelieferten Bauform. Dementsprechend waren auch die Hauptabmessungen und technischen Daten der RGB-Maschinen denjenigen der STEG-Lok nahezu gleich. Abgesehen davon, daß Lok 2 und 3 der RGB ihren Kohlevorrat

nicht in seitlichen Kästen, sondern in einem hinteren Kohlekasten mitführten, unterschieden sich die Maschinen auch äußerlich kaum von der 1905 an die STEG gelieferten Lok 4 HOHENZOLLERN (bei der DR als 92 6001 eingereiht). Der Wasserkastenrahmen war etwas länger, dementsprechend hatten die Lokomotiven auch eine LüP von 10 450 mm. Der Achsstand betrug insgesamt 4000 mm; Treibradsatz war der dritte Radsatz. Die Zylinder mit 450 mm Durchmesser und 550 mm Kolbenhub hatte man unverändert von den D-Kupplern der STEG übernommen; die Schieber waren als Flachschieber ausgebildet. Die Heusinger-Steuerung entsprach in allen Bauteilen derjenigen der STEG-Lok 4. Auch der Kessel mit einer Heizfläche von 89,83 m^2 war von den D n2t der Stendal–Tangermünder Eisenbahn übernommen worden. Das Führerhaus mit quer zur Fahrtrichtung angeordnetem Lüftungsaufsatz konnte sein Vorbild ebenfalls nicht verleugnen. Die Maschinen besaßen ab Lieferwerk Druckluftbremse Bauart Knorr. Die Luftpumpe befand sich rechtsseitig am Langkessel unmittelbar hinter der Rauchkammer; der Hauptluftbehälter lag auf dem rechten Umlaufblech vor dem Führerhaus. Der handbetätigte Sandstreuer sandete den zweiten und vierten Radsatz. Dampfläutewerk (auf dem Kesselscheitel zwischen Schornstein und Dampfdom) und Dampfpfeife (auf dem Dach des Führerhauses) ermöglichten die Signalgebung. Die Lokomotiven waren mit Petroleumbeleuchtung ausgerüstet; die DR hat bei 92 6105 elektrische Beleuchtung angebaut. Die Betriebsvorräte betrugen 6,0 m^3 Wasser und 1,3 t Kohle, die Höchstgeschwindigkeit 40 km/h. 92 6105 gehörte bis 1956 zum Betriebspark der Deutschen Reichsbahn; dann wurde sie Werklok im Raw Halle.

D h2t

$92^{61, 62, 63}$

92 6176

92 6276–92 6277

92 6378–92 6382

Gt 44.11; Gt 44.12; Gt 44.13

verschiedene Bahnen

ELNA 3 H

1924–1971

Techn. Daten: Seite: 288

Im ELNA-Typenprogramm des Jahres 1921 war außer dem schweren D-gekuppelten ELNA-Typ 6 eine leichtere, gleichfalls vierfach gekuppelte Tenderlok enthalten, deren Radsatzfahrmasse jedoch nur 12 t betrug.
Dieser Loktyp hatte die Bezeichnung ELNA 3 erhalten und war wie ihre Schwesterbauart in erster Linie für den Einsatz im Güterzugdienst, jedoch auf Strecken mit leichterem Oberbau vorgesehen. Die Fertigungszahlen des ELNA-Typs 3 erreichten jedoch bei weitem nicht diejenigen des Typs 6, welcher von den Privatbahnen bevorzugt beschafft wurde. Die ersten ELNA 3 lieferte Krauss im Jahre 1922. Diese Maschinen wichen ebenso wie die von Krauss gebauten ELNA 6 in manchem Detail von den Musterzeichnungen ab. Die Standardausführung des ELNA-Typs 3 ist ab 1924 gefertigt worden; Lieferer der ersten Maschinen war Hanomag. Diese Firma, die unter Leitung ihres Direktors Erich Metzeltin maßgeblich an der Entwicklung der ELNA-Lokomotiven beteiligt gewesen war, ließ bei den von ihr gefertigten ELNA-Lokomotiven des öfteren den Speisedom und die Führerhausseitenfenster fort. Allerdings waren das keine firmentypischen Eigenheiten, denn bei mancher von Vulcan

92 6176 (Hanomag 1924/10369), eine ELNA 3 von der Hohenebra-Ebelebener Eisenbahn (Bahn-Nr. 380).
Foto: G. Otte, Sammlung Grundmann

92 6277 (Henschel 1935/22696), vormals Nr. 173 der Prenzlauer Kreisbahnen.
Foto: M. Baumberg, Sammlung Weisbrod

oder Henschel gefertigten ELNA-Lok fehlten Speisedom und Seitenfenster ebenfalls.
Die Deutsche Reichsbahn übernahm im Jahre 1949 mit dem Lokomotivpark der Privatbahnen insgesamt acht ELNA-Lokomotiven des Typs 3 H in ihren Einsatzbestand. Alle Lokomotiven entsprachen im wesentlichen der Standardausführung. Gemäß den im Umzeichnungsplan vom 12. Dezember 1949 festgelegten Grundsätzen hätten alle Maschinen in die BR 92^{62} eingeordnet werden müssen; doch tatsächlich erhielten nur zwei von den Prenzlauer Kreisbahnen übernommene Lokomotiven korrekte Betriebsnummern und Betriebsgattungszeichen. Die Lokomotiven 171 und 173, die von Henschel 1928 bzw. 1935 unter den Fabriknummern 21 209 und 22 696 an die Bunzlauer Kleinbahn geliefert und nach Kriegsende auf dem Territorium der sowjetischen Besatzungszone vorgefunden wurden, reihte die DR völlig richtig als 92 6276 und 92 6277 ein. Weitere fünf Lokomotiven wurden zusammen mit drei ELNA-Lokomotiven des Typs 6 H in die BR 92^{63} eingeordnet und erhielten die Betriebsnummern 92 6378 bis 92 6382 sowie das Betriebsgattungszeichen Gt 44.13. Schließlich zeichnete man eine Maschine völlig abwegig in 92 6176 um und gab ihr das Betriebsgattungszeichen Gt 44.11. Bei dieser Lok handelte es sich um die 1924 von Hanomag unter der Fabriknummer 10 369 für die SEG gebaute Maschine. Sie war eine der Hanomag-ELNAs ohne Speisedom und ohne Führerhausseitenfenster, unterschied sich ansonsten aber nicht von den anderen Lokomotiven. Bei der SEG hatte die Maschine die Betriebsnummer 380 getragen; der DR-Umzeichnungsplan vom 12. Dezember 1949 gibt an, daß die Lok vor ihrer Übernahme bei der Hohenebra–Ebelebener Eisenbahn eingesetzt war.
92 6176 erhielt im Merkbuch der DR, Ausgaben 1962/64, ein eigenes Typenblatt mit zum Teil unzutreffenden technischen Daten; das Betriebsgattungszeichen hatte man in Gt 44.13 verändert.
Wie alle ELNA-Lokomotiven besaßen die Maschinen des Typs 3 H einen Blechrahmen mit 20 mm Plattendicke, der durch mehrere Querversteifungen stabilisiert war. Nach der Musterzeichnung betrug die LüP 9945 mm; die Hersteller wichen jedoch mitunter geringfügig von diesem

92 6378 (Henschel 1924/20378) kam als Nr. 171 der Oderbruchbahn zur DR. Sie weicht etwas vom gewohnten Erscheinungsbild ab.
Foto: M. Baumberg, Sammlung Weisbrod

Die 92 6379 (Hanomag 1925/10419) benutzt zwischen Jatznick und Anklam den Culemeyer.
Foto: Dr. König, Sammlung Malke

Maß ab. In den Rahmen war ein Wasserkasten mit T-förmigem Querschnitt eingehängt. Die vier Radsätze waren fest im Rahmen gelagert; die Räder hatten einen Laufkreisdurchmesser von 1100 mm. Der dritte Radsatz wurde angetrieben. Die Zylinder hatten einen Durchmesser von 480 mm und einen Kolbenhub von 550 mm. Die ersten Lokomotiven besaßen Universalventile Bauart Vulcan, die gleichzeitig die Funktion von Luftsaugeventil, Druckausgleicher und Zylindersicherheitsventil übernahmen. Spätere Lieferungen erhielten Winterthur-Druckausgleicher; die Maschinen der Erstlieferungen stellte man nachträglich auf Winterthur-Ausgleicher um. Der Kessel mit einem Nenndurchmesser von 1350 mm (das waren 100 mm weniger als bei Typ 6 H) und einer Länge von 3500 mm zwischen den Rohrwänden lag frei über dem Rahmen. Die Feuerbüchse bestand aus Kupfer. Der schwach geneigte Rost war aus genormten Roststäben zusammengesetzt. Der Aschkasten hatte vorn und hinten je eine Luftklappe. Die Rauchkammer stimmte mit derjenigen des ELNA-Typs 5 überein. Die Kesselspeisung erfolgte durch zwei Dampfstrahlpumpen. Das Führerhaus entsprach der üblichen Bauart mit gewölbtem Dach und durchgehendem Lüftungsaufbau. Die Maschinen besaßen Druckluftbremse oder Dampfbremse und die Wurfhebelbremse, Sandstreuer, Dampfpfeife und Läutewerk. Die Beleuchtung war als Petroleumbeleuchtung, nur bei wenigen Lokomotiven als elektrische Beleuchtung ausgeführt. Die Betriebsvorräte betrugen 5,0 m^3 Wasser und 1,2 t Kohle, die Höchstgeschwindigkeit 40 km/h.

Die Deutsche Reichsbahn hat bei allen Lokomotiven Bremsausrüstung und Sondereinrichtungen vereinheitlicht sowie elektrische Beleuchtung nachgerüstet. 92 6276, 92 6277 und 92 6379 erhielten zur Vergrößerung des Aktionsradius zusätzliche seitliche Wasserkästen; der Wasservorrat erhöhte sich dadurch auf 7,0 m^3.

Die von der DR übernommenen Lokomotiven der ELNA-Type 3 H waren auf den Strecken der ehemaligen Prenzlauer Kreiskleinbahnen ebenso zu Hause wie im Oderbruch, und sie erbrachten auch zwischen Eberswalde und Finowfurth die von ihnen verlangten Zugförderungsleistungen. Ab 1966 wurden die Maschinen aus dem Betriebsdienst zurückgezogen. Letzte betriebsfähige ELNA 3 H war 92 6380, die ehemalige Lok 14 der Prenzlauer Kreiskleinbahnen. Sie wurde im Oktober 1970 z-gestellt und im August 1971 ausgemustert.

92 6382 (Henschel 1938/23665), vormals Nr. 172 der Eberswalde-Finowfurter Eisenbahn.
Foto: M. Baumberg, Sammlung Weisbrod

D h2t

92^{63}

92 6376–92 6377

Gt 44.13

ELNA 6 H (Umbau aus 6 N)

Przl. KB

1923–1972

Techn. Daten: Seite: 289

Mit der Übernahme des Lokomotivparkes der Privatbahnen kamen im Jahre 1949 über 70 ELNA-Lokomotiven zur Deutschen Reichsbahn. Die D-gekuppelten schweren ELNA-Lokomotiven des Typs 6 waren mit 23 Machinen am zahlreichsten vertreten, gefolgt von 18 Maschinen der leichten 1'C h2t-Bauart ELNA 2. Ebenfalls 18 Lokomotiven entsprachen dem schweren 1'C h2t-Typ ELNA 5, und acht Maschinen waren leichte D-Kuppler des Typs 3.
Außerdem übernahm die DR im Jahre 1949 drei C-Kuppler, die ihrer Bauart nach Varianten der ELNA-Typen 1 und 4 darstellten. Schließlich gehörten in diese Kategorie von Lokomotiven noch sechs 1'C1'h2t der einst als ELNA-Typ 7 geplanten Bauform. So nüchtern sich diese Zahlen lesen – sie sind das Ergebnis jahrelanger Recherchen. Die Angaben in der Literatur zu den von der DR übernommenen ELNA-Lokomotiven differieren erheblich, begünstigt durch die Tatsache, daß die Einnumerierung dieser Maschinen durch die Reichsbahn im Jahre 1949 ohne erkennbares System erfolgt war. Die Umzeichnungsrichtlinien hatten zwar festgelegt, daß die ersten beiden Ziffern der Ordnungsnummer durch Addition von 50 und Radsatzfahrmasse zu bilden waren; doch in praxi ist oft genug davon abgewichen worden. Gerade bei den ELNA-Lokomotiven war dies in erheblichem Maße der Fall. So sind auch von den ELNA-Lokomotiven des Typs 6 einige Maschinen nicht entsprechend ihrer Radsatzfahrmasse in die BR 92^{64} eingeordnet worden. (Die Lok 92 6676 der verstärkten Bauform bleibt hier außer Betracht). Völlig widersinnig war die Vergabe der Betriebsnummer 92 6587, ebenso die Einordnung einer Maschine als 92 6383. Gleichermaßen unkorrekt war die Vergabe der Betriebsnummern 92 6376 und 92 6377 an zwei Lokomotiven, die von den Prenzlauer Kreiskleinbahnen übernommen worden waren. Überhaupt war die Unterbaureihe 92^{63} ein Sammelsurium von D-Kupplern, von denen man offensichtlich nicht wußte, wie man sie einordnen sollte. Außer den drei erwähnten ELNA 6 H wurden hier fünf der insgesamt acht übernommenen ELNA 3 H untergebracht. Dazu mehr bei der Beschreibung der leichten D h2t.
Die in 92 6376 und 92 6377 umgezeichneten Lokomotiven hatten zwar wie alle ELNA 6 H eine Radsatzfahrmasse von 14 t, nahmen aber insofern eine gewisse Sonderstellung ein, als es sich bei ihnen um Umbauten ehemaliger Naßdampflokomotiven handelte. Daß das 1949 zugeteilte Betriebsgattungszeichen Gt 44.13 nicht zutraf, bemerkte man Anfang der sechziger Jahre, als bei der Rbd Dresden und bei der VES-M Halle die Vorarbeiten für den Nachtrag zur DV 939 Tr begannen. Beide Lokomotiven erhielten zwar im Merkbuch ein eigenes Typenblatt, doch das dort angeführte Gattungszeichen wies keine Angabe der Radsatzfahrmasse auf und lautete nur Gt 44.
So verdienstvoll der 1964 erarbeitete Nachtrag zum DR-Merkbuch insgesamt auch war, in bezug auf die ELNA-Lokomotiven hat er das 1949 von den Urhebern des Umzeichnungsplanes verursachte Chaos nicht nur nicht bereinigt, sondern noch vertieft. Wer die Typenblätter der ELNA-Lokomotiven zur Hand nimmt, wird nicht nur fehlerhafte Maßan-

92 6376 (Hanomag 1923/10214), vormals PK 11 der Prenzlauer Kreisbahnen.
Foto: M. Baumberg, Sammlung Weisbrod

Die 92 6376, eine ELNA 6, war ursprünglich eine Naßdampflokomotive.
Foto: M. Baumberg, Sammlung Weisbrod

gaben und technische Daten entdecken, sondern auch auf solche Irrtümer wie Verwechslung von Verdampfungsheizfläche und Heizrohrheizfläche, von Heiz- und Rauchrohren usw. stoßen. Diese Fehler der VES-M Halle, welche seinerzeit die ehemaligen Privatbahnlokomotiven vermessen und verwogen hat, anzulasten, wäre falsch. Was Max Baumberg und seine Mitstreiter geleistet haben, ist bar jeder Kritik. Aber am »grünen Tisch« der federführenden Rbd Dresden, fernab der Praxis, hat man wohl doch einiges besser gewußt als die erfahrenen Fachleute.

Die bei der DR in 92 6376 und 92 6377 umgezeichneten Lokomotiven hatten bei den Prenzlauer Kreiskleinbahnen die Bahnnummern 11 und 12 getragen und waren von Hanomag im Jahre 1923 unter den Fabriknummern 10 214 und 10 215 an den Besteller ausgeliefert worden. Beide Lokomotiven gehörten zum ELNA-Typ 6 N, waren also Naßdampflokomotiven. Der ELNA hatte bei der Konzipierung des endgültigen Typenprogramms im Jahre 1921 bereits die Möglichkeit des Umbaus von Naßdampflokomotiven in die Heißdampfausführung berücksichtigt und die Anschlußmaße der Zylinderblöcke sowie die Rohrwände der Kessel so vereinheitlicht, daß für den Umbau lediglich neue Zylinder und ein neuer Rohrsatz erforderlich waren. Als Überhitzer für Umbaulokomotiven war der Kleinrohrüberhitzer vorgesehen. Auf diese Weise sind Ende der zwanziger Jahre auch die Lok 11 und 12 der Prenzlauer Kreiskleinbahnen umgebaut worden. Bis auf die etwas geringere LüP entsprachen sie danach den normalen ELNA 6 H. Auf eine weitergehende Beschreibung kann daher verzichtet werden. Als Besonderheit bleibt lediglich zu vermerken, daß die DR die Lokomotiven mit zusätzlichen seitlichen Wasserkästen ausgerüstet hat, um den Aktionsradius zu vergrößern.

Beide Lokomotiven verblieben nach Übernahme durch die DR in ihrer alten Heimat und erbrachten Zugförderungsleistungen auf den Strecken der ehemaligen Prenzlauer Kreisbahnen. Am 19. Juni 1968 wurde 92 6376 ausgemustert, und im Jahre 1972 schied auch 92 6377 aus dem Betriebsdienst aus.

D n2t

$92^{64, 65}$

92 6401

92 6501

Gt 44.15

GHW

HBE

pr. T 13

1911–1964

1912–1965

Techn. Daten: Seite: 289

Beide Lokomotiven sind ehemalige pr. T 13 nach Musterblatt III-4 q und gehörten bei der DRG zur Baureihe 92^{5-10}. Diese Baureihe ist im Deutschen Lok-Archiv, Dampflokomotiven 3, auf den Seiten 196–199 der 4. Auflage beschrieben.

Die 92 6401 ist 1912 von Hohenzollern mit der Fabriknummer 2928 an die KPEV geliefert worden, die sie als ELBERFELD 7905 in Dienst stellte. Von der DRG erhielt die Lokomotive die Bahnnummer 92 646, wurde später an die Hafenbahn Dortmund verkauft und trug dort die Bahnnummer III. Die Gardelegen–Neuhaldensleben–Weferlinger Eisenbahn erwarb diese Lokomotive von der Hafenbahn und gab ihr die Bahnnummer 581. Mit Übernahme der Bahn durch die Deutsche Reichsbahn im Jahre 1949 wies man der Maschine das falsche Gattungszeichen Gt 44.14 (richtig Gt 44.15) zu, so daß sie als 92 6401 auch eine falsche Ordnungsnummer bekam. Die Lokomotive war noch bis Mai 1951 beim Bw Haldensleben beheimatet, kam dann für ein reichliches Jahr zum Bw Stendal und vom Dezember 1952 bis März 1954 zum Bw Oschersleben. Bis zu ihrem Unfall am

17. März 1963 war sie beim Bw Halberstadt beheimatet und ist dort auch am 10. 03. 1964 ausgemustert worden.
Die 92 6501 ist 1911 von der Union in Königsberg mit der Fabriknummer 1894 an die KPEV geliefert worden, die sie als ESSEN 7948 in Dienst stellte. 1925 erhielt sie von der DRG die Betriebsnummer 92 560 und war bis Ende 1936 beim Bw Gelsenkirchen Hbf beheimatet. 1936 oder 1937 erwarb die Halberstadt–Blankenburger Eisenbahn die Maschine, gab ihr die Bahnnummer 15 und setzte sie auf der Flachbahn ein. Bis 1950 ist die Lokomotive im Raw Blankenburg erhalten worden, später vom Raw Tempelhof. Mit Übernahme der HBE durch die Deutsche Reichsbahn erhielt das Maschine die Betriebsnummer 92 6501 und war bis Ende 1953 beim Bw Aschersleben beheimatet. Über die Bw Halle P (1954), Bitterfeld (1954-1956) kam die Lokomotive nach Leipzig. Bis 1964 war sie beim Bw Leipzig Bayr. Bf beheimatet, ab Januar 1964 beim Bw Leipzig Hbf Süd. Dort ist sie im Oktober 1965 abgestellt und am 19. Februar 1966 ausgemustert worden.

D h2t

$92^{64, 65}$

92 6476–92 6479

92 6488, 92 6489

92 6587

Gt 44.14; Gt 44.15

HHE, ASNE, NGE

ELNA 6 H (Bauform Krauss)

1922–1971

Techn. Daten: Seite: 290

Unter den zur DR gekommenen ELNA-Lokomotiven war der Typ 6 H, ein D-Kuppler mit 14 t Radsatzfahrmasse, zahlenmäßig am stärksten vertreten. Die meisten Maschinen entsprachen in Abmessungen und technischen Daten der vom ELNA empfohlenen Normalausführung; sieben Lokomotiven waren abweichender Bauart. Diese Abweichungen betrafen allerdings weniger die technischen Daten, als vielmehr das Äußere der Maschinen. Hersteller der Lok war Krauss & Co. in München. Die Firma hatte im Jahre 1922 vier ELNA 6 H an die Halle–Hettstedter Eisenbahn geliefert, die dort zunächst mit den Betriebsnummern 101 bis 104 eingesetzt waren und später in 181 bis 184 umgezeichnet wurden. Die Maschinen trugen die Fabriknummern 8058 bis 8061. Die DR reihte die Lokomotiven 1949 in die BR 92^{64} ein und gab ihnen die Betriebsnummern 92 6476 - 92 6479. Drei weitere, völlig gleiche Lokomotiven ordnete die Reichsbahn als 92 6488, 92 6489 und 92 6587 ein. Diese Maschinen waren von Krauss im Jahre 1930 erbaut worden und entstammten einem Baulos. Ihre Fabriknummern waren 8490, 8492 und 8491. Zwei dieser Lokomotiven hatte Krauss an die Liegnitz–Rawitscher Eisenbahn geliefert (Fabriknummern 8490 und 8492), wo sie unter den Bahnnummern 182 und 183 eingesetzt waren; die dritte Maschine

92 6476 (Krauss 1922/8058) am 13.07.1968 bei Annaburg.
Foto: Hans Müller

92 6477 (Krauss 1922/8059) 1963 auf dem Gelände der VES-M in Halle.
Foto: M. Baumberg, Sammlung Weisbrod

(Fabriknummer 8491) hatte die Nauendorf–Gerlebogker Eisenbahn erhalten, welche ihr die Bahnnummer 101 (später 181) gab. Die beiden Lokomotiven der LRE waren gegen Kriegsende nach Westen ausgelagert worden und zur HHE bzw. zur ASNE gelangt. Ob sie dort tatsächlich eingesetzt oder nur abgestellt waren, ist nicht belegt. Jedenfalls trugen beide Lokomotiven bis zur Übernahme durch die DR ihre LRE-Bahnnummern. Weshalb die DR 1949 die Maschine mit der Krauss-Fabriknummer 8491 in die BR 92^{65} eingereiht hat, bleibt unklar. Wie ihre Schwestern hatte 92 6587 nämlich auch eine Radsatzfahrmasse von 14 t. Im Merkbuch der DR, Ausgaben 1962/64, ist das Betriebsgattungszeichen Gt 44.15, welches 92 6587 erhalten hatte, in Gt 44.14 korrigiert worden. Aus nicht nachvollziehbaren Gründen hat man für die Lok aber ein eigenes Typenblatt aufgestellt.

Die Krauss-Spielart des ELNA-Typs 6 H hatte mit 10 550 mm eine etwas größere LüP als die Standardausführung. Auch der Kessel war etwas länger. Die Rohrlänge zwischen den Rohrwänden betrug bei den Krauss-Maschinen 4000 mm. Das Achsstichmaß betrug einheitlich 1350 mm; der Gesamtachsstand 4050 mm. Ansonsten stimmten die technischen Daten weitgehend mit denen der Standardausführung überein.

Auch der prinzipielle Aufbau der Lok mit durch mehrere Querversteifungen stabilisiertem Blechrahmen, angetriebenem dritten Radsatz, frei über dem Rahmen liegendem Kessel und T-förmigem Wasserbehälter unterschied sich kaum von dem der Normalausführung. Der Normalausführung ähnlich, aber in Details doch völlig anders war die Architektur der Krauss-ELNAs. Das galt übrigens nicht nur für die D-Kuppler, sondern auch für die von Krauss gebauten 1'C-ELNA. Die Kesselaufbauten waren anders ausgeführt und angeordnet als bei der Normalversion. Statt der Reihenfolge Speisedom – Dampfdom – Sandkasten war für die Krauss-ELNAs die Reihenfolge Dampfdom – Speisedom – Sandkasten gewählt worden. Im Gegensatz zu den geläufigen Angaben in der Literatur besaßen auch die von Krauss hergestellten ELNA-Lokomotiven einen Speisedom; nur war dieser für den flüchtigen Betrachter kaum als solcher erkennbar, weil er als flache, den Langkessel kaum überragende Haube ausgebildet war. Das Führerhaus der Krauss-ELNAs war schwächer gewölbt als das der Normalausführung; der Lüftungsaufsatz war kleiner und besaß keine seitlichen Klappen. Die Frontfenster gli-

Bahn-Nr. 104 (später 184) der Halle-Hettstedter Eisenbahn (Krauss 1922/8061) kam als 92 6479 zur DR.
Foto: Werkfoto Krauss, Sammlung Weisbrod

92 6587 (Krauss 1930/8491), eine ELNA 6 der Bauart Krauss.
Foto: M. Baumberg, Sammlung Weisbrod

chen denen bayrischer Lokalbahnlokomotiven und waren mit Blendschirmen versehen. Weitere Unterschiede zwischen der Normalausführung und der Bauform Krauss gab es bei der Ausführung der Zyllinderverkleidung, der Umlaufbleche und der Wassereinläufe. Der Schornstein war länger und schlanker als bei Normal-ELNAs, die Luftpumpe war nicht in der Nähe der Rauchkammer, sondern neben dem Stehkessel angeordnet. Auf dem Stehkessel befand sich ein hoher Stutzen mit angeflanschtem Ramsbottom-Sicherheitsventil. Angesichts dieser Bauartunterschiede sollte man meinen, bei den von Krauss gelieferten Maschinen habe es sich nicht um ELNA-Lokomotiven gehandelt. Doch die vom ELNA herausgegebenen Musterzeichnungen hatten weitgehend empfehlenden Charakter, und die Hersteller konnten nach Gutdünken Änderungen vornehmen. Vergleicht man Krauss-ELNAs mit älteren, vom gleichen Hersteller gebauten Tenderlokomotiven, dann wird deutlich, weshalb die Münchener Firma bei ihren ELNA-Lokomotiven so weitgehend von der Originalkonstruktion abgewichen war. Die von Krauss vorgenommenen Änderungen hatten zweifellos ermöglicht, im Herstellerwerk noch vorhandene Werkzeuge und Vorrichtungen aus der Fertigung kurz nach der Jahrhundertwende entwickelter Lokomotiven weiter zu verwenden. Das betraf speziell die teuren Preßgesenke und Kümpelwerkzeuge. Die Herstellung von ELNA-Lokomotiven düfte dadurch für die Firma erheblich rentabler geworden sein, und die Ähnlichkeit der Krauss-ELNAs, speziell der D-Kuppler, mit den seit 1904 für die Lausitzer Eisenbahn AG gebauten Lokomotiven war daher mehr als bloßer Zufall.

Die Deutsche Reichsbahn rüstete alle von Krauss gebauten ELNA 6 H mit elektrischer Beleuchtung aus. Bei 92 6477 wurde der verschlissene runde Sandkasten gegen einen viereckigen mit höherem Fassungsvermögen getauscht. 92 6587 erhielt einen neuen Kohlekasten, der das Aussehen der Lok zwar leicht veränderte, aber kein größeres Fassungsvermögen hatte als der ursprüngliche. Die ELNA 6 H der Bauform Krauss konnten 6,5 m^3 Wasser und 2,0 t Kohle mitführen; ihre Höchstgeschwindigkeit betrug 40 km/h.

Die von der HHE übernommenen Lokomotiven 92 6476–92 6479 waren bei der DR beim Bw Halle, Lokeinsatzstelle Halle-Klaustor, beheimatet. Auch die anderen drei Lokomotiven wurden bei der Rbd Halle eingesetzt. Zwischen 1965 und 1971 wurden alle Lok ausgemustert; als letzte ELNA 6 H der Bauform Krauss quittierte 92 6477 im Juni 1971 den Dienst.

D h2t

$92^{64, 65}$

92 6480

92 6582, 92 6583

Gt 44.14; Gt 44.15

Hoh.-Eb.; WBBlE

O & K-Type

1925–1965

Techn. Daten: Seite: 290

Im Jahre 1925 bestellte die Centralverwaltung für Secundairbahnen Herrmann Bachstein bei der Firma Orenstein & Koppel für ihre Betriebsabteilung Thüringen eine vierfach gekuppelte Tenderlokomotive, welche für den Einsatz bei der Weimar–Berka–Blankenhainer Eisenbahn vorgesehen war. Die Lok sollte dem aktuellen Stand der Technik entsprechen und mit Überhitzer ausgerüstet sein. O & K hatte ein Jahr zuvor auf der Eisenbahntechnischen Ausstellung in Seddin eine Neuentwicklung in Naßdampfausführung gezeigt, deren technische Daten dem ELNA-Typ 6 N ähnelten, welche ansonsten aber typische Merkmale der O & K-Bauweise aufwies. Die Centralverwaltung wollte aber eine vielseitiger einsetzbare und wenn möglich leistungsstärkere Maschine. So entschloß sich O & K zur Ausarbeitung eines Neuentwurfs, der den Bedingungen des Auftraggebers entsprach, aber wiederum vom firmeneigenen Stil geprägt war. Die Neukonstruktion hatte kaum noch etwas mit der Seddiner Ausstellungslok und schon gar nichts mit den ELNA-Typen gemeinsam. Die Maschine wurde noch 1925 ausgeliefert. Sie trug die Fabriknummer 10 494 und wurde wie vorgesehen bei der WBBlE in Dienst gestellt. Das Bachsteinsche Unternehmen teilte der Lok die Bahnnummer 91 zu. 1927 folgten zwei weitere Lokomotiven gleichen Typs, die sich von dem Erstling lediglich durch einen verstärkten Rahmen und einen etwas vergrößerten Überhitzer unterschieden. Ihre Fabriknummern lauteten 11 456 und 11 457, die Bachstein-Bahnnummern 94 und 95. Auch diese Maschinen kamen zur WBBlE. Im Jahre 1945 bekam Lok 95 bei der WBBlE die neue Bahnnummer 92 0095, denn die Bahn hatte inzwischen ein Nummernschema eingeführt, welches an den DRG-Nummernplan angelehnt war. Die beiden anderen Lokomotiven behielten ihre ursprünglichen Betriebsnummern bis zu ihrer Eingliederung in den Betriebspark der Reichsbahn. Die DR übernahm 1949 alle drei Lokomotiven und zeichnete sie in 92 6480 (ehemals Nr. 91) sowie 92 6582 und 92 6583 (ehemals Nr. 94 und 95) um. Laut Umzeichnungsplan vom 12. Dezember 1949 sollen Lok 91 und Lok 94 von der Hohenebra–Ebelebener Eisenbahn übernommen worden sein. Das traf jedoch insofern nicht zu, als beide Maschinen seit 1944 im Anlagevermögen der GEKE geführt worden waren. Allerdings gab es in der Buchhaltung des Bachstein-Konzerns einige undurchsichtige Manipulationen, und eine Lok, die buchmäßig zu einer bestimmten Bahn gehörte, mußte nicht auch zwangsläufig bei ihr Dienst verrichten. Eisenbahnhistoriker, die sich heutzutage mit der Geschichte der Bachstein-Bahnen befassen, werden oft in die Irre geleitet, wenn sie sich auf die Zuverlässigkeit der erhaltenen Geschäftsbücher und ähnlicher Unterlagen berufen. Gerade bei den normalspurigen Bachstein-Bahnen gab es nämlich Fälle, in denen Lokomotiven mehrmals buchhalterisch »umstationiert« wurden, obwohl sie niemals eine andere Bahn als diejenige, der sie zuerst zugeteilt worden waren, gesehen hatten. Umgekehrt wurden manche Maschinen ständig im Anlagekapital der gleichen Bahn geführt, obgleich man sie mehrmals umsetzte.

Die von O & K bezogenen D h2t-Lokomotiven galten als zuverlässig und in der Unterhaltung anspruchslos. Sie besaßen einen von der vorderen bis zur hinteren Pufferbohle durchlaufenden Blechrahmen; die LüP betrug 10 629 mm. Die vier Kuppelradsätze waren fest im Rahmen gelagert; der dritte Kuppelradsatz wurde

92 6480 (O&K 1925/10994) bei Ebeleben.
Foto: Gernot Malsch

D h2t

92^{66}

92 6676

Gt 44.16

NGE

ELNA 6 (verstärkt)

1929–1967

Techn. Daten: Seite: 292

Mit dem Fahrzeugpark der Nauendorf-Gerlebogker Eisenbahn übernahm die Deutsche Reichsbahn im Jahre 1949 eine D h2t-Lokomotive, die bei der NGE die Bahnnummer 191 getragen hatte. Diese Maschine, die viel Ähnlichkeit mit dem ELNA-Typ 6 H hatte, aber seitliche Wasserkästen besaß, war von Henschel & Sohn im Jahre 1929 fertiggestellt worden und trug die Fabriknummer 21 274. Die Lok erhielt bei der DR die Betriebsnummer 92 6676 und wegen ihrer Radsatzfahrmasse von reichlich 16 t das Betriebsgattungszeichen Gt 44.16. Sie war eine von sieben Lokomotiven des verstärkten ELNA-Typs 6, die 1927 im Konstruktionsbüro der Kasseler Firma entwickelt worden war. Im Henschel-Sonderkatalog des Jahres 1936 findet sich der Vermerk »an ELNA-Typ 6 angelehnt«. Im Buch »ELNA-Lokomotiven« wird angegeben, daß fünf Lokomotiven dieser Ausführung an die Riesengebirgsbahn geliefert worden seien und zwei Maschinen die Rinteln–Stadthagener Eisenbahn erhalten habe. Während letzteres richtig ist, trifft ersteres nicht zu. Die beiden ersten Exemplare, 1927 unter den Fabriknummern 20 814 und 20 815 gebaut, sind laut Henschel-Lieferliste an die Farge–Vegesacker Eisenbahn geliefert worden. Ein Henschel-Werkfoto der Fabriknummer 20 814 bestätigt diese Angabe, denn auf dem Eigentumsschild der Lok ist zweifelsfrei außer der Bahnnummer 1 die Abkürzung FVE (= Farge– Vegesacker Eisenbahn) zu erkennen. Ebenfalls laut Henschel-Lieferliste ist die spätere 92 6676 der Deutschen Reichsbahn sofort an die Nauendorf–Gerlebogker Eisenbahn geliefert worden. Nachstehend die Lieferdaten aller sieben verstärkten ELNA-Lokomotiven:

Fabrik-Nr.	Baujahr	Empfängerbahn	Bahn-Nr.
20 814	1927	FVE	1
20 815	1927	FVE	2
20 821	1927	RSE	11
20 978	1927	Riesengebirgsbahn	4
20 979	1927	Riesengebirgsbahn	5
21 273	1929	RSE	12
21 274	1929	NGE	191

Da der grundlegende Aufbau des ELNA-Typs 6 H an anderer Stelle beschrieben ist, führen wir hier nur die von der Standardausführung abweichenden Merkmale an. Die verstärkten ELNA 6 besaßen einen Rahmen mit dickeren Rahmenblechen. Der Laufkreisdurchmässer der Räder betrug ursprünglich wie bei der Normalausführung 1100 mm. Wegen zahlreicher Speichenbrüche hat Henschel 1933/34 bei allen Lokomotiven neue, verstärkte Radsätze eingebaut, deren Räder einen Laufkreisdurchmesser von 1200 mm besaßen. Der Kessel besaß eine größere Verdampfungsheizfläche (100,2 m^2) als der Kessel der normalen ELNA 6 H und war für einen Betriebsdruck von 13 bar ausgelegt. Auch der Überhitzer war vergrößert. Die Zylinder hatten einen Durch-

92 6676 (Henschel 1928/21274) am 05.09.1965 in Neu Rüdnitz. Foto: Hans Müller

messer von 550 mm; der Kolbenhub betrug ebenfalls 550 mm. Als Schieber dienten Regelkolbenschieber; die zugehörigen Winterthur-Druckausgleicher hatten einen vergrößerten Durchlaßquerschnitt. Die Lokomotiven besaßen ab Werk seitliche Wasserkästen. Das Führerhaus war bei ihnen gegenüber der Normalausführung bei ELNA-Lokomotiven etwas länger. Auch die Kesselaufbauten (Dome und Sandkasten) wichen in ihrer Ausführung von derjenigen des Typs ELNA 6 (Standardbauform) ab. Der Hauptluftbehälter für die Knorr-Druckluftbremse hing quer am hinteren Rahmenende, der Hilfsluftbehälter auf der rechten Lokomotivseite unter dem Führerhaus. Die Betriebsvorräte waren mit 6,5 m^3 Wasser und 2,0 t Kohle nur geringfügig größer als bei den normalen ELNA 6.

Obgleich 92 6676 bis 1965 im Dienst der Deutschen Reichsbahn stand, wurde sie im Merkbuch der DR, Ausgaben 1962/64, nicht mehr aufgeführt. Am 4. April 1967 erfolgte die Ausmusterung des Einzelgängers.

D h2t

92^{68}

92 6876–6878

Gt 44.18

WBBE

1930–1965

Techn. Daten: Seite: 292

1925 hatte die Lübeck–Büchener Eisenbahn (LBE) vom Breslauer Werk der Linke-Hofmann-Lauchhammer AG vier vierfach gekuppelte Heißdampf-Tenderlokomotiven bezogen. Diese Lokomotiven entsprachen nicht den Einheitsbaugrundsätzen der DRG, sondern lehnten sich lediglich an Entwürfe an, die Borsig, Henschel und Maffei für ein Einheitslok-Programm auf der vierten Beratung des Engeren Ausschusses für Lokomotiven zur Vereinheitlichung der Lokomotiven vom 27. bis 29. September 1922 in Chemnitz vorgelegt hatten. Linke-Hofmann lieferte die Lokomotiven mit den Fabriknummern 2941–2942 und 2674–2675. Die LBE gab ihnen die Bahnnummern 123 bis 126, die DRG nummerte sie bei der Verstaatlichung der LBE am 1. Januar 1938 als 92 431–434 ein.

1930 bezog die LBE drei weitere D-Kuppler, von denen eine von Linke-Hofmann stammte (Fabriknummer 3175) und zwei von Henschel (Fabriknummern 21 757–21 758). Bei der LBE erhielten die Lokomotiven die Bahnnummern 127 bis 129, bei der DRG die Betriebsnummern 92 435–437. Zwischen beiden Lieferungen gab es einige Bauartunterschiede. Die Lokomotiven mit den Bahnnummern 127–129 der LBE besaßen 14 bar Kesseldruck, hatten zwar die gleiche Zahl von Heiz- und Rauchrohren wie die Vorgänger, jedoch mit 3700 mm eine um 200 mm größere Rohrlänge und somit eine um 5 m^2 größere Rohrheizfläche. Die Lokomotiven hatten einen genieteten Blechrahmen, der in vier Punkten gegen das Laufwerk abgestützt war. Die Federn der Radsätze 1 und 2 sowie 3 und 4 waren durch Ausgleichhebel verbunden. Die Radsätze 1 bis 3 waren fest im Rahmen gelagert, der vierte Radsatz war beidseits 25 mm seitenverschiebbar, die Spurkränze des zweiten Radsatzes waren um 15 mm geschwächt. Bei einem Gesamtachsstand von 4650 mm besaßen die Lokomotiven einen festen Radstand von 3100 mm. Der Langkessel bestand aus einem Schuß, trug vorn den Speisedom, hinten den Dampfdom und dazwischen den viereckigen Sandkasten, aus dem der erste Radsatz von vorn, der dritte Radsatz von hinten gesandet wurde. Die Kesselspeisung erfolgte durch zwei Dampfstrahlpumpen. Die Einkammer-Druckluftbremse Bauart Knorr bremste alle Räder einseitig von hinten. Die Lokomotiven mit den LBE-Bahnnummern 127–129 (DRG 92 435–437) besaßen eine Zusatzbremse. An Vorräten konnten 7,0 m^3 Wasser in flachen seitlichen Wasserkästen, die unter dem Kessel durchgeführt waren und in den Rahmen eintauchten, mitgeführt werden. 3 t Kohle befanden sich im Kohlekasten hinter dem Führerhaus.

Einige Zeit nach Verstaatlichung der LBE sind die Lokomotiven 92 431–434 in Österreich eingesetzt worden, wo sie auch nach 1945 verblieben. Die 92 435–437 verblieben in der RBD Schwerin, von der sie die Centralverwaltung für Secundairbahnen Herrmann Bachstein für die Weimar–Großrudestedter Eisenbahn anmietete. Diese Bahn war 1943 als Anschlußbahn von Weimar zum Konzentrationslager Buchenwald auf dem Ettersberg gebaut worden und unterstand der Thüringischen Eisenbahn AG (Theag), einem Unternehmen der Centralverwaltung. Zum 1. Januar 1945 erwarb die Theag die drei Lokomotiven, gab ihnen die Bahnnummern 96, 97 und

98 und ordnete sie dem Anlagevermögen der Weimar–Großrudestedter Eisenbahn zu. Die Lokomotiven 96-98 kamen im August 1946 in das Betriebsvermögen der Weimar–Berka–Blankenhainer Eisenbahn, die auch der Theag unterstand. Die Theag gab den Lokomotiven die Bahnnummern 92 0096, 92 0097 und 92 0098. Sie waren auch der Strecke Weimar–Blankenhain und auch auf anderen zur Theag gehörenden Strecken eingesetzt. Mit der Verstaatlichung der WBBE erhielt die Linke-Hofmann-Lokomotive 92 0096 die Betriebsnummer 92 6876, die beiden Henschel-Maschinen 92 0097–0098 die Betriebsnummern 92 6877 und 92 6878. Die 92 6876 ist von der Deutschen Reichsbahn im Mai 1964 an das Kalikombinat »Werra« in Merkers (Rhön) als Werklok Nr. 23 verkauft worden. Im September 1964 erwarb das Kalikombinat die 92 6877 für den Betriebsteil Sollstedt als Werklok Nr. 7. Die 92 6878 wurde im Januar 1965 an den Binnenhafen in Frankfurt (Oder) als Werklok Nr. 2 verkauft.

D h2t

92^{68}

92 6879–6880

Gt 44.18

HBE

1938–1967

Techn. Daten: Seite: 292

Die Borsig Lokomotivwerke lieferten mit den Fabriknummern 14 680 und 14 681 im Jahre 1938 an die Halberstadt–Blankenburger Eisenbahn (HBE) zwei vierfach gekuppelte Heißdampf-Tenderlokomotiven. Die Maschinen waren bei der Betriebswerkstatt Blankenburg beheimatet und für den Adhäsionsbetrieb auf den Steigungsstrecken bestimmt.
Die Lokomotiven hatten einen zweischüssigen Langkessel mit 3500 mm Abstand zwischen den Rohrwänden und einer Kesselmitte von 2800 mm über SO. Der erste Kesselschuß trug den Dampfdom mit Naßdampf-Ventilregler Bauart Schmidt & Wagner, der zweite Schuß den Sandkasten. Durch den Druckluftsandstreuer Bauart Borsig konnten aus beidseits acht Fallrohren alle Räder bei Vorwärts- und Rückwärtsfahrt gesandet werden. Die Kesselspeisung erfolgte durch zwei Dampfstrahlpumpen, die unterhalb des Dampfdomes über Kesselspeiseventile einspeisten.
Die beiden Lokomotiven besaßen Barrenrahmen und vier fest im Rahmen gelagerte Radsätze mit 1180 mm Laufkreisdurchmesser der Räder. Der Gesamt- und der feste Achsstand betrugen 4500 mm, die Spurkränze der Räder des Treibradsatzes waren um 15 mm geschwächt. Der Antrieb erfolgte durch die beiden außenliegenden Zylinder mit 600 mm Durchmesser und 550 mm Kolbenhub auf den dritten Radsatz. Die außenliegende Heusinger-Steuerung besaß Kuhnsche Schleife. Alle Räder wurden einseitig von vorn mit der Druckluftbremse Bauart Knorr mit Zusatzbremse gebremst. Die Druckluft lieferte eine Doppelverbundluftpumpe Bauart Nielebock-Knorr rechts neben der Rauchkammer.

92 6879 (Borsig 1938/14680), vormals Nr. 18 der HBE.
Foto: G. Illner, Sammlung Weisbrod

Die 92 6879 trug zunächst die Betriebsnummer 92 6776, ist aber 1952 umgezeichnet worden.
Foto: M. Baumberg, Sammlung Weisbrod

Außerdem besaßen die Lokomotiven Riggenbach-Gegendruckbremse und Wurfhebel-Handbremse. Ein Druckluftläutewerk Bauart Knorr saß auf dem Rauchkammerscheitel vor dem Schornstein, der Turbogenerator für die elektrische Beleuchtung links neben dem Schornstein. In den beiden seitlichen, genieteten Wasserkästen konnten 7,0 m^3 Wasser mitgeführt werden, der Kohlekasten an der Führerhausrückwand faßte 2,5 t.

Bei der HBE hatten die Maschinen die Bahnnummern 18 und 19 erhalten. Mit der Übernahme durch die DR erhielten sie zunächst die Betriebsnummern 92 6776 und 92 6777. Weil die Maschinen jedoch mit vollen Vorräten eine Dienst- und Reibungsmasse von 75,3 t besaßen, also eine mittlere Kuppelradsatzfahrmasse von über 18 t, korrigierte man 1952 den Umzeichnungsfehler und gab ihnen die Betriebsnummern 92 6879 und 92 6880. Die Lokomotiven blieben auch nach Übernahme durch die DR im Bw Blankenburg beheimatet. Schadgruppen L 2, L 3 und L 4 führte bis 1963 meist das Raw Tempelhof aus, aber auch das Raw Schlauroth bei Görlitz übernahm 1953 Aufarbeitungen nach den Schadgruppen L 2 und L 3 an den Lokomotiven. Für Bedarfsausbesserungen (L 0) übergab man die Lokomotiven dem Bw Oebisfelde. An Bauartänderungen ist wenig vermerkt. Das Raw Cottbus hat bei beiden Lokomotiven im August bzw. September 1963 die Näßeinrichtung am Dilling einheitlich angeschlossen und die Steuerung mit Miramid-Buchsen ausgerüstet. Das Raw Tempelhof hat an der 92 6879 am 17. 09. 52 neue Nummernschilder und an der 92 6880 am 09. 09. 61 das Dreilichtspitzensignal angebracht. Die 92 6879 ist am 25. 05. 67, die 92 6880 am 07. 09. 67 ausgemustert worden.

Auch die Nr. 19 der HBE war zunächst falsch als 92 6777 umgezeichnet worden.
Foto: G. Illner, Sammlung Weisbrod

Radsatzfolge 1' D

1'D h2t

98^{63}; 98^{64}

98 6376–98 6378; 98 6476

L 45.13; L 45.14

RE

Spezialtyp

1929–1966

Techn. Daten: Seite: 301

Die Ruppiner Eisenbahn beschaffte in den Jahren 1929 bis 1936 insgesamt vier 1'D h2t-Lokomotiven, welche vorrangig im Güterzugdienst eingesetzt werden sollten. Mit dem Bau der Maschinen wurde die Firma Orenstein & Koppel beauftragt, die ab 1925 bereits 1'C1' h2t-Lok für die RE gefertigt hatte.

Die ersten beiden vierfach gekuppelten Tenderlokomotiven mit vorderem Laufradsatz lieferte O & K 1929 an den Besteller unter den Fabriknummern 11 786 und 11 787 aus. Die RE gab ihnen die Bahnnummern 25 und 26. Im Jahre 1934 folgte ein weiteres Exemplar mit der Fabriknummer 12 519, welches bei der RE die Bahnnummer 24 erhielt, und schließlich wurde 1936 noch einmal eine baugleiche Lok geliefert, welche die Fabriknummer 12 731 trug und bei der RE als Nr. 23 eingereiht wurde. Daß die Numerierung der letztgebauten Maschinen rückläufig erfolgte, lag darin begründet, daß die Bahnnummern ab 27 bereits mit den 1'C1' h2-Tenderlokomotiven besetzt waren. Die DR übernahm 1949 alle vier Lokomotiven und zeichnete sie in 98 6376 bis 98 6378 sowie 98 6476 um. Daß die in 98 6476 umgezeichnete Lok 23 tatsächlich eine höhere Radsatzfahrmasse als die anderen drei Maschinen hatte, darf bezweifelt werden. Eine der 1'C1' h2t, gleich der 1'D-Tenderlok Nr. 23 eine Nachlieferung des Baujahres 1936, war nämlich ebenfalls abweichend von den anderen bauartgleichen Maschinen, die bei der DR zur BR 75^{62} wurden, in die BR 75^{64} eingereiht worden (vgl. dazu die Beschreibung der 1'C1'h2t der RE). Es ist keinesfalls eine vage Vermutung, daß die Übernahmegruppe der DR, die 1949 den Lokomotivpark der RE erfaßt hatte, eine übertriebene Gründlichkeit an den Tag gelegt haben muß. Anderenfalls wären die beiden in 75 6476 und 98 6476 umgezeichneten Maschinen, die sich von den anderen Lok gleicher Bauart lediglich dadurch unterschieden, daß sie später gebaut worden waren, wohl kaum anderen Ordnungsnummerngruppen als ihre Schwestern zugewiesen worden.

Die 1'D-Tenderlokomotiven für die RE hatte O & K aus den für die gleiche Bahn seit 1925 gelieferten 1'C1' h2-Tenderlokomotiven entwickelt. Diese Maschinen mit ihren 1600 mm Kuppelraddurchmesser hatten sich im Personenzugdienst gut bewährt und insbesondere durch ihr Beschleunigungsvermögen bestochen. Ihr Kessel galt als verdampfungsfreudig; die Wartung und Instandhaltung der Lokomotiven war unkompliziert. Für den Güterzugdienst mit seinen wesentlich höheren Zugmassen waren jedoch größere Anfahrzugkräfte erwünscht.

Die Vergrößerung der erzielbaren Zugkräfte konnte auf einfache Weise durch Erhöhung der Anzahl der gekuppelten Radsätze bei gleichzeitiger Verkleinerung des Raddurchmessers erreicht werden. Kurzerhand konstruierte O & K die Personenzuglok auf Wunsch der RE zur Güterzuglok um. Für die 1'D h2t wurde ein neuer Blechrahmen vorgesehen; die Räder der vier Kuppelradsätze erhielten einen Laufkreisdurchmesser von 1200 mm. Treib- und Kuppelstangen sowie die Bauteile der Heusinger-Steuerung und der Bremsausrüstung wurden in ihren Abmessungen dem neuen Fahrwerk angepaßt. Die Wasserkästen wurden

98 6378 (O&K 1934/12519) bei der VES-M in Halle.
Foto: M. Baumberg, Sammlung Weisbrod

Weil im Umzeichnungsplan der DRG von 1925 keine Tenderlokomotive mit der Achsfolge 1'D vorgesehen war, wanderte auch die Bahn-Nr. 24 der Ruppiner Eisenbahn in die Baureihe 98.
Foto: M. Baumberg, Sammlung Weisbrod

etwas größer ausgeführt, der Kohlekasten aber verkleinert. Damit erschöpften sich auch schon die konstruktiven Maßnahmen; denn alle anderen Baugruppen und Ausrüstungsteile hatte man ohne jede Änderung übernommen. Das waren vorderes Laufgestell einschließlich der Radsätze mit 1000 mm Laufkreisdurchmesser der Räder ebenso wie das Führerhaus, die Dampfzylinder gleichermaßen wie der komplette Kessel einschließlich Grob- und Feinausrüstung sowie alle Sondereinrichtungen. Daher ist es nicht verwunderlich, daß solche Hauptabmessungen wie LüP (12 000 mm),Breite und Höhe über SO genau mit denen der 1'C1' h2t übereinstimmten.

Die Kesselgleichheit zwischen Personenzug- und Güterzug-Tenderlok vereinfachte die Erhaltung und Instandsetzung beider Typen durch die Möglichkeit des Kesseltauschs untereinander. Tatsächlich sind mindestens zweimal derartige Kesseltausche durchgeführt worden. Daß die Zylinderabmessungen der 1'C1' h2t mit 500 mm Durchmesser und 600 mm Kolbenhub für die 1'D h2t unverändert übernommen worden sind, mag zu der Schlußfolgerung verleiten, die Konstrukteure hätten die Möglichkeiten, die sich bei Verwendung größerer Zylinder für die Güterzug-Tenderlok geboten hätten, nicht ausgeschöpft. Doch die Vergrößerung der Zylinder hätte zu einer schnelleren Erschöpfung des Kessels führen können. Daß die Zylinderabmessungen richtig gewählt waren, ist schließlich auch mit der 1939 erstmals für die RE gebauten 1'D1' h2t bewiesen worden, die die gleichen Zylinder erhalten hatte. Damit war der nicht nur für eine Privatbahn seltene Fall eingetreten, daß drei verschiedene Lokbauarten gleiche Dampfzylinder besaßen. Überhaupt war die RE auf Gleichheit möglichst vieler Baugruppen und Ausrüstungsteile bei ihren ab Mitte der zwanziger Jahre beschafften Lokomotiven bedacht. Daher bildeten Lauf- und Triebwerk der 1'D-Tenderlok letztlich auch die konstruktive Grundlage für die entsprechenden Baugruppen der 1'D1' h2t (vgl.dazu die Beschreibung der 1'D1' h2t der RE, DR-Baureihe 93[64]).

Die 1'D h2t bewährten sich den Erwartungen entsprechend ausgezeichnet. Sie kamen nicht nur vor Güterzügen, sondern auch vor Personenzügen zum Einsatz. Bei der Bespannung von Reisezügen im Vorortverkehr des Großraums Berlin machte sich die gegenüber den 1'C1' h2t geringere Höchstgeschwindigkeit von 60 km/h nicht nachteilig bemerkbar.

Die Lokomotiven befuhren auch nach der Übernahme durch die DR die Strecken der ehemaligen Ruppiner Eisenbahn. Umbeheimatungen sind nicht bekannt.Sie mußten jedoch eher den Dienst quittieren als ihre 1'C1'-Verwandtschaft. Zwischen 1964 und 1966 hat man alle vier Maschinen ausgemustert, als erste 98 6376, als letzte 98 6378.

Radsatzfolge 1'D 1'

1'D 1' h2t

93^{64}

93 6476–6477

93 6479

Gt 46.14

BStB

Borsig-Typ

1937–1968

Techn. Daten: Seite: 301

93 6476 (Borsig 1937/14682) am 11.03.1966 in Basdorf.
Foto: Hans Müller

Drei Lokomotiven lieferte Borsig in dieser Ausführung an die BStB, die die DR-Betriebsnummern 93 6476, 6477 und 6479 erhielten.
Foto: M. Baumberg, Sammlung Weisbrod

Die Borsig Lokomotivwerke lieferten 1937 mit den Fabriknummern 14 682 und 14 683 zwei 1'D 1'-Heißdampf-Tenderlokomotiven an die Brandenburgische Städtebahn, die dort die Bahnnummern 51 und 52 bekamen. 1939 folgte mit der Fabriknummer 14 807 eine dritte Lokomotive gleicher Ausführung, die die Bahnnummer 53 erhielt. Diese modernen und leistungsfähigen Lokomotiven gehörten zu einem von den BLW speziell für Privat- und Kleinbahnen entwickelten Typ, den 1940/1941 auch die Oderbruchbahn und die Niederbarnimer Eisenbahn mit insgesamt sechs Exemplaren bezogen. Bis auf die Kesselspeiseeinrichtungen waren diese Lokomotiven mit denen für die BStB gelieferten baugleich. Die Maschinen der BStB besaßen zwei Strahlpumpen, die später gelieferten eine Strahlpumpe und eine Kolbenspeisepumpe mit Oberflächenvorwärmer. Dadurch hatten die BStB-Lokomotiven eine geringere Reibungsmasse und erhielten das Gattungszeichen Gt 46.14. Wegen der Bau-

gleichheit sind diese Lokomotiven bei der Baureihe 93^{66} behandelt worden.
1940 sind die Lokomotiven der BStB in 1–200 bis 1–202 umgezeichnet worden. Bei der DR erhielten sie 1949 die Betriebsnummern 93 6476–6477 und 93 6479. Sie wurden am 05. Juli 1967, am 30. November 1967 und am 14. Februar 1968 ausgemustert.

1'D1' h2t

93^{64}

93 6478,

93 6480, 93 6481

Gt 46.14

RE

aus BR 86 entwickelt

1939–1971

Techn. Daten: Seite: 293

Die Ruppiner Eisenbahn gehörte zu denjenigen deutschen Privatbahnen, welche die Entwicklung auf dem Gebiete des Lokomotivbaus und des Betriebsmaschinendienstes besonders sorgfältig verfolgten. Für eigene Neubeschaffungen wählte sie meist Loktypen aus, die sich anderswo schon bewährt hatten, und ließ sie nachbauen oder entsprechend den eigenen Bedürfnissen abwandeln. Was dabei herauskam, war ein eigenartiges Gemisch von Moderne und Tradition. Ab 1925 hatte die RE damit begonnen, wesentlich leistungsstärkere Lokomotiven als bisher in Dienst zu stellen, und von 1925 bis 1936 zunächst sechs 1'C1' h2t beschafft, die den Nachbau eines 1915 von O & K für die Samlandbahn entwickelten Typs darstellten. Fünf dieser Lokomotiven übernahm die DR im Jahre 1949 und reihte sie als 75 6276–75 6279 sowie 75 6476 ein.
Aus diesem Typ ließ die RE von O & K eine 1'D-Tenderlok entwickeln, die mehr für den Güterzugdienst geeignet war. Die vier Maschinen, die sich von den 1'C1'-Lok nur in Lauf- und Triebwerk unterschieden, wurden von 1929 bis 1936 in Dienst gestellt und gelangten 1949 als 98 6376–98 6378 sowie 98 6476 zur DR.
Ende der dreißiger Jahre genügten die 1'D h2t den sprunghaft gestiegenen Anforderungen im Güterzugdienst kaum noch, und die Bestellung einer stärkeren Bauart schien vonnöten. Die RE bestellte daher bei ihrem Stammlieferanten O & K eine 1'D1' h2t-Lokomotive. O & K, inzwischen als MBA firmierend, bot die Einheitslokomotive der BR 86 an. Natürlich wußte man bei der RE um die Qualitäten der Einheitslok; doch erstens erschienen der Bahnverwaltung die Beschaffungskosten für eine solche Maschine als zu hoch, zweitens hatten sich die 1'D h2t besonders in bezug auf ihr Lauf- und Triebwerk gut bewährt. Die RE richtete daher an die MBA das Ansinnen, Dampfzylinder, Lauf- und Triebwerk sowie Rahmen der neuen Lok analog den früher beschafften 1'D-Lokomotiven auszuführen, sich ansonsten aber nach Möglichkeit an der Konstruktion der BR 86 der DRG zu orientieren. Der Hersteller erfüllte die Wünsche des Auftraggebers und lieferte die neue Lok im Jahre 1939 unter der Fabriknummer 13 199 aus. Die Maschine erhielt bei der RE die Bahnnummer 40. Im Jahre 1943 folgten zwei weitere Exemplare mit den O & K-Fabriknummern 13 512 und 13 513. Diese Lokomotiven bekamen bei der RE die Bahnnummern 41 und 42. Im Jahre 1949 übernahm die DR alle drei Lokomotiven und zeichnete sie in 93 6478, 93 6480 und 93 6481 um.
Die drei Lokomotiven wirkten äußerlich wie eine verkleinerte Ausgabe der Baureihe 86 der DRG. Fahrwerk und Triebwerk waren indessen von den 1'D h2t der RE fast unverändert übernommen und lediglich um den hinteren Laufradsatz ergänzt worden. Die Lokomotiven besaßen einen hohen, von der vorderen bis zur hinteren Pufferbohle durchlaufenden Blechrahmen, der lediglich im Bereich zwischen letztem Kuppelradsatz und hinterem Laufradsatz große Ausschnitte zur Masseeinsparung hatte. Die LüP der Lokomotiven war mit 12 940 mm geringer als bei der BR 86. Der dritte Kuppelradsatz war

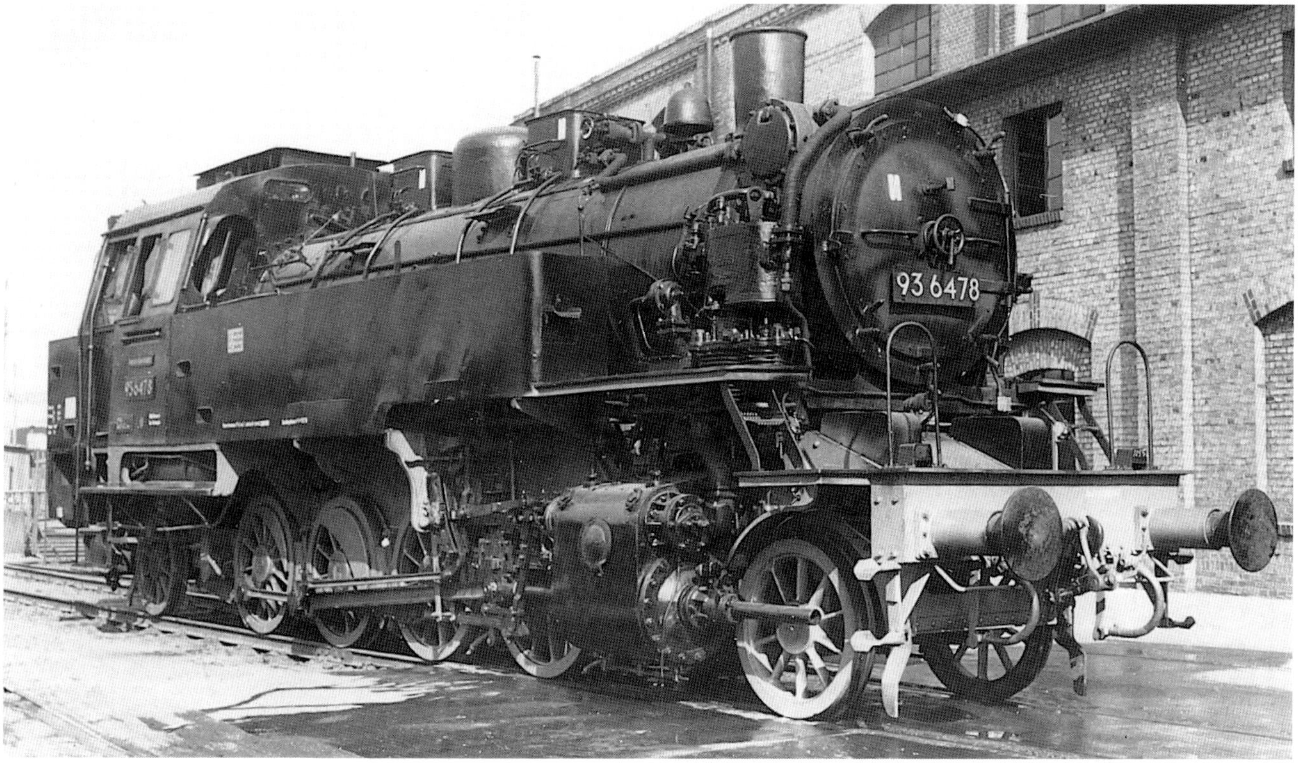

93 6478 (O&K 1939/13199), ehemals RE 40 der Ruppiner Eisenbahn.
Foto: M. Baumberg, Sammlung Weisbrod

Treibradsatz; beide Laufradsätze lagerten in Bisselgestellen. Kuppelräder und Laufräder mit Laufkreisdurchmessern von 1200 bzw. 1000 mm waren von gleicher Ausführung wie bei den 1'D-Tenderlokomotiven der RE. Die Dampfzylinder mit 500 mm Durchmesser und 600 mm Kolbenhub entsprachen ebenfalls denjenigen der 1'D h2t; als Schieber dienten Druckausgleichkolbenschieber Bauart Karl Schulz. Der einschienig geführte Kreuzkopf war von der BR 86 übernommen worden; die Steuerung war jedoch als Heusinger-Steuerung mit Hängeeisen ausgeführt. Der Kessel stimmte im prinzipiellen Aufbau mit dem der BR 86 überein, war jedoch etwas kürzer. Die Rohrlänge zwischen den Rohrwänden betrug 4000 mm und war um 500 mm gegenüber dem 86er Kessel reduziert. Auch Stehkessel und Feuerbüchse waren geringfügig kürzer als bei der BR 86, stimmten aber in Durchmesser bzw. Breite völlig mit der Einheitslok überein. Demzufolge war auch die Rostfläche etwas kleiner. Die Feuerbüchse bestand wie bei den jüngeren DRG-Einheitslokomotiven aus IZ II-Stahl. Die Rauchkammer war unverändert von der BR 86 übernommen worden. Blasrohr, Hilfsbläser, Rauchkammerspritze und Funkenfänger waren ebenfalls Einheitslok-Bauteile. Sogar den Einheitsschornstein hatte man übernommen. Der Dampfdom befand sich in Langkesselmitte und nahm den Naßdampfregler Bauart Schmidt & Wagner auf. Die Kesselsicherheitsventile Bauart Ackermann waren etwa in Höhe der Feuerbüchsrohrwand angeordnet. Dom und Sandkästen entsprachen nicht der Einheitsbauart der DRG; merkwürdigerweise hatte der Hersteller hierfür Bauteile in preußischer Normalausführung verwendet. Auch die Anordnung der Sandfallrohre entsprach derjenigen preußischer Lokomotiven. Der Kesselspeisung dienten eine Kolbenspeisepumpe der Bauart Knorr-Tolkien mit Oberflächenvorwärmer Bauart Knorr (quer im Rauchkammerscheitel) sowie eine Dampfstrahlpumpe der Einheitsbauart. Ein Speisedom war

93 6481 (O&K 1943/13513), vormals RE 42 der Ruppiner Eisenbahn.
Foto: G. Illner, Sammlung Grundmann

nicht vorhanden; stattdessen war vorn auf dem Langkessel ein Stutzen angebracht, der beide Kesselspeiseventile trug. Das Führerhaus war komplett von der BR 86 übernommen worden. Die Vorratsbehälter waren geschweißt. Obgleich die seitlichen Wasserkästen kleiner als bei der BR 86 waren, konnten die Lokomotiven einen größeren Wasservorrat mitführen, da sich zwischen den Rahmenplatten ein zusätzlicher Wasserkasten befand. Als Betriebsbremse diente die Einkammer-Druckluftbremse Bauart Knorr mit Zusatzbremse, die alle gekuppelten Radsätze von vorn abbremste. Die Doppelverbundluftpumpe befand sich rechts vorn in einer Rauchkammernische; der Hauptluftbehälter hing quer zur Fahrtrichtung am hinteren Ende des Lokrahmens. Der Sandstreuer sandete den ersten und zweiten Kuppelradsatz bei Vorwärtsfahrt, den dritten und vierten Kuppelradsatz bei Rückwärtsfahrt. Der Signalgebung dienten Druckluftläutewerk Bauart Knorr (auf dem Kesselscheitel vor den Speiseventilen) und eine Dampfpfeife preußischer Normalausführung (auf dem Stehkessel). Alle sonstigen Zusatzeinrichtungen wie Pyrometer und Geschwindigkeitsmesser waren von gleicher Ausführung wie bei den Einheitslokomotiven der DRG. Die drei Maschinen besaßen ab Werk elektrische Beleuchtung mittels Dampfturbogenerator Bauart AEG. Ihre Betriebsvorräte betrugen 10,0 m^3 Wasser und 2,8 t Kohle. Die zulässige Höchstgeschwindigkeit der Lok war mit 65 km/h festgelegt.

Die drei Lokomotiven haben im allgemeinen befriedigt; der hohe Blechrahmen erschwerte jedoch die Wartung und Instandhaltung, und die gegenüber der BR 86 geringere Höchstgeschwindigkeit erwies sich als nachteilig für den Betriebseinsatz.

93 6478, 93 6480 und 93 6481 waren auch nach ihrer Umzeichnung beim Bw Neuruppin beheimatet und befuhren weiterhin die Strecken der ehemaligen Ruppiner Eisenbahn. Zwischen 1968 und 1971 wurden die Lokomotiven ausgemustert.

1'D1' h2t

93^{65}

93 6576

Gt 46.15

BStB

1921–1955

Techn. Daten: Seite: 293

Diese Lokomotive ist bereits im Deutschen Lok-Archiv, Dampflokomotiven 3, ab Seite 248 behandelt worden und wird deshalb hier nur der Vollständigkeit halber erwähnt.
Borsig hat die Maschine 1921 mit der Fabriknummer 10 781 als kombinierte Zahnrad-/Reibungslokomotive erbaut. Sie erhielt das Gattungszeichen T 28 und die Bahnnummer ERFURT 9101. Bei der DRG trug sie ab 1925 die Betriebsnummer 97 401. Mit der Übernahme des Betriebes auf Zahnradstrecken durch die pr. T 16^{1} war die Lokomotive entbehrlich. Sie ist 1929 an die private Eutin-Lübecker Eisenbahn (ELE) verkauft und dort mit der Bahnnummer 17^{II} und ausgebautem Zahnradtriebwerk in Dienst gestellt worden. Über die Berliner Schrottfirma Erich am Ende gelangte die Lokomotive 1938 in den Besitz der Brandenburgischen Städtebahn (BStB), die sie mit der Bahnnummer 59 einsetzte. 1940 hat das Landesverkehrsamt Brandenburg sie in 1–203 umgezeichnet. Leistung und Verbrauch standen bei dieser für ganz andere Einsatzgebiete konstruierten Lokomotive in keinem Verhältnis, und mit den modernen 1'D1' h2t-Lokomotiven von Borsig (Bahnnummern 1–200 bis 1–202) konnte dieser Torso nicht konkurrieren. Die Deutsche Reichsbahn hat die Lokomotive zwar 1949 übernommen und in 93 6576 umgezeichnet, aber nicht mehr in Dienst gestellt. 1955 ist die Lokomotive, die im Verlaufe ihrer Geschichte sechs verschiedene Bahn- bzw. Betriebsnummern trug, ausgemustert und verschrottet worden.

1'D1' h2t

93^{66}

93 6676–6677

Gt 46.16

WBBE

1936–1970

Techn. Daten: Seite: 294

Die Prignitzer Eisenbahn AG (PE), die sich Anfang der dreißiger Jahre einen modernen Betriebspark leistungsfähiger Dampflokomotiven zugelegt und zuletzt die beiden von Henschel gebauten 1'C 1'-Heißdampf-Personenzug-Tenderlokomotiven mit den Bahnnummern 8^{II} und 9^{II} (später 75 611 und 75 612) in Dienst gestellt hatte, ersuchte Henschel um ein Angebot für die leistungsfähige Güterzug-Tenderlokomotive. Henschel bot die Baureihe 86 aus dem Einheitslok-Programm, doch die PE lehnte wegen des hohen Preises ab. Eine neues Angebot von Henschel umfaßte eine Lokomotive etwa gleicher Abmessungen und Leistung, jedoch mit preisgünstigerem Blochrahmen, der zugleich als Wasserkasten genutzt war. Henschel wies darauf hin, daß diese Lokomotive in Anlehnung an die für die Eutin–Lübecker Eisenbahn (ELE) gebauten 1'C 1' h2t entwickelt worden sei. 1936 lieferte Henschel mit der Fabriknummer 22 909 die erste Maschine, die nach einer Probefahrt am 4. März 1936 von Perleberg nach Wittstock und zurück die Bahnnummer 7 in zweiter Besetzung erhielt. Eine zweite Maschine gleicher Ausführung lieferte Henschel mit der Fabriknummer 24 369 im Jahre 1938. Diese Maschine, die ihre Probefahrt am 16. Mai 1939 absolvierte, erhielt bei der PE die Bahnnummer 22. Zum 1. Januar 1941 gingen die PE und die benachbarte

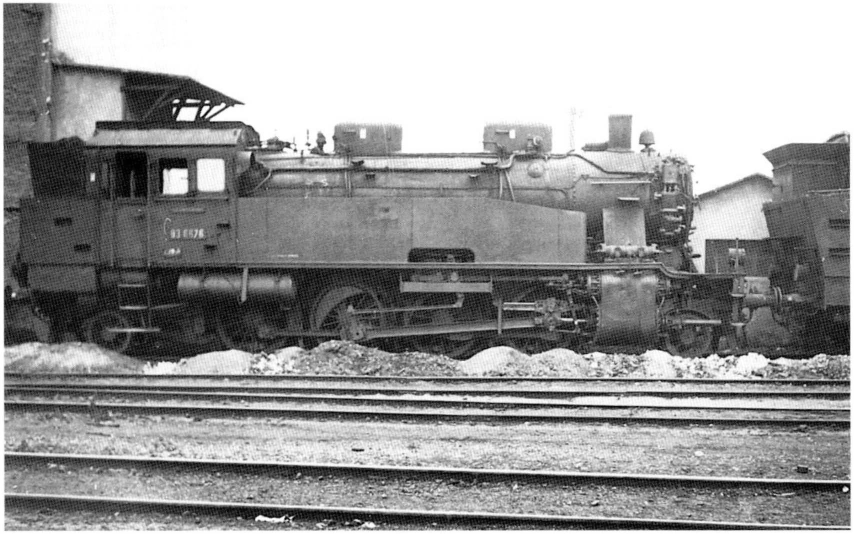

93 6676 (Henschel 1935/22908). Die Lok kam mit der Bahn-Nr. 93 0020 von der Weimar-Berka-Blankenhainer Eisenbahn 1949 zur DR. Foto: M. Baumberg, Sammlung Weisbrod

1'D1' n2t

93^{66}

93 6678–6683

Gt 46.16

Oderbruch, NbE

Borsig-Typ

1940–1970

Techn. Daten: Seite: 293

Wittenberge–Perleberger Eisenbahn (WPE) in das Eigentum des Reiches über, und die beiden Maschinen erhielten die DRG-Betriebsnummern 93 1611 und 93 1612.

Im Jahre 1944 mietete die Weimar–Berka–Blankenhainer Eisenbahn (WBBE) von der DRG diese beiden Lokomotiven an und erwarb sie zum 1. Januar 1945 käuflich. Die Maschinen erhielten die Bahnnummern 20 und 21. Mit Befehl der Sowjetischen Militäradministration ging die Thüringische Eisenbahn AG (Theag), zu der die WBBE gehörte, am 18. Juli 1946 in das Eigentum des Landes Thüringen über (»Thüringer Eisenbahnen - Landeseigener Betrieb«). 1947 hatte die Rbd Erfurt die WBBE auf der Liste der für Reparationsleistungen zu demontierenden Strecken, doch nach Einspruch der Landesbahnen und der Anlieger konnte der Abbau verhindert werden. Die Landesbahnen führten ein neues Nummernschema ein, das sich bei der Baureihenbezeichnung am DRG-Nummernplan orientierte, aber generell vierstellige Ordnungsnummern hatte. Die Lokomotiven mit den Bahnnummern 20 und 21 erhielten jetzt die Bahnnummern 93 0020 und 93 0021. 1949 wurden sie mit der Übernahme der WBBE durch die Deutsche Reichsbahn ein zweites Mal verstaatlicht und erhielten die DR-Betriebsnummern 93 6676 und 93 6677. Die Lokomotiven, die bei den Bw Weimar, Eisenach und Haldensleben im Einsatz waren, sind sogar noch im 1969 aufgestellten EDV-Umzeichnungsplan der DR als 93 6676-6 und 93 6677-4 zu finden. Weil sie 1970 ausgemustert worden sind, ist die Umzeichnung wahrscheinlich nicht mehr erfolgt.

Weitere Angaben zu den Lokomotiven finden sich im Dampflok-Archiv 5 (Seite 187 ff) , das 1991 im gleichen Verlag erschienen ist.

Die Borsig-Lokomotivwerke in Hennigsdorf (Osthavelland) lieferten von 1938 bis 1941 neun 1'D 1' h2-Tenderlokomotiven eines von ihnen speziell für Privat- und Kleinbahnen entwickelten Lokomotivtyps an die Brandenburgische Städtebahn, die Oderbruchbahn AG und die Niederbarnimer Eisenbahn AG. Diese Maschinen waren keine ELNA-Lokomotiven, wie in manchen Quellen fälschlich behauptet wird, sondern reine Borsig-Konstruktionen. Überdies haben weder Borsig in Tegel noch die AEG oder die BLW in Hennigsdorf jemals eine ELNA-Lokomotive gebaut. Die von Henschel 1939/1940 entworfenen ELNA-Typen 7 bis 12 blieben bis auf den ELNA-Typ 7, der in leicht abgewandelter Form von der preußischen Provinz Sachsen beschafft wurde, Schubladenentwürfe. Lediglich der ELNA-Typ 6 H (eine Konstruktion aus dem Jahre 1922) durfte während des Krieges als laufachsloser Vierkuppler und KDL 4 (Kriegsdampflokomotive Nr. 4) noch gebaut werden.

Die BLW-Lokomotiven waren sehr moderne Heißdampfmaschinen mit Dampfdom, Speisedom und Sandkasten als Kesselaufbauten und einem für das Budget von Privatbahnen preiswerterem Blechrahmen. Sie besaßen 1300 mm Laufkreisdurchmesser bei den gekuppelten Radsätzen und 850 mm bei den Laufradsätzen. Der Zylinderdurchmesser betrug 530 mm, der Kolbenhub 550 mm, die Kolbenschieber hatten 220 mm Durchmesser. Der Kreuzkopf wurde einschienig geführt, die außenliegende Steuerung mit Kuhnscher Schleife entsprach der Bauart Heusinger. Der Kessel wurde mit 16 bar Dampfdruck betrieben und besaß eine Verdampfungsheizfläche von 126,3 m^2. Zur Kesselspeisung diente eine Kolbenspeisepumpe mit Oberflächenvorwärmer und eine Strahlpumpe. Die Lokomotiven der Brandenburgischen Städtebahn besaßen lediglich zwei Strahlpumpen, hatten deshalb eine etwas geringere Masse und trugen das Gattungszeichen Gt 46.14.

Die Lokomotiven für die BStB sind von den BLW 1938 mit den Fabriknummern 14 682 und 14 683 und 1939 mit der Fabriknummer 14 807 geliefert worden. Sie erhielten die Bahnnummern 51 bis 53 und sind 1940 vom Landesverkehrsamt Brandenburg in 1–200 bis 1–202 umgezeichnet worden. Nach der Übernahme der BStB durch die Deutsche Reichsbahn 1949 erhielten die Lokomotiven die Betriebsnummern 93 6476, 93 6477 und 93 6479. Sie sind in der Reihenfolge der Betriebsnummern am 05. 07. 1967, 30. 11. 1967 und am 12. 02. 1968 ausgemustert worden.

Mit der Fabriknummer 15 057 erhielt 1941 die Oderbruchbahn eine Lokomotive dieses Typs, die jedoch Vorwärmer und Kolbenspeisepumpe besaß und deshalb das Gattungszeichen Gt 46.16 trug. Die Maschine erhielt die Bahnnummer 3–200 und ist 1949 in 93 6678 umgezeichnet worden. Weil sie erst am 22. 02. 1971 ausgemustert worden ist, erhielt sie 1970 noch die EDV-Betriebsnummer 93 6678-2.

Die Niederbarnimer Eisenbahn besaß fünf Lokomotiven dieses Borsig-Typs. 1940 war mit der Fabriknummer 14 978 die erste Maschine geliefert worden, die die Bahnnummer 010 erhielt. 1941 folgten mit den Fabriknummern 15 058 und

93 6679 (Borsig 1940/14978). Die Lokomotive wurde von der Niederbarnimer Eisenbahn übernommen, wo sie die Bahnnummer 010 trug.
Foto: M. Baumberg, Sammlung Weisbrod

93 6682 (Borsig 1942/15221) am 11.03.1966 in Basdorf.
Foto: Hans Müller

15 059 weitere zwei Lokomotiven, die Bahnnummern 011 und 012, und im gleichen Jahr lieferte Borsig mit den Fabriknummern 15 221 und 15 222 die Lokomotiven mit den Bahnnummern 013 und 014. Die Maschinen sind 1950 von der DR mit den Betriebsnummern 93 6679 bis 93 6683 übernommen worden. Sie sind in der Reihenfolge der Betriebsnummern wie folgt ausgemustert worden: 27. 11. 1968, 12. 02. 1968, 07. 05. 1965, 06. 04. 1970 und 12. 02. 1968.

1'D1' h2t

93^{67}

93 6776–6778

Gt 46.17

HBE

WL

1927–1969

Techn. Daten: Seite: 294

Mit den 1'E 1' h2-Lokomotiven der *Tierklasse* hatte die Halberstadt–Blankenburger Eisenbahn (HBE) auf den Steilstreckenabschnitten der heutigen Rübelandbahn die Abkehr vom kombinierten Zahnrad-/Reibungsbetrieb vollzogen. Sie war bestrebt, ihren Maschinenpark durch Umbauten und Neubeschaffungen den veränderten Bedingungen anzupassen, um mit universell einsetzbaren Reibungslokomotiven sowohl die Steilstrecken als auch die Flachlandstrecken zu befahren.
Die Hanomag lieferte 1927 drei 1'D 1' h2-Tenderlokomotiven mit den Fabriknummern 10 566 bis 10 568, die bei der HBE die Bahnnummern 10 bis 12 erhielten. Die Lokomotiven besaßen einen 100 mm dicken Barrenrahmen, der durch vorderen und hinteren Pufferträger, Rauchkammer- und Gleitbahnträger und weitere Querverbindungen versteift war. Die Lokmotivmasse war in vier Punkten gegen das Laufwerk abgestützt. Die Laufradsätze (850 mm Durchmesser) und die benachbarten beiden Kuppelradsätze bildeten jeweils zwei Abstützpunkte. Jeder Laufradsatz war mit dem benachbarten Kuppelradsatz zu einem Krauss-Helmholtz-Lenkgestell verbunden, so daß der feste Achsstand der Lokomotive nur von den beiden mittleren, fest im Rahmen gelagerten Kuppelradsätzen mit 1700 mm gebildet wurde. Die gekuppelten Radsätze hatten einen Laufkreisdurchmesser von 1250 mm. Angetrieben wurde der dritte Kuppelradsatz.
Der aus zwei Schüssen bestehende Langkessel hatte einen lichten Durchmesser von 1800 mm, 20 mm Blechdicke und einen Rohrwandabstand von 4200 mm. Die kupferne Feuerbüchse bestand aus 16 mm dickem Blech und

Bahn-Nr. 10 der HBE, die spätere 93 6776 (Hanomag 1927/10566).
Foto: C. Bellingrodt, Sammlung Weisbrod

93 6776, ehemals Nr. 10 der HBE, bei der VES-M in Halle
Foto: M. Baumberg, Sammlung Weisbrod

hatte eine 26 mm dicke Rohrwand. Bei notwenigen Ersatz durch eine stählerne Feuerbüchse ist auch der Rohrspiegel von 30 Rauch- und 171 Heizrohren auf 32 Rauch- und 155 Heizrohre geändert worden. Bemerkenswert war das selbsttätige Luftsaugeventil auf der Naßdampfkammer des Dampfsammelkastens, das bei geöffneten Regler durch den Dampfdruck geschlossen war. Bei Fahrt mit geschlossenem Regler diente es der Verbesserung des Druckausgleichs in den Zylindern und kühlte die Umkehrenden des Schmidtschen Rauchröhrenüberhitzers. Der doppelwandige Schornstein diente zugleich als Schalldämpfer für die Riggenbach-Gegendruckbremse. Unüblich waren auch die Speiseeinrichtungen bei den 1'D1'- und 1'C1'-Lokomotiven. Neben einer normalen Strahlpumpe besaßen sie Mischvorwärmerpumpen Bauart Worthington links neben der Rauchkammer. Die Pumpe war um 1920 von der amerikanischen Worthington Pump & Machinery Corporation entwickelt worden. Weil ein großvolumiger Wärmeaustauscher fehlte, konnten Kaltwasser-, Heißwasserteil und Mischkammer in einem Block zusammengefaßt werden. Diese Pumpen sind schon Anfang der 40er Jahre, vermutlich wegen nicht mehr beschaffbarer Ersatzteile, gegen Kolbenspeisepumpen der Bauart Knorr-Tolkien getauscht worden. Ansonsten hat man auch bei der Reichsbahn übliche Baugruppen verwendet wie die beiden Hochdruck-Schmierpumpen Bauart Bosch-Reichsbahn, das Druckluftläutewerk Bauart Knorr oder den Druckluftsandstreuer, der aus dem zentralen Sandkasten auf dem Langkesselscheitel mit beidseits acht Fallrohren alle gekuppelten Radsätze in beiden Fahrtrichtungen sandete. Die ursprüngliche Gasbeleuchtung ist bei der DR durch elektrische Beleuchtung ersetzt worden, auch erhielt der Kohlekasten einen hölzernen Aufsatz, um das Fassungsvermögen zu vergrößern. »Zutaten« der Deutschen Reichsbahn sind auch die Vollscheibenräder bei den Laufradsätzen der 93 6776. Die Zugleistungen der 1'D1'-Lokomotiven

93 6777 im August 1966 in Blankenburg (Harz).
Foto: M. Baumberg, Sammlung Weisbrod

93 6778 (Hanomag 1927/10568) in Blankenburg am 26.07.1964.
Foto: Hans Müller

waren beachtlich. Sie konnten auf der Steigung 1:66, 66 mit 15 km/h noch 138 t Zugmasse bewältigen, bei Versuchsfahrten schafften sie sogar 180 t mit 10 km/h und konnten in der gleichen Neigung 130 t allein mit der Gegendruckbremse abbremsen
Die Deutsche Reichsbahn übernahm 1949 die drei Lokomotiven mit den Betriebsnummern 93 6776 bis 93 6778 und hat sie um 1968/1969 ausgemustert. Die Maschinen waren bis zur Ausmusterung beim Bw Blankenburg (Harz) beheimatet.

1'D1' h2t

95^0

95 007^II^

Gt 46.20

Reichswerke Salzgitter

WL

1940–1961

Techn. Daten: Seite: 295

Im Jahre 1950 übernahm die Deutsche Reichsbahn eine ehemalige Werklokomotive der Reichswerke Salzgitter in ihren Betriebspark. Diese Lok hatte die Radsatzfolge 1'D1' h2t und war von der Firma Friedrich Krupp, Essen, im Jahre 1940 unter der Fabriknummer 2427 gebaut worden. Die Maschine hatte ursprünglich zusammen mit 26 weiteren Exemplaren gleicher Bauart, die ebenfalls von Krupp geliefert worden waren, bei der Werkbahn der Reichswerke im Einsatz gestanden.
Obgleich es sich um einen Vierkuppler handelte, wurde die Lok bei der DR in die BR 95 eingereiht und bekam die Betriebsnummer 95 007 in zweiter Besetzung. Die echte 95 007, eine pr. T 20, war bei der DB verblieben.
Die Betriebsnummer der ehemaligen Werklok war gebildet worden, indem man der Nr. 7, welche sie bei den Reichswerken getragen hatte, einfach die (falsche) Stammnummer 95 voranstellte und zwischen Stammnummer und ehemaliger Zählnummer zwei Nullen einfügte. In der Literatur geäußerte Vermutungen, die Maschine sei wegen ihrer großen Leistungsfähigkeit in die BR 95 eingereiht worden, treffen nicht zu.
Lok 7 der Reichswerke Salzgitter und ihre 26 Schwestermaschinen gehörten zu einer Typenreihe von Heißdampf-Tenderlokomotiven, welche die Firma Krupp

95 007II (Krupp 1940/2427) als Werklok Nr. 3 des Kalikombinates Werra in Merkers. Foto: Gernot Malsch

Anfang der dreißiger Jahre für Privat- und Werksbahnen entwickelt hatte und die bis in die fünfziger Jahre zum Fertigungsprogramm des Unternehmens gehörte. Sie waren im Prinzip ein geringfügig veränderter Nachbau der 1'D1' h2t mit 20 t Kuppelradsatzfahrmasse, welche Krupp 1931 und 1936 in zwei Exemplaren an die Wanne–Bochum–Herner Eisenbahn geliefert hatte. Den Lokomotiven für die Reichswerke Salzgitter sehr ähnlich waren die zehn 1'D1' h2t der Köln–Bonner Eisenbahn; allerdings hatten sie nur 18 t Radsatzfahrmasse. Zur gleichen Typenreihe gehörten außerdem die 1'D1' h2t Nr. 44 der BLE (ab 1938 DRG 79 001II) und die 1'C1' h2t der gleichen Bahn, welche 1938 bei der DRG als 75 601 bis 75 605 eingereiht worden waren. Die BLE-Maschinen sind im Band 5 des Dampflok-Archivs beschrieben.

Die Lokomotiven für die Reichswerke Salzgitter besaßen einen Blechrahmen, der zwecks Masseeinsparung mit zahlreichen Aussparungen versehen war. Bei einem Gesamtachsstand von 10 000 mm betrug die LüP 13 270 mm. Der Laufkreisdurchmesser der Kuppelräder betrug 1200 mm, derjenige der Laufräder 850 mm. Die Laufräder besaßen sieben Speichen. Vorderer und hinterer Laufradsatz waren in Bisselgestellen gelagert. Von den vier Kuppelradsätzen diente der dritte als Treibradsatz. Die Zylinder mit angegossenen Schieberkästen hatten einen Durchmesser von 630 mm und einen Kolbenhub von 600 mm.Die Schieber waren Regelkolbenschieber. Den Druckausgleich besorgten Winterthur-Druckausgleicher. Der Kreuzkopf war einschienig geführt; die Steuerung entsprach der Bauart Heusinger mit Kuhnscher Schleife. Der Kessel war für einen Betriebsdruck von 15 bar ausgelegt. Der Langkessel bestand aus zwei Schüssen, von denen der vordere den Speisedom, der hintere den Dampfdom mit dem Ventilregler sowie zwei Sandkästen mit je vier Fallrohren für jede Lokomotiveneite trug. Dampfdom und Sandkästen besaßen eine gemeinsame Verkleidung. Die Rohrlänge zwischen den Rohrwänden betrug 4400 mm. Der Überhitzer entsprach der Bauart Schmidt und hatte eine Heizfläche von 64,7 m^2. Der Stehkessel war nach Bauart Belpaire ausgebildet.Die am hinteren Ende des Langkessels befindlichen Sicherheitsventile waren solche der Bauart Coale. Zur Kesselspeisung dienten zwei Dampfstrahlpumpen Bauart Friedmann. Die Rauchkammer trug einen kurzen, schwach konischen Schornstein. Blasrohr, Hilfsbläser, Rauchkammerspritze und Funkenfänger entsprachen DRG-Normen. Das Führerhaus mit durchgehendem Oberlichtaufsatz und seitlichen Lüftungsklappen ähnelte demjenigen preußischer Länderbahnlokomotiven. Die Lokomotiven besaßen seitliche Wasserkästen mit im Vorderteil abgeschrägter Decke. Der Kohlekasten war ab Werk mit einem Aufsatz versehen. Einige Lokomotiven waren mit Windleitblechen nach dem Vorbild der BLE-Lok Nr. 44 geliefert worden, darunter auch die spätere 95 007^{II}. Als Bremse dienten Einkammerdruckluftbremse Bauart Knorr mit Zusatzbremse und die Extersche Wurfhebelbremse. Die Luftpumpe befand sich auf der rechten Seite der Rauchkammer. Der Druckluftsandstreuer sandete alle Kuppelradsätze bei Vorwärts- und Rückwärtsfahrt. Dampfpfeife preußischer Regelausführung (auf dem Stehkessel) sowie Druckluftläutewerk Bauart Knorr (links neben dem Schornstein) ermöglichten die Signalgebung. Der Geschwindigkeitsmesser entsprach der Bauart Deuta. Die Lokomotiven hatten elektrische Beleuchtung; der Dampfturbogenerator Bauart AEG hatte rechts neben dem Schornstein seinen Platz. Die Maschinen konnten 9 m^3 Wasser und 4 t Kohle mitführen. Ihre Höchstgeschwindigkeit betrug 60 km/h.

Die ehemalige WL 7 der Reichswerke Salzgitter ist 1945 bei der Rbd Magdeburg vorgefunden und im Juni 1947 der Rbd Erfurt überstellt worden. Zum Eigentum der DR gehörte die Maschine offiziell allerdings erst seit 1950. Wann ihre Umzeichnung in 95 007^{II} erfolgte, ist nicht genau belegt. Überlieferungen, nach denen die Maschine in den ersten Jahren nach Kriegsende nicht für die DR, sondern für die sowjetische Besatzungsmacht Dienst verrichtet haben soll, entbehren nicht einer gewissen Logik. 95 007^{II} hatte nach 1945 nämlich nicht mehr ihre ursprüngliche Dampfpfeife, sondern eine Pfeife sowjetischer Bauart, deren Ton an eine Schiffsirene erinnerte. Derartige Dampfpfeifen waren bei vielen deutschen Lokomotiven, welche die Besatzer requiriert hatten, angebaut worden.

Die Rbd Erfurt stationierte die Maschine zunächst beim Bw Probstzella, Lokbahnhof Sonneberg. 1950 erfolgte die Umbeheimatung zum Bw Suhl. Damals dürfte sie auch ihre Reichsbahn-Betriebsnummer erhalten haben. Die Lok wurde in den Dienstplänen der BR 95^0 (pr. T 20) eingesetzt, war aber wegen ihrer begrenzten Betriebsvorräte und ihrer Höchstgeschwindigkeit von nur 60 km/h kein vollwertiger Ersatz für die T 20.

95 007^{II} war während ihrer Zugehörigkeit zum Bw Suhl in einen aufsehenerregenden Bahnbetriebsunfall verwickelt worden. Am Sonntag, dem 5. Februar 1952, befand sie sich als Schiebelok an einem Sonderzug für Gäste der DDR-Meisterschaften in den nordischen Skidisziplinen. An der Blockstelle Struth fuhr die in Oberhof abgelaufene 44 1570 auf den glücklicherweise nur schwach besetzten Sonderzug auf. Der Heizer der Zuglok 94 976 wurde getötet, mehrere Reisende trugen Verletzungen davon. Der Zusammenprall war so stark, daß nicht nur 94 976 und der Tender von 44 1570 Totalschaden erlitten, sondern auch die Schiebelok 95 007^{II} beschädigt wurde. Nach der Reparatur der Unfallschäden setzte das Bw Suhl die Maschine kaum noch ein. Anfang 1953 ist 95 007^{II} zum Bw Erfurt G umbeheimatet worden. Dort wurde sie überwiegend im Verschiebedienst verwendet. 1955 hat man die Lok abgestellt und ein Jahr später an das Kaliwerk Werra in Merkers (Rhön) verkauft. Als Werklok trug sie dort die Nr. 3 und stand noch bis 1961 im Dienst. Anschließend wurde sie ausgemustert und zerlegt.

Radsatzfolge E

E h2t

94^{67}

94 6776

Gt 55.17

HBE

pr. $T\ 16^1$

1915–1955 (?)

Techn. Daten: Seite: 294

94 6776 (Schwartzkopff 1915/5725), bei der DRG 94 699, dann Nr. 16 der HBE, im Jahre 1962 in Sangerhausen.
Foto: W. Umlauft, Sammlung Malke

Der »Umzeichnungsplan für die von den nicht reichsbahneigenen Eisenbahnen des öffentlichen Verkehrs in der sowjetischen Besatzungszone übernommenen Lokomotiven« vom 12. Dezember 1949 enthält eine Lokomotive der Baureihe 94. Diese Lokomotive ist als Gattung pr. $T\ 16^1$ 1915 von Schwartzkopff mit der Fabriknummer 5725 an die Preußisch-Hessischen Staatsbahnen geliefert und als ESSEN 8152 in Dienst gestellt worden. Mit dem Umzeichnungsplan von 1925 erhielt sie die Betriebsnummern 94 689. Die HBE hat diese Lokomotive (Datum nicht bekannt) erworben und als Bahnnummer 16 in ihren Bestand eingereiht. Diesen Sachverhalt bestätigt auch Werner Steinke in »Die Rübelandbahn« (Berlin 1982), wenngleich mit der Fabriknummer 5726 dem Verlag ein Satzfehler unterlaufen ist. 1949 erhielt die Lokomotive von der DR die Betriebsnummer 94 6776.

Verwirrung stiftete Wolfgang Valtin in seinem »Verzeichnis aller Lokomotiven und Triebwagen« in der Reihe Deutsches Lok-Archiv (Berlin 1992), wo er Lokomotiven mit den Betriebsnummern 94 6777 und 94 6778 aufführt, ohne deren Herkunft und Verbleib belegen zu können. Für die 94 6777 mutmaßt Valtin, daß es die $T\ 16^1$ ESSEN 8155 gewesen sein könnte, deren Lieferdaten und Herkunft unsicher seien. Wenn es diese Lokomotive war, ist sie 1915 von Schwartzkopff mit der Fabrinummer 5728 geliefert worden, aber nicht im Umzeichnungsplan von 1925 enthalten. Belgien erhielt 1919 insgesamt 36 Lokomotiven der Gattung $T\ 16^1$ als Reparationsleistung. Valtin vermutet, daß die ESSEN 8155 mit der belgischen Nummer 9855 nach 1945 bei der DR verblieben war und als Bahnnummer 17 zur HBE kam. Von Werner Steinke wird das nicht bestätigt. Für die 94 6778 gibt Valtin keinen Vorbesitzer an, vermutet, daß es sich um die ESSEN 8154 und die belgische 9854 handelt, die nach 1945 bei der DR Verblieb. In »Die Triebfahrzeuge der Deutschen Reichsbahn (Ost) 1945/46« von Hütter/Kubitzki, wie zuverlässig die dort vermerkten Angaben auch immer sein mögen, sind beide Maschinen unter den SNCB 9801… nicht aufgeführt.

Wir wollen diese Spekulationen nicht fortsetzen und können nur die Existenz der 94 6776 mit einem Foto nachweisen.

Radsatzfolge 1' E 1'

1'E1' h2t

95^{66}

95 6676–6679

Gt 57.16

HBE

1919–1970

Techn. Daten: Seite: 295

Der auch im Ersten Weltkrieg ständig steigende Güterverkehr auf der Harzbahn bereitete den teilweise 30 Jahre alten Zahnradlokomotiven zunehmend Probleme, so daß die Bahnverwaltung mit der Firma Borsig über den Bau neuer Lokomotiven verhandelte. 1915 war von Direktor Werner Glanz eine 1'C 1'-Zahnradlokomotive in Auftrag gegeben worden. Sein Nachfolger Otto Steinhoff änderte 1916 die Bestellung in eine E-Lokomotive ab. Anfang 1917 ergab sich in den Verhandlungen zwischen der HBE und Borsig folgender Stand: Borsig bot eine 1'D 1'-Zahnradlokomotive und einen E-Kuppler für die reinen Adhäsionsstrecken. Die im Kriege notwendige Dringlichkeitsbescheinigung zum Bau der Lokomotiven beantragte Steinhoff mit Schreiben vom 1. April 1917 an das Herzogliche Eisenbahn-Kommissariat in Braunschweig, und hier ist erstmals von zwei 1'E 1'-Lokomotiven die Rede, die die Zahnstangenabschnitte im Reibungsbetrieb bewältigen sollten. Die HBE hatte bereits in mehreren Versuchsfahrten mit den Lokomotiven Nr. 42 und 51 (1'C h2t) nachgewiesen, daß Steigungen von 60 ‰ auch mit Anhängemassen durchaus im Reibungsbetrieb zu bewältigen waren. Das wurde auch von einer pr. T 16 bestätigt, die man sich von der ED Magdeburg ausgeliehen hatte.
Dennoch beschritten HBE und Borsig bei Bau der 1'E 1'-Lokomotive absolutes Neuland, denn eine Lokomotive dieser Dimension war in Deutschland noch nicht gebaut worden. Es gab keine Vorschriften für Steilstrecken-Lokomotiven, die mehr als 30 ‰ Steigung bewältigten, es gab auch keine Vorschriften für den Steilstreckenbetrieb mit Adhäsionslokomotiven auf Steigungen über 30 ‰ . Das Problem sahen HBE und Borsig nicht in der Berg-, sondern in der Talfahrt, wo die 98, 8 t schwere Lokomotive samt Wagenzug auch bei ungünstigen Reibwerten zwischen Rad und Schiene nicht zum Schlitten werden durfte. Sicherheitshalber sah man für die Talfahrt zwei Bremszahnräder mit einem Teilkreisdurchmesser von 688 mm vor, die in einem besonderen Rahmengestell gelagert waren. Die Zahnräder waren zwischen zweitem und drittem und zwischen drittem und viertem Kuppelradsatz angeordnet, bei Bergfahrt anhebbar, bei Talfahrt absenkbar.
Die erste Lokomotive mit der Fabriknummer 10353 hatte am 4. Februar 1920 ihre Werksprobefahrt und wurde am 4. und 5. März 1920 auf der Harzbahn bis Hüttenrode eingesetzt. Mit Anhängemassen von 240 t (bei Schneetreiben) wurden die Erwartungen der HBE und die Berechnungen von August Moister, dem Chefkonstrukteur von Borsig, übertroffen. Die Entwicklung dieser schweren Tenderlokomotive, die nachwies, daß auch auf Steigungen mit 60 ‰ problemlos im Reibungsbetrieb gefahren werden konnte, war eine ähnlich markante Entwicklungsetappe im Lokomotivbau wie die Entwicklung des Verbundprinzips oder die Verwendung des Heißdampfes.
Die Lokomotive hatte Barrenrahmen. Die Stahlgußversteifungen zwischen den Zylindern erwiesen sich bald als zu schwach und mußten vestärkt werden.

95 6676 (Borsig 1919/10353), die ehemalige MAMMUT, 1983 in Blankenburg.
Foto: Manfred Weisbrod

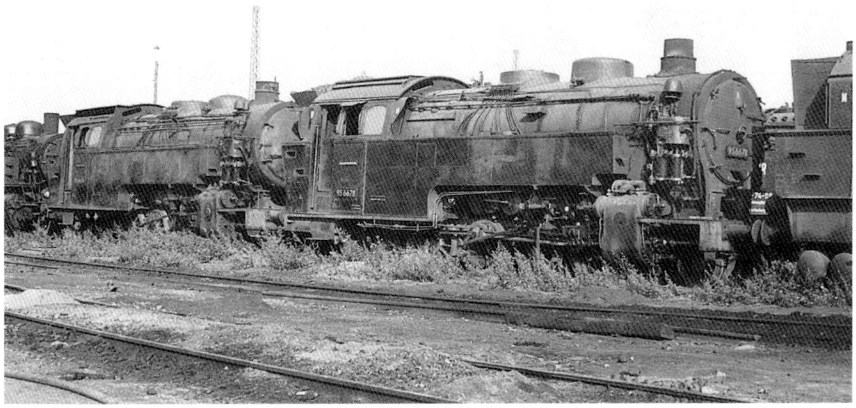

95 6678 (Borsig 1921/10909), die ehemalige BÜFFEL, abgestellt am 26.07.1964 in Blankenburg.
Foto: Hans Müller

Der Kuppelraddurchmesser von 1100 mm war für den Steilstreckenbetrieb optimal und erlaubte auch im Flachland noch eine Höchstgeschwindigkeit von 50 km/h. Die Laufradsätze mit 850 mm Durchmesser wurden in Bisselachsen geführt und hatten beidseits 125 mm Seitenspiel. Der zweite und fünfte Kuppelradsatz waren um beidseits 30 mm seitenverschiebbar, der feste Radstand wurde von den Kuppelradsätzen 1 und 4 gebildet. Die Räder des Treibradsatzes (dritter Kuppelradsatz) waren spurkranzlos. Längsausgleichhebel gab es nur zwischen den Kuppelradsätzen 1 und 2 sowie 4 und 5, so daß die Lokomotive in zehn Punkten abgestützt war. Die Blattfedern der Kuppelradsätze waren unterhalb der Achslager angeordnet, die Laufradsätze wurden von Spiralfedern abgefedert.
Die Zylinder mit 700 mm Durchmesser und 550 mm Kolbenhub mußten wegen des geringen Kuppelraddurchmessers leicht geneigt angebracht werden und arbeiteten auf den dritten Kuppelradsatz. Die Kolbenschieber waren Bauart Hochwaldt, die Steuerung eine von Borsig modifizierte Bauart Heusinger, bei der die Steuerwelle und der Mittelpunkt der Schwinge zusammengelegt waren. Um bei einem Gesamtachsstand von nur 9550 mm keine Überhänge entstehen zu lassen, bekam der Kessel nur eine Rohrlänge von 3700 mm, aber einen Durchmesser von 2000 mm. Trotz seiner gedrungenen Bauart übertraf der Kessel der HBE-Lokomotiven den Kessel der T 16 im Wasserraum um 142,6 %, im Dampfraum um 177 % und in der Verdampfungsoberfläche um 125 %. Gespeist wurde er durch eine Dampfstrahlpumpe an der Stehkesselrückwand und eine Kolbenspeisepumpe mit Oberflächenvorwärmer (quer auf dem Rahmen über dem dritten Kuppelradsatz) Bauart Knorr. Gebremst wurde mit der Druckluftbremse Bauart Knorr mit Zusatzbremse. Die Bremsklötze wirkten einseitig von vorn in Achsmitte auf alle gekuppelten Radsätze. Weiterhin war eine Riggenbach-Gegendruckbremse vorhanden sowie die übliche Wurfhebel-Handbremse. Um eine Überbremsung zu vermeiden, war bei Betrieb der Gegendruckbremse die Druckluftbremse ausgeschaltet. Weil bei der Indienststellung der Lokomotiven noch ein Teil des Wagenparkes Saugluftbremse Bauart Hardy besaß, erhielten die Lokomotiven auch den Doppelluftsauger. Eine bemerkenswerte Neuerung war der von Borsig entwickelte Druckluftsandstreuer. Mit ihm konnten aus dem zentralen Sandkasten mit beidseits je zehn Fallrohren alle gekuppelten Radsätze bei Vorwärts- und Rückwärtsfahrt zuverlässig gesandet werden.
Das Gestell mit den Bremszahnrädern erwies sich nicht nur als überflüssig, sondern auch als hinderlich. Bei der Überführungsfahrt der zweiten Lokomotive am 24. April 1920 mußte es bereits im Bw Berlin-Grunewald wegen unzulässiger Lagererwärmung ausgebaut werden. Weil die Lokomotiven auch bei Talfahrt 30 km/h erreichten und sicher abgebremst werden konnten, waren die Bremszahnräder, die diese Geschwindigkeiten nicht mithalten konnten, störend. 1921, mit Auslieferung der letzten beiden Lokomotiven, erhielten die Maschinen auch die bekannten Namen MAMMUT, WISENT, BÜFFEL und ELCH und waren fortan die **Tierklasse** der HBE. Die BÜFFEL und ELCH erhielten bereits ab Werk keine Bremszahnräder mehr.
Das EZA Berlin unternahm Versuchsfahrten mit den 1'E 1'-Lokomotiven der HBE, nicht nur auf der Harzbahn, sondern auch auf anderen deutschen Zahnradstrecken, stellte fest, daß man den Zahnradbetrieb überall durch die pr. T 16/T 16^1 ablösen konnte und bestellte mit der pr. T 20 (Baureihe 95^0) eine Lokomotive, die mit einer Kuppelradsatzfahrmasse von 19 t und in allen Hauptabmessungen die TIERKLASSE noch weit übertraf.
Die Deutsche Reichsbahn übernahm 1949 die vier Maschinen der TIERKLASSE mit den Betriebsnummern 95 6676–6679. 1951 zerknallte der Kessel der ehemaligen ELCH (95 6679) im Raw Meiningen, durchschlug das Dach des Anheizschuppens und landete im Garten des benachbarten Krankenhauses. Die Lokomotive wurde ausgemustert. Die ehemalige MAMMUT, die 95 6676, wird als nicht betriebsfähige Lokomotive vom Verkehrsmuseum Dresden aufbewahrt.

Baureihe/Unterbaureihe	–	64^{65}	69^{61}	70^{61}
Betriebsgattung	–	Pt 35.15	Pt 23.11	Pt 23.11
Abgekürzte Bezeichnung	–	1'C1'h2t	B 1 n2t	1'B h2t 1)
Frühere Gattung bzw. Werkstype	–	Einheitslok	pr. T 4^2	O & K-Typ
Betriebsnummer von	–	64 6576	69 6101	70 6176
bis	–	–	–	70 6179
Zulässige Fahrgeschwindigkeit	km/h	90	75	50
Zylinderdurchmesser	mm	500	400	350
Kolbenhub	mm	660	575	550
Treib- und Kuppelraddurchmesser	mm	1500	1540	1350
Laufraddurchmesser vorn/hinten	mm	850/850	–/1000	800/–
Kesseldruck	bar	14	10	12
Wasserraum des Kessels	m^3	5,0	–	–
Dampfraum des Kessels	m^3	1,55	–	–
Verdampfungswasseroberfläche	m^2	6,5	–	–
Masse des Kessels ohne/mit Ausrüstung	t	12,5/15,8	–	–
Rostfläche	m^2	2,04	1,18	1,35
Anzahl der Heizrohre	Stck	114	180	–
Heizrohrdurchmesser	mm	44,5 x 2,5	46 x 2,5	–
Anzahl der Rauchrohre	Stck	32	–	–
Rauchrohrdurchmesser	mm	118 x 4	–	–
Rohrlänge zwischen den Rohrwänden	mm	3800	3395	–
Überhitzerrohrdurchmesser	mm	30 x 3	–	–
Strahlungsheizfläche (Feuerbüchse)	m^2	8,7	5,8	–
Heizrohrheizfläche	m^2	53,7	78,7	–
Rauchrohrheizfläche	m^2	42,0	–	–
Verdampfungsheizfläche (feuerberührt)	m^2	104,4	84,5	48,0
Überhitzerheizfläche	m^2	37,18	–	–
Bauart des Vorwärmers	–	OV	–	–
Achsstand der Lok	mm	9000	4080	4000
Länge der Lok über Puffer	mm	12 500	9530	8502
Lokleermasse	t	58,0	32,8	28,65
Lokdienstmasse (2/3 Vorräte)	t	71,0	–	–
Lokdienstmasse (volle Vorräte)	t	74,9	39,5	34,95
Reibungsmasse	t	45,5	25,7	25,65
Mittlere Kuppelradsatzfahrmasse	t	15,17	12,85	11,65
Metermasse der Lok	t/m	5,99	4,22	4,1
Wasserkasteninhalt	m^3	9,0	3,3	4,0
Brennstoffvorrat	t	3,0	1,0	1,4
vorwiegend gekuppelt mit Tender	–	–	–	
Urheber der Konstruktion	–	DLV	Henschel	O & K
Hersteller der Lok	–	Jung	Henschel	O & K
Erstes Baujahr bzw. Umbaujahr	–	1940	1894	1908

1) geliefert als 1'B n2t

Baureihe/Unterbaureihe	–	70^{63}	70^{64}	74^{66}
Betriebsgattung	–	Pt 23.13	Pt 23.14	Pt 34.16
Abgekürzte Bezeichnung	–	1'B h2t [1]	1'B n2t	1'C h2t
Frühere Gattung bzw. Werkstype	–	O & K-Typ	Humboldt-Typ	AEG–Typ
Betriebsnummer von	–	70 6376	70 6401	74 6611
bis	–	–	–	74 6612
Zulässige Fahrgeschwindigkeit	km/h	50	50	60
Zylinderdurchmesser	mm	350	–	480
Kolbenhub	mm	550	–	630
Treib– und Kuppelraddurchmesser	mm	1350	–	1350
Laufraddurchmesser vorn/hinten	mm	800/–	–	900/–
Kesseldruck	bar	13	–	12
Wasserraum des Kessels	m^3	–	–	–
Dampfraum des Kessels	m^3	–	–	–
Verdampfungswasseroberfläche	m^2	–	–	–
Masse des Kessels ohne/mit Ausrüstung	t	–	–	–
Rostfläche	m^2	1,35	–	1,86
Anzahl der Heizrohre	Stck	–	–	117
Heizrohrdurchmesser	mm	–	–	44,5 x 2,5
Anzahl der Rauchrohre	Stck	–	–	21
Rauchrohrdurchmesser	mm	–	–	133 x 4
Rohrlänge zwischen den Rohrwänden	mm	–	–	3500
Überhitzerrohrdurchmesser	mm	–	–	–
Strahlungsheizfläche (Feuerbüchse)	m^2	–	–	–
Heizrohrheizfläche	m^2	–	–	–
Rauchrohrheizfläche	m^2	–	–	–
Verdampfungsheizfläche (feuerberührt)	m^2	48,0	–	117,95
Überhitzerheizfläche	m^6	–	–	31,7
Bauart des Vorwärmers	–	–	–	OV
Achsstand der Lok	mm	4000	–	6000
Länge der Lok über Puffer	mm	8502	–	10 400
Lokleermasse	t	29,65	–	46,0
Lokdienstmasse (2/3 Vorräte)	t	–	–	–
Lokdienstmasse (volle Vorräte)	t	35,95	–	58,0
Reibungsmasse	t	26,7	–	46,8
Mittlere Kuppelradsatzfahrmasse	t	12,65	–	15,6
Metermasse der Lok	t/m	4,22	–	5,58
Wasserkasteninhalt	m^3	4,0	–	6,0
Brennstoffvorrat	t	1,5	–	1,8
vorwiegend gekuppelt mit Tender	–	–	–	–
Urheber der Konstruktion	–	O & K	Humboldt	AEG
Hersteller der Lok	–	O & K	Humboldt	AEG
Erstes Baujahr bzw. Umbaujahr	–	1913	1903	1925

1) geliefert als 1'B n2t mit Stroomann–Kessel

Baureihe/Unterbaureihe-		74^{66}	74^{67}	75^{62}
Betriebsgattung	–	Pt 34.14	Pt 34.17	Pt 35.12
Abgekürzte Bezeichnung	–	1'C n2t	1'C h2t	1'C1'h2t
Frühere Gattung bzw. Werkstype	–	pr. T 9^2	pr. T 12	Samland-Typ [2]
Betriebsnummer von	–	74 6621	74 6776	75 6276
bis	–	74 6623	74 6779	75 6279
Zulässige Fahrgeschwindigkeit	km/h	60	80	70
Zylinderdurchmesser	mm	430	540	500
Kolbenhub	mm	630	630	600
Treib- und Kuppelraddurchmesser	mm	1500	1500	1600
Laufraddurchmesser vorn/hinten	mm	1000/–	1000/–	1000/1000
Kesseldruck	bar	12	12	12/13[3]
Wasserraum des Kessels	m^3	4,20	4,52	–
Dampfraum des Kessels	m^3	1,50	1,52	–
Verdampfungswasseroberfläche	m^2	6,10	6,80	–
Masse des Kessels ohne/mit Ausrüstung	t	9,1/11,4	9,4/14,25–	
Rostfläche	m^2	1,75	1,73	1,8
Anzahl der Heizrohre	Stck	197	120	111/84 [3]
Heizrohrdurchmesser	mm	46 x 2,5	46 x 2,5	44,5 x 2,5
Anzahl der Rauchrohre	Stck	–	18	12/18 [3]
Rauchrohrdurchmesser	mm	–	133 x 4	133 x 4
Rohrlänge zwischen den Rohrwänden	mm	3930	4370	4200
Überhitzerrohrdurchmesser	mm	–	38 x 4	38 x 4
Strahlungsheizfläche (Feuerbüchse)	m^2	7,10	9,41	8,49
Heizrohrheizfläche	m^2	99,72	67,80	57,8/43,7[3]
Rauchrohrheizfläche	m^2	–	30,80	19,8/29,7[3]
Verdampfungsheizfläche (feuerberührt)	m^2	106,82	108,01	86,1/81,9[3]
Überhitzerheizfläche	m^2	–	33,4	23,0/34,6[3]
Bauart des Vorwärmers	–	–	OV	–
Achsstand der Lok	mm	6600	6350	8500
Länge der Lok über Puffer	mm	10 650	11 800	12 000
Lokleermasse	t	44,2	53,2	46,65
Lokdienstmasse (2/3 Vorräte)	t	–	64,0	57,3
Lokdienstmasse (volle Vorräte)	t	54,8	67,1	60,5
Reibungsmasse	t	43,2	50,1	36,7
Mittlere Kuppelradsatzfahrmasse	t	14,2	16,7	12,2
Metermasse der Lok	t/m	5,14	5,95	5,04
Wasserkasteninhalt	m^3	5,75	7,0	7,0
Brennstoffvorrat	t	2,0	2,5	2,5
vorwiegend gekuppelt mit Tender	–	–	–	–
Urheber der Konstruktion	–	NbE[1]	Union-Gießerei	O & K
Hersteller der Lok	–	NbE[1]	Borsig	O & K
Erstes Baujahr bzw. Umbaujahr	–	1928[1]	1911	1925

1) Umbau
2) Nachbau
3) 75 6278

Baureihe/Unterbaureihe	–	75^{64}	75^{66}	75^{66}
Betriebsgattung	–	Pt 35.14	Pt 35.17	Pt 35.16
Abgekürzte Bezeichnung	–	1'C1'h2t	1'C1'h2t	1'C1'h2t
Frühere Gattung bzw. Werkstype	–	Samland–Typ 1)	2)	Borsig/BStb.
Betriebsnummer von	–	75 6476	75 6676	75 6679
bis	–	–	75 6678	75 6681
Zulässige Fahrgeschwindigkeit	km/h	70	75	80
Zylinderdurchmesser	mm	500	530	450
Kolbenhub	mm	600	660	550
Treib– und Kuppelraddurchmesser	mm	1600	1400	1300
Laufraddurchmesser vorn/hinten	mm	1000/1000	850/850	800/800
Kesseldruck	bar	13	16	16
Wasserraum des Kessels	m^3	–	–	–
Dampfraum des Kessels	m^3	–	–	–
Verdampfungswasseroberfläche	m^2	–	–	–
Masse des Kessels ohne/mit Ausrüstung	t	–	–	–
Rostfläche	m^2	1,8	2,55	2,0
Anzahl der Heizrohre	Stck	84	135	127
Heizrohrdurchmesser	mm	44,5 x 2,5	44,5 x 2,5	44,5 x 2,5
Anzahl der Rauchrohre	Stck	18	30	40
Rauchrohrdurchmesser	mm	133 x 4	133 x 4	108 x 4
Rohrlänge zwischen den Rohrwänden	mm	4200	3800	3100
Überhitzerrohrdurchmesser	mm	38 x 4	38 x 4	25 x 2,5
Strahlungsheizfläche (Feuerbüchse)	m^2	8,49	10,39	9,5
Heizrohrheizfläche	m^2	43,7	63,88	48,8
Rauchrohrheizfläche	m^2	29,7	44,56	39,2
Verdampfungsheizfläche (feuerberührt)	m^2	81,9	118,61	97,5
Überhitzerheizfläche	m^2	34,6	46,31	36,0
Bauart des Vorwärmers	–	–	– 3)	OV
Achsstand der Lok	mm	8500	9000	7900
Länge der Lok über Puffer	mm	11 984	12 700	10 700
Lokleermasse	t	50,7	60,75	60,6
Lokdienstmasse (2/3 Vorräte)	t	61,2	74,4	–
Lokdienstmasse (volle Vorräte)	t	64,4	79,1	75,0
Reibungsmasse	t	41,8	51,5	49,0
Mittlere Kuppelradsatzfahrmasse	t	13,73	17,2	16,33
Metermasse der Lok	t/m	5,37	6,85	7,0
Wasserkasteninhalt	m^3	8,0	10,0	7,5
Brennstoffvorrat	t	2,5	4,0	2,5
vorwiegend gekuppelt mit Tender	–	–	–	–
Urheber der Konstruktion	–	O & K	Hanomag	Borsig
Hersteller der Lok	–	O & K	Hanomag	Borsig
Erstes Baujahr bzw. Umbaujahr	–	1936	1929	1935

1) verstärkter Nachbau
2) aus BR 64 entwickelt
3) ursprgl. mit Worthington–Vorwärmer

Baureihe/Unterbaureihe	–	75^{66}	75^{67}	$89^{9,\ 59–61}$
Betriebsgattung	–	Pt 35.14/16	Pt 35.17	Gt 33.10
Abgekürzte Bezeichnung	–	1'C1'h2t	1'C1'h2t	C n2t
Frühere Gattung bzw. Werkstype	–	ELNA 7	Borsig/HBE	Lenz b
Betriebsnummer von	–	75 6682	75 6776	89 953; 89 5902
bis	–	75 6687	75 6777	89 6141 m.L.
Zulässige Fahrgeschwindigkeit	km/h	70	65	40
Zylinderdurchmesser	mm	480	540	350
Kolbenhub	mm	550	600	550
Treib- und Kuppelraddurchmesser	mm	1200	1250	1100
Laufraddurchmesser vorn/hinten	mm	800	850	–
Kesseldruck	bar	16	16	12
Wasserraum des Kessels	m^3	3,7	4,64	2,58
Dampfraum des Kessels	m^3	–	1,86	0,87
Verdampfungswasseroberfläche	m^2	–	6,34	4,35
Masse des Kessels ohne/mit Ausrüstung	t	–	12,1/16,76	8,4/10,1
Rostfläche	m^2	2,08	2,15	1,35
Anzahl der Heizrohre	Stck	84	136	132
Heizrohrdurchmesser	mm	44,5 x 2,5	44,4 x 2,5	46 x 2,5
Anzahl der Rauchrohre	Stck	41	26	–
Rauchrohrdurchmesser	mm	108 x 4	133 x 4	–
Rohrlänge zwischen den Rohrwänden	mm	3800	3700	3240
Überhitzerrohrdurchmesser	mm	26 x 2,5	38 x 4	–
Strahlungsheizfläche (Feuerbüchse)	m^2	9,6	8,4	5,06
Heizrohrheizfläche	m^2	39,6	62,04	55,48
Rauchrohrheizfläche	m^2	49,2	37,84	–
Verdampfungsheizfläche (feuerberührt)	m^2	98,4	108,28	60,54
Überhitzerheizfläche	m^2	42,6	41,6	–
Bauart des Vorwärmers	–	OV	–	–
Achsstand der Lok	mm	7600	9000	3000
Länge der Lok über Puffer	mm	11 000	12 400	8300
Lokleermasse	t	51,1	59,0	23,10
Lokdienstmasse (2/3 Vorräte)	t	61,4	70,3	–
Lokdienstmasse (volle Vorräte)	t	64,6	73,5	30,65
Reibungsmasse	t	41,6[1)]	49,6	30,65
Mittlere Kuppelradsatzfahrmasse	t	13,9[1)]	16,5	10,22
Metermasse der Lok	t/m	5,87	5,92	3,69
Wasserkasteninhalt	m^3	7,0	7,0	4,0
Brennstoffvorrat	t	2,5	2,5	1,2
vorwiegend gekuppelt mit Tender	–	–	–	–
Urheber der Konstruktion	–	Henschel	Borsig	Vulcan
Hersteller der Lok	–	Henschel	Borsig	Vulcan u.a.
Erstes Baujahr bzw. Umbaujahr	–	1940	1943	1893

1) bei Einstellung der Radsatzfahrmasse auf 14 t

Baureihe/Unterbaureihe	–	89^{9}	89^{9}	$89^{59,\ 60\text{–}61}$
Betriebsgattung	–	Gt 33.14	Gt 33.14	Gt 33.10
Abgekürzte Bezeichnung	–	C n2t	C n2t	C n2t
Frühere Gattung bzw. Werkstype	–	ELNA 4 m.Abw.	Bismarck m. Abw.	pr. T 3 (III–4 e/[1]
Betriebsnummer von	–	89 954	89 955	89 5901
bis	–	–	–	89 6106 m.L.
Zulässige Fahrgeschwindigkeit	km/h	55	45	40
Zylinderdurchmesser	mm	430	430	350
Kolbenhub	mm	550	550	550
Treib– und Kuppelraddurchmesser	mm	1200	1100	1100
Laufraddurchmesser vorn/hinten	mm	–	–	–
Kesseldruck	bar	12	13	12
Wasserraum des Kessels	m^3	–	–	2,57
Dampfraum des Kessels	m^3	–	–	0,86
Verdampfungswasseroberfläche	m^2	–	–	4,33
Masse des Kessels ohne/mit Ausrüstung	t	–	–	8,4/10,2
Rostfläche	m^2	1,4	1,6	1,35
Anzahl der Heizrohre	Stck	167	201	132
Heizrohrdurchmesser	mm	45 x 2,5	–	46 x 2,5
Anzahl der Rauchrohre	Stck	–	–	–
Rauchrohrdurchmesser	mm	–	–	–
Rohrlänge zwischen den Rohrwänden	mm	3500	3310	3240
Überhitzerrohrdurchmesser	mm	–	–	–
Strahlungsheizfläche (Feuerbüchse)	m^2	–	–	5,6
Heizrohrheizfläche	m^2	–	–	55,2
Rauchrohrheizfläche	m^2	–	–	–
Verdampfungsheizfläche (feuerberührt)	m^2	80,1	90,2	60,8
Überhitzerheizfläche	m^2	–	–	–
Bauart des Vorwärmers	–	–	–	–
Achsstand der Lok	mm	3100	3000	3000
Länge der Lok über Puffer	mm	9500	9310	8300[1)]
Lokleermasse	t	32,5	32,7	22,5
Lokdienstmasse (2/3 Vorräte)	t	–	–	–
Lokdienstmasse (volle Vorräte)	t	44,5	43,0	29,5
Reibungsmasse	t	44,5	43,0	29,5
Mittlere Kuppelradsatzfahrmasse	t	14,8	14,3	9,9
Metermasse der Lok	t/m	4,68	4,62	3,56
Wasserkasteninhalt	m^3	5,5	4,0	3,5
Brennstoffvorrat	t	1,4	1,3	0,85[2)]
vorwiegend gekuppelt mit Tender	–	–	–	–
Urheber der Konstruktion	–	O & K	Henschel	Henschel
Hersteller der Lok	–	O & K	Henschel	Henschel u.a.
Erstes Baujahr bzw. Umbaujahr	–	1929	1930	1892[3)]

1) auch 8310
2) auch 1,0
3) 1949 übernommene Lok

Baureihe/Unterbaureihe	–	89^{60}	$89^{60, 61–62, 75}$	$89^{60, 61, 62}$
Betriebsgattung	–	G 33.10	Gt 33.11	Gt 33.10
Abgekürzte Bezeichnung	–	C n2	C n2t	C n2t
Frühere Gattung bzw. Werkstype	–	pr. T 3 m. Tender	pr. T 3 (III–4 e/2)	Bismarck alt
Betriebsnummer von	–	89 6009	89 6006	89 6017
bis	–		89 7571 m.L.	89 6234 m.L.
Zulässige Fahrgeschwindigkeit	km/h	40	40 o. 45	45
Zylinderdurchmesser	mm	350	350	350
Kolbenhub	mm	550	550	500
Treib- und Kuppelraddurchmesser	mm	1100	1100 [3]	1100
Laufraddurchmesser vorn/hinten	mm	–	–	
Kesseldruck	bar	12	12	12
Wasserraum des Kessels	m^3	2,57	2,57	1,75
Dampfraum des Kessels	m^3	0,86	0,86	–
Verdampfungswasseroberfläche	m^2	4,33	4,33	–
Masse des Kessels ohne/mit Ausrüstung	t	8,4/10,2	8,4/10,2	–
Rostfläche	m^2	1,35	1,3 o. 1,35	1,05
Anzahl der Heizrohre	Stck	132	132	112
Heizrohrdurchmesser	mm	44,5 x 2,5 [1]	46 x 2,5	46 x 2,5
Anzahl der Rauchrohre	Stck	–	–	–
Rauchrohrdurchmesser	mm	–	–	–
Rohrlänge zwischen den Rohrwänden	mm	3240	3240	3000
Überhitzerrohrdurchmesser	mm	–	–	–
Strahlungsheizfläche (Feuerbüchse)	m^2	5,6	5,6	4,57
Heizrohrheizfläche	m^2	53,6	55,2	43,28
Rauchrohrheizfläche	m^2	–	–	–
Verdampfungsheizfläche (feuerberührt)	m^2	59,2	59,8 o. 60,8	47,85
Überhitzerheizfläche	m^2	–	–	–
Bauart des Vorwärmers	–	–	–	–
Achsstand der Lok	mm	3000	3000	2700
Länge der Lok über Puffer	mm	14 368	8591	8300
Lokleermasse	t	43,65	23,0 o. 24,7	23,7
Lokdienstmasse (2/3 Vorräte)	t	57,8	29,0 o. 30,7	29,0
Lokdienstmasse (volle Vorräte)	t	63,45	32,0 o. 32,5	30,7
Reibungsmasse	t	30,3	32,0 o. 32,5	30,7
Mittlere Kuppelradsatzfahrmasse	t	10,1	10,7 o. 10,8	10,2
Metermasse der Lok	t/m	4,42	3,73 o. 3,78	3,7
Wasserkasteninhalt	m^3	12	4,0	4,0
Brennstoffvorrat	t	5	1,04 o. 1,5	1,0
vorwiegend gekuppelt mit Tender	–	3 T 12	–	–
Urheber der Konstruktion	–	Raw [2]	Henschel/Hanomag	Henschel
Hersteller der Lok	–	Raw [2]	Henschel u.a.	Henschel
Erstes Baujahr bzw. Umbaujahr	–	1953 [2]	1896 [4]	1907

1) neue Heizrohre
2) Umbau
3) 89 6113: 1200 mm
4) 1949 übern. Lok

Baureihe/Unterbaureihe	–	89^{60}	89^{60}	89^{61-63}
Betriebsgattung	–	Gt 33.12	G 33.12	Gt 33.12
Abgekürzte Bezeichnung	–	C n2t	C n2	C n2t
Frühere Gattung bzw. Werkstype	–	Thüringen	Thür. m. Tender	pr. T 3 (III–4 p)
Betriebsnummer von	–	89 6034	89 6034	89 6159
bis	–	–	–	89 6306 m.L.
Zulässige Fahrgeschwindigkeit	km/h	45	45	40 o. 45
Zylinderdurchmesser	mm	400	400	350 2)
Kolbenhub	mm	550	600	550
Treib- und Kuppelraddurchmesser	mm	1100	1100	1100 3)
Laufraddurchmesser vorn/hinten	mm	–	–	–
Kesseldruck	bar	13	13	12
Wasserraum des Kessels	m^3	–	–	2,57
Dampfraum des Kessels	m^3	–	–	0,86
Verdampfungswasseroberfläche	m^2	–	–	4,33
Masse des Kessels ohne/mit Ausrüstung	t	–	–	8,4/10,2
Rostfläche	m^2	1,47	1,47	1,35
Anzahl der Heizrohre	Stck	–	–	132
Heizrohrdurchmesser	mm	–	–	46 x 2,5
Anzahl der Rauchrohre	Stck	–	–	–
Rauchrohrdurchmesser	mm	–	–	–
Rohrlänge zwischen den Rohrwänden	mm	–	–	3240
Überhitzerrohrdurchmesser	mm	–	–	–
Strahlungsheizfläche (Feuerbüchse)	m^2	–	–	5,6
Heizrohrheizfläche	m^2	–	–	55,2
Rauchrohrheizfläche	m^2	–	–	–
Verdampfungsheizfläche (feuerberührt)	m^2	77,3	77,3	60,8
Überhitzerheizfläche	m^2	–	–	–
Bauart des Vorwärmers	–	–	–	–
Achsstand der Lok	mm	3000	3000	3000 4)
Länge der Lok über Puffer	mm	8935	14 710	8880
Lokleermasse	t	28,0	44,15	27,3
Lokdienstmasse (2/3 Vorräte)	t	–	–	–
Lokdienstmasse (volle Vorräte)	t	36,6	71,75	35,9
Reibungsmasse	t	36,6	36,6	35,9
Mittlere Kuppelradsatzfahrmasse	t	12,2	12,2	11,9
Metermasse der Lok	t/m	4,1	4,87	4,17
Wasserkasteninhalt	m^3	4,0	12,0	5,0
Brennstoffvorrat	t	1,12	5,0	2,0
vorwiegend gekuppelt mit Tender	–	–	3 T 12	–
Urheber der Konstruktion	–	Henschel	Raw 1)	O & K
Hersteller der Lok	–	Henschel	Raw 1)	O & K u.a..
Erstes Baujahr bzw. Umbaujahr	–	1913	1961 1)	1904

1) Umbau
2) auch 380
3) auch 1200
4) auch 3100

Baureihe/Unterbaureihe	–	89^{61}	89^{61}	89^{62}
Betriebsgattung	–	Gt 33.11	Gt 33.11	Gt 33.12
Abgekürzte Bezeichnung	–	C n2t	C n2t	C n2t
Frühere Gattung bzw. Werkstype	–	WL	bogve	Sondertyp
Betriebsnummer von	–	89 6165	89 6168	89 6201
bis	–	–	–	89 6226 m.L.
Zulässige Fahrgeschwindigkeit	km/h	40	45	40
Zylinderdurchmesser	mm	380	350	400
Kolbenhub	mm	–	500	600
Treib- und Kuppelraddurchmesser	mm	1100	1100	1350
Laufraddurchmesser vorn/hinten	mm	–	–	–
Kesseldruck	bar	–	12	12
Wasserraum des Kessels	m^3	–	–	–
Dampfraum des Kessels	m^3	–	–	–
Verdampfungswasseroberfläche	m^2	–	–	–
Masse des Kessels ohne/mit Ausrüstung	t	–	–	–
Rostfläche	m^2	–	1,05	1,59
Anzahl der Heizrohre	Stck	–	–	–
Heizrohrdurchmesser	mm	–	–	–
Anzahl der Rauchrohre	Stck	–	–	–
Rauchrohrdurchmesser	mm	–	–	–
Rohrlänge zwischen den Rohrwänden	mm	–	–	–
Überhitzerrohrdurchmesser	mm	–	–	–
Strahlungsheizfläche (Feuerbüchse)	m^2	–	–	–
Heizrohrheizfläche	m^2	–	–	–
Rauchrohrheizfläche	m^2	–	–	–
Verdampfungsheizfläche (feuerberührt)	m^2	–	47,8	74,9
Überhitzerheizfläche	m^2	–	–	–
Bauart des Vorwärmers	–	–	–	–
Achsstand der Lok	mm	3000	2700	3600
Länge der Lok über Puffer	mm	8500	8250	9600
Lokleermasse	t	–	24,9	27,8
Lokdienstmasse (2/3 Vorräte)	t	–	–	–
Lokdienstmasse (volle Vorräte)	t	33,2	32,2	37,6
Reibungsmasse	t	33,2	32,2	37,6
Mittlere Kuppelradsatzfahrmasse	t	11,1	10,73	12,53
Metermasse der Lok	t/m	–	3,9	3,92
Wasserkasteninhalt	m^3	4,0	4,5	6,4
Brennstoffvorrat	t	1,0	0,8	1,5
vorwiegend gekuppelt mit Tender	–	–	–	–
Urheber der Konstruktion	–	Hohenzollern	Henschel	Hanomag
Hersteller der Lok	–	Hohenzollern	Henschel	Hanomag
Erstes Baujahr bzw. Umbaujahr	–	1925	1930	1901

Baureihe/Unterbaureihe	–	89^{62}	89^{62}	89^{62}
Betriebsgattung	–	Gt 33.12	Gt 33.12	G 33.12
Abgekürzte Bezeichnung	–	C n2t	C n2t	C n2
Frühere Gattung bzw. Werkstype	–	BLE T 3	Borsig-WL	pr. T 3 m. Tend.
Betriebsnummer von	–	89 6208 und	89 6217 und	89 6222
bis	–	89 6220	89 6219	89 6225
Zulässige Fahrgeschwindigkeit	km/h	40	40	50
Zylinderdurchmesser	mm	380	380	380
Kolbenhub	mm	550	550	550
Treib- und Kuppelraddurchmesser	mm	1100	1000	1200
Laufraddurchmesser vorn/hinten	mm	–	–	–
Kesseldruck	bar	12	12	13
Wasserraum des Kessels	m^3	–	–	2,3
Dampfraum des Kessels	m^3	–	–	–
Verdampfungswasseroberfläche	m^2	–	–	–
Masse des Kessels ohne/mit Ausrüstung	t	–	–	–
Rostfläche	m^2	1,59	1,6	1,3
Anzahl der Heizrohre	Stck	135	–	132
Heizrohrdurchmesser	mm	–	–	46 x 2,5
Anzahl der Rauchrohre	Stck	–	–	–
Rauchrohrdurchmesser	mm	–	–	–
Rohrlänge zwischen den Rohrwänden	mm	3240	–	3240
Überhitzerrohrdurchmesser	mm	–	–	–
Strahlungsheizfläche (Feuerbüchse)	m^2	5,60	–	5,7
Heizrohrheizfläche	m^2	53,8	–	55,0
Rauchrohrheizfläche	m^2	–	–	–
Verdampfungsheizfläche (feuerberührt)	m_2	59,4	74,5	60,7
Überhitzerheizfläche	m^2	–	–	–
Bauart des Vorwärmers	–	–	–	–
Achsstand der Lok	mm	3000	3000	3000
Länge der Lok über Puffer	mm	8820	8200 [2]	14 438
Lokleermasse	t	27,4	27,5	44,05
Lokdienstmasse (2/3 Vorräte)	t	–	–	63,1
Lokdienstmasse (volle Vorräte)	t	36,0	36,0	68,75
Reibungsmasse	t	36,0	36,0	35,6
Mittlere Kuppelradsatzfahrmasse	t	12,0	12,0	11,9
Metermasse der Lok	t/m	4,08	4,4	4,76
Wasserkasteninhalt	m^3	5,0	4,0 [3]	12
Brennstoffvorrat	t	1,5	1,6	5,0
vorwiegend gekuppelt mit Tender	–	–	–	3 T 12 [4]
Urheber der Konstruktion	–	Hanomag	Borsig	Raw [5]
Hersteller der Lok	–	Hanomag	Borsig	Raw [5]
Erstes Baujahr bzw. Umbaujahr	–	1906 [1]	1908	1958 [5]

1) für 1949 übern. Lok
2) 89 6219: 8750 mm
3) 89 6219: 4,5
4) 89 6222 zuerst 2 T 10
5) für Umbau

Baureihe/Unterbaureihe	–	$89^{62,\,63}$	$89^{62,\,63}$	$89^{62,\,64}$
Betriebsgattung	–	Gt 33.12	Gt 33.12	Gt 33.12; 14
Abgekürzte Bezeichnung	–	C n2t	C n2t	C n2t
Frühere Gattung bzw. Werkstype	–	Pudel	O & K–Typ	Linke–Typ
Betriebsnummer von	–	89 6227	89 6236	89 6237 und
bis	–	89 6303 m.L.	89 6309 m.L.	89 6406
Zulässige Fahrgeschwindigkeit	km/h	45	45	45
Zylinderdurchmesser	mm	400	380	–
Kolbenhub	mm	550	550	–
Treib– und Kuppelraddurchmesser	mm	1100	1100	1100
Laufraddurchmesser vorn/hinten	mm	–	–	–
Kesseldruck	bar	12	12	13
Wasserraum des Kessels	m^3	–	–	–
Dampfraum des Kessels	m^3	–	–	–
Verdampfungswasseroberfläche	m^2	–	–	–
Masse des Kessels ohne/mit Ausrüstung	t	–	–	–
Rostfläche	m^2	1,5	–	–
Anzahl der Heizrohre	Stck	–	–	–
Heizrohrdurchmesser	mm	–	–	–
Anzahl der Rauchrohre	Stck	–	–	–
Rauchrohrdurchmesser	mm	–	–	–
Rohrlänge zwischen den Rohrwänden	mm	–	–	–
Überhitzerrohrdurchmesser	mm	–	–	–
Strahlungsheizfläche (Feuerbüchse)	m^2	–	–	–
Heizrohrheizfläche	m^2	–	–	–
Rauchrohrheizfläche	m^2	–	–	–
Verdampfungsheizfläche (feuerberührt)	m^2	77,9	–	–
Überhitzerheizfläche	m^2	–	–	–
Bauart des Vorwärmers	–	–	–	–
Achsstand der Lok	mm	3000	3000	3000
Länge der Lok über Puffer	mm	8950	–	–
Lokleermasse	t	–	–	–
Lokdienstmasse (2/3 Vorräte)	t	–	–	–
Lokdienstmasse (volle Vorräte)	t	38,5	–	–
Reibungsmasse	t	38,5	–	–
Mittlere Kuppelradsatzfahrmasse	t	12,83	–	–
Metermasse der Lok	t/m	4,3	–	–
Wasserkasteninhalt	m^3	4,5	–	12,0[2)]
Brennstoffvorrat	t	1,2	–	5,0[2)]
vorwiegend gekuppelt mit Tender	–	–	–	3 T 12[2)]
Urheber der Konstruktion	–	Jung	O & K	Linke
Hersteller der Lok	–	Jung	O & K	Linke
Erstes Baujahr bzw. Umbaujahr	–	1913[1)]	1922	1924

1) übern. Lok
2) für 89 6406 mit pr. 3 T 12

Baureihe/Unterbaureihe	–	$89^{62, 63, 64}$	89^{62}	$89^{62, 63}$
Betriebsgattung	–	Gt 33.12; 13; 14	Gt 33.12	Gt 33.12; 13
Abgekürzte Bezeichnung	–	C n2t	C h2t	C h2t
Frühere Gattung bzw. Werkstype	–	Hanomag-WL	Henschel-Typ	Henschel-T.
Betriebsnummer von	–	89 6233, 89 6307	89 6276	89 6277
bis	–	und 89 6405	–	89 6376 m.L.
Zulässige Fahrgeschwindigkeit	km/h	40	40	45
Zylinderdurchmesser	mm	430	430	400
Kolbenhub	mm	550	550	550
Treib- und Kuppelraddurchmesser	mm	1100	1250	1100
Laufraddurchmesser vorn/hinten	mm	–	–	–
Kesseldruck	bar	13 o. 14	12	12
Wasserraum des Kessels	m^3	–	2,18	2,22
Dampfraum des Kessels	m^3	–	–	0,95
Verdampfungswasseroberfläche	m^2	–	–	3,89
Masse des Kessels ohne/mit Ausrüstung	t	–	–	6,73/7,94
Rostfläche	m^2	1,33	1,3	1,3
Anzahl der Heizrohre	Stck	–	83	16
Heizrohrdurchmesser	mm	–	46 x 2,5	46 x 2,5
Anzahl der Rauchrohre	Stck	–	12	86
Rauchrohrdurchmesser	mm	–	120 x 4	63,5 x 3
Rohrlänge zwischen den Rohrwänden	mm	–	3500	2800
Überhitzerrohrdurchmesser	mm	–	–	20 x 2,5
Strahlungsheizfläche (Feuerbüchse)	m^2	–	4,87	4,9
Heizrohrheizfläche	m^2	–	37,4	5,76
Rauchrohrheizfläche	m^2	–	14,8	43,64
Verdampfungsheizfläche (feuerberührt)	m^2	89,79	57,07	54,3
Überhitzerheizfläche	m^2	–	–	27,8
Bauart des Vorwärmers	–	–	–	–
Achsstand der Lok	mm	3000	3200	3000
Länge der Lok über Puffer	mm	8900	9300	8800
Lokleermasse	t	–	27,45	29,5
Lokdienstmasse (2/3 Vorräte)	t	–	34,0	35,3
Lokdienstmasse (volle Vorräte)	t	38 o.42	36,0	37,0
Reibungsmasse	t	–	36,0	37,0
Mittlere Kuppelradsatzfahrmasse	t	–	12,0	12,3
Metermasse der Lok	t/m	–	3,87	4,21
Wasserkasteninhalt	m^3	4,5	5,0	4,0
Brennstoffvorrat	t	1,2	1,2	1,0
vorwiegend gekuppelt mit Tender	–	–	–	–
Urheber der Konstruktion	–	Hanomag	Henschel	Henschel
Hersteller der Lok	–	Hanomag	Henschel	Henschel
Erstes Baujahr bzw. Umbaujahr	–	1916[1)]	1914	1914

1) übern. Lok

Baureihe/Unterbaureihe	–	89^{62}	$89^{62, 66}$	89^{63}
Betriebsgattung	–	Gt 33.12	Gt 33.12; Gt 33.16	Gt 33.13
Abgekürzte Bezeichnung	–	C h2t	C h2t	C n2t
Frühere Gattung bzw. Werkstype	–	ELNA 1 m. Abw.	ELNA 4 m.Abw.	Kleinbahnlok
Betriebsnummer von	–	89 6280	89 6282 und	89 6301
bis	–	–	89 6676	–
Zulässige Fahrgeschwindigkeit	km/h	45	60	60
Zylinderdurchmesser	mm	375	430	430
Kolbenhub	mm	500	550	550
Treib- und Kuppelraddurchmesser	mm	1000	1200	1200
Laufraddurchmesser vorn/hinten	mm	–	–	
Kesseldruck	bar	12	12	12
Wasserraum des Kessels	m^3	–	–	–
Dampfraum des Kessels	m^3	–	–	–
Verdampfungswasseroberfläche	m^2	–	–	–
Masse des Kessels ohne/mit Ausrüstung	t	–	–	–
Rostfläche	m^2	1,32	1,4	–
Anzahl der Heizrohre	Stck	72	72	–
Heizrohrdurchmesser	mm	45 x 2,5	45 x 2,5	–
Anzahl der Rauchrohre	Stck	15	15	–
Rauchrohrdurchmesser	mm	133 x 4	133 x 4	–
Rohrlänge zwischen den Rohrwänden	mm	2900	3500	–
Überhitzerrohrdurchmesser	mm	–	–	–
Strahlungsheizfläche (Feuerbüchse)	m^2	–	–	–
Heizrohrheizfläche	m^2	–	–	–
Rauchrohrheizfläche	m^2	–	–	–
Verdampfungsheizfläche (feuerberührt)	m^2	66,0	80,0	–
Überhitzerheizfläche	m^2	17,1	21,4	–
Bauart des Vorwärmers	–	–	–	–
Achsstand der Lok	mm	3000	3100	3500
Länge der Lok über Puffer	mm	8700	9500	9100
Lokleermasse	t	26,8	32,8	–
Lokdienstmasse (2/3 Vorräte)	t	–	–	–
Lokdienstmasse (volle Vorräte)	t	34,9	44,7	–
Reibungsmasse	t	34,9	44,7	–
Mittlere Kuppelradsatzfahrmasse	t	11,63	14,9	–
Metermasse der Lok	t/m	4,01	4,70	–
Wasserkasteninhalt	m^3	4,0	5,5	–
Brennstoffvorrat	t	1,5	1,5	–
vorwiegend gekuppelt mit Tender	–	–	–	–
Urheber der Konstruktion	–	ELNA	O & K	Hohenzollern
Hersteller der Lok	–	Hohenzollern	O & K	Hohenzollern
Erstes Baujahr bzw. Umbaujahr	–	1927	1930	1911

Baureihe/Unterbaureihe	–	89[63]	89[63]	89[63, 64]
Betriebsgattung	–	Gt 33.13	Gt 33.13	Gt 33.14
Abgekürzte Bezeichnung	–	C n2t	C n2t	C n2t
Frühere Gattung bzw. Werkstype	–	Kleinbahnlok	Thüringen m. Abw.	Bismarck
Betriebsnummer von	–	89 6302 und	89 6305	89 6310 und
bis	–	89 6304	–	89 6404
Zulässige Fahrgeschwindigkeit	km/h	45	45	45
Zylinderdurchmesser	mm	380	400	430
Kolbenhub	mm	550	550	550
Treib- und Kuppelraddurchmesser	mm	1100	1100	1100
Laufraddurchmesser vorn/hinten	mm	–	–	–
Kesseldruck	bar	12	13	13
Wasserraum des Kessels	m^3	–	–	–
Dampfraum des Kessels	m^3	–	–	–
Verdampfungswasseroberfläche	m^2	–	–	–
Masse des Kessels ohne/mit Ausrüstung	t	–	–	–
Rostfläche	m^2	–	1,47	1,6
Anzahl der Heizrohre	Stck	–	–	–
Heizrohrdurchmesser	mm	–	–	–
Anzahl der Rauchrohre	Stck	–	–	–
Rauchrohrdurchmesser	mm	–	–	–
Rohrlänge zwischen den Rohrwänden	mm	–	–	–
Überhitzerrohrdurchmesser	mm	–	–	–
Strahlungsheizfläche (Feuerbüchse)	m^2	–	–	–
Heizrohrheizfläche	m^2	–	–	–
Rauchrohrheizfläche	m^2	–	–	–
Verdampfungsheizfläche (feuerberührt)	m^2	–	77,35	90,2
Überhitzerheizfläche	m^2	–	–	–
Bauart des Vorwärmers	–	–	–	–
Achsstand der Lok	mm	3000	3000	3000
Länge der Lok über Puffer	mm	–	8950	9200
Lokleermasse	t	–	28,3	32,7
Lokdienstmasse (2/3 Vorräte)	t	–	–	–
Lokdienstmasse (volle Vorräte)	t	–	36,9	43,0
Reibungsmasse	t	–	36,9	43,0
Mittlere Kuppelradsatzfahrmasse	t	13,0	12,3	14,3
Metermasse der Lok	t/m	–	4,2	4,67
Wasserkasteninhalt	m^3	–	4,0	4,0
Brennstoffvorrat	t	–	1,5	1,3
vorwiegend gekuppelt mit Tender	–	–	–	–
Urheber der Konstruktion	–	Borsig	Henschel	Henschel
Hersteller der Lok	–	Borsig	Henschel	Henschel
Erstes Baujahr bzw. Umbaujahr	–	1912	1914	1913[1)]

1) übernommene Lok

Baureihe/Unterbaureihe	–	89^{64}	89^{64}	89^{64}
Betriebsgattung	–	Gt 33.14	Gt 33.14	Gt 33.14
Abgekürzte Bezeichnung	–	C n2t	C n2t	C n2vt
Frühere Gattung bzw. Werkstype	–	pr. T 7	HBE T 7	WLE-Typ
Betriebsnummer von	–	89 6401	89 6402	89 6403
bis	–	–		
Zulässige Fahrgeschwindigkeit	km/h	45	40	50
Zylinderdurchmesser	mm	430	430	420/630
Kolbenhub	mm	630	550	600
Treib- und Kuppelraddurchmesser	mm	1330	1100	1350
Laufraddurchmesser vorn/hinten	mm	–		
Kesseldruck	bar	12	13	13
Wasserraum des Kessels	m^3	3,48	–	–
Dampfraum des Kessels	m^3	1,53	–	–
Verdampfungswasseroberfläche	m^2	5,26	–	–
Masse des Kessels ohne/mit Ausrüstung	t	8,2/10,3	–	–
Rostfläche	m^2	1,33	1,4	1,6
Anzahl der Heizrohre	Stck	207	–	–
Heizrohrdurchmesser	mm	46 x 2,5	–	–
Anzahl der Rauchrohre	Stck	–	–	–
Rauchrohrdurchmesser	mm	–	–	–
Rohrlänge zwischen den Rohrwänden	mm	3378	–	–
Überhitzerrohrdurchmesser	mm	–	–	–
Strahlungsheizfläche (Feuerbüchse)	m^2	6,12	–	–
Heizrohrheizfläche	m^2	90,06	–	–
Rauchrohrheizfläche	m^2	–	–	–
Verdampfungsheizfläche (feuerberührt)	m^2	96,18	90,5	75,5
Überhitzerheizfläche	m^2	–	–	–
Bauart des Vorwärmers	–	–	–	
Achsstand der Lok	mm	3700	3000	3600
Länge der Lok über Puffer	mm	9560	9300	9450
Lokleermasse	t	32,5	–	34,5
Lokdienstmasse (2/3 Vorräte)	t	–	–	–
Lokdienstmasse (volle Vorräte)	t	42,0	42,0	43,5
Reibungsmasse	t	42,0	42,0	43,5
Mittlere Kuppelradsatzfahrmasse	t	14,0	14,0	14,5
Metermasse der Lok	t/m	4,4	–	4,6
Wasserkasteninhalt	m^3	5,0	4,5	4,7
Brennstoffvorrat	t	1,5	1,2	1,5
vorwiegend gekuppelt mit Tender	–	–	–	–
Urheber der Konstruktion	–	Borsig	Hohenzollern	Hanomag
Hersteller der Lok	–	Hohenzollern	Hohenzollern	Hanomag
Erstes Baujahr bzw. Umbaujahr	–	1890	1906	1908

Baureihe/Unterbaureihe	–	89[64, 66]	89[64]	89[64]
Betriebsgattung	–	Gt 33.14; Gt 33.16	Gt 33.14	Gt 33.14
Abgekürzte Bezeichnung	–	C n2t	C n2t	C n2t
Frühere Gattung bzw. Werkstype	–	Krupp-WL	Borsig-WL	Borsig-WL
Betriebsnummer von	–	89 6407, 89 6408	89 6409	89 6413
bis	–	und 89 6601	89 6412	–
Zulässige Fahrgeschwindigkeit	km/h	45	45	45
Zylinderdurchmesser	mm	450	450	450
Kolbenhub	mm	550	550	550
Treib- und Kuppelraddurchmesser	mm	1100	1100	1100
Laufraddurchmesser vorn/hinten	mm	–	–	
Kesseldruck	bar	13	12	12
Wasserraum des Kessels	m^3	2,52	–	–
Dampfraum des Kessels	m^3	–	–	–
Verdampfungswasseroberfläche	m^2	–	–	–
Masse des Kessels ohne/mit Ausrüstung	t	–	–	–
Rostfläche	m^2	1,6	1,7	1,7
Anzahl der Heizrohre	Stck	280	–	–
Heizrohrdurchmesser	mm	44,5 x 2,5	–	–
Anzahl der Rauchrohre	Stck	–	–	–
Rauchrohrdurchmesser	mm	–	–	–
Rohrlänge zwischen den Rohrwänden	mm	2900	–	–
Überhitzerrohrdurchmesser	mm	–	–	–
Strahlungsheizfläche (Feuerbüchse)	m^2	7,3	–	–
Heizrohrheizfläche	m^2	100,5	–	–
Rauchrohrheizfläche	m^2	–	–	–
Verdampfungsheizfläche (feuerberührt)	m^2	107,8	100,0	100,0
Überhitzerheizfläche	m^2	–	–	–
Bauart des Vorwärmers	–	–	–	–
Achsstand der Lok	mm	3000	3000	3000
Länge der Lok über Puffer	mm	9150	9180	9180
Lokleermasse	t	40,0[1)]	33,5	34,0
Lokdienstmasse (2/3 Vorräte)	t	47,8[1)]	–	–
Lokdienstmasse (volle Vorräte)	t	50,3[1)]	43,0	45,0
Reibungsmasse	t	50,3[1)]	43,0	45,0
Mittlere Kuppelradsatzfahrmasse	t	16,8[1)]	14,33	15,0
Metermasse der Lok	t/m	5,5[1)]	4,68	4,90
Wasserkasteninhalt	m^3	5,5	3,7	4,0
Brennstoffvorrat	t	2,0	1,5	1,3
vorwiegend gekuppelt mit Tender	–	–	–	–
Urheber der Konstruktion	–	Krupp	Borsig	Borsig
Hersteller der Lok	–	Krupp	Borsig	Borsig
Erstes Baujahr bzw. Umbaujahr	–	1936	1907	1920

1) Werte gelten für 89 6601

Baureihe/Unterbaureihe	–	$89^{64, 65}$	89^{64}	89^{64}
Betriebsgattung	–	Gt 33.15	Gt 33.14	Gt 33.14
Abgekürzte Bezeichnung	–	C h2t	C h2t	C h2t
Frühere Gattung bzw. Werkstype	–	pr. T 8	Preußen	AEG-Typ
Betriebsnummer von	–	89 6476 und	89 6477	89 6479
bis	–	89 6576	89 6478	89 6481
Zulässige Fahrgeschwindigkeit	km/h	60	45	45
Zylinderdurchmesser	mm	500	460	450
Kolbenhub	mm	600	550	550
Treib- und Kuppelraddurchmesser	mm	1350	1100	1100
Laufraddurchmesser vorn/hinten	mm	–	–	–
Kesseldruck	bar	12	13	13
Wasserraum des Kessels	m^3	2,96	–	2,52
Dampfraum des Kessels	m^3	1,31	–	–
Verdampfungswasseroberfläche	m^2	5,27	–	–
Masse des Kessels ohne/mit Ausrüstung	t	–	–	–
Rostfläche	m^2	1,51	1,8	1,4
Anzahl der Heizrohre	Stck	93	–	133
Heizrohrdurchmesser	mm	46 x 2,5	–	38 x 2,5
Anzahl der Rauchrohre	Stck	12	–	24
Rauchrohrdurchmesser	mm	127 x 4	–	108 x 3,75
Rohrlänge zwischen den Rohrwänden	mm	3700	–	3000
Überhitzerrohrdurchmesser	mm	38 x 4	–	27 x 2,5
Strahlungsheizfläche (Feuerbüchse)	m^2	7,50	–	6,8
Heizrohrheizfläche	m^2	44,40	–	41,4
Rauchrohrheizfläche	m^2	16,60	–	22,8
Verdampfungsheizfläche (feuerberührt)	m^2	68,50	104,2	71,0
Überhitzerheizfläche	m^2	17,90	–	23,0
Bauart des Vorwärmers	–	–	–	–
Achsstand der Lok	mm	3400	3000	3000
Länge der Lok über Puffer	mm	9460	9100	9100
Lokleermasse	t	36,6	37,0	34,2
Lokdienstmasse (2/3 Vorräte)	t	–	–	41,5
Lokdienstmasse (volle Vorräte)	t	45,6	48,0	43,8
Reibungsmasse	t	45,6	48,0	43,8
Mittlere Kuppelradsatzfahrmasse	t	15,2	16,0	14,6
Metermasse der Lok	t/m	4,82	5,27	4,82
Wasserkasteninhalt	m^3	5,0	5,0	5,0
Brennstoffvorrat	t	1,4	1,6	2,0
vorwiegend gekuppelt mit Tender	–	–	–	–
Urheber der Konstruktion	–	Linke	Henschel	AEG
Hersteller der Lok	–	Linke	Henschel	AEG
Erstes Baujahr bzw. Umbaujahr	–	1906	1918	1925

Baureihe/Unterbaureihe	–	89^{65}	90^{64}	91^{61-67}
Betriebsgattung	–	Gt 33.15	Gt 34.14	Gt 34.12
Abgekürzte Bezeichnung	–	C n2t	C 1'n2t	1'C h2t
Frühere Gattung bzw. Werkstype	–	Crefeld	T 9-Abart	ELNA 2
Betriebsnummer von	–	89 6501	90 6401	91 6176
bis	–	–	90 6402	91 6780 m.L.
Zulässige Fahrgeschwindigkeit	km/h	40	50	65[1)]
Zylinderdurchmesser	mm	430	430	430
Kolbenhub	mm	550	630	550
Treib- und Kuppelraddurchmesser	mm	1100	1250	1200
Laufraddurchmesser vorn/hinten	mm	–	–/850	800/–
Kesseldruck	bar	12	12	12
Wasserraum des Kessels	m^3	–	–	2,7
Dampfraum des Kessels	m^3	–	–	–
Verdampfungswasseroberfläche	m^2	–	–	–
Masse des Kessels ohne/mit Ausrüstung	t	–	–	–
Rostfläche	m^2	1,3	1,5	1,39
Anzahl der Heizrohre	Stck	–	–	72
Heizrohrdurchmesser	mm	–	46 x 2,5	44,5 x 2,5
Anzahl der Rauchrohre	Stck	–	–	15
Rauchrohrdurchmesser	mm	–	–	133 x 4
Rohrlänge zwischen den Rohrwänden	mm	–	–	3500
Überhitzerrohrdurchmesser	mm	–	–	38 x 4
Strahlungsheizfläche (Feuerbüchse)	m^2	–	–	6,5
Heizrohrheizfläche	m^2	–	–	31,25
Rauchrohrheizfläche	m^2	–	–	20,6
Verdampfungsheizfläche (feuerberührt)	m^2	89,52	120.0	58,35
Überhitzerheizfläche	m^2	–	–	21,6
Bauart des Vorwärmers	–	–	–	(OV)
Achsstand der Lok	mm	3000	5900	5300
Länge der Lok über Puffer	mm	9150	10 850	9750[2)]
Lokleermasse	t	33,0	42,5	38,7[3)]
Lokdienstmasse (2/3 Vorräte)	t	–	–	47,8
Lokdienstmasse (volle Vorräte)	t	39,5	54,6	50,2
Reibungsmasse	t	39,5	42,0	41,4
Mittlere Kuppelradsatzfahrmasse	t	13,2	14,0	13,8
Metermasse der Lok	t/m	4,32	5,03	5,15
Wasserkasteninhalt	m^3	4,5	7,0	5,0
Brennstoffvorrat	t	1,2	1,75	1,2
vorwiegend gekuppelt mit Tender	–	–	–	–
Urheber der Konstruktion	–	Hohenzollern	Borsig	ELNA
Hersteller der Lok	–	Hohenzollern	Borsig	Henschel u.a.
Erstes Baujahr bzw. Umbaujahr	–	1921	1903	1925

1) mit Adamsachse: 50
2) auch 9850
3) Massen z.T. abweichend

Baureihe/Unterbaureihe	-	91^{62}	$91^{62, 64}$	91^{63}
Betriebsgattung	-	Gt 34.12	Gt 34.14	Gt 34.13
Abgekürzte Bezeichnung	-	1'C h2t	1'C h2t	1'C n2t
Frühere Gattung bzw. Werkstype	-	ELNA 2	ELNA 5	bojry
Betriebsnummer von	-	91 6277	91 6285	91 6301
bis	-	91 6278	91 6496 m.L.	-
Zulässige Fahrgeschwindigkeit	km/h	40	50 1)	45 2)
Zylinderdurchmesser	mm	430	450	400
Kolbenhub	mm	550	550	600
Treib- und Kuppelraddurchmesser	mm	1200	1200	1350
Laufraddurchmesser vorn/hinten	mm	800/-	800/-	800/-
Kesseldruck	bar	12	12	12
Wasserraum des Kessels	m^3	2,7	3,3	3,19
Dampfraum des Kessels	m^3	-	1,2	1,62
Verdampfungswasseroberfläche	m^2	-	5,44	6,08
Masse des Kessels ohne/mit Ausrüstung	t	-	9,5/11,2	9,0/11,0
Rostfläche	m^2	-	1,66	1,58
Anzahl der Heizrohre	Stck	72	88	160
Heizrohrdurchmesser	mm	44,5 x 2,5	44,5 x 2,5	44,5 x 2,5
Anzahl der Rauchrohre	Stck	15	18	-
Rauchrohrdurchmesser	mm	133 x 4	133 x 4	-
Rohrlänge zwischen den Rohrwänden	mm	3500	3500	3750
Überhitzerrohrdurchmesser	mm	38 x 4	38 x 4	-
Strahlungsheizfläche (Feuerbüchse)	m^2	6,5	7,5	6,97
Heizrohrheizfläche	m^2	31,25	38,2	74,4
Rauchrohrheizfläche	m^2	20,6	24,7	-
Verdampfungsheizfläche (feuerberührt)	m^2	58,35	70,4	81,37
Überhitzerheizfläche	m^2	21,6	21,8	-
Bauart des Vorwärmers	-	-	(OV)	-
Achsstand der Lok	mm	5300	5300	5600
Länge der Lok über Puffer	mm	9950	9860	10 000
Lokleermasse	t	39,0	43,0	37,2
Lokdienstmasse (2/3 Vorräte)	t	46,9	49,3	46,7
Lokdienstmasse (volle Vorräte)	t	49,4	51,7	49,7
Reibungsmasse	t	40,2	41,1	39,3
Mittlere Kuppelradsatzfahrmasse	t	13,4	13,7	13,1
Metermasse der Lok	t/m	4,97	5,24	4,97
Wasserkasteninhalt	m^3	6,0	6,0	8,0
Brennstoffvorrat	t	1,6	1,6	2,0 3)
vorwiegend gekuppelt mit Tender	-	-	-	
Urheber der Konstruktion	-	ELNA	ELNA	Henschel
Hersteller der Lok	-	Krauss	Henschel u.a.	Henschel
Erstes Baujahr bzw. Umbaujahr	-	1925	1927	1919

1) m. Bisselachse 65
2) ursprgl.50
3) ursprgl. 1,3

Baureihe/Unterbaureihe	–	91^{64}	91^{64}	91^{64}
Betriebsgattung	–	Gt 34.14	Gt 34.14	Gt 34.14
Abgekürzte Bezeichnung	–	1'C n2t	1'C h2t	1'C h2t
Frühere Gattung bzw. Werkstype	–	verst. meckl. T 4	ELNA 5	AEG-Typ
Betriebsnummer von	–	91 6401	91 6476	916484
bis	–	91 6404	91 6479	91 6485
Zulässige Fahrgeschwindigkeit	km/h	45	50	60
Zylinderdurchmesser	mm	430	435	450
Kolbenhub	mm	580	550	550
Treib- und Kuppelraddurchmesser	mm	1150	1200	1200
Laufraddurchmesser vorn/hinten	mm	800/–	800/–	800
Kesseldruck	bar	12	12	13
Wasserraum des Kessels	m^3	–	3,0	3,3
Dampfraum des Kessels	m^3	–	–	–
Verdampfungswasseroberfläche	m^2	–	–	–
Masse des Kessels ohne/mit Ausrüstung	t	–	–	–
Rostfläche	m^3	1,9	1,6	1,65
Anzahl der Heizrohre	Stck	173	78	133
Heizrohrdurchmesser	mm	46 x 2,5	44,5 x 2,5	38 x 2,5
Anzahl der Rauchrohre	Stck	–	18	24
Rauchrohrdurchmesser	mm	–	133 x 4	108 x 3,75
Rohrlänge zwischen den Rohrwänden	mm	4000	3700	3200
Überhitzerrohrdurchmesser	mm	–	38 x 4	27 x 2,5
Strahlungsheizfläche (Feuerbüchse)	m^2	8,4	7,4	7,6
Heizrohrheizfläche	m^2	89,1	35,8	44,1
Rauchrohrheizfläche	m^2	–	26,2	24,1
Verdampfungsheizfläche (feuerberührt)	m^2	97,5	69,4	75,8
Überhitzerheizfläche	m^2	–	27,7	26,0
Bauart des Vorwärmers	–	–	–	–
Achsstand der Lok	mm	5600	5700	5450
Länge der Lok über Puffer	mm	10 800	10 300	10 000
Lokleermasse	t	–	43,5	39,8
Lokdienstmasse (2/3 Vorräte)	t	–	51,9	47,3
Lokdienstmasse (volle Vorräte)	t	52,0	54,6	49,3
Reibungsmasse	t	41,9	44,8	39,1
Mittlere Kuppelradsatzfahrmasse	t	14,0	14,9	13,0
Metermasse der Lok	t/m	4,81	5,3	4,93
Wasserkasteninhalt	m^3	6,0	6,0	4,5
Brennstoffvorrat	t	2,0	2,0	1,5
vorwiegend gekuppelt mit Tender	–	–	–	–
Urheber der Konstruktion	–	Henschel	Krauss	AEG
Hersteller der Lok	–	Henschel	Krauss	AEG
Erstes Baujahr bzw. Umbaujahr	–	1919	1924	1929

Baureihe/Unterbaureihe	–	91^{64}	91^{64}	91^{65}
Betriebsgattung	–	Gt 34.14	Gt 34.14	Gt 34.15
Abgekürzte Bezeichnung	–	1'C h2t	1'C h2t	1'C n2t
Frühere Gattung bzw. Werkstype	–	ELNA 5 m. Abw.	ELNA 5 m.Abw.	pr. T 9^3
Betriebsnummer von	–	91 6482	91 6486	91 6501
bis	–	–	–	
Zulässige Fahrgeschwindigkeit	km/h	65	50	65
Zylinderdurchmesser	mm	450	450	450
Kolbenhub	mm	550	550	630
Treib- und Kuppelraddurchmesser	mm	1200	1200	1350
Laufraddurchmesser vorn/hinten	mm	800/–	800/–	1000/–
Kesseldruck	bar	12	12	12
Wasserraum des Kessels	m^3	3,3	3,3	4,12
Dampfraum des Kessels	m^3	1,2	1,2	1,46
Verdampfungswasseroberfläche	m^2	5,44	5,44	5,69
Masse des Kessels ohne/mit Ausrüstung	t	9,5/11,2	9,5/10,8	11,6/13,4
Rostfläche	m^2	1,65	1,65	1,53
Anzahl der Heizrohre	Stck	88	88	209
Heizrohrdurchmesser	mm	44,5 x 2,5	44,5 x 2,5	46 x 2,5
Anzahl der Rauchrohre	Stck	18	18	–
Rauchrohrdurchmesser	mm	133 x 4	133 x 4	–
Rohrlänge zwischen den Rohrwänden	mm	3500	3500	3700
Überhitzerrohrdurchmesser	mm	38 x 4	38 x 4	–
Strahlungsheizfläche (Feuerbüchse)	m^2	7,5	7,5	7,70
Heizrohrheizfläche	m^2	38,2	38,2	99,6
Rauchrohrheizfläche	m^2	24,7	24,7	–
Verdampfungsheizfläche (feuerberührt)	m^2	70,4	70,4	107,3
Überhitzerheizfläche	m^2	25,9	25,9	–
Bauart des Vorwärmers	–	OV	–	–
Achsstand der Lok	mm	5450	5450	6000
Länge der Lok über Puffer	mm	10 010	10 010	10 700
Lokleermasse	t	43,9	41,4	46,5
Lokdienstmasse (2/3 Vorräte)	t	–	50,1	–
Lokdienstmasse (volle Vorräte)	t	54,95	52,7	59,5
Reibungsmasse	t	42,09	41,8	45,0
Mittlere Kuppelradsatzfahrmasse	t	14,03	13,9	15,0
Metermasse der Lok	t/m	5,5	5,25	5,61
Wasserkasteninhalt	m^3	6,0	6,0	7,0
Brennstoffvorrat	t	1,6	1,6	2,0
vorwiegend gekuppelt mit Tender	–	–	–	–
Urheber der Konstruktion	–	Henschel	Henschel	Union
Hersteller der Lok	–	Henschel	Henschel	Union
Erstes Baujahr bzw. Umbaujahr	–	1927	1929	1906

Baureihe/Unterbaureihe	–	91^{65}	91^{65}	91^{65}
Betriebsgattung	–	Gt 34.15	Gt 34.15	Gt 34.15
Abgekürzte Bezeichnung	–	1'C h2t	1'C h2t	1'C h2t
Frühere Gattung bzw. Werkstype	–	pr. T 9^3	ELNA 5 m.Abw.	Sonderbauart
Betriebsnummer von	–	91 6576	91 6579	91 6580
bis	–	91 6577	–	–
Zulässige Fahrgeschwindigkeit	km/h	65	60	60
Zylinderdurchmesser	mm	450	435	480
Kolbenhub	mm	630	550	550
Treib- und Kuppelraddurchmesser	mm	1350	1200	1200
Laufraddurchmesser vorn/hinten	mm	1000/–	800/–	800/–
Kesseldruck	bar	14	14	14
Wasserraum des Kessels	m^3	–	–	4,1
Dampfraum des Kessels	m^3	–	–	1,33
Verdampfungswasseroberfläche	m^2	–	–	6,3
Masse des Kessels ohne/mit Ausrüstung	t	–	–	11,9/15,3
Rostfläche	m^2	1,53	–	1,78
Anzahl der Heizrohre	Stck	–	–	114
Heizrohrdurchmesser	mm	46 x 2,5	–	44,5 x 2,5
Anzahl der Rauchrohre	Stck	–	–	32
Rauchrohrdurchmesser	mm	–	–	118 x 4
Rohrlänge zwischen den Rohrwänden	mm	3700	3500	3500
Überhitzerrohrdurchmesser	mm	–	–	29 x 3
Strahlungsheizfläche (Feuerbüchse)	m^2	7,70	–	7,7
Heizrohrheizfläche	m^2	–	–	49,5
Rauchrohrheizfläche	m^2	–	–	38,7
Verdampfungsheizfläche (feuerberührt)	m^2	–	–	95,9
Überhitzerheizfläche	m^2	–	–	34,0
Bauart des Vorwärmers	–	–	–	OV
Achsstand der Lok	mm	6000	5450	6000
Länge der Lok über Puffer	mm	10700	10 010	10 600
Lokleermasse	t	–	43,6	47,2
Lokdienstmasse (2/3 Vorräte)	t	–	–	56,5
Lokdienstmasse (volle Vorräte)	t	–	56,5	59,2
Reibungsmasse	t	–	45,1	47,3
Mittlere Kuppelradsatzfahrmasse	t	15,3	15,0	15,77
Metermasse der Lok	t/m		5,65	5,58
Wasserkasteninhalt	m^3	7,0	5,0	6,0
Brennstoffvorrat	t	2,0	1,6	2,0
vorwiegend gekuppelt mit Tender	–	–	–	–
Urheber der Konstruktion	–	HBE[1])	Henschel	Henschel
Hersteller der Lok	–	Hohenzollern	Henschel	Henschel
Erstes Baujahr bzw. Umbaujahr	–	1907[2])	1938	1938

1) für Umbau in h2
2) für Ursprgsausf.

Baureihe/Unterbaureihe	–	91^{65}	91^{65}	91^{65}
Betriebsgattung	–	Gt 34.15	Gt 34.15	Gt 34.15
Abgekürzte Bezeichnung	–	1'C h2t	1'C h2t	C 1' h2t
Frühere Gattung bzw. Werkstype	–	pr. T 9^3	ELNA 5	Sondertyp
Betriebsnummer von	–	91 6581	91 6583	91 6590
bis	–	91 6582	–	91 6591
Zulässige Fahrgeschwindigkeit	km/h	65	50	50
Zylinderdurchmesser	mm	450	450	480
Kolbenhub	mm	630	550	600
Treib– und Kuppelraddurchmesser	mm	1350	1200	1350
Laufraddurchmesser vorn/hinten	mm	1000/–	800/–	–/850
Kesseldruck	bar	14	13	12
Wasserraum des Kessels	m^3	–	–	–
Dampfraum des Kessels	m^3	–	–	–
Verdampfungswasseroberfläche	m^2	–	–	–
Masse des Kessels ohne/mit Ausrüstung	t	–	–	–
Rostfläche	m^2	1,53	1,66	1,7
Anzahl der Heizrohre	Stck	–	88	–
Heizrohrdurchmesser	mm	46 x 2,5	44,5 x 2,5	–
Anzahl der Rauchrohre	Stck	–	18	–
Rauchrohrdurchmesser	mm	–	133 x 4	–
Rohrlänge zwischen den Rohrwänden	mm	3700	3500	–
Überhitzerrohrdurchmesser	mm	–	–	–
Strahlungsheizfläche (Feuerbüchse)	m^2	7,70	7,35	–
Heizrohrheizfläche	m^2	–	–	–
Rauchrohrheizfläche	m^2	–	–	–
Verdampfungsheizfläche (feuerberührt)	m^2	–	–	77,0
Überhitzerheizfläche	m^2	–	25,0	28,0
Bauart des Vorwärmers	–	–	–	–
Achsstand der Lok	mm	6000	5450	5500
Länge der Lok über Puffer	mm	10 700	10 010	10700
Lokleermasse	t	–	41,0	42,3
Lokdienstmasse (2/3 Vorräte)	t	–	–	–
Lokdienstmasse (volle Vorräte)	t	–	50,2	53,5
Reibungsmasse	t	–	40,5	43,5
Mittlere Kuppelradsatzfahrmasse	t	15,35	13,5	14,5
Metermasse der Lok	t/m	–	5,01	5,0
Wasserkasteninhalt	m^3	7,0	5,5	5,5
Brennstoffvorrat	t	2,0	1,3	1,6
vorwiegend gekuppelt mit Tender	–	–	–	–
Urheber der Konstruktion	–	NbE[1)]	ELNA	Borsig
Hersteller der Lok	–	NBE[1)]	Schwartzkopff	Borsig
Erstes Baujahr bzw. Umbaujahr	–	1928[1)]	1943	1916

1) Umbau in h2 mit Ventilsteuerung

Baureihe/Unterbaureihe	–	91^{66}	$92^{9, 65}$	92^{10}
Betriebsgattung	–	Gt 34.16	Gt 44.15	Gt 44.14
Abgekürzte Bezeichnung	–	1'C h2t	D h2t	D h2t
Frühere Gattung bzw. Werkstype	–	AEG-Typ	Wehrm.	KDL 4
Betriebsnummer von	–	91 6676	92 997 und	92 1047«
bis	–	–	92 6588	–
Zulässige Fahrgeschwindigkeit	km/h	60	40	40
Zylinderdurchmesser	mm	520	520	520
Kolbenhub	mm	630	560	550
Treib- und Kuppelraddurchmesser	mm	1350	1100	1050
Laufraddurchmesser vorn/hinten	mm	900/–	–	–
Kesseldruck	bar	12	13	12
Wasserraum des Kessels	m^3	–	–	–
Dampfraum des Kessels	m^3	–	–	–
Verdampfungswasseroberfläche	m^2	–	–	–
Masse des Kessels ohne/mit Ausrüstung	t	–	–	–
Rostfläche	m^2	1,86	1,92	1,84
Anzahl der Heizrohre	Stck	–	–	113
Heizrohrdurchmesser	mm	44,5 x 2,5	–	44,5 x 2,5
Anzahl der Rauchrohre	Stck	21	–	22
Rauchrohrdurchmesser	mm	133 x 4	–	133 x 4
Rohrlänge zwischen den Rohrwänden	mm	3650	–	3500
Überhitzerrohrdurchmesser	mm	–	–	–
Strahlungsheizfläche (Feuerbüchse)	m^2	–	–	–
Heizrohrheizfläche	m^2	–	–	–
Rauchrohrheizfläche	m^2	–	–	–
Verdampfungsheizfläche (feuerberührt)	m^2	96,0	92,0	96,1
Überhitzerheizfläche	m^2	34,2	–	31,0
Bauart des Vorwärmers	–	OV	OV	–
Achsstand der Lok	mm	6000	4200	4300
Länge der Lok über Puffer	mm	10400	10 800	10 080
Lokleermasse	t	45,4	–	45,1
Lokdienstmasse (2/3 Vorräte)	t	–	–	–
Lokdienstmasse (volle Vorräte)	t	57,5	–	56,1
Reibungsmasse	t	48,0	–	56,1
Mittlere Kuppelradsatzfahrmasse	t	16,0	15,0	14,0
Metermasse der Lok	t/m	5,53	–	5,57
Wasserkasteninhalt	m^3	6,0	3,6	6,0
Brennstoffvorrat	t	2,0	3,3	1,85
vorwiegend gekuppelt mit Tender	–	–	–	–
Urheber der Konstruktion	–	AEG	Jung	(ELNA)[1]
Hersteller der Lok	–	AEG	Jung	Krenau
Erstes Baujahr bzw. Umbaujahr	–	1925	1941	1944

1) nach Vorgaben des HA Schienenfahrzeuge veränderte Ausführung

Baureihe/Unterbaureihe	–	92^{29}	92^{33}	92^{60}
Betriebsgattung	–	Gt 44.14	Gt 44.15	Gt 44.10
Abgekürzte Bezeichnung	–	D h2t	D h2t	D n2t
Frühere Gattung bzw. Werkstype	–	ELNA 6 1)	WL	Nebenbahnlok
Betriebsnummer von	–	92 2901	92 3333	92 6001
bis	–	92 2903	–	–
Zulässige Fahrgeschwindigkeit	km/h	40	45	40
Zylinderdurchmesser	mm	520	530	450
Kolbenhub	mm	550	550	550
Treib– und Kuppelraddurchmesser	mm	1100	1100	1100
Laufraddurchmesser vorn/hinten	mm	–	–	–
Kesseldruck	bar	12	12	12
Wasserraum des Kessels	m^3	3,52	–	–
Dampfraum des Kessels	m^3	1,59	–	–
Verdampfungswasseroberfläche	m^2	6,22	–	–
Masse des Kessels ohne/mit Ausrüstung	t	9,1/11,6	–	–
Rostfläche	m^2	1,84	2,1	1,602
Anzahl der Heizrohre	Stck	113	107	–
Heizrohrdurchmesser	mm	44,5 x 2,5	44,5 x 2,5	–
Anzahl der Rauchrohre	Stck	22	26	–
Rauchrohrdurchmesser	mm	133 x 4	133 x 4	–
Rohrlänge zwischen den Rohrwänden	mm	3500	3700	–
Überhitzerrohrdurchmesser	mm	38 x 4	–	–
Strahlungsheizfläche (Feuerbüchse)	m^2	8,8	–	–
Heizrohrheizfläche	m^2	49,1	49,1	–
Rauchrohrheizfläche	m^2	30,2	37,8	–
Verdampfungsheizfläche (feuerberührt)	m^2	88,1	–	82,3
Überhitzerheizfläche	m^2	31,0	–	–
Bauart des Vorwärmers	–	–	–	–
Achsstand der Lok	mm	4300	4050	4000
Länge der Lok über Puffer	mm	10 080	10 450	9980
Lokleermasse	t	44,7	45,9	35,5
Lokdienstmasse (2/3 Vorräte)	t	53,8	56,7	–
Lokdienstmasse (volle Vorräte)	t	56,5	60,0	45,0
Reibungsmasse	t	56,5	60,0	45,0
Mittlere Kuppelradsatzfahrmasse	t	14,13	15,0	11,25
Metermasse der Lok	t/m	5,61	5,75	4,51
Wasserkasteninhalt	m^3	6,0	7,5	5,0
Brennstoffvorrat	t	1,85	2,5	1,6
vorwiegend gekuppelt mit Tender	–	–	–	–
Urheber der Konstruktion	–	ELNA	Krupp	Borsig
Hersteller der Lok	–	Henschel	Krupp	Borsig
Erstes Baujahr bzw. Umbaujahr	–	1931	1938	1905

1) m. Gegendruckbremse

Baureihe/Unterbaureihe	–	92^{61}	92^{61}	92^{61}
Betriebsgattung	–	Gt 44.10	Gt 44.11	Gt 44.11
Abgekürzte Bezeichnung	–	D n2t	D n2t	D n2t
Frühere Gattung bzw. Werkstype	–	Nebenbahnlok	Nebenbahnlok	Nebenbahnlok
Betriebsnummer von	–	92 6101	92 6102	92 6104 und
bis	–	–	92 6103	92 6106
Zulässige Fahrgeschwindigkeit	km/h	40	45	40
Zylinderdurchmesser	mm	450	430	450
Kolbenhub	mm	550	550	550
Treib- und Kuppelraddurchmesser	mm	1100	1100	1100
Laufraddurchmesser vorn/hinten	mm	–	–	–
Kesseldruck	bar	12	12	12
Wasserraum des Kessels	m^3	–	–	–
Dampfraum des Kessels	m^3	–	–	–
Verdampfungswasseroberfläche	m^2	–	–	–
Masse des Kessels ohne/mit Ausrüstung	t	–	–	–
Rostfläche	m^2	–	1,36	1,602
Anzahl der Heizrohre	Stck	–	–	–
Heizrohrdurchmesser	mm	–	–	–
Anzahl der Rauchrohre	Stck	–	–	–
Rauchrohrdurchmesser	mm	–	–	–
Rohrlänge zwischen den Rohrwänden	mm	–	–	–
Überhitzerrohrdurchmesser	mm	–	–	
Strahlungsheizfläche (Feuerbüchse)	m^2	–	–	–
Heizrohrheizfläche	m^2	–	–	–
Rauchrohrheizfläche	m^2	–	–	
Verdampfungsheizfläche (feuerberührt)	m^2	–	91,6	89.83
Überhitzerheizfläche	m^2	–	–	–
Bauart des Vorwärmers	–	–	–	–
Achsstand der Lok	mm	4200	3900	4000
Länge der Lok über Puffer	mm	10 020	9870	9980
Lokleermasse	t	–	33,0	36,1
Lokdienstmasse (2/3 Vorräte)	t	–	–	–
Lokdienstmasse (volle Vorräte)	t	–	43,0	46,2
Reibungsmasse	t	–	43,0	46,2
Mittlere Kuppelradsatzfahrmasse	t	11,1	10,75	11,55
Metermasse der Lok	t/m		4,25	4,61
Wasserkasteninhalt	m^3	6,0	4,5	5,0
Brennstoffvorrat	t	1,5	1,5	1,6
vorwiegend gekuppelt mit Tender	–	–	–	–
Urheber der Konstruktion	–	O & K	Hanomag	Borsig
Hersteller der Lok	–	O & K	Hanomag	Borsig
Erstes Baujahr bzw. Umbaujahr	–	1907	1911	1913

Baureihe/Unterbaureihe	–	92^{62}	92^{61-63}	92^{61}
Betriebsgattung	–	Gt 44.12	Gt 44.12	Gt 44.11
Abgekürzte Bezeichnung	–	D n2t	D h2t	D n2t
Frühere Gattung bzw. Werkstype	–	Nebenbahnlok	ELNA 3	RGB-Typ
Betriebsnummer von	–	92 6201	92 6176	92 6105
bis	–	–	92 6382 m.L.	–
Zulässige Fahrgeschwindigkeit	km/h	40	40	40
Zylinderdurchmesser	mm	450	480 1)	450
Kolbenhub	mm	550	550	550
Treib- und Kuppelraddurchmesser	mm	1100	1100	1100
Laufraddurchmesser vorn/hinten	mm	–	–	–
Kesseldruck	bar	12	12	12
Wasserraum des Kessels	m^3	–	2,6	–
Dampfraum des Kessels	m^3	–	1,3	–
Verdampfungswasseroberfläche	m^2	–	5,7	–
Masse des Kessels ohne/mit Ausrüstung	t	–	8,0/11,0	–
Rostfläche	m^2	1,61	1,66	1,62
Anzahl der Heizrohre	Stck	–	88	–
Heizrohrdurchmesser	mm	–	44,5 x 2,5	–
Anzahl der Rauchrohre	Stck	–	18	–
Rauchrohrdurchmesser	mm	–	133 x 4	–
Rohrlänge zwischen den Rohrwänden	mm	–	3500	–
Überhitzerrohrdurchmesser	mm	–	38 x 4	–
Strahlungsheizfläche (Feuerbüchse)	m^2	–	7,3	–
Heizrohrheizfläche	m^2	–	38,2	–
Rauchrohrheizfläche	m^2	–	24,7	–
Verdampfungsheizfläche (feuerberührt)	m^2	89,83	70,2	89,83
Überhitzerheizfläche	m^2	–	25,7	–
Bauart des Vorwärmers	–	–	(OV)	–
Achsstand der Lok	mm	4000	4300	4000
Länge der Lok über Puffer	mm	9980	9945 2)	10 450
Lokleermasse	t	38,8	38,0	–
Lokdienstmasse (2/3 Vorräte)	t	–	–	–
Lokdienstmasse (volle Vorräte)	t	49,7	50,3	–
Reibungsmasse	t	49,7	50,3	–
Mittlere Kuppelradsatzfahrmasse	t	12,42	12,57	–
Metermasse der Lok	t/m	4,99	5,05	–
Wasserkasteninhalt	m^3	5,0	5,0	6,0
Brennstoffvorrat	t	1,6	1,2	1,3
vorwiegend gekuppelt mit Tender	–	–	–	–
Urheber der Konstruktion	–	Borsig	ELNA	Borsig
Hersteller der Lok	–	Borsig	Henschel u.a.	Henschel
Erstes Baujahr bzw. Umbaujahr	–	1927	1924	1921

1) auch: 450
2) auch: 9860 und 9950

Baureihe/Unterbaureihe	–	92^{63}	92^{63-64}	$92^{64,65}$
Betriebsgattung	–	Gt 44.14	Gt 44.14	Gt 44.15
Abgekürzte Bezeichnung	–	D h2t[1)]	D h2t	D n2t
Frühere Gattung bzw. Werkstype	–	ELNA 6	ELNA 6	pr. T 13
Betriebsnummer von	–	92 6376	92 6383	92 6401
bis	–	92 6377	92 6494 m.L.	92 6504 m.L.
Zulässige Fahrgeschwindigkeit	km/h	40	40	45
Zylinderdurchmesser	mm	450	520	500
Kolbenhub	mm	550	550	600
Treib- und Kuppelraddurchmesser	mm	1100	1100	1250
Laufraddurchmesser vorn/hinten	mm	–	–	–
Kesseldruck	bar	13	12	12
Wasserraum des Kessels	m^3	–	3,5	4,40
Dampfraum des Kessels	m^3	–	1,6	1,60
Verdampfungswasseroberfläche	m^2	–	6,2	6,15
Masse des Kessels ohne/mit Ausrüstung	t	–	9,0/11,5	10,1/12,9
Rostfläche	m^2	1,84	1,84	1,76
Anzahl der Heizrohre	Stck	19	113	209
Heizrohrdurchmesser	mm	44,5 x 2,5	44,5 x 2,5	46 x 2,5
Anzahl der Rauchrohre	Stck	104	22	–
Rauchrohrdurchmesser	mm	76 x 3,0	133 x 4	–
Rohrlänge zwischen den Rohrwänden	mm	3200	3500	4000
Überhitzerrohrdurchmesser	mm	23 x 2,5	38 x 4	–
Strahlungsheizfläche (Feuerbüchse)	m^2	8,3	8,8	8,7
Heizrohrheizfläche	m^2	7,6	49,1	107,7
Rauchrohrheizfläche	m^2	73,0	30,2	–
Verdampfungsheizfläche (feuerberührt)	m^2	88,9	88,1	116,4
Überhitzerheizfläche	m^2	43,3	31,0	–
Bauart des Vorwärmers	–	–	(OV)	–
Achsstand der Lok	mm	4300	4300	5275
Länge der Lok über Puffer	mm	9950	10 080	11 100
Lokleermasse	t	–	44,6	46,0
Lokdienstmasse (2/3 Vorräte)	t	–	53,7	–
Lokdienstmasse (volle Vorräte)	t	–	56,4	59,9
Reibungsmasse	t	–	56,4	59,9
Mittlere Kuppelradsatzfahrmasse	t	14,2	14,1	15,0
Metermasse der Lok	t/m	–	5,6	5,4
Wasserkasteninhalt	m^3	6,5	6,0	7,0
Brennstoffvorrat	t	2,0	1,85	2,5
vorwiegend gekuppelt mit Tender	–	–	–	–
Urheber der Konstruktion	–	ELNA	ELNA	Union
Hersteller der Lok	–	Hanomag	Henschel u.a.	Union u.a.
Erstes Baujahr bzw. Umbaujahr	–	1923 [2)]	1927	1912[3)]

1) Umbau aus n2
2) für Urzustand
3) übern. Lok

Baureihe/Unterbaureihe	–	$92^{64, 65}$	$92^{64, 65}$	92^{65}
Betriebsgattung	–	Gt 44.14	Gt 44.14; Gt 44.15	Gt 44.15
Abgekürzte Bezeichnung	–	D h2t	D h2t	D h2t
Frühere Gattung bzw. Werkstype	–	ELNA 6	O & K-Typenlok	BStb-Typ
Betriebsnummer von	–	92 6476	92 6480; 92 6582	92 6576
bis	–	92 6587 m.L.	92 6583	92 6578
Zulässige Fahrgeschwindigkeit	km/h	40	50	40
Zylinderdurchmesser	mm	500	500	540
Kolbenhub	mm	550	600	550
Treib- und Kuppelraddurchmesser	mm	1100	1200	1100
Laufraddurchmesser vorn/hinten	mm	–	–	–
Kesseldruck	bar	12	12	13
Wasserraum des Kessels	m^3	–	–	–
Dampfraum des Kessels	m^3	–	–	–
Verdampfungswasseroberfläche	m^2	–	–	–
Masse des Kessels ohne/mit Ausrüstung	t	–	–	–
Rostfläche	m^2	2,0	1,8	1,92
Anzahl der Heizrohre	Stck	128	83	94
Heizrohrdurchmesser	mm	45 x2,5	46 x 2,5	46 x 2,5
Anzahl der Rauchrohre	Stck	19	18	22
Rauchrohrdurchmesser	mm	133 x 4	133 x 4	121 x 4,5
Rohrlänge zwischen den Rohrwänden	mm	4000	3240	3800
Überhitzerrohrdurchmesser	mm	38 x 4	38 x 4	33 x 3,5
Strahlungsheizfläche (Feuerbüchse)	m^2	8,95	8,22	8,7
Heizrohrheizfläche	m^2	64,4	34,6	46,0
Rauchrohrheizfläche	m^2	29,8	22.9	29,4
Verdampfungsheizfläche (feuerberührt)	m^2	103,15	65,72	84,1
Überhitzerheizfläche	m^2	30,8	25,7	34,7
Bauart des Vorwärmers	–	–	OV	OV[1)]
Achsstand der Lok	mm	4050	4200	4190
Länge der Lok über Puffer	mm	10 550	10 629	10 880
Lokleermasse	t	45,9	–	46,5
Lokdienstmasse (2/3 Vorräte)	t	56,0	–	56,5
Lokdienstmasse (volle Vorräte)	t	58,8	–	59,3
Reibungsmasse	t	58,8	–	59,3
Mittlere Kuppelradsatzfahrmasse	t	14,6	14,5	14,8
Metermasse der Lok	t/m	5,58	–	5,46
Wasserkasteninhalt	m^3	6,5	7,0	7,0
Brennstoffvorrat	t	2,0	2,5	1,5
vorwiegend gekuppelt mit Tender	–	–	–	–
Urheber der Konstruktion	–	Krauss	O & K	Henschel
Hersteller der Lok	–	Krauss	O & K	Henschel
Erstes Baujahr bzw. Umbaujahr	–	1922	1925	1916

1) nachgerüstet

Baureihe/Unterbaureihe	–	92^{65}	92^{65}	92^{65}
Betriebsgattung	–	Gt 44.15	Gt 44.15	Gt 44. 16
Abgekürzte Bezeichnung	–	D h2t 1)	D h2t	D h2t
Frühere Gattung bzw. Werkstype	–	Essen	bopgy	BLE-Typ
Betriebsnummer von	–	92 6579	92 6581	92 6584
bis	–	92 6580	–	92 6586
Zulässige Fahrgeschwindigkeit	km/h	40	45	40
Zylinderdurchmesser	mm	540	450	540
Kolbenhub	mm	550	550	550
Treib- und Kuppelraddurchmesser	mm	1100	1100	1100
Laufraddurchmesser vorn/hinten	mm	–	–	–
Kesseldruck	bar	13	13	13
Wasserraum des Kessels	m^3	–	–	4,1
Dampfraum des Kessels	m^3	–	–	–
Verdampfungswasseroberfläche	m^2	–	–	–
Masse des Kessels ohne/mit Ausrüstung	t	–	–	–
Rostfläche	m^2	2,47	1,5	2,09
Anzahl der Heizrohre	Stck	–	79	10
Heizrohrdurchmesser	mm	–	46 x 2,5	44,5 x 2,5
Anzahl der Rauchrohre	Stck	–	18	96
Rauchrohrdurchmesser	mm	–	133 x 4	83 x 3,5
Rohrlänge zwischen den Rohrwänden	mm	–	3240	3806
Überhitzerrohrdurchmesser	mm	–	38 x 4	26 x 3
Strahlungsheizfläche (Feuerbüchse)	m^2	–	5,96	8,76
Heizrohrheizfläche	m^2	–	32,9	4,6
Rauchrohrheizfläche	m^2	–	22,9	84,8
Verdampfungsheizfläche (feuerberührt)	m^2	144,9	61,76	98,16
Überhitzerheizfläche	m^2	–	25,0	51,7
Bauart des Vorwärmers	–	(OV)	–	OV 4)
Achsstand der Lok	mm	4200	4000	4200
Länge der Lok über Puffer	mm	11 000	10 010	10 948
Lokleermasse	t	47,5	41,3	50,2
Lokdienstmasse (2/3 Vorräte)	t	–	–	60,5
Lokdienstmasse (volle Vorräte)	t	61,5	50.0	64,0
Reibungsmasse	t	61,5	50,0	64.0
Mittlere Kuppelradsatzfahrmasse	t	15,4	12,5	16,0
Metermasse der Lok	t/m	5,60	5,0	5,88
Wasserkasteninhalt	m^3	6,2	5,0	8,0
Brennstoffvorrat	t	2,1	1,2	2,0
vorwiegend gekuppelt mit Tender	–	–	–	
Urheber der Konstruktion	–	Henschel	Henschel	Henschel
Hersteller der Lok	–	Henschel	Henschel	Henschel
Erstes Baujahr bzw. Umbaujahr	–	1922[2) 3)]	1925	1927

1) ursprgl. D n2t
2) für Ursprungsausf.
3) 1927 umgebaut
4) nachgerüstet

Baureihe/Unterbaureihe	–	92⁶⁶	92⁶⁸	92⁶⁸
Betriebsgattung	–	Gt 44.16	Gt 44.17	Gt 44.18
Abgekürzte Bezeichnung	–	D h2t	D h2t	D h2t
Frühere Gattung bzw. Werkstype	–	ELNA 6 (verst.)	LBE-Typ	HBE-Typ
Betriebsnummer von	–	92 6676	92 6876	92 6879
bis	–	–	92 6878	92 6880
Zulässige Fahrgeschwindigkeit	km/h	40	50	50
Zylinderdurchmesser	mm	550	600	600
Kolbenhub	mm	550	660	550
Treib- und Kuppelraddurchmesser	mm	1200[1)]	1350	1180
Laufraddurchmesser vorn/hinten	mm	–	–	
Kesseldruck	bar	13	14	16
Wasserraum des Kessels	m^3	–	4,0	–
Dampfraum des Kessels	m^3	–	–	–
Verdampfungswasseroberfläche	m^2	–	–	–
Masse des Kessels ohne/mit Ausrüstung	t	–	–	–
Rostfläche	m^2	2,19	1,84	2,58
Anzahl der Heizrohre	Stck	–	126	166
Heizrohrdurchmesser	mm	–	44,5 x 2,5	44,5 x 2,5
Anzahl der Rauchrohre	Stck	–	26	30
Rauchrohrdurchmesser	mm	–	133 x 4	133 x 4
Rohrlänge zwischen den Rohrwänden	mm	–	3700	3500
Überhitzerrohrdurchmesser	mm	–	38 x 4	38 x 4
Strahlungsheizfläche (Feuerbüchse)	m^2	–	9,7	10,53
Heizrohrheizfläche	m^2	–	57,8	72,1
Rauchrohrheizfläche	m^2	–	37,8	41,3
Verdampfungsheizfläche (feuerberührt)	m^2	100,2	105,3	123,93
Überhitzerheizfläche	m^2	37,0	37,0	45,1
Bauart des Vorwärmers	–	–	OV	–
Achsstand der Lok	mm	4290	4650	4500
Länge der Lok über Puffer	mm	10 100	11 000	11 600
Lokleermasse	t	52,4	53,8	61,2
Lokdienstmasse (2/3 Vorräte)	t	–	65,2	72,1
Lokdienstmasse (volle Vorräte)	t	64,9	68,8	75,3
Reibungsmasse	t	64,9	68,8	75,3
Mittlere Kuppelradsatzfahrmasse	t	16,22	17,2	18,8
Metermasse der Lok	t/m	6,43	6,25	6,5
Wasserkasteninhalt	m^3	6,5	7,2	7,0
Brennstoffvorrat	t	2,0	3,5	2,5
vorwiegend gekuppelt mit Tender	–	–	–	–
Urheber der Konstruktion	–	Henschel	Linke	Borsig
Hersteller der Lok	–	Henschel	LHW, Henschel	Borsig
Erstes Baujahr bzw. Umbaujahr	–	1929	1930[2)]	1938

1) ursprgl. 1100
2) übern. Lok

Baureihe/Unterbaureihe	–	$93^{64, 66}$	93^{64}	93^{65}
Betriebsgattung	–	Gt 46.16	Gt 46.14	Gt 46.15
Abgekürzte Bezeichnung	–	1'D1'h2t	1'D1'h2t	1'D1'h2t
Frühere Gattung bzw. Werkstype	–	Borsig–Typenlok	RE–Type[2)]	pr. T 28[3)]
Betriebsnummer von	–	93 6476	93 6478, 93 6480	93 6576
bis	–	93 6683 m.L.	93 6481	–
Zulässige Fahrgeschwindigkeit	km/h	80	65	55
Zylinderdurchmesser	mm	530	500	520
Kolbenhub	mm	550	600	500
Treib- und Kuppelraddurchmesser	mm	1300	1200	1100
Laufraddurchmesser vorn/hinten	mm	850/850	1000/1000	800/800
Kesseldruck	bar	16	13	14
Wasserraum des Kessels	m^3	5,8	4,6	5,0
Dampfraum des Kessels	m^3	–	–	2,7
Verdampfungswasseroberfläche	m^2	–	–	8,5
Masse des Kessels ohne/mit Ausrüstung	t	–	–	–
Rostfläche	m^2	2,55	2,19	2,86
Anzahl der Heizrohre	Stck	132	94	138
Heizrohrdurchmesser	mm	44,5 x 2,5	44,5 x 2,5	46 x 2,5
Anzahl der Rauchrohre	Stck	40	28	24
Rauchrohrdurchmesser	mm	108 x 3,75	133 x 4	133 x 4
Rohrlänge zwischen den Rohrwänden	mm	4000	4000	4000
Überhitzerrohrdurchmesser	mm	25 x 2,5	38 x 4	38 x 4
Strahlungsheizfläche (Feuerbüchse)	m^2	10,8	9,4	10,7
Heizrohrheizfläche	m^2	65,2	46,6	71,2
Rauchrohrheizfläche	m^2	50,3	44,1	37,8
Verdampfungsheizfläche (feuerberührt)	m^2	126,3	100,1	119,7
Überhitzerheizfläche	m^2	49,0	47,1	39,8
Bauart des Vorwärmers	–	OV[1)]	OV	OV
Achsstand der Lok	mm	9950	9190	9370
Länge der Lok über Puffer	mm	13 350	12 940	12700
Lokleermasse	t	65,5	58,4	–
Lokdienstmasse (2/3 Vorräte)	t	–	71,5	–
Lokdienstmasse (volle Vorräte)	t	84,9	75,7	–
Reibungsmasse	t	64,0	56,8	–
Mittlere Kuppelradsatzfahrmasse	t	16,0	14,2	15,0
Metermasse der Lok	t/m	6,36	5,85	–
Wasserkasteninhalt	m^3	10,0	10,0.	7,0
Brennstoffvorrat	t	3,0	2,8	3,0
vorwiegend gekuppelt mit Tender	–	–	–	–
Urheber der Konstruktion	–	Borsig	O & K	Borsig
Hersteller der Lok	–	Borsig	O & K	Borsig
Erstes Baujahr bzw. Umbaujahr	–	1937	1939	1921[4)]

1) 93 6476, 93 6477 und 93 6479 ohne Vorwärmer
2) aus BR 86 entw.
3) ohne Zahnradtriebwerk
4) Ursprgsausf.

Baureihe/Unterbaureihe	–	93^{66}	93^{67}	94^{67}
Betriebsgattung	–	Gt 46.16	Gt 46.18	Gt 55.17
Abgekürzte Bezeichnung	–	1'D1'h2t	1'D1'h2t	E h2t
Frühere Gattung bzw. Werkstype	–	Privatbahnlok1)	HBE-Typ	pr. T 16^1
Betriebsnummer von	–	93 6676	93 6776	94 6776
bis	–	93 6677	93 6778	94 6778
Zulässige Fahrgeschwindigkeit	km/h	70	60	40
Zylinderdurchmesser	mm	570	640	610
Kolbenhub	mm	660	600	660
Treib- und Kuppelraddurchmesser	mm	1400	1250	1350
Laufraddurchmesser vorn/hinten	mm	850/850	850/850	–
Kesseldruck	bar	14	16	12
Wasserraum des Kessels	m^3	5,1	6,4	5,41
Dampfraum des Kessels	m^3	2,1	–	2,20
Verdampfungswasseroberfläche	m^2	8,2	–	8,08
Masse des Kessels ohne/mit Ausrüstung	t	13,7/18,1	–	16,8/20,8
Rostfläche	m^2	2,35	3,12	2,3
Anzahl der Heizrohre	Stck	110	155	137
Heizrohrdurchmesser	mm	44,5 x 2,5	44,5 x 2,5	46 x 2,5
Anzahl der Rauchrohre	Stck	26	32	22
Rauchrohrdurchmesser	mm	133 x 4	133 x 4	133 x 4
Rohrlänge zwischen den Rohrwänden	mm	4500	4200	4500
Überhitzerrohrdurchmesser	mm	38 x 4	38 x 4	38 x 4
Strahlungsheizfläche (Feuerbüchse)	m^2	10,0	11,6	11,61
Heizrohrheizfläche	m^2	61,4	80,8	79,41
Rauchrohrheizfläche	m^2	45.9	52,6	38,34
Verdampfungsheizfläche (feuerberührt)	m^2	117,3	145,0	129,36
Überhitzerheizfläche	m^2	47,0	54,5	45,27
Bauart des Vorwärmers	–	OV	OV 2)	OV
Achsstand der Lok	mm	10 300	10 800	5800
Länge der Lok über Puffer	mm	13 700	14 100	12 660
Lokleermasse	t	68,0	83,3	68,1
Lokdienstmasse (2/3 Vorräte)	t	–	–	–
Lokdienstmasse (volle Vorräte)	t	86,0	102,0	84,9
Reibungsmasse	t	64,0	72,0	84,9
Mittlere Kuppelradsatzfahrmasse	t	16,0	18,0	17,0
Metermasse der Lok	t/m	6,27	7,23	6,71
Wasserkasteninhalt	m^3	9,0	9,0	8,0
Brennstoffvorrat	t	3,5	3,0	3,0
vorwiegend gekuppelt mit Tender	–	–	–	–
Urheber der Konstruktion	–	Henschel	Hanomag	Schwartzkopff
Hersteller der Lok	–	Henschel	Hanomag	Schwartzkopff
Erstes Baujahr bzw. Umbaujahr	–	1936	1927	19153)

1) aus BR 86 entw.
2) mit Worthington- Vorwärmer geliefert, später Knorr-Vorwärmer.
3) übern.Lok

Baureihe/Unterbaureihe	–	95^{0}	95^{66}	98^{1}
Betriebsgattung	–	Gt 46.20	Gt 57.16	L 22.14
Abgekürzte Bezeichnung	–	1'D1'h2t	1'E1'h2t	B n2t
Frühere Gattung bzw. Werkstype	–	WL	Tierklasse	Zollern
Betriebsnummer von	–	$95\ 007^{II}$	95 6676	98 139
bis	–	–	95 6679	–
Zulässige Fahrgeschwindigkeit	km/h	60	50	35
Zylinderdurchmesser	mm	630	700	350
Kolbenhub	mm	600	550	500
Treib- und Kuppelraddurchmesser	mm	1200	1100	950
Laufraddurchmesser vorn/hinten	mm	850/850	850/850	–
Kesseldruck	bar	15	14	13
Wasserraum des Kessels	m^3	–	–	–
Dampfraum des Kessels	m^3	–	–	–
Verdampfungswasseroberfläche	m^2	–	–	–
Masse des Kessels ohne/mit Ausrüstung	t	–	–	–
Rostfläche	m^2	3,3	3,96	1,1
Anzahl der Heizrohre	Stck	189	225	–
Heizrohrdurchmesser	mm	44,5 x 2,5	44,5 x 2,5	–
Anzahl der Rauchrohre	Stck	36	32	–
Rauchrohrdurchmesser	mm	133 x 4	133 x 4	–
Rohrlänge zwischen den Rohrwänden	mm	4400	3700	–
Überhitzerrohrdurchmesser	mm	–	38 x 4	–
Strahlungsheizfläche (Feuerbüchse)	m^2	–	13,62	–
Heizrohrheizfläche	m^2	–	116,38	–
Rauchrohrheizfläche	m^2	–	50,86	–
Verdampfungsheizfläche (feuerberührt)	m^2	179,7	180,86	53,8
Überhitzerheizfläche	m^2	64,7	54,14	–
Bauart des Vorwärmers	–	–	OV	–
Achsstand der Lok	mm	10 000	9550	2300
Länge der Lok über Puffer	mm	13 270	12 450	7800
Lokleermasse	t	85,0	83,4	21,5
Lokdienstmasse (2/3 Vorräte)	t	–	98,8	–
Lokdienstmasse (volle Vorräte)	t	105,0	102,5	28,5
Reibungsmasse	t	80,0	81,7	28,5
Mittlere Kuppelradsatzfahrmasse	t	20,0	16,3	14,25
Metermasse der Lok	t/m	7,01	8,23	3,4
Wasserkasteninhalt	m^3	9,0	8,0	3,3
Brennstoffvorrat	t	4,0	3,0	0,8
vorwiegend gekuppelt mit Tender	–	–	–	–
Urheber der Konstruktion	–	Krupp	Borsig	Henschel
Hersteller der Lok	–	Krupp	Borsig	Henschel
Erstes Baujahr bzw. Umbaujahr	–	1940	1920 1)	1939

1) lt. Lieferliste

Baureihe/Unterbaureihe	–	98^{59}	98^{60}	98^{60}
Betriebsgattung	–	L 22.9	L 22.10	L 22.10
Abgekürzte Bezeichnung	–	B n2t	B n2t	B n2t
Frühere Gattung bzw. Werkstype	–	Bonifacius	Lenz d	Baulok
Betriebsnummer von	–	98 5901	98 6001	98 6003
bis	–	–	98 6004 m.L.	–
Zulässige Fahrgeschwindigkeit	km/h	20	35	25
Zylinderdurchmesser	mm	280	280	285
Kolbenhub	mm	420	500	400
Treib– und Kuppelraddurchmesser	mm	850	1080	880
Laufraddurchmesser vorn/hinten	mm	–	–	–
Kesseldruck	bar	12	12	12
Wasserraum des Kessels	m^3	–	–	–
Dampfraum des Kessels	m^3	–	–	–
Verdampfungswasseroberfläche	m^2	–	–	–
Masse des Kessels ohne/mit Ausrüstung	t	–	–	–
Rostfläche	m^2	0,64	0,68	0,75
Anzahl der Heizrohre	Stck	–	–	–
Heizrohrdurchmesser	mm	–	–	–
Anzahl der Rauchrohre	Stck	–	–	–
Rauchrohrdurchmesser	mm	–	–	–
Rohrlänge zwischen den Rohrwänden	mm	–	2550	–
Überhitzerrohrdurchmesser	mm	–	–	–
Strahlungsheizfläche (Feuerbüchse)	m^2	–	–	–
Heizrohrheizfläche	m^2	–	–	–
Rauchrohrheizfläche	m^2	–	–	–
Verdampfungsheizfläche (feuerberührt)	m^2	35,1	38,17	36,85
Überhitzerheizfläche	m^2	–	–	–
Bauart des Vorwärmers	–	–	–	–
Achsstand der Lok	mm	1800	2500	2000
Länge der Lok über Puffer	mm	6345	7000	6770
Lokleermasse	t	13,5	15,0	14,0
Lokdienstmasse (2/3 Vorräte)	t	–	–	–
Lokdienstmasse (volle Vorräte)	t	18,0	18,5	19,4
Reibungsmasse	t	18,0	18,5	19,4
Mittlere Kuppelradsatzfahrmasse	t	9,0	9,25	9,7
Metermasse der Lok	t/m	2,83	2,65	2,86
Wasserkasteninhalt	m^3	3,0	2,5	2,0[2)]
Brennstoffvorrat	t	0,8	0,9	1,0[2)]
vorwiegend gekuppelt mit Tender	–	–	–	–
Urheber der Konstruktion	–	Henschel	Vulcan	Hanomag
Hersteller der Lok	–	Henschel	Vulcan	Hanomag
Erstes Baujahr bzw. Umbaujahr	–	1914	1894[1)]	1895

1) übern. Lok
2) ursprgl. 3,2 m3 und 0,85 t

Baureihe/Unterbaureihe	–	98^{60}	98^{60}	98^{60}
Betriebsgattung	–	L 22.10	L 22.10	L 22.10
Abgekürzte Bezeichnung	–	B n2t	B n2t	B n2t
Frühere Gattung bzw. Werkstype	–	pr.T 1	Kleinbahnlok	Einzelanfertigg.
Betriebsnummer von	–	98 6005 und	98 6006	98 6009
bis	–	98 6008	98 6007	–
Zulässige Fahrgeschwindigkeit	km/h	30	30	35
Zylinderdurchmesser	mm	270	–	–
Kolbenhub	mm	550	–	–
Treib- und Kuppelraddurchmesser	mm	1080	1250	900
Laufraddurchmesser vorn/hinten	mm	–	–	–
Kesseldruck	bar	12	12	12
Wasserraum des Kessels	m^3	–	–	–
Dampfraum des Kessels	m^3	–	–	–
Verdampfungswasseroberfläche	m^2	–	–	–
Masse des Kessels ohne/mit Ausrüstung	t	–	–	–
Rostfläche	m^2	0,80	–	–
Anzahl der Heizrohre	Stck	101	–	–
Heizrohrdurchmesser	mm	46 x 2,5	–	–
Anzahl der Rauchrohre	Stck	–	–	–
Rauchrohrdurchmesser	mm	–	–	–
Rohrlänge zwischen den Rohrwänden	mm	2900	–	–
Überhitzerrohrdurchmesser	mm	–	–	–
Strahlungsheizfläche (Feuerbüchse)	m^2	3,5	–	–
Heizrohrheizfläche	m^2	–	–	–
Rauchrohrheizfläche	m^2	–	–	–
Verdampfungsheizfläche (feuerberührt)	m^2	41,2	–	–
Überhitzerheizfläche	m^2	–	–	–
Bauart des Vorwärmers	–	–	–	–
Achsstand der Lok	mm	2500	2700	1800
Länge der Lok über Puffer	mm	7160	8051	6300
Lokleermasse	t	15,6	–	–
Lokdienstmasse (2/3 Vorräte)	t	–	–	–
Lokdienstmasse (volle Vorräte)	t	20,5	–	20,5
Reibungsmasse	t	20,5	–	20,5
Mittlere Kuppelradsatzfahrmasse	t	10,25	–	10,25
Metermasse der Lok	t/m	2,86	–	3,25
Wasserkasteninhalt	m^3	2,4	2,9	1,9
Brennstoffvorrat	t	0,85	1,1	0,6
vorwiegend gekuppelt mit Tender	–	–	–	–
Urheber der Konstruktion	–	Henschel	Borsig	Smoschewer
Hersteller der Lok	–	Hanomag/O & K	Borsig	Smoschewer
Erstes Baujahr bzw. Umbaujahr	–	1901	1909	1922

Baureihe/Unterbaureihe	–	98^{60}	$98^{60,\ 61}$	$98^{61,\ 62}$
Betriebsgattung	–	L 33.10 1)	L 44.10; L 44.11	L 22.11; L 22.12
Abgekürzte Bezeichnung	–	C n2t	B'B n4vt	B n2t
Frühere Gattung bzw. Werkstype	–	–	Nebenbahnlok	Kleinbahnlok
Betriebsnummer von	–	98 6010	98 6051; 98 6151	98 6101
bis	–	–	98 6153	98 6218 m.L.
Zulässige Fahrgeschwindigkeit	km/h	–	45	40
Zylinderdurchmesser	mm	–	360/560	320
Kolbenhub	mm	–	550	500
Treib– und Kuppelraddurchmesser	mm	–	1080	1000
Laufraddurchmesser vorn/hinten	mm	–	–	–
Kesseldruck	bar	–	13	12
Wasserraum des Kessels	m^3	–	–	–
Dampfraum des Kessels	m^3	–	–	–
Verdampfungswasseroberfläche	m^2	–	–	–
Masse des Kessels ohne/mit Ausrüstung	t	–	–	–
Rostfläche	m^2	–	1,75	0,97
Anzahl der Heizrohre	Stck	–	–	–
Heizrohrdurchmesser	mm	–	–	–
Anzahl der Rauchrohre	Stck	–	–	–
Rauchrohrdurchmesser	mm	–	–	–
Rohrlänge zwischen den Rohrwänden	mm	–	–	–
Überhitzerrohrdurchmesser	mm	–	–	–
Strahlungsheizfläche (Feuerbüchse)	m^2	–	–	–
Heizrohrheizfläche	m^2	–	–	–
Rauchrohrheizfläche	m^2	–	–	–
Verdampfungsheizfläche (feuerberührt)	m^2	–	88,9	47,67
Überhitzerheizfläche	m^2	–	–	–
Bauart des Vorwärmers	–	–	–	–
Achsstand der Lok	mm	–	5050	2500
Länge der Lok über Puffer	mm	–	9850	7582
Lokleermasse	t	–	–	18,5
Lokdienstmasse (2/3 Vorräte)	t	–	–	–
Lokdienstmasse (volle Vorräte)	t	–	–	24,0
Reibungsmasse	t	–	–	24,0
Mittlere Kuppelradsatzfahrmasse	t	–	11,5	12,0
Metermasse der Lok	t/m	–	–	3,16
Wasserkasteninhalt	m^3	–	6,0	3,4
Brennstoffvorrat	t	–	1,8	1,0
vorwiegend gekuppelt mit Tender	–	–	–	–
Urheber der Konstruktion	–	O & K	Jung	Henschel
Hersteller der Lok	–	O & K	Jung	Henschel
Erstes Baujahr bzw. Umbaujahr	–	1922	1901	1906

1) lt. Uz.–Plan L 22.10, B n2t

Baureihe/Unterbaureihe	–	98^{61}	98^{62}	98^{62}
Betriebsgattung	–	L 22.11	L 22.12	L 22.12
Abgekürzte Bezeichnung	–	B n2t	B n2t	B n2t
Frühere Gattung bzw. Werkstype	–	Kleinbahnlok	Lenz c	Riebeck
Betriebsnummer von	–	98 6102	98 6202	98 6206
bis	–	–	98 6205	98 6207
Zulässige Fahrgeschwindigkeit	km/h	40	30	30
Zylinderdurchmesser	mm	320	300	300
Kolbenhub	mm	500	520	500
Treib- und Kuppelraddurchmesser	mm	1000	1030	950
Laufraddurchmesser vorn/hinten	mm	–	–	–
Kesseldruck	bar	12	11	12
Wasserraum des Kessels	m^3	–	–	–
Dampfraum des Kessels	m^3	–	–	–
Verdampfungswasseroberfläche	m^2	–	–	–
Masse des Kessels ohne/mit Ausrüstung	t	–	–	–
Rostfläche	m^2	0.97	0,8	0,97
Anzahl der Heizrohre	Stck	–	–	–
Heizrohrdurchmesser	mm	–	–	–
Anzahl der Rauchrohre	Stck	–	–	–
Rauchrohrdurchmesser	mm	–	–	–
Rohrlänge zwischen den Rohrwänden	mm	–	–	–
Überhitzerrohrdurchmesser	mm	–	–	–
Strahlungsheizfläche (Feuerbüchse)	m^2	–	–	–
Heizrohrheizfläche	m^2	–	–	–
Rauchrohrheizfläche	m^2	–	–	–
Verdampfungsheizfläche (feuerberührt)	m^2	47,67	50,21	47,6
Überhitzerheizfläche	m^2	–	–	–
Bauart des Vorwärmers	–	–	–	–
Achsstand der Lok	mm	2500	2200	2200
Länge der Lok über Puffer	mm	7419	7200	7488
Lokleermasse	t	–	17,75	19,0
Lokdienstmasse (2/3 Vorräte)	t	–	–	–
Lokdienstmasse (volle Vorräte)	t	23,0	24,0	24,0
Reibungsmasse	t	23,0	24,0	24,0
Mittlere Kuppelradsatzfahrmasse	t	11,5	12,0	12,0
Metermasse der Lok	t/m	3,1	3,33	3,22
Wasserkasteninhalt	m^3	3,4	3,5	3,4
Brennstoffvorrat	t	1,0	0,8	1,0
vorwiegend gekuppelt mit Tender	–	–	–	–
Urheber der Konstruktion	–	Henschel	Vulcan	Henschel
Hersteller der Lok	–	Henschel	Vulcan, Hohenz.	Henschel
Erstes Baujahr bzw. Umbaujahr	–	1910	1899[1)]	1902

1) übern. Lok

Baureihe/Unterbaureihe	–	98^{62}	98^{62}	98^{63}
Betriebsgattung	–	L 22.12	L 22.12	L 22.13
Abgekürzte Bezeichnung	–	B n2t	B n2t	B n2t
Frühere Gattung bzw. Werkstype	–	Privatbahnlok	pr. T 1 Stargard	Lenz c (verst.)
Betriebsnummer von	–	98 6212	98 6201	98 6301
bis	–	98 6213	–	–
Zulässige Fahrgeschwindigkeit	km/h	40	40	30
Zylinderdurchmesser	mm	300	300	300
Kolbenhub	mm	500	500	500
Treib- und Kuppelraddurchmesser	mm	1000	1200	950
Laufraddurchmesser vorn/hinten	mm	–	–	–
Kesseldruck	bar	12	12	12
Wasserraum des Kessels	m^3	–	–	–
Dampfraum des Kessels	m^3	–	–	–
Verdampfungswasseroberfläche	m^2	–	–	–
Masse des Kessels ohne/mit Ausrüstung	t	–	–	–
Rostfläche	m^2	0,85	0,983	0,8
Anzahl der Heizrohre	Stck	–	–	–
Heizrohrdurchmesser	mm	–	–	–
Anzahl der Rauchrohre	Stck	–	–	–
Rauchrohrdurchmesser	mm	–	–	–
Rohrlänge zwischen den Rohrwänden	mm	–	–	–
Überhitzerrohrdurchmesser	mm	–	–	–
Strahlungsheizfläche (Feuerbüchse)	m^2	–	–	–
Heizrohrheizfläche	m^2	–	–	–
Rauchrohrheizfläche	m^2	–	–	–
Verdampfungsheizfläche (feuerberührt)	m^2	48,0	44,5	50,21
Überhitzerheizfläche	m^2	–	–	–
Bauart des Vorwärmers	–	–	–	–
Achsstand der Lok	mm	2200	2000	2200
Länge der Lok über Puffer	mm	7500	7650	7200
Lokleermasse	t	18,0	18,2	–
Lokdienstmasse (2/3 Vorräte)	t	–	–	–
Lokdienstmasse (volle Vorräte)	t	24,0	23,45	–
Reibungsmasse	t	24,0	23,45	–
Mittlere Kuppelradsatzfahrmasse	t	12,0	11,725	–
Metermasse der Lok	t/m	3,2	3,06	–
Wasserkasteninhalt	m^3	3,0	2,7	–
Brennstoffvorrat	t	1,0	1,4	–
vorwiegend gekuppelt mit Tender	–	–	–	–
Urheber der Konstruktion	–	Borsig	Borsig	Vulcan
Hersteller der Lok	–	Borsig	Borsig	Hohenzollern
Erstes Baujahr bzw. Umbaujahr	–	1908[1)]	1897	1900

1) übern. Lok

Baureihe/Unterbaureihe	–	98^{63}	98^{63}	98^{64}
Betriebsgattung	–	L 22.13	L 45.13	L 45.14
Abgekürzte Bezeichnung	–	B n2t	1'D h2t	1'D h2t
Frühere Gattung bzw. Werkstype	–	WL	RE–Typ	RE–Typ 3)
Betriebsnummer von	–	98 6302	98 6376	98 6476
bis	–		98 6378	–
Zulässige Fahrgeschwindigkeit	km/h	–	60	60
Zylinderdurchmesser	mm	–	500	500
Kolbenhub	mm	–	600	600
Treib– und Kuppelraddurchmesser	mm	–	1200	1200
Laufraddurchmesser vorn/hinten	mm	–	1000/–	1000/–
Kesseldruck	bar	–	13	13
Wasserraum des Kessels	m^3	–	–	–
Dampfraum des Kessels	m^3	–	–	–
Verdampfungswasseroberfläche	m^2	–	–	–
Masse des Kessels ohne/mit Ausrüstung	t	–	–	–
Rostfläche	m^2	–	1,8	1,8
Anzahl der Heizrohre	Stck	–	84[2)]	84
Heizrohrdurchmesser	mm	–	44,5 x 2,5	44,5 x 2,5
Anzahl der Rauchrohre	Stck	–	18[2)]	18
Rauchrohrdurchmesser	mm	–	133 x 4	133 x 4
Rohrlänge zwischen den Rohrwänden	mm	–	4200	4200
Überhitzerrohrdurchmesser	mm	–	38 x 4	38 x 4
Strahlungsheizfläche (Feuerbüchse)	m^2	–	8,49	8,49
Heizrohrheizfläche	m^2	–	43,7	43,7
Rauchrohrheizfläche	m^2	–	29,7	29,7
Verdampfungsheizfläche (feuerberührt)	m^2	–	81,9	81,9
Überhitzerheizfläche	m^2	–	34,6	34,6
Bauart des Vorwärmers	–	–	–	–
Achsstand der Lok	mm	–	6740	6740
Länge der Lok über Puffer	mm	–	12 000	12 000
Lokleermasse	t	–	47,5	50,1
Lokdienstmasse (2/3 Vorräte)	t	–	–	–
Lokdienstmasse (volle Vorräte)	t	–	60,3	63,8
Reibungsmasse	t	–	52,0	56,0
Mittlere Kuppelradsatzfahrmasse	t	–	13,0	14,0
Metermasse der Lok	t/m	–	5,03	5,32
Wasserkasteninhalt	m^3	–	6,0	8,0
Brennstoffvorrat	t	–	1,8	1,8
vorwiegend gekuppelt mit Tender	–	–	–	–
Urheber der Konstruktion	–	Borsig	O &K	O & K
Hersteller der Lok	–	Borsig 1)	O & K	O & K
Erstes Baujahr bzw. Umbaujahr	–	1908	1929	1936

1) Hoflok für eigenes Werk
2) auch 111 Heizrohre und 12 Rauchrohre d. Kesseltausch m. BR 75^{62}
3) Nachlieferg.

Übersicht über die nach 1945 durch die DR übernommenen ehemaligen Privatbahn- und Werkslokomotiven

DR-Betriebs-nummer	Übernahme im Jahre	Betriebs-gattung	Achsfolge	Hersteller	Fabrik-nummer	Baujahr
64 6576	1949	Pt 35.15	1'C1' h2 t	Jung	9 261	1940
69 6101	1949	Pt 23.11	B 1' n2t	Henschel	4 082	1894
70 6176	1949	Pt 23.11	1'B h2t	Orenstein	2 959	1908
70 6177	1949	Pt 23.11	1'B h2t	Orenstein	3 910	1910
70 6178	1949	Pt 23.11	1'B h2t	Orenstein	4 400	1911
70 6179	1949	Pt 23.11	1'B h2t	Orenstein	5 000	1911
70 6376	1949	Pt 23.13	1'B h2t	Orenstein	6 717	1913
70 6401	1950	Pt 23.14	1'B n2t	Humboldt	168	1903
74 6611	1950	Pt 34.16	1'C h2t	AEG	2 941	1925
74 6612	1950	Pt 34.16	1'C h2t	AEG	2 942	1925
74 6621	1950	Pt 34.14	1'C n2t	Hanomag	3 122	1898
74 6622	1950	Pt 34.14	1'C n2t	Hanomag	3 123	1898
74 6623	1950	Pt 34.14	1'C n2t	Union	936	1898
74 6776	(1949)	Pt 34.17	1'C h2t	Borsig	7 864	1911
74 6777	(1949)	Pt 34.17	1'C h2t	Borsig	7 865	1911
74 6778	(1949)	Pt 34.17	1'C h2t	Borsig	8 164	1911
74 6779	(1949)	Pt 34.17	1'C h2t	Borsig	8 705	1913
75 6276	1949	Pt 35.12	1'C1'h2t	Orenstein	10 934	1925
75 6277	1949	Pt 35.12	1'C1'h2t	Orenstein	10 935	1925
75 6278	1949	Pt 35.12	1'C1'h2t	Orenstein	10 936	1925
75 6279	1949	Pt 35.12	1'C1'h2t	Orenstein	11 432	1927
756476	1949	Pt 35.14	1'C1'h2t	Orenstein	12 730	1936
75 6676	1949	Pt 35.16	1'C1'h2t	Hanomag	10 640	1929
75 6677	1949	Pt 35.16	1'C1'h2t	Hanomag	10 641	1929
75 6678	1949	Pt 35.16	1'C1'h2t	Hanomag	10 642	1929
75 6679	1949	Pt 35.16	1'C1'h2t	Borsig	14 607	1935
75 6680	1949	Pt 35.16	1'C1'h2t	Borsig	14 625	1936
75 6681	1949	Pt 35.16	1'C1'h2t	Borsig	14 626	1936
75 6682	1949	Pt 35.16	1'C1'h2t	Henschel	24 751	1940
75 6683	1949	Pt 35.16	1'C1'h2t	Henschel	24 752	1940
75 6684	1949	Pt 35.16	1'C1'h2t	Henschel	25 928	1941
75 6685	1949	Pt 35.16	1'C1'h2t	Henschel	25 991	1941
75 6686	1949	Pt 35.16	1'C1'h2t	Henschel	26 459	1942
75 6687	1949	Pt 35.16	1'C1'h2t	Henschel	26 499	1942
75 6776	1949	Pt 35.17	1'C1'h2t	Borsig	14 980	1943
75 6777	1949	Pt 35.17	1'C1'h2t	Borsig	14 981	1943
89 270^{II}	1947	Gt 33.14	C n2t	Hartmann	?	?
89 953	1948	Gt 33.12	C n2t	Vulcan	2 619	1911
89 954	1948	Gt 33.14	C n2t	Orenstein	11 687	1929
89 955	1948	Gt 33.14	C n2t	Henschel	21 851	1930
89 4937	1946	Gt 33.12	C n2t	Henschel	4 937	1898
89 5901	1949	Gt 33.9	C n2t	Henschel	6 841	1904
89 5902	1949	Gt 33.9	C n2t	Vulcan	2 615	1910
89 5903	1949	Gt 33.9	C n2t	Vulcan	2 905	1913
89 6001	1949	Gt 33.10	C n2t	Schwartzkopff	2 043	1893
89 6002	1949	Gt 33.10	C n2t	Hanomag	2 489	1893
89 6003	1949	Gt 33.10	C n2t	Hanomag	2 533	1893

übernommen von/ Nr.	alte Gattung	Bemerkungen
Brandenb. Stb./ 1–100II	Einheitslok	ex DRG 64 511; ebenso ab 1957, a. 27.07.1972
Osthavell. EB 7	pr. T 4^2	a. 1951 (ohne Einsatz ?)
Ruppin. EB 10		12.55 WL StahlwerkGröditz
Ruppin. EB 7		12.55 WL StahlwerkGröditz
Ruppin. EB 8		a. 1959 (?)
Ruppin. EB9		09.54 an Zuckerfab. Wismar WL
Ruppin. EB 20		geliefert als n2t mit Stroomannkessel; 01.59 WL Zementw. Mellenhagen
Teutob. WE 36		vorgefunden bei Oderbruchbahn; 03.54 Schrott
Niederbarn. EB 01		falsche Ordnungsnr., a. 18.05.65
Niederbarn. EB 02		falsche Ordnungsnr.,a. 27.07.66
Niederbarn. EB 07	pr. T92	Umbaulok; 1951 a.
Niederbarn. EB 08	pr. T92	Umbaulok; 1951 a.
Niederbarn. EB 09	pr. T92,	ex DRG 91 060, Umbaulok; 1965 a.
1952 Uz ex 91 6776,	pr. T 12,	a. 28.01.66
1952 Uz.ex 91 6777,	pr. T 12,	a. 14.09.65
1952 Uz. ex 91 6778,	pr. T 12,	a. 05.56; WL
1952 Uz ex 91 6779,	pr. T 12,	a. 17.03.64
Ruppiner EB 27		a. 22.02.71
Ruppiner EB 28		a. 02.01.68
Ruppiner EB 29		a. 27.10.69
Ruppiner EB 31		a. 09.08.71
Ruppiner EB 32		a. 16.01.68
Halb.-Blankenbg. EB 1		a. 1965
Halb.-Blankenbg. EB 2		a. 1965
Halb.-Blankenbg. EB 3		a. 1965
Brandenb. Städteb. 1–101		a. 1965
Brandenb. Städteb. 1–102		a. 18.02.66
Brandenb. Städteb. 1–103		a. 18.04.67
Genthiner EB 401	(ELNA 7)	a. 06.11.68
Heudeb.-Matt 404	(ELNA 7)	a. 16.01.68
Salzwedel. Klb 403	(ELNA 7)	a. 16.01.68
Genthiner EB 402	(ELNA 7)	a. 19.07.68
Gardeleg.-Weferl. 405	(ELNA 7)	a. 16.01.68
Altmärk. Klb. 406	(ELNA 7)	a. 06.11.68
Halb.-Blankenbg. EB 6		a. 27.05.67
Halb.-Blankenbg. EB 7		a. 18.01.67
Werklok		sä. V T a. … (?)
Grünberg–Sprottau 24 b	Lenz b;	a. 04.05.54, (Rückführlok) dann WL
Rosenberger Kreisb. 1	ELNA 4	a. 1966,WL
Zuckerfabr. Maltsch	Bismarck	a. 1966 (Rückführlok, WL) modif.
WL Raw Halle	pr. T 3	ex DRG 89 7260
Arnstadt-Ichtershausen SEG 340	pr. T 3	a. 15.04.65
Greifsw.-Grimmen 11	Lenz b	a. 1957
Greifsw.-Grimmen 12	Lenz b	a. 1956
Wenigent.-Oechsen 2	pr. T3	a. 22.07.58
Franzb.Südbahn 17	pr. T3	a. 14.07.59
Franzb.Südbahn 20	pr. T3	a. 01.03.59

DR-Betriebs-nummer	Übernahme im Jahre	Betriebs-gattung	Achsfolge	Hersteller	Fabrik-nummer	Baujahr
89 6004	1949	Gt 33.10	C n2t	Union	791	1895
89 6005	1949	Gt 33.10	C n2t	Vulcan	1 504	1893
89 6006	1949	Gt 33.10	C n2t	Hagans	342	1896
89 6007	1949	Gt 33.10	C n2t	Jung	350	1898
89 6008	1949	Gt 33.10	C n2t	Borsig	4 789	1900
89 6009	1949	Gt 33.10	C n2t	Humboldt	135	1902
89 6010	1949	Gt 33.10	C n2t	Hanomag	3 871	1902
89 6011	1949	Gt 33.10	C n2t	Henschel	6 268	1902
89 6012	1949	Gt 33.10	C n2t	Linke-Hofmann	294	1905
89 6013	1949	Gt 33.10	C n2t	Esslingen	3 381	1906
89 6014	1949	Gt 33.10	C n2t	Vulcan	2 323	1907
89 6015	1949	Gt 33.10	C n2t	Henschel	7 028	1907
89 6016	1949	Gt 33.10	C n2t	Henschel	10 039	1910
89 6017	1949	Gt 33.10	C n2t	Henschel	10 678	1911
89 6018	1949	Gt 33.10	C n2t	Hanomag	5 398	1912
89 6019	1949	Gt 33.10	C n2t	Henschel	11 085	1912
89 6020	1949	Gt 33.10	C n2t	Henschel	11 086	1912
89 6021	1949	Gt 33.10	C n2t	Henschel	12 210	1913
89 6022	1949	Gt 33.10	C n2t	Henschel	12 211	1913
89 6023	1949	Gt 33.10	C n2t	Henschel	13 024	1914
89 6024	1949	Gt 33.10	C n2t	Henschel	13 025	1914
89 6025	1949	Gt 33.10	C n2t	Henschel	13 027	1915
89 6026	1949	Gt 33.10	C n2t	Henschel	13 028	1915
89 6027	1949	Gt 33.10	C n2t	Henschel	13 029	1915
89 6028	1949	Gt 33.10	C n2t	Henschel	20 504	1925
89 6029	1949	Gt 33.10	C n2t	Henschel	20 505	1925
89 6030	1949	Gt 33.10	C n2t	Henschel	21 445	1929
89 6031	1949	Gt 33.10	C n2t	Henschel	21 446	1929
89 6032	1949	Gt 33.10	C n2t	Henschel	21 810	1930
89 6033	1952	Gt 33.10	C n2t	unbekannt	unbekannt	?
89 6034	1956	Gt 33.12 (G 33.12)	C n2t (C n2)	Henschel	12 307	1913
89 6101	1949	Gt 33.11	C n2t	Henschel	3 598	1892
89 6102	1949	Gt 33.11	C n2t	Henschel	3 772	1893
89 6103	1949	Gt 33.11	C n2t	Hanomag	2 860	1897
89 6104	1949	Gt 33.11	C n2t	Hanomag	2 861	1897
89 6105	1949	Gt 33.11	C n2t	Henschel	4 662	1897
89 6106	1949	Gt 33.11	C n2t	Hohenzollern	1 182	1899
89 6107	1949	Gt 33.11	C n2t	Jung	425	1900
89 6108	1949	Gt 33.11	C n2t	Jung	426	1900
89 6109	1949	Gt 33.11	C n2t	Hohenzollern	1 270	1900
89 6110	1949	Gt 33.11	C n2t	Hohenzollern	1 295	1900
89 6111	1949	Gt 33.11	C n2t	Vulcan	1 881	1901
89 6112	1949	Gt 33.11	C n2t	Schwartzkopff	3 020	1901
89 6113	1949	Gt 33.11	C n2t	Henschel	5 655	1901
89 6114	1949	Gt 33.11	C n2t	Hagans	434	1901
89 6115	1949	Gt 33.11	C n2t	Hohenzollern	1 485	1902
89 6116	1949	Gt 33.11	C n2t	Henschel	6 279	1902
89 6117	1949	Gt 33.11	C n2t	Orenstein	971	1902
89 6118	1949	Gt 33.11	C n2t	Hohenzollern	1 488	1903
89 6119	1949	Gt 33.11	C n2t	Hohenzollern	1 490	1903
89 6120	1949	Gt 33.11	C n2t	Jung	661	1903
89 6121	1949	Gt 33.11	C n2t	Linke-Hofmann	112	1903

übernommen von/ Nr.	alte Gattung	Bemerkungen
Genthiner EB 281	pr. T3	a. 1958
Teltower Eisenb. 21	Lenz b	a. 1957
Altmärk. Klb. 282	pr. T 3	a. 14.09.65
Altmärk. Klb. 283	pr. T 3	a. 27.05.67
Königswust.-Töp. 1	Lenz b	a. 21.06.60
Heudeber-Matt. 284	pr. T3	1961: 3T12 (G 33.10) (C n2) Museumslok seit 1971
Marienb.-Beendorf (o.Nr)	pr. T 3	a. 15.09.65
Wallwitz-Wettin 286	pr. T3	a. 1959; WL Hafen Magdebg.
Königswust.-Töp. 22	pr. T 3	a. 1958
Halb-Blankenbg. EB 23	pr. T 3 mit Abweichg.	a. 10.54,
Königswust.-Töp 24	Lenz b	a. 28.02.63
GenthinerEB 288	pr. T3	a. 20.01.54
Genthiner EB 296	pr. T 3	a. 05.03.65
Stendaler Klb. 262	Bismarck alt	a. 18.03.64
Arnst.-Ichtershsn SEG 360	pr. T 3 m. Heusingerst.	a. 1958
Langensalz.Klb 263	Bism. alt	a ... (?)WL
Langensalz. Klb 264	Bism. alt	a.... (?)
Osterb.-Pretzier 266	Bism. alt	a. 22.09.58
Osterb.-Pretzier 267	Bism. alt	a. 22.02.66
Ilmenau-Großbreitb. SEG 268	Bism. alt	a. ... (?)
Bebitz-Alsleben 269	Bism alt	4.63 WL; 1977 Museumsl.
Genthiner EB 271	Bism. alt	a. 1959
Genthiner EB 272	Bism. alt	a . ... (?)
Genthiner EB 273	Bism. alt	a. 12.12.67
Genthiner EB 274	Bism. alt	a. ... (?)
Heudeber-Matt. 278	Bism. alt	a. ... (?)
Genthiner EB. 275	Bism. alt	a. ... (?)
Genthiner EB. 276	Bism. alt	a 07.59
Bebitz-Alsleben 277	Bism. alt	a. ... (?)
Waggonbau Gotha	pr. T 3 (?)	1953 WL
Solvay Bernburg WL 89 0001	spez. Typ	1961: 3T12, a. ... (?)
Franzb. Südbahn 27	pr. T 3	a. 14.07.58
Franzb. Südbahn 29	pr. T 3	a. 15.10.60
Teltower Klb. 22	pr. T 3	a. 15.09.65
Teltower Klb. 23	pr. T 3	a. 1958
Prenzlauer Klb. 1	pr. T 3	a. 1957
Dessau-Wörlitz, 8	pr. T3	Schrottlok , a. 20.12.51
Weshthavelld. Krb. 1	pr. T 3	a. 15.09.65
Westhavell d. Krb. 2	pr.T 3	a. 07.03.58
Gardelegen-Wef. 259	pr. T 3	a. 15.09.65
Wallwitz-Wettin 257	pr. T 3	a. 11.09.65
AltlandsbergerKlb. 22	pr. T3	a. 1955
Osthavelld. Kb 4	pr. T 3	a. 1957
Altlandsberger Klb. 21	pr. T 3	Raddurchm. 1200mm; a. 25.09.61
Dessau-Wörlitz 9	pr.T 3	a. 04.04.67
Brandenbg. Stdtb. 1–20	pr.T 3	a. 11.09.65
Schildau-Mockr. 287	pr. T 3	a. 25.08.65
Goldbeck-Werben 6 »Boetel«	pr. T 3	ex DRG 89 7425 a.1957
Brandenbg. Stdtb. 1–21	pr. T 3	a. 08.11.61
Brandenbg. Stdtb. 1–22	pr. T 3	a. 1960
Westhavell. Kb4	pr. T 3	a. 11.09.65
Prenzlauer Kb 5	pr. T 3	Heusingerstrg a.02.07.65

DR-Betriebs-nummer	Übernahme im Jahre	Betriebs-gattung	Achsfolge	Hersteller	Fabrik-nummer	Baujahr
89 6122	1949	Gt 33.11	C n2t	Linke-Hofmann	113	1903
89 6123	1949	Gt 33.11	C n2t	Hohenzollern	1 706	1904
89 6124	1949	Gt 33.11	C n2t	Hohenzollern	1 708	1904
89 6125	1949	Gt 33.11	C n2t	Hohenzollern	1 709	1904
89 6126	1949	Gt 33.11	C n2t	Schwartzkopff	3 304	1904
89 6127	1949	Gt 33.11	C n2t	Schwartzkopff	3 305	1904
89 6128	1949	Gt 33.11	C n2t	Linke-Hofmann	224	1904
89 6129	1949	Gt 33.11	C n2t	Linke-Hofmann	295	1905
89 6130	1949	Gt 33.11	C n2t	Henschel	6 707	1906
89 6131	1949	Gt 33.11	C n2t	Orenstein	1 892	1906
89 6132	1949	Gt 33.11	C n2t	Borsig	6 674	1907
89 6133	1949	Gt 33.11	C n2t	Henschel	8 587	1908
89 6134	1949	Gt 33.11	C n2t	Orenstein	3 153	1909
89 6135	1949	Gt 33.11	C n2t	Orenstein	3 154	1909
89 6136	1949	Gt 33.11	C n2t	Borsig	7 082	1909
89 6137	1949	Gt 33.11	C n2t	Henschel	9 246	1909
89 6138	1949	Gt 33.11	C n2t	Henschel	9 248	1909
89 6139	1949	Gt 33.11	C n2t	Henschel	9 249	1909
89 6140	1949	Gt 33.11	C n2t	Henschel	10 038	1910
89 6141	1949	Gt 33.11	C n2t	Vulcan	2 617	1911
89 6142	1949	Gt 33.11	C n2t	Orenstein	4 401	1911
89 6143	1949	Gt 33.11	C n2t	Orenstein	4 403	1911
89 6144	1949	Gt 33.11	C n2t	Orenstein	4 404	1911
89 6145	1949	Gt 33.11	C n2t	Orenstein	4 405	1911
89 6146	1949	Gt 33.11	C n2t	Orenstein	4 406	1911
89 6147	1949	Gt 33.11	C n2t	Orenstein	4 407	1911
89 6148	1949	Gt 33.11	C n2t	Orenstein	4 408	1911
89 6149	1949	Gt 33.11	C n2t	Orenstein	4 409	1911
89 6150	1949	Gt 33.11	C n2t	Orenstein	4 410	1911
89 6151	1949	Gt 33.11	C n2t	Orenstein	4 412	1911
89 6152	1949	Gt 33.11	C n2t	Henschel	10 328	1911
89 6153	1949	Gt 33.11	C n2t	Henschel	10 324	1911
89 6154	1949	Gt 33.11	C n2t	Henschel	10 325	1911
89 6155	1949	Gt 33.11	C n2t	Henschel	10 327	1911
89 6156	1949	Gt 33.11	C n2t	Henschel	10 838	1912
89 6157	1949	Gt 33.11	C n2t	Henschel	10 837	1912
89 6158	1949	Gt 33.11	C n2t	Henschel	10 839	1912
89 6159	1949	Gt 33.11	C n2t	Orenstein	6 117	1913
89 6160	1949	Gt 33.11	C n2t	Henschel	12 209	1913
89 6161	1949	Gt 33.11	C n2t	Jung	1 965	1913
89 6162	1949	Gt 33.11	C n2t	Henschel	13 026	1914
89 6163	1949	Gt 33.11	C n2t	Henschel	17 870	1920
89 6164	1949	Gt 33.11	C n2t	Henschel	17 871	1920
89 6165	1949	Gt 33.11	C n2t	Hohenzollern	4 536	1925
89 6166	1949	Gt 33.11	C n2t	Henschel	20 938	1927
89 6167	1949	Gt 33.11	C n2t	Henschel	20 939	1927
89 6168	1949	Gt 33.11	C n2t	Henschel	21 705	1930
89 6201	1949	Gt 33.12	C n2t	Hanomag	3 649	1901
89 6202	1949	Gt 33.12	C n2t	Hanomag	3 650	1901
89 6203	1949	Gt 33.12	C n2t	Hanomag	3 651	1901
89 6204	1949	Gt 33.12	C n2t	Orenstein	962	1902
89 6205	1949	Gt 33.12	C n2t	Hagans	503	1904
89 6206	1949	Gt 33.12	C n2t	Linke-Hofmann	293	1905
89 6207	1949	Gt 33.12	C n2t	Orenstein	2 012	1906

übernommen von/ Nr.	alte Gattung	Bemerkungen
Prenzlauer Kb 6	pr. T3	Heusingerstrg., a. 26.02.69
Brandenbg. Stb.1–23	pr. T 3	a. 01.07.67
Brandenbg. Stb.1–24	pr. T 3	a. 1957
Brandenbg. Stb.1–25	pr. T 3	a. 1973
Osthavell.Kb. NV 1	pr. T 3	a. 31.01.63
Osthavell. Kb. NV 2	pr. T 3	a. 17.04.67
Prignitzer KKB 6–25	pr. T 3	a. 20.06.67
Oderbruchbahn 22	pr. T 3	a. 27.09.65
Königswusterhsn.-Töp 2	pr. T 3	a. 11.09.65
PrenzlauerKb. 3	pr.T 3	a. 1958
Horka–Priebus 23c	pr. T 3	a. 03.02.65
Stendaler Klb. 291	Bism. alt	a. … (?)
Oderbruchbahn 3–32	pr. T 3	a. 06.02.65
Oderbruchbahn 3–33	pr.T 3	a. 17.04.67
Aschersl bn.-Schneid. 21	pr.T 3	a. 15.04.67
Stendaler Kb. 292	pr. T 3	a. 10.02.65
Burxdorf-Mühlberg 293	pr. T 3	a. 17.07.61
Wallwitz-Wettin 294	pr. T 3	a. 15.04.67
Bebitz-Alsleben 295	pr. T 3	a. 1965
Oderbruchbahn 3–20«	Lenz b	Schwesterl. von 89 953, a. 13.09.65
Oderbruchbahn 3–20	pr. T 3	Schrottlok; a.30.04.51
Oderbruchbahn 3–22	pr. T 3	a. 28.02.67
Oderbruchbahn 3–23	pr. T 3	a. 12.10.65
Oderbruchbahn 3–24	pr. T 3	a. 23.08.66
Oderbruchbahn 3–25	pr. T 3	a. 17.01.63
Oderbruchbahn 3–26	pr. T 3	a. 28.04.67
Oderbruchbahn 3–27	pr.T 3	a. 13.09.65
Oderbruchbahn 3–28	pr.T 3	a. 03.02.65
Oderbruchbahn 3–29	pr.T 3	a. 1958
Oderbruchbahn 3–31	pr. T 3	a. 04.12.65
Brandenbg. Stdtb. 1–27	pr. T 3	a. 13.09.65
Prignitzer KKB 6–20	pr. T 3	a. 23.08.66
Prignitzer KKB 6–21	pr. T 3	a. 15.04.67
Prignitzer KKB 6–22	pr. T 3	a. 24.10.66
Burxdorf–Mühlberg 297	pr. T3	a. 1956; WL
Prignitzer KKB 6–23	pr. T 3	a. 17.01.63
Prignitzer KKB 5–21	pr. T 3	a. 08.54
Horka-Priebus 21 c	pr. T 3	a. 25.05.60
Kyffhäuser Klb. 265	Bism. alt	a.. 07.63 WL Sollstedt
Aschersleben-Schneid 22	pr.T 3	a. 15.09.65
Kyffhäuser Klb. 270	Bism. alt	a. … (?)
Aschersleben-Schneid. 23	pr. T 3	Heusingerst. a. 08.11.55
Aschersleben-Schneid. 24	pr. T 3	Heusingerst. a. 1957
Hafenb. Boizenburg 1	Hohenz.	WL a … (?)
Delitzscher Kb. 279	Bism. alt	a. … (?)
Delitzscher Kb. 280	Bism. alt	a. … (?)
Goldbeck-Werben 5«Kolle«	spez. Typ	a. 01.10 .66
Niederlaus. EB 32	Sondertyp	a. 23.08.66
Niederlaus. EB 33	Sondertyp	a. 14.01.66
Niederlaus. EB 34	Sondertyp	a. 1966
Goldbeck-Werben 7 »Freise«	pr. T 3	ex DRG 89 7422, a. 1959
Dessau-Wörlitz 7	pr. T 3	ex DRG 89 7464, a.15.09.65
Dahme-Uckro 7–21	pr. T 3	a. 1957
Osthavelländ. Kb. 1	pr. T 3	a. 15.09.65

DR-Betriebs-nummer	Übernahme im Jahre	Betriebs-gattung	Achsfolge	Hersteller	Fabrik-nummer	Baujahr
89 6208	1949	Gt 33.12	C n2t	Hanomag	4 621	1906
89 6209	1949	Gt 33.12	C n2t	Henschel	7 029	1906
89 6210	1949	Gt 33.12	C n2t	Henschel	7 030	1906
89 6211	1949	Gt 33.12	C n2t	Orenstein	2 600	1907
89 6212	1949	Gt 33.12	C n2t	Henschel	8 074	1907
89 6213	1949	Gt 33.12	C n2t	Hanomag	5 009	1907
89 6214	1949	Gt 33.12	C n2t	Hanomag	5 215	1907
89 6215	1949	Gt 33.12	C n2t	Orenstein	2 538	1907
89 6216	1949	Gt 33.12	C n2t	Orenstein	2 800	1908
89 6217	1949	Gt 33.12	C n2t	Borsig	6 899	1908
89 6218	1949	Gt 33.12	C n2t	Orenstein	2 926	1908
89 6219	1949	Gt 33.12	C n2t	Borsig	7 408	1910
89 6220	1949	Gt 33.12	C n2t	Hanomag	5 832	1910
89 6221	1949	Gt 33.12	C n2t	Vulcan	2 613	1910
89 6222	1949	Gt 33.12 (G 33.12)	C n2t (C n2)	Orenstein	4 701	1911
89 6223	1949	Gt 33.12 (G 33.12)	C n2t (C n2)	Orenstein	4 702	1911
89 6224	1949	Gt 33.12 (G 33.12)	C n2t (C n2)	Orenstein	4 703	1911
89 6225	1949	Gt 33.12 (G 33.12)	C n2t (C n2)	Orenstein	4 704	1911
89 6226	1949	Gt 33.12	C n2t	Orenstein	5 364	1912
89 6227	1949	Gt 33.12	C n2t	Jung	2 025	1913
89 6228	1949	Gt 33.12	C n2t	Henschel	12 387	1913
89 6229	1949	Gt 33.12	C n2t	Jung	2 235	1914
89 6230	1949	Gt 33.12	C n2t	Jung	2 236	1914
89 6231	1949	Gt 33.12	C n2t	Jung	2 237	1914
89 6232	1949	Gt 33.12	C n2t	Jung	2 238	1914
89 6233	1949	Gt 33.12	C n2t	Hanomag	7 975	1916
89 6234	1949	Gt 33.12	C n2t	Henschel	19 224	1922
89 6235	1949	Gt 33.12	C n2t	Smoschewer	718	1923
89 6236	1949	Gt 33.12	C n2t	Orenstein	10 239	1923
89 6237	1949	Gt 33.12	C n2t	Linke-Hofmann	2 936	1924
89 6238	1949	Gt 33.12	C n2t	Orenstein	10 389	1924
89 6239	1951	Gt 33.12	C n2t	Jung	1 914	1913
89 6240	1954	Gt 33.12	C n2t	Borsig(?)	?	1920
89 6276	1949	Gt 33.12	C h2t	Henschel	12 532	1914
89 6277	1949	Gt 33.12	C h2t	Henschel	13 030	1914
89 6278	1949	Gt 33.12	C h2t	Henschel	13 031	1914
89 6279	1949	Gt 33.12	C h2t	Henschel	20 572	1925
89 6280	1949	Gt 33.12	C h2t	Hohenzollern	4 600	1927
89 6281	1949	Gt 33.12	C h2t	Henschel	21 447	1929
89 6282	1949	Gt 33.12	C h2t	Orenstein	12 159	1930
89 6301	1949	Gt 33.13	C n2t	Hohenzollern	2 723	1911
89 6302	1949	Gt 33.13	C n2t	Borsig	8 345	1912
89 6303	1949	Gt 33.13	C n2t	Jung	1 913	1913
89 6304	1949	Gt 33.13	C n2t	Borsig	8 511	1913
89 6305	1949	Gt 33.13	C n2t	Henschel	12 900	1914
89 6306	1949	Gt 33.13	C n2t	Orenstein	7 886	1915
89 6307	1949	Gt 33.13	C n2t	Hanomag	9 450	1920
89 6308	1949	Gt 33.13	C n2t	Orenstein	9 973	1922
89 6309	1949	Gt 33.13	C n2t	Orenstein	10 236	1922

übernommen von/ Nr.	alte Gattung	Bemerkungen
Dahme-Uckro 7–20	BLE–T 3	a. 24.0ß.65
Prettin-Annabg. 289	pr. T 3	a. 01.12.62
Gardelegen-Wef. 290	pr. T 3	a. 18.07.67
Ruppiner EB 5	pr. T 3	a. 29.08.57
Ruppiner EB 15	Bism. alt	a. 18.07.67
Niederlaus. EB 35	Sondertyp	a. 31.05.64
Niederlaus. EB 36	Sondertyp	a. 1958; WL
Weimar-Berka-Blknhn. 89 0076	pr. T 3	a. 07.08.65
Ruppiner EB 6	pr. T 3	a. 16.09.65
Osthavelld. EB 5	spez. Typ	a. 1958
Osterwieck-Wasserl. 77	pr. T 3	a. 14.03.62
Königswusterhsn.-Töp. 3	Borsig-WL	a. 30.04.51
Gardelegen-Wef. 298	BLE-T3	ex DRG 89 7535, a. 17.04.67
Prignitzer KKB 35	pr. T 3	a. 03.10.61
Oderbruchbahn 4–20	pr. T 3	1958: 2T10, 1966: 3T12 a. 10.06.69
Oderbruchbahn 4–21	pr. T 3	1960: 3T12 ,a. 05.10.67
Oderbruchbahn 4–22	pr. T 3	1962: 3T12 a. 05.10.67
Oderbruchbahn 4–23	pr. T 3	1959: 3 T 12 a. 07.09.65, 1966 an DEFA
Niederlaus. EB 31	Sondertyp	a. 10.06.60
Ascherslbn .-Schneid. 33	Pudel	a. ... (?)
Gardelegen-Wef.285	pr. T 3	seitl. Wasserkästen, a 07.09.65
Prenzlauer Kb. 8	pr. T 3	Heusingerst. a. 28.03.67
Prenzlauer Kb. DS 4	pr. T 3	Heusingerst. 1958 WL
Prenzlauer Kb. 9	pr. T 3	Heusingerst., a. 07.05.65
Prenzlauer Kb. 10	pr. T 3	Heusingerst., a. 20.01.54
Marienb.-Beendorf	Hanomag-WL	a. …(?)
Ascherslbn.-Schneid. 34	Bism. alt	a. 1964
Prettin-Annabg. 258	pr. T 3 (?)	Heusingerst., a. 03.63
Ascherslbn.-Schneid. 31	spez. Typ	a.1957,WL
Erfurt-Nottleben 251	spez. Typ	gleiche Bauart wie 89 6406, 1955 WL, 1981 an Mindener Kreisbahn
Ascherslbn.-Schneid. 32	spez. Typ	a. … (?)
Görlitzer Kreisbahn (?)	Pudel	a. 1960
WL Lauchhammer		a. 08.63
Prenzlauer Kb.15		a. 25.01.66
Altmärk. Klb. 201		a. 12.12.67
Altmärk. Klb. 202		a. 07.08.67
Altmärk. Klb. 203		a. 15.04.67
Ruhlaer Eisenbahn 2	ELNA 1	a. …(?)
Altmärk. Klb. 204		a. 16.01.65
Ruppiner EB. Klb 2	ELNA 4 Abart	baugleich 89 6676, a. 16.02.66
Lehniner Klb. 02–20	Hohz.-WL	a. 31.05.64
Königswusterh.-Töp. 4	Borsig-WL	ähnlich dem Typ der Ind.bahn Tegel, a. 1965
Brandbg.Stb. 1–28	Pudel	a. 1957
Königswusterh.-Töp. 9	Borsig-WL,	a. 1965
Osthavelländ. EB 6	Thüringen	a. 1957
Niederlaus. EB 21c	pr. T 3	a. 02.07.65
Oschersl.-Schön. 1031	Hanom.-WL	a. 1956
Franzb. Südbahn 11	spez. Typ	1956 a.
Aschersl.-Schneid. 35	spez. Typ	1957 a.

DR-Betriebs-nummer	Übernahme im Jahre	Betriebs-gattung	Achsfolge	Hersteller	Fabrik-nummer	Baujahr
89 6310	1949	Gt 33.13	C n2t	Henschel	21 846	1931
89 6311	1981	Gt 33.13	C n2t	Henschel	23 061	1936
89 6376	1949	Gt 33.13	C h2t	Henschel	21 808	1931
89 6401	1949	Gt 33.14	C n2t	Hohenzollern	558	1890
89 6402	1949	Gt 33.14	C n2t	Hohenzollern	2 104	1906
89 6403	1949	Gt 33.14	C n2vt	Hanomag	5 205	1908
89 6404	1949	Gt 33.14	C n2t	Henschel	11 942	1913
89 6405	1949	Gt 33.14	C n2t	Hanomag	9 436	1920
89 6406	1949	Gt 33.14 (G 33.14)	C n2t (C n2)	Linke-Hofmann	2 937	1924
89 6407	1949	Gt 33.14	C n2t	Krupp	1 561	1936
89 6408	1949	Gt 33.14	C n2t	Krupp	1 757	1937
89 6409	1950	Gt 33.14	C n2t	Borsig	6 343	1907
89 6410	1950	Gt 33.14	C n2t	Borsig	6 344	1907
89 6411	1950	Gt 33.14	C n2t	Borsig	7 365	1909
89 6412	1950	Gt 33.14	C n2t	Borsig	8 796	1913
89 6413	1950	Gt 33.14	C n2t	Borsig	10 817	1920
89 6414	?	Gt 33.14	C n2t	?	?	?
89 6415	?	Gt 33.14	C n2t	?	?	?
89 6476	1949	Gt 33.14	C h2t	Linke-Hofmann	399	1906
89 6477	1949	Gt 33.14	C h2t	Henschel	16 655	1918
89 6478	1949	Gt 33.14	C h2t	Henschel	17 353	1919
89 6479	1949	Gt 33.14	C h2t	AEG	3 106	1925
89 6480	1949	Gt 33.14	C h2t	AEG	3 151	1925
89 6481	1949	Gt 33.14	C h2t	AEG	3 152	1925
89 6501	1949	Gt 33.15	C n2t	Hohenzollern	4 176	1921
89 6576	1949	Gt 33.15	C h2t	Linke-Hofmann	2 576	1908
89 6601	1949	Gt 33.16	C n2t	Krupp	2 436	1941
89 6676	1949	Gt 33.16	C h2t	Orenstein	12 158	1930
89 7566	1948	Gt 33.12	C n2t	Henschel	6 230	1902
89 7567	1948	Gt 33.12	C n2t	Hohenzollern	1 266	1900
89 7568	1948	Gt 33.12	C n2t	Orenstein	606	1903
89 7569	1948	Gt 33.9	C n2t	?	?	?
89 7570	1948	Gt 33.12	C n2t	Linke-Hofmann	2 547	1922
89 7571	1948	Gt 33.12	C n2t	Orenstein	6 861	1914
89 7572	1956	Gt 33.12	C n2t	Hagans	508	1904
89 7573	1956	Gt 33.12	C n2t	?	?	1907
89 7574	1953	Gt 33.12	C n2t	MF Esslingen	3 255	1903
89 7575	1953	Gt 33.12	C n2t	Orenstein	13 129	1938
89 7576	1953	Gt 33.12	C n2t	?	?	1912
89 7577	1953	Gt 33.12	C n2t	Hanomag	3 421	1900
89 7578	1955	Gt 33.12	C n2t	Hagans	466	1902
90 6401	1949	Gt 34.14	C1'n2t	Borsig	5 185	1903
90 6402	1949	Gt 34.14	C 1'n2t	Borsig	6 810	1908
91 150	1948	Gt 34.14	C 1'n2t	?	?	1895
91 6176	1949	Gt 34.11	1'Ch2t	Henschel	23 726	1938
91 6177	1949	Gt 34.11	1'Ch2t	Henschel	24 934	1941
91 6276	1949	Gt 34.12	1'Ch2t	Hohenzollern	4 533	1925
91 6277	1949	Gt 34.12	1'Ch2t	Krauss	8 337	1925
91 6278	1949	Gt 34.12	1'Ch2t	Krauss	8 338	1925
91 6279	1949	Gt 34.12	1'Ch2t	Hohenzollern	4 534	1925
91 6280	1949	Gt 34.12	1'Ch2t	Hohenzollern	4 605	1927

übernommen von/ Nr.	alte Gattung	Bemerkungen
Schildau-Mockr. 253	Bism. neu	07.61 WL
Hafenbahn Torgau	Bism. neu	Museumsl.
Altmärk. Klb. 205	spez. Typ	a. 06.02.65
Arnstadt-Ichtershsn SEG 372# pr. T 7		1.56 WL
Halberst.-Blankb. EB 31	HBE Grundbauart T 7	1959 Hzl.
	wie pr. T3, verstärkt	
Salzwedeler Klb. 299	Verbundlok,	a. 14.07.58
Ruppiner EB 21	WL	a. 22.02.64
Marienborn-Beendf.	Hanomag-WL	a.…(?)
Salzwedel. Klb. 252	gleicher Typ wie 89 6237,	a. 16.09.66
	1958: 2T10, 1966: 3T12,	
Dessau-Wörlitz 11	6.54 WL	
Dessau-Wörlitz 10		a. …?)
Niederbarn.EB 11 (Ind.bahn Tegel)	Borsig-WL	a. 07.05.65
Niederbarn.EB 12 (Ind. bahn Tegel)	Borsig-WL	a. 07.05.65
Niederbarn.EB 13 (Ind.bahn Tegel)	Borsig-WL	a. 1958
Niederbarn.EB 14 (Ind.bahn Tegel)	Borsig-WL	a 07.05.65
Niederbarn.EB 15	Borsig-WL	a. 1957
Werklok		a. …(?)
Werklok 2 Bw. Pasewalk		a. …(?)
Brandenbg.Stdtb. 1–40	pr. T 8	ex DRG 89 011 a. 1964
Dessau-Wörlitz 5	Preußen	a. …(?)
Dessau-Wörlitz 6	Preußen	a. … (?)
Osthavell. EB 11	AEG-Typ	a. 07.08.67
Osthavell. EB 12	AEG-Typ	a. 06.11.68
Westhavell.Krb WH 5	AEG-Typ	a. 08.07.70
Ruppiner EB 18	Crefeld	a. 07.05.65
Prenzlauer Kb. DS 5	pr. T 8, ex DRG 89 071,	a. 1958
Stendaler Klb. 254		a. 08.02.67
Lehniner Klb. 2–40	ELNA 4	baugleich Abart 89 6282, 1963 WL
Werklok	pr. T 3	a. 28.09.62
Werklok	pr. T 3	1957 WL
Werklok	pr. T 3	a. 02.07.65
PKP (?)	österr.97	a. … (?)
Werklok	Bauart wie 89 6237	a. … (?)
	und 89 6406	
Görlitzer Krsb. 21	pr. T 3	a. 1957
Werklok Rheinmetall Mars II	pr. T3	a. 2 3.11.66
Werklok Rheinmetall Mars I	pr. T 3	a. … (?)
Werklok935	wü. T 3	ex DRG 89 354, a. … (?)
WL Nobel-AG	spez.Typ	a. …(?)
Werklok	spez. Typ	a. …(?)
Werklok	oldbg. T 3	ex DRG 98 210
PKP (?)	pr. T3	1965 WL
Eberswalde-Finowf. EFE 1	04.52 WL	
Eberswalde-Finowf. EFE 2	03.56 WL	
Werklok DRG	pr. T 9[1]	1948 Uz in 90 252
Meckl.Bäderbahn 141	ELNA 2	a. 22.10.68
Meckl.Bäderbahn 142	ELNA 2	a. 22.02.68
Straußb-HerzfeldeStraußb.EB.AG 141	ELNA 2	a. 10.11.65
Mühlh.-Ebeleben 141	ELNA 2	a. 1971
Mühlh.-Ebeleben 142	ELNA 2	a. 09.70
Stralsund-Tribsees 141	ELNA 2	a.10.11.65
Greifswald-Grimmen 1141	ELNA 2	a. 20.11.67

DR-Betriebs-nummer	Übernahme im Jahre	Betriebs-gattung	Achsfolge	Hersteller	Fabrik-nummer	Baujahr
91 6281	1949	Gt 34.12	1'Ch2t	Schwartzkopff	9 557	1929
91 6282	1949	Gt 34.12	1'Ch2t	Hohenzollern	4 679	1929
91 6283	1949	Gt 34.12	1'Ch2t	Hohenzollern	4 680	1929
91 6284	1949	Gt 34.12	1'Ch2t	Henschel	21 855	1930
91 6285	1949	Gt 34.12	1'Ch2t	Henschel	24 916	1940
91 6301	1949	Gt 34.13	1'Cn2t	Henschel	16 912	1919
91 6376	1949	Gt 34.13	1'Ch2t	Henschel	24 935	1943
91 6401	1949	Gt 34.14	1'Cn2t	Henschel	16 431	1919
91 6402	1949	Gt 34.14	1'Cn2t	Henschel	16 432	1919
91 6403	1949	Gt 34.14	1'Cn2t	Henschel	16433	1919
91 6404	1949	Gt 34.14	1'Cn2t	Henschel	16 434	1920
91 6476	1949	Gt 34.14	1'Ch2t	Krauss	8 317	1924
91 6477	1949	Gt 34.14	1'Ch2t	Krauss	8 318	1924
91 6478	1949	Gt 34.14	1'Ch2t	Krauss	8 319	1924
91 6479	1949	Gt 34.14	1'Ch2t	Krauss	8 320	1924
91 6480	1949	Gt 34.14	1'Ch2t	Vulcan	3 856	1924
91 6481	1949	Gt 34.14	1'Ch2t	Vulcan	3 855	1924
91 6482	1949	Gt 34.14	1'Ch2t	Henschel	20 816	1927
91 6483	1949	Gt 34.14	1'Ch2t	Henschel	20 973	1927
91 6484	1949	Gt 34.14	1'Ch2t	AEG	4 391	1929
91 6485	1949	Gt 34.14	1'Ch2t	AEG	4 258	1929
91 6486	1949	Gt 34.14	1'Ch2t	Henschel	21 450	1929
91 6487	1949	Gt 34.14	1'Ch2t	Henschel	21 776	1930
91 6488	1949	Gt 34.14	1'Ch2t	Henschel	21 777	1930
91 6489	1949	Gt 34.14	1'Ch2t	Henschel	21 778	1930
91 6490	1949	Gt 34.14	1'Ch2t	Henschel	21 780	1930
91 6491	1949	Gt 34.14	1'Ch2t	Henschel	22 736	1935
91 6492	1949	Gt 34.14	1'Ch2t	Henschel	23 101	1936
91 6493	1949	Gt 34.14	1'Ch2t	Henschel	23 421	1936
91 6494	1949	Gt 34.14	1'Ch2t	Henschel	23 695	1931
91 6495	1949	Gt 34.14	1'Ch2t	Henschel	25 049	1939
91 6496	1949	Gt 34.14	1'Ch2t	Henschel	24 576	1940
91 6497	1950	Gt 34.14	1'Ch2t	Vulcan	3 989	1925
91 6501	1949	Gt 34.15	1'Cn2t	Union	1 450	1906
91 6576	1949	Gt 34.15	1'Ch2t	Hohenzollern	2 106	1907
91 6577	1949	Gt. 34.15	1'Ch2t	Hohenzollern	2 441	1909
91 6578	1949	Gt 34.15	1'Ch2t	Vulcan	3 990	1925
91 6579	1949	Gt 34.15	1'Ch2t	Henschel	23 696	1936
91 6580	1949	Gt 34.15	1'Ch2t	Henschel	23 877	1938
91 6581	1949	Gt 34.15	1'Ch2t	Jung	673	1904
91 6582	1949	Gt 34.15	1'Ch2t	Hohenzollern	1 523	1902
91 6583	1949 (?)	Gt 34.15	1'Ch2t	Schwartzkopff	12 272	1943(?)
91 6590	1950	Gt 34.15	C1'h2t	Borsig	9 442	1916
91 6591	1950	Gt 34.15	C1'h2t	Borsig	9 558	1916
91 6676	1949	Gt 34.16	1'Ch2t	AEG	3 141	1925
91 6776	1949	Gt 34.17	1'Ch2t	Borsig	7 864	1911
91 6777	1949	Gt 34.17	1'Ch2t	Borsig	7 865	1911
91 6778	1949	Gt 34.17	1'Ch2t	Borsig	8 164	1911
91 6779	1949	Gt 34.17	1'Ch2t	Borsig	8 705	1913
91 6780	1949	Gt 34.17	1'Ch2t	Henschel	23 697	1938
92 997	1946	Gt 44.12	Dh2t	Jung	9 048	1941
92 1047^{II}	1945	Gt 44.14	Dn2t	Krenau	1 047	1944
92 2901	1948	Gt 44.14	Dh2t	Henschel	22 011	1931
92 2902	1948	Gt 44.14	Dh2t	Henschel	22 990	1936

übernommen von/ Nr.	alte Gattung	Bemerkungen
Straußb-Herzfelde Straußb.EB.AG 142	ELNA 2	a. 06.08.68
Neubrandb.-Friedl. 1142	ELNA 2	a. 12.71
Neubrandb.-Friedl. 1143	ELNA 2	a. 08.71
Greifswald-Grimmen 1143	ELNA 2	... (?)WL
Mühlh.-Ebeleben 151	ELNA 5	a. 23.01.68
Niederlaus. EB 41		a. 20.12.67
Horka–Priebus 141	ELNA 2	a.10.08.67
Gardelegen-Wef. 351	verst. meckl. T 4	a. 07.08.67
Gardelegen-Wef. 352	verst. meckl. T 4	a. 19.07.67
Stendaler EB. 353	verst. meckl. T 4	a. 04.04.67
Stendaler EB. 354	verst. meckl. T 4	a. 04.04.67
Halle-Hettstedter EB 151	ELNA 5	a. 10.69
Halle-Hettstedter EB 152	ELNA 5	11.66 WL
Halle-Hettstedter EB 153	ELNA 5	a. 14.06.67
Halle-Hettstedter EB 154	ELNA 5	a. 07.08.67
Halle-Hettstedter EB 144	ELNA 2	a. 05.70
Oscherslbn -Schön. 143	ELNA 2	a. 08.71
Niederlaus. EB 151	ELNA 5	a. 03.72
Salzwedel.Klb. 301	ELNA 5	a. 13.05.71
Brandbg. Stdtb. 1–60	AEG-Typ	a. 27.07.66
Brandenbg.Stdtb. 1–61	AEG-Typ	a. 1966, 1967 WL
Salzwedel.Klb 302	ELNA 5	a. 23.03.72
Franzb.Südbahn 39	ELNA 5	a. 1970
Franzb.Südbahn 40	ELNA 5	a. 12.71
Franzb. Südbahn 36	ELNA 5	a. 12.71
Franzb. Südbahn 38	ELNA 5	a. 12.71
Neuhaldenslbn.EB 43	ELNA 5	1961 WL
Niederlaus. EB 152#	ELNA 5	a. 1970
Genthiner EB 303	ELNA 5	a. 06.11.68
Oschersl.-Schön. 141	ELNA 2	a. 1970
Genthiner EB 304	ELNA 5	a. 06.11.68
Neuhaldensl.EB 44	ELNA 5	a. 10.70
Niederlaus.EB 141	ELNA 2	a. 09.01.65
Halb.-Blankenb. 45	pr T 9^3	ex DRG 91 790, a. 1965
Halb.-Blankenb. 42	pr. T 9^3	Umbau h2, a. 1965
Halb.-Blankenb. 44	pr. T9^3	Umbau h2, a. 1965
Oderbruchbahn 142	ELNA 2	a. 05.01.65
Wenigent.-Oechs. 1	ELNA 5	a. 24.05.67
Ilmenau-Großbr. SEG 400	spez. Typ	8.69 WL, seit 1982 Museumslok
Niederbarn.EB 05	pr. T9^3	Umb. h2 u. Ventilstrg. a. 1965
Niederbarn.EB 06	pr. T9^3	Umb. h2 u. Ventilstrg. a. 1965
Casekow-Penkun 52	ELNA. 5	Herkunft unklar, a. ...(?)
Niederbarn.EB 03	falsche Stammnr.	a. 05.01.65
Niederbarn.EB 04	falsche Stammnr	a. 06.06.55
Osterwieck-Wasserl. 40		ex DRG 91 231, 12.61 WL
Halberst.-Blkbg. 51	pr. T 12	1954 in 74 6776
Halberst.-Blkbg. 52	pr. T 12	1954 in 74 6777
Halberst.-Blkbg. 53	pr. T12	1954 in 74 6778
Halberst.-Blkbg. 54	pr. T 12	1954 in 74 6779
Niederlaus. EB 141^{II}	ELNA2	a. 10.71
Wehrmacht	baugleich mit 92 6588	a. 1967
WL Linke-Hofm.	KDL 4	a. 1948
Görlitzer Krb. 181 D	ELNA. 6	a. 1973
Görlitzer Krb. 182 D	ELNA 6	a. 10.70

DR-Betriebs-nummer	Übernahme im Jahre	Betriebs-gattung	Achsfolge	Hersteller	Fabrik-nummer	Baujahr
92 2903	1948	Gt 44.14	Dh2t	Henschel	24 940	1940
92 3333	1948	Gt 44.15	Dh2t	Krupp	1 762	1938
92 6001	1949	Gt 44.10	Dn2t	Borsig	5 648	1905
92 6101	1949	Gt 44.11	Dn2t	Orenstein	2 231	1907
92 6102	1949	Gt 44.11	Dn2t	Hanomag	6 323	1911
92 6103	1949	Gt 44.11	Dn2t	Hanomag	6 822	1913
92 6104	1949	Gt 44.11	Dn2t	Borsig	8 504	1913
92 6105	1949	Gt 44.11	Dn2t	Henschel	17 872	1921
92 6106	1949	Gt 44.11	Dn2t	Borsig	11 835	1924
92 6176	1949	Gt 44.11	Dh2t	Hanomag	10 369	1924
92 6201	1949	Gt 44.12	Dn2t	Borsig	12 055	1927
92 6276	1949	Gt 44.12	Dh2t	Henschel	21 209	1928
92 6277	1949	Gt 44.12	Dh2t	Henschel	22 696	1935
92 6376	1949	Gt 44.13	Dh2t	Hanomag	10 214	1923
92 6377	1949	Gt 44.13	Dh2t	Hanomag	10 215	1923
92 6378	1949	Gt 44.13	Dh2t	Henschel	20 378	1924
92 6379	1949	Gt 44.13	Dh2t	Hanomag	10 419	1925
92 6380	1949	Gt 44.13	Dh2t	Hanomag	10 420	1925
92 6381	1949	Gt 44.13	Dh2t	Henschel	23 071	1936
92 6382	1949	Gt 44.13	Dh2t	Henschel	23 665	1938
92 6383	1949	Gt 44.13	Dh2t	Henschel	26 147	1944
92 6401	1949	Gt 44.14	Dn2t	Hohenzollern	2 928	1912
92 6476	1949	Gt 44.14	Dh2t	Krauss	8 058	1922
92 6477	1949	Gt 44.14	Dh2t	Krauss	8 059	1922
92 6478	1949	Gt 44.14	Dh2t	Krauss	8 060	1922
92 6479	1949	Gt 44.14	Dh2t	Krauss	8 061	1922
92 6480	1949	Gt 44.14	Dh2t	Orenstein	10 494	1925
92 6481	1949	Gt 44.14	Dh2t	Hohenzollern	4 609	1927
92 6482	1949	Gt 44.14	Dh2t	Hohenzollern	4 610	1927
92 6483	1949	Gt 44.14	Dh2t	Hohenzollern	4 611	1927
92 6484	1949	Gt 44.14	Dh2t	Schwartzkopff	9 582	1929
92 6485	1949	Gt 44.14	Dh2t	Hanomag	10 724	1930
92 6486	1949	Gt 44.14	Dh2t	Hanomag	10 725	1930
92 6487	1949	Gt 44.14	Dh2t	Hanomag	10 726	1930
92 6488	1949	Gt 44.14	Dh2t	Krauss	8 490	1930
92 6489	1949	Gt 44.14	Dh2t	Krauss	8 492	1930
92 6490	1949	Gt 44.14	Dh2t	Henschel	22 991	1936
92 6491	1949	Gt 44.14	Dh2t	Henschel	23 271	1936
92 6492	1949	Gt 44.14	Dh2t	Henschel	24 753	1939
92 6493	1949	Gt 44.14	Dh2t	Henschel	24 936	1940
92 6494	1949	Gt 44.14	Dh2t	Henschel	26 200	1944
92 6501	1949	Gt 44.15	Dn2t	Union	1 984	1912
92 6502	1949	Gt 44.15	Dn2t	Union	2 743	1922
92 6503	1949	Gt 44.15	Dn2t	Henschel	19 910	1923
92 6504	1949	Gt 44.15	Dn2t	Henschel	19 911	1923
92 6576	1949	Gt 44.15	Dh2t	Henschel	13 964	1916
92 6577	1949	Gt 44.15	Dh2t	Henschel	15 096	1917
92 6578	1949	Gt 44.15	Dh2t	Henschel	16 913	1919
92 6579	1949	Gt 44.15	Dh2t	Henschel	19 036	1922
92 6580	1949	Gt 44.15	Dh2t	Henschel	19 037	1922
92 6581	1949	Gt 44.15	Dh2t	Henschel	20 589	1925
92 6582	1949	Gt 44.15	Dh2t	Orenstein	11 456	1927

übernommen von/ Nr.	alte Gattung	Bemerkungen
Görlitzer Krb. 183 D	ELNA. 6	a.10.70
Hafen Stettin IX	spez. Typ	a. 1966
Stendal-Tgmde. 4		a. 07.05.67
Neuhaldensl. EB 33		a. 31.05.64
Weimar-Berka.-Blh. 92 0087		a. 1966
Ruhlaer EB 88		a. 1966
Stendaler EB 5		a. 12.12.63
Aschersl.-Schneid. 73		1956 WL
Stendaler EB 6		1964 WL
Hohenebra-Ebeleben SEG 380	ELNA. 3	a. 28.02.68
Stendaler EB 7		12.63 WL
Prenzlauer Kb. 171	ELNA. 3	a. 1967
Prenzlauer Kb. 173	ELNA. 3	a.18.07.67
Prenzlauer Kb. 11	ELNA. 6	ursprgl. n2, a. 19.06.68
Prenzlauer Kb. 12	ELNA. 6	ursprgl. n2, a. 1972
Oderbruchb. 171	ELNA. 3	a. 04.12.66
Prenzlauer Kb. 13	ELNA. 3	a. 01.09.69
Prenzlauer Kb 14	ELNA. 3	a. 08.71
Ebersw.-Fin. 171	ELNA. 3	a. 15.04.67
Ebersw.-Fin. 172	ELNA. 3	a. 29.07.66
Oderbruchb. 4–140	ELNA. 6	a. 12.02.68
Gardelegen-Wef. 581	pr. T 13	im U-Plan falsche Daten, Gattungsz. falsch, a. 10.03.64
Halle-Hettst.181	ELNA. 6	a. 09.70
Halle-Hettst.182	ELNA. 6	a. 06.71
Halle-Hettst.183	ELNA. 6	a. 12.05.67
Halle-Hettst.184	ELNA. 6	a. 18.01.65
Hohenebr.-Ebel. 91	sp. Typ, gleich mit 92 6582-83,	a. 09.03.62
Halle-Hettst. 187	ELNA. 6	a. 07.08.67
Halle-Hettst. 186	ELNA. 6	a. 12.71
Halle-Hettst. 185	ELNA. 6	a. 05.12.68
Niederlaus.EB 81^{II}	ELNA. 6	a. 06.71
Neubrdbg.-Frl. 72	ELNA. 6	a. 21.11.67
Neubrdbg.-Frl. 74	ELNA. 6	a. 21.11.67
Franzb.Südbahn 73	ELNA. 6	a. 10.04.69
Halle-Hettst. 182^{II}	ELNA. 6	a. 22.01.65
Aschersl.-Schn.183	ELNA. 6	a. 27.05.67
Nauend.-Gerl. 181	ELNA. 6	a. 20.12.67
Gardel.-Wef. 501	ELNA. 6	a. 14.06.67
Gardel.-Wef. 502	ELNA. 6	a. 21.01.65, dann WL
Aschersl.-Schn. 181	ELNA. 6	a. 27.05.67
Niederlaus.EB 181	ELNA. 6	a. 1973
Halberst.-Blkbg.15	pr. T13	ex DRG 92 560, a. 1966
Brandbg.Stb. 1-120	pr. T 13	a. 1964
Brandbg.Stb. 1–121	pr. T 13	a. 1955
Brandbg.Stb. 1–122	pr. T 13	a. 1965
Brandbg.Stb. 1–140	spez.Typ	a. 1968
Brandbg.Stb. 1–141	spez. Typ	a. 1967
Brandbg.Stb. 1–142	spez. Typ	a. 1969
Weimar-Berka-Blkh. 92 0092	Essen	ursp. n2t, a. 1967, WL
Weimar-Berka-Blkh. 92 0093	Essen	ursp. n2t a. 1965, (?)
Gardelegen-Wef. 541	spez.Typ	a. 18.01.67
Weimar-Berka-Bl. 94		a. 04.05.65

DR-Betriebs- nummer	Übernahme im Jahre	Betriebs- gattung	Achsfolge	Hersteller	Fabrik- nummer	Baujahr
92 6583	1949	Gt 44.15	Dh2t	Orenstein	11 457	1927
92 6584	1949	Gt 44.15	Dh2t	Henschel	20 871	1927
92 6585	1949	Gt 44.15	Dh2t	Henschel	20 974	1927
92 6586	1949	Gt 44.15	Dh2t	Henschel	20 987	1927
92 6587	1949	Gt 44.15	Dh2t	Krauss	8 491	1930
92 6588	1950	Gt 44.15	Dh2t	Jung	9 049	1941
92 6676	1949	Gt 44.16	Dh2t	Henschel	21 274	1929
92 6776	1949	Gt 44.17	Dh2t	Borsig	14 680	1938
92 6777	1949	Gt 44.17	Dh2t	Borsig	14 681	1938
92 6876	1949	Gt 44.18	Dh2t	Linke-Hofmann	3 175	1930
92 6877	1949	Gt 44.18	Dh2t	Henschel	21 757	1930
92 6878	1949	Gt 44.18	Dh2t	Henschel	21 758	1930
92 6879	(1949)	Gt 44.18	Dh2t	Borsig	14 680	1938
92 6880	(1949)	Gt 44.18	Dh2t	Borsig	14 681	1938
93 6476	1949	Gt 46.14	1'D1'h2t	Borsig	14 682	1937
93 6477	1949	Gt 46.14	1'D1'h2t	Borsig	14 683	1937
93 6478	1949	Gt 46.14	1'D1'h2t	Orenstein	13 199	1939
93 6479	1949	Gt 46.14	1'D1'h2t	Borsig	14 807	1939
93 6480	1949	Gt 46.14	1'D1'h2t	Orenstein	13 512	1943
93 6481	1949	Gt 46.14	1'D1'h2t	Orenstein	13 513	1943
93 6576	1949	Gt 46.15	1'D1'h2t	Borsig	10 781	1921
93 6676	1949	Gt 46.16	1'D1'h2t	Henschel	22 909	1936
93 6677	1949	Gt 46.16	1'D1'h2t	Henschel	24 369	1938
93 6678	1949	Gt 46.16	1'D1'h2t	Borsig	15 057	1940
93 6679	1950	Gt 46.16	1'D1'h2t	Borsig	14 978	1940
93 6680	1950	Gt 46.16	1'D1'h2t	Borsig	15 058	1941
93 6681	1950	Gt 46.16	1'D1'h2t	Borsig	15 059	1941
93 6682	1950	Gt 46.16	1'D1'h2t	Borsig	15 221	1942
93 6683	1950	Gt 46.16	1'D1'h2t	Borsig	15 222	1942
93 6776	1949	Gt 46.17	1'D1'h2t	Hanomag	10 566	1927
93 6777	1949	Gt 46.17	1'D1'h2t	Hanomag	10 567	1927
93 6778	1949	Gt 46.17	1'D1'h2t	Hanomag	10 568	1927
93 9760	1947	Gt 46.17	1'D1'h2t	?	?	?
94 6776	1949	Gt 55.17	E h2t	Schwartzkopff	5 725	1915
94 6777	1952	Gt 55.17	E h2t	Schwartzkopff	5 726	1915
94 6778	1952	Gt 55.17	Eh2t	Schwartzkopff	5 727	1915
95 007II	1950	Gt 46.20	1'D1'h2t	Krupp	2 427	1940
95 6676	1949	Gt 57.16	1'E1'h2t	Borsig	10 353	1919
95 6677	1949	Gt 57.16	1'E1'h2t	Borsig	10 354	1919
95 6678	1949	Gt 57.16	1'E1'h2t	Borsig	10 909	1921
95 6679	1949	Gt 57.16	1'E1'h2t	Borsig	10 910	1921
98 138	1947	L 22.14	Bn2t	?	?	1944
98 139	1947	L 22.14	Bn2t	Henschel	24 915	1939
98 5901	1949	L 22.9	Bn2t	Henschel	12 952	1939
98 6001	1949	L 22.10	Bn2t	Vulcan	1 368	1894
98 6002	1949	L 22.10	Bn2t	Vulcan	1 369	1894
98 6003	1949	L 22.10	Bn2t	Hanomag	2 650	1895
98 6004	1949	L 22.10	Bn2t	Vulcan	1 390	1896
98 6005	1949	L 22.10	Bn2t	Hanomag	3 764	1901
98 6006	1949	L 22.10	Bn2t	Borsig	7 234	1909
98 6007	1949	L 22.10	Bn2t	Borsig	7 235	1909

übernommen von/ Nr.	**alte Gattung**	**Bemerkungen**
Weimar-Berka-Blkh. 92 0095		a. 1965
Ilmenau-Großbreitenb SEG 385	Nachbau d.BLE-Lok BR 92^4,	a.1965
Ilmenau-Großbreitenb. SEG 386	Nachbau d. BLE-Lok BR 92^4,	a.1965
Ilmenau-Großbreitenb. SEG 387	Nachbau d. BLE-Lok BR 92^4,	a.1965
Nauendorf-Gerl. 181	ELNA. 6	a. 20.12.67
Wehrmacht	baugleich m. 92 997,	a. 1967
Nauendorf-Gerl. 191	ELNA. 6 verstärkt	a. 04.04.67
Halberst.-Blankenb.18	1958	Uz in 92 6879
Halberst.-Blankenb.19	1958 Uz in 92 6880	
Weimar-Berka-Blkh. 92 0096	ex DRG 92 435,	a. 05.64
Weimar-Berka-Blkh. 92 0097	ex DRG 92 436,	a. 09.64
Weimar-Berka-Blkh. 92 0098	ex DRG 92 437,	a. 01.65
DR 92 6776		a. 25.05.67
DR 92 6777		a. 07.09.65
Brandenb.Stb.1-200		a. 05.07.67
Brandenb.Stb.1-201		a. 30.11.67
Ruppiner EB 40	in Anl. an BR 86	a. 01.07.70
Brandenb. Stb.1-202		a. 12.02.68
Ruppiner EB 41	in Anl. an BR 86	a. 16.04.68
Ruppiner EB 42	in Anl. an BR 86	a. 22.02.71
Brandenb.Stb. 1-203	ex DRG 97 401,	a. 1955
Weimar-Berka-Blkh. 93 0020	ex DRG 93 1611,	a. 29.10.70
Weimar-Berka-Blkh. 93 0021	ex DRG 93 1612,	a. 29.10.70
Oderbruchbahn 3-200		a. 22.02.71
Niederbarnimer EB 010		27.11.68
Niederbarnimer EB 011		a. 12.02.68
Niederbarnimer EB 012		a. 17.05.65
Niederbarnimer EB 013		a. 06.04.70
Niederbarnimer EB 014		a. 12.02.68
Halberst.-Blankenbg. 10		a. 1968
Halberst.-Blankenbg. 11		a. 06.69
Halberst.-Blankenbg. 12		a. 07.69
Belgien (SNCB) 9760	pr. T 14	a...(?) (galt als Privatbahnlok)
Halberst.-Blankenbg. 16	pr. T 16^1	a...(?)
Halberst.-Blankenbg. 17	pr. T 16^1	a...(?)
Belgien (SNCB) 9854	pr. T 16^1	a. ...(?)
Reichswerke Salzgitter WL 7		falsche Stammnummer, 1956 WL
Halberst.-Blkbg. Mammut		abgest. 21.01.68 Museumslok
Halberst.-Blkbg. Wisent		a. 19.10.70
Halberst.-Blkbg. Büffel		a. 21.08.67
Halberst.-Blkbg. Elch		a. 02.53 nach Kesselzerknall
Werklok		1951 verkauft
Werklok		a. ...(?)
Prettin-Annaburg 180		1956 WL
Franzburg.Südbahn 02	Lenz d	1957 WL
Franzburg.Südbahn 03	Lenz d	06.59 WL
Weimar-Berka-Blkh. 98 0078		a. ...(?)
Franzburg.Südbahn 04	Lenz d	a. 1964
Neuhaus-Brahlsdorf 2		1959 WL
Wegenstedt-Calvörde 1	sp.Typ	a. 17.01.66
Wegenstedt-Calvörde 2	sp.Typ	08.50 WL

DR-Betriebs-nummer	Übernahme im Jahre	Betriebs-gattung	Achsfolge	Hersteller	Fabrik-nummer	Baujahr
98 6008	1949	L 22.10	Bn2t	Orenstein	6 681	1913
98 6009	1949	L 22.10	Bn2t	Smoschewer	712	1922
98 6010	1949	L 22.10	Cn2t	Orenstein	9 698	1922
98 6051	1949	L 44.10	B'Bn4vt	Jung	472	1901
98 6101	1949	L 22.11	Bn2t	Henschel	7 245	1905
98 6102	1949	L 22.11	Bn2t	Henschel	9 858	1910
98 6151	1949	L 44.11	B'Bn4vt	Jung	474	1901
98 6152	1949	L 44.11	B'Bn4vt	Jung	765	1904
98 6153	1949	L 44.11	B'Bn4vt	Jung	1 239	1908
98 6201	1949	L 22.12	Bn2t	Borsig	4 610	1897
98 6202	1949	L 22.12	Bn2t	Hohenzollern	1 173	1899
98 6203	1949	L 22.12	Bn2t	Hohenzollern	1 174	1899
98 6204	1949	L 22.12	Bn2t	Hohenzollern	1 307	1900
98 6205	1949	L 22.12	Bn2t	Vulcan	1 883	1901
98 6206	1949	L 22.12	Bn2t	Henschel	6 258	1902
98 6207	1949	L 22.12	Bn2t	Henschel	6 259	1902
98 6208	1949	L 22.12	Bn2t	Henschel	7 244	1906
98 6209	1949	L 22.12	Bn2t	Henschel	7 248	1907
98 6210	1949	L 22.12	Bn2t	Henschel	7 249	1907
98 6211	1949	L 22.12	Bn2t	Henschel	7 250	1907
98 6212	1949	L 22.12	Bn2t	Borsig	6 936	1908
98 6213	1949	L 22.12	Bn2t	Borsig	6 947	1908
98 6214	1949	L 22.12	Bn2t	Henschel	9 217	1909
98 6215	1949	L 22.12	Bn2t	Henschel	10 018	1910
98 6216	1949	L 22.12	Bn2t	Henschel	10 019	1910
98 6217	1949	L 22.12	Bn2t	Henschel	10 329	1910
98 6218	1949	L 22.12	Bn2t	Henschel	12 386	1913
98 6219	1949	L 22.12	Bn2t	Henschel	19 579	1922
98 6301	1949	L 22.13	Bn2t	Hohenzollern	1 303	1901
98 6302	1949	L 22.13	Bn2t	Borsig	6 803	1908
98 6376	1949	L 45.13	1'Dh2t	Orenstein	11 786	1929
98 6377	1949	L 45.13	1'Dh2t	Orenstein	11 787	1929
98 6378	1949	L 45.13	1'Dh2t	Orenstein	12 519	1934
98 6401	1953	L 33.14	Cn2t	Linke-Hofmann	?	1914
98 6476	1949	L 45.14	1'Dh2t	Orenstein	12 731	1936

Anmerkung: Die in dieser Tabelle angegebenen Betriebsgattungszeichen entsprechen für 1949/50 übernommene Privatbahnlokomotiven den Festlegungen des Umzeichnungsplanes vom 12. Dezember 1949, für ehemalige Lokomotiven der Niederbarnimer Eisenbahn denen des Nachtrags von August 1950.

übernommen von/ Nr.	alte Gattung	Bemerkungen
Teltower Kb. 1		11.55 WL
Oberweißb. Bergbahn		a. 23.06.60
Boizenb. Hafenb. 3		1957 WL
Hohenebra-Ebel. 82		1958 WL
Könnern-Rothenb. 190		a. 06.04.60
Langensalz.Klb. 196		a. 06.04.60
Weimar-Berka-Blkh. 98 0084		1960 WL
Hohenebra-Ebel. 85		a. 1953
Arnstadt-Ichtersh. 352		1958 WL
Franzburg.Südbahn 05	Lenz c	10.55 WL
Altmärk.Klb. 181	Lenz c	1958 WL
Altmärk. Klb. 182	Lenz c	a. 20.07.62
Brandenb. Stb. 1-10	Lenz c	10.51 WL
Franzb. Südbahn 07	Lenz c	11.51 WL
Bergwitz-Kembg. 187		1959 WL
Bergwitz-Kembg. 188		1959 WL
Delitzscher Kb 189		a. ...(?)
Könnern-Rothenbg. 191		10.52WL
Gardelegen-Wef. 192		ähnl. pr.T 1, a. 01.10.66
Stendaler Klb. 193		ähnl.pr. T 1, a. 06.02.65
Horka.-Priebus 3b		a. 06.02.62
Nordh.-Wernigerode 61		a. 1960
Genthiner EB 195	ähnl. pr. T 1,	a. ...(?)
Wolmirst.-Colbitz 197	ähnl. pr. T 1,	a. 1963
Rennsteig-Frauenw. 198		a. ...(?)
Altmärk. Klb. 194		1957 WL
Stendaler Klb. 199		05.50 WL
Werklok Griesheim		1951 WL
Gardelegen-Wef. 183		02.58 WL
WL Borsig,Tegel		05.50 WL
Ruppiner EB 25		a. 30.06.64
Ruppiner EB 26		a. 04.12.65
Ruppiner EB 24		a. 24.10.66
WL Lauchhammer 6		Bauart wie 89 6237, a. 1955
Ruppiner EB 23		a. 04.12.65

Veränderungen des Betriebsgattungszeichens ehemaliger Privatbahnlok im Merkbuch, Ausgaben 1962/64, gegenüber den ursprünglichen Festlegungen des Umzeichnungsplanes vom 12.12.1949

DR-Betriebsnr.	Loktyp	Gattungszeichen 1949 vergeben	Gattungszeichen 1962/64 geändert in	Gattungszeichen typgerecht	Bemerkung
75 6676–75 6678		Pt 35.16	Pt 35.17	Pt 35.17	
75 6679–75 6681		Pt 35.16	Pt 35.	Pt 35.16	
75 6682–75 6687	ELNA 7	Pt 35.16	Pt 35.14	Pt 35.14/16	
75 6776–75 6777		Pt 35.17	Pt 35.16	Pt 35.16	
91 6176–91 6177	ELNA 2	Gt 34.11	Gt 34.13	Gt 34.12	
91 6276; 91 6279; 91 6280; 916283	ELNA 2	Gt 34.12	Gt 34.14	Gt 34.12	
91 6277; 91 6278	ELNA 2	Gt 34.12	Gt 34.13	Gt 34.12	Bauform Krauss
91 6401–91 6404		Gt 34.14	Gt 34.	Gt 34.14	
91 6476–91 6479	ELNA 5	Gt 34.14	Gt 34.15	Gt 34.14	Bauform Krauss
91 6484–91 6485		Gt 34.14	Gt 34.13	Gt 34.12	
91 6780	ELNA 2	Gt 34.17	Gt 34.13	Gt 34.12	
92 6176	ELNA 3	Gt 44.11	Gt 44.13	Gt 44.12	
92 6276	ELNA 3	Gt 44.12	Gt 44.	Gt 44.12	
92 6376–92 6377	ELNA 6	Gt 44.13	Gt 44.	Gt 44.14	Umbau h2 aus n2
92 6379–92 6380	ELNA 3	Gt 44.13	Gt 44.	Gt 44.12	
92 6381–92 6382;	ELNA 3	Gt 44.13	Gt 44.	Gt 44.12	Loks fälschlich in einem Typenblatt erfaßt
92 6383	ELNA 6	Gt 44.14			
92 6581		Gt 44.15	Gt 44.	Gt 44.13	
92 6582–92 6583		Gt 44.15	Gt 44.	Gt 44.15	
92 6584–92 6586		Gt 44.15	Gt 44.16	Gt 44.16	
92 6587	ELNA 6	Gt 44.15	Gt 44.14	Gt 44.14	Bauform Krauss
92 6877–92 6878		Gt 44.18	Gt 44.17	Gt 44.18	
93 6476; 93 6477; 93 6479		Gt 46.14	Gt 46.15	Gt 46.16	
93 6678–93 6683		Gt 46.16	Gt 46.15	Gt 46.16	
93 6776–93 6778		Gt 46.17	Gt 46.18	Gt 46.18	

Anmerkungen:
Spalte 4: Sofern das Merkbuch keine Angaben zur Radsatzfahrmasse enthält, sind die Lokomotiven offensichtlich nicht neu verwogen worden. Bei den Lokomotiven 75 6676–78 und 93 6776–78 entsprechen die vorgenommenen Änderungen den ursprünglichen Angaben des Herstellers.
Spalte 5: Gibt das Gattungszeichen an, das die Lok tatsächlich hätte erhalten müssen.